Wolfgang Kaiser, Claudius Sieber-Lehmann,
Christian Windler (Hrsg.)

Eidgenössische «Grenzfälle»: Mülhausen und Genf
En marge de la Confédération: Mulhouse et Genève

Basler Beiträge
zur Geschichtswissenschaft

Band 172

Begründet von
E. Bonjour, W. Kaegi und F. Staehelin

Weitergeführt von
F. Graus, H. R. Guggisberg, H. Lüthy und M. Mattmüller

Herausgegeben von
K. v. Greyerz, H. Haumann, G. Kreis,
W. Meyer, J. Mooser, A. v. Müller, C. Opitz,
M. Schaffner und R. Wecker

SCHWABE & CO AG · VERLAG · BASEL

Eidgenössische «Grenzfälle»:
Mülhausen und Genf

En marge de la Confédération:
Mulhouse et Genève

Herausgegeben von Wolfgang Kaiser,
Claudius Sieber-Lehmann und Christian Windler

SCHWABE & CO AG · VERLAG · BASEL

Gedruckt mit Unterstützung
der Berta Hess-Cohn Stiftung, Basel

Umschlag: *Dernière séance du Conseil 1798*, Gemälde von Mathieu Mieg,
Musée Historique de Mulhouse.

© 2001 by Schwabe & Co. AG · Verlag · Basel
ISBN 3-7965-1432-4

Inhalt

Wolfgang Kaiser, Claudius Sieber-Lehmann, Christian Windler
Einleitung 7

Grenzfälle: Mülhausen und Genf

Catherine Santschi
Genève et les Suisses: Mariage arrangé ou mariage d'amour? 25

Raymond Oberlé
Le *zugewandter Ort* Mulhouse: amitié, assistance et fidélité 59

Benoît Jordan
Mulhouse, les Habsbourg et les Confédérés de 1386 à 1515 101

Grenzziehungen und Grenzgänger

Claudius Sieber-Lehmann
Schimpfen und Schirmen: Mülhausen, Basel und
die Eidgenossen 1505–1515 115

Wolfgang Kaiser
Der Oberrhein und sein «konfessioneller Grenzverkehr». Wechselbeziehungen und Religionskonflikte im 16. und 17. Jahrhundert 155

Das «protestantische Rom»: Mythos und politische Schwäche

William G. Naphy
Genevan Diplomacy and Foreign Policy, c. 1535–1560:
Balancing on the edge of the Confederacy 189

William Monter
French *Parlements* and the Myths of Geneva, 1548–1555 221

Laurence Bergon
Genève fin 1688–1691: Qu'il est doux d'être indépendant? 235

Maria-Cristina Pitassi
De l'exemplarité au soupçon. L'Eglise genevoise entre la fin
du XVIIe et le début du XVIIIe siècle 273

Stadtregiment und republikanisches Selbstverständnis

Thomas Maissen
Genf und Zürich von 1584 bis 1792 – eine Allianz
von Republiken? 295

Christian Windler
Die «Souveränität, die uns der Schweizerbund gibt». Reichsstädtisches
Freiheitsbewusstsein, Republikanismus und eidgenössisches Bündnis
in Mülhausen 331

Wirtschaftliche Beziehungen und politischer Wandel

Liliane Mottu-Weber
Mulhouse, Genève et leurs indienneurs à la fin du XVIIIe siècle.
Contribution à l'histoire de l'industrie des toiles peintes et des
migrations d'artisans en Europe 365

Irène Herrmann
De la frontière signifiée à la frontière signifiante.
Genève et les traités post-napoléoniens 395

Autorinnen und Autoren 419

Einleitung

Wolfgang Kaiser, Claudius Sieber-Lehmann und Christian Windler

Auf den ersten Blick geht es im folgenden um eine «Marginalie» der europäischen Geschichte, um zwei Grenzfälle eines Sonderfalls – die lockere und prekäre, doch erstaunlich stabile und dauerhafte Verbindung von Genf und Mülhausen mit der alten Eidgenossenschaft im Spätmittelalter und in der Frühen Neuzeit. Um einen Sonderfall mithin in der westeuropäischen Geschichte, die in der Frühen Neuzeit den scheinbar unausweichlichen Siegeszug der grossen Monarchien erlebte. Mit seinem militärischen Machtapparat, zu dessen Finanzierung neue Geldquellen gefunden und effizientere Formen der Steuereintreibung durch eine wachsende bürokratisierte Administration nötig waren, wurde der frühneuzeitliche Fürst oder Monarch zu dem erfolgreichen, religiös und juristisch stark legitimierten Gewaltunternehmer der Neuzeit.[1] Und der «frühneuzeitliche Fürstenstaat» erschien den Historikern als das Modell eines Staatsbildungsprozesses, der sich gleichsam natürlich in die Formierung von Nationalstaaten verlängerte und transformierte. Halb geblendet von der Macht und dem Glanz der Monarchien, wurden die Historiker von einer chronischen Kurzsichtigkeit erfasst und verbannten die mannigfaltigen Herrschaftsformationen, die Europa im 16. und 17. Jahrhundert kennzeichneten, von einer politischen Landkarte, auf der die Eidgenossenschaft oder die niederländischen Generalstaaten als «Ausnahmen» erschienen.[2] Ein erstes Anliegen dieses Bandes ist mithin, unserer Sicht des spätmittelalterlichen und frühneuzeitlichen Westeuropa jene Komplexität zu geben, die es historisch auszeichnete.

---

1 Zum Konzept des «Gewaltunternehmers» siehe Frederic C. Lane, *Profits from power: readings in protection rent and violence-controlling enterprises*, Albany 1979; Charles Tilly, War Making and State Making as Organized Crime, in: Peter B. Evans, Dietrich Rueschemeyer, Theda Skocpol (Hrsg.), *Bringing the State back in*, Cambridge (usw.) 1985, S. 169–191.

2 Zur Reduktion der Vielfalt von Herrschaftsformationen siehe Charles Tilly (Hrsg.), *The Formation of National States in Western Europe*, Princeton 1975. Siehe auch den Versuch einer integrierenden Gesamtschau von Wolfgang Reinhard, *Geschichte der Staatsgewalt. Eine vergleichende Verfassungsgeschichte Europas von den Anfängen bis zur Gegenwart*, München 1999.

Statt der abgegrenzten Territorien der Schulwandkarten und -atlanten, deren gleichmässige Einfärbung die von einem Zentrum ausgehende staatliche Durchdringung verdeutlicht, wird hier eine buntscheckige Welt evoziert, in der Herrschaft ebenso als Kontrolle komplexer, hierarchischer und horizontaler Beziehungsgeflechte (Verwandtschaft, pyramidale Klientelnetze, bündische Zusammenschlüsse), wie als hoheitliche Macht über ein Territorium gedacht wurde.

Für die spanische und die französische Monarchie hat die neuere Forschung die Bedeutung informeller Herrschaftsformen, die Vielfalt der Satzungen und Jurisdiktionen und die Handlungsräume subalterner Herrschaftsträger aufgezeigt. Im monarchischen Verband war Patronage ein konstitutiver Faktor der engeren Vernetzung lokal eingebetteter Herrschaftsträger. «Zentralisierung» war auf Dauer nur dann erfolgreich, wenn die Beziehungen mit dem Hof den Provinzeliten neue Ressourcen zur Stärkung ihres sozialen Status und ihrer Autorität in jenen lokalen Herrschaftsstrukturen boten, auf die ihre sozialen Strategien überwiegend ausgerichtet blieben.[3] Der Erkenntniswert des Epochenbegriffs «Absolutismus», der erst im 19. Jahrhundert geprägt wurde und sich seither mit der Vorstellung einer in zunehmendem Masse alles durchdringenden Staatlichkeit verbindet, wird damit in Frage gestellt.[4]

Als Folge dieser Neueinschätzung werden die bisher als «absolut» verstandenen Monarchien anderen Herrschaftsgebilden oder «composite states» im frühneuzeitlichen Europa angenähert, in deren politischer und sozialer Herrschaftsarchitektur neben den formellen politischen Institutionen andere Formen der sozialen Aggregation – Verwandtschaftsgruppen,

---

3 William Beik, *Absolutism and Society in Seventeenth-Century France. State Power and Provincial Aristocracy in Languedoc*, Cambridge (usw.) 1985; Charles Giry-Deloison und Roger Mettam, *Patronages et clientélismes, 1550–1750 (France, Angleterre, Espagne, Italie)*, Villeneuve d'Ascq/London 1994; Sharon Kettering, *Patrons, Brokers and Clients in Seventeenth-Century France*, New York/Oxford 1986; Roger Mettam, *Power and Faction in Louis XIV's France*, Oxford 1988. Vgl. Juan Luis Castellano und Jean-Pierre Dedieu (Hrsg.), *Réseaux, familles et pouvoirs dans le monde ibérique à la fin de l'Ancien Régime*, Paris 1998; Christian Windler, *Elites locales, señores, reformistas. Redes clientelares y Monarquía hacia finales del Antiguo Régimen*, Sevilla 1997.

4 Nicholas Henshall, *The Myth of Absolutism. Change and Continuity in Early Modern European Monarchy*, London 1992. Dazu Heinz Duchhardt, Absolutismus – Abschied von einem Epochenbegriff?, in: *Historische Zeitschrift* 258 (1994), S. 113–122, und Ronald G. Asch, Heinz Duchhardt (Hrsg.), *Der Absolutismus – ein Mythos? Strukturwandel monarchischer Herrschaft in West- und Mitteleuropa (ca. 1550–1700)*, Köln (usw.) 1996.

Faktionen, Parteiungen – das politische Handeln vor Ort prägten: diese appellierten in verschiedener Weise an die Obrigkeiten und extralokalen Institutionen, bauten sie in ihre Konfliktstrategie ein, nutzten sie aus oder – ein hervorstechender Fall endogener sozialer Innovation – schufen sie erst als übergeordnete Schiedsinstanz.[5] Ein solches Plädoyer für eine politische Geschichte «von unten», für einen Blick auf den Staat «visto dalla periferia»[6], bietet ebenso wie die neuere Absolutismusforschung eine triftige Kritik an linearen Staatsbildungsvorstellungen, aber keine übergreifende alternative Sicht. Die Analyse von der Peripherie her bzw. eine lokale oder regionale Perspektive lassen sich auf die politische Binnenanalyse von Monarchien wie Freistaaten anwenden und ermöglichen es, strukturelle Ähnlichkeiten herauszuarbeiten. Insofern trägt ein Ansatz, der die Territorialpolitik der Berner Ratsherren mit jener der aristokratischen Republik Genua vergleichbar macht, dazu bei, sich vor einer romantisierenden Überbewertung der gleichwohl für die Zeitgenossen im 16. und 17. Jahrhundert deutlichen Alternative des «Turning Swiss» oder «Turning Dutch» zu hüten.[7]

Unbefriedigend bleiben diese Ansätze aber hinsichtlich der Analyse bündischer Beziehungssysteme, deren einzelne Komponenten durchaus analoge hierarchische Binnenstrukturen mit Klientelsystemen usw. aufweisen, sich darüber hinaus aber zu horizontalen Bündnissen zwischen im Grundsatz gleichberechtigten Partnern zusammenschliessen, die sich nicht nach dem Schema Zentrum/Peripherie analysieren lassen. In dieser bündischen Struktur zwischen weitgehend autonomen Partnern liegt das eigentliche Spezifikum der Eidgenossenschaft wie auch der niederländischen Generalstaaten, deren historische Perennisierung (eine Erfolgsgeschichte, im Gegensatz zur Hanse) es zu erklären gilt.[8] Insofern erscheint die jüngst

---

5 Sandro Lombardini, Osvaldo Raggio und Angelo Torre, Premessa, in: *Quaderni Storici* 63 (1986), S. 681–685.
6 Osvaldo Raggio, Visto dalla periferia. Formazioni politiche di antico regime e Stato moderno, in: Maurice Aymard (a cura di), *Storia d'Europa: L'età moderna: secoli XVI–XVIII* (Storia d'Europa, hrsg. von Perry Anderson et al., Bd. 4), Torino 1995, S. 483–527.
7 Thomas A. Brady Jr., *Turning Swiss. Cities and Empire (1450–1550)*, Cambridge (usw.) 1985; Wayne te Brake, *Shaping History. Ordinary People in European Politics, 1500–1700*, Berkeley (usw.) 1998.
8 Zu den niederländischen Generalstaaten siehe jetzt die Darstellung von Jonathan Israel, *The Dutch Republic. Ist Rise, Greatness, and Fall, 1477–1806*, Oxford 1995; zur

durch Peter Stadler wieder aufgenommene Frage[9], ob die Eidgenossenschaft im frühen 16. Jahrhundert denn ein Staat gewesen sei, als falsch gestellt, berührt aber ein zentrales Problem.

Die Untersuchung bündischer Beziehungsgeflechte stellt besondere Probleme. Die Bündnisse («Burgrechte» usw.) sind zeitlich begrenzt, müssen immer wieder erneuert und neu ausgehandelt werden. Die konkrete Gestalt des Bündnissystems, das Kräfteverhältnis zwischen den Partnern sowie die Qualität der einzelnen Bindungen ändern sich ständig. Zur Schwierigkeit, die Ausdehnung eines Bündnisgeflechts zu bestimmen und zu erklären, tritt das Problem, den Beginn und das Ende eines derartigen Systems von Allianzen festzustellen. Im Gegensatz zu Fürstenstaaten, wo dynastische Wechsel das Ende wie auch den Neubeginn einer Epoche markieren, können bei den hier zur Diskussion stehenden, alternativen Aggregationsmodellen oft der Beginn des Zusammenschlusses und die Auflösung des Bündnissystems nicht derart eindeutig nachgewiesen werden. Selbst wenn ein Bündnisvertrag den Beginn einer Zusammenarbeit bezeichnet, so fällt es schwer, die anschliessende Herrschaftspraxis zu rekonstruieren, denn im Gegensatz zu Fürstenstaaten, in denen der Herrscher seine Souveränitätsansprüche gegenüber subalternen Akteuren durchzusetzen versucht, beruht die Organisation eines bündischen Netzwerks auf Kontakten und Gesprächen zwischen grundsätzlich gleichgestellten Partnern, einem ständigen Aushandeln des jeweils einzuschlagenden politischen Wegs sowie einer langsamen Beschlussfassung. Eine zentrale Instanz, welche die Grundlagen für einzelne Entscheidungen liefert, fehlt. Die Beschlüsse, in umständlichen Protokollen enthalten, werden von den jeweiligen Bündnismitgliedern überdies unterschiedlich umgesetzt; ein gutes Beispiel dafür sind die von Georg Schmidt untersuchten «Städtetage» im Reich.[10]

Hanse Antjekathrin Grassmann (Hrsg.), *Niedergang oder Übergang? Zur Spätzeit der Hanse im 16. und 17. Jahrhundert*, Köln/Weimar/Wien 1998, insbesondere die Beiträge von Heinz Duchhardt und Georg Schmidt.

9 Peter Stadler, Der Westfälische Friede und die Eidgenossenschaft, in: Heinz Duchhardt (Hrsg.), *Der Westfälische Friede. Diplomatie – politische Zäsur – kulturelles Umfeld – Rezeptionsgeschichte* (Historische Zeitschrift. Beihefte N.F. 26), München 1998, S. 369–391. Vgl. auch den Versuch, die komplexen Strukturen des Reichs als «Staat der deutschen Nation» zu interpretieren, von Georg Schmidt, *Geschichte des Alten Reiches. Staat und Nation in der Frühen Neuzeit, 1495–1806*, München 1999.

10 Georg Schmidt, *Der Städtetag in der Reichsverfassung. Eine Untersuchung zur korporativen Politik der Freien und Reichsstädte in der ersten Hälfte des 16. Jahrhunderts*, Stuttgart 1984.

«Setzung» und «Selbstorganisation» charakterisieren am besten das Auftauchen und innere Funktionieren eines derartigen Bündnissystems, das sich selbst konstituiert, anschliessend in der Praxis eine Eigendynamik gewinnt und eine dauerhafte politische Form ausbildet, die selbst wiederum die weitere Entwicklung vorantreibt. Die innerhalb der jeweiligen Bündnispraxis gewonnenen Erfahrungen beeinflussen dabei zukünftige Entscheidungen, ohne dass die handlungsleitenden Prinzipien jedesmal offengelegt werden.

Zugleich lassen sich diese bündischen Strukturen nicht einfach als autonome Formen der Selbstorganisation auffassen. Sie sind ebenso wie andere politische Formen komposite, ja heterogene Gebilde, deren – im Fall der Eidgenossenschaft – privilegierte Beziehung zur französischen Monarchie oder zeitweilige Personalunion mit der englischen Krone – wie im Fall des holländischen Stathouders Wilhelm (III.) von Oranien – zu den wesentlichen politischen Rahmenbedingungen ihrer Existenz in der politischen Landschaft des frühneuzeitlichen Europa gehören, die im übrigen auf die inneren Konflikte (Pensionen des französischen Königs!) durchschlagen.

Diese Komplexität erfordert eine mehrdimensionale Perspektive und Darstellungsweise. Einerseits muss aus einer Makroperspektive heraus das Auftauchen, die Entwicklung und das Verschwinden einer Bündnisbeziehung nachgezeichnet werden, wobei eine historische Untersuchung der Ränder eines Netzwerks besonders ertragreich ist. An der Grenze werden Zugehörigkeiten explizit formuliert und in Konflikten festgelegt; hier wird das implizite Regelwerk, welches ein Bündnisgeflecht zusammenhält, sichtbar. Dieser «boundary approach», den Peter Sahlins bezeichnenderweise am Rande eines monarchischen Netzwerks erarbeitet hat[11], kann eine Langzeitperspektive sein, die den historischen Wandel über mehrere Jahrhunderte umfasst. Die Grenzfälle Mülhausen und Genf bieten auch die Möglichkeit, die komplexen bündnispolitischen Überschneidungen zu analysieren, das aktive Mitwirken bei Grenzziehungen durch die Aufladung von Konflikten, kleinen Vorfällen und zumeist alltäglichen Auseinandersetzungen herauszuarbeiten oder den Problemen und Möglichkeiten nachzugehen, die durch politische und konfessionelle Abgrenzungen geschaffen werden.

Insofern beschäftigen sich die Beiträge dieses Bandes nicht mit lokalen Marginalien, sondern untersuchen an Grenzfällen wesentliche Fragen der politischen Sozialgeschichte.

---

11 Peter Sahlins, *Boundaries. The Making of France and Spain in the Pyrenees*, Berkeley/Los Angeles/Oxford 1989.

Grenzfälle: Mülhausen und Genf

Den Auftakt des vorliegenden Bandes bilden drei Übersichtsdarstellungen zu Genf und Mülhausen. Der Artikel von Catherine Santschi beginnt mit einer Kritik am gängigen Genfer Geschichtsbild, welches den Beitritt der Rhonestadt zur Eidgenossenschaft als Ergebnis einer jahrhundertelangen und zwangsläufigen Entwicklung interpretiert. Im Gegensatz zu einer derart teleologisch ausgerichteten Geschichtsschreibung weist die Verfasserin nach, dass seit dem Spätmittelalter verschiedene Kräfte mit jeweils eigener «logique» auf Genf einwirkten, nämlich nicht nur die Eidgenossenschaft, sondern auch Savoyen und Frankreich. Zu diesen drei Faktoren kam noch die eigene «logique genevoise» hinzu, welche zwar die eigene Schwäche und das Übergewicht der umliegenden «Schutzmächte» akzeptierte, dafür aber einen Ausweg aus dieser Situation fand, indem die Stadt die drei Konkurrenten gegeneinander ausspielte. Obwohl Genf immer aus der Defensive heraus agieren musste, konnte es dennoch zwischen den drei aussenstehenden Mächten während Jahrhunderten eine «balance égale» aufrechterhalten; dies war nur dank eiserner Disziplin der Bürgerschaft, aufwendigen militärischen Defensivmassnahmen und hartnäckiger Diplomatie möglich. Von den drei «Beschützern» der Stadt war Savoyen am bedrohlichsten, während die Eidgenossenschaft, geschwächt durch konfessionelle Gegensätze, die Rolle des Vermittlers übernahm; für Frankreich ging es in erster Linie darum, die anderen beiden Rivalen davon abzuhalten, Genf unter ihre Kontrolle zu bringen. Erst die revolutionären Bewegungen der Genfer Bürger am Ende des Ancien Régime setzten die Unabhängigkeit der Rhonestadt aufs Spiel und führten den Anschluss an Frankreich herbei. Dieses Ereignis zeigt, dass die Genfer Unabhängigkeit in den vorangehenden Jahrhunderten nicht so sehr ein Ergebnis städtischer Freiheitsliebe war, sondern auf dem Schwebezustand beruhte, den die drei sich gegenseitig aufhebenden, von aussen wirkenden politischen Kräftefelder herbeigeführt hatten. Da das aristokratische Herrschaftsverständnis dieser drei Mächte letzten Endes mit demjenigen der städtischen Obrigkeit übereinstimmte, büsste Genf erst mit dem Zusammenbruch des Ancien Régime auch seinen politischen Handlungsspielraum ein.

Im zweiten Text charakterisiert Raymond Oberlé das Verhältnis zwischen Mülhausen und den eidgenössischen Orten als Ergebnis von «amitié, assistance et fidélité», was allerdings einen Preis forderte: Die Stadt musste eine Einschränkung ihres politischen Handlungsspielraums hinnehmen, um bis in die Mitte des 17. Jahrhunderts den habsburgischen Übernahmeversuchen entgehen zu können. Obwohl Mülhausen gleich wie Genf keine direkte Verbindung zur Eidgenossenschaft besass – der nächste eidgenössische Ort war das 30 Kilometer entfernte Basel –, erwies sich die 1515 eingegangene Bündnisbeziehung während über 250 Jahren als stabil. Zwar vergifteten konfessionelle Gegensätze die Beziehungen zur Innerschweiz, zu einem endgültigen Bruch mit der gesamten Eidgenossenschaft kam es dank dem Schutz der protestantischen Orte aber dennoch nicht. So konnte die Reichsstadt an der Ill innerhalb des oberrheinischen Herrschaftsgefüges ihre Sonderstellung behaupten, indem die Obrigkeit darauf achtete, die Lage Mülhausens zwischen drei Kräftefeldern – in ähnlicher Weise wie Genf – aufrecht zu erhalten; im vorliegenden Falle handelte es sich neben der Eidgenossenschaft und Frankreich um das Reich, dessen Oberhaupt seit der Mitte des 15. Jahrhunderts fast durchweg aus dem Hause Habsburg stammte. Das Ende des Ancien Régime führte auch im Falle Mülhausens zur «réunion» mit dem revolutionären Frankreich: Ökonomische Probleme, verursacht durch die Zollpolitik der französischen Monarchie und der «République française, une et indivisible», sowie «patriotische» Vorstellungen von revolutionsbegeisterten Mülhausern, welche anstelle der ihnen altmodisch erscheinenden Bündnissysteme eine Einbindung in den französischen Nationalstaat anstrebten, hoben die Sonderstellung des zugewandten Ortes und der Reichsstadt Mülhausen auf.

Damit waren mehrfache Zugehörigkeiten, welche in der Frühen Neuzeit noch gängig waren, nicht mehr möglich. Der Beitrag von Benoît Jordan zeigt, wie Mülhausen an der Wende des 15. zum 16. Jahrhundert noch eine Mittelstellung zwischen Eidgenossenschaft, Vorderösterreich und Reich einnehmen konnte, welche von allen beteiligten Parteien respektiert wurde, auch wenn die Beziehung zum eidgenössischen Bündnisgeflecht letzten Endes am engsten war.

Grenzziehungen und Grenzgänger

Der zweite Teil verlässt die Makroperspektive und konzentriert sich auf die alltägliche Interaktion, in deren Rahmen die Beziehungen zwischen Mülhausen und den eidgenössischen Orten hergestellt oder zurückgewiesen wurden.

Der Beitrag von Claudius Sieber-Lehmann weist im Falle Mülhausens nach, wie im ausgehenden Spätmittelalter durch Schimpfen und Schützen sowohl Abgrenzungen als auch Zugehörigkeiten festgelegt wurden. So mussten sich in den Jahren 1505 und 1506 die Mülhauser anlässlich ihres Bündnisses mit dem eidgenössischen Basel[12] von den Nachbarn als «Kuhschweizer» – d.h. Sodomiten – titulieren lassen. Sie begegneten diesen Schmähungen, indem sie ihrerseits den gewaltsamen «Schutz» der Basler und damit der Eidgenossen beanspruchten und deren Hilfeleistungen durch gegenseitige Freundschaftsbesuche öffentlich dokumentierten.[13] In den heftig geführten Schimpfkriegen spielte abgesehen von der erwähnten Verketzerung auch der ständische Gegensatz zwischen Adligen und «Schweizern» eine Rolle. Dabei wurden kleinste Vorfälle von beiden Seiten sofort hochgespielt, so dass sich der Kaiser und die vorderösterreichische Verwaltung, die eidgenössische Tagsatzung sowie die städtischen Obrigkeiten mit Verbalinjurien und Kirchweihschlägereien beschäftigen mussten. Diese aus heutiger Sicht übertriebene Reaktion hatte verschiedene Gründe. Die öffentliche, vor möglichst viel Publikum stattfindende Zurückweisung einer Schmähung stellte die Gruppenehre eines Gemeinwesens wieder her, welche durch Fehltritte der Untertanen beschädigt werden konnte. Im Rahmen eines Ehrhandels konnten überdies die Zuverlässigkeit der jeweiligen Bündnispartner und die Machtverhältnisse am Oberrhein getestet werden, ohne dass ein Krieg geführt werden musste. Die gleichen Vorgänge, allerdings mit charakteristischen Unterschieden, spielten sich auch rund zehn Jahre später ab, als Mülhausen sich nun der gesamten Eidgenossenschaft als zugewandter Ort anschloss. Neben einer Verstärkung des bereits bestehenden eidgenössischen «Schutzes» verfolgten die Mülhauser mit ihrer Allianz in diesem Falle auch wirtschaftliche Ziele, da sie dank ihrem «Turning Swiss» mit Geldzahlungen auswärtiger Mächte zwecks Söldnerwerbung rechneten. Vor allem aber beabsichtigten sie eine Steigerung ihres Ansehens und ihrer Ehre, wofür die Eidgenossen mit ihren guten Verbindungen zum Heiligen Stuhl Gewähr boten. Auf einer allgemeineren Ebene zeigt der Grenzfall

---

12 Die Mülhauser erfuhren damit die gleiche Ausgrenzung seitens ihrer Nachbarn wie Basel, das sich 1501 den Eidgenossen anschloss. Vgl. zu letzterem Claudius Sieber-Lehmann, Neue Verhältnisse. Das eidgenössische Basel zu Beginn des 16. Jahrhunderts, in: Marco Bellabarba und Reinhard Stauber (Hrsg.), *Identità territoriali e cultura politica nella prima età moderna – Territoriale Identität und politische Kultur in der Frühen Neuzeit* (Annali dell'Istituto storico italo-germanico in Trento 9 = Jahrbuch des italienisch-deutschen Instituts in Trient. Beiträge 9), Bologna/Berlin 1998, S. 271–300.
13 Den Zusammenhang zwischen «Schutz» und erpresserischer Gewaltanwendung zeigt die Untersuchung von Gadi Algazi, *Herrengewalt und Gewalt der Herren im späten Mittelalter. Herrschaft, Gegenseitigkeit und Sprachgebrauch* (Historische Studien Bd. 17), Frankfurt/New York 1996.

Mülhausen, wie im Spätmittelalter nicht eine zentrale Herrschaftsinstanz über die jeweiligen Grenzen wachte und sie festlegte, sondern wie die jeweiligen Bevölkerungsgruppen in ständiger, zumeist konfliktueller Interaktion die jeweiligen Zugehörigkeiten regelten. In diesen unablässigen Definitionsprozess bezogen die Parteien immer auch die ihnen übergeordneten Herrschaftsträger ein, welche als Vermittler und Schiedsinstanz agierten.

Die neuen Zwänge, aber auch neuen Handlungsspielräume, die sich am Oberrhein durch die Reformation und die konfessionellen Konflikte im 16. und 17. Jahrhundert ergeben, erörtert der Beitrag von Wolfgang Kaiser. Er zeigt, dass die Hinwendung Basels und Mülhausens zur Eidgenossenschaft die traditionelle Ausrichtung insbesondere Basels auf die nördlichen Vorlande (besonders das Elsass) und die politischen Handlungsmuster im Rahmen des oberrheinischen Städtenetzes zwar nicht aufhob, doch zu neuen Spannungen führte. Zur gleichsam «ex-exzentrischen» Position Basels als Zentralort der Regio (mit Mülhausen als «Vorstadt») kam mit dem Übergang zur Reformation im Jahr 1529 eine gewisse Isolierung hinzu. Grossteils von katholisch gebliebenen Territorien umgeben, gewannen die nunmehr konfessionell geprägten Burgrechte und Allianzen, aber auch gute Beziehungen zur französischen Krone, für Basel und Mülhausen zentrale Bedeutung.

In dieser längeren Phase einer «neuen Übersichtlichkeit», in der sich die konfessionellen Orthodoxien erst herausbildeten und es zu erzwungenen oder freiwilligen Konfessionswechseln von Fürsten und Städten kam, ergaben sich am Oberrhein Zufluchts- und Handlungsmöglichkeiten für Refugianten verschiedener Orientierung. Gerade die konfessionellen Abgrenzungen erlaubten den Wechsel über die Grenze und führten zu einem «konfessionellen Grenzverkehr», der mit der Durchsetzung der jeweiligen Orthodoxie nicht abbrach, sondern kontrolliert und kanalisiert wurde. Auf lange Sicht führte die konfessionelle Abgrenzung zwischen Katholiken, Lutheranern und Reformierten zur religiös-kulturellen Entfremdung am Oberrhein.

Allein aus mikrohistorischer Perspektive, mit der territorialen Verfestigung durch die Konfessionalisierung oder der als einheitsstiftend gedachten Kraft bündischer Strukturen lässt sich indes die historische Dauer der prekären Anbindung der Exklave/Enklave Mülhausen an die Eidgenossenschaft kaum erklären. Wie auch im Falle Genfs spielten die übergreifende Mächtekonstellation und das Interesse der Nachbarn an einem neutralisierenden «Puffer» eine wesentliche Rolle.

Das «protestantische Rom»: Mythos und politische Schwäche

Die Eingliederung Genfs in die Eidgenossenschaft im 19. Jahrhundert erscheint – vielleicht noch stärker als der Anschluss Mülhausens an die Französische Republik – keineswegs als gleichsam notwendige Konsequenz einer säkularen engen Verbindung, sondern vielmehr als ein kontingentes, aus den neuen historischen Bedingungen der napoleonischen Zeit erklärbares Phänomen. Genf lag nicht nur am Rand der Eidgenossenschaft; die Stadt befand sich, wie Catherine Santschi in ihrem Beitrag zeigt, seit dem Spätmittelalter in einer europäischen Kräftekonstellation, in der sie ständig mit mächtigeren Nachbarn, dem Herzog von Savoyen, Frankreich und Bern, konfrontiert war. Aus der Bedrohung und Fragilität ihrer politischen Unabhängigkeit habe sie ein geradezu «übersteigertes Freiheitsgefühl» (Jean-François Bergier) entwickelt. Auch dessen Ausdrucksformen – die Berufung auf den Status einer «freien Reichsstadt» und die Entwicklung eines republikanischen Selbstverständnisses – erklären sich William G. Naphy und Thomas Maissen zufolge zunächst vor allem aus einer aussenpolitischen Konstellation, der Bedrohung durch Savoyen im 16. und Anfang des 17. Jahrhunderts. Beide Beiträge legen zugleich nahe, dass eine prekäre Lage taktische Fähigkeiten und Ingeniosität fördert und machtpolitische Schwäche durch maximales Ausnutzen von Gegensätzen kompensiert werden kann. William G. Naphy zeigt in seiner Feinanalyse der Genfer Diplomatie in den Jahren 1535–1560, wie die Alternativen dieser Gratwanderung innenpolitisch durchschlugen und zu Faktionsbildungen in der städtischen Elite und zu Spannungen führten, die auch in der unterschiedlichen Herkunft und den verschiedenen ökonomischen und sozialen Bindungen von Bevölkerungsgruppen gründeten. Der Klerus war zu Beginn des 16. Jahrhunderts fast vollständig savoyischer Herkunft, und es gab eine grosse Gruppe savoyischer Residenten in der Stadt. Ein Teil der einheimischen Elite waren vor mehreren Generationen zugewanderte Piemonteser, während das gemeine Volk mehrheitlich französischsprachig war. Andererseits hatte sich die Stadt kontinuierlich und zunehmend über wirtschaftliche Beziehungen und Heiraten mit den deutschsprachigen Kantonen der Eidgenossenschaft verbunden.

Gebündelt wurden diese Spannungen im entscheidenden Konflikt des 16. Jahrhunderts, während der Reformation. Seit 1555 habe sich Genf aussenpolitisch neu orientiert und, so William G. Naphy, seine Rolle am Rand der Eidgenossenschaft akzeptiert. Auf 1555 datierte Alain Dufour auch die Geburt des negativen Mythos von Genf als Zentrum der Häresie: eine auf

Calvin zentrierte Propaganda (die auch von Bern gefördert wurde).[14] William Monter zeigt aus der Perspektive französischer Quellen, dass sich schon Ende der 1540er Jahre neben einem positiven Bild von Genf (eine Stadt ohne Bordelle, in der nicht mehr geflucht wurde) negative Einschätzungen der Stadt als «maison babilonicque des Lutheriens» nachweisen lassen. Genf bildete bereits eine Zufluchtsstätte für französische Religionsflüchtlinge und ein wichtiges Druck- und Kommunikationszentrum für die reformierten Auffassungen: Genfer Briefboten wurden 1548 in Aix-en-Provence und Rouen verhaftet, ein offizieller Herold in Toulouse 1555, die ersten Genfer «Missionare» im gleichen Jahr. Allerdings zeigen die Gerichtsakten, dass es den *Parlements* weniger um die Produktion eines negativen Mythos von Genf als vielmehr um die Eindämmung der reformierten Propaganda in Frankreich und um die öffentliche Ordnung im Königreich ging.

Ironischerweise verdankte das «protestantische Rom» die Möglichkeit, als internationales Zentrum des Calvinismus zu wirken, zum Teil seiner politischen Schwäche. Die Nachbarmächte waren an der Unabhängigkeit Genfs interessiert wegen seiner Schlüssellage an einem der wichtigen europäischen Handels- und Verkehrswege zwischen dem Mittelmeer und Nordwesteuropa (der nicht unter die Kontrolle einer einzigen Macht geraten sollte) und wegen seiner Funktion als Puffer zwischen den nach Expansion strebenden Mächten Bern und Frankreich.

Der europäische Religionskonflikt bedeutete für Genf auch einen entscheidenden Einschnitt hinsichtlich der Zusammensetzung der städtischen Bevölkerung. Das Misstrauen der Berner gegenüber Calvin und seinen Anhängern gründete William G. Naphy zufolge nicht nur in theologischen Differenzen, sondern auch in der Tatsache, dass Calvins Sieg 1555 zur Ausweisung von fast einem Drittel der einheimischen Elite und zur massiven Aufnahme französischer (wohlhabender) Exulanten ins Bürgerrecht führte – die Stadt wurde «‹ethnically› more French»; am Ende des 17. Jahrhunderts waren unter den etwa 16000 Einwohnern über 3000 französische Exulanten. Der massive Zustrom Luccheser, Piemonteser und französischer Religionsflüchtlinge und die vergleichsweise offene Genfer Politik der Aufnahme ins Bürgerrecht machten die Stadt nicht nur zu einem europäischen Druckerzentrum für die reformierte bzw. calvinistische Propaganda, sondern führten auf lange Sicht auch zu einer wirtschaftlichen Blüte und

---

14 Alain Dufour, Le mythe de Genève au temps de Calvin, in: Alain Dufour, *Histoire politique et psychologie historique*, Genève 1966, S. 67–130.

Neuorientierung: Genf wurde zu einem wichtigen Zentrum des Seidengewerbes, wie der Beitrag von Liliane Mottu-Weber in diesem Band nachweist.

Wie prekär die politische Situation Genfs angesichts des massiven Vordringens Frankreichs in der zweiten Hälfte des 17. Jahrhunderts war, zeigt der Artikel von Laurence Bergon. Die bekannte Rolle der französischen Residenten als «Einflussagenten» spiegelt sich deutlich in der vorsichtigen Politik Genfs gegenüber Frankreich, die eine mit vielen Entschuldigungen verbundene vorsichtige Distanz gegenüber den Avancen Wilhelms von Oranien (holländischer Stathouder und seit 1689 auf dem englischen Thron) erzwang. Die latenten Spannungen mit Bern äusserten sich in gegenseitigen Vorwürfen: die Genfer seien «traistres à la patrie et vendus à la France», während umgekehrt die Genfer meinten «qu'il vaudrait mieux tomber entre les mains des Turcs que des Bernois». Als Genf angesichts der französischen Bedrohung in den 1690er Jahren um die Aufnahme in die Eidgenossenschaft nachsuchte, brachten vor allem die Widerstände der katholischen Kantone, aber auch die innerprotestantischen Spannungen den Antrag zu Fall und beliessen Genf in seiner «bittersüssen» Unabhängigkeit.

Die theologischen Inhalte der innerprotestantischen Kontroversen verdeutlicht der Beitrag von Maria-Christina Pitassi. Sie zeichnet den Wandel der Einstellungen gegenüber der «Église genevoise» vom 17. zum 18. Jahrhundert nach. Genf hatte Anfang des 18. Jahrhunderts seine Rolle als international ausstrahlendes Zentrum der Reformierten verloren, doch als Wiege des Calvinismus weiterhin einen Ehrenplatz inne. In den theologischen Kontroversen verlor die Genfer Kirche nicht nur diese hervorgehobene Stellung, sie brachte sich im 18. Jahrhundert durch die freimütige Diskussion in den Augen der reformierten Orthodoxie sogar in den Verdacht, ein «nid d'hérésie» zu sein. Was auf den ersten Blick als Verfallsgeschichte des «protestantischen Roms» erscheint, ist jedoch eher in den europäischen Prozess der Ausdifferenzierung der protestantischen Positionen im Zeitalter der Aufklärung einzuordnen, der für die Genfer Kirche zu einer dogmatischen Neubestimmung und kirchlichen Erneuerung führen sollte.

Stadtregiment und republikanisches Selbstverständnis

In eine solche europäische Diskussion ordnen auch die Beiträge von Thomas Maissen und Christian Windler das republikanische Selbstverständnis von Genf und Mülhausen und dessen Wandel im 18. Jahrhundert ein.

Die beiden Autoren zeigen, wie in den Grenzsituationen Genfs und Mülhausens seit der zweiten Hälfte des 17. Jahrhunderts in expliziter Abgrenzung zu den umliegenden Monarchien republikanische Herrschaftskonzepte gewonnen wurden. Republikanische Eigenart wurde auf die Bündnisse der beiden Städte mit Orten der Eidgenossenschaft zurückgeführt. Eidgenössische Geschichte wurde dabei zu jener souveräner Republiken, die ausserhalb des monarchisch geprägten Reichsverbandes gestellt wurden. Genf und Mülhausen fanden in ihren eidgenössischen Bündnissen eine Antwort auf die Notwendigkeit, politische Eigenständigkeit mit dem Verweis auf die *Possessio* abzusichern und zu legitimieren. Das in der Aussenpolitik gewonnene Verständnis republikanischer Souveränität und Freiheit wurde erst im Laufe des 18. Jahrhunderts als Leitbild in innenpolitische Spannungsfelder eingebracht, die durch die Auseinandersetzungen zwischen kleinen Gruppen regierender Familien und bloss *de iure* regimentsfähigen Bürgern geprägt wurden. Gegenüber Peter Blickle, der eine «Kontinuität vom Kommunalismus des Spätmittelalters in die Demokratie der Moderne» postuliert hat[15], belegen Maissen und Windler, dass die Rezeption naturrechtlicher Argumente für eine antimonarchische und antiadlige republikanische Freiheit, die sich mit der Loslösung aus dem Reich verband, einen tiefen Bruch mit bisherigen stadtbürgerlichen Erfahrungen bedeutete. Der Republikanismus verlor sein emanzipatorisches Potential nicht, obwohl die in aussenpolitischen Umbruchsituationen rezipierten Topoi naturrechtlicher Herrschaftslegitimation zunächst in ein oligarchisches Politikverständnis einflossen, das Genf und Mülhausen mit der ständischen Welt verband.

Anhand der Reden, die Stadtschreiber Josua Hofer von 1748 bis 1797 am Schwörtag in Mülhausen hielt, verfolgt Windler, wie im Rahmen eines Aktes, welcher der Legitimation der politischen und gesellschaftlichen Ordnung diente, ein einflussreicher Vertreter der Obrigkeit Republikanismus als Identifikationsangebot an eine zünftische Opposition richtete, die Republikanismus ihrerseits als gegen die Arkanpolitik des Rates gerichtete Forderung formulierte. Der Stadtschreiber versuchte, bürgerliche Freiheit und Gleichheit in das obrigkeitliche Identifikationsangebot zu integrieren. Seit den 1780er Jahren verdrängte indessen die Polemik gegen den «Patrioten-

---

15 Peter Blickle, Kommunalismus und Republikanismus in Oberdeutschland, in: Helmut G. Koenigsberger (Hrsg.), *Republiken und Republikanismus im Europa der Frühen Neuzeit* (Schriften des Historischen Kollegs. Kolloquien 11), München 1988, S. 57–75, Zitat: S. 75.

geist», der eine *bürgerliche Öffentlichkeit* als Legitimationsinstanz an die Stelle der Obrigkeit setzte, die Suche nach einem ideellen Konsens.

Die Untersuchung der republikanischen Herrschaftskonzepte eröffnet auffallende Parallelen zwischen den beiden Grenzfällen Mülhausen und Genf. Während allerdings in Mülhausen die Ratsoligarchie in den Umbruchprozessen über die *Réunion* hinaus die Oberhand behielt, bedrohte der emanzipatorische Republikanismus der Genfer Opposition bereits im Laufe des 18. Jahrhunderts ernsthaft die Herrschaft des Genfer Patriziats und provozierte Interventionen Zürichs, Berns und Frankreichs.

Wirtschaftliche Beziehungen und politischer Wandel

Am Beispiel sowohl Genfs als auch Mülhausens verdeutlicht Liliane Mottu-Weber Zusammenhänge zwischen der ökonomischen und politischen Entwicklung der beiden Städte einerseits und der französischen Zollpolitik des ausgehenden 18. Jahrhunderts andererseits. Angesichts ihrer Abhängigkeit von den französischen Märkten beim Erwerb von Rohtextilien und Farbstoffen sowie beim Absatz ihrer Produkte wurden die Indienne-Manufakturen der beiden Städte durch die Zollmassnahmen von 1785 zugunsten der *Compagnie française des Indes* und der französischen Manufakturen in ähnlicher Weise getroffen. Die Vereinheitlichung des Zollgebietes – Ausdruck eines Souveränitätsbegriffes, der sich mit dem Territorium des entstehenden französischen Nationalstaates verband – stürzte die Manufakturen in eine Krise, aus der die Fabrikanten nur herausfinden konnten, wenn sie sich auf die neuen politischen Bedingungen einstellten. Zunächst versuchten sie, ihre weit über die politischen Grenzen hinausreichenden Beziehungsnetze zu nutzen, sei es um die Zollbestimmungen zu umgehen oder um diese auf dem Vertragsweg neu zu regeln. Die Eroberung Savoyens durch die französischen Truppen im Jahre 1792 versetzte Genf in eine Enklavesituation, die mit der Lage Mülhausens im Oberelsass vergleichbar war. Hingegen zeitigte der Verlust der politischen Eigenständigkeit durch den Anschluss an Frankreich 1798 in Genf und Mülhausen unterschiedliche Folgen. Während die Mülhauser Fabrikanten dank der politischen Neuorientierung die durch die Zollstreitigkeiten geschwächte Ertragskraft ihrer Manufakturen unter französischen Bedingungen wiederherstellen konnten, verschärfte die napoleonische Zollpolitik die Schwierigkeiten der Genfer Manufakturen, die eine nach der andern schliessen mussten, da sie weniger auf die französischen Märkte ausgerichtet waren. In diesem Zusammenhang stellt sich für

Liliane Mottu-Weber die Frage nach den unterschiedlichen wirtschaftspolitischen Prioritäten der Genfer und Mülhauser Obrigkeit in den Jahren vor dem Anschluss. Während die Genfer Regierung in den Auseinandersetzungen um die französische Zollpolitik vor allem das Uhren- und Schmuckgewerbe zu retten suchte, stand in Mülhausen die Textilindustrie eindeutig im Vordergrund.

Der Artikel von Irène Herrmann, der den vorliegenden Band abschliesst, vollzieht in mancher Hinsicht eine Synthese der vorangegangenen Texte und bietet gleichzeitig einen Ausblick in das «nationale» 19. Jahrhundert. Die Verfasserin geht bei ihren Darlegungen von der widersprüchlichen Lage Genfs aus, das auf den ersten Blick in organischer Weise von Bergen und See umgeben ist, während sich seine politischen Grenzen in keiner Weise an diesen natürlichen Gegebenheiten orientieren. Dieser Gegensatz ergibt sich aus den paradoxen Anforderungen, welche die am Wiener Kongress versammelten Diplomaten bei der geplanten Neuordnung Europas erfüllen mussten. Sie beabsichtigten zwar die Wiederherstellung der vorrevolutionären Zustände, mussten aber gleichzeitig politisch-geographische Vorstellungen berücksichtigen, die sich während der Revolution endgültig durchgesetzt hatten und die sich nicht mehr rückgängig machen liessen, wie beispielsweise das Konzept eines geschlossenen Staatsgebietes innerhalb linearer Grenzen. Dieses Dilemma führte zur Konzipierung des heutigen Hoheitsgebietes von Genf, das als neuer Kanton dank Gebietsabtretungen zwar direkt an die Schweiz angegliedert werden und somit das nationale Territorium abrunden konnte, andererseits aber aus politischen Gründen auf einen Teil seines natürlichen Hinterlandes zugunsten Frankreichs und des Königreichs Sardinien-Piemont verzichten musste. Die in Wien am grünen Tisch ausgehandelte Lösung führte zu einer Reihe von Konflikten, die den Mechanismus der Grenzbildung zu Beginn des 19. Jahrhunderts dokumentieren. So mussten die alteingesessenen Genfer sich mit der Vorstellung vertraut machen, dass ihre ehemalige Stadtrepublik nun zur Schweiz gehörte, während die katholischen «communes réunies», die Genf in Wien zugesprochen erhalten hatte, sogar einen zweifachen Wechsel vollziehen mussten: Sie waren nun Schweizer unter einer reformierten Obrigkeit geworden. Die Streitereien und Zwistigkeiten – Grenzverletzungen, Zollschikanen, Tätlichkeiten – erinnern dabei an Vorgänge, wie sie die hier besprochenen eidgenössischen Grenzfälle bereits im Spätmittelalter und in der Frühen Neuzeit erlebt hatten.

Allerdings zeigt die Darstellung von Irène Herrmann auch, wie staatliche Fürsorge sowie wirtschaftliche Unterstützung seitens Genfs dazu führten, dass innerhalb von rund dreissig Jahren auch die «communes réunies» sich als Schweizer Gemeinden und Teil des Kantons Genf verstanden und die neuen Grenzen als «natürliche» Scheidelinien akzeptierten. Dieser Wandel erfolgte nun nicht mehr vorrangig im Rahmen eines Bündnisgeflechts, in welchem Zugehörigkeiten und Abgrenzungen immer wieder vor Ort ausgehandelt und geklärt werden mussten. Er war eingebettet in die von gewaltsamen Konflikten wie dem Sonderbundskrieg geprägte Transformation der alten Eidgenossenschaft in einen Bundesstaat[16], der sich – in freilich durchaus spezifischer Weise – am europäischen Prozess der Nationalstaatsbildung orientierte.

Die Herausgeber bedanken sich bei der Berta Hess-Cohn Stiftung herzlich für die Übernahme der Druckkosten dieses Buches.

---

16 Zu diesem langfristigen Wandel am Beispiel des oberrheinischen Grenzraums vgl. Wolfgang Kaiser, Régions et frontières: l'espace frontalier de Bâle, XVIe–XXe siècles, in: Heinz Gerhard Haupt, Michael G. Müller und Stuart J. Woolf (Hrsg.), *Regional and National Identities in Europe, 19th–20th centuries – Les identités régionales et nationales en Europe au XIXe et XXe siècles,* Den Haag/London/Boston 1998, S. 379–410.

Grenzfälle: Mülhausen und Genf

Genève et les Suisses:
Mariage arrangé ou mariage d'amour?

Catherine Santschi

Problématique

Depuis l'époque de la Restauration, les relations entre Genève et les Suisses sont décrites par la quasi-unanimité des historiens comme si le rattachement de Genève à la Confédération était un fait inéluctable, inscrit dans les étoiles depuis le Moyen Age. Cette hypothèse de travail conditionne évidemment la recherche, le choix des sources et leur mise en évidence dans l'historiographie.

Pourtant il apparaît que jusqu'en 1815, rien n'était véritablement joué. Même à la Diète de 1814, les cantons n'étaient pas unanimes à souhaiter l'entrée de Genève dans la Confédération. En réalité, les puissances du Congrès de Vienne en avaient pris la décision, et la Suisse ne pouvait que s'y plier. Mais les cantons de Suisse centrale, qui sous l'Ancien Régime s'étaient toujours opposés à une association plus étroite de Genève au Corps helvétique, comme canton à part entière, s'abstinrent, sous divers prétextes, de participer au vote. La raison? Il s'agissait, il s'agit peut-être toujours, en somme, d'une incompatibilité fondamentale. Le magistrat schwytzois Alois Reding, que l'ambassadeur de Russie, le comte Jean-Antoine Capo d'Istria, s'efforça vainement de persuader, l'exprime en disant: «Je vous accorde tout le bien que vous me dites de Genève, mais, pour nous autres gens des montagnes, il y a là trop de richesse, trop d'esprit, trop de civilisation.»[1]

Les Genevois eux-mêmes n'étaient pas forcément unanimes ni déterminés sans réserve à entrer dans la Confédération. C'est ainsi que l'avocat Jean Janot, issu d'une famille d'horlogers du faubourg Saint-Gervais, réfléchissant en 1814 sur le destin réservé à Genève à la fin de l'ère napoléonienne, envisageait plusieurs possibilités: la cession de la ville à la Savoie, «notre ancienne ennemie», qui lui paraissait impensable; le rattachement à

---

1 Propos reproduits dans Jean-Jacques Rigaud, Mémoires, éd. par Lucie Achard et Edouard Favre, dans: *La restauration de la République de Genève 1813–1814*, t. I, Genève 1913, p. 190.

la Confédération comme canton, avec un agrandissement de territoire, qui semblait «plus raisonnable»; l'indépendance de la République, source assurée de nouveaux troubles intérieurs et de guerre civile; enfin rester française, solution qui lui paraissait la plus favorable: «Notre industrie et notre commerce seraient encouragés, protégés; rien n'entraverait nos ressources; nos subsistances seraient assurées, et si, dans le nouvel état de choses, le peuple français est heureux, pourquoi, après avoir éprouvé ses tribulations, serions-nous rejetés lorsque nous pourrions partager son bonheur, sans qu'il lui en coûtât rien?»[2]

Certes, en avril 1814, le bruit courant que «diverses menées des partisans français» visaient à maintenir Genève dans la dépendance de la France, on fit signer, par la presque totalité du corps électoral, une adresse demandant aux syndics et Conseil provisoires de reprendre les rênes abandonnées à la Commission centrale et aux ordres du général autrichien Bubna, et de demander à la Diète helvétique le rattachement à la Confédération et le renforcement des anciennes liaisons. Mais on remarqua que précisément l'ancien syndic Janot avait refusé de signer.[3]

D'un autre côté, il y avait l'héritage des combourgeoisies avec Berne, Fribourg et même Zurich de 1477, 1519, 1526 et 1584, et ces nombreuses tentatives au cours de tout l'Ancien Régime, pour obtenir le «cantonnement», c'est-à-dire le rattachement à la Confédération en qualité de canton. Efforts contrecarrés pour des raisons politiques et religieuses par les cantons catholiques, qui n'avaient ressenti l'urgence et le danger qu'en 1792, lors de l'accession de Genève à la neutralité suisse, sous la menace de la Révolution française. Il y a aussi cette réception enthousiaste, réservée par la population genevoise aux troupes fribourgeoises et soleuroises débarquant au Port Noir le 1er juin 1814 pour prendre symboliquement possession de Genève au nom de la Confédération[4]; enthousiasme qui suppose un attachement profond à la Suisse. Mais cet attachement est-il si ancien et si général? Les

---

2 Jean Janot, *En 1814. Journal d'un citoyen genevois,* Genève 1912, pp. 183–185.
3 Marc-Jules Suès, *Journal de M' J' S' pendant la Restauration genevoise 1813–1821,* publ. avec une introduction par Alexandre Guillot, Genève 1913, pp. 25–26; cf. Albert Rilliet, *Histoire de la réunion de Genève à la Confédération suisse en 1814,* Genève 1864, p. 27.
4 Description, d'après les écrits du temps dans Albert Rilliet, *Histoire de la réunion de Genève à la Confédération suisse en 1814,* pp. 37–44; François Ruchon, *Histoire politique de la République de Genève de la Restauration à la suppression du budget des cultes (31 décembre 1813 au 30 juin 1907),* t. I, Genève 1953, pp. 38–39; et Louis Binz et Alfred Berchtold, *Genève et les Suisses,* Genève 1991, pp. 45–50.

deux décisions positives, celles de 1792 et de 1814, ont été prises sous l'empire des événements: la menace de la France révolutionnaire et napoléonienne, qui faisait du rattachement de Genève à la Suisse un enjeu pour la paix et l'équilibre en Europe.

Mais si l'on envisage la situation de Genève dans la durée, non pas uniquement par rapport à la Suisse, mais aussi dans un contexte européen plus large, on peut se demander si une telle hypothèse de travail, fondée sur la constellation des Etats-nations du XIXe siècle, correspond bien à la réalité de ces trois siècles d'Ancien Régime, où Genève, «en marge de la Confédération», paraissait vouloir à toute force en faire partie. Autant que les rapports avec les cantons suisses, on doit donc envisager aussi la relation entretenue par Genève avec son voisin savoyard et avec son protecteur français. On ne doit pas passer sous silence la passion de Genève pour la liberté, passion poussée à l'extrême par la faiblesse de l'Etat-ville, «sans cesse menacé dans son indépendance et dans l'intégrité de ses droits, sans cesse sur le qui-vive; avec la fragilité d'une forme politique condamnée en apparence, à l'heure des grands états territoriaux en formation [...]. Dans la conscience des Genevois», déclare Jean-François Bergier à l'aube d'un ouvrage fondamental pour la question qui nous occupe, «la liberté a été un sentiment exacerbé, presque violent, parce que, chèrement acquise, elle était difficile à défendre»[5].

S'il y a, en plus de la logique suisse, une logique savoyarde et une logique française, il y a aussi une logique genevoise, qui consiste à accepter sa propre faiblesse et les interventions de ses «protecteurs», mais à asseoir son indépendance sur l'opposition de leurs intérêts, à manœuvrer entre les concurrents qui cherchent tous trois à s'assurer le contrôle de la ville, ou du moins à empêcher l'un des deux autres de se l'approprier.

Mais de quelle Genève parlons-nous ici? Est-ce la ville-Eglise, qui depuis la Réforme tient tête aux voisins bernois, savoyard et français, cultivant sur sa colline, à l'abri de ses coûteuses fortifications, le mythe mobilisateur de la Rome protestante? Ou est-ce la capitale d'une région, dès le haut Moyen Age tête d'un grand diocèse alpin et lémanique, ou entre 1798 et 1813, chef-lieu d'un grand département français? Cette ville, au reste, dépend étroitement de sa région, tant pour son recrutement démographique que pour son ravitaillement et son économie, comme le montrent les relations économiques régionales au Moyen Age, bien attestées par les minutes des

---

5 Jean-François Bergier, *Genève et l'économie européenne de la Renaissance*, Paris 1963, p. 9.

notaires genevois[6], ou les études sur le marché urbain sous l'Ancien Régime.[7] Cette problématique de la capitale régionale se renouvelle en 1814–1815, au moment des traités de Paris et de Turin qui doivent désenclaver Genève en lui donnant un arrière-pays jugé d'emblée insuffisant, et plus tard avec tout le débat des zones franches.

Les considérations qui suivent prennent appui sur quelques ouvrages-clés qui ont abordé ce sujet sur la base de matériaux solides. Sans prétendre en apporter de nouveaux, nous essaierons plutôt de modifier l'éclairage, faisant ainsi apparaître d'autres questions, donc d'autres tendances historiques.

Aspects historiographiques

Le point de vue helvétique est, comme nous l'avons dit, représenté par une série d'ouvrages solides comme le roc, précis, explorant systématiquement les sources pour répondre à un questionnement national et patriotique, à l'honneur depuis la Restauration et jusqu'à une époque récente: puisqu'en effet, c'est la commémoration manquée du «sept centième anniversaire de la Confédération» en 1991, qui a fait apparaître les premières fissures et a suscité les premiers doutes sur la solidité et la pérennité du lien confédéral – il est vrai que déjà auparavant un mouvement intitulé «Genève libre» avait fait parler de lui et publié, en 1988, une brochure examinant les possibilités pour Genève de sortir de la Confédération, qui formulait tout un programme politique et administratif.[8]

Mais au moment où le Zurichois Wilhelm Oechsli, historien «officiel» de la Confédération à l'époque du 600e anniversaire du Pacte de 1291, vulgarisateur de talent et chercheur émérite, publie ses «Orte und Zugewandte»[9], le doute n'a pas place dans les préoccupations des historiens. Sur la base des recès fédéraux, dont la collecte et la publication sont menées rondement par les Archives fédérales depuis le milieu du XIXe siècle, Oechsli analyse les

---

6 Exploitées par Bergier, *Genève et l'économie européenne*, pp. 80–117.
7 Anne-Marie Piuz, Le marché urbain (XVIIe–XVIIIe siècles), dans: *Revue suisse d'histoire* 33 (1983), pp. 75–85.
8 Patrick-Etienne Dimier et Fred Oberson, *La Charte d'indépendance de la République de Genève,* Russin, Mouvement Genève-Libre, 1988.
9 Wilhelm Oechsli, Orte und Zugewandte. Eine Studie zur Geschichte des schweizerischen Bundesrechtes, dans: *Jahrbuch für Schweizerische Geschichte* 13 (1888), pp. 1–497.

relations entre les cantons, c'est-à-dire les communautés qui, dans le Corps helvétique, participent pleinement à tous les droits et devoirs des membres, et les villes ou Etats alliés d'un ou de plusieurs cantons, ou même, comme l'abbé et la ville de Saint-Gall, le Valais et Bienne, de tous les cantons, mais sans avoir toutes les prérogatives ou les charges des treize cantons.

A l'occasion d'une assemblée générale de la Société générale suisse d'histoire à Genève en 1914, Oechsli est relayé, dans une publication de luxe, par Victor van Berchem[10], qui ajoute au témoignage des recès fédéraux celui des sources genevoises, en particulier de l'histoire de Genève rédigée entre 1709 et 1713 par le professeur et magistrat Jean-Antoine Gautier.[11] Jean-Antoine Gautier est intéressant pour notre propos, en ce sens que, à l'époque où il écrit, la République de Genève s'efforce, avec l'aide de Berne et de Zurich, mais aussi de la couronne de France, de régler ses problèmes de voisinage avec la Savoie et avec ses autres voisins. Dans cette perspective, le «cantonnement» apparaît, à l'aube du Siècle des Lumières, comme l'une des solutions possibles et rationnelles. Mais dans cette même idée de rationalité, c'est aussi l'établissement de frontières nettes entre les Etats concernés, une des obsessions des politiques à l'Epoque des Lumières, qui crée de nouvelles difficultés[12]: car aussi longtemps que la notion de droits différenciés sur diverses parcelles de territoires l'emporte sur celle de frontières à l'intérieur desquelles les Etats exercent la plénitude des droits de juridiction, il règne un certain flou qui évite de choisir définitivement à quel Etat l'on veut appartenir.

Aspects géopolitiques: la logique savoyarde

Ce flou existe depuis le haut Moyen Age, au moins dans le cas de Genève. Autour de la ville et des mandements, où l'évêque exerce tout pouvoir – après avoir éliminé le comte de Genève par l'accord de Seyssel de 1124 – plusieurs seigneuries s'affirment, puis se regroupent, par le jeu des

---

10 Victor van Berchem, Wilhelm Oechsli et Edouard Favre [et al.], *Les Cantons suisses et Genève, 1477–1815* (Mémoires et documents publiés par la Société d'histoire et d'archéologie de Genève, série in-4°, t. IV), Genève 1915.
11 Jean-Antoine Gautier, *Histoire de Genève, des origines à l'année 1691,* 9 vols., Genève, 1896–1914.
12 Voir sur ce point Paul Guichonnet et Claude Raffestin, *Géographie des frontières,* Paris 1974; Catherine Santschi, *Les premières frontières de la République. Traités de Paris, 1749, et de Turin, 1754,* Exposition des Archives d'Etat, Genève 1993.

hommages, des alliances matrimoniales et des successions, sous la domination de la Maison de Savoie: ainsi des sires de Gex, de ceux de Faucigny, et finalement des comtes de Genève. En effet, avant même que la logique, reconstituée par les historiens, de la formation du Corps helvétique se soit affirmée au cours du XVe et surtout du début du XVIe siècle, il existe une logique de la constitution d'un Etat savoyard, dont le réseau d'alliances va, dès le XIIIe siècle, jusqu'à Berne.

Genève, située sur les axes commerciaux Nord-Sud, avec ses ponts sur l'Arve et sur le Rhône et son trafic lémanique, relais sur la route de la Méditerranée vers le Plateau suisse et vers les villes d'Allemagne du Sud, est évidemment tributaire de cette logique savoyarde.

On le sait, l'expansion de la Maison de Savoie au nord du Léman a commencé dès le tout début du XIIIe siècle, avec la construction du château de Chillon, pièce essentielle pour le contrôle de la région rhodanienne et de la vallée de la Broye, donc de la route vers Fribourg et Berne, l'attribution de franchises à Villeneuve en 1214[13], les tentatives en 1229 et en 1241 pour mettre la main sur l'évêché de Lausanne.[14]

Sur cet échiquier qui se construit, Genève est une pièce essentielle.[15] Dès 1263, Pierre II de Savoie prend sous sa protection la communauté naissante des citoyens de Genève, communauté constituée d'abord en opposition avec l'évêque. Tandis que le comte de Genève ne cesse de perdre du terrain dans la région, le comte Amédée V de Savoie confirme les droits et les privilèges des citoyens de Genève, en 1285; puis, sous prétexte de protéger

---

13 François Forel, *Chartes communales du Pays de Vaud dès l'an 1214 à l'an 1527* (Mémoires et documents publiés par la Société d'histoire de la Suisse romande, t. XXVII), Lausanne 1872, n° 1, pp. 3–7; Jacques Bugnion, *Les villes de franchises au Pays de Vaud, 1144–1350*, Lausanne 1952; Ruth Mariotte-Löber, *Ville et Seigneurie. Les chartes de franchises des comtes de Savoie. Fin XIIe siècle–1343* (Mémoires et documents publiés par l'Académie Florimontane, IV), Annecy 1973.
14 Sur les événements de 1229, voir Jean-Daniel Morerod, Deux nouveaux évêques-élus de Lausanne, Evrard de Rochefort (1221) et Thomas de Savoie (1229). A propos d'une publication récente, dans: *Revue d'histoire ecclésiastique suisse* 84 (1990), pp. 14–17; sur ceux de 1241, Catherine Santschi, *Les évêques de Lausanne et leurs historiens* (Mémoires et documents publiés par la Société d'histoire de la Suisse romande, 3e série, t. XI), Lausanne 1975, pp. 123–135.
15 Voir le mémoire d'Edouard Mallet, Du pouvoir que la maison de Savoie a exercé dans Genève, dans: *Mémoires et documents publiés par la Société d'histoire et d'archéologie de Genève*, t. VII (1849), pp. 177–346; t. VIII (1852), pp. 81–286, qui reste, dit Paul-F. Geisendorf, «encore aujourd'hui la meilleure histoire de Genève au XIIIe siècle» (cf. Paul-F. Geisendorf, *Bibliographie raisonnée de l'histoire de Genève des origines à 1798*, Genève 1966, p. 521, n° 4029).

le pouvoir épiscopal au cours d'un interrègne, il s'empare en 1287 du château de l'Ile, clé stratégique de la place de Genève, puis de la fonction de vidomne, qui lui donne d'importants droits de juridiction au nom de l'évêque, ainsi que des attributions d'ordre administratif. Par le traité d'Asti du 19 novembre 1290, l'inféodation – il est vrai révocable – du vidomnat, et la possession – provisoire – du château de l'Ile sont reconnues au comte de Savoie. Voilà donc Genève bien placée pour devenir la capitale, prospère grâce aux foires, de l'Etat savoyard en formation.

Cette logique savoyarde s'affirme durant tout le XIVe siècle et jusqu'aux guerres de Bourgogne. En 1330 le comte Aimon, en 1356 le comte Amédée VI de Savoie confirment les privilèges obtenus précédemment par les citoyens de Genève[16]; en 1365, Amédée VI obtient de l'empereur Charles IV de Luxembourg le vicariat impérial sur neuf diocèses, dont celui de Genève; la même année, toujours à la demande d'Amédée VI, l'empereur a érigé à Genève une université des sept arts libéraux, dont le comte de Savoie devait être le conservateur.[17]

Le plus beau coup est sans doute celui d'Amédée VIII, qui, après avoir recueilli l'héritage des comtes de Genève, puis s'être fait élever au rang de duc de Savoie par l'empereur, devient ermite à Ripaille, puis pape sous le nom de Félix V. Bien que contesté dans cette fonction, il en profite pour se réserver l'évêché de Genève, qu'il conservera jusqu'à sa mort, et pour se faire attribuer, à lui et à ses héritiers, le droit de présentation à cet évêché. La Maison de Savoie paraît donc en bonne voie de s'implanter définitivement à Genève.

Mais la résistance s'est manifestée dès l'octroi, en 1387 ou même avant, des franchises par l'évêque Adhémar Fabri: en effet, les franchises constituent sur plusieurs points une réaction au droit romano-canonique que s'efforce de promouvoir la Maison de Savoie dans ses Etats.[18] En outre, les efforts d'Amédée VIII pour imposer des normes juridiques communes à tous les évêchés de ses Etats se heurtent à certaines résistances. Ainsi, le 6 juin 1430, soit onze jours avant la promulgation des célèbres Statuts géné-

---

16 *Mémoires et documents publiés par la Société d'histoire et d'archéologie de Genève*, t. XVIII, p. 126 et p. 258.
17 Henri Grandjean, De la Féodalité à la Communauté, dans: *Histoire de Genève des origines à 1798*, publiée par la Société d'histoire et d'archéologie de Genève, Genève 1951, pp. 91–137; pp. 128–129.
18 Pierre Duparc, Originalité des Franchises de Genève, dans: *Bulletin de la Société d'histoire et d'archéologie de Genève*, t. XVI, première livraison, 1976 (parue en 1978), pp. 1–22.

raux de Savoie, qui constituent le point culminant législatif de son règne, Amédée VIII passe avec une partie du clergé de Savoie un concordat beaucoup moins connu, et dont la destinée est moins durable.[19] Parmi les évêques qui n'ont pas adhéré à ce concordat figure l'évêque de Genève, François de Metz, qui pourtant était précisément en négociation avec le Duc au sujet du partage de la juridiction temporelle dans la ville, cela sous l'autorité du pape Martin V[20], et qui d'autre part autorisera quelques mois plus tard la publication des Statuts généraux de Savoie dans sa cité.[21] Sans doute a-t-il estimé ne pas pouvoir contrevenir aux garanties contenues dans les franchises de son prédécesseur Adhémar Fabri, de 1387, tant en matière de procédure qu'en faveur des usuriers, dont les biens ne pouvaient être confisqués, mais devaient être dévolus à leurs héritiers testamentaires ou *ab intestat*.[22] Il avait les mains liées envers les citoyens de Genève, si ce n'est envers les autres ressortissants de son diocèse.[23]

Plus tard, en 1486–1489, l'affaire des subsides, où la communauté des citoyens affirme ne dépendre que de son évêque et ne pas devoir de subsides au duc de Savoie comme n'importe lequel de ses sujets[24], est une autre marque de la résistance genevoise à l'impérialisme savoyard.

On comprend donc que les efforts des ducs Charles III (1486–1553), Emmanuel-Philibert (1528–1580) et Charles-Emmanuel (1562–1630), poursuivis durant tout le XVIe siècle, jusqu'à l'Escalade de 1602 et au-delà, pour reprendre le pouvoir sur Genève et, sans doute au-delà, sur toute la région

---

19 Jean-François Poudret, Un concordat entre Amédée VIII et le clergé de Savoie, dans: *Amédée VIII – Félix V, premier duc de Savoie et pape (1383–1451)*. Colloque international Ripaille – Lausanne, 23–26 octobre 1990. Etudes publ. par Bernard Andenmatten et Agostino Paravicini Bagliani, Lausanne 1992, pp. 157–178.
20 Léopold Micheli, Les institutions municipales de Genève au XVe siècle. Essai précédé d'une introduction sur l'établissement de la commune dans cette ville, dans: *Mémoires et documents publiés par la Société d'histoire et d'archéologie de Genève*, t. XXXII (1912/22), livre 1, Genève 1912, pp. 1–244; p. 214.
21 *Les Sources du droit du Canton de Genève*, publ. par Emile Rivoire et Victor van Berchem, t. I, Aarau 1927, p. 324, n° 164, 25 octobre 1430.
22 *Les Sources du droit du Canton de Genève*, t. I, p. 191 ss., en particulier art. 5, 11–14, 19, 34, 39 et 77; ces dispositions en faveur des usuriers seront d'ailleurs supprimées par Amédée VIII devenu administrateur de l'évêché de Genève dans la version des Franchises de 1444.
23 Poudret, Un concordat entre Amédée VIII et le clergé de Savoie, pp. 160–161.
24 Gustave Vaucher, L'affaire des subsides, 1486–1489. Quelques documents, dans: *Mélanges offerts à M. Paul-E. Martin par ses amis, ses collègues, ses élèves* (Mémoires et documents publiés par la Société d'histoire et d'archéologie de Genève, t. XL), Genève 1961, pp. 417–435.

lémanique et le Pays de Vaud devenu bernois en 1536, se situent dans une logique très ancienne, dont la concrétisation aurait modifié la face de l'Europe occidentale.

L'entrée en scène des Suisses

Est-ce vraiment au moment des guerres de Bourgogne, donc en 1475–1477, que s'est noué le conflit qui devait aboutir, trois siècles plus tard, avec le traité de Turin de 1754, à l'éviction définitive de la Maison de Savoie? En fait, nous assistons à cette époque à un phénomène beaucoup plus général, une sorte de basculement de la conjoncture, qui dès le milieu du XVe siècle tend à marginaliser Genève et ses foires.

Comme l'a montré magistralement, peut-être avec un peu trop d'insistance, Jean-François Bergier dans son ouvrage déjà évoqué plus haut[25], la situation de Genève, partie intégrante de la «frange urbaine du nord des Alpes, qui longe le Rhône, traverse du Sud-Ouest au Nord-Est le plateau suisse et suit ensuite [sic] le haut Danube», fait d'elle une des charnières entre l'Europe du Midi et celle du Nord. La décadence des foires de Champagne a fait la prospérité de celles de Genève. Au XIVe siècle, dès l'installation de la papauté en Avignon, au XVe siècle, les Italiens s'y pressent, comme du reste ils colonisent les villes du Plateau suisse et du sud de l'Allemagne. Comme Lyon, Genève est aussi orientée vers la Méditerranée, et apparaît ainsi comme un relais plutôt qu'une succursale des grandes firmes italiennes. Mais ce mouvement s'inverse précisément dans la seconde moitié du XVe siècle, où l'élément allemand et suisse prend plus d'importance, et où le roi de France prend des mesures pour favoriser les foires de Lyon au détriment de celles de Genève. Ces mesures ne seraient qu'anecdotiques si elles n'intervenaient dans une conjoncture où le dynamisme commercial des pays du Nord se renforce et favorise ainsi les relations entre Genève et les villes suisses.

Sans doute l'élément italien demeurera-t-il important jusqu'au-delà de la Réforme, avec le refuge lucquois. Mais cette poussée italienne vers le nord, qui accompagnait et stimulait sans doute l'expansion de l'Etat savoyard en direction du Léman et du Jura, s'affaiblit au XVIe siècle; parallèlement l'élément piémontais et turinois prédomine dans les terres de la

---

25 Bergier, *Genève et l'économie européenne*, p. 22.

Maison de Savoie au détriment de la partie savoisienne proprement dite. Sans doute les conquêtes bernoise, fribourgeoise, valaisanne et surtout française de 1536 ne sont-elles pas étrangères à ce mouvement de repli, mais il était amorcé longtemps auparavant.[26]

Revenons aux années 1460–1477: dans le projet du duc de Bourgogne, Charles le Téméraire, de reconstituer l'ancienne Lotharingie, les foires de Genève jouent avec la ville de Bruges, autre puissante place commerciale, un rôle prépondérant. En s'alliant avec la Maison de Savoie, pour qui Genève est aussi un enjeu fondamental, Charles le Téméraire renforce encore sa puissance, et le royaume en formation peut relier la Méditerranée à la mer du Nord.

Or ni le roi de France, ni les Suisses, ses alliés depuis 1444, ne peuvent accepter l'installation d'une telle puissance, capable de couper leurs communications et de bouleverser l'équilibre des forces en Europe. Cela d'autant plus que le duc de Bourgogne a conclu avec la Maison d'Autriche, l'ennemie héréditaire des Suisses, une alliance extrêmement menaçante pour leur liberté.[27] D'où les campagnes décisives contre Charles le Téméraire, qui se soldent par les victoires de Grandson, de Morat, de Nancy.

De son côté, en prenant le parti des ducs de Savoie et de Bourgogne, Genève pouvait espérer rétablir son commerce si durement atteint par les mesures de Louis XI prises quelques années plus tôt en faveur des foires de Lyon. De fait, Genève et son évêque Jean-Louis de Savoie ont cherché à rester neutres, mais il leur était difficile d'éviter de fournir des troupes au duc de Bourgogne et même de ravitailler son armée au camp de Lausanne en avril 1476. Aussi des conditions très dures, une rançon astronomique de 28 000 écus, a-t-elle été imposée à Genève par les Suisses dès avant leur victoire sur le Téméraire.[28]

---

26 Bergier, *Genève et l'économie européenne*, p. 42.
27 Adolf Gasser, Les guerres de Bourgogne, leurs causes, leur déclenchement, dans: *Grandson 1476. Essai d'approche pluridisciplinaire d'une action militaire du XVe siècle*. Ed. par J.-E. Genequand et al., dir. par Daniel Reichel (Centre d'histoire et de prospectives militaires. Série recherches de sciences comparées, t. II), Lausanne 1976, pp. 66–111, pp. 240–246; p. 73 ss.
28 Frédéric Gardy, Genève au XVe siècle, dans: *Histoire de Genève des origines à 1798*, publiée par la Société d'histoire et d'archéologie de Genève, Genève 1951, pp. 139–169; pp. 152–154; voir aussi Jean-François Bergier, Vie matérielle et politiques économiques au temps des guerres de Bourgogne, dans: *Grandson 1476. Essai d'approche pluridisciplinaire d'une action militaire du XVe siècle*. Ed. par J.-E. Genequand et al., dir. par Daniel Reichel (Centre d'histoire et de prospectives militaires. Série recherches de sciences comparées, t. II), Lausanne 1976, pp. 28–47; p. 38 ss.

La dureté des conditions financières imposées à Genève par les Confédérés n'empêche pas que dans la question des foires et en général dans leur attitude à l'égard de Genève, les Suisses aient été dès cette époque très partagés. D'un côté, la place de Genève leur était commode, et pour les villes commerçantes et industrielles de l'Allemagne méridionale et du Plateau suisse, un passage obligé vers les foires de Lyon. La mise à l'écart des foires genevoises risquait en outre de détourner les marchands se rendant à Lyon ou à Nuremberg de la route par Berne, par Bâle, par Zurich, etc., source de profit. Aussi les Suisses, ou du moins certains d'entre eux parmi les plus clairvoyants, s'efforcèrent-ils de ménager une négociation entre les ministres de Louis XI et les Genevois pour sauver quelque chose de l'ancienne splendeur de la place économique genevoise.[29] On pourrait en conclure que la politique de Louis XI en faveur des foires de Lyon a jeté, ou contribué à jeter Genève dans les bras des Suisses, cela d'autant plus que malgré un certain nombre de mesures du duc de Savoie en faveur des foires de Genève[30], la politique de la Maison de Savoie dans ce contexte, surtout son incurie en matière financière, a rendu de très mauvais services aux Genevois.[31]

Du reste, si l'objectif de la Maison de Savoie de s'assurer le contrôle de Genève, objectif poursuivi depuis le début du XIIIe siècle, est bien clair et se manifeste à travers la mainmise sur le vidomnat, puis sur l'évêché, et par les mesures de protection des foires, celui des Suisses l'est beaucoup moins. Les Suisses ne forment pas un Etat territorial; il s'agit là d'une série d'alliances très lâches qui n'exclut pas les guerres intestines, et où les divisions, notamment au sujet des campagnes dans le nord de l'Italie, sont toujours plus profondes et plus évidentes. Elles se sont aussi manifestées au moment des guerres de Bourgogne, de la répartition du butin et de l'élargissement de la Confédération aux cantons occidentaux de Fribourg et de Soleure. Si Berne et Fribourg ont de bonnes raisons, économiques et politiques, de s'intéresser à Genève, il n'en va pas de même pour les cantons orientés sur l'axe du Gothard. A ces divergences de vues politiques s'ajouteront la crainte et la jalousie qu'inspirent les cantons villes aux cantons campagnes, et plus tard le fossé confessionnel.

Dans ce contexte, la diplomatie française joue un rôle occulte, mais déterminant. Mais ce que les historiens genevois appellent, dans une expres-

---

29 Bergier, *Genève et l'économie européenne*, pp. 395–396.
30 Récapitulées chez Bergier, *Genève et l'économie européenne*, pp. 410–411.
31 Bergier, *Genève et l'économie européenne*, pp. 372–373.

sion généreuse, la volonté constante de la France de maintenir l'indépendance de Genève n'est applicable, encore qu'avec quelques bémols, qu'à la politique du roi Henri IV. En réalité, jusqu'à l'annexion de 1798, il s'agit d'une politique tendant à empêcher à tout prix que Genève ne tombe entre les mains d'un de ses voisins autre que la France, qu'il s'agisse de Berne ou du duc de Savoie. Ce que l'on peut déduire de plus clair, c'est la volonté durable de la Couronne de France d'assurer ses liaisons et ses bonnes relations avec les Suisses, pourvoyeurs de mercenaires, et de se ménager le contrôle des passages jurassiens et alpins, soit du comté, puis principauté de Neuchâtel, de la Franche-Comté, de la Bresse et du Bugey, et finalement du pays de Gex et du bassin genevois, ce qui menaçait directement les Etats de S. A. de Savoie sur le versant occidental des Alpes.

Toujours est-il qu'au moment des guerres de Bourgogne, ce sont les représentants de Louis XI qui proposèrent aux Suisses d'occuper Genève, «la vraie clé du pays», dont la prise par les troupes bourguignonnes aurait coupé les communications entre le Roi et les Confédérés.[32] Toutefois, les cantons orientaux n'étaient pas disposés à s'engager si avant en pays romand. Tout au plus doit-on relever la forte pression exercée sur Genève par les Cantons et notamment par la fameuse expédition de la Folle Vie, pour obtenir la fameuse rançon: mais il s'agit là d'argent, et non d'une intention d'étendre la zone d'influence ou les limites de la Confédération.

La difficile liquidation de la logique savoyarde

Au moment où les Genevois prennent conscience des potentialités de leur ville et de leur communauté, comme aussi de leur importance sur les grands axes commerciaux, ils doivent aussi reconnaître leur faiblesse. Genève, place internationale, se trouve au carrefour de toutes les convoitises: suisses, surtout bernoises et fribourgeoises, savoyardes, françaises. Mais par définition, et si paradoxal que cela puisse paraître, une telle place a vocation pour l'indépendance.

---

32 A la conférence de Fribourg, tenue du 25 juillet au 12 août 1476; c'est alors qu'on semble avoir employé pour la première fois le terme de «*ein Rigel der land*» (*Amtliche Sammlung der ältern eidgenössischen Abschiede*, t. II, Lucerne, 1865, n° 844, lettre c, p. 602 s.).

Genève et les Suisses: Mariage arrangé ou mariage d'amour? 37

Entre les trois partenaires ennemis, Berne, allié vraiment encombrant, la Couronne de France et le duc de Savoie, Genève devra donc maintenir la balance égale. Ses hommes d'Etat l'ont fait avec talent durant plus de deux siècles, au prix d'une discipline de fer imposée aux citoyens, d'un effort militaire considérable et d'une action diplomatique persévérante. Cela jusqu'à ce que les aspirations démocratiques et révolutionnaires de ses bourgeois aient fait basculer la cité dans la dépendance de ses voisins.

La suite des guerres de Bourgogne est bien connue. La première combourgeoisie, signée le 14 novembre 1477 pour la durée de sa vie par l'administrateur de l'évêché de Genève Jean-Louis de Savoie avec les villes de Berne et de Fribourg, visait à assurer à Genève une protection dans le cas d'une nouvelle menace venant de Suisse, et un contrepoids à la toute-puissance de Louis XI en Savoie. Quant aux deux villes, c'étaient essentiellement des avantages commerciaux et un avant-poste à l'ouest du Plateau suisse qu'elles retiraient de cette alliance.[33]

Après la mort de Jean-Louis de Savoie (1482) et donc avec l'expiration de cette première combourgeoisie, la problématique de la relation entre Genève et les Suisses évolue. Pour la communauté des citoyens, qui a pris une première conscience d'elle-même au moment de l'affaire des subsides, l'appui des villes suisses doit servir les desseins de ceux qui entendent émanciper la bourgeoisie de la tutelle savoyarde d'abord, épiscopale ensuite. C'est bien le but de la combourgeoisie avortée de 1519, conclue entre les citoyens de Genève et la ville de Fribourg à l'instigation de quelques Genevois réfugiés dans la ville des bords de la Sarine à la suite d'un grave conflit avec le duc de Savoie.[34] Mais non seulement ce dernier, par une réaction rapide et musclée, mettra presque aussitôt fin à cette tentative, ce qui est bien naturel, mais encore les cantons de Suisse orientale, engagés dans d'autres desseins géopolitiques, ont pris très fermement position contre le traité. De plus, les liens traditionnels de Berne avec la Maison de Savoie, qui remontent au XIIIe siècle, ont certainement joué un rôle dans cet échec.

---

33 Texte dans *Les Sources du droit du Canton de Genève,* t. II, pp. 47–52.
34 Il n'existe de ce traité de combourgeoisie qu'une lettre d'acceptation par les syndics et Conseil général de Genève, du 6 février 1519, publiée dans: *Les Registres du Conseil de Genève,* publiés par la Société d'histoire et d'archéologie de Genève, édités par Emile Rivoire et al., t. VIII: Du 28 octobre 1514 au 30 juin 1520 (Volumes 18 et 19), Genève 1922, pp. 292–293. Cf. Edouard Favre et Paul-F. Geisendorf, Les Combourgeoisies avec Fribourg et Berne, dans: *Histoire de Genève des origines à 1798,* publiée par la Société d'histoire et d'archéologie de Genève, Genève 1951, pp. 171–186.

Pourquoi, dès lors, la combourgeoisie du 8 février 1526[35] a-t-elle pu se concrétiser durablement? C'est pour des raisons de politique internationale, sur lesquelles les Genevois n'ont guère eu de prise: en 1524, le duc Charles III passe au parti impérial contre François Ier, et retourne ainsi contre lui les Bernois, alliés traditionnels de la Couronne de France.

Dès ce moment, l'éviction de la Maison de Savoie du Pays de Vaud et de la région lémanique, commencée à l'époque des guerres de Bourgogne, est programmée. Le 7 décembre 1525, Berne et Fribourg scellent un traité de combourgeoisie avec la ville de Lausanne[36] et, le 8 février 1526, à la faveur d'un artifice institutionnel visant à éluder les droits de souveraineté de l'évêque Pierre de La Baume[37], avec la communauté des citoyens de Genève. Cette combourgeoisie contribuera de manière décisive à l'émancipation de cette communauté, qui se transformera en seigneurie, puis en République souveraine. Le mouvement qui va rapprocher Genève de la Confédération paraît irréversible, et pourtant il sera contrecarré à maintes reprises.

Il le sera d'abord par les liens existant entre les Cantons et le duc de Savoie, qui avaient déjà fait échouer la tentative de 1519. Il le sera ensuite par le passage de Berne à la Réforme, à partir de la Dispute de février 1528. Emmenée par Farel, la prédication de l'Evangile fait d'abord des progrès dans le territoire bernois, notamment dans le mandement d'Aigle, et gagne des adeptes dans la bourgeoisie de Genève, tandis qu'au contraire Fribourg reste fidèle au catholicisme romain. Par un double mouvement, le progrès des idées réformées à Genève et la haine confessionnelle ou simplement la jalousie qu'inspire la puissance de Berne aux autres cantons, la protection des intérêts genevois deviendra une affaire essentiellement bernoise.

Essentiellement, mais pas purement bernoise. Car le duc de Savoie, au nom de ses anciennes alliances avec les Confédérés, ne cesse d'impliquer les autres cantons dans son conflit avec les Genevois, attaque ces derniers

---

35 *Les Sources du droit du Canton de Genève*, t. II, pp. 236–246, n° 587.
36 Charles Gilliard, *La Combourgeoisie de Lausanne avec Berne et Fribourg en 1525*, Lausanne 1925; Jean-François Poudret, *La Maison de Savoie évincée de Lausanne par Messieurs de Berne* (Cahiers de la Renaissance vaudoise 42), Lausanne 1962, pp. 139–165.
37 Par la convocation d'un conseil «à peu près général», qui sera le Conseil des CC (Favre/Geisendorf, Les Combourgeoisies avec Fribourg et Berne, pp. 181–182). En effet, seul l'évêque avait le droit de convoquer ou d'autoriser la réunion du «Plait général», c'est-à-dire de l'ensemble des citoyens chefs de famille, ce qu'il n'aurait certainement pas autorisé à des fins si manifestement contraires à son autorité.

devant la Diète, contestant leur droit de conclure une combourgeoisie et réclamant à cor et à cri la restitution du vidomnat.[38] Ces actions judiciaires se doublent d'une pression militaire: de 1528 à 1530, les chevaliers de la Confrérie de la Cuiller, inféodée et dévouée à la cause savoyarde, bloquent le ravitaillement de Genève et ravagent les alentours. Un premier arbitrage à Payerne, le 1er octobre 1529, échoue. En automne de l'année suivante, les partisans de l'évêque et du Duc préparent un nouvel assaut, contre lequel les Bernois et les Fribourgeois mobilisent 12 000 hommes et une puissante artillerie. En même temps, les députés des Cantons confédérés non impliqués dans la guerre arrivent à Genève pour tenter de pacifier les parties. Leur arrêt, rendu le 19 octobre 1530 à Saint-Julien, rétablit la paix et la liberté du commerce. En cas de nouvelle attaque par le Duc ou par ses sujets, le Pays de Vaud sera remis en toute propriété à Berne et à Fribourg. Le 31 décembre suivant, à Payerne, une nouvelle sentence rendue par les mêmes cantons restitue au Duc le vidomnat, mais maintient de plein droit la combourgeoisie de 1526.

Tel sera désormais, et jusqu'à la fin de l'Ancien Régime, le rôle des Confédérés dans les affaires genevoises: soucieux d'éviter l'éclatement du Corps helvétique, fragilisé par les antagonismes confessionnels, les cantons non intéressés maintiennent leur neutralité, évitent de s'engager, mais tentent de ramener la paix entre Genève et le Duc par des procédures où l'on s'efforce de ne mécontenter personne et qui par conséquent ne satisfont aucune des parties.

En 1534, les Fribourgeois se retirent de l'alliance pour des raisons confessionnelles. Au début de 1536, pour débloquer Genève assiégée par les troupes du duc de Savoie, les troupes bernoises conquièrent le Pays de Vaud, ainsi que les trois bailliages de Ternier-Gaillard, de Gex et de Thonon. Ils y introduiront la Réforme dès l'automne de cette année. Mais lorsque les chefs de l'armée bernoise demandent aux Genevois de leur remettre les titres de la souveraineté sur la ville et le vidomnat, ils se heurtent à un refus décidé, soutenu vraisemblablement en sous-main par le roi de France: celui-ci, ayant pour sa part conquis le duché de Savoie, ne se soucie pas de voir l'équilibre des puissances rompu en faveur de Berne, par la sujétion de Genève et par la formation d'un vaste Etat bernois englobant l'Argovie, le

---

38 Henri Naef, L'Emancipation politique et la Réforme, dans: *Histoire de Genève des origines à 1798*, publiée par la Société d'histoire et d'archéologie de Genève, Genève 1951, pp. 187–217.

Mittelland, l'Oberland, le Pays de Vaud, une bonne partie de la région lémanique, le Chablais et tout le bassin genevois.

Ainsi Genève restera ville libre, avec deux des trois mandements épiscopaux (Jussy et Peney), et quelques villages ayant appartenu au Chapitre de la cathédrale Saint-Pierre ou au prieuré clunisien de Saint-Victor hors les murs, supprimés par la Réforme; villages sur lesquels il faudra cependant partager les droits de juridiction avec Berne, puis avec le duc de Savoie. Mais le traité perpétuel du 7 août 1536, qui remplace la combourgeoisie entre Berne et Genève, équivaut à un protectorat bernois sur Genève.[39] En effet, ce traité interdit à Genève de conclure une alliance sans autorisation de Berne, et c'est en vain que Genève s'efforcera, dès 1541, de faire supprimer cette clause. Durant vingt ans, Berne refusera d'admettre l'égalité de Genève et fera obstacle à son «cantonnement», sans doute dans l'intention d'annexer la ville du bout du lac comme elle l'a fait de Lausanne.

Le conflit s'envenimant entre Berne et Genève, cette fois au sujet de la juridiction sur les villages de Saint-Victor et du Chapitre, les Confédérés doivent à nouveau intervenir pour rétablir la paix. Après de longues et pénibles discussions, cinq magistrats bâlois rendent une sentence, le «Départ de Bâle», le 3 février 1544 (ratifié à Genève le 19 février), qui consacre la suzeraineté de Berne sur ces villages, tandis que Genève en conservait l'administration et la basse justice.[40] Ce «départ de Bâle» servira de base aux relations entre Genève et le duc de Savoie, après que Berne aura restitué au Duc les trois bailliages de Gex, de Ternier et Gaillard et de Thonon. On voit donc ici les Cantons rester fidèles à leur politique de neutralité dans les affaires, vraiment très compliquées, créées par l'impérialisme bernois et la résistance genevoise.

Les Suisses s'engagent si peu en faveur de Genève, que la logique savoyarde tend à s'imposer à nouveau. Emmanuel-Philibert, fils et héritier du duc Charles III, n'a nullement renoncé à ses droits sur la région et la ville de Genève, ni sur le Pays de Vaud. Soutenu, bien que mollement, par l'empereur, il obtient, à la diète de Lucerne du 3 septembre 1548, un engagement des cantons catholiques de ne pas aider Berne dans la défense des terres arrachées par elle au duc de Savoie, à moins d'avoir une réponse claire à la diète générale de Baden du 24 du même mois.[41] La menace d'une occupa-

---

39 *Les Sources du droit du Canton de Genève*, t. II, n° 714, pp. 322–331.
40 *Les Sources du droit du Canton de Genève*, t. II, n° 814, pp. 438–460.
41 *Amtliche Sammlung der ältern eidgenössischen Abschiede*, t. IV, Abt. 1, n° 460a, pp. 1020–1021.

tion de Genève par les troupes impériales, menace qui se précise dans le contexte international de 1548–1549, inquiète le roi de France: c'est bien volontiers que celui-ci soutiendrait l'entrée de Genève de plein droit dans la Confédération, plutôt que de soutenir l'impérialisme des hérétiques bernois. Las, les efforts entrepris à ce moment précis par les Genevois échouent.[42]

Ne pouvant compter sur ses confédérés catholiques, qui s'engagent de plus en plus en faveur du duc de Savoie (traités des 11 novembre 1560 et 8 mai 1577), Berne garde le monopole de la protection de Genève. Monopole qui se transforme peu à peu en isolement, tandis que les affaires du duc Emmanuel-Philibert progressent d'année en année. La victoire de ce dernier à Saint-Quentin à la tête des troupes impériales, qui préludait à une restitution de ses Etats héréditaires, incite les Bernois à un peu moins de raideur à l'égard des protégés genevois. Une nouvelle combourgeoisie est conclue le 9 janvier 1558, où la situation de Genève vis-à-vis de Berne est un peu améliorée, notamment au sujet des tailles, mais non au sujet des alliances extérieures.[43] Les Cantons, un instant inquiétés, sont rassurés par le traité de Cateau-Cambrésis, restant sourds aux discours où Genève apparaissait comme la «clé de la Confédération».

Cependant Emmanuel-Philibert poussait ses avantages: en août 1559, il récupère la Savoie et le Piémont, restitués par la Couronne de France. Le 21 avril de la même année, le Grand Conseil de Berne prend connaissance de la lettre par laquelle il réclame le Pays de Vaud et les trois bailliages de Gex, Ternier et Gaillard et Thonon.[44] A Genève, on se prépare au pire. Quant au gouvernement bernois, mal soutenu par le roi de France ou plutôt la régente Catherine de Médicis, il se soumet à une longue et pénible procédure d'arbitrage menée par les onze cantons en principe désintéressés. L'appui de Fribourg et du Valais, qui ont pourtant eu part aux conquêtes de 1536, fait également défaut. Après des marchandages difficiles, le traité de Lausanne est signé le 30 octobre 1564: Berne garde le Pays de Vaud, mais rend les trois bailliages de Gex et du Chablais, où la liberté de religion est garantie jusqu'à ce qu'un concile général mette fin au schisme. Quant à Genève, son sort reste pendant: bien que les cantons catholiques aient

---

42 Léon Gautier, Les efforts des Genevois pour être admis dans l'alliance générale des Ligues, dans: *Mémoires et documents publiés par la Société d'histoire et d'archéologie de Genève*, série in-4°, t. IV (1915), pp. 99–128.
43 *Les Sources du droit du Canton de Genève*, t. III, n° 960, pp. 55–73.
44 Richard Feller, *Geschichte Berns, t. II: Von der Reformation bis zum Bauernkrieg, 1516 bis 1653*, Bern, 1953, pp. 402–415.

admis, par la Sentence de Payerne de 1530, son droit à conclure une combourgeoisie avec Berne, les cantons médiateurs promettent de faire éclaircir ce droit par un nouvel arbitrage.

Ce traité n'était pas glorieux pour Berne. Le Petit Conseil, qui voyait sa situation avec lucidité, eut beaucoup de peine à le faire accepter par le Conseil des Deux-Cents. Quant aux communes du pays de langue allemande, 18 approuvèrent le traité, 5 s'en remirent à l'autorité du gouvernement, et 14 le rejetèrent. Genève était désormais enclavée en terre savoyarde, à la merci d'un prince qui rêvait chaque nuit d'y rétablir son pouvoir.

Dans la perspective du XIXe siècle, Lucien Cramer porte un jugement très dur sur le Petit Conseil de Berne, qui a restitué les trois bailliages au duc de Savoie:

> Le traité de Lausanne est une des pages sombres de l'histoire de Berne. Avec plus de clairvoyance et d'énergie, le Petit Conseil de cette puissante république eût tenu tête dans cette grave conjoncture au duc de Savoie et, malgré l'appui que ce dernier recevait des cantons catholiques, elle eût conservé, avec l'aide du Grand Conseil et du peuple unanime, les territoires qui forment les barrières naturelles de la Confédération entre les sommités du Jura et de la Savoie. Genève, ce boulevard avancé de la Suisse vers le sud-ouest, n'aurait pas eu à souffrir d'une faute politique dont les conséquences pèsent encore sur elle.[45]

Anachronisme sans doute: L. Cramer pense évidemment aux frontières insuffisantes obtenues par Ch. Pictet de Rochemont aux traités de Paris et de Turin, à l'annexion manquée de la Haute-Savoie en 1860. Il mettait volontiers ses connaissances historiques au service d'une pensée politique actuelle, et prit de vigoureuses positions dans la question des zones dans les années 1920.[46]

Mais à recommencer l'histoire, on peut toujours rêver. A supposer que Berne ait été soutenue non seulement par les communes et le Conseil des Deux-Cents, mais aussi, ce qui était indispensable, par le roi de France – qui

---

45 Lucien Cramer, *La Seigneurie de Genève et la Maison de Savoie de 1559 à 1605. T. I et II: Le règne d'Emmanuel-Philibert (1559–1580). T. III: Les projets d'entreprise de Charles-Emmanuel Ier sur Genève, 1580–1588. T. IV: La guerre de 1589–1593*, par Alain Dufour, Genève/Paris 1912–1958, t. I, p. 137.

46 Comme le montrent des brochures au ton musclé, mais soutenues par une excellente information, conservées aux Archives d'Etat: *La question des Zones franches de la Haute Savoie et du Pays de Gex*, Berne 1919, 113 p. et une carte; *Une Capitulation du Conseil fédéral. L'abandon des Zones franches*, Genève 1921, 36 p.; *Les Zones. La question de Saint-Gingolph*, extrait du *Journal de Genève* du 6 juillet 1922; et sur un autre registre, mais dans le même contexte: La Neutralité de la Savoie du Nord, dans: *Etrennes genevoises pour 1920*, Genève 1919, pp. 172–199.

n'aimait pas les protestants – et par les autres cantons – qui auraient abdiqué toute jalousie – elle eût gardé les trois bailliages. Ceux-ci seraient restés protestants. Genève, toujours sous protectorat bernois, aurait laissé tomber ses défenses, y aurait sans doute laissé une part de l'identité protestante et internationale qui est devenue la sienne. Elle serait devenue bernoise, mais cela n'aurait pas forcément permis à la Suisse d'échapper à l'invasion française de 1798.

Mais laissons ce type de raisonnement, si peu historique, pour revenir aux faits. Il serait trop long de raconter ici toutes les péripéties diplomatiques et guerrières qui, jusqu'à la fin du XVIe siècle et au traité de Saint-Julien du 11/21 juillet 1603, ont marqué les relations de Genève avec ses voisins immédiats et l'ont maintenue dans un état de précarité à la fois angoissante et mobilisatrice d'énergie. Indiquons cependant les principales étapes. Laissée démunie par la cession des trois bailliages, pourtant indispensables à sa défense et à son ravitaillement, la ville obtient tout de même du duc de Savoie, grâce à l'intervention de Berne et de quelques autres cantons, le fameux «mode de vivre» du 5 mai 1570[47], qui lui garantit la liberté de commerce dans les terres savoyardes et les droits de juridiction dans les villages de Saint-Victor et du Chapitre que Berne lui a laissés par le Départ de Bâle de 1544. Ce mode de vivre, accordé pour vingt-trois ans, sera d'assez courte durée, puisque la guerre reprendra dès 1589.

Mais tandis qu'il lui accorde ce répit, le duc Emmanuel-Philibert ne cesse de pousser son avantage du côté des cantons catholiques. En septembre 1578, il conclut une alliance avec les V cantons de Suisse centrale et Fribourg, qui lui assure la mise à disposition de 6000 à 12000 hommes à ses frais. Ce traité sera renouvelé en 1582 par son fils et successeur, le jeune Charles Emmanuel. En outre la Ligue d'Or ou Ligue Borromée, formée par les cantons catholiques le 5 octobre 1586, achève de diviser la Confédération. Elle est complétée le 12 mai 1587 par le traité de Milan entre le roi Philippe II d'Espagne et les V cantons, auxquels se joint bientôt Fribourg. Le but, à peine dissimulé, est d'en finir avec «la sentine d'hérésie»: Genève doit être rasée, ses habitants, tous âges et sexes confondus, passés au fil de l'épée.

De leur côté les protestants, poussés par la diplomatie du roi de France, se mobilisent pour la protection de Genève. Le 8 mai 1579, après de diffi-

---

47 *Traités publics de la Royale Maison de Savoie avec les puissances étrangères depuis la paix de Cateau-Cambrésis jusqu'à nos jours...* par le comte Solar de la Marguerite, t. I, Turin 1836, pp. 97–109.

ciles négociations, le traité de Soleure entre le roi de France et les cantons de Berne et de Soleure est signé.[48] Les considérants du traité font bien paraître l'intérêt du roi de France Henri III – intérêt que ses prédécesseurs n'avaient guère éprouvé – pour l'indépendance de «la ville et cité de Geneve, allyee des seigneurs de la ville et canton de Berne, pour estre icelle ville de Geneve l'une des clefs et principal boulevart du pays desd. Ligues et qui peult tenir le passage libre et ouvert entre Sad. Majesté et lesd. seigneurs des Ligues». Par ce traité, Berne et le Pays de Vaud, ainsi que la Ville de Genève, étaient compris dans l'alliance générale des Ligues avec le roi. Surtout, le roi s'engageait à payer les troupes que Berne et Soleure pourraient être amenées à placer en garnison à Genève pour la protection de celle-ci. Ce traité, qui ne fut exécuté que de mauvaise grâce par les parties, marque cependant le début du protectorat français sur Genève.

Ce protectorat, devenu très nécessaire depuis l'arrivée au pouvoir d'un duc de Savoie instable et menaçant, est renforcé par la combourgeoisie entre Berne, Zurich et Genève du 30 août 1584, qui assure aussi les Genevois d'une aide substantielle en cas de danger.

Mais les deux traités ne seront pas toujours respectés. Lors de la guerre contre la Savoie de 1589–1590, par exemple, la fidélité de Berne et la bonne foi du roi de France ne résistèrent pas à l'épreuve. Alors que Genève et Berne s'étaient engagées dans le conflit en se fondant sur les assurances de Harlay de Sancy, ambassadeur du roi de France, qui s'était beaucoup trop avancé[49], Genève fut assez abruptement abandonnée par Berne en août 1589. A la suite de négociations qui ne visaient évidemment que la conservation du Pays de Vaud, et dont Genève fut exclue, Berne conclut une paix séparée avec la Savoie à Nyon le 1er octobre 1589. Cette défection, pour ne pas dire cette trahison, provoqua l'indignation non seulement des Genevois, mais du Grand Conseil de Berne et de la totalité des communes bernoises, tant du Pays allemand que romand: celles-ci estimèrent que le traité n'était pas acceptable ni du point de vue de la gloire de Dieu, ni de celui de l'honneur du gouvernement, ni de celui du bien de la patrie. Le traité ne fut donc pas ratifié.[50] Avec l'aide parcimonieusement comptée du roi de France empêtré dans les guerres de religion, et au prix d'une série d'exploits, de sacrifices et peut-être même de miracles, Genève réussit à sauver son indé-

---

48 *Les Sources du droit du Canton de Genève*, t. III, n° 1201, pp. 356–363.
49 Alain Dufour, La guerre de 1589–1593, dans: Lucien Cramer, *La Seigneurie de Genève et la Maison de Savoie de 1559 à 1605*, t. IV, Genève/Paris 1958, pp. 8–14.
50 Feller, *Geschichte Berns*, t. II, pp. 442–455.

pendance et même à conquérir le pays de Gex – qu'il fallut pourtant remettre à la Couronne de France par le traité de Lyon de 1601.

Capitale régionale ou ville internationale?

En même temps, la vocation de Genève comme plaque tournante internationale et comme ville-phare du calvinisme, vénérée par les uns, haïe par les autres, s'était affirmée. Devant l'indifférence des Suisses, réduits à des procédures d'arbitrage sans lendemain, l'insolvabilité du roi de France handicapé par la Ligue, et les initiatives dangereuses, mais mal calculées du duc de Savoie, il restait la ville, bien fortifiée et consciente de sa responsabilité à l'égard de la Réforme.

On voit donc qu'à la fin du XVIe siècle, rien n'était véritablement joué: Genève allait-elle se rattacher un jour à la Confédération, rester protectorat français, ou suivre la logique savoyarde développée dès le XIIIe siècle en devenant capitale régionale?

Cette logique savoyarde, il fallait toutefois la reconstituer, après les conquêtes française, bernoise, valaisanne et fribourgeoise de 1536, qui avaient pratiquement rayé de la carte le duché de Savoie pour un quart de siècle. Elle ressort assez bien des négociations et des offres faites à plusieurs reprises aux Genevois dans la seconde moitié du XVIe siècle pour les attirer dans l'orbite du duc, faute d'une possibilité de s'emparer de la cité par la force.

Dès la fin de 1559, les propositions du duc, présentées de manière enveloppée par le comte de Viry, ou plus claire par le fameux Claude-Louis Alardet, évêque élu de Mondovi, visaient bonnement à récupérer la souveraineté de la ville, en brandissant des titres discutables et discutés.[51] Poursuivant la politique de ses prédécesseurs, Emmanuel-Philibert ne voulait pas se contenter du vidomnat, mais comptait s'attribuer l'entier du pouvoir temporel de l'évêque – qui aurait évidemment réintégré son siège épiscopal – ne laissant à ce dernier que des fonctions sacerdotales.[52] C'est du moins dans ce sens qu'il intervint auprès du pape, mais les premières négociations n'aboutirent pas. En juillet 1563, par l'intermédiaire de la duchesse de Savoie, fille de François Ier, qui paraît-il inclinait à la Réforme, le duc fit

---

51 Cramer, *Seigneurie de Genève,* t. I, pp. 44–45; t. II, pp. 15–30; Gautier, *Histoire de Genève,* t. IV, p. 279 ss.
52 Cramer, *Seigneurie de Genève,* t. I, p. 53.

miroiter aux yeux des Genevois la liberté de religion[53] sans plus de succès. Mais la liberté de religion, comme du reste aussi le respect des franchises, étaient certainement une condition même pour les bannis perrinistes qui comptaient sur le duc pour les aider à rentrer dans Genève.[54]

La conquête par les armes se révélant décidément impossible, ou du moins parce qu'il fallait prévoir un cadre institutionnel en cas de conquête réussie[55], des propositions nouvelles émanent à la fin du siècle de la Cour de Savoie ou de la noblesse de Haute-Savoie, tendant à faire de Genève une capitale régionale.

En particulier en mars 1591, presque à bout de résistance, les Genevois paraissaient disposés à négocier. Mais le jeune duc Charles-Emmanuel voulait la souveraineté de Genève sous la forme d'un hommage-lige qu'il aurait reçu en tant que vicaire impérial de la région – bien que ce vicariat impérial eût été révoqué en 1366 –, il voulait la destruction du fort d'Arve; en échange de quoi il aurait abandonné le vidomnat et l'administration de la justice, pourvu que lui restât la confirmation des magistrats élus. Enfin le Sénat de Savoie aurait jugé en appel; les armoiries et monnaies auraient été celles de la Savoie. Un gentilhomme du Duc aurait été nommé gouverneur de la Cité. La liberté de religion aurait été accordée à condition de rendre Saint-Pierre et une autre église au culte catholique.[56]

Des gentilshommes de la région se chargèrent de négocier et de faire accepter aux Genevois tout ce beau programme, qui aurait fait de leur ville une capitale provinciale des Etats de la Maison de Savoie. Mais bien que les magistrats responsables eussent de nombreuses attaches avec le terroir et les familles de la région, et que la situation militaire et économique de Genève fût voisine du désespoir, ils repoussèrent ces propositions, choisissant, comme le dit superbement Alain Dufour, «de construire une cité qui ne serait ni d'ici, ni d'ailleurs, savoyarde, bernoise ou française, mais où les frères dans la foi se sentiraient chez eux, qu'ils vinssent du Languedoc ou de Transylvanie»[57].

---

53 Gautier, *Histoire de Genève*, t. IV, pp. 406–407.
54 Cramer, *Seigneurie de Genève*, t. I, pp. 123–124.
55 Voir à ce sujet les réflexions de l'ambassadeur de Venise à Turin après l'échec du coup de main tenté en 1577 sur Genève par les ducs de Nemours et de Guise: que l'entreprise de Genève n'était pas faisable et qu'il ne serait pas possible de conserver la ville après s'en être emparé (Cramer, *Seigneurie de Genève*, t. I, pp. 255–256; t. II, p. 407, Doc. 294: lettre au sénat de Venise du 14 juin 1578).
56 Dufour, *La guerre de 1589–1593*, p. 227 ss.
57 Dufour, *La guerre de 1589–1593*, p. 233.

Genève et les Suisses: Mariage arrangé ou mariage d'amour? 47

La logique savoyarde fut proposée une ultime fois et discutée avec force arguties juridiques et production de titres d'archives lors des conférences tenues à Hermance, puis à Thonon entre les magistrats genevois et les députés du Duc, du 27/17 octobre au 25/15 novembre 1598[58]. Mais le Duc ne fit aucun progrès. Les propositions de rétablir les foires, les promesses de prospérité et de sécurité se heurtaient à une farouche volonté d'indépendance et à un non moins farouche attachement à la Réforme, et à la Réforme seule.

L'échec de l'Escalade et le traité de Saint-Julien clôturent cette période d'incertitude: désormais Genève sera la petite République alliée de Berne et de Zurich, protégée par la Couronne de France, qui contrôle ainsi l'accès à la Confédération et à la Savoie. Telle était la double logique qui allait s'imposer pour les siècles à venir.

Une cause religieuse allait contribuer à jeter Genève dans les bras des Confédérés: la recatholicisation du Chablais au cours de la dernière décennie du XVIe siècle sous l'action conjuguée du prévôt François de Sales, des capucins et des jésuites, puissamment aidés par les troupes ducales. Peu à peu le recrutement de la population genevoise dans la région haut-savoyarde et dans le Chablais cesse, les catholiques n'étant pas admis à l'habitation, et l'apport des Confédérés du Pays de Vaud et même de la partie alémanique de Berne devenant peu à peu majoritaire.[59]

Certes, le duc de Savoie, jusqu'au traité de Turin de 1754, qui donnera à Genève de véritables frontières[60] n'a pas renoncé à ses prétentions sur Genève. Au cours du XVIIe siècle, il ne cessera de réchauffer le zèle de ses alliés les cantons catholiques contre les hérétiques de Genève et de Berne. Ses efforts, alliés à ceux du nonce apostolique à Lucerne, feront continuellement échec à toute tentative d'associer plus étroitement Genève au Corps helvétique: c'est certainement sa diplomatie qui a empêché Genève d'être comprise dans le défensional de Wil en 1647[61], et plus nettement encore

---

58 Gautier, *Histoire de Genève*, t. IV, pp. 228–277; cf. Henri Grandjean, La préparation diplomatique de l'Escalade 1598–1602, dans: *L'Escalade de Genève – 1602. Histoire et tradition*, Genève 1952, pp. 17–152; pp. 38–42.
59 Phénomène savamment décrit par Alfred Perrenoud, *La population de Genève du seizième au début du dix-neuvième siècle. Etude démographique, t. I: Structures et mouvements* (Mémoires et documents publiés par la Société d'histoire et d'archéologie de Genève, t. XLVII), Genève 1979, p. 258 ss.
60 Catherine Santschi, Les premières frontières de la République de Genève, dans: *La Revue Savoisienne*, Année 134, Annecy 1994 (paru en 1995), pp. 132–149.
61 Oechsli, *Orte und Zugewandte*, p. 130.

dans son renouvellement en 1668[62], bien que plusieurs cantons de Suisse centrale eussent reconnu le rôle stratégique éminent de la forteresse genevoise. A la même époque, dans la foulée de l'affaire de Corsinge, le duc déclarait ne pas être tenu par le Traité de Saint-Julien.[63] Pourtant le duc de Savoie n'est plus un véritable danger pour l'indépendance de Genève: ses Etats delà des Monts (vus de Turin), la Savoie, le Genevois, le Faucigny sont exposés continuellement à une invasion française et ont été plusieurs fois occupés par les troupes du Roi de France. Pour obtenir la neutralisation de ce territoire, le duc a besoin de l'appui des Bernois. Il ne peut donc se permettre de les mécontenter en menaçant trop ouvertement Genève.

La logique française

Mais entre-temps, depuis le traité de Soleure de 1579, où le roi a marché sans hésiter sur ses scrupules religieux pour s'assurer le contrôle de Genève et le passage vers les Ligues suisses, Genève est sous protectorat français, et l'influence du royaume voisin sur ses destinées ne cesse de s'appesantir. En 1590, dans le Pays de Gex, Henri IV a laissé les Genevois tirer les marrons du feu: les Genevois l'ont conquis et administré jusqu'en 1601, année où il fut réuni à la Couronne de France par le Traité de Lyon. Au moment de l'Escalade, des troupes françaises ont aidé Genève. Par la suite, la politique française à l'égard de Genève apparaît clairement: il faut empêcher que Genève ne tombe aux mains du duc de Savoie, mais il faut aussi empêcher que la ville puisse se défendre par ses propres moyens en s'entourant d'un arrière-pays capable de la nourrir et d'être occupé par les alliés helvétiques. Surtout, il faut empêcher que les Suisses, en particulier Berne et Zurich, ne gardent le monopole de la défense, donc du contrôle de Genève.

Dans ce contexte de longue durée, l'étrange projet conçu en 1631–1632 par Richelieu et par la diplomatie savoyarde d'annexer Genève, qui sombra dans des marchandages compliqués[64], n'est qu'anecdotique. Plus sérieuse et plus lourde de conséquence est l'installation à Genève en 1679 d'un résident

---

62 Oechsli, *Orte und Zugewandte*, pp. 480–481.
63 Bernard Gagnebin, Le XVIIe siècle. La politique extérieure, dans: *Histoire de Genève des origines à 1798*, publiée par la Société d'histoire et d'archéologie de Genève, Genève 1951, pp. 365–388; pp. 375–378.
64 Edouard Rott, Richelieu et l'annexion projetée de Genève 1631–1632, dans: *La Revue historique* 112 (1913), pp. 275–300; 113 (1913), pp. 23–63.

permanent. Non tellement à cause de la réintroduction de la messe, qui choqua évidemment beaucoup les Genevois, mais surtout à cause du contrôle impérieux, arrogant, conquérant, exercé par le résident sur tous les faits et gestes du gouvernement genevois. En particulier Charles-François de la Bonde, seigneur d'Iberville, résident de France de 1688 à 1698, a fait de sa fonction un véritable poste d'observation, non seulement des actes du Conseil, où il avait des espions, mais des flots de réfugiés protestants, chassés de France par la Révocation de l'Edit de Nantes, et des affaires internationales, montrant bien par là la vocation de plaque tournante qui est celle de Genève: au centre d'un réseau d'information, permettant au cabinet de Versailles de conduire sa politique, il envoyait des espions dans toute la Suisse, la Savoie, le Piémont, le Milanais, voire la Hollande ou le Wurtemberg...[65] En outre, le résident fait en sorte d'isoler Genève de ses alliés naturels, et, en 1689–1690, réussit à empêcher l'installation à Genève d'un résident «concurrent» représentant du roi d'Angleterre, Guillaume d'Orange, considéré par les catholiques comme un usurpateur.[66]

L'influence croissante de la Cour de Versailles sur la classe dirigeante genevoise inquiète les combourgeois de Berne et de Zurich. Aussi les tentatives d'un nouveau «cantonnement», entreprises en 1691 par les plus clairvoyants, trouvent-elles une oreille attentive dans la Suisse réformée.[67] Cela d'autant plus que dans le contexte de la guerre de la Ligue d'Augsbourg, des bruits courent d'une occupation de Genève par les puissances alliées contre Louis XIV, dans l'intention de s'attacher le duc de Savoie en lui faisant espérer la conquête de Genève, éventuellement du Pays de Vaud. A ce moment l'action de la diplomatie française, tant du résident de France à Genève que de l'ambassadeur de la Couronne auprès du Corps helvétique à Soleure, encourageait les Suisses à renforcer la défense de Genève, et – sans l'intervention probable du nonce apostolique et des émissaires savoyards – n'aurait pas fait obstacle à un rapprochement de Genève de la Confédération, voire à un «cantonnement».

---

65 Voir sur ce point l'excellente étude de Jérôme Sautier, Politique et refuge. Genève face à la Révocation de l'Edit de Nantes, dans: Olivier Reverdin, Jérôme Sautier et Olivier Fatio [et al.], *Genève au temps de la Révocation de l'Edit de Nantes 1680–1705* (Mémoires et documents publiés par la Société d'histoire et d'archéologie de Genève, t. L), Genève 1985, pp. 1–158, particulièrement pp. 17–21; pp. 33–42.
66 Sautier, Politique et refuge, pp. 33–35.
67 Sautier, Politique et refuge, p. 4 ss.; Marguerite Cramer, *Genève et les Suisses. Histoire des négociations préliminaires à l'entrée de Genève dans le Corps helvétique 1691–1792*, Genève 1914, pp. 1–92.

Mais si la France de Louis XIV, et d'ailleurs aussi de Louis XV, n'avait pas véritablement l'intention d'annexer Genève, elle tenait pourtant à garder un contrôle étroit sur la République et à limiter le poids de l'influence helvétique sur elle. Ainsi, l'ouvrage de Marguerite Cramer intitulé «Genève et les Suisses», élaboré en grande partie d'après les archives du Quai d'Orsay, est en réalité l'histoire de toutes les intrigues de la diplomatie française pour faire obstacle au rapprochement entre Genève et les Suisses, quitte à se réfugier derrière l'alibi des cantons catholiques, dont on réchauffe secrètement le zèle confessionnel.

Cette pression française s'exerce sur Genève à tout propos: non seulement dans le cadre des tentatives de rattachement à la Confédération opérées dans le contexte des traités internationaux[68], mais aussi à l'occasion des troubles révolutionnaires qui ont agité Genève durant tout le XVIIIe siècle. Si en 1707, lors de l'affaire Pierre Fatio, Berne et Zurich ont été seules à s'impliquer pour rétablir l'ordre, il n'en a pas été de même par la suite. Après l'affaire du Tamponnement de 1734 et la prise d'armes du 21 août 1737, le résident de France intervint pour imposer la médiation de la Couronne de France. Si des députés bernois et zurichois ont participé à la médiation, c'est incontestablement le médiateur choisi par le roi de France, le comte Daniel-François de Gélas de Lautrec, qui joua le rôle le plus important, bienfaisant d'ailleurs, dans cet épisode.[69] A la suite de l'affaire Rousseau, en 1765–1767, la pression du médiateur français, le comte de Beauteville, se fit plus insistante et aboutit à une rupture et non sans peine à un «édit de conciliation», voté le 11 mars 1768, qui n'empêcha pas de nouveaux troubles intérieurs.

En 1781–1782, la prédominance française dans les affaires intérieures genevoises se fit sentir de tout son poids, cela d'autant plus que des Genevois établis à Paris, le chargé d'affaires genevois Horace-Bénédict Perrinet des Franches et le ministre Necker, l'ancien résident Hénin, qui avait épousé une Genevoise, et le ministre des Affaires étrangères Vergennes, l'ambassa-

---

68 Par exemple au moment de la paix entre Louis XIV et Victor-Amédée de Savoie, signée à Turin le 19 août 1696: le danger qu'elle présentait pour Genève et le Pays de Vaud incita Berne et Zurich à entreprendre quelque chose en vue du cantonnement, mais Genève refuse de crainte de mécontenter la Cour de France (Cramer, *Genève et les Suisses*, p. 105 ss.). Mais c'est surtout au moment du traité en 1777 entre la France et le Corps helvétique que les intrigues françaises ont réduit à néant les espoirs de Genève d'être incluse dans le traité (Cramer, *Genève et les Suisses*, pp. 152–177).

69 Le meilleur récit de ces événements révolutionnaires reste celui de Jean-Pierre Ferrier, Le XVIIIe siècle. Politique intérieure et extérieure, dans: *Histoire de Genève des origines à 1798*, publiée par la Société d'histoire et d'archéologie de Genève, Genève 1951, pp. 401–481.

deur de France à Soleure et bien entendu le chargé d'affaires de la Couronne de France à Genève Dominique Gabard de Vaux, contrôlaient étroitement les débats ardents, déclenchés dès 1777 par la révision générale des Edits et par la rédaction d'un nouveau code. La pression conjointe de la diplomatie et des troupes françaises réussit d'abord à écarter les délégués bernois et zurichois et à empêcher une médiation suisse. Une prise d'armes ayant abouti au renversement du gouvernement «constitutionnaire», de tendance aristocratique, des troupes bernoises, françaises et sardes interviennent au début de juillet 1782, imposent une constitution réactionnaire, l'Edit de pacification ou «Code noir», et font exiler les auteurs de la prise d'armes et leurs partisans. La bourgeoisie est désarmée et dépouillée d'une partie de ses droits. La milice bourgeoise est supprimée, une garnison de 1200 hommes, formée de déserteurs et de mauvais garçons de tous pays, succède aux troupes d'occupation, restées à Genève jusqu'en avril 1783.

C'est là aussi une des réalités de l'histoire genevoise: l'attachement passionné à la liberté, célébré par tous les historiens suisses et genevois, se développe en fait sous le contrôle conjoint, permanent, des puissances voisines, la couronne de France, le royaume de Sardaigne et le gouvernement bernois, tous trois liés au gouvernement aristocratique de Genève. De fait, il ne s'agit plus là de l'indépendance d'une ville ou de la souveraineté d'une république comprise comme une communauté de citoyens, mais du maintien au pouvoir d'une classe de dirigeants.

Le paysage politique ayant évolué sous l'effet de la Révolution française, comment les relations de Genève avec ses voisins se profilent-elles dans les dernières années du XVIIIe siècle? Tandis qu'à Genève, une émeute alimentaire conduit le patriciat et la bourgeoisie à se réconcilier et à voter une nouvelle constitution plus démocratique (10 février 1798), difficilement acceptée par les puissances garantes, la monarchie française s'effondre sous les coups de la Révolution, provoquant l'inquiétude chez tous ses voisins. Lorsque le 20 avril 1792, Louis XVI, qui allait être détrôné trois mois et demi plus tard, déclare la guerre à son neveu François II, roi de Hongrie, le Corps helvétique décide de rédiger une déclaration de neutralité dans la guerre qui venait de commencer. Genève, par le canal de son député à la Diète l'ancien syndic Pierre-André Rigaud, demande et obtient, par une lettre du 11 juin 1792, d'être incluse dans cette déclaration de neutralité.[70]

---

70 Albert Sarasin, Inclusion de Genève dans la neutralité helvétique en 1792, dans: *Mémoires et documents publiés par la Société d'histoire et d'archéologie de Genève*, t. XXV (1893–1901), pp. 134–162; Cramer, *Genève et les Suisses*, pp. 191–230.

Enfin les cantons catholiques reconnaissent donc que Genève est une position stratégique-clé pour l'ensemble du Corps helvétique. Dans l'esprit des Genevois et des cantons protestants, cet acte équivaut presque à un rattachement à la Confédération, comme le montre une décision assez symbolique du bourgmestre de Zurich: celui-ci autorise en effet le député Rigaud à rentrer à Genève précédé d'un huissier à cheval portant les couleurs cantonales rouge et jaune, ce qui est alors le privilège des cantons en titre, participant de plein droit à la Diète.

Cependant les Cantons ne s'étaient pas engagés à quoi que ce fût pour la défense de Genève. Lorsqu'en septembre 1792, les troupes de la Révolution française envahirent la Savoie et s'approchèrent de Genève jusqu'à Carouge, seuls Berne et Zurich envoyèrent des troupes pour défendre la République, en exécution du traité de combourgeoisie de 1584. C'était ce qu'attendaient les révolutionnaires genevois exilés à Paris, pour dénoncer une «provocation» suisse et pour ordonner au général français d'annexer Genève à la Grande Nation. Une négociation bien conduite évita pour cette fois la disparition de la République, tout en démontrant la faiblesse du lien qui avait été noué quelques mois auparavant. Ou plutôt, si les déclarations énergiques de la Chancellerie zurichoise, au nom du Corps helvétique, réussirent à décourager le général français, c'est que les armées de la Révolution n'étaient pas encore prêtes à s'attaquer aux Suisses.[71]

En réalité, l'annexion de Genève n'est que partie remise, et l'inclusion de la République dans la déclaration de la neutralité helvétique a eu pour unique effet de retarder de quelque six ans la réunion à la France. De même que le gouvernement aristocratique de Genève était presque entièrement dépendant de la Cour de Versailles, de même, la Genève révolutionnaire devient une succursale de la France révolutionnaire. L'annexion de Genève à la Grande Nation, décidée à Paris dès la fin de mars 1798, votée par le Conseil Général sous la menace militaire le 15 avril suivant, alors que la Suisse était occupée par les soldats du général Ménard[72], constitue le développement ultime de cette logique française de contrôle du passage, initiée par le Traité de Soleure de 1579. Quelle qu'ait été la passion des Genevois pour leur indépendance et la justice de leur cause, l'occupation simultanée

---

71 Cramer, *Genève et les Suisses,* pp. 231–273.
72 Détails dans Frédéric Barbey, De la Révolution à l'Annexion, dans: *Histoire de Genève des origines à 1798,* publiée par la Société d'histoire et d'archéologie de Genève, Genève 1951, pp. 525–539.

de la Savoie et de la Suisse par les armées du Directoire rendait cette annexion inéluctable.

Genève était-elle dans l'âme une ville française, savoyarde ou suisse? En réalité, les Genevois sont foncièrement épris d'indépendance. Mais l'expérience des troubles du XVIIIe siècle et l'évolution vers de grands Etats-nations rend une solution purement genevoise irréalisable dans la situation géographique de la cité. De plus, les guerres napoléoniennes, avec leur cortège de conscription meurtrière, de crise économique et de mécontentement, ont certainement contribué à désaffecter le peuple genevois et son ancienne classe dirigeante de la Grande Nation, et à les rapprocher des Cantons suisses. La Restauration et le Congrès de Vienne ont fait le reste. D'autres que nous décriront ou ont décrit par quels processus Genève s'est helvétisée, voire germanisée, dans ses mœurs et sa culture, et comment l'historiographie genevoise en est arrivée à présenter, comme celle des voisins vaudois, bernois et zurichois, le rattachement à la Suisse comme une fatalité.

A l'époque de la Restauration, le rattachement de Genève à la Confédération paraissait le plus sûr moyen de préserver à la fois l'indépendance de Genève et la paix dans la cité. Cette paix fut toujours précaire, puisqu'en août 1864, au moment même où une conférence diplomatique se réunissait à l'Hôtel de Ville pour mettre au point la première Convention de la Croix-Rouge pour la protection des blessés de guerre, les luttes entre radicaux et indépendants faisaient rage dans les rues de Genève, et il fallut faire venir des troupes vaudoises pour rétablir l'ordre. En revanche, le contexte mondial ayant évolué, la neutralité et la stabilité helvétiques ont favorisé l'épanouissement de la vocation internationale de la ville.

Et aujourd'hui? La remise en question de la neutralité suisse dans l'environnement européen et mondial, l'apparition d'autres villes internationales, l'évolution intérieure de la Confédération vers une centralisation administrative tâtillonne et étouffante, tout cela incite à réfléchir à la place d'une ville ou d'un canton-ville resté toujours marginal. Des initiatives extrêmes, destinées à rendre «rentable» la Suisse considérée comme une entreprise économique, donnent à penser que les citoyens de ce pays pourraient jeter par-dessus bord l'histoire séculaire de leurs cantons en vue de regroupements ou de «synergies» hasardeuses. D'autres concepts visent à renouer les contacts avec des régions longtemps séparées par la religion, qui pourraient reconstituer l'ancien diocèse de Genève ou le comté de Savoie. Le présent article n'est-il pas, avec l'ensemble du volume auquel il appartient, un signe supplémentaire de ce questionnement de tendance centrifuge?

Bibliographie

Amtliche Sammlung der ältern Eidgenössischen Abschiede, 1245–1798, Luzern et al. 1839–1890.

Frédéric Barbey, De la Révolution à l'Annexion, dans: *Histoire de Genève des origines à 1798,* publiée par la Société d'histoire et d'archéologie de Genève, Genève 1951, pp. 525–539.

Victor van Berchem, Wilhelm Oechsli, Edouard Favre et al., *Les Cantons suisses et Genève, 1477–1815* (Mémoires et documents publiés par la Société d'histoire et d'archéologie de Genève, série in-4°, t. IV), Genève 1915.

Jean-François Bergier, *Genève et l'économie européenne de la Renaissance,* Paris 1963.

Jean-François Bergier, Vie matérielle et politiques économiques au temps des guerres de Bourgogne, dans: *Grandson 1476. Essai d'approche pluridisciplinaire d'une action militaire du XVe siècle.* Ed. par J.-E. Genequand et al., dir. par Daniel Reichel (Centre d'histoire et de prospectives militaires. Série recherches de sciences comparées, t. II), Lausanne 1976, pp. 28–47.

Louis Binz et Alfred Berchtold, *Genève et les Suisses,* Genève 1991.

Jacques Bugnion, *Les villes de franchises au Pays de Vaud, 1144–1350,* Lausanne 1952.

Lucien Cramer, *La Seigneurie de Genève et la Maison de Savoie de 1559 à 1605. T. I et II: Le règne d'Emmanuel-Philibert (1559–1580). T. III: Les projets d'entreprise de Charles-Emmanuel Ier sur Genève, 1580–1588. T. IV: La guerre de 1589–1593,* par Alain Dufour, Genève/Paris 1912–1958.

Marguerite Cramer, *Genève et les Suisses. Histoire des négociations préliminaires à l'entrée de Genève dans le Corps helvétique 1691–1792,* Genève 1914.

Francis De Crue, Henri IV et les députés de Genève, Chevalier et Chapeaurouge: relations diplomatiques de Genève avec la France, dans: *Mémoires et documents publiés par la Société d'histoire et d'archéologie de Genève,* t. XXV (1893–1901), pp. 235–688.

Patrick-Etienne Dimier et Fred Oberson, *La Charte d'indépendance de la République de Genève,* Russin, Mouvement Genève-Libre, 1988.

Alain Dufour, La guerre de 1589–1593, dans: Lucien Cramer, *La Seigneurie de Genève et la Maison de Savoie de 1559 à 1605,* t. IV, Genève/Paris 1958.

Pierre Duparc, Originalité des Franchises de Genève, dans: *Bulletin de la Société d'histoire et d'archéologie de Genève,* t. XVI, première livraison, 1976 (parue en 1978), pp. 1–22.

Edouard Favre et Paul-F. Geisendorf, Les Combourgeoisies avec Fribourg et Berne, dans: *Histoire de Genève des origines à 1798,* publiée par la Société d'histoire et d'archéologie de Genève, Genève 1951, pp. 171–186.

Richard Feller, *Geschichte Berns,* 4 vols., Bern 1946–1960.

Jean-Pierre Ferrier, Le XVIIIe siècle. Politique intérieure et extérieure, dans: *Histoire de Genève des origines à 1798,* publiée par la Société d'histoire et d'archéologie de Genève, Genève 1951, pp. 401–481.

François Forel, *Chartes communales du Pays de Vaud dès l'an 1214 à l'an 1527* (Mémoires et documents publiés par la Société d'histoire de la Suisse romande, t. XXVII), Lausanne 1872.

Bernard Gagnebin, Le XVIIe siècle. La politique extérieure, dans: *Histoire de Genève des origines à 1798,* publiée par la Société d'histoire et d'archéologie de Genève, Genève 1951, pp. 365–388.

Frédéric Gardy, Genève au XVe siècle, dans: *Histoire de Genève des origines à 1798,* publiée par la Société d'histoire et d'archéologie de Genève, Genève 1951, pp. 139–169.

Adolf Gasser, Les guerres de Bourgogne, leurs causes, leur déclenchement, dans: *Grandson 1476. Essai d'approche pluridisciplinaire d'une action militaire du XVe siècle.* Ed. par J.-E. Genequand et al., dir. par Daniel Reichel (Centre d'histoire et de prospectives militaires. Série recherches de sciences comparées, t. II), Lausanne 1976, pp. 66–111, pp. 240–246.

Jean-Antoine Gautier, *Histoire de Genève, des origines à l'année 1691,* 9 vols., Genève 1896–1914.

Léon Gautier, Les efforts des Genevois pour être admis dans l'alliance générale des Ligues, dans: *Mémoires et documents publiés par la Société d'histoire et d'archéologie de Genève,* série in-4°, t. IV (1915), pp. 99–128.

Paul-F. Geisendorf, *Bibliographie raisonnée de l'histoire de Genève des origines à 1798,* Genève 1966.

Charles Gilliard, *La Combourgeoisie de Lausanne avec Berne et Fribourg en 1525,* Lausanne 1925.

Henri Grandjean, De la Féodalité à la Communauté, dans: *Histoire de Genève des origines à 1798,* publiée par la Société d'histoire et d'archéologie de Genève, Genève 1951, pp. 91–137.

Henri Grandjean, La préparation diplomatique de l'Escalade 1598–1602, dans: *L'Escalade de Genève – 1602. Histoire et tradition,* Genève 1952, pp. 17–152.

Paul Guichonnet et Claude Raffestin, *Géographie des frontières,* Paris 1974.

Jean Janot, *En 1814. Journal d'un citoyen genevois,* Genève 1912.

Edouard Mallet, Du pouvoir que la maison de Savoie a exercé dans Genève, dans: *Mémoires et documents publiés par la Société d'histoire et d'archéologie de Genève,* t. VII (1849), pp. 177–346; t. VIII (1852), pp. 81–286.

Ruth Mariotte-Löber, *Ville et Seigneurie. Les chartes de franchises des comtes de Savoie. Fin XIIe siècle–1343* (Mémoires et documents publiés par l'Académie Florimontane, IV), Annecy 1973.

Léopold Micheli, Les institutions municipales de Genève au XVe siècle. Essai précédé d'une introduction sur l'établissement de la commune dans cette ville, dans: *Mémoires et documents publiés par la Société d'histoire et d'archéologie de Genève,* t. XXXII (1912/22), livre 1, Genève 1912, pp. 1–244.

Jean-Daniel Morerod, Deux nouveaux évêques-élus de Lausanne, Evrard de Rochefort (1221) et Thomas de Savoie (1229). A propos d'une publication récente, dans: *Revue d'histoire ecclésiastique suisse* 84 (1990), pp. 14–17.

Henri Naef, L'Emancipation politique et la Réforme, dans: *Histoire de Genève des origines à 1798,* publiée par la Société d'histoire et d'archéologie de Genève, Genève 1951, pp. 187–217.

Wilhelm Oechsli, Orte und Zugewandte. Eine Studie zur Geschichte des schweizerischen Bundesrechtes, dans: *Jahrbuch für Schweizerische Geschichte* 13 (1888), pp. 1–497.

Alfred Perrenoud, *La population de Genève du seizième au début du dix-neuvième siècle. Etude démographique, t. I: Structures et mouvements* (Mémoires et documents publiés par la Société d'histoire et d'archéologie de Genève, t. XLVII), Genève 1979.

Anne-Marie Piuz, Le marché urbain (XVIIe–XVIIIe siècles), dans: *Revue suisse d'histoire* 33 (1983), pp. 75–85.

Jean-François Poudret, *La Maison de Savoie évincée de Lausanne par Messieurs de Berne* (Cahiers de la Renaissance vaudoise 42), Lausanne 1962.

Jean-François Poudret, Un concordat entre Amédée VIII et le clergé de Savoie, dans: *Amédée VIII – Félix V, premier duc de Savoie et pape (1383–1451).* Colloque international Ripaille – Lausanne, 23–26 octobre 1990. Etudes publ. par Bernard Andenmatten, Agostino Paravicini Bagliani, Lausanne 1992, pp. 157–178.

Les Registres du Conseil de Genève, publiés par la Société d'histoire et d'archéologie de Genève, édités par Emile Rivoire et al., t. I–XIII, Genève 1900–1940.

Jean-Jacques Rigaud, Mémoires, éd. par Lucie Achard, Edouard Favre, dans: *La restauration de la République de Genève 1813–1814,* t. I, Genève 1913.

Albert Rilliet, *Histoire de la réunion de Genève à la Confédération suisse en 1814,* Genève 1864.

Edouard Rott, Richelieu et l'annexion projetée de Genève 1631–1632, dans: *La Revue historique* 112 (1913), pp. 275–300; 113 (1913), pp. 23–63.

François Ruchon, *Histoire politique de la République de Genève de la Restauration à la suppression du budget des cultes (31 décembre 1813 au 30 juin 1907),* Genève 1953.

Catherine Santschi, *Les évêques de Lausanne et leurs historiens* (Mémoires et documents publiés par la Société d'histoire de la Suisse romande, 3e série, t. XI), Lausanne 1975.

Catherine Santschi, *Les premières frontières de la République. Traités de Paris, 1749, et de Turin, 1754,* Exposition des Archives d'Etat, Genève 1993.

Catherine Santschi, Les premières frontières de la République de Genève, dans: *La Revue Savoisienne,* Année 134, Annecy 1994 (paru en 1995), pp. 132–149.

Albert Sarasin, Inclusion de Genève dans la neutralité helvétique en 1792, dans: *Mémoires et documents publiés par la Société d'histoire et d'archéologie de Genève,* t. XXV (1893–1901), pp. 134–162.

Jérôme Sautier, Politique et refuge. Genève face à la Révocation de l'Edit de Nantes, dans: Olivier Reverdin, Jérôme Sautier, Olivier Fatio et al., *Genève au temps de la Révocation de l'Edit de Nantes 1680–1705* (Mémoires et documents publiés par la Société d'histoire et d'archéologie de Genève, t. L), Genève 1985, pp. 1–158.

Les Sources du droit du Canton de Genève, publ. par Emile Rivoire et Victor van Berchem, Aarau 1927 ss.

Marc-Jules Suès, *Journal de M' J' S' pendant la Restauration genevoise 1813–1821,* publ. avec une introduction par Alexandre Guillot, Genève 1913.

Traités publics de la Royale Maison de Savoie avec les puissances étrangères depuis la paix de Cateau-Cambrésis jusqu'à nos jours… par le comte Solar De La Marguerite, t. I, Turin 1836.

Gustave Vaucher, L'affaire des subsides, 1486–1489. Quelques documents, dans: *Mélanges offerts à M. Paul-E. Martin par ses amis, ses collègues, ses élèves* (Mémoires et documents publiés par la Société d'histoire et d'archéologie de Genève, t. XL), Genève 1961, pp. 417–435.

Le *zugewandter Ort* Mulhouse: amitié, assistance et fidélité

Raymond Oberlé

Point n'est étonnant qu'entre le sud de l'Alsace et les cantons suisses se soient nouées depuis les siècles les plus reculés des relations multiples. Les peuplades germaniques, notamment les Alamans, installés entre le Ve et le VIIe siècles ont imprégné par la langue, le droit, les coutumes et la religion chrétienne les pays du Haut-Rhin. Les toponymes et les andronymes témoignent de cette imprégnation culturelle; constatons qu'aucun obstacle naturel ne freinait les contacts sous les formes les plus diverses. En effet la configuration géographique favorisait les relations.

La géographie commande

Aucune chaîne de montagnes, aucun fleuve infranchissable ne constituent une barrière. Le Rhin fut plutôt un lien, un vaste couloir dans cette plaine rhénane qui ouvre des horizons prometteurs aux échanges commerciaux, aux relations d'affaires. La dynamique urbaine a animé foires et marchés de la Suisse et de la Haute Alsace.

Nous savons par la correspondance des corporations et par les règlements des marchés que maîtres-artisans et commerçants se rencontraient, qu'ils traitaient d'échanges non négligeables.[1] N'oublions pas que la technique commerciale se situait essentiellement dans la fréquentation des marchés dont les dates étaient fixées et retenues, ce qui suppose une entente et une organisation préalables.

Par exemple une convention juridictionnelle conclue entre Mulhouse et Bâle le 21 novembre 1323, atteste des relations commerciales qui liaient les deux villes. L'acte juridique établissait les modalités selon lesquelles le créancier, ressortissant d'une des deux villes, pouvait réaliser les gages aux-

---

1 G. Livet et R. Oberlé, *Histoire de Mulhouse des origines à nos jours*, Strasbourg 1977; R. Oberlé, *Mulhouse ou la genèse d'une ville*, Mulhouse 1985; J. Dierauer, *Histoire de la Confédération Suisse*, 5 tomes (en 6 vol.), Lausanne, 1910–1919.

quels il avait droit. Il autorisait le créancier à faire procéder à une saisie de biens de son débiteur, ressortissant de l'autre ville. Cette convention confirme une situation de fait, preuve patente de l'existence de relations et d'affaires qui furent bien loin d'être épisodiques. Nous savons par ses notes que le dynamique commerçant bâlois Andreas Ryff fréquentait assidûment foires et marchés de Rouffach, d'Altkirch, de Mulhouse, de Dannemarie, de Guebwiller, de Thann, de Habsheim. Les Mulhousiens se rendaient aux marchés de Zurzach, de Liestal, de Rheinfelden, de Bâle, de Lucelle, de Porrentruy et de Fribourg en Suisse. Des circuits commerciaux s'étaient établis, pensons à l'acheminement du sel lorrain par la route de Thann, Mulhouse à Bâle.

Les relations d'affaires justifiaient la création d'une monnaie unique. Elle fut réalisée en 1403 par le *Rappenmüntzbund* qui s'étendit de l'Eggenbach au Hauenstein donc de l'Alsace méridionale à la Suisse septentrionale. La monnaie commune facilitait les relations d'affaires à telle enseigne que les comptes publics et privés étaient libellés en livres bâloises, le *Basler Stebler* était un symbole. Et il est d'autres aspects des relations économiques qui sont tout aussi révélateurs: la politique d'acquisition de terres. Les terriers dont nous disposons renseignent éloquemment sur les possessions des particuliers, et des institutions religieuses tels que le Grand Chapitre de Bâle, les couvents de Klingenthal, de St-Léonard, de la Chapellerie St-Pantaléon, de l'Hôpital de Bâle, du couvent St-Alban de Gnadenthal, le couvent des Pêcheurs, de l'Hospice St-Michel, de la Commanderie de St-Jean. La politique foncière des Clarisses de Bâle est très caractéristique. Le couvent touchait des revenus fonciers à Soultz, Guebwiller, Hattstatt, Morschwiller, Gueberschwihr, Eguisheim, Voegtlinshofen, Sigolsheim, Zellenberg, Ribeauvillé, Turckheim. Donc essentiellement dans des villages viticoles.[2]

En 1704 par exemple, les bailliages de Landser, de Ferrette, d'Altkirch et de Thann acheminaient à Bâle 9389 sacs de blé aux différents détenteurs de biens fonds situés en Alsace. Ce n'est pas sans raison que l'on disait de cette province voisine de la Confédération qu'elle était le *Brotkasten und Weinkeller der Eidgenossenschaft*. Les cantons suisses voisins ne pouvaient pas se désintéresser des évènements dont l'Alsace du sud était souvent le théâtre.

---

2 B. M. von Scarpatetti, *Die Kirche und das Augustiner-Chorherrenstift St. Leonhard von Basel*, Basel 1974; B. Degler-Spengler, *Das Klarissenkloster Gnadental in Basel, 1289 à 1525*, Basel 1969; E. Miescher, *Zur Geschichte von Kirche und Gemeinde St. Leonhard zu Basel*, Basel 1913.

Cette situation de fait n'a nullement échappé à l'autorité royale qui n'a pas hésité à faire de «l'exportation des grains, [un] instrument de pression diplomatique».[3]

Les évènements politiques ne tardèrent de consolider le rapprochement entre Mulhouse et les cantons suisses.

Du revirement politique à la fraternité des armes

Mulhouse, ville impériale depuis 1308, n'eut pas à se plaindre des empereurs de la lignée des Luxembourg qui encouragèrent les villes d'Alsace à s'allier. C'est ainsi que naquit en 1354 la ligue des dix villes impériales.

La lamentable impuissance des derniers empereurs de la famille des Luxembourg favorisa les débordements de la remuante et besogneuse noblesse locale. Le climat se détériora avec le retour des Habsbourg qui ne pratiquaient pas comme les Luxembourg une politique favorable aux villes.

Les épreuves auxquelles la ville avait à faire face provenaient des invasions étrangères mais aussi de l'indiscipline de la noblesse locale. Les Armagnacs pénétrèrent une première fois en Alsace en 1439 et revinrent en été 1445. Les nobles autrichiens pactisèrent à Bâle comme à Mulhouse[4] avec eux. Les autorités des deux villes Bâle et Mulhouse les expulsèrent en grand nombre et les écartèrent par la suite du Conseil de la ville. Les troubles reprirent. Il était patent que les Habsbourg s'efforçaient de faire surgir des conflits par l'intermédiaire de leurs vassaux. Ils cherchaient à accroître le patrimoine originel par des acquisitions matrimoniales mais également par des usurpations.

Les comportements de la noblesse détériorèrent également les relations avec les cantons suisses. Schaffhouse, alliée depuis 1454 des Confédérés, était devenue l'objet des convoitises tout comme Mulhouse. Soleure et Berne pratiquaient alors une politique d'expansion territoriale.[5] Le maintien de l'indépendance de Mulhouse, située au cœur des territoires autrichiens, constituait pour les deux villes un facteur important dans leurs visées

---

3 G. Livet, L'exportation des grains. Instrument de pression diplomatique sous Louis XIV, dans: *L'Alsace et la Suisse à travers les siècles*, Strasbourg 1959, p. 195 ss.
4 G. Rettig, Die Beziehungen Mülhausens zur schweizerischen Eidgenossenschaft bis zu den Burgunderkriegen, dans: *Archiv des historischen Vereins des Kantons Bern* 12 (1888), p. 168 ss.
5 B. Amiet, *Die solothurnische Territorialpolitik von 1344–1532*, Basel/Solothurn 1929.

politiques. C'est ainsi que fut conçu, grâce aux démarches du greffier syndic mulhousien Nicolas Rusch et de son confrère Jean von Stall de Soleure, un pacte d'alliance entre Berne, Soleure et Mulhouse. Ce traité, dont la durée était fixé à 25 ans, fut signé le 17 juin 1466 à Berne.

Ce traité réservait les droits de l'Empire sur Mulhouse et les engagements de la ville à l'égard des villes impériales du grand bailliage, mais assurait à Mulhouse l'aide militaire de Berne et de Soleure.[6] Mulhouse promettait de tenir ses portes ouvertes aux troupes des villes suisses alliées sur leur demande et s'engageait à leur envoyer à ses frais, des troupes en cas de difficultés. Mulhouse acceptait de ne conclure aucune alliance et de n'entreprendre aucune guerre sans l'accord de Berne et de Soleure.

Respectueuse des engagements à l'égard de l'Empire et des villes décapolitaines, Mulhouse avait obtenu des assurances solides. Le même esprit inspirera par la suite d'autres traités avec les Confédérés. Moyennant des promesses d'ordre financier, les autorités autrichiennes essayèrent vainement de détacher Mulhouse de cette inquiétante alliance. Les menaces et exactions de la noblesse continuèrent. Les rancunes accumulées, les ambitions mal cachées aboutirent à la guerre du Sundgau, improprement appelée la guerre de Mulhouse.[7] Elle éclata au printemps 1468. Une armée composée de contingents de Berne, de Soleure, de Fribourg, de Bienne, de Lucerne, de Zoug, d'Unterwald, de Glaris, du comté de Valangin pénétra dans le Sundgau et infligea une sévère leçon à la noblesse autrichienne. L'action punitive se solda par la destruction de 16 châteaux, le pillage de 200 villages et la ruine de 600 maisons.[8] Le Traité de Waldshut mit fin à l'expédition militaire mais la tension persista. Mulhouse subit encore les multiples exactions d'une noblesse aigrie, les autorités d'Ensisheim ne manquaient pas d'encourager et de soutenir les actions vengeresses.

La hargne des autorités autrichiennes se transmit aux Bourguignons quand le duc Sigismond eut engagé par le traité de St-Omer ses territoires

---

6 M. Krebs, *Die Politik von Bern, Solothurn und Basel in den Jahren 1466–1468*, Zürich 1902.
7 Ph. Mieg, Les difficultés de Mulhouse à l'époque de son alliance avec Berne et Soleure, dans: *BMHM [= Bulletin du Musée historique de Mulhouse]* 63 (1965), p. 31 ss.; t. 64 (1966), p. 5 ss.; t. 65 (1967), p. 39 ss.; t. 66 (1968), p. 47 ss.; t. 67 (1969), p. 39 ss.; G. Bischoff, *Gouvernés et gouvernants en Haute Alsace à l'époque autrichienne*, Strasbourg 1982.
8 B. Tschachtlan, *Berner Chronik*, 1470, Zürich 1933; D. Schilling, *Berner Chronik*, 4 vol., Bern 1964; R. Oberlé, *Batailles d'Alsace du moyen âge à 1870*, t. 1, Strasbourg 1987.

de la Haute Alsace à Charles le Téméraire (1463). La noblesse locale se rallia au nouveau souverain et assurait une évidente continuité dans l'acharnement contre Mulhouse.

L'alliance de Mulhouse avec Berne et Soleure expirait en mai 1491. Des évènements très graves qui dépassaient le cadre local allaient bientôt se répercuter sur la scène politique régionale. L'empereur Frédéric III, d'esprit conciliant, mourut le 10 août 1493. Son successeur l'archiduc Maximilien, plus combatif, se trouva dès le début de son règne confronté à de graves problèmes, qui devinrent de plus en plus inquiétants. Les cantons suisses conclurent en 1495 un traité d'alliance avec Charles VIII, roi de France, et recrutaient des mercenaires pour renforcer les armées royales. Informé de l'invasion du duché de Milan, Maximilien avait intérêt à assouplir sa politique avec les Suisses. En dépit de ses menaces, Bâle s'allia le 9 juin 1501 avec la Confédération.[9] Il importait à présent à Maximilien d'empêcher que Mulhouse ne suive la même voie. Devant son attitude et ses interventions menaçantes, Berne le prévenait le 23 août 1504 qu'une entreprise contre Mulhouse serait mal perçue dans la Confédération.[10] Le roi Maximilien n'avait toujours pas abandonné l'idée de l'union de Mulhouse avec les possessions autrichiennes.[11] Mulhouse rejeta ses propositions estimant qu'elle formait partie intégrante du Saint Empire et se trouvait soumise à son chef le roi des Romains, à qui elle n'avait cessé de manifester sa fidélité et sa soumission. Comme membre de la Ligue Inférieure, Mulhouse estimait qu'elle participait au traité conclu par les évêques de Bâle et de Strasbourg ainsi que par les villes immédiates avec Sa Majesté le seigneur territorial des pays antérieurs de l'Autriche. Par ailleurs il existait un autre lien: celui par l'intermédiaire du Grand bailliage de Haguenau revenu dernièrement à l'Empire et dont le roi Maximilien venait d'obtenir l'office. En conséquence, Mulhouse ne jugeait pas nécessaire d'établir une union plus étroite. Mulhouse conclut que le roi des Romains lui devait de toute façon protection comme chef du Saint Empire et en sa dignité de grand bailli.

Des négociations secrètes furent poursuivies entre-temps à Bâle au domicile de l'*Obristmeister* Nicolas Rusch. La question était délicate à cause des visées menaçantes de Maximilien, par ailleurs Bâle ne pouvait se lier

---

9   E. Bonjour et A. Bruckner, *Basel und die Eidgenossenschaft*, Basel 1951.
10 X. Mossmann, *Cartulaire de Mulhouse*, 6 tomes, Strasbourg 1884–1890, ici: t. 4, n° 1945; A. W. Matzinger, Der Bund Mülhausens mit Basel, dans: *Basler Zeitschrift für Geschichte und Altertumskunde* 12 (1913), p. 347 ss.
11 Maximilien à Mulhouse, 6 avril 1505. Staatsarchiv Basel [= StA Basel], Mülhausen D1.

sans l'accord des cantons en raison de ses engagements signés en 1501. L'accord des Confédérés fut acquis en considération de l'importance de la position géographique de Mulhouse, de l'utilité de la ville et de sa «valeur pratique en temps de guerre et de paix». L'insistance de Maximilien paraissait par ailleurs très suspecte.[12] Le pacte fut signé le 5 juin 1505[13], le traité était fixé pour une durée de 20 ans.

Les graves préoccupations politiques auxquelles Maximilien devait faire face l'empêchèrent d'engager une action militaire contre Mulhouse. En effet, des troubles avaient éclaté en Hongrie, par ailleurs il préparait une expédition à Rome pour y recevoir du pape Jules II la couronne impériale. Il lui fallait l'accord des cantons pour lever des mercenaires. La politique italienne de la couronne de France l'inquiétait car le roi Louis XII recrutait également pour réaliser ses propres ambitions méditerranéennes. Maximilien envisageait d'établir une alliance avec les Confédérés. La politique internationale caractéristique de l'Europe moderne était en place. Le pape Jules II s'inquiétait de la présence française dans le Milanais. Conseillée par son alliée Bâle, Mulhouse participa avec un contingent de vingt hommes qui allaient se signaler à la prise de Pavie (18 juin). Le pape reçut les délégués des cantons auxquels s'était joint le greffier-syndic Gamsharst. Mulhouse participa par la suite encore à d'autres levées destinées à l'Italie, en avril et en mai 1513 elle s'est engagée au bénéfice du duc de Milan. La ville leva même une compagnie entière qui fut jointe en été 1513 aux contingents bâlois mis à la disposition de l'archiduc Charles qui se proposait de reconquérir la Bourgogne.

Mulhouse s'associait, non sans raison, à l'aventure guerrière et politique des Treize cantons. La fraternité des armes et les enjeux de la diplomatie amorçaient l'établissement d'une liaison plus étroite avec la Confédération. Bâle soutint fidèlement les démarches de la chancellerie de Mulhouse pour être reçue dans la Confédération helvétique.

On s'inspira de l'alliance conclue en juin 1454 avec St-Gall. Mulhouse sera admise en qualité de *zugewandter Ort*. Le texte élaboré fut consigné le 19 janvier 1515. Cette «alliance perpétuelle» conclue, d'une part entre les bourgmestres, les avoyers, les ammans, les conseils, les bourgeois et ruraux des villes et cantons suisses, à savoir: Zurich, Berne, Lucerne, Schwyz, Uri, Unterwald, Zoug, Glaris, Bâle, Fribourg, Soleure, Schaffhouse, Appenzell et,

---

12 *Eidgenössische Abschiede [= EA]*, t. 3/2, p. 334 à 337 et 338 à 341; Matzinger, Der Bund Mülhausens, p. 366.
13 Matzinger, Der Bund Mülhausens, p. 383–387 et 334.

d'autre part, le bourgmestre, le Conseil, les zunftmestres et la communauté de Mulhouse stipulait entre autre:
1. En cas de guerre les cantons confédérés en général et chacun en particulier seront en droit de requérir les secours de Mulhouse qui se rendra à cet appel avec toutes ses forces et à ses frais.
2. Si Mulhouse est en guerre, elle pourra faire appel aux cantons qui lui prêteront, à leurs frais, aide et assistance. Mulhouse se contentera de l'effectif des renforts envoyés, quel qu'en soit le montant. La ville ne pourra prendre part à aucune guerre pour son propre compte sans l'assentiment des Confédérés.
3. Mulhouse acceptera toute proposition d'arbitrage avant de commencer une guerre.
4. La ville ne contractera aucun engagement sans l'assentiment des Confédérés.
5. Mulhouse sauvegarde ses liens avec le Saint Empire.[14]

Constatons que Mulhouse n'entre pas comme partie intégrante dans la Confédération. Le pacte n'est nullement fondé sur le principe d'égalité des cosignataires. La petite ville alsacienne n'était pas considérée comme une alliée disposant des mêmes droits. Certes Mulhouse n'était pas sujette de la Confédération, elle était une «alliée»; sa politique extérieure était contrôlée, mais elle gardait son autonomie intérieure. Elle aliénait une partie de sa souveraineté pour sauvegarder une liberté dangereusement menacée par les Habsbourg.

Malgré une dépendance étroite mais voulue à l'égard des cantons, Mulhouse bénéficiait d'un statut plus avantageux que celui octroyé en 1352 à Glaris ou celui négocié en 1411 avec Appenzell, également considéré comme allié mais auquel les cantons n'avaient même pas accordé le droit de demander un renfort en cas de guerre, s'il était fourni, ce renfort restait d'ailleurs aux frais d'Appenzell.[15] Située en terre autrichienne, le poids de Mulhouse était certainement plus fort grâce aux services que la ville pouvait rendre aux Confédérés en temps de guerre aussi bien qu'en temps de paix. La situation de Genève était encore différente. Berne s'inquiétait des visées politiques de la Savoie et du roi de France. La protection de Berne était

---

14 Mossmann, *Cartulaire de Mulhouse*, t. 4, n° 2038 et *EA*, t. 3/2, p. 1379 ss.
15 W. Oechsli, Orte und Zugewandte. Eine Studie zur Geschichte des schweizerischen Bundesrechts, dans: *Jahrbuch für Schweizerische Geschichte* 13 (1888), p. 1 ss; A. Heusler, *Schweizer Verfassungsgeschichte*, Basel, 1920; H. C. Peyer, *Verfassungsgeschichte der alten Schweiz*, Zürich 1973.

obtenue moyennant sa soumission et l'acceptation d'une ingérence dans les Affaires intérieures de la cité. Le terme *zugewandter Ort* traduit par «allié» ne peut donc être fixé par une définition rigide en raison de la grande diversité entre les statuts respectifs des villes admises. Mulhouse ne participait pas aux débats des Diètes confédérales qui traitaient des questions de politique intérieure et extérieure. L'accès à ces assemblées plénières ne lui était pourtant pas interdit, mais ses représentants n'y avaient ni voix délibérative, ni même voix consultative.[16] La ville sollicita son admission régulière aux assemblées plénières de la Confédération à l'instar de St-Gall justifiant sa démarche par les services rendus en approvisionnant les cantons primitifs en blé et en apportant des renseignements précieux aux Confédérés.

L'admission de Mulhouse en qualité de *zugewandter Ort* avait renforcé sa position qui fut étendue et consolidée par les accords conclus avec le roi de France. En effet, les cantons suisses signèrent le 29 novembre 1516 avec François Ier le traité dit de «paix perpétuelle» dans lequel le *zugewandter Ort* Mulhouse est nommément mentionné. Ce fut un incontestable succès politique, consolidé par la conclusion six ans plus tard de l'alliance signée par la France et les cantons helvétiques. Le roi de France tenait à la conclusion d'une alliance avec les cantons capables de fournir les meilleurs soldats d'Europe. Mulhouse participa à la Diète de Lucerne du 5 avril 1521, et le texte de l'accord fut consigné le 5 mai. Mulhouse scella les originaux à Bâle.[17] Grâce à son étroite liaison avec le Corps helvétique, Mulhouse participait aux avantages financiers et politiques de l'alliance, elle ne fut d'ailleurs jamais omise lors des renouvellements des pactes d'alliance conclus avec Henri II (1549), Charles IX (1565), Henri III (1582), Henri IV (1598 et 1602), Louis XIV (1663) et Louis XVI (1777). Mulhouse sera également mentionnée dans les traités de Cateau-Cambrésis (1559) et de Vervins (1598).[18]

Grâce au soutien des cantons, Mulhouse avait considérablement consolidé sa position politique. Petite ville qui ne comptait pas même 2000 habitants elle pouvait se targuer de l'alliance avec la Confédération helvétique, courtisée par les grandes puissances européennes. Le statut de la petite ville était néanmoins ambigu, entaché de faiblesse et très vulnérable. Elle ne

---

16 Heusler, *Schweizer Verfassungsgeschichte*; U. Im Hof et al., *Geschichte der Schweiz und der Schweizer*, Basel 1986.
17 StA Basel, Finanz-Akten, G 13, p. 736.
18 *EA*, t. 4/1, p. 1385; t. 4/2, p. 1509, signé à Fribourg et à Mont-de-Marsan; t. 4/2, p. 776a, diète de Soleure du 21 juillet 1582; t. 4/2, p. 788, délégation helvétique à Paris.

faisait pas partie intégrante du *Corpus helveticum*. Elle restait ville impériale soumise à l'empereur, elle rendait hommage au grand bailli en tant que représentant de l'empereur. Elle payait tous les ans 100 florins de tribut à l'empereur. Mulhouse ne se sentait toutefois en aucune façon liée à la Maison d'Autriche mais à l'Empire. Les revendications des Habsbourg étaient considérées par elle comme sans fondement. Il était patent que les efforts entrepris pour la possession de Mulhouse n'étaient pas déployés à l'encontre de Colmar, de Sélestat, de Kaysersberg, de Wissembourg ou de Haguenau. Située au centre des possessions patrimoniales des Habsbourg, à proximité de la Confédération que Vienne considérait toujours comme relevant de son autorité, Mulhouse tenait une place politique et stratégique trop intéressante pour qu'elle échappât à l'attention conquérante de la chancellerie autrichienne. La ville n'était pas moins précieuse pour les cantons. Son existence dépendait d'un rapport de force entre les cantons, la diplomatie royale et les relations avec l'Empire. Il convient donc d'examiner l'évolution imprévisible de ces trois facteurs déterminants.

Refroidissement des relations avec les cantons, scission et rupture

La Réforme eut des répercussions fâcheuses sur les rapports avec les Confédérés. Inspirée par les réformateurs suisses, notamment par la confession adoptée à Bâle, Mulhouse introduisit à son tour le culte réformé. La situation avait déjà envenimé les relations entre les cantons protestants et les cantons catholiques. Mulhouse ne tarda pas de subir les conséquences inévitables du refroidissement des rapports entre les cantons de culte différent. Les représentants des cantons catholiques notifièrent en 1527 aux députés mulhousiens, qui se plaignaient des difficultés suscitées par la Régence d'Ensisheim, qu'ils ne prendraient pas ces questions en considération tant que la ville ne reviendrait pas à l'ancienne croyance.[19]

Mulhouse subit en 1587 la révolte sanglante des Fininger née d'un conflit entre familles. Les cantons catholiques soutinrent les révoltés. La maladresse du magistrat de Mulhouse, son manque d'objectivité et la conduite blessante à l'égard des cantons catholiques les déterminèrent à rompre avec le

---

19 *EA*, t. 4/1, p. 1104.

zugewandter Ort.[20] Ils lui renvoyèrent l'instrument de leur alliance dont ils avaient arraché les sceaux. La rupture était consommée. Au cours de la révolte les cantons réformés avaient occupé militairement la ville et demandé aux bourgeois de leur prêter serment: «de reconnaître jusqu'à nouvel ordre les cinq cantons de Zurich, de Berne, de Glaris, de Bâle et de Schaffhouse pour ses protecteurs [...], de ne se livrer à aucun acte d'hostilité contre les ressortissants des cinq cantons en raison de la réduction de la ville, de ne faire ni tort, ni injure au commandement et aux troupes qui étaient venus faire cette exécution [...] et si la discorde devait encore éclater entre les autorités et les bourgeois de déférer aux cinq cantons le jugement de l'affaire».[21] Cette mise sous tutelle de Mulhouse ne se prolongea pas. Elle fut assouplie le 23 juillet 1588 lors de la conférence tenue à Aarau qui réintégra les Mulhousiens dans leurs droits. Cependant, des conditions très strictes leur furent imposées pour éviter à l'avenir le retour d'incidents sanglants.[22]

Alors que le renouvellement de la «paix perpétuelle» entre les cantons et la couronne de France se préparait dans les chancelleries, l'administration autrichienne engagea une action diplomatique ferme, énergique, voire menaçante pour empêcher l'inclusion de Mulhouse dans l'acte diplomatique en préparation avec la France. Les cantons alliés de la ville prévenaient l'Empereur de leur conduite dans l'éventualité d'une entreprise militaire dirigée contre «notre alliée, la ville de Mulhouse et si celle-ci demandait aide et assistance nous ne saurions sur notre honneur et conscience en ce cas nous soustraire et nous ne la laisserions pas sans soutien».[23] Les cantons protestants finirent par s'adresser au roi de France[24] qui ordonna à Monsieur de Baugy, secrétaire en mission à Prague, d'intervenir auprès de l'empereur. La démarche diplomatique fut couronnée de succès, car le harcèlement dirigé contre Mulhouse cessa. Mulhouse pouvait être assurée du vigilant soutien de ses alliés helvétiques et de la bienveillante attention du roi de France.

Il est certain que ni la cour archiducale d'Innsbruck, ni les services d'Ensisheim n'avaient pour autant abandonné leurs projets sur Mulhouse, ni leur désir d'obtenir le retour des cantons sous la domination des Habs-

---

20 Philippe Mieg, Les causes et les origines de la Révolte des Fininger, dans: *BMHM* 53 (1955), p. 47 ss., et t. 54 (1956), p. 43 ss.
21 *EA*, t. 5/1, 1 au 18 juillet 1587, p. 39–45.
22 *EA*, t. 5/1, 23 juillet 1588, p. 220–222.
23 Archives Municipales de Mulhouse [=AMM], doc. n° 6346.
24 StA Basel, Mülhausen. Verhältnis zur Eidgenossenschaft, D 3; AMM, doc. n° 6405.

bourg. La guerre de Trente Ans risquait d'entraîner un bouleversement complet des données politiques dans cette partie contestée de la région supérieure du Rhin. La cohésion de la Confédération helvétique fut mise à rude épreuve, le sort de Mulhouse dépendait des enjeux militaires et politiques de la grande confrontation des puissances européennes.

Une guerre heureuse: la guerre de Trente Ans

> Quant à Mulhouse on s'en désintéressera tant que cette ville ne retournera pas à son ancienne foi, celle de l'époque de la conclusion des pactes avec elle, ou du moins avertira ceux de la religion nouvelle que, par la protection de cette ville, ils courent le risque d'attirer sur eux et sur toute la Confédération des difficultés auxquelles les cantons catholiques tiennent à demeurer étrangers.[25]

Cet avertissement adressé par les cantons catholiques aux cantons protestants dès le début de la guerre, désignée plus tard guerre de Trente Ans, reflète le climat politique et interconfessionnel au sein de la Confédération.

Les relations entre Mulhouse et ses alliés se placent à présent à un autre niveau. Les litiges de caractère féodal cèdent le pas à la lutte qui oppose les puissances européennes. L'alliance avec les cantons et celle avec la couronne de France renforcent l'assiette politique de la petite enclave et lui épargne les ruines que connaissent de nombreuses villes d'Alsace. Les cantons suisses acquièrent par ce conflit une importance accrue qui se répercute avantageusement sur Mulhouse.

La Suisse détient la clef d'accès d'importantes routes stratégiques. Madrid et Vienne portent, non sans raison, une attention vigilante aux cols alpestres. Les Grisons suscitent leurs inquiétudes, car la Valteline, Bormio et Chiavenna se trouvent entre les possessions des Habsbourg. En effet, l'Espagne détient le Milanais, l'Autriche possède le Tyrol et le Vorarlberg. Les principales routes reliant ces possessions passent par les Grisons. Par la Valteline et l'Engadine on accède facilement au Milanais et au Tyrol, par le Splügen on passe sans difficultés du lac de Côme au Vorarlberg. Vienne et Madrid rêvent de réaliser l'union territoriale des deux branches de la Maison des Habsbourg par le Stelvio et d'occuper la route militaire la plus sûre et la plus courte pour relier Milan et Innsbruck. L'Espagne aspirait également à souder ses possessions italiennes à la Franche-Comté et aux Pays-

---

25 Réunion des cantons catholiques à Lucerne, 30 avril 1619 (*EA*, t. 5/2, p. 64); R. Oberlé, *La République de Mulhouse pendant la guerre de Trente Ans*, Paris 1965.

Bas. Pour réaliser ce projet il importait de s'assurer les cols alpins donc d'obtenir l'accord des cantons ou d'entrer en possession de l'Alsace. La France ne pouvait se désintéresser des projets austro-espagnols. Jusqu'alors l'alliance avec les cantons helvétiques visait essentiellement pour le Louvre à obtenir des levées de mercenaires en Suisse. A présent le recrutement passe au second plan, la «lutte pour les Alpes» absorbe les efforts diplomatiques des puissances rivales.[26]

Mulhouse ne reste pas étrangère aux questions qui préoccupent les chancelleries. Elle bénéficie non seulement des pensions royales mais surtout de la lutte d'influence qui se joue au sein de la Confédération. En effet, la chancellerie impériale ne donnera jamais l'autorisation d'engager contre elle une action militaire malgré l'insistance de la Régence d'Ensisheim qui estimait le moment opportun d'occuper Mulhouse par la force. La présence de troupes impériales en Haute Alsace, suggérait le chancelier Isaac de Volmar, était le moment favorable d'occuper par surprise la ville.[27] Le plan pour «récupérer» Mulhouse soumis en 1632 à l'archiduchesse Claudia n'eut guère de suite.[28] A plusieurs reprises les cantons protestants firent des démarches en faveur de leur alliée tantôt pour la libre circulation des grains, tantôt pour la remise de «sauvegarde» qui la protégerait des brigandages perpétrés par les mercenaires et les maraudeurs. De véritables caravanes de voitures franchirent en effet les quelques lieues qui séparaient Mulhouse de Bâle pour ramener du blé, de la farine, des bovins, achetés à l'Oberland bernois.

Mulhouse ne fut jamais attaquée. Ses liens avec les cantons la protégeaient d'une mainmise qui impliquait le risque d'une réaction du parti adverse. La faiblesse de Mulhouse était pourtant évidente en raison de l'antagonisme confessionnel au sein de la Confédération. L'opposition sur le plan religieux se répercutait sur le plan politique à telle enseigne que les victoires de Gustave-Adolphe enthousiasmaient les protestants, que Leipzig était fêtée à Berne, à Zurich et à Mulhouse comme une victoire, tandis qu'au lendemain de Nördlingen, la consternation glaçait les cantons de culte ré-formé. Catholiques et protestants étaient plutôt portés à se soupçonner de collusion avec l'étranger qu'à croire à une entière loyauté helvé-

---

26 E. Rott, *Histoire de la représentation diplomatique auprès des cantons suisses, de leurs alliés et de leurs confédérés*, t. 3/1, Lausanne 1906.
27 Haus-, Hof- und Staatsarchiv Wien, Schweiz, t. 30, fol. 43 ss, rapport du chancelier Isaac de Volmar (1629).
28 Haus-, Hof- und Staatsarchiv Wien, Schweiz, t. 49, fol. 257 à 260, les Conseillers de la Régence à l'archiduchesse Claudia, Brisach, le 19 décembre 1633.

tique.[29] L'affaire de la cluse de Balstal est significative de la tension existante.[30] Il importait de ne pas heurter des susceptibilités et d'éviter tout geste qui pourrait être considéré comme provocateur. Le refus d'Appenzell Rhodes-Extérieures (protestante) de renouveler son alliance avec Mulhouse, de crainte d'indisposer Appenzell Rhodes-Intérieures (catholique) est symptomatique.[31] Aucun organisme de défense commune intercantonal n'avait été réalisé. Berne essayait de créer en 1638 le «défensional» *(allgemeines Defensionalwerk)*. Mulhouse était comprise dans ce plan d'action commune des cantons réformés. En raison de l'antagonisme entre les cantons de confession différente Mulhouse ne figura plus dans le «défensional de Wil» élaboré en 1647.[32]

Fidèles aux engagements pris à l'égard de leur alliée, les cantons protestants envoyèrent à plusieurs reprises des contingents suisses à Mulhouse pour renforcer la milice et également pour affirmer l'appartenance de Mulhouse à la Suisse. Un contingent suisse séjourna en 1619 à Mulhouse, en 1622 les cantons amis y envoyèrent 300 hommes qui restèrent huit mois dans la ville alliée. Ils étaient placés sous le commandement du capitaine Josué Weyermann (Berne) et de J. B. Holzhalb (Zurich). Des troupes suisses furent concentrées en 1624 à Liestal, prêtes à intervenir en cas d'action militaire dirigée contre Mulhouse, en 1629 on s'apprêtait encore à soutenir le *zugewandter Ort*. A l'arrivée des Suédois dans le Sundgau un contingent suisse restait plus de donze mois à Mulhouse. En 1635 et 1636, puis en 1638, des milices suisses participèrent à nouveau au dispositif de défense de la ville alliée.[33]

29 K. Lessing, Zur eidgenössischen Politik zur Zeit des dreissigjährigen Krieges, dans: *Anzeiger für Schweizer Geschichte*, N. F., t. 18 (1920), p. 237 ss.; W. Rappard, *Cinq siècles de sécurité collective (1291–1798)*, Paris 1945, p. 311 ss.
30 F. Fäh, *Der Kluser Handel und seine Folgen, 1632–1633*, Zürich 1884.
31 M. Kürsteiner, Appenzell Ausserrhoden von der Landesteilung bis zur Ausscheidung der Schweiz aus dem deutschen Reiche, 1597–1648, dans: *Appenzeller Jahrbücher* 49 (1922), p. 88 ss.
32 W. Rappard, *Cinq siècles de sécurité collective*; G. Grosjean, *Berns Anteil am evangelischen und eidgenössischen Defensional im 17. Jahrhundert*, Bern 1953; H. Sutter, *Basels Haltung gegenüber dem evangelischen und dem eidgenössischen Defensional*, Basel/Stuttgart 1958.
33 Diète d'Aarau, avril 1619, *EA*, t. 6/2, p. 1080. AMM, doc. 6771, les cantons protestants à Mulhouse, 15/25 juin 1619. StA Basel, Kleiner Rat, t. 25, fol. 105, 14/24 octobre 1633. Staatsarchiv Zürich [= StA Zürich], A. 206/8, fol. 44, cap. Grebel au Magistrat 2/12 mai 1635, et A. 206/8, fol. 49, 9/19 mai 1635.

Le Traité de Westphalie: ambiguïté et continuité

On était en droit de fonder à la chancellerie de Mulhouse des espoirs que le futur traité de paix confirmerait son appartenance au Corps helvétique. Le bourgmestre J. R. Wettstein, lié avec Jacob Henric Petri, chancelier, puis bourgmestre de Mulhouse, assumait en Westphalie la défense des intérêts de la Confédération. Il connaissait les difficultés et la situation de Mulhouse dont le bourgmestre, Jacob Henric Petri, originaire de Bâle, était depuis des années en excellentes relations avec lui.

Wettstein ne ménagea aucun effort pour que le *zugewandter Ort* fût nommé avec les cantons suisses. L'accord des délégations françaises et impériales était nécessaire. Wettstein eut des promesses du duc de Longueville, du comte d'Avaux et de Servien. Les Impériaux firent échouer les démarches de Wettstein. Ferdinand III accorda aux cantons l'exemption demandée et défendue par Wettstein.[34]

L'article du traité concernant la Suisse avait subi des modifications bien que la teneur générale demeurât. Le mot «clientes» sur lequel on plaçait tous les espoirs à Mulhouse n'y figurait pas. La petite ville eut cependant la satisfaction de ne pas figurer parmi les villes de la Décapole grâce à l'intervention de Wettstein auprès du délégué impérial Isaac von Volmar qui voyait clairement les futures difficultés qui naîtraient entre la Décapole et le roi de France. Ne pas être citée avec les autres villes décapolitaines «lui évitera des désagréments» avait-il dit à Wettstein.

Mulhouse se trouvait au lendemain de la signature du Traité de Westphalie dans une situation particulière, voire ambiguë. Elle n'était pas considérée comme ville décapolitaine. L'Autriche reconnaissait donc implicitement ce qu'elle avait toujours contesté: la distinction entre Mulhouse et les autres villes de la Décapole, sa situation particulière par rapport à la préfecture de Haguenau. Une opposition entre Mulhouse et le roi de France, en sa qualité de Préfet de Haguenau, ne pouvait naître car Mulhouse ne comptait plus avec la préfecture. Alors que les villes décapolitaines insistaient sur leur statut d'immédiateté par rapport à l'Empire, Mulhouse se réclamait de son alliance avec les Confédérés. Très caractéristique était sa participation à l'aide dans la guerre contre les Turcs, la *Türkenhilfe*. Mulhouse participa par exemple en 1664 à l'aide accordée à l'Empire. Les Confédérés s'engagent, à

---

34 J. Gauss et A. Stoecklin, *Bürgermeister Wettstein, der Mann, das Werk, die Zeit*, Basel 1953; Historisches Museum Basel, *Wettstein, die Schweiz und Europa*, Basel 1998 (catalogue d'exposition).

raison de 500 quintaux de poudre, Mulhouse contribue à hauteur de 20 quintaux, mais dans le cadre de la participation helvétique; Mulhouse se considère bien comme ville suisse.

La France n'a jamais contesté le statut de Mulhouse.[35] Il y a concordance entre l'attitude du gouvernement royal et la conception juridique des plénipotentiaires à Munster au sujet de ses liens avec la Confédération. On ne se base pas sur des privilèges pour discuter une situation *de iure*, on part des faits acquis, Mulhouse est d'après la conception française une ville impériale, mais également un *zugewandter Ort*. Comme tel Mulhouse percevra comme par le passé, de l'ambassadeur de France à Soleure, les pensions royales, distribuées aux cantons suisses, comme tel Mulhouse figure dans le renouvellement des traités d'alliance de 1659, conclus entre les cantons protestants et l'ambassadeur de la Barde, un délégué mulhousien se joindra en 1663 aux députés suisses délégués à la Cour de France à l'occasion du renouvellement solennel du pacte d'alliance.[36]

Les tensions après 1648

Mulhouse ne connut plus les tribulations ni les tracasseries administratives, ni les menaces répétées de l'époque autrichienne. La France n'a jamais contesté la validité de l'appartenance au *Corpus helveticum* de la ville enclavée dans ses possessions. Les relations avec le Royaume et l'intendance d'Alsace demeurèrent correctes malgré l'indignation provoquée à Mulhouse et dans les cantons protestants suisses par la prise de Strasbourg (1681) et la révocation de l'Edit de Nantes (1685). Mulhouse soutint courageusement les réfugiés huguenots.[37]

Louis XIV mena une politique autoritaire qui souleva à plus d'un titre des réactions hostiles dans les cantons helvétiques. En effet, contrairement aux accords signés, le roi engagea des contingents suisses pour combattre des coréligionnaires, lors de l'invasion des Pays-Bas. Il n'y eut pas, heureusement pour Mulhouse, de rupture. On avait souvent lieu de craindre une

---

35 G. Livet, *L'intendance d'Alsace sous Louis XIV, 1648–1715*, Strasbourg/Paris 1956.
36 Voyage en France fait en l'année 1663 par Jean Gaspard Dollfus (traduit de l'allemand par Ernest Meininger), dans: *BMHM* 6 (1881), p. 64 ss.; J. Gauss, Basels Kampf für einen Elsass-Artikel im eidgenössischen Allianzvertrag mit Frankreich von 1663, dans: *Festgabe für Frieda Gallati*, Glarus 1946, p. 122 ss.
37 R. Oberlé, Mulhouse et la Révocation de l'Edit de Nantes, dans: *Revue d'Alsace [= RA]* 88 (1948), p. 124 ss.

décision autoritaire du roi. Mulhouse, toujours vulnérable, était particulièrement exposée. La Franche-Comté, que les Suisses devaient protéger en vertu de «l'Alliance héréditaire», devint française sans que les cantons eussent trouvé l'énergie et l'entente nécessaires pour réagir. Mulhouse avait des raisons sérieuses d'être prudente et inquiète.

Mulhouse et les cantons après 1648. Fidélité et continuité

Effrayée du sort de Colmar, Mulhouse demanda encore en 1673 l'assistance de ses alliés. Berne et Zurich envoyèrent en avril 1674 un contingent de 200 hommes commandé par Holzhalb (Zurich) et Jenner (Berne). Ils restèrent trois mois à Mulhouse. Un nouveau contingent, placé sous les ordres du Zurichois Adolphe Wiederkehr et du Bernois Albrecht Herbort y stationnait d'octobre 1674 à janvier 1675. En octobre 1676, Mulhouse reçut encore un contingent suisse de 150 hommes. On craignait une action militaire à l'occasion des passages de troupes au cours de la guerre dite de la Ligue d'Augsbourg. Berne et Zurich ne refusèrent jamais leur assistance. A la tête des deux contingents, forts de 50 hommes chacun, ils y avaient délégué Jean Georges Bürcklin de Zurich et Vinant Stürler de Berne. Ils séjournèrent à Mulhouse du 23 mai au 15 novembre 1689. Les deux capitaines revinrent à nouveau à Mulhouse et y organisèrent la défense du 22 mai au 3 novembre 1690. La violation du territoire suisse par les Impériaux commandés par le comte de Mercy justifia à nouveau un appel au secours de Mulhouse. Berne et Zurich ne se dérobèrent pas. Deux officiers séjournèrent durant douze semaines à Mulhouse (26 août au 16 novembre 1709). Berne et Zurich envoyèrent encore en 1743 des représentants à Mulhouse et un corps de troupe fort de 100 hommes quand les Autrichiens envahirent l'Alsace. Ils séjournèrent dans la ville alliée jusqu'au mois de septembre.[38] Depuis 1676, Bâle et Schaffhouse ne contribuèrent plus à l'envoi de garnisons. Les deux villes craignaient pour leur propre sécurité.

Mulhouse se déclarait toujours prête à soutenir ses alliés aux heures de tension. En 1653, un soulèvement des paysans de l'Entlebuch contre Lucerne gagnait les cantons de Berne, de Soleure et de Bâle. Zurich et Bâle firent appel à Mulhouse qui mit un contingent de 100 hommes en marche. Ils rejoignirent les troupes de Bâle. Ils revinrent après trois mois d'absence sans

---

38 Chronique Josué Furstenberger, Mülhauser Geschichten bis zum Jahre 1720, dans: *Le Vieux Mulhouse*, t. 2, 1897, p. 405 ss.

avoir été engagés. Des hostilités éclatèrent en 1655 entre Schwyz et Berne d'une part et Lucerne de l'autre. Mulhouse recruta encore 100 mousquetaires. Le contingent ne quitta pas Mulhouse. La ville était encore prête en 1712 à répondre à l'appel de ses alliés Zurich et Berne en guerre contre Lucerne, Uri, Schwyz, Unterwald et Zoug. La paix mit fin à la deuxième guerre de Villmergue avant que le contingent mulhousien n'eût quitté la ville. La question confessionnelle séparait et opposait toujours les cantons, elle fragilisait Mulhouse, les cantons catholiques refusaient obstinément de considérer Mulhouse comme partie intégrante de la Confédération. La réadmission dans la Confédération demeurait une constante de la politique de Mulhouse. Josué Hofer, le greffier-syndic, entreprit cette œuvre et s'y acharna pendant quelques dizaines d'années.

Des relations empreintes de cordialité sereine s'établirent avec la France après la mort de Louis XIV. Mulhouse organisa même d'imposantes festivités (14 octobre 1729) lors de la naissance du dauphin. La ville délégua deux bourgmestres à la réception donnée à cette occasion par l'ambassadeur français à Soleure. L'intendant d'Alsace de Brouc, accompagné du lieutenant général le comte de Rosen et de son épouse furent reçus en grande solennité (5 août 1731). Le maréchal de France, le comte de Rosen, père du lieutenant général avait été admis à la bourgeoisie de la ville. Le prince de Conti, de passage, fut salué le 24 août 1743 à Mulhouse avec tous les honneurs qui lui étaient dûs. Ces gestes significatifs du nouveau climat n'avaient eu aucun précédent à l'époque autrichienne.

Parallèlement aux bonnes relations de voisinage se développèrent des contacts commerciaux dans la sérénité. On vit des corps de métiers mulhousiens travailler pour l'équipement des régiments royaux. L'artisanat mulhousien s'adapta peu à peu à l'économie et aux exigences régionales en mutation. Les Mulhousiens participèrent davantage à la vie quotidienne de la région. A l'élargissement des relations humaines répondra l'évolution et l'élargissement d'une mentalité longtemps imprégnée de l'état d'esprit collectif d'une enclave menacée.

Le combat de Josué Hofer: une détermination obstinée, souplesse diplomatique et patience

L'imprégnation de l'esprit helvétique était trop grande pour que l'on n'ait pas songé à Mulhouse à rétablir les relations rompues depuis l'affaire Fininger. Or, la réadmission dans l'alliance par les cantons catholiques dépendait de l'entente entre les cantons protestants et catholiques. La guerre de Villmergue avait accentué la rupture entre les cantons. En effet, la paix signée le 16 août 1712 à Aarau après les hostilités internes donnait incontestablement d'appréciables avantages aux protestants par la cession d'importants territoires. L'amertume était profonde dans les cantons catholiques qui réclamaient la «restitution» des territoires cédés. La question de la réadmission de l'alliée d'Alsace se trouvait ainsi encore alourdie par la situation nouvellement créée.

Schwyz, Uri, Unterwald et Zoug étaient inébranlablement hostiles à la présence de Mulhouse aux réunions plénières *(allgemeine Sessionen)*. Josué Hofer, le greffier-syndic de Mulhouse, successeur en 1748 de Jean Henri Reber, reprit la question. Grâce à la souplesse de sa diplomatie, à sa courtoisie patiente et déterminée il sut tisser une toile de relations dans les différents cantons. Il s'était lié au Bâlois J. R. Iselin (1705–1797), au secrétaire de l'ambassadeur français M. de Vermont, il sympathisait avec le *Gemeinmann* Wagner de Soleure, avec l'avoyer de Fribourg, avec Reding, le *Landammann* de Schwyz.[39] Hofer déployait une correspondance suivie avec les personnalités les plus influentes des cantons protestants et catholiques. En fin de compte, il s'avéra d'après une lettre de Lucerne, que l'opposition à la réadmission de Mulhouse tenait à trois raisons:
1. L'affront lors de l'affaire Fininger (1586)
2. La certitude que si Mulhouse obtenait le droit de vote aux sessions des diètes, les suffrages protestants l'emporteraient
3. Par la guerre de Villmergue (1712) les cantons protestants de Zurich et de Berne ont acquis un rôle prépondérant au sein de la Confédération.[40]

La question confessionnelle était indubitablement la pierre d'achoppement. Les démarches de Hofer démontraient également la désespérante diversité des avis au sein de la conférence des cantons catholiques (juillet 1774). Lucerne acceptait positivement la demande de Mulhouse, Schwyz ne prenait pas parti, Unterwald proposait d'écrire à Uri qui restait obstinément contre la réadmission, Zoug insistait sur l'unanimité d'un accord préalable, Glaris, par contre, n'ayant jamais dénoncé l'alliance avec Mulhouse ne demandait aucune garantie.[41]

---

39 J.-M. Lutz, *L'action de Josué Hofer pour la réadmission de Mulhouse dans le corps helvétique (1748–1777)*, Mémoire de maîtrise, Université de Franche-Comté, ms., 1986.
40 AMM, XIII, G 15, n° 4, 22 avril 1750, Caproso au Docteur Iselin.
41 *EA*, t. 7/2, p. 415, n° 359 s.

Le temps est un grand maître

Plusieurs facteurs conduiront au succès des démarches de l'inlassable greffier-syndic mulhousien. La personnalité de Hofer, son intégrité inspiraient l'admiration et le respect. Son habileté diplomatique et ses connaissances juridiques avaient trouvé leur couronnement dans l'étude du droit d'aubaine et ont recueilli une approbation et admiration générales. L'ambassadeur français ne ménageait pas ses éloges à ce sujet délicat. Par ailleurs un geste qui ne manquait pas d'habileté fut particulièrement apprécié par les catholiques. Un incendie avait détruit le 19 juillet 1771 l'église de Frauenfeld. La quête organisée à Mulhouse pour la reconstruction recueillit 2240 livres tournois, le Magistrat y ajouta 120 louis d'or. Mulhouse tenait ainsi à souligner son appartenance solidaire avec la Confédération au-delà des divergences confessionnelles.

Une évolution dans le rapport des forces au sein de la Confédération, mais également un glissement des relations à l'échelle européenne allaient contribuer à faire fléchir l'attitude négative des cantons catholiques. La France avait depuis la mort de Louis XIV moins besoin de mercenaires suisses. L'évolution de la tactique militaire ne s'opérait pas en faveur des levées en Suisse. La supériorité du fantassin suisse sur les autres n'était plus aussi reconnue. Le récent partage de la Pologne paraissait significatif à bien des égards dans les milieux helvétiques. Les grands Etats européens tentaient d'absorber les petits Etats. En raison des faiblesses internes de la Confédération, la Suisse courait le risque d'être la victime d'ambitions hégémoniques tout comme la Pologne aux symptômes de faiblesses similaires. Des changements politiques intervenus en France depuis l'arrivée de Louis XVI ne tardèrent de se répercuter sur la Confédération. Après un remaniement ministériel (1774), Vergennes, appelé aux Affaires étrangères, s'engagea dans une politique de rapprochement concrétisée par de nombreux accords (Suède, Autriche, Gênes, Sardaigne). Jean Gravier de Vergennes, frère du secrétaire d'Etat aux Affaires étrangères, fut nommé ambassadeur à Soleure où il trouva le secrétaire Picamilh de Cazenave, qui avait sympathisé avec le mulhousien Josué Hofer, depuis leur accord sur l'exemption du droit d'aubaine. L'évolution des facteurs extérieurs et intérieurs s'avérait favorable à Mulhouse. Les cantons catholiques, plus pauvres que les cantons protestants, ne pouvaient se passer des pensions et subsides royaux. Le renouvellement de l'alliance avec la France se préparait. Vergennes n'avait pas caché sa sympathie à l'égard de Mulhouse et de Hofer unanimement apprécié. Or, les cantons catholiques craignaient que les cantons protestants et même le roi n'admettraient pas le refus de mentionner Mulhouse en qualité de *zugewandter Ort*.

Avec une sage modération Hofer demandait que Mulhouse fût autorisée à assister à la signature et aux discussions préparatoires à la conférence de légitimation de l'ambassadeur et de siéger *ad audiendum et signandum* et non *ad deliberandum*. Hofer n'hésita pas à convaincre, moyennant des «libéralités», plusieurs délégués de cantons opposés à son admission. M. Picamilh évoque l'audience du greffier mulhousien: «Vous savés que votre lettre a été lue et fort applaudie», lui écrit-il, «que Mrs de Lucerne ont défendu votre cause avec toute la chaleur et tout le zèle prévisibles et qu'ils ont vivement et en pleine session pressé M^{rs} d'Ury afin qu'ils engagent leur souverain à condescendre à votre demande. A l'exception d'Ury, vous avés eu, je vous assure, autants d'avocats à la Diète que de députés [...] ce qu'on ne ferait pas pour vous dans le Corps helvétique, on ne le ferait pour personne.»[42]

Le traité fut effectivement signé le 25 août 1777 à Soleure. Mulhouse était admise au sein de la Confédération.[43] Le roi s'y était même engagé à accorder «le libre passage par nos Etats pour la défense de votre ville de Mulhouse toutes les fois que nous en serons requis». Le succès de l'action diplomatique, longue et patiente de Hofer, était d'autant plus remarquable si l'on songe que Genève, Neuchâtel, Valmoutiers et Erguel avaient été écartés de cette alliance de 1777. Mulhouse n'a pourtant pas retrouvé la situation d'avant la spectaculaire rupture. On admettait la représentation du *zugewandter Ort* aux réceptions des ambassadeurs français et aux cérémonies de renouvellement des alliances, mais, Mulhouse ne participait pas aux délibérations des diètes. Elle était écartée des importantes décisions politiques des Confédérés.

Le succès de l'action de Hofer était notoire mais il faut également y voir l'évolution des mentalités dont parle Dierauer, à savoir «le rapprochement des catholiques et des protestants sous l'influence de l'esprit humanitaire du siècle, la haine entre les confessions a perdu de son acuité»[44].

---

42 AMM, XIII, G 13, Picamilh à Hofer, 9 septembre 1776.
43 Traité de Soleure du 25 août 1777, *EA*, t. 6/2, p. 475 ss.
44 Dierauer, *Histoire de la Confédération*, t. 4, p. 268.

La communauté culturelle

La petite ville alsacienne dépendait depuis le Moyen Age de l'évêché de Bâle. Les couvents bâlois étendaient leur influence à Mulhouse. Les dominicains y créèrent un hospice. Le grand chapitre de Bâle avait ouvert une procure chargée de gérer ses possessions alsaciennes.

L'introduction de la Réforme raffermit les liens culturels existants. Les artisans de la Réforme à Mulhouse, le chapelain Gschmus et le greffier-syndic Gamsharst avaient été étudiants à Bâle. Les prédicateurs bâlois, Œcolampade et Phrygio conseillèrent les milieux réformateurs mulhousiens. Point n'est étonnant que les ordonnances relatives au culte à Mulhouse aient été influencées par le modèle bâlois. La confession de foi de Mulhouse, publiée en 1537, s'inspira de celle de la ville suisse voisine imprimée en 1534.[45] Des délégués mulhousiens participèrent activement aux diètes et colloques protestants de Bade, de Zurich et de Bâle en 1529 et 1530. Les préoccupations confessionnelles cimentaient ainsi encore l'amitié déjà existante.

Des pasteurs originaires de Bâle ou immatriculés à l'université de cette ville assuraient le service religieux et l'enseignement à Mulhouse. Nous avons relevé la présence de 35 pasteurs bâlois qui ont perpétré la tradition et l'esprit de la ville alliée. Ils adoptèrent les manuels, les livres de psaumes imprimés à Bâle par Emmanuel Thurneisen, les psaumes chantés au temple St-Etienne à la fin du XVIIIe siècle étaient imprimés par Flick à Bâle. L'empreinte de la ville suisse voisine s'exerça aussi par l'influence des greffiers-syndics qui ont de tout temps joué un rôle très important dans l'administration et la politique de Mulhouse. Leurs connaissances et leur formation juridique leur conféraient un prestige souvent supérieur à celui du bourgmestre. On relève parmi les greffiers-syndics plusieurs Bâlois tel Nicolas Rusch qui prépara et élabora l'alliance avec Berne et Soleure. Il avait dirigé la chancellerie de Mulhouse pendant quinze ans avant de retourner dans sa ville natale. Il fixa pour deux siècles les principes fondamentaux de la politique extérieure de Mulhouse. D'autres Bâlois occupèrent par la suite le poste de greffier-syndic, tels furent Jean Georges Zichle (1587–1620), Théobald Lauterburg (1634), Jean Henri Wild (1635), André Gissler (1639–1660). Jacob Henric Petri détermina la politique intérieure et exté-

---

45   Ph. Mieg, *La Réforme à Mulhouse, 1518–1598*, Strasbourg 1948; M. Graf, *Geschichte der Stadt Mülhausen und der Dörfer Illzach und Modenheim*, Mulhouse 1822, livre 13, p. 255.

rieure de la ville. Ses relations avec le *Burgermeister* et l'habile plénipotentiaire Wettstein évitèrent bien des déboires à Mulhouse au cours de la guerre de Trente Ans. Henric Petri accéda au poste de bourgmestre et y œuvra efficacement pour la ville.

Constatons également que le souffle de la Renaissance atteint Mulhouse par la Suisse. L'Hôtel de Ville, détruit par le feu, fut reconstruit en 1553 par le maître d'œuvre suisse Michel Lynthumer. Les décorations de la salle du Conseil rappellent avec force les liens avec les cantons helvétiques. Trois vitraux sont consacrés aux cantons alliés: celui de Bâle, celui de Soleure, celui de Berne. Une peinture murale évoque le serment du Grutli. Les armoiries des Treize cantons et des villes alliées (abbé de St-Gall, ville de St-Gall, Mulhouse et Bienne) occupent en deux registres un mur de la grande salle.

Une influente élite intellectuelle, médecins, pasteurs, pharmaciens, formée par l'Université de Bâle, occupa de tout temps des postes de responsabilité au sein du Conseil. De la fin du XVIIe siècle à la *Réunion* à la France on relève les noms de six bourgmestres mulhousiens jadis immatriculés à *l'Alma mater* de Bâle. Le nombre de Mulhousiens, étudiants à Bâle avant l'introduction de la Réforme (1490–1523) et le XVIIIe siècle (1715–1798) a augmenté de 134% en moyenne.

Beaucoup d'entre eux participèrent activement à la vie culturelle suisse du Siècle des Lumières. Le docteur Jean Hofer (1697–1788) collaborait aux *Acta helvetica physico – mathematico – botanica – medica*, son fils Jean (1720–1787) se rendit célèbre par ses études de minéralogie et de paléontologie publiées dans *Acta helvetica*. Josué Risler collabora avec Albert von Haller à la *Flore de la Suisse*, Nicolas Willy (1709–1779) figure également parmi les auteurs publiés dans *Acta helvetica*, citons également Jacques Risler (†1770).[46]

Les historiens mulhousiens n'ont jusqu'à présent pas suffisamment approfondi l'impact culturel de la Suisse sur le *zugewandter Ort* alsacien. Rappelons que trois Mulhousiens ont accédé au poste de recteur de l'Université de Bâle: Gaspard zu Rhein (1460), Michel Wildech (1489 et 1495), Werner Schlierbach (1506, 1516, 1522).

L'inventaire de la bibliothèque de Josué Hofer est révélateur des préoccupations intellectuelles du greffier-syndic. Les livres d'histoire et les

---

[46] A. Stoeber, Recherches biographiques et littéraires sur les étudiants mulhousiens immatriculés à l'Université de Bâle, dans: *BMHM* 4 (1879), Mulhouse, p. 32 ss.

ouvrages se rapportant au passé suisse sont de loin les plus importants. Ils se répartissent comme suit:[47]

Suisse:	72	37,70%
France:	15	7,85%
Angleterre:	12	6,28%
Allemagne:	24	12,57%
Alsace:	7	3,66%
Divers:	61	31,94%
Total:	191	100,00%

L'intérêt porté aux œuvres de Haller, de Bodmer, d'Iselin, de Sulzer et de Basedow est certain. Les nombreuses chroniques suisses en possession de Josué Hofer témoignent de son attachement à la vieille Confédération.[48]

Les relations économiques et culturelles ont de toute évidence eu comme corollaires l'établissement des liens familiaux. C'est avec le canton de Bâle que les relations familiales se sont particulièrement développées. Le relevé des mariages célébrés entre 1650 et 1715 à Mulhouse et dont l'un des conjoints est d'origine suisse donne les résultats suivants:

Cantons d'origine	Nombre d'hommes	Nombre de femmes	Total
Bâle	73	70	143
Zurich	45	12	57
Schaffhouse	8	1	9

Une grande partie des 70 Bâloises qui se marient à Mulhouse épousent des Mulhousiens.

Origine des époux des 70 Bâloises:						
Mulhouse	Berne	Zurich	Bâle	Schaffhouse	St-Gall	Appenzell
33	23	7	4	1	1	1

47 R. Oberlé, A propos de la bibliothèque d'un juriste du XVIIIe siècle, dans: *RA* 119 (1993), p. 271 ss.; N. Schreck, *La République de Mulhouse et l'Europe des Lumières*, Strasbourg 1993.
48 Telles les chroniques de Tschudi, Etterlin, Wursteisen, Stumpf, Winckelmann, Stettler, Tigori. F. Heitz, *Johann Rudolph Iselin: Ein Beitrag zur Geschichte der schweizerischen Historiographie des 18. Jahrhunderts*, Basel 1949.

Quelques exemples parmi d'autres illustrent les liens familiaux existants entre Mulhouse et Bâle. Anne Catherine, la fille du mathématicien Jean Bernoulli, a épousé le Mulhousien Jean Dollfus. Une cousine de Jean Henri Dollfus, créateur du premier indiennage mulhousien, a épousé un fils de Jean Rodolph Fäsch (1684–1755), associé du manufacturier bâlois Ryhiner. Philippe Henri Fürstenberger, fils du conseiller mulhousien Jacques Fürstenberger, a épousé Marie Du Bary. Etabli à Bâle il prit la tête du *Handelsdirektorium*. Sa fille Judith épousa Martin Stähelin, conseiller à Bâle. Les Thierry, réfugiés de Lorraine, se fixent à Mulhouse et à Bâle. Le greffier Jean Henri Reber épousa Elisabeth Morel de Bâle (28 mars 1735). Le médecin Pierre Risler convola en justes noces avec Mademoiselle Imhof également de Bâle.

Entre 1650 et 1798 on relève dans 15% des mariages célébrés à Mulhouse la présence d'un ressortissant suisse dans un des trois cas suivants:
- un ressortissant suisse épouse une Mulhousienne
- une femme suisse épouse un Mulhousien
- les deux futurs conjoints sont originaires de Suisse. Le pourcentage le plus élevé de ces mariages se situe entre 1650 et 1715. Le canton le plus représenté est celui de Berne.

Le long et lent chemin vers la Réunion

On a présenté à diverses reprises la *Réunion* de Mulhouse à la France, donc la fin du *zugewandter Ort* comme une «conquête douanière»[49] sans suffisamment considérer cet évènement dans le contexte de l'Histoire générale, régionale et européenne. L'histoire est faite de rupture et de continuité. La guerre de Trente Ans fut pour Mulhouse une rupture des données politiques, mais, également, de l'ambiance et des rythmes économiques et du mental collectif. La prospérité née de la guerre, perpétuée par la reconstruction de la province, a favorisé l'éclosion d'un esprit nouveau au sein de la population: l'esprit de l'entreprise, du risque. Le commerce joua avant la guerre un rôle secondaire dans l'économie de la ville. Jusque là, nulle tension n'opposait l'artisanat et le très modeste commerce. Or, quelques années après la guerre éclata la lutte entre l'atelier et la boutique. Les plaintes contre l'intrusion du commerce, présentées par les artisans, obligent le Magistrat à promulguer un règlement du Commerce. Le développement de la fonction

---

49 Ch. Schmidt, *Une conquête douanière, Mulhouse*, Mulhouse 1912.

commerciale trouve sa consécration institutionnelle dans la création du *Directoire du Commerce (Handelsdirektorium)* en 1712.[50]

L'accroissement démographique était la conséquence de la prospérité croissante. Au début du XVIIe siècle Mulhouse ne comptait pas 2000 habitants, au recensement de 1699 le chiffre de la population s'élève à 3300, au milieu du XVIIIe siècle il atteint 4025. Or, la superficie de la ville, évaluée à 22 km^2 était insuffisante pour subvenir aux besoins de la population. Des mesures restrictives touchant l'accession à la propriété et l'exercice des métiers frappèrent dès le début du XVIIIe siècle les bourgeois manants. Il ne restait qu'une issue devant la poussée démographique et la pénurie des terres: le développement des affaires. L'extension de la fonction commerciale, amorcée pendant la guerre de Trente Ans, s'est poursuivie. D'après le recensement de 1699 Mulhouse comptait 17 marchands, en 1798 il y en avait 72, parmi lesquels ne figuraient pas les «fabricants».

L'opposition des corporations empêcha la réalisation d'initiatives opportunes, telles l'ouverture d'une filature et d'un tissage de coton, ou la mécanisation de la passementerie. Les jeunes et dynamiques entrepreneurs s'établirent en dehors de la ville.[51] Adversaires aveugles de toute réforme de structure, uniquement préoccupées de réglementation et de statuts, fermées à toute pensée économique, les corporations ne soupçonnèrent pas l'ébranlement qu'apportera une activité nouvelle, l'indiennage, qui, au fond, procède du même esprit que toutes les récentes tentatives. Des méthodes, des principes nouveaux ont malgré eux déjà pénétré dans la cité, ils vont ouvrir une brèche dans l'édifice économique et politique du Vieux-Mulhouse.

L'option déterminante

Il n'est pas impossible que le succès de l'indiennage bâlois et la prospérité des affaires de Samuel Ryhiner n'aient incité trois jeunes Mulhousiens, Samuel Koechlin (26 ans), Jean Jacques Schmaltzer (25 ans) et Jean Henri Dollfus (22 ans) à se lancer en 1746 dans l'aventure manufacturière de l'impression sur tissus. Vingt-deux ans plus tard on recensait à Mulhouse 15 indiennages. Ce succès répondait à une nécessité imposée par la poussée

---

50 AMM, *Krämerordnung*, 7/17 décembre 1666; AMM, II A 15, fol. 31, *Ratsprotokoll, ibid. Zoll, Fabriken, Kaufhaus,* IX, p. 9, règlementation douanière 23 avril, 3 mai 1701.
51 R. Oberlé, Les corporations et les débuts de l'industrialisation à Mulhouse, dans: *Artisans et ouvriers d'Alsace*, Strasbourg 1965, p. 369 ss.

démographique, mais également à une possibilité: la disponibilité financière. Un capitalisme commercial s'était constitué à Mulhouse depuis la fin du XVIIe siècle. Au commerce du vin et des grains s'était ajouté une activité très lucrative, celle des marchands-fabricants, entrepreneurs d'un type nouveau à Mulhouse. Cette évolution n'était pas spécifique à Mulhouse. On constate en Suisse notamment à Glaris, à Appenzell et Toggenburg le même phénomène. C'est le développement désigné de *Verlagswesen*. La pauvreté poussait la population rurale au travail à domicile dirigé, géré, organisé, par des maîtres fabricants de la ville. Les bonnetiers mulhousiens faisaient filer du coton à domicile à 30 km à la ronde.[52]

On faisait travailler outre-Rhin, dans le comté de Montbéliard et dans la région de Porrentruy, dans la vallée de Masevaux, de St-Amarin. Le passementier Daniel Hugueny disposait de 8 métiers à Cernay, de 12 à Illzach. Les exemples pourraient être multipliés. Mathieu Mieg organise le travail de 60 à 80 drapiers. Le greffier-syndic Reber écrit en 1738 au Bâlois Iselin: «Grace à Dieu notre ville est en pleine prospérité, le commerce et l'artisanat sont en expansion, beaucoup de familles se sont enrichies.» Les capitaux accumulés sont disponibles pour l'entreprise des pionniers, qui sont d'ailleurs issus de la vieille bourgeoisie locale. Dans un premier temps, au cours des *Gründerjahre*, le capital bâlois n'était pas intervenu, contrairement à l'opinion souvent répandue sans preuves tangibles.[53]

Le développement des affaires et l'enrichissement consolidaient l'influence des familles de vieille souche. Une oligarchie conservatrice dominait à l'Hôtel de Ville. Les déplacements, les voyages d'affaires, les études, ouvraient une vision élargie de la société et de ses problèmes. A l'éclatement du cloisonnement politique et économique correspondra une rupture du contexte mental, un champ de vision bien plus étendu. On a signalé la jeunesse des pionniers manufacturiers. Or, nous y trouvons plusieurs Mulhousiens dont quelques uns sont à peine entrés dans l'âge de la maturité. Ils participent également à un univers culturel nouveau par le relais de la Suisse.

La Suisse connut, à cette époque, une intensification de ses préoccupations culturelles avec Ludwig von Muralt, Bodmer et Breitinger. Les travaux des Bernoulli, d'Euler, de Lambert révèlent un élan culturel dont

---

52 AMM, II A 24, p. 948.
53 R. Oberlé, Evolution des fortunes à Mulhouse et le financement de l'industrialisation au XVIIIe siècle, dans: *Bulletin de la Section d'Histoire Moderne et Contemporaine* fasc. 8 (1971), p. 85 ss.

témoigne l'activité de la *Société helvétique* créée en 1761 à laquelle participaient de nombreux Mulhousiens.[54] Par elle, Mulhouse entre dans ce qu'Ermatinger désigne de «geistig-politische Wandlung». Cette société réunit une élite intellectuelle suisse, tels Isaac Iselin, Hirzel, Gessner, Sulzer, Pestalozzi.

Le lieu de rencontre était d'abord Schinznach, puis Olten et enfin Aarau. Un dénominateur commun les unit: l'esprit de l'*Aufklärung*.[55] Une élite sociale et intellectuelle mulhousienne participe à ces réunions, soit comme membres, soit comme invités. On y recense, en effet, 13 membres mulhousiens, 24 invités, totalisant 98 séances. On y relève 4 Dollfus, 3 Hofer, 1 Koechlin, 4 Spoerlin, Josué Hofer y assiste ainsi qu'Antoine Spoerlin chacun respectivement à 12 réunions, J. J. Koechlin assiste à 6 séances, Nicolas Thierry à 7. Parmi les Mulhousiens on recense 22% de manufacturiers et 22% d'étudiants, 17% de pasteurs et 13% de médecins.

Une grande partie de cette élite mulhousienne se réunit depuis novembre 1775. Josué Hofer, Jean Dollfus et Jean Henri Dollfus participèrent dans les premières années de la création aux réunions de la *Société helvétique*. Ils ne furent sans doute pas étrangers à la création à Mulhouse en 1775 de la *Société pour la propagation du bon goût et des Belles Lettres*.[56] La société se réunit une fois par semaine pour entendre des lectures d'études originales et pour discuter des revues et publications auxquelles le groupe s'était abonné. Relevons, entre autres, le *Journal encyclopédique*, le *Mercure de Hollande*, les *Annonces savantes de Göttingen*. On commenta des écrits de Voltaire, de Condillac, de *l'immortel Montesquieu*. Le Cénacle littéraire s'abonna à *l'Encyclopédie*. Les membres admis sont issus de la bourgeoisie: manufacturiers, pasteurs, médecins, enseignants. La structure sociale rappelle celle de la *Société helvétique*. Le Siècle des Lumières trouve son écho dans les réunions, surtout quand après 1780 la société choisit sur la proposition du licencié Nicolas Thierry, la dénomination de *Société patriotique*. Le passé de la ville, les questions d'éducation, de morale, de tolérance, bref, le problème social et économique préoccupent les membres de la docte assemblée.

---

54 E. Ermatinger, *Dichtung und Geistesleben der deutschen Schweiz*, München 1933.
55 U. Im Hof, *Die helvetische Gesellschaft*, Frauenfeld/München 1983. F. de Capitani, *Die Gesellschaft im Wandel*, Frauenfeld/München 1983.
56 A. Stoeber, Notice sur la Société pour la propagation du bon goût et des Belles Lettres à Mulhouse, dans: *BMHM* 7 (1882), p. 53 ss.; Schreck, *La République de Mulhouse*.

La société était ouverte aux préoccupations culturelles du siècle de l'*Aufklärung*. L'intérêt des membres se porte aussi sur le passé de la ville. On commente les anciennes chartes. La dénomination *Société patriotique* est d'ailleurs significative sans que, pour autant, il y ait une connotation politique. La *Société helvétique*, elle aussi, jette un regard renouvelé sur le passé de la Confédération. On sait que l'esprit national s'est particulièrement développé en Suisse, après 1750, sur la base de références historiques et que le récit des exploits héroïques des ancêtres tient une place privilégiée dans les réunions. Mulhouse s'inspire de l'esprit qui anime la *Société helvétique*.

Les préoccupations littéraires s'orientèrent vers les questions politiques qui révèlent les inquiétudes de «la crise de conscience européenne». La torpeur politique et l'engourdissement de la vie publique préoccupaient les esprits stimulés par les tendances de l'*Aufklärung*. Les dirigeants des villes et des cantons étaient en général hostiles à toute nouveauté. Ils cherchaient à accéder aux emplois et aux dignités les plus lucratives et arrivaient souvent à fonder, sinon de droit, du moins de fait, une oligarchie hostile à toute nouveauté. Le népotisme conservateur conduisit à des manœuvres peu démocratiques. Les plaintes contre le *Praktizieren* apparaissent dans les comptes-rendus du Conseil à Mulhouse comme dans les documents suisses.[57] On achète des voix pour la désignation à des emplois vacants.

L'exigence d'une muette soumission aux autorités et à la tradition ne manquait de heurter l'individualisme prôné par les philosophes. Il n'est pas étonnant qu'il y ait eu, à Mulhouse, comme dans les cantons, des troubles symptomatiques, les *Bürgerlärm*, par exemple à Zoug (1722, 1736), à Schwyz (1750), à Lucerne (1770), à Berne (1744) où Henzi et Wernier furent condamnés à mort. Genève connut des combats de rues (1737). Or, très souvent les tensions latentes au sein des collectivités éclatèrent à propos d'incidents de toute évidence d'ordre secondaire. Ils agissent comme des catalyseurs et subliment un malaise existant. Telle est l'affaire dite *Dollfus-Handel* à Mulhouse qui rappelle des faits similaires en Suisse.[58] Des familles importantes, les Hofer, les Engelmann et les Dollfus étaient imbriquées dans le procès. Zurich et Berne estimèrent qu'ils étaient en droit de juger en

---

57 Schweizer Idiotikon, vol. 5, fol. 575–577; AMM, VIII R, 13, p. 387.
58 AMM, VIII R/7 à 15, Akten betreffend die Ehescheidung Dollfus-Engelmann; Jean Henri Reber, Mülhauser Geschichten vom Jahre 1720 à 1740, dans: *Le Vieux Mulhouse*, t. 2, 1897, p. 541 ss.; L. Eichenberger, *Mülhausen und der Dollfus-Handel*, 1722–1746, Bern 1977; R. Oberlé, Les symptomatiques troubles populaires à Mulhouse au milieu du XVIIIe siècle, dans: *RA* 106 (1989–1990), p. 275 ss.

appel les litiges mulhousiens et intervinrent, mettant ainsi en question l'autonomie judiciaire de la ville, voire sa souveraineté en tant que *zugewandter Ort*. Le Magistrat de Mulhouse, fort de l'appui des corporations, protesta énergiquement auprès de ses alliés. Ceux-ci finirent par admettre que Mulhouse jouissait, en vertu des accords de 1588, de l'autonomie et de l'indépendance judiciaire.[59]

L'affaire Dollfus: un détonateur

Les répercussions politiques du procès ne se firent pas attendre. Ce sont les tribus qui réagirent. Le Magistrat céda en procédant à un important élargissement de la représentation au Conseil, après examen du cahier de doléances présenté par la bourgeoisie.[60] Le contrôle de la gestion devait être assuré et l'influence des classes dominantes affaiblie. La réglementation des charges rétribuées visait à combattre le *Praktizieren* si fréquent également dans plusieurs cantons suisses. L'affaire du procès Dollfus dévoile un malaise, celui d'une crise d'autorité. Le greffier-syndic Reber écrit à son ami et conseiller bâlois Iselin: «l'autorité diminue et chacun se croit en liberté de dire ce qu'il pense»[61], et d'ajouter: «le renom des autorités est couvert de mépris.»[62] La bourgeoisie refusa en 1738 le serment solennel, l'année suivante elle se déclara disposée à prêter le serment dès que les «statuts» réclamés seraient disponibles et consultables. En effet, la commission d'arbitrage avait exprimé le vœu que des «statuts sur le fonctionnement des institutions soient rédigés, imprimés et publiés afin que chacun y ait accès». Le greffier-syndic, conseillé et aidé par son ami Iselin de Bâle, rédigea les *Statuten der Stadt Mülhausen* donnant satisfaction aux contestataires dont le porte-parole était le Dr Pierre Rissler (1700–1780). Il est certain que les troubles avaient des causes profondes. Bien caractéristique est, entre autres, le refus d'accepter à l'avenir dans le texte de la prestation du serment, au *Schwörtag* l'expression «fidèles sujets» *(getreue Untertanen)* à laquelle le Magistrat accepta de substituer la formule «bourgeois fidèles et soumis» *(getreue und untergebene Bürger)*.[63] La modification est significative d'une mentalité

---

59 Oechsli, Orte und Zugewandte.
60 AMM, II A 21, *Ratsprotokolle* du 2 avril 1739, p. 499.
61 AMM, VIII R 7, 13 mars 1738.
62 AMM, VIII R 13, p. 387.
63 AMM, II A 21, *Ratsprotokolle* du 26 juin 1740, p. 865.

nouvelle. Ce sont les symptômes d'une prise de conscience irréversible. En effet, le Conseil constata quelques années plus tard, non sans amertume, le peu de participation aux élections dans les corporations.[64] Le Magistrat élargit la représentation des corporations, mais le malaise persista puisqu'il ne tenait pas à un fait épisodique. Les difficultés suscitées en 1773 à la suite d'une beuverie de jeunes bourgeois, relèvent moins d'un malaise politique ou social que d'un soubresaut de l'arrogance d'une jeunesse surexcitée par l'abus de l'alcool. Les excuses des délinquants, la sage modération du Magistrat finirent par apaiser les esprits.[65]

Les perturbateurs s'excusèrent et demandèrent grâce à leurs «gracieux seigneurs» qui usèrent de patience, mais les aternoiements ne cachèrent pas moins la faiblesse et la fragilité des relations entre gouvernants et gouvernés. Certes, le Conseil avait assaini la situation en 1740, bien des abus ont été éliminés par plusieurs mesures réclamées par les perturbateurs, telle la détermination des incompatibilités d'exercice des mandats publics: père et fils ne devaient plus pouvoir siéger au Conseil, ni père et gendre, ni deux beaux-pères, ni deux cousins. Pour affaiblir le *Praktizieren*, on statua qu'à la vacance subite d'un poste électif il faudrait remplacer le titulaire dans les 24 heures après son décès.

L'apaisement obtenu était-il un répit? Tout le contexte mental s'était modifié. Un malaise existait. La fidèle piété du siècle passé, l'obéissance et le respect au Magistrat s'étaient affaiblis. Les pasteurs ne tarissaient de fustiger la dépravation des mœurs et l'absentéisme au culte. Malgré les injections souvent éloquentes et pathétiques, inspirées par l'attachement fidèle au passé, le chancelier dut constater «que la crainte de Dieu n'existait plus, que les bonnes mœurs se perdaient, que l'orgueil prévalait, que l'amour se figeait, que les excès prenaient le dessus, que l'obéissance n'existait plus, que les lois n'étaient plus respectées»[66].

Le contraste entre l'évolution des mentalités et le système politique existant était flagrant. Depuis plus de cent ans le Magistrat n'avait plus prononcé d'admissions à la bourgeoisie privilégiée, de crainte d'élargir les rangs des bénéficiaires des prérogatives attachées à la classe dominante. La situation des manants ou bourgeois de seconde zone était précaire. Non seulement

---

64 AMM, II A 27, *Ratsprotokolle* du 18 avril 1763, p. 280.
65 L. G. Werner, Une révolte bourgeoise à Mulhouse en 1773, dans: *Bulletin de la Société Industrielle de Mulhouse [= BSIM]* 103 (1937), p. 113 ss.
66 AMM, II A 17a, *Schwörtagreden* du 2 juin 1777; Ch. Windler, Schwörtag und Öffentlichkeit im ausgehenden Ancien Regime. Das Beispiel einer elsässischen Stadtrepublik, dans: *Revue Suisse d'Histoire* 46 (1996), p. 197 ss.

l'accès aux postes honorifiques leur était fermé, mais ils étaient évincés de toute activité économique lucrative. On les écartait du commerce, de l'artisanat, de l'activité agricole indépendante. Le Conseil leur interdit l'acquisition de biens fonciers nouveaux et limita à deux journeaux de vignes ou de champs la superficie maximum dont la propriété leur était autorisée.[67]

Le Magistrat contrôlait la conduite des habitants avec une austère attention pour assurer une continuité de la simplicité des vertus ancestrales. La sévérité du régime s'exprimait dans les nombreuses mesures restrictives contre la danse, l'habillement ou le théâtre. Des sanctions allant jusqu'à l'emprisonnement frappaient les Mulhousiens convaincus d'avoir dansé dans les villages voisins. Le luxe vestimentaire était considéré comme un signe de frivolité et de légèreté. La défense de porter des jupes-panier fut renouvelée avec insistance au cours du XVIIIe siècle.

La question se posait de savoir si le régime serait capable de résister à une crise politique et sociale. Berne avait arrêté énergiquement en 1782 les tentatives de réforme à Genève. Verrait-on à Mulhouse une intervention des cantons helvétiques comme dans l'affaire Fininger au cas où des mouvements d'opposition mettraient l'existence du régime en danger?

Les inévitables étapes de la *Réunion*

La *Réunion* s'explique par la conjonction de plusieurs facteurs qui conduiront à l'abandon de l'ancienne indépendance. Aux raisons économiques se sont ajoutés d'imprévisibles causes politiques et des mouvements d'opinions à l'heure des grands bouleversements sur l'échiquier européen. Une mesure, de prime abord sans portée majeure, posa un problème incontournable. Le contrôleur général des finances, Calonne, reconstitua en 1785 l'ancienne Compagnie des Indes avec défense d'introduire «aucune toile de coton et de mousseline venant de l'étranger». Calonne n'avait vraisemblablement pas envisagé l'effet de cette mesure sur les manufactures d'Alsace. La province était considérée «à l'instar de l'étranger effectif» et assimilée à l'étranger du point de vue douanier. Les manufacturiers alsaciens réagirent et obtinrent satisfaction. Mulhouse intervint au plus haut niveau pour être

---

67 AMM, II A 17, *Ratsprotokolle* du 9/19 octobre 1699, p. 45; P. Stoeber, De la condition des manants à Mulhouse au XVIIIe s., dans: *BMHM* 8 (1883), p. 47 ss.; Ph. Mieg, Bourgeois et manants à Mulhouse du XVIe au XVIIIe s., dans: *Bourgeoisie alsacienne. Etudes d'histoire sociale*, Strasbourg/Paris 1954, p. 10 ss.

assimiliée aux manufactures alsaciennes. Les pourparlers étaient longs et pénibles en raison de l'influence de la Compagnie des Indes.

Les évènements politiques parisiens situèrent, par la suite, la question sur un autre plan et aggravèrent la situation de Mulhouse. Le principe d'uniformité, selon lequel la Constituante désirait réaliser la réforme de l'Etat, avait pour conséquences que les barrières douanières fussent reculées aux frontières politiques. Les péages d'Alsace, qui correspondaient aux «droits et traites» dans les anciennes provinces, furent supprimés. Les droits de douane allaient être levés dorénavant aux frontières.

Une délégation mulhousienne envoyée à Paris eut des promesses combattues par la Compagnie des Indes. Le Conseil général du Haut-Rhin, influencé par les manufacturiers du département, intervint par la suite, soutenu par les manufacturiers de Jouy, de Corbeil, de St-Denis, de Beauvais, de Rouen et de Nantes. Les imprudentes manœuvres financières des Mulhousiens contribuèrent à exaspérer les milieux d'affaires et les autorités provinciales. La crise économique pesait lourdement sur la région frontalière. Les assignats se dépréciaient de jour en jour. les numéraires et les marchandises se firent rares.

La hausse des prix ne put être arrêtée malgré la taxation. La pénurie s'installa sur les marchés à Thann, à Guebwiller, à Kaysersberg, à Colmar. L'assignat n'avait pas cours forcé à Mulhouse qui ne manquait de rien puisque les paysans des villages voisins apportaient et vendaient les denrées contre des espèces métalliques. On finit, évidemment, par accuser Mulhouse d'accaparer le marché, et non sans raison, on reprochait à la ville de pratiquer, sur une vaste échelle, des manœuvres financières préjudiciables à la population du département. Il est vrai, Mulhouse et Bâle étaient devenues des foyers de trafic où le contrôle échappait aux autorités françaises. Les agioteurs achetaient à bas prix le papier révolutionnaire, le rassemblaient et le revendaient plus cher aux débiteurs, empressés de régler leurs dettes.[68]

On reprochait à Mulhouse d'abriter des prêtres réfractaires, de favoriser la désertion des jeunes gens réquisitionnés par l'armée révolutionnaire. On avait également découvert que des émigrés, détenteurs de passeports mulhousiens, franchissaient clandestinement la frontière. La connivence des Mulhousiens est indéniable. La tension, créée par les troubles révolutionnaires, le prosélytisme politique alourdi par des difficultés économiques et financières exacerbées par la crainte de l'invasion, expliquent l'hostilité

---

68 G. Hubrecht, *Les assignats dans le Haut-Rhin*, Strasbourg 1932.

croissante contre Mulhouse, exempte de toutes charges imposées à la population.

L'offensive contre l'enclave fut soutenue par le Conseil général du Haut-Rhin, qui arrêta qu'une ligne de douanes serait créée autour de Mulhouse (22 septembre 1792). La décision fut prise sans consultation officielle préalable avec le gouvernement. Une ceinture de onze bureaux de douanes cerna la ville dès novembre 1792.[69] Mulhouse dut réduire la consommation de pain, recourir au rationnement. La chancellerie fit procéder à des achats de blé en Souabe, à des achats de riz en Suisse. Le canton de Berne approvisionna Mulhouse en viande. La pénurie de bois créa de grandes difficultés à l'industrie.

Aux facteurs économiques de la situation s'ajoutèrent des causes psychologiques et culturelles. On connaît la force de propagande de la Révolution française. Les Mulhousiens ne restèrent pas indifférents aux nouvelles de la France. Les principes révolutionnaires devinrent le crédo de toute une jeunesse qui manifesta ostensiblement ses sentiments. Un «club» s'organisa à l'Hostellerie du Raisin, on coiffa d'un bonnet phrygien le chevalier surmontant la fontaine monumentale de la place. Un mouvement de révolte contre la tutelle de Mulhouse éclata en 1796 à Illzach. Les jeunes y plantèrent un arbre de la liberté et défilèrent devant les couleurs tricolores au chant de «ça ira, ça ira». Relevons que des sentiments similaires se déclenchèrent en Suisse. Le 17 janvier 1798 se développa une manifestation culminée par la plantation d'un arbre de la liberté à Liestal, à proximité de Bâle, alors que trois jours auparavant les troupes françaises venaient d'occuper Lausanne...

De jeunes bourgeois mulhousiens s'enthousiasmèrent pour les évènements parisiens et s'inscrivirent dans les sociétés populaires de la région, à Thann, à Guebwiller, à Colmar.[70] Nicolas Thierry, ancien membre de la *Société helvétique* et membre actif de la *Société pour la propagation du Bon goût et des Belles Lettres de Mulhouse*, à présent délégué mulhousien chargé de défendre les intérêts des manufacturiers, était un partisan zélé des idées révolutionnaires. D'autres exemples confirment le rayonnement des principes révolutionnaires. Henri Hofer, le fils du chancelier qui défendit Mulhouse avec force, persuasion et persévérance, était un habitué du salon de

---

69 L. G. Werner, Le 150e anniversaire de la Réunion de Mulhouse à la France, dans: *Mulhouse et le Sundgau – 1648 – 1798 – 1848*, Mulhouse, 1948, p. 39 ss.; Schmidt, *Une conquête douanière*; B. Guessard, *La Réunion de la République de Mulhouse à la France*, Mulhouse 1991.

70 P. Leuilliot, *Les Jacobins de Colmar*, Strasbourg 1953.

Mme Roland. Il militait, lui aussi, pour les idées nouvelles. Exemple patent de la rupture entre les générations!

Les membres du Conseil général ne cachaient nullement leur animosité contre la ville voisine dont l'essor économique fulgurant portait ombrage. Par l'établissement d'une ceinture douanière il avait, selon le ministre de l'Intérieur, «usurpé un droit exclusivement réservé au corps législatif».[71] Le Conseil exécutif ne cassa cependant pas pour autant l'arrêt reconnu illégal. Le Colmarien Reubell, dont l'influence était grandissante auprès du gouvernement, s'opposa à tout compromis proposé par Mulhouse[72] et cela malgré les interventions apaisantes de Barthélémy, l'ambassadeur français en Suisse. On peut supposer que l'installation du cordon douanier n'a pas été pratiquée dans l'ignorance de certains milieux parisiens.

Les trahisons et les connivences

C'est après un entretien avec le ministre de l'Intérieur, Roland de la Platière, que les deux plénipotentiaires mulhousiens, Pierre Thierry et Hartmann Koechlin lui présentèrent «un plan de réunion de la ville de Mulhausen». Ils préconisaient, selon Charles Schmidt, que «Mulhausen devra demander sa réunion, on devra l'y forcer si elle ne s'y résout pas spontanément»[73]. Toute une constellation d'ennemis jurés intervinrent à Paris contre la petite enclave: les uns agissaient mus par un jaloux intérêt d'ordre économique, d'autres par conviction idéologique, tel le député Mengaud père de Belfort, le Jacobin Joseph Bruat, membre du Conseil général, ami de Reubell. Tel fut aussi le Colmarien Dagobert d'Aigrefeuille[74] ami du conventionnel Hérault de Séchelles et du manufacturier mulhousien Pierre Dollfus. L'action de Peter Ochs de Bâle se dirigeait aussi contre Mulhouse.

On leur prêtait à Paris une attention intéressée certes, mais prudente. En octobre 1792 le gouvernement envoya cependant le commissaire de guerre Pons Boutier de Catus de Belfort en mission à Mulhouse. «En réalité»,

---

71 AMM, XIII P 6; Archives Nationales, F 121964.
72 J. R. Suratteau et A. Bischoff, *Jean-François Reubell, l'Alsacien de la Révolution française*, Mulhouse 1995.
73 Schmidt, *Une conquête douanière*, p. 13.
74 Y. Guillon, Une curieuse figure d'antan: Dagobert d'Aigrefeuille, trublion et aventurier politique, dans: *Saisons d'Alsace*, 27, 1968, p. 423 ss.; *Nouveau Dictionnaire Biographique d'Alsace*, art. de Jean Marie Schmitt, n° 1, 1983, p. 23; Museum der Kulturen Basel, *Vive la République helvétique*, Basel 1998 (catalogue d'exposition).

d'après Leonard Georges Werner, «il devait jouer le rôle d'agent indicateur, provocateur et de propagandiste»[75]. La propagande révolutionnaire était tout aussi active dans plusieurs cantons helvétiques. Le *Club des patriotes suisses* de Paris y déploya un prosélytisme actif[76] stimulé par le dynamisme de Castella, il avait pour but «la propagation de la liberté dans ceux des cantons suisses et de leurs alliés où l'aristocratie a dénaturé les premières institutions du pays». Dans les rapports de Thierry nous retrouvons la même argumentation, l'emploi de la même terminologie. Les auteurs mulhousiens fustigent «l'aristocratie» régnant dans la ville où, pourtant, aucune famille d'aristocrates n'avait été tolérée depuis le Moyen Age. On décèle la même altération des termes. Les Jacobins partageaient les intérêts des «patriotes» helvétiques. La question se posait évidemment de l'aide que des cantons réserveraient à leur alliée d'Alsace en cas d'attaque militaire.

Torpeur politique des cantons

Les tentatives de réformes organiques et d'adaptation des institutions politiques se heurtaient à des obstacles insurmontables en Suisse. Heinrich Zschokke analysa avec un cruel réalisme la situation politique de la Suisse:

> Die Schweiz stand da, ein verdorrtes politisches Gewächs des Mittelalters, ohne nationale Einheit, ohne gemeinsames Haupt, ohne festen Verband ihrer einzelnen kleinen Staaten, ohne Eintracht der Regierungen mit den Regierten, das Ganze ein planlos zusammengestelltes Gemenge kleiner Städte, Abteien, Ländchen.

Les relations avec la France se détériorèrent à vue d'œil. Les Jacobins ne pouvaient pardonner aux cantons suisses les sympathies qu'ils manifestaient au roi. Le 10 août était une catastrophe, la garde suisse avait été cruellement massacrée. Les dirigeants de la politique française envisageaient «d'émanciper les peuples» voisins dont les ressources publiques et privées n'étaient d'ailleurs pas à dédaigner. Brissot et le banquier suisse Etienne Clavière, ministre des Finances en France, songeaient dès février 1793 à diriger une première armée française contre Bâle, une deuxième armée occuperait Genève et Versoix, alors qu'une troisième armée partant de Belfort attaquerait Berne.

---

75 Werner, Le 150ᵉ anniversaire de la Réunion, p. 50.
76 A. Stern, Le Club des patriotes suisses à Paris, 1790–1795, dans: *Revue historique* 39 (1889), p. 282 ss.

Les Jacobins estimaient ne pas devoir respecter la neutralité de l'évêché de Bâle qui dépendait de l'Empire et jugeaient que Genève n'entrait pas non plus dans le cadre de la neutralité helvétique, puisque la ville avait été exclue de l'alliance de 1777. Genève courait le danger d'être englobée dans la politique de conquête de la France! Le Comité de Salut public comptait agir avec prudence dans sa détermination de réunion de Mulhouse, signataire du Traité d'alliance de 1777 entre la Confédération et la France. Il convenait de ne pas brusquer Berne et Zurich qui étaient intervenues en faveur de leur allié. L'ambassadeur français en Suisse, François de Barthélémy, avait également plaidé la cause de Mulhouse auprès de dirigeants français.

Après le coup d'Etat du 18 fructidor (14 septembre 1797), le parti de la guerre se débarrassa à Paris des directeurs modérés dont Carnot. L'ambassadeur Barthélémy fut évincé. Le Colmarien Reubell, qui avait toujours manifesté une tenace animosité à l'égard de Mulhouse, eut la responsabilité de la politique extérieure du Directoire. De par ses origines il était particulièrement attentif aux problèmes des frontières de l'Est.[77]

Les dirigeants français comptaient ériger un glacis protecteur autour de la République par la création de républiques sœurs dont l'Helvétique et la Cisalpine.[78] Les troupes françaises pénétrèrent en 1792 dans l'évêché de Bâle et l'on fonda la République rauracienne qui fut annexée. La Suisse restait paralysée par son morcellement alors que les guerres d'Italie démontraient son importance stratégique. Bonaparte songeait à la construction d'une route militaire à travers le Valais et le Simplon. De passage à Bâle, le prestigieux général français fut reçu le 24 novembre 1797 avec les plus grands égards. La vieille Confédération courait à sa perte, Bonaparte allait effectivement intervenir en Suisse. L'Etat et la société seront reconstruits sur de nouvelles bases. Le *zugewandter Ort* Mulhouse était une survivance d'une époque révolue. Le contexte politique fragilisait Mulhouse. La politique extérieure de Reubell dont l'étoile montait à l'horizon ne pouvait être que fatale à la petite enclave. En 1791 (23 mai) il avait demandé à l'Assemblée que toutes les enclaves qui se trouvaient en territoire français fussent réunies. C'était le sort réservé à Montbéliard, au Comtat Venaissin, à Avi-

---

77 Suratteau/Bischoff, *Jean-François Reubell.*
78 J. R. Suratteau, *Le département du Mont Terrible sous le régime du Directoire (1795–1800)*, Paris 1964; idem, Les cols des Alpes, rôle et importance pendant la Révolution française: la question du Simplon, dans: *Actes du Congrès de l'Association Interuniversitaire de l'Est*, Dijon 1975, p. 149 ss.

gnon. Le 24 juillet 1796 le Wurtemberg était obligé de signer la paix et de céder ses droits sur Montbéliard, Héricourt, Riquewihr, Horbourg et Ostheim.

Le Conseil de Mulhouse prit le 4 décembre 1797 la décision d'envoyer trois députés à Paris pour négocier un traité de réunion avant d'y être contraint par la force. Le 12 décembre, la chancellerie du *zugewandter Ort* informa Berne de la démarche. L'assemblée des citoyens adopta la *Réunion* par 391 voix contre 15 (29 janvier 1798). Le Corps législatif français accepta «le vote librement émis des citoyens de Mulhouse». La *Réunion* fut célébrée le 15 mars. La situation était brûlante si l'on songe que la République helvétique fut proclamée un mois plus tard (12 avril 1798). Mulhouse échappait de justesse à une action militaire. Le *zugewandter Ort* était en fin de compte victime de son essor économique, de la politique conquérante de la France révolutionnaire et de la pensée de l'*Aufklärung* qui avait préparé les esprits.

En effet, ce n'est pas un hasard si plusieurs partisans et signataires du Traité de réunion étaient membres de la *Société helvétique*, tels l'entrepreneur Jérémie Koechlin (1764–1840), les médecins Jean Jacques Koechlin (1754–1814) et Jean Jacques Rissler (1744–1814), le juriste Nicolas Thierry (1758–1817) et le manufacturier Sébastien Spoerlin (né en 1740). Plusieurs d'entre eux se retrouvent dans la *Société pour la propagation du Bon goût et des Belles Lettres*: Jean Jacques Koechlin, Jean Jacques Rissler et Sébastien Spoerlin. Ces présences sont révélatrices des mêmes dispositions d'esprit. Une même idéologie les unit. Introduits dans la *Société helvétique* par le greffier-syndic Josué Hofer, dont l'attachement à la Confédération est le fondement de toute son action politique, ils se distancent à présent de lui. L'idéologie de la Révolution sonnait le glas du «Hofersches Zeitalter». Hofer est qualifié de «vieux» et d'«aristocratique» par la jeune génération. La question se pose de savoir dans quelle mesure la *Réunion* a été imposée par des décisions d'ordre politique ou par l'évolution du contexte économique et idéologique. Dans quelle mesure les protagonistes, tels Nicolas Thierry, Peter Ochs, Mengaud, Reubell étaient-ils de connivence? La «trahison» de Thierry n'était-elle pas motivée par un sincère idéalisme révolutionnaire, plus fort que l'attachement à la pensée helvétique? Était-il un politique clairvoyant et réaliste? Quoiqu'il en soit par ses relations et ses influences à Paris, avec Reubell notamment, il a épargné à Mulhouse un bain de sang.

Pérennité et fidélité

Les liens entre Mulhouse et la Suisse n'ont pas été rompus pour autant. N'est-il pas symptomatique que de nombreuses familles mulhousiennes aient confié après 1798 l'éducation de leurs enfants à des pédagogues et institutions suisses, à Pestalozzi, à Fellenberger, à Lippe?[79] Les grandes réalisations philanthropiques mulhousiennes au cours du siècle de l'industrialisation ont en grande partie été entreprises par des manufacturiers formés en Suisse.

Le capital suisse est intervenu à plusieurs reprises pour sauver des entreprises mulhousiennes lors des crises économiques, si fréquentes au cours du XIXe siècle. La manufacture mulhousienne a été sauvée en 1811 grâce à l'intervention du capital bâlois.

La présence suisse se concrétisa encore dans le tissu urbain au cours du XIXe siècle. Grâce à l'appui de la Banque Mérian de Bâle, on a pu réaliser le Nouveau Quartier qui a modifié le paysage urbain mulhousien. La présence active d'architectes suisses a doté l'ancienne ville alliée de bâtiments publics prestigieux et de demeures bourgeoises, joyaux de quelques quartiers mulhousiens.[80] Mentionnons à titre d'exemples:
- l'Ermitage construit par de Rutté (1868), originaire de Sutz sur le lac de Bienne (1829–1903)
- le château Vaucher construit par de Rutté (1868)
- le temple St-Paul (1895) et l'église St-Barthélémy de Dornach, érigés par Friederich Wilhelm Tugginer de Soleure
- le Comptoir d'Escompte et la villa Spoerry, œuvres d'Ernest Duvillard (1859–1918)
- la Caisse d'Epargne, la villa Glehn, le temple de Dornach, la villa Schwartz, la gare de Mulhouse, construits par Charles Schulé (1865–1935) originaire de Génève.

La *Réunion* ne signifie pas rupture avec la Confédération, il convient plutôt de la considérer dans l'évolution de longue durée, dans l'inéluctable devenir de l'histoire. Nous avons démontré ailleurs que le Traité de Westphalie (1648) rompait avec les structures, les institutions et conceptions

---

79 R. Oberlé, *L'enseignement à Mulhouse de 1798 à 1870*, Paris 1961; Ph. Mieg, L'influence pédagogique de Jean Henri Pestalozzi à Mulhouse, dans: *BMHM* 62 (1964), p. 104 ss.; A. Brand, Elèves alsaciens de la Maison d'éducation du château de Lenzbourg (1823–1853), dans: *BMHM* 69 (1971), p. 217 ss.
80 Grandes demeures mulhousiennes des XVIIIe et XIXe siècles, dans: *BSIM* n° 822 (3/1991).

médiévales[81]. La *Réunion* gomme définitivement les survivances de ce passé. L'élargissement de l'économie et l'extension des relations impliquaient l'élargissement des relations humaines et culturelles. Les relations d'affaires avec l'Europe centrale et l'Europe de l'Est s'intensifièrent et se substituèrent aux voyages des maîtres artisans aux foires des villes voisines. L'amélioration du réseau routier et l'organisation du service postal du XVIIIe siècle ouvrirent des perspectives nouvelles. L'époque des déplacements et voyages du Bâlois Ryff est révolue. La crise interne de la Confédération est un des aspects de la crise européenne. C'est dans ce contexte qu'interviennent les entreprises conquérantes révolutionnaires. «Le nouvel évangile» conduisait à d'inévitables choix sans pour autant créer des ruptures définitives.

Bibliographie

B. Amiet, *Die solothurnische Territorialpolitik von 1344–1532*, Basel/Solothurn 1929.
G. Bischoff, *Gouvernés et gouvernants en Haute Alsace à l'époque autrichienne*, Strasbourg 1982.
E. Bonjour et A. Bruckner, *Basel und die Eidgenossenschaft*, Basel 1951.
A. Brand, Elèves alsaciens de la Maison d'éducation du château de Lenzbourg (1823–1853), dans: *BMHM* 69 (1971), p. 217 ss.
F. de Capitani, *Die Gesellschaft im Wandel*, Frauenfeld/München 1983.
B. Degler-Spengler, *Das Klarissenkloster Gnadental in Basel, 1289 bis 1525*, Basel 1969.
J. Dierauer, *Histoire de la Confédération Suisse*, 5 tomes (en 6 vol.), Lausanne 1910–1919.
Voyage en France fait en l'année 1663 par Jean Gaspard Dollfus (traduit de l'allemand par Ernest Meininger), dans: *BMHM* 6 (1881), p. 64 ss.
L. Eichenberger, *Mülhausen und der Dollfus-Handel, 1722–1746*, Bern 1977.
E. Ermatinger, *Dichtung und Geistesleben der deutschen Schweiz*, München 1933.
F. Fäh, *Der Kluser Handel und seine Folgen, 1632–1633*, Zürich 1884.
Chronique Josué Furstenberger, Mülhauser Geschichten bis zum Jahre 1720, dans: *Le Vieux Mulhouse*, t. 2, 1897, p. 405 ss.
J. Gauss, Basels Kampf für einen Elsass-Artikel im eidgenössischen Allianzvertrag mit Frankreich von 1663, dans: *Festgabe für Frieda Gallati*, Glarus 1946, p. 122 ss.

81 Oberlé, *La République de Mulhouse*.

J. Gauss et A. Stoecklin, *Bürgermeister Wettstein, der Mann, das Werk, die Zeit*, Basel 1953.
M. Graf, *Geschichte der Stadt Mülhausen und der Dörfer Illzach und Modenheim*, Mulhouse 1822, livre 13, p. 255.
Grandes demeures mulhousiennes des XVIIIe et XIXe siècles, dans: *BSIM* n° 822 (3/1991).
G. Grosjean, *Berns Anteil am evangelischen und eidgenössischen Defensional im 17. Jahrhundert*, Bern 1953.
B. Guessard, *La Réunion de la République de Mulhouse à la France*, Mulhouse 1991.
Y. Guillon, Une curieuse figure d'antan: Dagobert d'Aigrefeuille, trublion et aventurier politique, dans: *Saisons d'Alsace*, 27, 1968, p. 423 ss.
F. Heitz, *Johann Rudolph Iselin: Ein Beitrag zur Geschichte der schweizerischen Historiographie des 18. Jahrhunderts*, Basel 1949.
A. Heusler, *Schweizer Verfassungsgeschichte*, Basel 1920.
G. Hubrecht, *Les assignats dans le Haut-Rhin*, Strasbourg 1932.
U. Im Hof, *Die helvetische Gesellschaft*, Frauenfeld/München 1983.
U. Im Hof et al., *Geschichte der Schweiz und der Schweizer*, Basel 1986.
M. Krebs, *Die Politik von Bern, Solothurn und Basel in den Jahren 1466–1468*, Zürich 1902.
M. Kürsteiner, Appenzell Ausserrhoden von der Landesteilung bis zur Ausscheidung der Schweiz aus dem deutschen Reiche, 1597–1648, dans: *Appenzeller Jahrbücher* 49 (1922), p. 88 ss.
K. Lessing, Zur eidgenössischen Politik zur Zeit des Dreissigjährigen Krieges, dans: *Anzeiger für Schweizer Geschichte*, N. F., t. 18 (1920), p. 237 ss.
P. Leuilliot, *Les Jacobins de Colmar*, Strasbourg 1953.
G. Livet, *L'intendance d'Alsace sous Louis XIV, 1648–1715*, Strasbourg/Paris 1956.
G. Livet, L'exportation des grains. Instrument de pression diplomatique sous Louis XIV, dans: *L'Alsace et la Suisse à travers les siècles*, Strasbourg, 1959, p. 195 ss.
G. Livet et R. Oberlé, *Histoire de Mulhouse des origines à nos jours*, Strasbourg 1977.
J.-M. Lutz, *L'action de Josué Hofer pour la réadmission de Mulhouse dans le corps helvétique (1748–1777)*, Mémoire de maîtrise, Université de Franche-Comté, ms., 1986.
A. W. Matzinger, Der Bund Mülhausens mit Basel, dans: *Basler Zeitschrift für Geschichte und Altertumskunde* 12 (1913), p. 347 ss.
Ph. Mieg, *La Réforme à Mulhouse, 1518–1598*, Strasbourg 1948.
Ph. Mieg, Bourgeois et manants à Mulhouse du XVIe au XVIIIe s., dans: *Bourgeoisie alsacienne. Etudes d'histoire sociale*, Strasbourg/Paris, 1954, p. 10 ss.
Ph. Mieg, Les causes et les origines de la Révolte des Fininger, dans: *BMHM* 53 (1955), p. 47 ss., et t. 54 (1956), p. 43 ss.
Ph. Mieg, L'influence pédagogique de Jean Henri Pestalozzi à Mulhouse, dans: *BMHM* 62 (1964), p. 104 ss.

Ph. Mieg, Les difficultés de Mulhouse à l'époque de son alliance avec Berne et Soleure, dans: *BMHM [= Bulletin du Musée historique de Mulhouse]* 63 (1965), p. 31 ss.; t. 64 (1966), p. 5 ss.; t. 65 (1967), p. 39 ss.; t. 66 (1968), p. 47 ss.; t. 67 (1969), p. 39 ss.

E. Miescher, *Zur Geschichte von Kirche und Gemeinde St. Leonhard zu Basel*, Basel 1913.

X. Mossmann, *Cartulaire de Mulhouse*, 6 tomes, Strasbourg 1884–1890.

R. Oberlé, Mulhouse et la Révocation de l'Edit de Nantes, dans: *Revue d'Alsace [= RA]* 88 (1948), p. 124 ss.

R. Oberlé, *L'enseignement à Mulhouse de 1798 à 1870*, Paris 1961.

R. Oberlé, *La République de Mulhouse pendant la guerre de Trente ans*, Paris 1965.

R. Oberlé, Les corporations et les débuts de l'industrialisation à Mulhouse, dans: *Artisans et ouvriers d'Alsace*, Strasbourg 1965, p. 369 ss.

R. Oberlé, Evolution des fortunes à Mulhouse et le financement de l'industrialisation au XVIIIe s., dans: *Bulletin de la Section d'Histoire Moderne et Contemporaine* fasc. 8 (1971), p. 85 ss.

R. Oberlé, *Mulhouse ou la genèse d'une ville*, Mulhouse 1985.

R. Oberlé, *Batailles d'Alsace du moyen âge à 1870*, t. 1, Strasbourg 1987.

R. Oberlé, Les symptomatiques troubles populaires à Mulhouse au milieu du XVIIIe siècle, dans: *RA* 106 (1989–1990), p. 275 ss.

R. Oberlé, A propos de la bibliothèque d'un juriste du XVIIIe siècle, dans: *RA* 119 (1993), p. 271 ss.

W. Oechsli, Orte und Zugewandte. Eine Studie zur Geschichte des schweizerischen Bundesrechts, dans: *Jahrbuch für Schweizerische Geschichte* 13 (1888), p. 1 ss.

H. C. Peyer, *Verfassungsgeschichte der alten Schweiz*, Zürich 1973.

W. Rappard, *Cinq siècles de sécurité collective (1291–1798)*, Paris 1945, p. 311 ss.

Jean Henri Reber, Mülhauser Geschichten vom Jahre 1720 à 1740, dans: *Le Vieux Mulhouse*, t. 2, 1897, p. 541 ss.

G. Rettig, Die Beziehungen Mülhausens zur schweizerischen Eidgenossenschaft bis zu den Burgunderkriegen, dans: *Archiv des historischen Vereins des Kantons Bern* 12 (1888), p. 168 ss.

E. Rott, *Histoire de la représentation diplomatique auprès des cantons suisses, de leurs alliés et de leurs confédérés*, t. 3/1, Lausanne 1906.

B. M. von Scarpatetti, *Die Kirche und das Augustiner-Chorherrenstift St. Leonhard von Basel*, Basel 1974.

D. Schilling, *Berner Chronik*, 4 vol., Bern 1964.

Ch. Schmidt, *Une conquête douanière, Mulhouse*, Mulhouse 1912.

N. Schreck, *La République de Mulhouse et l'Europe des Lumières*, Strasbourg 1993.

A. Stern, Le Club des patriotes suisses à Paris, 1790–1795, dans: *Revue historique* 39 (1889), p. 282.

A. Stoeber, Recherches biographiques et littéraires sur les étudiants mulhousiens immatriculés à l'Université de Bâle, dans: *BMHM* 4 (1879), Mulhouse, p. 32 ss.

A. Stoeber, Notice sur la Société pour la propagation du bon goût et des Belles Lettres à Mulhouse, dans: *BMHM* 7 (1882), p. 53 ss.

P. Stoeber, De la condition des manants à Mulhouse au XVIIIe s., dans: *BMHM* 8 (1883), p. 47 ss.

J. R. Suratteau, *Le département du Mont Terrible sous le régime du Directoire (1795–1800)*, Paris 1964.

J. R. Suratteau, Les cols des Alpes, rôle et importance pendant la Révolution française: la question du Simplon, dans: *Actes du Congrès de l'Association Interuniversitaire de l'Est*, Dijon 1975, p. 149 ss.

J. R. Suratteau et A. Bischoff, *Jean-François Reubell, l'Alsacien de la Révolution française*, Mulhouse 1995.

H. Sutter, *Basels Haltung gegenüber dem evangelischen und dem eidgenössischen Defensional*, Basel/Stuttgart 1958.

B. Tschachtlan, *Berner Chronik*, 1470, Zürich 1933.

L. G. Werner, Une révolte bourgeoise à Mulhouse en 1773, dans: *Bulletin de la Société Industrielle de Mulhouse [= BSIM]* 103 (1937), p. 113 ss.

L. G. Werner, Le 150e anniversaire de la Réunion de Mulhouse à la France, dans: *Mulhouse et le Sundgau. 1648 – 1798 – 1848*, Mulhouse 1948, p. 39 ss.

Ch. Windler, Schwörtag und Öffentlichkeit im ausgehenden Ancien Régime. Das Beispiel einer elsässischen Stadtrepublik, dans: *Revue Suisse d'Histoire* 46 (1996), p. 197 ss.

Mulhouse, les Habsbourg et les Confédérés de 1386 à 1515

Benoît Jordan

Lorsqu'en 1515, les bourgeois de Mulhouse, tout en se réclamant de l'Empire, s'allient aux Confédérés, on assiste à la fois à l'aboutissement d'un processus qui avait débuté plusieurs générations auparavant, à un succès des Confédérés contre leurs ennemis les Habsbourg (bien qu'alliés depuis peu), enfin à une marque de défiance de Mulhouse face à ces mêmes Habsbourg.[1]

La lutte entre les Habsbourg et les Confédérés remplit les XIVe et XVe siècles en Haute-Alsace. Les Habsbourg, implantés en Autriche depuis Rodolphe Ier et en Tyrol depuis 1363 avec Rodolphe IV, se détournent progressivement de leurs possessions rhénanes et argoviennes, subissant sans trop réagir les assauts des Confédérés menés par Berne et Uri. La prise de Lucerne, point de passage de la route entre le Rhin supérieur et le col du Saint-Gothard vers l'Italie, suscite cependant une réaction militaire du duc Léopold, réaction qui s'achève par le désastre de Sempach en 1386. Enhardis par ce succès, les Confédérés poursuivent leur politique, profitant de la mise au ban de l'Empire du duc Sigismond en 1415 pour attaquer et prendre les derniers points d'appui des Habsbourg en Argovie: les châteaux de Habsbourg et de Baden sont pris, pillés et détruits: c'en est désormais fini de la présence habsbourgeoise en Argovie. La Haute-Alsace se trouve alors en première ligne face aux Confédérés, c'est-à-dire face à une association poli-

---

1 L'ouvrage de Georges Livet et Raymond Oberlé (éd.), *Histoire de Mulhouse des origines à nos jours*, Strasbourg 1977, présente les péripéties de la ville. En prolongement: Raymond Oberlé, Mulhouse et la Confédération helvétique à la fin du XVIe et au début du XVIIe siècle, dans: *L'Alsace et la Suisse à travers les siècles*. Préface de Lucien Febvre (Publications de la Société savante d'Alsace et des régions de l'Est, t. 4), Strasbourg 1952, pp. 139–155. Avant lui Alfred Matzinger, Der Bund Mülhausens mit Basel, dans: *Basler Zeitschrift für Geschichte und Altertumskunde* 12 (1913), pp. 329–388. Surtout, une description très minutieuse des péripéties événementielles a été donnée par l'historien mulhousien Philippe Mieg, La politique de Mulhouse au temps des greffiers Gamsharst 1486–1529, dans: *Bulletin du Musée Historique de Mulhouse* 67 (1959), pp. 17–70 [1re partie]; 68 (1960), pp. 5–66 [2e partie]; 69 (1961), pp. 5–79 [3e partie]; 70 (1962), pp. 5–92 [4e partie]; 71 (1963), pp. 5–105 [5e partie].

tique et militaire qui nie à tout seigneur héréditaire le droit de la gouverner et d'y exercer une quelconque juridiction.

Le voyageur qui descend le cours du Rhin au début du XVe siècle ou qui franchit le Jura suisse ou le Hauenstein vers le nord et emprunte les chemins du Sundgau vers Ensisheim et Colmar ou vers Thann, arrive à Mulhouse, première ville impériale dans la plaine d'Alsace. Cette petite ville échappe à la domination des ducs d'Autriche, se réclamant de la protection royale acquise dans sa lutte contre l'évêque de Strasbourg au XIIIe siècle. Mulhouse est, en ce XVe siècle, une cité d'importance moyenne, mais suffisamment riche pour attirer les ordres mendiants: les Augustins, les Clarisses, les Dominicains y possèdent des couvents. A environ 20 kilomètres à la ronde, aucune agglomération ne peut prétendre lui faire concurrence: Landser est une bourgade bien que centre administratif d'un important bailliage, Altkirch, ville seigneuriale née du château des comtes de Ferrette et du prieuré Saint-Morand, reste modeste, Ensisheim n'est pas encore le chef-lieu de l'administration provinciale des ducs d'Autriche. Seule Thann, au croisement des routes de Belfort à Colmar et de la Lorraine via le col de Bussang vers le Rhin, fait figure de compétiteur. Rouffach et Colmar sont éloignées d'environ 40 kilomètres, soit d'une journée de voyage.

Mulhouse, derrière ses remparts, a pu résister aux assauts des troupes qui ont dévasté la région au XIVe siècle; elle accueille également les familles nobles du Sundgau qui y possèdent des demeures, de même que l'abbaye de Lucelle. Quant aux intérêts bâlois, ils marquent de leur empreinte la vie économique de la cité au même titre que l'ensemble de la Haute-Alsace. Une petite cité, donc, mais qui pèse économiquement, socialement, dans une région rurale où émergent quelques gros bourgs au milieu d'une floraison de villages.

Cette position de petite capitale manque cependant d'être fatale à Mulhouse. Elle exerce une certaine attraction sur les nobles vassaux de l'Autriche qui doivent gérer l'absence du duc. En effet, l'usage devient permanent dans la famille des Habsbourg de donner l'Autriche antérieure à la branche cadette, dont le représentant réside plus volontiers en Tyrol et à Innsbruck que sur les bords du Rhin. Or, ces nobles qui vivent loin de la cour ducale se voient également contester une place qu'ils semblent réclamer dans le gouvernement de la ville de Mulhouse dont les bourgeois ont obtenu en vertu d'un diplôme d'Adolphe de Nassau, en 1293, le droit de se gérer eux-mêmes sous la tutelle relativement lointaine du représentant du roi dans la région. Les nobles, en vertu de la nouvelle constitution adoptée en 1449, ne disposent plus d'aucun privilège, assimilés aux bourgeois non nobles et soumis aux mêmes obligations. Cette pression des nobles, écartée du pouvoir citadin, devient manifeste après 1461, alors que la crainte de se faire phagocyter pousse les bourgeois à s'allier avec les Confédérés. Le danger vient de l'engagement de la prévôté de la ville en novembre 1452 par l'empereur Frédéric III à Pierre et Conrad de Morimont, Pierre de Morimont étant par ailleurs un des hommes forts des possessions autrichiennes en Haute-Alsace. Pour échapper à un risque d'annexion aux possessions habsbourgeoises, Mulhouse rachète l'engagement de la prévôté en 1457, mais, depuis 1453, elle établit des rapports avec Bâle, Berne et Soleure.

La «guerre des six deniers» en 1466 marque une étape importante dans la montée de cette hostilité permanente entre la petite ville impériale et les nobles vassaux de la Maison d'Autriche.[2] Or, si Mulhouse adhère à la ligue des villes impériales d'Alsace, la Décapole dominée par Haguenau, Colmar, Sélestat, elle est isolée, de par son implantation au sud de la région, alors que les autres villes sont proches les unes des autres (Munster–Turckheim–Colmar–Kaysersberg; Colmar–Sélestat; Rosheim–Obernai; Haguenau–Wissembourg) et placées dans un contexte politique plus diversifié, sans hégémonie territoriale menaçante pour elles comme dans le Sundgau ou en Haute-Alsace; de plus, la Décapole délaisse pratiquement son alliée.[3]

Face au danger et étant donné le peu d'aide apporté par les villes impériales d'Alsace, Mulhouse s'allie à Soleure et à Berne, le 17 juin 1466. On pourrait s'étonner d'une alliance défensive avec des villes relativement éloignées. Mais l'éloignement a dû être compensé par l'activité importante développée par ces villes qui ont su tenir tête efficacement à l'archiduc et participer victorieusement aux batailles où la noblesse autrichienne a été battue. Pour Berne et Soleure, Mulhouse apparaît comme une tête de pont, bien située au centre des possessions habsbourgeoises. Par ailleurs, cette alliance n'est pas en contradiction avec la ligue des villes impériales d'Alsace, la Décapole, qui admet que ses membres participent à d'autres alliances à condition qu'elles ne soient pas contradictoires avec la Décapole.

L'alliance défensive joue dès les premières années: les nobles autrichiens se lancent dans une guérilla contre Mulhouse qui réagit tout aussi vivement que ses ennemis. En juin 1468, les armées confédérées entrent en Haute-Alsace et ravagent les domaines des nobles. L'alliance montre sa ter-

---

2 Xavier Mossmann, *La guerre des Six Deniers (Sechs Plappertkrieg) à Mulhouse*, Strasbourg 1868.
3 Lucien Sittler, *La décapole alsacienne des origines à la fin du Moyen Age* (Publications de l'Institut des Hautes Etudes Alsaciennes, t. 12), Strasbourg/Paris 1955.

rible efficacité, mais, une fois les armées parties, Mulhouse se retrouve seule peu de temps car l'archiduc Sigismond engage ses domaines au duc de Bourgogne, Charles le Téméraire.

L'épisode bourguignon accentue la rupture entre Mulhouse et les archiducs: certes les Alsaciens n'aiment guère Sigismond, qui en voulait à son cousin Frédéric III d'avoir laissé les Armagnacs vivre sur ses territoires en 1444; certes Pierre de Hagenbach agit brutalement et y laisse sa tête, condamné par les villes en 1474 à Brisach; certes, la crainte de vivre sous l'emprise bourguignonne et de subir la vengeance du Téméraire pousse Mulhouse à adhérer à la Ligue contre le duc de Bourgogne, battu par ces mêmes Confédérés. L'archiduc est donc apparu comme incapable de maintenir l'ordre; sa noblesse s'est en partie donnée au Bourguignon, finalement battu en janvier 1477.

Mais ce déficit politique des archiducs et de leurs fidèles ne signifie pas la disparition de la présence habsbourgeoise et de sa noblesse vis-à-vis de Mulhouse: les archiducs restent propriétaires de territoires importants entourant Mulhouse, les donnant en fief ou les engageant aux familles nobles, et par là-même ceinturant Mulhouse de nobles possédant châteaux, serfs, hommes de troupe et élevant des revendications constantes à l'encontre de la ville. Cette situation conflictuelle naît évidemment de problèmes de voisinage portant sur le bois dans la Hardt, les limites, la gestion des eaux courantes, notamment du Quatelbach, les marchés, la juridiction. Quant à la politique extérieure de Mulhouse, elle ne peut que renforcer cette hostilité: en 1479, la ville laisse ou accepte que les troupes recrutées par le roi de France se rassemblent à Mulhouse, alors que l'archiduc est en conflit avec Louis XI.[4] Ce problème reste pendant: quelques années plus tard, lorsque le Habsbourg et le Valois s'affrontent en Italie, le roi de France recrute des mercenaires auprès des Confédérés. En 1496, le roi des Romains reproche à la ville de laisser certains de ses hommes entrer au service du roi de France. Il demande donc aux autorités de la cité de faire en sorte que cela ne se reproduise plus.[5]

Or, on assiste à un «effet de domino»: Soleure conclut en 1481 une alliance perpétuelle avec les huit cantons. Le bourgmestre et le conseil de Mulhouse sont aussitôt informés de l'affaire par le greffier de Soleure, Hans vom Stall (lequel avait négocié l'alliance de 1466), qui assure la ville de son

---

4 *Cartulaire de Mulhouse*, édité par Xavier Mossmann, 6 volumes, Strasbourg/Colmar 1883–1890, t. IV, n° 1819, p. 247.
5 *Cartulaire de Mulhouse*, t. IV, n° 1909, p. 372.

soutien et préconise à mots couverts la prolongation de cette alliance en faveur de Mulhouse.[6] En 1483, le même Hans vom Stall adresse des instructions au greffier de Mulhouse sur le discours à tenir devant les députés confédérés réunis à Lucerne. On y relève notamment la demande mulhousienne de se joindre à une ambassade envoyée par les Confédérés auprès du roi de France. L'intérêt d'une telle démarche apparaît clairement: la ville se dit affaiblie financièrement, alors que le roi verse des pensions à ses alliés helvétiques. On comprend que les édiles mulhousiens aient cherché à percevoir une partie de cette manne, alors que, dans le même temps, la Décapole et l'Empire demandent des aides et des contingents militaires de plus en plus lourds.[7] Les Confédérés s'engagent à soutenir la demande de pension des Mulhousiens, à vrai dire une démarche qui ne leur coûtait pas cher[8] et qui pouvait leur rapporter, car Mulhouse est leur débitrice.

Mais cette alliance conclue avec Berne et Soleure s'achève en 1491. Les deux villes ne souhaitaient pas la prolonger, ni leurs alliés confédérés qui préfèrent ménager l'adversaire potentiel que représente le nouvel homme fort de la région, Maximilien d'Autriche.

Car une nouvelle étape est franchie lorsque l'archiduc Sigismond est écarté du pouvoir en 1487 au profit de son cousin Maximilien, l'espoir et l'avenir de la dynastie. Celui-ci, entreprenant, combatif (on l'a vu à l'œuvre quand il s'est agi de défendre les droits de sa femme Marie de Bourgogne), rêvant de reconstituer le duché de Souabe et d'Alsace, vient à Mulhouse en 1498, le 9 septembre. Le roi des Romains souhaite unifier la Haute-Alsace sous son autorité, annulant l'enclave politique que représente la cité impériale; pour convaincre les bourgeois, il leur fait des promesses.[9] La ville ne peut plus guère compter que sur les alliés traditionnels de la Décapole et de l'électeur Philippe, alors en possession de la *Landvogtei* sur les villes impériales d'Alsace. Tirant les conclusions de cette situation où elle se retrouve isolée à nouveau, Mulhouse adhère à la Basse Ligue lors de son renouvellement en août 1493.[10]

A cette date, les méthodes utilisées naguère sont abandonnées: la force cède la place à la persuasion et à la diplomatie. Le visage politique de

---

6 *Cartulaire de Mulhouse*, t. IV, n° 1843, p. 305.
7 *Cartulaire de Mulhouse*, t. IV, n° 1858, pp. 319–321; no. 1861, p. 323 ss.
8 *Cartulaire de Mulhouse*, t. IV, n° 1864, p. 326.
9 Raymond Oberlé, *La République de Mulhouse pendant la Guerre de Trente Ans* (Publications de la Faculté des Lettres de Strasbourg/Collection de l'Institut des Hautes Etudes Alsaciennes, t. 20), Paris 1965.
10 *Urkundenbuch der Stadt Basel*, 11 volumes, Basel 1890–1910, t. IX, n° 153, p. 139.

l'Autriche antérieure a alors changé: autour du représentant de l'archiduc, le *Landvogt*, évolue une administration, encore perfectible, mais stable, installée à Ensisheim, dotée d'un greffe, de relais locaux, et où se rendent les représentants des maisons religieuses, de la noblesse organisée en corps, de la *Landschaft*, en somme un embryon d'Etat moderne, sous l'autorité du prince. Les velléités de la noblesse guerrière sont relayées par la diplomatie et les discussions d'égal à égal, dans un cadre diplomatique apaisé. Le Habsbourg et ses nobles respectent la ville qui est en droit protégée par son statut de ville royale et de ville membre de la Décapole. La Guerre souabe qui voit une fois encore les Confédérés vainqueurs de l'archiduc, capables de submerger la Haute-Alsace en quelques semaines durant l'été 1499, survient en écho aux événements de 1466; le pays est livré à ses ennemis. Les villes de la Décapole et la Basse Ligue se limitent à une démonstration gesticulatoire, sans envergure ni prolongement pratique. Encore une fois, la démonstration est faite que l'efficacité et la volonté résident du côté des Confédérés. Maximilien tire les conclusions qui s'imposent: le Traité de Bâle du 22 septembre 1499 «établit une frontière solide entre deux grandes puissances et fait de l'Autriche rhénane un glacis militaire»[11]. Quelle sera la place de Mulhouse dans cette nouvelle donnée géographique et politique?

C'est dans ce contexte où les volontés ne sont certes pas affaiblies qu'en mai 1502, le baron Gaspard de Morimont fait des propositions d'alliances aux bourgeois.[12] Que propose le Habsbourg?

La ville accepterait l'archiduc et ses successeurs comme protecteurs perpétuels, mais les droits de l'Empire, c'est-à-dire son statut de ville impériale et les obligations qui en découlent, seraient maintenus. En contrepartie de cette protection, Mulhouse devrait s'unir aux possessions héréditaires des Habsbourg et participer aux aides fournies par les Etats provinciaux, elle ne pourrait plus conclure d'alliance avec d'autres Etats, notamment Bâle et devrait ouvrir ses portes à l'archiduc. Enfin, le conseil de la ville percevrait une pension payée sur les finances ducales. En somme, il s'agit pour la ville de renoncer à l'indépendance diplomatique, à augmenter ses ressources, et à vivre en paix avec ses voisins immédiats. Mais la ville romprait également avec la politique menée depuis plus de quarante ans. La ville est soumise à

---

11 Georges Bischoff, *Gouvernés et gouvernants en Haute-Alsace à l'époque autrichienne. Les états des pays antérieurs des origines au milieu du XVIe siècle*, Strasbourg 1982, p. 105. Cette thèse constitue le meilleur exposé de l'histoire des possessions autrichiennes sur le Rhin aux XIVe–XVIe siècles.
12 *Cartulaire de Mulhouse*, t. IV, n° 1927, p. 393 ss.

une pression forte de la part du Habsbourg, qui dès le 24 juin 1502, écrit à son tour au conseil de la ville pour soutenir la démarche du baron de Morimont: la ville devait se prononcer à la diète provinciale.[13] La réponse de la ville ne nous est pas conservée; mais elle fut négative. La ville craindra même un coup de force de la part du roi des Romains qui annonce sa venue l'année suivante. Les bourgeois demandent, dans leur méfiance (naïveté ou roublardise?), au grand-bailli de la Décapole, Philippe l'Ingénu, comte palatin du Rhin, s'ils peuvent refuser l'entrée de la ville au souverain![14]

Les propositions de Maximilien sont renouvelées en avril 1504, l'archiduc demandant à la ville de lui envoyer deux députés pour régler l'affaire.[15] Mais la position de la ville ne change pas: Mulhouse refuse ces propositions de rapprochement et, en 1506, franchit le pas: elle s'allie à Bâle. C'est à une véritable complicité que Bâle convie Mulhouse, comme en 1507, lorsque le conseil de Bâle invite ceux de Mulhouse à venir dans leur cité en avance sur l'heure de la diète regroupant les Confédérés, afin de se mettre d'accord sur le discours à tenir en commun. Il s'agit, lors de cette diète, de discuter des griefs des Confédérés avec la Régence d'Ensisheim.[16]

Ces griefs nous sont connus par la liste qui en est dressée à cette occasion: insultes, mépris affiché par les nobles autrichiens, dénis de justice et attentats à l'encontre des bourgeois de Mulhouse.[17] Ces attentats ne se bornent pas à des coups, mais vont jusqu'à mort d'homme: Hans von Haus, vassal pour le château de Pfastatt, a noyé le père du bourgmestre.[18]

La sentence arbitrale prononcée par des conseillers de Berne, de Lucerne et de Soleure est un véritable appel à l'apaisement qui est lancé, les arbitres demandant aux parties d'oublier les rancœurs et les sujets de plainte.[19]

Mais revenons sur une des injures proférées par les Autrichiens, un cri révélateur: «Vous autres de Mulhouse, c'est par gueuserie que vous êtes devenus Suisses, et cependant vous ne pouvez pas converser avec eux: vous êtes du Kochersberg [région au nord-ouest de Strasbourg]. Du jour au lendemain, vous lâcherez les Confédérés de même que vous avez lâché le

---

13 *Cartulaire de Mulhouse*, t. IV, n° 1929, p. 397 ss.
14 *Cartulaire de Mulhouse*, t. IV, n° 1930–1931, pp. 398–400.
15 *Cartulaire de Mulhouse*, t. IV, n° 1934, p. 401 ss.
16 *Cartulaire de Mulhouse*, t. IV, n° 1973, p. 455.
17 *Cartulaire de Mulhouse*, t. IV, n° 1971, pp. 451–454.
18 *Cartulaire de Mulhouse*, t. IV, n° 1974, pp. 456–459.
19 *Cartulaire de Mulhouse*, t. IV, n° 1975, pp. 459–463.

roi.»[20] Ici apparaît un des sentiments essentiels qui dresse une partie contre l'autre: le sentiment d'une fidélité blessée. Car l'opposant à Mulhouse montre bien que rien *a priori* ne rapproche les Mulhousiens des Confédérés, et surtout pas la langue. Par ailleurs, les Mulhousiens seraient des «traîtres» à la cause royale. Ce reproche peut se comprendre: en effet les Confédérés nient toute supériorité du roi des Romains sur eux-mêmes, prétendant se gérer indépendamment, chose inouïe pour des vassaux autrichiens.

En tout cas, la vie quotidienne devait sembler bien difficile aux Mulhousiens qui risquaient leur sécurité en quittant le ban de la ville et dont les affaires avec l'arrière-pays souffraient.[21]

Bâle, en ce début du XVIe siècle, est la capitale virtuelle (selon le mot de Lucien Febvre) de la Haute-Alsace, ville qui rayonne de Constance à Strasbourg et à Besançon, et qui a su se débarrasser de la tutelle de son évêque et écarter les tentatives anciennes des Habsbourg pour la dominer. Une république aux fortes traditions oligarchiques, indépendante de tout pouvoir, économiquement forte qui, en 1501, s'allie avec les Confédérés: assurément un exemple pour Mulhouse!

Or, l'alliance avec Bâle et avec certains cantons porte ses fruits, d'abord dans le domaine financier: en janvier 1509, le conseil de Mulhouse peut annoncer au trésorier de l'Empire que, sur la demande des Confédérés, Maximilien a tenu la ville quitte de toutes les réclamations du Trésor impérial.[22] De même, les députés confédérés réunis à Lucerne assurent que la ville ne sera pas oubliée lors des tractations à venir avec le roi de France.[23]

Mais cette période d'observation et de manœuvres d'approches autrichienne prend fin en juillet 1511, lorsque l'empereur Maximilien Ier et les cantons concluent une paix perpétuelle. Maximilien a besoin d'assurer de bonnes relations avec les Confédérés afin de mener la guerre en Italie contre le roi de France. Mulhouse, alliée à Bâle, se trouve donc impliquée dans ce contrat, notamment quant aux aspects pratiques de cette alliance.[24] Se pose alors le problème de l'appartenance de Mulhouse à la Décapole: les deux alliances, répétons-le, avec les villes impériales d'Alsace d'une part, et

---

20 *Cartulaire de Mulhouse*, t. IV, n° 1971, pp. 451–454.
21 Ainsi en 1511, un bourgeois contre un charbonnier de Wittelsheim, l'affaire étant portée devant une juridiction seigneuriale au mépris du droit *de non evocando* dont jouissent les bourgeois de la ville, cf. *Cartulaire de Mulhouse*, t. IV, n° 1982, pp. 469–471.
22 *Cartulaire de Mulhouse*, t. IV, n° 1979–1980, pp. 466–468.
23 *Cartulaire de Mulhouse*, t. IV, n° 1981, p. 468.
24 *Cartulaire de Mulhouse*, t. IV, n° 1983, p. 471.

avec Bâle, Soleure et Berne, d'autre part, ne sont pas antinomiques. Mais les charges subsistent, en argent et en hommes.

L'aspect militaire du problème amène Mulhouse à s'aligner sur la position des Confédérés: par ce biais, la population s'habitue à voir combattre les siens à leurs côtés, quel que soit l'ennemi, le roi de France après 1511. Les Mulhousiens seront donc présents en 1512 à Pavie, en 1513, à Novare. En août 1513, 60 hommes quittent la ville pour rejoindre l'armée des Confédérés qui partent en Franche-Comté, toujours contre le roi de France.[25]

Mais de l'alliance décapolitaine naît un nouveau danger quand Maximilien confisque au comte palatin du Rhin la *Landvogtei* de Haguenau, c'est-à-dire l'office de protection des villes impériales d'Alsace en 1505. Les vieux démons de phagocytage de la petite ville par le Habsbourg ont dû réapparaître, le Habsbourg étant désormais voisin immédiat, titulaire de la couronne impériale, protecteur direct des villes impériales en tant que *Landvogt* de Haguenau. La ville doit se soumettre et accepter de reconnaître l'*Unterlandvogt* nommé par Maximilien, Jean-Jacques de Morimont-Belfort, en juillet 1512.[26]

Mais le processus de rapprochement entre Mulhouse et les cantons suisses s'accélère: nul doute qu'à l'occasion du voyage qu'il fait à Rome en octobre 1512–février 1513, le greffier de Mulhouse Jean-Oswald Gamsharst a pu nouer des liens personnels et renforcer les liens diplomatiques avec les autres députés confédérés. La petite ville impériale alsacienne est également reconnue sur le plan diplomatique par le roi de France et par le pape, comme une alliée des cantons.[27] Cette alliance comporte cependant quelques limites: les cantons refusent de partager les sommes provenant de l'expédition de Milan avec les alliés, tout en sollicitant ces derniers avec de nouveaux contingents.[28] Mais cela n'empêche pas la ville de manifester un intérêt marqué pour les affaires internes aux cantons, proposant ses services dans la répression de la révolte des campagnes bernoises.[29] En retour, la ville de Bâle soutient son alliée dans une affaire contre l'évêque de Bâle, suite à un attentat commis contre le curé de Spechbach-le-Bas par des mercenaires mulhousiens.[30] Fait remarquable, le curé avait tenu des propos très antipathiques à l'égard des Mulhousiens et des Confédérés, en écho aux

25 *Cartulaire de Mulhouse*, t. IV, n° 2005, pp. 503–505.
26 *Cartulaire de Mulhouse*, t. IV, n° 1986, p. 473.
27 *Cartulaire de Mulhouse*, t. IV, n° 1995, p. 487 ss.
28 *Cartulaire de Mulhouse*, t. IV, n° 1998, 27 avril 1513, p. 497 ss.
29 *Cartulaire de Mulhouse*, t. IV, n° 2004, juillet 1513, p. 501 ss.
30 *Cartulaire de Mulhouse*, t. IV, n° 2007 ss., automne 1513, pp. 506–524.

propos tenus par un vassal autrichien en 1507.[31] Décidemment, Mulhouse n'était pas appréciée par les habitants des campagnes environnantes...

Le 19 janvier 1515, Mulhouse se détache de la Décapole alsacienne et, à l'image de Bâle quatorze ans plus tôt, se lie étroitement aux Confédérés: un pacte est signé entre les XIII cantons et la petite république de Haute-Alsace.[32] Cette alliance préserve néanmoins le statut de ville impériale de Mulhouse, mais contient un dispositif essentiel: Mulhouse ne conclura plus d'alliance sans l'assentiment des Confédérés. Ce point est central, puisque les principaux problèmes de la ville viennent de ses relations avec ses voisins autrichiens. Par cette clause, Mulhouse obtient la garantie d'un appui diplomatique et militaire des cantons tout en liant sa politique extérieure à la leur, autrement plus puissante. En somme, l'Empire – et son titulaire le Habsbourg – sont tout simplement mis hors-jeu.

Ainsi, deux périodes se distinguent dans cette longue marche de deux génération qui conduit Mulhouse vers l'alliance avec les Confédérés: d'abord, Mulhouse en but à la noblesse autrichienne, qui profite en fait de l'absence d'un gouvernement ducal fort: les ducs sont loin, résident surtout en Tyrol après 1420. De plus, Sigismond adopte des positions politiques qui augmentent l'insécurité. Avec l'avènement de Maximilien Ier, éclôt une nouvelle période, où l'insécurité recule: Maximilien met en place un gouvernement local à Ensisheim, gage de paix et de bonne administration. Mais en même temps, sa conception du pouvoir menace directement Mulhouse qui profite des conditions diplomatiques, militaires et financières que lui offrent Soleure, Berne, puis Bâle, enfin les Confédérés.

L'alliance de 1515 constitue ainsi un aboutissement et un espoir. Il est évident que face à la faiblesse de la Décapole, à l'environnement immédiat, aux menaces et aux sollicitations de Maximilien, si Mulhouse voulait se garantir, il n'y a au début du XVIe siècle guère que les Confédérés.

Dès 1515 se présente pour Mulhouse une occasion (qui n'est pas nouvelle cependant) de concrétiser dans les faits l'alliance qu'elle vient de conclure: un contingent commandé par le bourgmestre Jordan participe à la bataille de Marignan où les Confédérés sont battus à plate couture par le jeune roi de France François Ier et où des Mulhousiens trouvent la mort. Ainsi, afin d'échapper à une menace extérieure, Mulhouse avait adhéré au XIVe siècle à une structure – la Décapole – qui s'est passablement assoupie après la disparition du danger bourguignon. Cette défection de ses anciens

---

31 *Cartulaire de Mulhouse*, t. IV, n° 1971, pp. 451–454.
32 *Cartulaire de Mulhouse*, t. IV, n° 2038, pp. 538–543.

alliés porte la ville à prendre part à des combinaisons politiques qui l'entraînent loin de ses préoccupations traditionnelles: les Mulhousiens se tournent vers l'Italie, le mercenariat et l'alliance avec la Couronne de France... La cité alsacienne connaît ainsi un destin particulier qui n'a assurément pas peu contribué à forger une identité particulière qui reste un trait caractéristique de ses citoyens après le rattachement de la petite république à la France.

Bibliographie

Georges Bischoff, *Gouvernés et gouvernants en Haute-Alsace à l'époque autrichienne. Les états des pays antérieurs des origines au milieu du XVIe siècle*, Strasbourg 1982.
Cartulaire de Mulhouse, édité par Xavier Mossmann, 6 volumes, Strasbourg/Colmar 1883–1890.
Georges Livet et Raymond Oberlé (éd.), *Histoire de Mulhouse des origines à nos jours*, Strasbourg 1977.
Alfred Matzinger, Der Bund Mülhausens mit Basel, dans: *Basler Zeitschrift für Geschichte und Altertumskunde* 12 (1913), pp. 329–388.
Philippe Mieg, La politique de Mulhouse au temps des greffiers Gamsharst 1486–1529, dans: *Bulletin du Musée Historique de Mulhouse* 67 (1959), pp. 17–70 [1re partie]; 68 (1960), pp. 5–66 [2e partie]; 69 (1961), pp. 5–79 [3e partie]; 70 (1962), pp. 5–92 [4e partie]; 71 (1963), pp. 5–105 [5e partie].
Xavier Mossmann, *La guerre des Six Deniers (Sechs Plappertkrieg) à Mulhouse*, Strasbourg 1868.
Raymond Oberlé, Mulhouse et la Confédération helvétique à la fin du XVIe et au début du XVIIe siècle, dans: *L'Alsace et la Suisse à travers les siècles*. Préface de Lucien Febvre (Publications de la Société savante d'Alsace et des regions de l'Est, t. 4), Strasbourg 1952, pp. 139–155.
Raymond Oberlé, *La République de Mulhouse pendant la Guerre de Trente Ans* (Publications de la Faculté des Lettres de Strasbourg / Collection de l'Institut des Hautes Etudes Alsaciennes, t. 20), Paris 1965.
Lucien Sittler, *La décapole alsacienne des origines à la fin du Moyen Age* (Publications de l'Institut des Hautes Etudes Alsaciennes, t. 12), Strasbourg/Paris 1955.
Urkundenbuch der Stadt Basel, 11 volumes, Basel 1890–1910.

Grenzziehungen und Grenzgänger

Schimpfen und Schirmen:
Mülhausen, Basel und die Eidgenossen 1505–1515

Claudius Sieber-Lehmann

Die Ausgangslage

Die Geschichte des «eidgenössischen Grenzfalls» Mülhausen und der heutigen Grenzstadt Basel an der Wende vom 15. zum 16. Jahrhundert bietet sich für einen Vergleich an, wobei das *tertium comparationis* auf dem Verhältnis der beiden Gemeinwesen zur Eidgenossenschaft beruht. Die folgenden Ausführungen konzentrieren sich allerdings auf Mülhausen, während Gemeinsamkeiten und Unterschiede zur Geschichte Basels nur dann erwähnt werden, wenn sie die Situation der Stadt an der Ill verdeutlichen können.[1] Die Artikel von Raymond Oberlé und Benoît Jordan im vorliegenden Band schildern, wie Mülhausen angesichts der wechselnden Mächtekonstellationen am Oberrhein seinen politischen Handlungsspielraum zu behaupten versuchte. In Ergänzung zu diesen Texten, welche sich an Herrschaftszentren und deren Politik orientieren, behandelt der vorliegende Beitrag die Vorgänge des Einschliessens und Ausgrenzens, welche im Rahmen von Alltagskonflikten – Drohgebärden, Machtdemonstrationen, Beschimpfungen und Ehrhändel – die politischen Entscheidungen Mülhausens vorwegnahmen, aushandelten oder widerspiegelten.[2] Dabei geht es um Mikroereignisse, die vorführen, wie durch wechselseitige, innerhalb eines Konflikts getroffene Zuschreibungen die jeweiligen Zugehörigkeiten wahrgenommen und festgelegt wurden. Gerade Verunglimpfungen verraten nämlich sehr viel über die gängigen Vorstellungen einer Gesellschaft, denn jede Schmähung ist paradoxerweise auf eine Verständigungsbasis der Kommunikationspartner unbedingt angewiesen: Eine Beschimpfung, die nicht

---

1 Der vorliegende Artikel entstand im Rahmen eines Projektes, das vom *Schweizerischen Nationalfonds* finanziert wird und den Arbeitstitel «Das eidgenössische Basel zu Beginn des 16. Jahrhunderts. Eine Fallstudie zur Konstruktion von herrschaftlich-politischen Grenzen im Spätmittelalter» trägt.
2 Dieses Vorgehen orientiert sich methodisch am Interaktionismus und seinem Rollenbegriff. Vgl. dazu die Übersicht bei Gerd Reinhold, Siegfried Lamnek und Helga Recker, *Soziologie-Lexikon*, München/Wien 1991, S. 490ff., wo das Wechselspiel zwischen Rollenübernahme und Rollenkonstruktion besprochen wird.

verstanden wird, ist sinnlos.³ Im Akt des Schmähens vollzieht sich überdies eine Zuordnung samt impliziter Abgrenzung: «Du bist ein Eidgenosse, während ich selber ein reichstreuer Österreicher bin.» Die überlieferten Aussagen zeigen deshalb, welche Auto- und Heterostereotype mit den politischen Mächten – Reichsstädte, Vorderösterreich und Eidgenossenschaft – verbunden waren, und sie verdeutlichen, wie Vorgänge der politischen Geschichte in den damaligen Alltag eingebettet waren.

Sowohl Basel als auch Mülhausen verfügten – im Gegensatz zu Städten unter fürstlicher Herrschaft wie Freiburg im Breisgau – über einen politischen Handlungsspielraum, der sich aus ihrer privilegierten Stellung innerhalb des Reichsverbandes ergab: Basel gehörte zu den «Freien Städten» unter bischöflicher Herrschaft, Mülhausen zu den Reichsstädten.⁴ Beide besassen ein vergleichsweise kleines Territorium. Basel erwarb sein Untertanengebiet sehr spät und vor allem aus dem Bedürfnis heraus, die Pässe über den Jura zu kontrollieren⁵; Mülhausen beherrschte nur den städtischen Nahbereich und war ansonsten von den vorderösterreichischen Herrschaftsgebieten umschlossen.⁶ Damit sahen sich sowohl Mülhausen als auch Basel mit dem für spätmittelalterliche Städte typischen Problem der unsicheren Nahrungsmittelversorgung konfrontiert.⁷ Zu dieser wirtschaftlichen

---

3 Zum «kommunikativen» Aspekt von Beleidigungen vgl. Peter Burke, Beleidigung und Gotteslästerung im frühneuzeitlichen Italien, in: ders., *Städtische Kultur in Italien zwischen Hochrenaissance und Barock. Eine historische Anthropologie*, Berlin 1986, S. 96–110. S. 97: «Definieren wir eine Beleidigung als einen Akt der Kommunikation, der gegen ein anderes Individuum, gegen eine Gruppe oder eine Institution gerichtet ist.» Eine wachsende Zahl von neueren Arbeiten widmet sich dem Thema «Beleidigungen und Schmähungen», vgl. beispielsweise Michael Toch, Schimpfwörter im Dorf des Spätmittelalters, in: *Mitteilungen des Instituts für österreichische Geschichtsforschung* 101 (1993), S. 311–327.
4 Die Differenzierung zwischen «Freien Städten» und den sogenannten «Reichsstädten» verschwindet im Verlauf des 15. Jahrhunderts. Vgl. dazu und zur Unschärfe des Begriffs «Reichsstadt» Peter Moraw, Zur Verfassungsposition der Freien Städte zwischen König und Reich, bes. im 15. Jahrhundert, in: *Res publica. Bürgerschaft in Stadt und Staat. Tagung der Vereinigung für Verfassungsgeschichte in Hofgeismair, 30./31.März 1987* (= *Der Staat*, Beiheft 8), Berlin 1988, S. 11–66.
5 Zur Herrschaft Basels über seine ländlichen Untertanen vgl. jetzt Niklaus Landolt, *Untertanenrevolten und Widerstand auf der Basler Landschaft im 16. und 17. Jahrhundert* (Quellen und Forschungen zur Geschichte und Landeskunde des Kantons Basel-Landschaft, Bd. 56), Liestal 1996, S. 11–151, mit weiterführender Literatur.
6 Vgl. dazu die Karte der vorderösterreichischen Herrschaftsgebiete in François J. Himly, *Atlas des villes médiévales d'Alsace*, Nancy 1970.
7 Wie empfindlich Basel auf das Sperren der Getreidezufuhr aus dem Sundgau reagierte, zeigt sich bereits während der Burgunderkriege. Vgl. dazu Claudius Sieber-Leh-

Gefährdung gesellte sich die militärische Schwäche, wie die Armagnakenkriege der 1440er Jahre zum ersten Mal zeigten: Gegenüber einer zu allem bereiten Söldnerbande waren die Städte weitgehend machtlos und konnten sich im besten Falle von einer derartigen Bedrohung loskaufen. Sobald sie aber gezwungen waren, einen Kriegszug zu finanzieren, geriet die urbane Wirtschaft wegen der hohen Kosten aus den Fugen, und die Erhebung von zusätzlichen Steuern, welche Revolten auslösten, bedrohte das städtische Regiment.[8] Im Falle Basels waren zwar die städtischen Finanzen relativ ausgeglichen[9], Mülhausen hingegen bewegte sich von 1460 bis gegen Ende des 15. Jahrhunderts am Rande des Bankrotts.

Beide Gemeinwesen versuchten diesen Unsicherheiten und Gefährdungen zu begegnen, indem sie sich gleichzeitig an mehreren Schutz- und Bündnissystemen beteiligten, zumal ein dominierendes Fürstenhaus in Südwestdeutschland fehlte.[10] So legten sowohl Basel als auch Mülhausen viel Wert auf ihre Zugehörigkeit zum Reich, auch wenn die Einbindung ins «Heilige Römische Reich» immer weniger den erhofften Schutz brachte. Für die Stadt am Rheinknie bildete das jeweilige Reichsoberhaupt ein Gegengewicht zum bischöflichen Stadtherrn, im Falle der Stadt an der Ill halfen die Wittelsbacher, welche die Reichslandvogtei und die ihr unterstehenden Reichsstädte von Hagenau aus verwalteten, dem habsburgischen Druck entgegenzuwirken.[11] Von 1474 bis 1484 und von 1493 bis 1508 (faktisch aber bloss bis 1501) beteiligte sich Basel zudem an der «Niederen Vereinigung»[12], während Mülhausen so lange Mitglied der elsässischen Dekapolis

---

mann, *Spätmittelalterlicher Nationalismus. Die Burgunderkriege am Oberrhein und in der Eidgenossenschaft* (Veröffentlichungen des Max-Planck-Instituts für Geschichte Nr. 116), Göttingen 1995, S. 58.

8 So zu beobachten im Falle Strassburgs und Basels während der Burgunderkriege (Sieber-Lehmann, *Spätmittelalterlicher Nationalismus*, S. 335).

9 Zum städtischen Finanzhaushalt vgl. Josef Rosen, *Finanzgeschichte Basels im späten Mittelalter, Gesammelte Beiträge 1971–1987*, mit einem Vorwort von Walter L. J. Rosen, Stuttgart 1989.

10 Zum Flickenteppich der Herrschaftsgebiete am Oberrhein vgl. jetzt die Darstellung bei Tom Scott, *Regional Identity and Economic Change. The Upper Rhine, 1450–1600*, Oxford 1997, S. 41–69.

11 Vgl. dazu Philippe Mieg, La politique de Mulhouse au temps des deux greffiers Gamsharst (1486–1529), in: *Bulletin du Musée Historique de Mulhouse* 67 (1959), S. 17–70 [Teil 1]; 68 (1960), S. 5–66 [Teil 2]; 69 (1961), S. 5–79 [Teil 3]; 70 (1962), S. 5–92 [Teil 4]; 71 (1963), S. 5–105 [Teil 5].

12 Albert W. Matzinger, *Zur Geschichte der niederen Vereinigung*, Zürich 1910.

war, bis es sich 1506 mit Basel verband.[13] Keine der beiden Städte suchte einen Anschluss an den von den Habsburgern kontrollierten Schwäbischen Bund; hingegen knüpften beide Kontakte zu den Eidgenossen.

Engere Verbindungen mit der *magna liga superioris Alamaniae*, dem offiziellen lateinischen Namen der Eidgenossenschaft, entstanden zum ersten Mal in der Notzeit der Armagnakenkriege. Von diesem Zeitpunkt an näherten sich beide Städte der Eidgenossenschaft an, allerdings gleichsam mit verschiedener Schrittlänge und dementsprechender zeitlicher Verschiebung. 1466 verbündete sich Mülhausen für 25 Jahre mit Bern und Solothurn, welche im Sundgauerzug von 1468 der bedrängten Stadt zu Hilfe eilten; von den Burgunderkriegen hielt sich Mülhausen aber fern. Dagegen schloss Basel als Mitglied der Niederen Vereinigung 1474 ein zehnjähriges Bündnis mit den Eidgenossen und kämpfte gegen Karl den Kühnen. Diese Allianzen wurden in den 1490er Jahren aber nicht erneuert. Erst der Schwaben-/Schweizerkrieg von 1499 brachte eine Wende. Basel, das eine neutrale Stellung zu wahren versucht hatte, sah sich ausserstande, dem Kleinkrieg Stirn zu bieten, und schloss 1501 ein ewiges Bündnis mit den eidgenössischen Orten. Mülhausen, das nun von Habsburg heftig umworben, wenn nicht gar bedrängt wurde, verbündete sich am 5. Juni 1506 mit Basel; 1515 traten schliesslich «burgermeister, rät, die zunfftmeister und gantze gmeind gemeinlich zů Múlhuszen» als «ewig eidgnoszen» dem Bündnisgeflecht der dreizehn Orte bei.[14]

Die ältere Forschung deutete die Hinwendung der beiden Städte zur Eidgenossenschaft mit deren Bedürfnis nach «Schutz und Schirm», vor allem in militärischer Hinsicht. Das Wortpaar, welches seit den Forschungen von Otto Brunner häufig angeführt wird, um die Verpflichtungen der Herren gegenüber ihren Untertanen zu verdeutlichen, besitzt allerdings einen doppeldeutigen Charakter und kann nicht einseitig positiv bewertet werden, wie eine neuere Untersuchung nachweist. Gleich wie das englische *protection* bedeutet der Ausdruck «Schutz» nicht nur Schutz als Fürsorge, sondern Schutz auch als Androhung von Gewaltausübung, als gewalttätige Erpressung, wie die Verwendung im deutschen Wort «Schutzgeld» zeigt. Vor diesem Hintergrund verliert das Reden von «Schutz und Schirm» seine

---

13 Lucien Sittler, *La décapole alsacienne des origines à la fin du Moyen Age* (Publications de l'Institut des Hautes Etudes Alsaciennes XII), Strasbourg/Paris 1955.
14 Vgl. den Text des Bündnisses vom 19. Januar 1515 in Xavier Mossmann, *Cartulaire de Mulhouse*, 6 volumes, Strasbourg/Colmar 1883–1890, Bd. 4, Nr. 2038, S. 538–543.

Unschuld: Die Herren bieten den Bauern vor allem Schutz vor der eigenen gewalttätigen Herrschaftsausübung an.[15]

Das gleiche Doppelgesicht von «Schutz» zeigt sich auch im Falle der Eidgenossen. Indem Basel sowie Mülhausen ein Zusammengehen mit den «Oberländern» suchten, konnten sie sicher sein, dass sie nicht mehr mit deren gewalttätigen Plünderungszügen rechnen mussten, welche anlässlich des Sundgauerzugs von 1468 vorgefallen waren.[16] Indirekt bestätigten damit beide Städte, dass die Eidgenossen mit ihrem Anbieten von *protection* den Adel konkurrenzierten und seine Existenz in Frage stellten.[17] Indem die Eidgenossen an die Stelle des Adels traten, verletzten sie allerdings als Rebellen die gängigen Vorstellungen der Dreiständelehre.[18] Deswegen mussten sowohl Basel als auch Mülhausen einen Preis für ihr

---

15 Gadi Algazi, *Herrengewalt und Gewalt der Herren im späten Mittelalter. Herrschaft, Gegenseitigkeit und Sprachgebrauch* (Historische Studien Bd. 17), Frankfurt/New York 1996. Ob das Verhältnis zwischen Herren und Bauern dennoch von Wechselseitigkeit geprägt war, wie André Holenstein in seiner ausführlichen Rezension einwendet (*Zeitschrift für Historische Forschung* 25 (1998), S. 592–597), spielt für den vorliegenden Zusammenhang, wo es um *protection* von politischen Gebilden geht, keine Rolle. Auf das Einkaufen von «Schutz» vor Piraterie, wie dies venezianische Kaufleute zu tun pflegten, wies zum ersten Mal Frederic C. Lane hin. Eine Reihe von neueren Beiträgen beschäftigt sich mit dem Phänomen von *protection*. Vgl. Charles Tilly, War making and state making as organized crime, in: Peter B. Evans, Dietrich Rueschmeyer und Theda Skocpol (Hrsg.), *Bringing the state back in*, Cambridge 1985, S. 169–191. Wolfgang Kaiser, Kaufleute, Makler und Korsaren. Karrieren zwischen Marseille und Nordafrika im 16. und 17. Jahrhundert, in: Ursula Fuhrich-Gruber und Angelus H. Johansen, *Preussen – Deutschland – Westeuropa – Übersee. Festschrift für Ilja Mieck* (Berliner Historische Forschungen), Berlin 1997, S. 11-32.

16 Die Berner verstanden es in ihren Missiven meisterhaft, diesen eidgenössischen «Schutz» sowohl beiläufig als auch drohend zu formulieren. Vgl. dazu Mossmann, *Cartulaire de Mulhouse*, Bd. 4, Nr. 1945, Bern an Maximilian I., September 1504: Der Berner Rat hat erfahren, dass sich vorderösterreichische und württembergische Truppen um Mülhausen versammeln: «[...] besorgen wir, das solichs nit on mergklich unruw unnd widerwillen unnser eidtgnoszschafft mocht bescheen, unnd villicht understannden werden, dieselben von Mulhusen nit zu verlossen, daher dann abermals treffenlich uffrur und widerwertigkeit zu verderbung lannd unnd lut würd entspringen.»

17 Zur schwierigen Situation des oberdeutsch-eidgenössischen Adels im Spätmittelalter vgl. jetzt die aufschlussreiche Fallstudie von Dorothea A. Christ, *Zwischen Kooperation und Konkurrenz. Die Grafen von Thierstein, ihre Standesgenossen und die Eidgenossenschaft im Spätmittelalter*, Zürich 1998.

18 Zur Vorstellung der Eidgenossen, dass sie an die Stelle des versagenden Adels treten würden, vgl. Guy P. Marchal, Die Antwort der Bauern. Elemente und Schichtungen des schweizerischen Geschichtsbewusstseins am Ausgang des Mittelalters, in: Hans Patze (Hrsg.), *Geschichtsschreibung und Geschichtsbewusstsein im späten Mittelalter*

«Turning Swiss»[19] bezahlen, der darin bestand, dass die Obrigkeiten der beiden Städte eine Einbusse an Legitimität erfahren mussten: Ihr «soziales Kapital der Ehre» (P. Bourdieu) erlitt einen empfindlichen Verlust, und ihre Untertanen mussten damit rechnen, von den Nachbarn mit Verachtung behandelt zu werden.

Mülhausen und Basel

Gerade im Falle Mülhausens fällt auf, wie eigentliche «Schimpfkriege» den Abschluss des Schutzbündnisses mit Basel im Jahre 1506 begleiteten.[20] Zwei Aspekte lassen sich bei diesen Schmähungen beobachten: Eine ständisch motivierte Kritik sowie die Verketzerung (im wörtlichen Sinne) der eidgenössischen Anhängerschaft. Bei diesen Beschimpfungen handelte es sich um Stereotype, welche aus der antieidgenössischen Polemik seit mehr als

---

(Vorträge und Forschungen 31), Sigmaringen 1987, S. 757–790. Eine neuere Studie zeigt, dass die regierenden Geschlechter innerhalb der Eidgenossenschaft zwar adlige Titel schätzten, sie aber nicht immer akzeptieren wollten oder aufgrund interner Kritik annehmen konnten. «In der heimischen Gesellschaft der Städte und Länder reichte das Prestige des nichtadligen Rittertums, mit dem man vielleicht sogar Adel vortäuschte, aus.» (Fritz Glauser, Ritter und Sandritter. Tendenzen des Rittertums in der Eidgenossenschaft um 1500, in: Norbert Furrer, Lucienne Hubler, Marianne Stubenvoll und Danièle Tosato-Rigo (Hrsg.), *Gente ferocissima. Mercenariat et société en Suisse – Solddienst und Gesellschaft in der Schweiz (15.–19. Jahrhundert). Festschrift für Alain Dubois*, Zürich 1997, S. 167–191; das Zitat S. 191).

19 Zum «Schweizerwerden» der oberrheinisch-schwäbischen Städte vgl. Thomas A. Brady, *Turning Swiss. Cities and Empire 1450–1550*, Cambridge Mass. 1985. Brady sieht in der «Verschweizerung» einzelner oberrheinischer Städte eine Haltung, die sich – in Anlehnung an das «Kommunalismus»-Konzept von P. Blickle – als «kommunaler» Gegenentwurf zur gängigen fürstlichen Herrschaft verstehen lässt. Allerdings darf eine derartige Teilnahme am eidgenössischen Bündnisgeflecht nicht mit einer «demokratisch-freiheitlichen Verfassung» im weitesten Sinne gleichgesetzt werden, zumal die herrschaftliche Durchdringung der eidgenössischen Gebiete in mancher Hinsicht derjenigen der fürstlichen Territorien überlegen war. Ein deutlicher Hinweis dafür ist die effiziente *policey* innerhalb der Eidgenossenschaft, wie sie sich in den Verbannungsurteilen widerspiegelt. Vgl. dazu Guy P. Marchal, «Von der Stadt» und bis ins «Pfefferland». Städtische Raum- und Grenzvorstellungen in Urfehden und Verbannungsurteilen oberrheinischer und schweizerischer Städte, in: Guy P. Marchal (Hg.), *Grenzen und Raumvorstellungen 11.–20. Jh. – Frontières et conceptions de l'espace 11e–20e siècles* (Clio Lucernensis 3), Zürich 1996, S. 225–266.

20 Zu den Ereignissen vgl. die Übersichtsdarstellungen bei Albert W. Matzinger, Der Bund Mülhausens mit Basel, in: *Basler Zeitschrift für Geschichte und Altertumskunde* 12 (1913), S. 329–388; Mieg, Politique de Mulhouse 1486–1529, 1. und 2. Teil.

hundert Jahren bekannt waren.[21] Der Schimpfkrieg setzte im Mai 1505 ein.[22] Ihm waren Druckversuche von seiten Habsburgs vorausgegangen, denn am 26. April 1505 mussten die Gesandten Mülhausens eine erniedrigende Szene über sich ergehen lassen. Offensichtlich hatte Maximilian I. schon seit längerem damit gerechnet, dass sich Mülhausen an Basel oder die Eidgenossenschaft anschliessen würde. Deshalb versuchte er seit 1502, die Räte Mülhausens davon zu überzeugen, dass «Schutz und Schirm» des Hauses Habsburgs dem freischwebenden Zustand einer Reichsstadt vorzuziehen wäre.[23] Der königliche Vorschlag hatte sich nun bis 1505 zu einem Angebot entwickelt, das mit Druck seitens der vorderösterreichischen Behörden durchgesetzt werden sollte. Am erwähnten 26. April 1505 trafen der Bürgermeister Ulrich Gerber und der Stadtschreiber Johann Ulrich

---

21 Zur gängigen Polemik gegen die Eidgenossen im Spätmittelalter vgl. Claudius Sieber-Lehmann und Thomas Wilhelmi, *In Helvetios – Wider die Kuhschweizer. Fremd- und Feindbilder von den Schweizern in antieidgenössischen Texten aus der Zeit von 1386 bis 1532* (Schweizer Texte, Neue Folge, Bd. 13), Bern/Stuttgart/Wien 1998. Einen Überblick über die gesamte Entwicklung des eidgenössischen Fremdstereotyps bis zum Ende des Ancien Régime bietet Marysia Morkowska, *Vom Stiefkind zum Liebling. Die Entwicklung und Funktion des europäischen Schweizerbildes bis zur Französischen Revolution*, Zürich 1997; allerdings trifft ein Teil der Aussagen für das Spätmittelalter nicht zu.
22 Das Folgende nach Matzinger, Bund Mülhausens mit Basel, S. 353ff.; Mieg, Politique de Mulhouse 1486–1529, Teil 2, ergänzt durch Archivalien.
23 Die Instruktion Maximilians I. für seine vorderösterreichischen Gesandten aus dem Jahre 1502 zeigt schön den Zusammenhang zwischen *protection* und Geldzahlungen, wobei im vorliegenden Fall das Reichsoberhaupt die Situation umkehrt, indem es den Mülhausern seinerseits ein *schirmgelt* anbietet, um ein Bündnis mit dem eidgenössischen Basel abzuwenden: «so süllen die obgemelten zwen unnser rat innen als für sich selbs weiter antzaigen, souer innen dann der wege gefallenn wolt, namlich das sie sich in unnser unnd unnser hauws Osterreich ewigenn schutz und schirm begeben woltenn, so hofft ir innen jarlich ain zimlich suma schirmgelt zu erlanngen, sollichs sy inen auch in unnserm namen endtlichen zůsagen und versprechen mogen.» (Mossmann, *Cartulaire de Mulhouse*, Bd. 4, Nr. 1926, S. 392). Das habsburgische *schirmgelt* erscheint hier als Äquivalent zu den französischen Pensionen, die in die Eidgenossenschaft fliessen. Wenige Tage nach ihrem Bündnis mit Basel greifen die Mülhauser das Angebot Maximilians I. auf, interpretieren es aber auf ihre Weise (Mossmann, *Cartulaire de Mulhouse*, Bd. 4, Nr. 1966, 2. Juni 1506, S. 441–443): Sie stünden weiterhin unter demjenigen Schutz, den er als Reichslandvogt der Vogtei Hagenau den zehn elsässischen Reichsstädten gewähren müsse; zudem seien sie an der Niederen Vereinigung beteiligt. Die Allianz mit Basel gelte als «fründtlich nachpurlich verstendtnus unnd pünndtnus». Weitere Bündnisse – eine Anspielung auf den von Österreich kontrollierten «Schwäbischen Bund» – seien für sie nicht nötig.

Gamsharst[24] den königlichen Rat Dr. Heid, der ihnen zuerst in freundlicher Weise das Angebot kaiserlichen Schirms unterbreitete, anschliessend aber, da er das Zögern der Mülhauser Gesandten bemerkte, in Wut ausbrach und ihnen damit drohte, dass die vom Reich garantierten Privilegien eigentlich nichts wert seien.[25] Dieses Vorgehen bestärkte Gerber und Gamsharst darin, ihre Politik der Annäherung an das eidgenössische Basel fortzusetzen. Diese Verschiebung der politischen Orientierung hatte sich innerhalb des städtischen Regiments bereits früher als ständischer Konflikt abgezeichnet. So war der adlige Bürgermeister Johannes Ulrich von Pfirt bereits an Weihnachten 1503 in seinem Amt entgegen den Erwartungen nicht mehr bestätigt worden, obwohl er eigentlich aufgrund des institutionalisierten Wechsels innerhalb der städtischen Obrigkeit an der Reihe gewesen wäre.[26] Im Mai 1505 kam es deswegen zu einem Schimpfkrieg innerhalb der Stadt, der die Fronten klarstellte. Ein Brief, den Bürgermeister und Rat der Stadt Mülhausen am 12. Mai 1505 an Altzunftmeister Niklaus Rüsch und Heinrich von Sennheim persönlich schreiben[27], schildert die Vorgänge folgendermassen: Am 1. Mai fand ein Nachtmahl der Gesellen der Metzgernzunft statt, alle Beteiligten sangen und waren «frolich gewesen nach ir gewonheit. In dem haben sy gehört reisige pferd riten. Da einer under inen mit freüden gerůfft ‹Hechtlihan, Hechtlihan›.»[28] Diese Verunglimpfung als mickriger

---

24 Ulrich Karrer – genannt «Gerber» nach seinem Beruf – wurde um 1450 geboren. Er war Schöffe im Jahre 1487, 1492 Ratsmitglied und bekleidete seit Dezember 1493 das Amt des Bürgermeisters. Er behielt diesen Posten bis ins Jahr 1524; sein Todesdatum liegt vor 1536 (Mieg, Politique de Mulhouse 1486–1529, Teil 2, S. 8, Anm. 6; zu den Stadtschreibern namens Gamsharst vgl. ebd., passim).

25 Vgl. dazu die anschauliche Schilderung in Mossmann, *Cartulaire de Mulhouse*, Bd. 4, Nr. 1948, S. 420–424: «darzu doctor Heid: Die friheiten [städtischen Privilegien] weren nichts, und sprach sunderlich zum stattschriber also: Ir wissent nützit dauon. Wo hand irs gelesen? Ich wiszt ůch wol andere geschrifften zu zeigen, die friheiten sind bose gewonheiten, man sol sy abthun, des hat K. M. wol macht. Predigend ir der gemeynd also vor.»

26 Mieg, Politique de Mulhouse 1486–1529, Teil 2, S. 7.

27 Der Brief ist abgedruckt in Mieg, Politique de Mulhouse 1486–1529, Teil 2, S. 55, Nr. 16. Da einzelne Passagen nicht korrekt wiedergegeben sind, wurde die Ausgabe mit dem Original kollationiert, das sich im Staatsarchiv Basel, Fremde Staaten, Mülhausen, A 1: Allgemeines und Einzelnes 1426–1755, befindet.

28 Der erste Teil des Schimpfworts bezieht sich auf den räuberischen Hecht, es verspottet aber durch den Diminutiv gleichzeitig den so Bezeichneten. Mit dem zweiten Bestandteil -*han* wird ein Dieb bezeichnet, wie der seit 1425 belegte Ausdruck *struchhan* und *struchhuon* für StrauchdiebInnen zeigt; bei Sebastian Brant taucht 1494 zum

Räuber liess einer der adligen Knechte nicht auf sich sitzen, er ritt heran, wünschte allen das Fieber an den Hals und bedrohte sie tätlich.[29] Die Zünftler hielten sich vorläufig zurück. Beim anschliessenden Steinstossen der Metzger tauchte der gleiche Knecht wieder auf und erhielt nun seinen Lohn: Er wurde verprügelt, die ihn begleitenden Edlen zückten ihre Waffen, wurden aber von den Bürgern in ihre Wohnungen getrieben. Darauf ergriffen mehrere Adlige die Flucht.[30] Zehn Tage später, am Pfingstsonntag, dem 11. Mai 1505, fand der Bürgermeister Ulrich Gerber eine Schmähschrift, die an seine Bank in der Kirche geheftet war. Sie trug die Unterschrift «P v H»[31] samt einem gezeichneten Galgen und lautete folgendermassen:[32]

> Wend ir horen ein gedicht:
> Ulrich Gerwer ist worden zu Mulhuss ein bosswicht.
> Er hat die kůw gekusst fur das loch.
> Was die Switzer thůnd, das ist recht.
> Aber die Osterreicher hand zu Mulhusen kein recht.
> Das sind die edlen innen worden,
> sy můssen uss dem orden.[33]
> Dann Ulrich Gerwer unnd Lorenntz Jordan und andre ir gesellen,

---

ersten Mal der Ausdruck *Schnapphahn* für einen berittenen Wegelagerer auf, das später als deutsches Lehnwort das französische *chenapan* ergibt (Friedrich Kluge, *Etymologisches Wörterbuch der Deutschen Sprache. Bearbeitet von Walter Mitzka*, 20. Auflage Berlin 1967, S. 668, Stichwort «Schnapphahn»).

29 «Des hat sich ein reisiger knecht, so da fürgeritten, angenomen, mit tratzlichen worten und flůchen, hinzů geritten und gesagt: ‹Sannt Veltin solt sy all uff der stůben anstossen›, und darzu getrewt, wer der by ime, er wolt ime ein slappen [Schlag] setzen.»

30 «Demnach sind dieselben burger unnd andere mer uff dem platz zusamen komen, den stein gestossen unnd geworfen. Unnd als in dem der reisig knecht ouch dahin komen und die edlen ouch da gesessen sind, hat einen uss den metzgern, der flůch, so der reisig inen getahn, villeicht gesmertzt, unnd den selben reisigen darůmb mit worten und streichen gerechtfertigt. Da ist ein mergklich uffgelöüff worden, etliche der edlen geflohen, unnd etliche gezuckt unnd gescheiden etc. Unnd demnach, wiewol den edlen nützit begegent oder inen ouch nyemans widerwertig gewesen, so haben sy doch souvil tratzlicher wort unnd nyds wider unns und den unnsern zu verunglimpffen gebrucht, das me dann zuüil ist.»

31 Mieg, Politique de Mulhouse 1486–1529, Teil 2, S. 25 vermutet, dass es sich um eine Anspielung auf den berüchtigten Landvogt Peter von Hagenbach handelt.

32 Das Gedicht ist abgedruckt bei Matzinger, Bund Mülhausens mit Basel, S. 382f., allerdings mit einigen Verschreibungen. Das Original findet sich im Anhang des bereits zitierten Briefs im Staatsarchiv Basel, Fremde Staaten, Mülhausen, A 1: Allgemeines und Einzelnes 1426–1755.

33 Der Ausdruck *orden* muss – nach dem lateinischen Vorbild *ordo* – mit «Stand» übersetzt werden und scheint eine gängige Bezeichnung für das eidgenössisches Bundes-

die hand Basel zu in genomen.
Es bringt inen die lenge kein fromen.
Das ist Sixt Smidt wol innen worden,
der dochterman wolt nit in den orden.
Darúmb músst er im túrn worgen.[34]
Aber lúgen eben zú,
das ine[35] werd der kůw geůg.
Dann der sach ist nie bescheen,
man hat den lůwten zúgeseitt[36],
das ist worden reten zů Mulhusen leitt.[37]
Man wirt sin[38] nit vergessen,
man wirt in ouch messen[39].
Ein kůng von Frannckenrich und der Pfaltzgraúe,
die hand es lang getriben,
das inen ist der Switzer worden,
sy sind aber yetz uss dem orden.[40]

Das Pasquill verweist einerseits auf die innerstädtischen Rivalitäten zwischen Eidgenossenfreunden und -feinden, andererseits fasst es in wenigen Worten die gängigen antieidgenössischen Schmähungen zusammen. Mit der derben Erwähnung von Kühen wird der bekannte Vorwurf wiederholt, die Eidgenossen hätten Sexualverkehr mit ihrem Vieh und seien Sodomiten/

geflecht gewesen zu sein, vgl. den Beleg in der um 1480 entstandenen Breisacher Reimchronik über Peter von Hagenbach, hrsg. von Franz Josef Mone, in: *Quellen zur Badischen Landesgeschichte,* Bd. 3, Karlsruhe 1863, S. 183–434; S. 681–684 (Nachträge), S. 411, Kap. 161, 150f.: «und der ruhe [rauhe] Schwartzwald/brachten buren ungestalt [zur Schlacht von Nancy],/die nit zu verachten sindt/in dem groben wessen,/als hab ich gelessen,/die Schwytzer und ir vorderen/komen uss einem orden.»

34 *worgen* = sich abquälen. Der Schmied Sixtus Kolb, der offensichtlich zu den erbitterten Gegnern einer Allianz mit Basel gehörte, musste sich nach Abschluss des Bündnisses vor dem städtischen Gericht verantworten und erhielt eine Busse von 20 Pfund (vgl. Mieg, Politique de Mulhouse 1486–1529, Teil 2, 39, Anm. 113).
35 Gemeint sind die Mülhauser.
36 *zusagen* = Versprechungen machen.
37 Der Sinn des Satzes ist nicht eindeutig fassbar. Wenn unter *man* die österreichische Herrschaft gemeint ist, so bedeutet er, dass die eidgenossenfreundliche Partei sich in Mülhausen nicht durchgesetzt hätte, wenn von der österreichischen Herrschaft Schutzzusagen ausgegangen wären. Sind mit *man* aber die Eidgenossen gemeint, so drückt der Satz aus, dass die Mülhauser nur wegen den eidgenössischen Zusagen ihre Politik änderten, was die Obrigkeit – gemeint sind wohl die adligen Räte – sehr verdriesse.
38 Gemeint ist wohl der Schmied Sixt Kolb.
39 *messen* = gerichtlich prüfen.
40 Anspielung auf die damals wachsende Kritik innerhalb der Eidgenossenschaft am französischen König.

Ketzer, eine Vorliebe, von der sich nun auch die Mülhauser anstecken liessen.[41] Dabei handelt es sich um die älteste und zugleich hartnäckigste Beschimpfung der Eidgenossen, denn bis heute werden die Mitglieder der *Confoederatio Helvetica* häufig so bezeichnet.[42] Die Eidgenossen reagierten aber auf derartige Schmähungen mit Gewaltexzessen. Worin lag die besondere Provokation von Ausdrücken wie *kuegehiger* oder *kueschnäggler*?

Als «Sünde wider die Natur» gehörte *bestialitas* – heute als Sodomie bezeichnet – zu denjenigen sexuellen Verhaltensweisen, die im Spätmittelalter immer häufiger und vor allem immer strenger geahndet wurden.[43] Gleich wie im Falle der Homosexualität glaubten die Obrigkeiten, dass eine Tolerierung abweichenden Sexualverhaltens das gleiche Schicksal über ein Gemeinwesen heraufbeschwöre, wie es Sodom und Gomorrha erlitten hatte.[44] Homosexualität und *bestialitas* wurden in den meisten Fällen mit

---

41 Noch drastischer scheint zum gleichen Zeitpunkt ein anderer Mülhauser seine Unzufriedenheit mit dem städtischen Regiment ausgedrückt zu haben: Er müsse zwar vier Pfund Steuern zahlen, dürfe aber nicht mit Pfauenfedern – dem Zeichen der österreichfreundlichen Partei – auf der Strasse herumgehen. Dann fügte er hinzu: «Ich sich [sehe] wol, ich musz gar in die kwfütt [Kuhscheide].» (Mossmann, *Cartulaire de Mulhouse*, Bd. 5, S. 80, Anm. 1).
42 Zu den frühesten Belegen vgl. Guy P. Marchal, Nouvelles approches des mythes fondateurs suisses: L'imaginaire historique des Confédérés à la fin du XVe siècle, in: M. Comina (Hrsg.), *Histoire et belles histoires de la Suisse. Guillaume, Nicolas de Flüe et les autres, des chroniques au cinéma* (Itinera 9/1989), S. 1–24; Helmut Maurer, *Schweizer und Schwaben. Ihre Begegnung und ihr Auseinanderleben am Bodensee im Spätmittelalter*, 2., erweiterte Auflage, Konstanz 1991, S. 28f.; zum 15. Jahrhundert vgl. Leo Zehnder, *Volkskundliches in der älteren schweizerischen Chronistik* (Schriften der Schweizerischen Gesellschaft für Volkskunde 60), Basel 1976, S. 658f.; Elisabeth Wechsler, *Ehre und Politik. Ein Beitrag zur Erfassung politischer Verhaltensweisen in der Eidgenossenschaft (1440–1500) unter historisch-anthropologischen Aspekten*, Zürich 1991, S. 73–78; S. 87; S. 173–176; S. 291f.; S. 300f.; Sieber-Lehmann, *Spätmittelalterlicher Nationalismus*, S. 212f.; Sieber-Lehmann/Wilhelmi, *Wider die Kuhschweizer*. Zur heutigen Aktualität des «Kuhschweizer»-Spotts vgl. Maurer, *Schweizer und Schwaben*.
43 Das Folgende nach Christine Reinle, Zur Rechtspraxis gegenüber Homosexuellen. Eine Fallstudie aus dem Regensburg des 15. Jahrhunderts, in: *Zeitschrift für Geschichte* 44 (1996), S. 307–326, insbesondere S. 317–320.
44 Wir besitzen aus Basel einen Ausruf, der in seltener Deutlichkeit die Strafgewalt der städtischen Behörden als Fürsorge für das Gemeinwesen legitimiert. Die Obrigkeit liess in der Mitte des 15. Jahrhunderts auf dem Marktplatz folgendes verkünden: Die Räte sind «merglich schuldig und verbunden [...], aller ir undertanen missetat und mutwillige, ouch uppige wort und werke, die wider kriestenliche ordenunge und die zehen gebot des allmachtigen gots leyder groplich in mengen weg über die welt bewegt wirt, ze straffen, angeseen ougenschinlich, dz von so mengerhand grober sun-

dem Feuertod der daran Beteiligten bestraft.[45] Allerdings hielt bereits Thomas von Aquin die *bestialitas*, also die den Eidgenossen zugeschriebene Unzucht mit Kühen, für ein schlimmeres Vergehen als die gleichgeschlechtliche Liebe zwischen Menschen. Die weit verbreitete katechetische Literatur, in der Volkssprache verfasst, vermittelte diese Einschätzung der breiten Bevölkerung.[46] Derartige Vergehen verlangten deshalb ein unverzügliches Einschreiten der Obrigkeiten. Es war aber nicht nur die Angst vor dem Zorn Gottes und seiner Strafe, welche das unerbittliche Vorgehen der Behörden legitimierte. Hinzu kamen die zeitgenössischen Vorstellungen vom Wesen der Sünde. Verfehlungen, aber auch Ehrlosigkeit waren nach zeitgenössischen Vorstellungen mit einer ansteckenden Krankheit vergleichbar.[47] Wenn sich also in einer sozialen Gruppe ein sündiges Mitglied befand, so bedeutete dies dementsprechend eine Gefahr für dessen gesamte Umgebung. Der bedrohlichen Ausbreitung einer Sünde konnte nur durch vorbeugende Massnahmen begegnet werden, was die Obrigkeiten dazu bewog, einzelne Vergehen zu Offizialdelikten zu erklären.

    den wegen, es sye mit schweren, spilen, jufen und mengerley uppige wise und werke gotes straffe merglichen uber uns gat mit sterben, mit missegewechse, mit kriegen und grossem ungewitter; da wol glouplich ist, wo man gotes und der heiligen kristenheit gebotten und darnach derselben unser herren [der Räte] mengfaltigen warnungen und verkundungen, uch dyck und vil bescheen, gewertig und gehorsam gewesen were und semlich schwere sunde und suntlich ursachen got dem almechtigen zu eren vermitten hette, man were solicher merglicher plagen und straff dester furer vertragen bliben» (zitiert bei Christoph Maier, *Regiment und Rechtschaffenheit: Regelungen des öffentlichen «Benehmens» in Basel 1415–1460*, Lizentiatsarbeit, Historisches Seminar der Universität Basel, Basel, 1985, S. 2f.; vgl. ebd. S. 30; S. 39).

45 Zur Verfolgung von Homosexualität in der spätmittelalterlichen Deutschweiz vgl. Wolfram Schneider-Lastin und Helmut Puff, «Und solt man alle die so das tuend verbrennen, es bliben nit funfftzig mannen jn Basel.» Homosexualität in der deutschen Schweiz im Spätmittelalter, in: Helmut Puff (Hrsg.), *Lust, Angst und Provokation. Homosexualität in der Gesellschaft*, Göttingen/Zürich 1993, S. 79–103. Nicht nur die vollzogene Sodomie wurde mit dem Feuertod bestraft, sondern auch diejenige Person, die jemanden dieses Vergehens beschuldigte und es nicht nachweisen konnte (Wechsler, *Ehre*, S. 173–176).

46 Vgl. dazu Reinle, Rechtspraxis gegenüber Homosexuellen, S. 319f.

47 Zur gefährlichen Ansteckung durch ehrlose Leute vgl. die Beispiele bei Lyndal Roper, *Das fromme Haus. Frauen und Moral in der Reformation*, Frankfurt am Main/New York 1995, S. 38: In Augsburg werden die Galgen von der gesamten Zimmermannszunft repariert, so dass nicht ein einzelner Handwerker von Entehrung betroffen ist. Gesellen wiederum bangen um ihre Ehre, weil sie mit der Frau des Henkers gesprochen haben.

Der gegenüber den Eidgenossen geäusserte Kuhspott bedeutete also eine eigentliche «Verketzerung».[48] Eine derartige Beschimpfung wog so schwer, dass sie nicht mit einem Achselzucken abgetan werden konnte, sondern eine Reaktion durch die Betroffenen in jedem Fall herausforderte.[49] Erschien die Schmähung in irgendeiner Weise begründet, so mussten aufgrund der damit verbundenen Beleidigung Gottes und der zu erwartenden Strafe unverzüglich Sanktionen ergriffen werden. Handelte es sich dagegen um einen völlig haltlosen Vorwurf, so musste er auf der Stelle zurückgewiesen werden, denn nur so konnte das eidgenössische «Kapital der Ehre» erhalten bleiben.[50] Jeder Kuhspott verlangte eine Entgegnung; Stillhalten, Ignorieren oder Darüberhinwegsehen wäre einem Selbstausschluss der Beschimpften aus der Gemeinschaft der Christenmenschen gleichgekommen und hätte nach damaligem Verständnis den Untergang ihres Gemeinwesens im voraus festgelegt. Aus der Sicht der Schmähenden handelte es sich also um ein ideales Schimpfwort mit grosser Wirkkraft.

Ebenso wie die Basler Einwohnerschaft in den Jahren um 1500 sahen sich die diejenigen Mülhauser, welche eine engere Anbindung an das eidgenössische Bundesgeflecht wünschten, unvermittelt als Sodomiten beschimpft, eine Schmähung, die in den folgenden Monaten und Jahren von den Gegnern der Stadt ständig wiederholt wurde, ergänzt durch andere Verunglimpfungen.

Wie verhielten sich die neuen Verbündeten gegenüber diesen Beschimpfungen und Tätlichkeiten? Fünf Tage nach Abschluss des Bündnisses, am 11. Juni 1506, berichteten die Mülhauser den Baslern von drohenden

---

48 Als «Ketzer» werden im Spätmittelalter nicht nur Irrgläubige, sondern auch Homosexuelle bezeichnet (Schneider-Lastin/Puff, Homosexualität in der deutschen Schweiz im Spätmittelalter). Die Bezeichnung erhält in wachsendem Masse den Charakter einer grundsätzlichen Abwertung; der klerikale Anwendungsbereich tritt in den Hintergrund.
49 Die Verpflichtung, eine Beleidigung mit einer Gegenschmähung zu beantworten, lässt sich geradezu als Grundregel formulieren. Vgl. Toch, Schimpfwörter im Dorf des Spätmittelalters, S. 325: «Hier liegt die Wurzel der Phantasielosigkeit [der Beschimpfungen], die wir den hessischen Bauern und Kleinstädtern, Männern wie Frauen, Christen wie Juden, angelastet haben. Weil der soziale Kontext so gereizt auf die Möglichkeit der Unehre reagierte, konnte man sich beim Schimpfen keinen Spass erlauben. Die Anschuldigung musste sofort, mit gleichen Worten, wie sie ist, zurückgegeben werden, sonst blieb sie hängen.»
50 Wechsler, Ehre, S. 110–238 sieht – unter Rückgriff auf P. Bourdieu – in der Ehrerweisung und der Ehrerhaltung ein entscheidendes Movens für politische Verhaltensweisen in der spätmittelalterlichen Eidgenossenschaft.

Rüstungen, von der Verlesung der neuen *verstentnus* in ihrer Stadt und der reservierten Haltung der adligen Einwohnerschaft.[51] Als Gegenmassnahme inszenierten die Basler zusammen mit den Mülhausern einige Wochen später ein Schauspiel, das die neuen Schutz- und Machtverhältnisse der Bevölkerung vor Augen führte. Der Basler Rat lud nämlich die neuen Bundesgenossen ein, am 24. August 1506 die Kirchweih in Liestal zu besuchen.[52] Die Wahl dieses Ausflugsziels geschah zweifellos mit Bedacht. Die Mülhauser konnten die Strecke bis Liestal, welche rund 50 Kilometer betrug, nicht in einem Tag zurücklegen, d.h. sie waren «gezwungen», bei ihren neuen Verbündeten zu übernachten. Gleichzeitig verlief ihr Reiseweg einerseits durch vorderösterreichisches Gebiet, andererseits lernten sie die Ausdehnung des Basler Territoriums Richtung Hauensteinpass kennen, wo zudem solothurnisches und somit eidgenössisches Gebiet begann. Der Anlass – die Liestaler Kirchweih – war nicht bloss ein friedliches Treffen, sondern muss im Kontext der damaligen Konfliktaustragung beurteilt werden: An Kirchweihfesten wurden regelmässig Nachbarschaftskonflikte brachial geregelt.[53] Der martialische Anstrich des freundschaftlichen Besuchs überrascht deshalb nicht, und so brachen in Mülhausen am 24. August 1506 frühmorgens 60 Bewaffnete auf und zogen, begleitet von Trommlern und Pfeifern, nach

---

51 Mieg, Politique de Mulhouse 1486–1529, Teil 2, S. 63, Mülhausen an Basel, 11. Juni 1506: «[...] wellend uwer ersamen wiszheit nit bergen, das uns uff gestrigen tag von eym glouphafftigen uss der landtschafft furkomen ist, das mergkliche rüstung uff dem land bescheche und ein endtlicher anslag gemacht, man welle uns uff ein tag uberfallen mit solicher macht und yle, das ir und andere der eidtgnoszschafft verwandten uns nit zuhilff komen mögen, und nemlich welle man alle ratsverwandten fierteilen [die traditionelle Bestrafung für Verrat] etc., das wir als treuwungen und tratzwort achten. [...] thund wir uch zuuernemen, das wir unser samenthafften gemeind uff nechst mentag unser uffgerichte verstentnuss verkundet und geoffnet haben, da menigklich gutwillig und eynmundig funden worden, also das wir nun unser lib und gut uwer bruderlichen truw beuelhend, in guter zuuersicht, der almechtig werde sin gnade zu friden und einigkeit senden. Wir haben ouch den edlen by uns wonend zuerkennen geben und gesagt, so sy by uns verbliben wellen, wir, was inen liebe und dienst ist, gern bewisen, daruff sy wenig geantwort etc.»
52 Zu den Ereignissen vgl. Matzinger, Bund Mülhausens mit Basel, S. 379–381; Mieg, Politique de Mulhouse 1486–1529, Teil 2, S. 39–41. Dass es sich um eine gezielte Provokation handelte, zeigt sich darin, dass die Mülhauser zuerst auf ein derart riskantes Unternehmen verzichten wollten.
53 Zu den «endemischen Kirchweihschlägereien» in der Innerschweiz vgl. Roger Sablonier, Innerschweizer Gesellschaft im 14. Jahrhundert. Sozialstruktur und Wirtschaft, in: *Innerschweiz und frühe Eidgenossenschaft. Jubiläumsschrift 700 Jahre Eidgenossenschaft*, hrsg. vom Historischen Verein der Fünf Orte, 2 Bde., Bd. 2, Olten 1990, S. 11–236; S. 77f.; S. 118; S. 122.

Basel; dort schloss sich ein städtisches Kontigent an, und beide Gruppen setzten ihren Weg nach Liestal fort. Nach den kirchlichen Feierlichkeiten und entsprechendem Umtrunk ging es wieder zurück nach Basel, wo die Mülhauser erneut bewirtet wurden und auch übernachteten. Auf dem Rückweg zeitigte der provozierende Auszug dann die erwünschte Wirkung. Bei Sierentz, auf halbem Wege, säumte eine bedrohliche Menge die Strasse und beschimpfte die Mülhauser, welche die Schmähungen nicht erwiderten, sondern unter Trommelschlag die Ansammlung durchquerten. Niemand wagte aber, sie anzugreifen, ein deutliches Zeichen, dass sie im Gegensatz zu früheren Zeiten nun unter einem besonderen «Schutz» standen.

Wie wirkungsvoll dieser neue Schutz war, zeigten die Ereignisse der folgenden Monate, als der Schimpfkrieg eskalierte und durch ständische Gegensätze verschärft wurde. Die Vorgänge sind gut dokumentiert, denn die Mülhauser nahmen im Frühjahr 1507 an mehreren Versammlungen in Basel teil, wo unter dem Vorsitz eidgenössischer Schiedleute die Auseinandersetzungen zwischen Mülhausen und Vorderösterreich geschlichtet werden sollten. Für die Sitzung vom 14. März 1507 stellte der Mülhauser Stadtschreiber Johannes Gamsharst die Beleidigungen der vergangenen Monate in einem einzigen Dokument zusammen.[54]

Erwartungsgemäss erregt besonders die Tatsache, dass «miner herren burger unnd hindersessen, wa sy uff dem lannd wanndlen, mit uncristenlichen smehungen verletzt und angefachten» wurden, die Wut der Mülhauser; speziell wird noch einmal der Vorfall von Sierentz erwähnt.[55] Der Text berichtet von «schanntlichen liedern», ohne sie genau wiederzugeben, führt dann aber die Injurien genau auf: «kůghiger» und «du gels [gelbes] kwmul». Die letztere Schmähung verbindet den traditionellen Sodomievorwurf mit der aktuelleren Beschimpfung, die Eidgenossen seien unzuverlässige Reisläufer und Verräter, wofür die Farbe gelb steht.[56] Die Klageschrift führt

---

54 Archives municipales de Mulhouse, Nr. 2899, zum grossen Teil abgedruckt in Mossmann, *Cartulaire de Mulhouse*, Bd. 4, Nr. 1971, S. 451–454. Abgesehen von den von Mossmann nicht edierten Teilen wird im Folgenden nach der gedruckten Ausgabe zitiert.
55 «Der hochmůt den unnsern zů Sierentz begegnet.» Diese Passage fehlt in der Edition von Mossmann.
56 Vgl. dazu Katharina Simon-Muscheid, «Schweizergelb» und «Judasfarbe». Nationale Ehre, Zeitschelte und Kleidermode um die Wende vom 15. zum 16. Jahrhundert, in: *Zeitschrift für Historische Forschung* 22 (1995), S. 317–343. Das verräterische Wesen der Eidgenossen wird mit dem sogenannten «Verrat von Novara» (1500), als die eidgenössischen Reisläufer ihren Soldherrn, den mailändischen Herzog, an den französischen König auslieferten, «bewiesen».

überdies Gewalttätigkeiten gegen Mülhauser an, die sich ausserhalb des städtischen Herrschaftsbereiches bewegen. Ihnen wird sogar ein rechtlicher Austrag verweigert, das heisst, sie können sich bei einer drohenden Schlägerei nicht auf den gebotenen Frieden berufen und somit eine unblutige Ausmarchung vor Gericht beanspruchen.[57] Schliesslich müssen die Mülhauser ständig damit rechnen, beim Reisen über Land von Strauchdieben angefallen zu werden, welche zudem den Schutz von Adligen aus der Umgebung geniessen.

Insbesondere Junker Hans vom Haus verfolgte die Mülhauser derart, dass für das gleiche Schiedsgericht in Basel im Frühjahr 1507 eine eigene Klageschrift zu seiner Person angefertigt wurde.[58] Er hatte den Vater des amtierenden Bürgermeisters in einem Weiher ertränken lassen und verschiedene Mülhauser Bürger um Geld betrogen. Daneben stellte er sein Schloss in der Nähe der Stadt einer Bande von *mutwillig buben* zur Verfügung, welche die Mülhauser als *kwghiger* titulierten oder bei deren Herannahen in Kuhhörner bliesen. Im Falle des Hans vom Haus trat zur gängigen «Verketzerung» der neuen eidgenössischen Verbündeten der ständische Gegensatz hinzu. Dieser manifestierte sich im Rahmen der «Reverenz», des Grussrituals mit Lüften des Hutes, mit dem Adlige ihren Status im Alltag bezeugen liessen.[59] Die Anklageschrift gegen Junker Hans vom Haus schil-

---

57 Mossmann, *Cartulaire de Mulhouse*, Bd. 4, Nr. 1971, S. 452f.: «Sodenn Conrat Heitzen halb, der ist zu Illfurt in offner herberg gesessen unnd mit ettlichen eglifurern [Fischern] spenning gewesen, doch desselben spans gutlich vertragen. Des hat sich Crutzer von Reiningen angenomen unnd mit Conraten ouch zwitrechtig worden, also das sich Conrat eyner smach von jme besorgt, und hat darumb den meyer [Amtmann] umb recht anngerüffen und gebetten, er sol jne by recht hanndthaben und vor gewalt schirmen, denn er beger nüt anders wenn rechts. Der meyer aber und andere, so in der stuben gewesen, haben sich des nit angenomen, unnd als Crutzer uber solich rechtbot nit zufrieden sin, sunder understund Conraten zu slahen, hat Conrat aber den meyer als eyn amptman umb recht angerüffen, das jme nit gedyhen mogen; da jne nün Crutzer ye slahen wellen, hat Conrat gezuck [seine Waffe gezückt], sich sins libs unnd lebens zu erretten; da das der meyer gesehen, ist er erst uffgestanndnen und gesagt: nun ist zitt, yetz ist mym herrn der freuel gefallen, das sind zwen rechtschuldig, da sind mir die von Mulhusen recht worden; und uff dasselb hat er erst friden gebotten, Conraten in glupt genomen und darnach umb ein freuel beclagt, den der unnser geben mussen, uber das er recht angerüffen unnd jme nit gedyhen mogen.»
58 Mossmann, *Cartulaire de Mulhouse*, Bd. 4, Nr. 1974, S. 456–459.
59 Dies zeigt eine Zeugenaussage vor dem Basler Schultheissengericht aus dem Jahre 1450. Ein reicher Mann ist gestorben, ohne dass klar wird, ob es sich um einen Adligen handelt oder nicht. Seine Dienerin sagt aus, dass ihr verstorbener Dienstherr von einem Teil der Besucher ehrenvoll gegrüsst wurde: «Da so kement nu under allen malen erber lüte zü im, die denn mit jm ze redend hatten. Und wenne si die kogelhüt

dert nun ausführlich, wie er am 5. Oktober 1506 auf einer Kirchweihe in Lauterbach den Mülhauser Hans Groszlj und seine Freunde bedrängte:

> Da die [Mülhauser] jungker Hannsz gesehen uff dem platz stan, ist er mit grosser ungestumy sampt vilen siner diener dahin gelouffen, unnd eynen, Hannsz Groszlj genannt, bym brusttůch erwust, mit heissen worten gerechtfertigt, also sprechende: ‹Wie meynst du, ob ich yetz din federn nemen mocht?› etc., mit anziehung [anspielend auf], das jne Hanns Groszlj dauor solt veracht haben und gesagt, er hiess jne nit ein gulden nemen, das er jme sin federn nemmen solt.[60] Des sich Groszly wellen verantworten, an sin hut griffende, und wolt jungker Hannsz reuerentz bewisen, und in dem růret er jungher Hanssz mit der feder on alles gefar an. Da zuckt jungker Hanns die hand unnd slug jme das birret mit den federn zu erden mit bosen heissen fluchen, sprechende: ‹Das dich sannt Veltin angang!›[61] Unnd da solicher sin ungestümer brunst vergieng, ettlich darzů das best redten unnd sich Groszlj verantwort, das er die wort nit geredt, da bedacht sich jungker Hanns, das er zuvil unglimpfflich gehanndelt, und sprach zu Groszly, er solt sicher vor jme sin, man tet jme zu Mulhusen, was jme lieb were, das wolte er jnen ouch thun.

Am Abend der gleichen Kirchweihe kam es aber dennoch zu einem Auflauf, bei dem Groszlj endgültig sein Barett sowie 18 Schilling verlor. Der Rat von Mülhausen schickte bereits am Tag darauf eine Missive an Junker Hans vom Haus, worin in scharfem Ton das Verhalten des Adligen getadelt und Schadenersatz verlangt wurde.[62]

Schliesslich wurde auch der adlige ehemalige Bürgermeister der Stadt, Johannes Ulrich von Pfirt, in die Konflikte verwickelt. Am 8. November 1506 bedrängten ihn fünf junge Mülhauser und warfen Fensterscheiben seines Stadthauses ein, worauf der bedrohte Edle sich in wüsten Reden gegen die Stadt erging.[63]

[Kugelhüte] gegen jm abzôgent und jm ere erbütent oder jungkherr jehent [sagten], so wölte er es von ettzlichen nit gehept han, daz si jr kogelhüt gegen jm abtetint, und werte es ettzlichen und ettzlichen nit.» (Staatsarchiv Basel, Gerichtsarchiv D 4, Kundschaften 1446–1453, fol. 117r).

60 Die Herausforderung scheint darin zu bestehen, dass Grozslj zu Junker Hans sagte: «Nicht einmal ein Gulden würde für dich, Junker Hans, ausreichen, mir eine Feder vom Hut zu nehmen.»

61 Der Fluch bedeutet, dass dem Gegner das Fieber angewünscht wird.

62 Der Text der Mülhauser Missive an Junker Hans vom Haus vom 6. Oktober 1506 ist abgedruckt bei Mieg, Politique de Mulhouse 1486–1529, Teil 3, S. 46. Zusätzlich zur Anklageschrift vom März 1507 wirft dieser Brief dem Junker auch Hinterhältigkeit und provozierendes Verhalten vor; so lasse er absichtlich seine Knechte mit Pfauenfedern – dem Abzeichen der österreichischen Parteigänger – in der Stadt herumstolzieren. Zum Krieg zwischen Pfauenfedern und Straussenfedern – dem Kennzeichen der Eidgenossenfreunde – vgl. auch Mossmann, *Cartulaire de Mulhouse*, Bd. 5, S. 80, Anm. 1.

63 Mieg, Politique de Mulhouse 1486–1529, Teil 3, S. 7f.

Aus heutiger Sicht erscheinen diese Anpöbeleien und Handgreiflichkeiten als unbedeutende Vorfälle ohne politische Wirkung. Die Zeitgenossen beurteilten die Vorgänge anders, denn bereits im November 1506 mischten sich die vorderösterreichische Herrschaft in Ensisheim und sogar die Innsbrucker Statthalterschaft in die Konflikte ein und mahnten zu einer gütlichen Beilegung des Konflikts mit Junker Hans vom Haus. Nun schalteten sich örtliche Adlige sowie die Basler ein, und gleichzeitig kam die ganze Angelegenheit vor die Tagsatzung.[64] Briefwechsel, Zusammentreffen von Gesandten, Aushandeln eines Schiedsgerichts, ostentatives Anbieten von «Schutz»[65] beschäftigten in den folgenden Monaten alle Beteiligten; sogar Kaiser Maximilian I. intervenierte, da er an einer besseren Zusammenarbeit mit den Eidgenossen interessiert war. Der Aufwand, mit dem die an sich kleinen Streitereien verhandelt wurden, lässt vermuten, dass die beteiligten Parteien die Vorgänge benützten, um Konflikte auf der öffentlichen Bühne eines Schiedsgerichts durchzuspielen: Zugehörigkeiten und Machtverhältnisse wurden so auf unblutige Weise dargestellt und geklärt. Bei einem derartigen Drama musste allerdings jedes Mal von vorne begonnen werden: Die Wahl des Gerichtsstandes entsprach – um beim Bild der Bühne zu bleiben – dem Aufführungsort, die beteiligten Parteien erhielten ihre Rollen zugewiesen, während die Schiedsrichter als Prinzipale fungierten. Letzeres war die ehrenvollste Aufgabe und dementsprechend auch am meisten begehrt.

Deshalb bedeutete es eine grosse Einbusse an Macht und Ansehen für die eidgenossenfeindlichen Adligen sowie die vorderösterreichische Herrschaft, als das Schiedsgericht unter dem Vorsitz von vier eidgenössischen Schiedleuten im Frühjahr 1507 in Basel zusammentrat und seine Entscheidung im Streit zwischen Basel und Mülhausen einerseits sowie Maximilian I. und der vorderösterreichischen Herrschaft andererseits bekanntgab; die Datierung des Schiedsspruchs auf den 23. April 1507, den Namenstag des Adelsheiligen St. Georg, enthält wohl eine weitere Spitze gegen die adlige Partei.[66]

---

64 Vgl. zum Folgenden Mieg, Politique de Mulhouse 1486–1529, Teil 3, S. 8–13.
65 Basel schickte den Bürgermeister Peter Offenburg, begleitet von zwei weiteren Räten, am 18. März 1507 nach Mülhausen und gab ihnen 20 Hellebarden, 2 Feldschlangen, zwei Fass Pulver sowie weiteres Kriegsgerät mit.
66 Die Schiedleute sind «der rechten doctor» Thüring Fricker – die graue Eminenz der eidgenössischen Politik im ausgehenden 15. Jahrhundert – und Kaspar Wyler, «venner unnd der reten zů Bern», Jakob von Wyl aus Luzern sowie Niklaus Cunrat, Schultheiss von Solothurn. Der umfangreiche Text des Schiedsspruchs ist abgedruckt bei Mossmann, *Cartulaire de Mulhouse*, Bd. 4, Nr. 1975, S. 459–463.

Als Auslöser des Konflikts nennt die schiedsgerichtliche Vereinbarung an erster Stelle die «irrung unnd spenn von wegen etlicher smachworten, uffgeslagner geschrifften, ůppiger tratzungen unnd derglich» sowie verallgemeinernd «ander hienach vermerckte sachen». Die Kontrahenten müssen sich nun verpflichten, in ihrem Herrschaftsgebiet verkünden zu lassen, dass inskünftig «smachtwort, schrifften unnd die lieder, so widerwertigkeit und schmach anzoigen, ouch die tratzungen und troüwort» verboten seien und Zuwiderhandlungen streng bestraft würden. In einem zweiten Artikel wird der freie Warenverkehr garantiert. Nun taucht das gegenseitige Versprechen, Handel und Wandel sowie den «feilen Kauf» (wieder) zuzulassen, in Schiedsverträgen häufig auf. Im vorliegenden Fall steht der Artikel allerdings im Zusammenhang mit einem Vorfall, der sich kurz nach Abschluss des Bündnisses zwischen Basel und Mülhausen ereignete und der zeigt, wie sehr dieses Ereignis von den Zeitgenossen als Grenzveränderung wahrgenommen wurde. Am 13. Juli 1506 beklagten sich Bürgermeister und Rat von Mülhausen beim Bischof von Strassburg, dass ihre Kaufleute seit kurzem mit Sonderzöllen behelligt würden, da die Stadt nun «schweizerisch» geworden sei; auf diesen Protest hin lenkte der Bischof ein.[67]

Im Anschluss an diese Wiederherstellung der früheren Handelsbeziehungen wird im Schiedsvertrag das Verbot, Gegner der anderen Vertragspartei zu beherbergen, erneuert. Die restlichen Abschnitte regeln das gängige Problem der Pfahlbürger und die Verfolgung von Leibeigenen, die sich in die Stadt geflüchtet haben.[68] Die Basler verlangten zuvor von den adligen Herren, dass diese im Falle einer Rückforderung von Leibeigenen, die in die Stadt gezogen waren, nicht bloss innert Jahr und Tag zwei Zeugen der müt-

---

67 Mieg, Politique de Mulhouse 1486–1529, Teil 2, S. 64, Mülhausen an den Bischof von Strassburg, 13. Juli 1506: «Es hat unser fürstl. gnaden amptman und zoller zu Marckoltzheim den unsern, so uss nechster Strassburger mess gefaren sin, zoll ze geben angemuttet, und als sy sich des verantwortten wellen, mit trotzlichen wortten gesagt, wir syen Switzer und vom rich gefallen, darumb man uns halten sol als ander Switzer etc., das uns nit wenig befrembdt [...].» Die Mülhauser berufen sich anschliessend auf ihre besondere Rechtsstellung als Reichsstadt, die der Reichslandvogtei Hagenau unterstehe, und weisen darauf hin, dass das neue Bündnis mit Basel in keiner Weise ihre «friheit» und ihr «altes harkomen» beeinträchtige. In seinem Antwortbrief hält der Bischof fest, dass ihm die Aussage seines Amtmannes nicht behage und dass die Mülhauser weiterhin gleich wie die «inwoner anderer richstet zollfry sygen».

68 Zur Verschärfung der Leibeigenschaft am Oberrhein im ausgehenden 15. Jahrhundert vgl. Claudia Ulbrich, *Leibherrschaft am Oberrhein im Spätmittelalter* (Veröffentlichungen des Max-Planck-Instituts für Geschichte 58), Göttingen 1979.

terlichen Verwandtschaft *(mütermagen)* stellen, sondern auch einen ihrer Amtleute aufbieten sollten, um durch Eid diesen Besitzanspruch zu bestätigen. Diese Erschwerung der adligen Rückforderungsmöglichkeiten rechtfertigten die Basler interessanterweise mit dem Hinweis auf die Goldene Bulle von 1356, während die Adligen auf die Breisacher Richtung von 1449 mit der dortigen Regelung verwiesen.[69] Das eidgenössische Schiedsgericht unterstützte in dieser Beziehung die Sache der Adligen, denen erlaubt wurde, das vereinfachte Prozedere der Breisacher Richtung zu benützen. Der Text endet mit der gegenseitigen Garantie, dass die getroffenen Vereinbarungen keine anderen, bereits bestehenden «brieffen, vertrágen, priuilegien, fryheiten, rechten, altes harkommen und gewonheiten» beeinträchtigen sollen.

Schmähungen und Regelungen der wirtschaftlichen sowie sozialen Mobilität bildeten demnach die Hauptpunkte des Schiedsvertrags, und diese Themen stehen in einem engen Zusammenhang mit der Herausbildung jener Art von Grenzen, welche nicht nur im Mittelalter, sondern auch in der Frühen Neuzeit typisch sind. Dabei handelt es sich nicht um geostrategische und militärisch gesicherte Verteidigungslinien, sondern um mehrfache, sich überlagernde oder gar überschneidende Abgrenzungen, die zwar linear konzipiert wurden[70], aber ständig neu ausgehandelt werden mussten, zumal die Vorstellung eines innerhalb seiner Grenzen souveränen Staates noch fehlte.[71] Diese fortwährende Bestätigung bestehender Grenzen oder deren Veränderung geschah in den verschiedensten Bereichen: Bei der täglichen Arbeit, im Rahmen der Rechtsprechung oder in der Form von

---

69 Zum Einfluss des Pfahlbürgerartikels der «Goldenen Bulle» und dem Ausburgerwesen in der Eidgenossenschaft vgl. Guy P. Marchal, *Sempach 1386. Von den Anfängen des Territorialstaates Luzern. Beiträge zur Frühgeschichte des Kantons Luzern. Mit einer Studie von Waltraud Hörsch: Adel im Bannkreis Österreichs*, Basel/Frankfurt am Main 1986.

70 Die immer noch zitierte These von Lucien Febvre, der das Konzept von linearen Grenzen für «modern» hält und der Frühen Neuzeit zuweist, trifft zweifellos nicht zu, wie eine Fülle mittelalterlicher Quellenbelege zeigt. Vgl. dazu Hans Joachim Schmidt, Grenzen in der mittelalterlichen Kirche. Ekklesiologische und juristische Konzepte, in: Guy P. Marchal (Hrsg.): *Grenzen und Raumvorstellungen (11.–20. Jh.) – Frontières et conceptions de l'espace (11ᵉ–20ᵉ siècles)* (Clio Lucernensis 3), Zürich 1996, S. 137–162; Claudius Sieber-Lehmann, Regna colore rubeo circumscripta. Überlegungen zur Geschichte weltlicher Herrschaftsgrenzen im Mittelalter, in: ebd., S. 79–92.

71 Vgl. dazu vor allem die Beispiele aus der Zeit um 1600 bei Osvaldo Raggio, Costruzione delle fonti e prova: Testimoniali, possesso e giurisdizione, in: *Quaderni storici* 31 (1996), N. S. 91, April 1996, S. 135–152; S. 150: «Il possesso era costantemente confermato o ridefinito dall'intreccio fra pratiche di lavoro e pratiche rituali, e questo intreccio era alla base della comunicazione tra sudditi e sovrano. L'atto rituale era la rap-

Beschimpfungen und Tätlichkeiten; letztere konnten die entsprechenden «Schutzmächte» auf den Plan rufen und den Konflikt auf eine höhere Stufe heben, so dass aus einer Kirchweihschlägerei ein ausgewachsener Krieg werden konnte.[72]

Dass die Eindämmung solcher Schimpfkriege das Herzstück des Schiedsspruches bildete, zeigt sich darin, dass bloss dieser Teil auch öffentlich verkündet wurde, und zwar sowohl in der Form eines Ausrufes als auch einer gedruckten Bekanntmachung; der gleichlautende Text wurde von Mülhausen, Basel sowie der vorderösterreichischen Regierung in Ensisheim bekanntgeben.[73] Alle drei Obrigkeiten gebieten, dass die «etliche jar har vergangen mangerley uncristenlich smachreden, schrifften, tratzungen und tröwort [...] ouch etliche smechliche lieder» nicht mehr geäussert werden dürfen und das inskünftig «soliche uppige smechliche und uncristenliche tratz und trowort oder werck, schrifften oder lieder» strikt verboten seien.

---

presentazione drammatica e corale di questo dialogo. [...] La verifica sul terreno era in tutti i casi essenziale per attestare la piena giurisdizione, e gli atti possessori erano spesso preminenti su un altro tipo di rituale, squisitamente diplomatico, che consisteva nell'esibizione di documenti scritti o nella interpretazione dei diritti nelle glosse dei dottori, o ancora nei sigilli *in cera rubea* apposti sulle sentenze arbitrali. Non c'era comunque una gerarchia di fonti di prova.» Raggio kritisiert, dass bei Quelleneditionen bloss Urkunden berücksichtigt würden, statt die ausführlicheren, aber informationsreichen Zeugenaussagen, welche bei Grenzstreitigkeiten erstellt wurden. Für Beispiele aus Frankreich vgl. jetzt Daniel Nordman, *Frontières de France. De l'espace au territoire, XVIe–XIXe siècles*, Paris 1998.

72 Bereits in den 1460er Jahren beklagte sich Herzog Sigmund von Österreich darüber, dass, wenn ein Bauer auf einer Kirchweihschlägerei ums Leben komme, die Eidgenossen gleich einen Krieg vom Zaun brächen. Vgl. dazu Wilhelm Baum, *Sigmund der Münzreiche. Zur Geschichte Tirols und der habsburgischen Länder im Spätmittelalter*, Bozen 1987. Typisch für das Hochspielen einer Lappalie durch die Eidgenossen ist der sogenannte «Plappart-Krieg», als der Spott über die «Kuhschweizer» die Stadt Konstanz in ernste Gefahr brachte (Helmut Maurer, Formen der Auseinandersetzung zwischen Eidgenossen und Schwaben: Der «Plappartkrieg» von 1458, in: Peter Rück und Heinrich Koller (Hrsg.), *Die Eidgenossen und ihre Nachbarn im Deutschen Reich des Mittelalters*, Marburg an der Lahn 1991, S. 193–214). Weitere, auf Mülhausen bezogene Beispiele bei Mossmann, *Cartulaire de Mulhouse*, Bd. 4, Nr. 1911, S. 375, August 1496: Weil die Waren eines Bürgers von Olten in der Nähe Breisachs durch Vorderösterreicher beschlagnahmt wurden, wollen die Solothurner unverzüglich den Sundgau, Breisgau und das gesamte Elsass heimsuchen. Diese Drohung wiederholt sich ein Jahr später, vgl. ebd., Nr. 1913, S. 378.

73 Der Mülhauser Text, nach dem im Folgenden zitiert wird, ist publiziert bei Mossmann, *Cartulaire de Mulhouse*, Bd. 4, Nr. 1976, S. 463f. Zu den gedruckten Verfügungen von Basel und der Ensisheimer Regierung vgl. Archives municipales de Mulhouse, Urkunden, Nr. 2916.

Mülhausen und die Eidgenossen

Ob diese Massnahmen Erfolg hatten und die verfeindeten Nachbarn nunmehr einen disziplinierten Umgang in Grenzen pflegten, lässt sich aus den erhaltenen Quellen nicht beurteilen. Längerfristig gelang es den Obrigkeiten kaum, die Zungen und Fäuste ihrer Untertanen zu bändigen, denn im Vorfeld des Bündnisses von Mülhausen mit den Eidgenossen im Jahre 1515 wiederholten sich einzelne Szenen von 1506 und 1507. Allerdings spielten sich diese Auseinandersetzungen in einem bedeutend grösseren Umfeld ab, da die Eidgenossen in Kontakt mit den führenden Mächten des damaligen Europas standen. Seit den Burgunderkriegen und somit innerhalb weniger Jahrzehnte waren die «Schweizer» – ein Name, der von den Eidgenossen erst seit etwa 1500 als Eigenbezeichnung verwendet wurde – zu umworbenen Anbietern von gewaltsamem «Schutz» geworden. Die besondere Qualität der eidgenössischen Reisläufer bestand darin, dass sie bereit waren, für ihre Auftraggeber, die sie als «Schutztruppen» angeworben hatten, auch das Leben zu lassen; dieser Vorzug brachte es allerdings mit sich, dass «Schweizer Söldner» ausgesprochen teuer waren.[74] Dennoch versuchten Kaiser, Papst, der französische König und weitere Fürsten Europas, mit den eidgenössischen Orten Abkommen zu treffen, in welchen erlaubt wurde, innerhalb der Eidgenossenschaft Reisläufer anzuwerben. Derartige Soldverträge konnten nicht geschlossen werden, ohne dass die jeweiligen Obrigkeiten, aber auch einflussreiche Privatpersonen, welche zwischen dem Söldnermarkt und den auswärtigen Mächten vermittelten, reich «beschenkt» wurden, und zwar in der Form von sogenannten *gemeinen* (öffentlichen) und *sunderigen* (privaten) *pensionen*.[75] Für die breite Bevölkerung bedeutete

---

74 Zur Veränderung des eidgenössischen Sozialgefüges infolge des Söldnerwesens vgl. Sieber-Lehmann, *Spätmittelalterlicher Nationalismus*, S. 228–230. Allerdings handelte es sich bei den «eidgenössischen» Söldnern sehr oft auch um Glücksritter aus den verschiedensten Gebieten Europas. Ein Luzerner Verzeichnis aus dem Jahre 1476, das die angeworbenen Söldner auflistet, die gegen Karl den Kühnen in den Krieg ziehen, führt bloss 33 Luzerner auf, daneben 124 Söldner aus Augsburg, Ravensburg, Nürnberg, München, Siebenbürgen, Ulm, Coburg, Wien, Frankfurt, Diessenhofen, Ingolstatt, der Leventina und der Lombardei (Gottlieb Friedrich Ochsenbein (Hrsg.), *Die Urkunden der Belagerung und Schlacht von Murten*, Freiburg im Üechtland 1876, S. 591).
75 Die Komplexität des Reislaufens sowie des Pensionenwesens, welche das damalige «soziale System» der Eidgenossenschaft auf die Probe stellten, betont Martin Körner, Zur eidgenössischen Solddienst- und Pensionendebatte im 16. Jahrhundert, in: Norbert Furrer, Lucienne Hubler, Marianne Stubenvoll und Danièle Tosato-Rigo (Hrsg.),

die Arbeit als Reisläufer oder Marketenderin ebenfalls eine wichtige Einkommensquelle[76]; obrigkeitliche Versuche, das ungeordnete Anwerben von Söldnern zu reglementieren, stiessen auf entschiedenen Widerstand.[77]

Dies war den Mülhausern bekannt, und deshalb waren sie seit den 1480er Jahren nicht nur daran interessiert, Schutz und Schirm zu erhalten, sondern auch ihrerseits «Schutztruppen» mit eidgenössischem Gütezeichen anbieten zu können, um in den Genuss von Geldzahlungen zu kommen. So baten sie bereits 1484 die damals mit ihnen verbündeten Solothurner und Berner, sich bei dem französischen Gesandten für eine «jerliche pensyon» einzusetzen; ihrem Wunsch wurde allerdings nicht willfahrt.[78] Im Gegensatz zur Allianz mit Basel besass das Werben der Mülhauser um ein Bündnis mit den Eidgenossen also von allem Anfang an eine ökonomische Komponente, was angesichts der immer noch prekären Finanzlage der kleinen Reichsstadt an der Ill nicht überrascht. Wie sehr eine Zusammenarbeit mit den «Schweizern» finanzielle Vorteile bot, hatte auch das verbündete Basel vorgeführt, das sich nach seinem Beitritt zur Eidgenossenschaft mit Erfolg darum bemühte, an den *gemeinen pensionen* teilhaben zu können. Zwar wurden diese besonderen Einnahmen durch die seit 1510 massiv ansteigen-

---

Gente ferocissima. Mercenariat et société en Suisse – Solddienst und Gesellschaft in der Schweiz (15.–19. Jahrhundert). Festschrift für Alain Dubois, Zürich 1997, S. 193–203. Zum Einfluss der Pensionen auf die politischen Auseinandersetzungen vgl. jetzt Valentin Groebner, *Schenck. Geschenke, Korruption und politische Sprache am Oberrhein und in der Eidgenossenschaft vom 14. bis ins 16. Jahrhundert*. Habilitationsschrift Philosophisch-Historische Fakultät der Universität Basel, Basel 1997.

76 Der Sold eines Reisläufers betrug um 1500 das Doppelte des Lohnes, den ein einfacher Maurergeselle in Zürich erwarten konnte. Extrazulagen und Beute erlaubten es einzelnen Söldnern, ein kleines Vermögen zu erwerben. 1494 soll ein Reisläufer Geld im Wert von 600 Pfund nach Hause gebracht haben; ein Pferd kostete damals zwischen 40 bis 60 Pfund (Angaben nach Hans Conrad Peyer, Die wirtschaftliche Bedeutung der fremden Dienste für die Schweiz vom 15. bis zum 18. Jahrhundert, in: ders., *Könige, Stadt und Kapital*, Zürich 1982, S. 219–231; S. 223).

77 Allgemein Körner, Solddienst- und Pensiondebatte. Exemplarisch behandelt den Fall Zürich Hermann Romer, *Herrschaft, Reislauf und Verbotspolitik. Beobachtungen zum rechtlichen Alltag der Zürcher Solddienstbekämpfung im 16. Jahrhundert* (Zürcher Studien zur Rechtsgeschichte 28), Zürich 1995. Für Basel vgl. die Hinweise bei Katharina Simon-Muscheid, *Basler Handwerkszünfte im Spätmittelalter. Zunftinterne Strukturen und innerstädtische Konflikte*, Phil. Diss. Basel 1988, S. 273. Zum Söldnerwesen in anderen Gebieten des Reichs vgl. Peter Burschel, *Söldner im Nordwestdeutschland des 16. und 17. Jahrhunderts. Sozialgeschichtliche Studien* (Veröffentlichungen des Max-Planck-Instituts für Geschichte Bd. 113), Göttingen 1994.

78 Vgl. dazu den Briefwechsel in Mossmann, *Cartulaire de Mulhouse*, Bd. 4, Nr. 1863–1865, S. 324–327.

den Ausgaben für Botenreisen wieder aufgehoben, und im Gesamtbudget Basels entsprachen die Pensionen höchstens einem Drittel der städtischen Einnahmen.[79] Entscheidend war vielmehr die Tatsache, dass Basel dank des Geldzuflusses zum eidgenössischen Bankenplatz aufsteigen konnte, nachdem es 1504 eine städtische Bank eingerichtet hatte.[80]

Obwohl die Mülhauser anfänglich keinen Anteil an den Pensionen erlangen konnten, profitierten sie dennoch von ihrer Annäherung an das eidgenössische Bündnisgeflecht, denn Anfang 1508 setzten sich die Eidgenossen bei Maximilian I. erfolgreich dafür ein, dass Mülhausen als Reichsstadt weder Steuern zahlen noch Truppen für Reichskriege stellen musste.[81] Angesichts der Tatsache, dass die Stadt den 1495 auf dem Wormser Reichstag beschlossenen *Gemeinen Pfennig* noch bezahlt hatte, bedeutete diese Befreiung von Abgaben einen Fortschritt.

Im Juli 1509 waren die Pensionen erneut zu einem Thema geworden, denn in einem Brief versprachen die Eidgenossen, anlässlich des nächsten Vertragsabschlusses mit dem französischen König auch an die Mülhauser zu denken.[82] Da dies aber nicht zum erhofften Geldsegen führte, beschloss der Rat, auf eigene Kosten «zur erzeigung unsers hertzlichen willens» zwanzig Söldner aufzustellen, die mit den eidgenössischen Reisläufern in den Krieg ziehen sollten.[83] Offensichtlich gingen die Räte davon aus, dass eine Investition dieses Ausmasses[84] bald amortisiert werden könne. Obwohl die Mül-

---

79 Martin H. Körner, *Solidarités financières Suisses au XVIe siècle. Contribution à l'histoire monétaire, bancaire et financière des cantons Suisses et des états voisins* [Thèse Université de Genève], Lausanne 1980, S. 114f.
80 Körner, *Solidarités financières*, S. 331–350, wo das Funktionieren der Basler Bank und ihre «Modernität» eingehend beschrieben werden (S. 336): «La banque publique bâloise pouvait offrir à sa clientèle la stabilité d'une entreprise garantie par l'Etat, la sécurité des dépôts, des prêts à des taux raisonnables et, déjà, le secret bancaire. Ces caractéristiques, qui militent en faveur de la banque publique bâloise, marquèrent une bonne partie de la Suisse.» Von 1500 bis 1610 stammten 58,5 % der öffentlichen schweizerischen Anleihen aus Basel (S. 441). In der wirtschaftsgeschichtlichen Fachliteratur werden, wie Körner vermerkt, die städtischen Banken in Basel (und auch Strassburg) nicht zur Kenntnis genommen, obwohl sie bedeutend früher belegt sind als die klassischen Beispiele von Venedig, Genua, Barcelona und Valencia.
81 Mossmann, *Cartulaire de Mulhouse*, Bd. 4, Nr. 1978–1980, S. 465–468; Mieg, Politique de Mulhouse 1486–1529, Teil 3, S. 26f.
82 Mossmann, *Cartulaire de Mulhouse*, Bd. 4, Nr. 1981, S. 468.
83 Mieg, Politique de Mulhouse 1486–1529, Teil 4, S. 5f.; S. 65.
84 Der Unterhalt von Söldnertruppen war überaus kostspielig, wie das Beispiel Basels zeigt, das in Friedenszeiten höchstens 10 Söldner beschäftigte, vgl. Werner Meyer, *Die*

hauser sich bei der Eroberung von Pavia hervortaten, zog die Stadt vorerst keinen materiellen Gewinn aus diesen Leistungen, sondern höchstens die einzelnen Söldner; gleichzeitig erfuhr die Bürgerschaft auch die Kehrseite des Solddienstes, denn einer der zwanzig Reisläufer verlor sein Leben.[85] Besonders enttäuschend war wohl die Tatsache, dass bei der Verteilung der mailändischen Gelder im Frühjahr 1513 die Stadt an der Ill erneut leer ausging.[86] Während der kommenden anderthalb Jahre musste sie sich weiterhin auf eigene Kosten an eidgenössischen Feldzügen beteiligen[87], bis endlich im Dezember 1514 Kardinal Matthäus Schiner ihnen mitteilte, dass den Mülhausern als «zugewanndten ewigen eydtgnossen der obgenannten eydtgnoszschafft» im Rahmen des neu geschlossenen Bündnisses der Eidgenossen mit dem Heiligen Stuhl jährlich zweihundert Rheinische Gulden zukommen sollten.[88] Der Abschluss des Bündnisses mit der dreizehnörtigen Eidgenossenschaft im Januar 1515 brachte vorerst noch höhere Belastungen der städtischen Finanzen mit sich, denn im Juli 1515 mussten die Mülhauser als «zügewanndten der eydtgenoschafft» hundert Mann stellen.[89] Es mutet wie eine bittere Ironie des Schicksals an, dass die Mülhauser sich zwar jahrelang als «Eidgenossenfreunde» beschimpfen liessen und für ihre Bündnisbereitschaft bezahlen mussten, dass aber der erste Feldzug, an dem die städtischen Söldner endlich als offizielle Mitglieder der Eidgenossenschaft teilnehmen konnten, in der Katastrophe von Marignano am 13./14. September 1515 gipfelte; von den 93 Reisläufern blieben 21 auf der Walstatt

---

Löwenburg im Berner Jura. Geschichte der Burg, der Herrschaft und ihrer Bewohner. (Basler Beiträge zur Geschichtswissenschaft 113), Basel/Stuttgart 1968, S. 111. Zur ähnlichen Situation in Köln vgl. Brigitte Maria Wübbeke, *Das Militärwesen der Stadt Köln im 15. Jahrhundert* (Vierteljahresschrift für Sozial- und Wirtschaftsgeschichte Beiheft 91), Stuttgart 1991, S. 126f., S. 181f., S. 288–291.

85 Zur Eroberung von Pavia vgl. den Bericht des Mülhauser Söldnerführers bei Mossmann, *Cartulaire de Mulhouse*, Bd. 4, Nr. 1985, S. 472f., datiert vom 26. Juni 1512.
86 Mossmann, *Cartulaire de Mulhouse*, Bd. 4, Nr. 1997 und Nr. 1998, S. 496–498.
87 Dies geschah meistens auf eine entsprechende Einladung Basels hin, vgl. Mossmann, *Cartulaire de Mulhouse*, Bd. 4, Nr. 2002 und Nr. 2003, S. 499–501 [Juni 1513]; Nr. 2016, S. 518f.; [Dezember 1513]. Bei diesen Feldzügen ordneten sich die Mülhauser gänzlich der eidgenössischen Führung unter, wie der Feldeid vom August 1513 zeigt (Mossmann, *Cartulaire de Mulhouse*, Bd. 4, Nr. 2005, S. 503–505).
88 Mossmann, *Cartulaire de Mulhouse*, Bd. 4, Nr. 2036, S. 537.
89 Mossmann, *Cartulaire de Mulhouse*, Bd. 4, Nr. 2049 und Nr. 2050, S. 550f. Die Kosten wurden so aufgeteilt, dass 25% jeder Zunft (Schneider, Rebleute, Schuhmacher, Bäcker, Ackerleute, Schmiede) aufgeboten wurden. Der Dienst dauerte insgesamt fünf Wochen (ebd., Nr. 2051, S. 552–556).

zurück, unter ihnen auch ihr Anführer Lorenz Jordan.[90] Damit hatten die Mülhauser – wie viele andere vor und nach ihnen – weniger gerechnet, und einige persönliche Bemerkungen in den Missiven verraten, dass die Grausamkeit des Kriegsgeschäfts die ausgezogenen Männer schockierte.[91] Obwohl im Mülhauser Entwurf für das Bündnis mit den Eidgenossen sowohl von *schützen und schirmen* als auch *pensionen* die Rede ist[92], geht der endgültige Vertragstext auf die finanziellen Interessen der Stadt an der Ill immer noch nicht ein. Erst nach 1515 gelang es den Mülhausern, einen Anteil an den Pensionengeldern zu erlangen.[93]

Es wäre allerdings verfehlt, die Annäherung Mülhausens an die dreizehnörtige Eidgenossenschaft einzig mit wirtschaftlichen Motiven zu erklären. Zum militärischen Schutz, den Basel ja bereits seit 1506 garantierte, kam im Falle der Eidgenossen ein gleichsam himmlischer Beistand hinzu, der das fehlende «symbolische Kapital der Ehre» der sundgauischen Reichsstadt zu mehren versprach.

Die «Schweizer» begegneten nämlich den Beschimpfungen und Verketzerungen, denen sie sich seit Beginn des 15. Jahrhunderts ausgesetzt sahen, durch ein eigentliches «stigma managment»[94], das die fehlende Legitimation ihrer weltlichen Herrschaft durch eine religiöse Überhöhung ihres Bündnisgeflechts wettzumachen versuchte. Dies führte zu einer plakativ dargestellten, spezifisch eidgenössischen Frömmigkeit, verbunden mit einer

---

90 Wie sehr dieser Feldzug nach Oberitalien auch eine finanzielle Katastrophe war, lässt sich daran ablesen, dass die Mülhauser, um ihre Verluste zu verringern, hartnäckig und schliesslich auch erfolgreich nach dreien ihrer Pferde fahndeten, die abhanden gekommen waren (Mossmann, *Cartulaire de Mulhouse*, Bd. 4, Nr. 2063 und Nr. 2064, S. 563–565).

91 Bezeichnend ist der letzte Abschnitt in einem Brief, den die Mülhauser Hauptleute eine Woche vor der Schlacht von Marignano nach Hause schrieben (Mossmann, *Cartulaire de Mulhouse*, Bd. 4, Nr. 2057, S. 563): «[...] ouch, lieben heren, so ist niemand by uns weder von bopst noch von keisser noch von hertzog dan die eidgnossen, und was sy bis har der eidgnoschaft zů geschriben und verheissen, ist als falsch und erlogen, und wissend uff dis moll kein fründ dan gott, und wissend, das die knecht grossen ma[n]gel haben an essen und trincken, und flocht [flüchtet] man alle ding vor hin weg, und konen noch nit verston, das uns kein sold von keim heren werd etc. Lieben heren, es sind so vill seltzem louff, das nit dovon zů sagen oder zů schriben ist: dorum lond úch unser wiber und kind beffolhen sin und hand dis moll vergůt etc.: nit me dan gott sy mitt uns allenn.»

92 Der Entwurf ist abgedruckt bei Mossmann, *Cartulaire de Mulhouse*, Bd. 4, Nr. 2027, S. 528–532, das endgültige Bündnis ebd., Nr. 2038, S. 538–543.

93 Mieg, Politique de Mulhouse 1486–1529, Teil 4, S. 45; S. 47f.; S. 55.

94 Der Begriff orientiert sich an Erving Goffman, *Stigma. Über Techniken der Bewältigung beschädigter Identität*, Frankfurt am Main 1975, S. 136–145.

biblischen Rechtfertigung der eigenen Sonderstellung, ein Phänomen, auf welches die neuere schweizergeschichtliche Forschung aufmerksam machte. So diente das «Beten mit zertanen Armen», welches von den Humanisten als *klaftergebet* verspottet wurde, als kulturelles Unterscheidungsmerkmal zwischen Eidgenossen und Aussenstehenden.[95] Dieses äussere Zeichen schien dem Basler Rat derart wichtig, dass er nach dem Beitritt der Stadt zur Eidgenossenschaft unverzüglich eine Sondererlaubnis beim päpstlichen Legaten einholte, um diese Gebetshaltung auch den Baslerinnen und Baslern zu ermöglichen. Gleichzeitig änderte sich auch die Messliturgie in Basel. Im 1503 gedruckten Handbuch für Seelsorger, das der Pfarrer von St. Theodor, Johannes Ulrich Surgant, verfasste und welches sowohl lateinische als auch deutsche Messgebete enthält, lesen wir im Kapitel «De exhortatione ad orandum pro omni statu ecclesie» bei den Fürbitten:

> Für ein werde stat von Basel. Hic nobiscum addimus. Für ein gantz verein der eidtgnosschafft. Für die hôupter diser stat. Für ein gantzen rot / und für ein gantze gemeind. Das inen allen got verlyhen wûlle vernunft / crafft und wyssheit. all ire gedenck wort und werck zů ordnen und zů verhandlend nach gottes lob und der selen heil.[96]

Die Eidgenossen verstanden sich zudem im alttestamentarischen Sinne als auserwähltes Volk, wie Guy P. Marchal nachwies. Sie entwickelten damit ein biblisch fundiertes Sendungsbewusstsein, ein Vorgehen, das uns auch bei einer Reihe von anderen westeuropäischen Nationen begegnet.[97]

---

95 Vgl. dazu Peter Ochsenbein, Beten ‹mit zertanen armen› – ein alteidgenössischer Brauch, in: *Schweizerisches Archiv für Volkskunde* 75 (1979), S. 129–172. Zur Konstituierung eines eidgenössischen Eigenbewusstseins durch das Medium des gemeinsamen Gebets im 16. Jahrhundert vgl. auch ders., *Das Grosse Gebet der Eidgenossen. Überlieferung – Text – Form und Gehalt* (Bibliotheca Germanica 29), Bern 1989.

96 Zitiert nach Johannes Ulrich Surgant, Manuale curatorum, Basel 1503: Michael Furter, fol. LXXIX[r]. In einem Exemplar des *Manuale*, das dem Kloster St. Leonhard gehörte (Universitätsbibliothek Basel, Signatur: [Aleph]. B. V. 10. Nr. 1) findet sich – handschriftlich eingefügt – das Bittgebet für die Eidgenossen bereits an einer früheren Stelle und in einer prominenten Umgebung: «Für das weltlich houpt/unsern aller genedigsten herren den Römischen keiser oder küng: für all fürsten und herren und sunderlich für unser genedige herschafft von N. ‹und fur ein lobliche gemeine eidtgnosschafft›». Zu Johannes Ulrich Surgant (1449/50–1503) vgl. *Verfasserlexikon. Die deutsche Literatur des Mittelalters*, hg. von Kurt Ruh, in Zusammenarbeit mit Gundolf Keil, 2. Auflage Berlin/New York 1977ff., Bd. 9, «Surgant, Johannes Ulrich», Sp. 544–547. Ich verdanke den Hinweis auf diese Stelle Mireille Othenin-Girard.

97 Guy P. Marchal, Die «Alten Eidgenossen» im Wandel der Zeiten. Das Bild der frühen Eidgenossen im Traditionsbewusstsein und in der Identitätsvorstellung der Schweizer vom 15. bis ins 20. Jahrhundert, in: *Innerschweiz und frühe Eidgenossenschaft.*

Mit ihrem Anschluss an die Eidgenossenschaft beabsichtigten die Mülhauser zweifellos, an diesem religiösen Legitimationspotential ebenfalls zu partizipieren. In ihrem Fall lässt sich dies besonders deutlich anlässlich der Romreise ihres Stadtschreibers Johannes Oswald Gamsharst beobachten, welche er vom 19. Oktober 1512 bis zum 12. Februar 1513 zusammen mit eidgenössischen Abgeordneten unternommen hatte. Die erhaltene Instruktion für Gamsharst zeigt, dass die Mülhauser vom fernen Oberhaupt der römischen Kirche eine Stärkung ihrer Stellung erwarteten. Unter anderem wünschten sie, kirchliche Ewig-Renten ablösen zu können sowie von den geistlichen Gerichten – vor allem des Basler Bischofs – bei Eintreibung einer Geldschuld befreit zu werden.[98] Zum religiösen Bereich gehörte auch ihre Forderung nach Ablässen für die Stadtkirche, welche dem hl. Stephan geweiht war; die zu erwartenden Einnahmen sollten von der Stadt verwaltet werden und dem Kirchenbau zugute kommen, wie überhaupt der Rat danach strebte, seine Kontrolle über das städtische Gotteshaus zu verstärken. Die wachsende Einbindung der Mülhauser in den eidgenössischen «heiligen Raum» zeigt sich beim Anliegen, einen Butterbrief zu erhalten, «wie das der statt Basel unnd andern eidtgnossen vor nachgelassen und gegonnet ist», sowie beim Ersuchen, «ob ander eydtgnossen etwas romferten[99] in jre kilchen erlanngen, das denn solichs in die pfarrkilchen zu Mulhusen ouch gegeben werde, als uff palmwochen, karwochen etc.». Demjenigen Bereich, den wir heute als «politisch» bezeichnen würden, wären schliesslich die folgenden Bitten zuzurechnen:

Jubiläumsschrift 700 Jahre Eidgenossenschaft, hrsg. vom Historischen Verein der Fünf Orte, 2 Bde., Bd. 2, Olten 1990, S. 309–406.
98 Vgl. dazu Thomas D. Albert, *Der gemeine Mann vor dem geistlichen Richter. Kirchliche Rechtsprechung in den Diözesen Basel, Chur und Konstanz vor der Reformation*, Stuttgart 1998, wo allerdings differenziert wird: Das Offizialat bedrängte Schuldner in der Basler Diözese seit 1500 immer weniger mit dem Bann, hingegen diente seit 1484 das vom Papst bewilligte Konservatorialgericht der Stadt dazu, Schulden bei Personen ausserhalb der Diözese einzutreiben. In der spätmittelalterlichen Kirchenkritik war es hingegen ein Gemeinplatz, die Praxis der geistlichen Gerichte anzuprangern, welche Schulden unter Androhung des Kirchenbanns eintrieben.
99 Bei einer «Romfahrt» handelt es sich um eine vom Papst bewilligte besondere Busswoche, an der auch schwere Sünden gebeichtet und absolviert werden können; zudem wird die Zahl der zu erwerbenden Ablasstage erhöht. Nach den mit äusserster Grausamkeit geführten Burgunderkriege organisierte die Berner Obrigkeit mehrere Romfahrten, denen ein grosser Erfolg beschieden war (Sieber-Lehmann, *Spätmittelalterlicher Nationalismus*, S. 330, S. 349, S. 389).

Item, des paners oder zeichens halb, sol das paner mit der feldung wyss, das zeichen des mulyrads gulden; item, zu beden syten sannt Stephan knuwende und mit gulden esten [Ästen] neben zuring umb etc. Item, wer under demselben paner von der statt uszgeschickt wurd, das die in articulo mortis, diewil das paner im feld ist, plenarie absoluiert werden mochten a pena et a culpa.[100]

Der Wunsch, ein vornehmes Banner zu besitzen, sowie die Möglichkeit, eine Absolution auf dem Schlachtfeld zu erlangen, zeigen, wie sehr Mülhausen an einer Beteiligung am eidgenössischen Reisläuferwesen interessiert war.

Von diesem Maximalprogramm liess sich erwartungsgemäss nur ein Teil realisieren. Bereits am 2. November erhielt Gamsharst in Lodi von Kardinal Matthäus Schiner eine Pergamenturkunde, in welcher der Stadt an der Ill erlaubt wurde, ihr ehemals rotes Banner «in aureum et militarem colorem commutare»[101]. *Militaris* muss entsprechend dem Adelstitel *miles* zweifellos mit «ritterlich» übersetzt werden, wodurch deutlich wird, dass sich dank ihres Banners die Mülhauser nun – gleich wie die Eidgenossen – als Ersatz für den versagenden Adel verstehen konnten. Von den fünf Bullen, die Papst Julius II. für die Mülhauser am 20. Dezember 1512 in Rom ausstellte, bestätigte die erste, dass das Stadtbanner inskünftig «aureum ac militarem colorem» aufweisen dürfe, sie hob kirchliche Strafmassnahmen auf und erlaubte die Generalabsolution «in articulo mortis» für Mülhauser Söldner. In den weiteren vier Bullen kam der Papst den Bittstellern nur teilweise entgegen: Ablässe für den Besuch der Stadtkirche wurden zugestanden, die Einkünfte sollten aber weiterhin von den Kaplänen verwaltet werden; wegen Geldschulden durfte kein Interdikt mehr verhängt werden; ein «Butterbrief» wurde ebenfalls ausgestellt, da Mülhausen nun mit Basel verbündet sei, das bereits von Pius II. eine derartige Erleichterung erhalten hatte; schliesslich wurde die Gründung einer Marienbruderschaft gestattet, deren Beichtväter die Mülhauser von Sünden lossprechen konnten, die eigentlich dem Heiligen Stuhl vorbehalten waren.[102] Einer Einschränkung der geistlichen Gerichtsbarkeit stimmte Julius II. erwartungsgemäss nicht zu.

---

100 Der gesamte Text der Instruktion ist abgedruckt bei Mossmann, *Cartulaire de Mulhouse*, Bd. 4, Nr. 1988, S. 474–476.
101 Mossmann, *Cartulaire de Mulhouse*, Bd. 4, Nr. 1989, S. 476f. Der Text entspricht der Formulierung des Fahnenprivilegs von Kardinal Matthäus Schiner für die Basler vom 24. Juli 1512: «[...] in militarem colorem aureum commutare [...]». (Urkundenbuch der Stadt Basel, 11 Bde., Basel 1890–1910, Bd. 9, Nr. 386, S. 351–353; S. 352, Z. 38–43).
102 Die fünf Bullen vom 20. Dezember 1512 sind abgedruckt in Mossmann, *Cartulaire de Mulhouse*, Bd. 4, Nr. 1990–1994, S. 477–486.

Wir besitzen glücklicherweise eine Beschreibung der Audienz, welche der Papst der personell gut dotierten eidgenössischen Gesandtschaft gewährte[103], zu der auch Gamsharst gehörte. Nachdem die Gesandten dem Papst die Füsse geküsst hatten, hielt der Basler Leonhard Grieb eine lateinische Rede, deren Inhalt die hier vorgebrachte These bestätigt, dass die Eidgenossen sich als adlige Vorkämpfer der Kirche verstanden. Grieb stellt die *Helvetii* als wackere Verteidiger des Heiligen Stuhls dar, denen vom Papst die adligen Insignien von Schwert und Barett[104] zugedacht worden seien. Deswegen wären die Gesandten, obwohl sie sich sonst keinem weltlichen Fürsten beugen würden, jetzt auch bereit, ihm ihren Gehorsam zu erweisen.[105]

Diese gegenseitige Ehrerweisung, welche letztlich dazu diente, die Position aller Beteiligten zu festigen, weckte nach der Heimkehr des Mülhauser Gesandten[106] natürlich die Spottlust der Nachbarn, und wir beobachten ein erneutes Aufflammen der Schimpfkriege, wie sie bereits 1505/1506 beim Bündnis mit Basel vorfielen. Als die Mülhauser im August 1513 wieder eines

---

103 Der Bericht spricht von 30 Gesandten sowie 60 *familiares*, die sie begleiteten.
104 Zur Verleihung von Hut und Schwert als Ehrenzeichen vgl. die Schilderung bei Heinrich von Beinheim, Die Chroniken 1365–1452, samt Fortsetzung 1465–1473, in: *Basler Chroniken* Bd. 5, Leipzig 1895, S. 329–472; S. 397 [zum Jahre 1446]: «Noch Rômischer gewonheit schanckt bapst Felix herr Hans Rott burgermeyster uff den wienachttag den hût und das schwert; und sang der burgermeyster die vierd letzgen in der mettin [Mitternachtsmesse vor dem Weihnachtstag]. Und am tag stûnd der burgermeyster neben dem bapst, und ein edelman hûb im den geschenckten hût und schwert. Hatten ouch dornoch grosz fest domit, und zugen in der stat umb.» Das Barett dient gegen Ende des 15. Jahrhunderts allgemein als Kennzeichen der Adligen sowie der PatrizierInnen (Harry Kühnel [Hrsg.], *Bildwörterbuch der Kleidung und Rüstung. Vom Alten Orient bis zum ausgehenden Mittelalter*, Stuttgart 1992, S. 23f.).
105 Mossmann, *Cartulaire de Mulhouse*, Bd. 4, Nr. 1995, S. 487f.: «ex quibus [die eidgenössischen Gesandten] ille [Leonhard Grieb], qui latinum sciebat, recitauit orationem suam quasi per compendium et summarium totam causam sue legationis, videlicet postquam per publicam famam denunciatum est eis de multis animi virtutibus pontificis, praesertim pro cultu apostolice sedis ampliando et pro luporum rapacium expellendo conatu, et quod etiam sua sanctitas eos muneribus et priuilegijs ampliauit, nam donauit ensem et birettum, que solent magnis regibus et principibus donari, uenerunt ad agendas gratias, et quod plus est, quia apud eos rarum et inauditum est, ut ulli principi subesse uelint, tamquam obedientes, nunc tamen uenerunt, ut obedientiam prestent eidem, prout prestiterunt etc. Papa, his auditis, respondit ad proposita conuenienter, et procurator protestatus est; in fine omnes eorum familiares, numero sexaginta uel circa, uenerunt ad osculum pedis pape, et sic finis.»
106 Johannes Oswald Gamsharst hatte so lange in Rom gewartet, bis ihm das Banner von den päpstlichen Beamten als Geschenk ausgehändigt worden war (Mieg, Politique de Mulhouse 1486–1529, Teil 4, S. 19).

ihrer Kontingente zur Unterstützung der Eidgenossen in Hochburgund schickten, kleideten sie zum ersten Mal ihre 92 Söldner in den stadteigenen Farben rot-gold ein; dieser Vorgang war von besonderer Bedeutung, denn er verwies auf den herrschaftlichen Anspruch der Reichsstadt.[107] Bei ihrer Rückkehr wurden die Mülhauser vom Leutpriester Leodegar Bruntz, der sich zuvor schon kritisch geäussert hatte, im vorderösterreichischen Nieder-Spechbach beschimpft: Er wünsche, dass sie alle erstochen würden, auch wenn ihn deswegen der Teufel hole; die Mülhauser seien alles Bettler und hätten nichts zu beissen, deswegen schicke die Obrigkeit ihre Leute in den Krieg. Darauf malträtierten die Reisläufer den Geistlichen, plünderten und verwüsteten sein Haus und verkauften anschliessend seine Habe; Bruntz selber verschleppten sie nach Mülhausen und setzten ihn dort fest. Die Affäre schlug hohe Wogen und löste einen umfangreichen Briefwechsel aus.[108] Sofort zeigten sich die alten Fronten: Mülhausen, mit Basel und damit indirekt mit den Eidgenossen alliiert, stand Vorderösterreich und vor allem – da es sich um einen Fall der geistlichen Gerichtsbarkeit handelt – dem Bischof von Basel gegenüber. Dabei gewinnt man den Eindruck, dass die Mülhauser ihr neues, päpstlich approbiertes Ansehen und ihre noch nicht klar definierte Beziehung zu den Eidgenossen auf die Probe stellen wollten. So setzten sie den Priester unter Druck, Urfehde zu schwören und den Missetätern zu versprechen, eine Absolution bei seinem Oberhirten zu erwirken, und auf die Banndrohung des Basler Bischofs Christoph von Utenheim antworteten sie mit einem selbstbewussten Brief, worin sie ihr Banner erwähnten und gleichzeitig ihre enge Beziehung zu den Eidgenossen in den Vordergrund stellten.[109] In seiner Antwort durchkreuzte der

---

107 Mieg, Politique de Mulhouse 1486–1529, Teil 4, S. 23. Zur Wichtigkeit der Uniformen als herrschaftlichen Repräsentationszeichen, welche sich im 15. Jahrhundert ausbreiten, vgl. Sieber-Lehmann, *Spätmittelalterlicher Nationalismus*, S. 52f., S. 378f., S. 383.
108 Vgl. zum ganzen Fall die Dokumente bei Mossmann, *Cartulaire de Mulhouse*, Bd. 4, Nr. 2007–2021, S. 506–524; Mieg, Politique de Mulhouse 1486–1529, Teil 4, S. 25.
109 Mossmann, *Cartulaire de Mulhouse*, Bd. 4, Nr. 2011, S. 511–513, Mülhausen an den Bischof von Basel, 26. September 1513: Die Missive spricht von den «unnsern, so wir mit unnserm zeichen [dem Feldzeichen, d.h. dem neuen Banner] by gemeyner eidtgnosschafft in Hochburgundj im feld gehept»; die Urfehde des Priesters biete den Mülhausern die Sicherheit, «unns unnd ein lobliche eydtgnossschaft derglichen smechung hinfur uberheben»; falls trotz der Urfehde die Mülhauser vom Bischof verfolgt würden, «wurden wir geursacht, solichs an gemeyn eydtgnossen, unnser getruw lieb puntgnossen, die solichs nit minder dann unns berurt, langen zelassen, unnd mit deren rate unnd hilff wither darinn zu hanndlen, das darzu gehort, des wir doch lieber vertragen blyben».

Bischof diese Absicht: Eigentlich sei für einen derart schweren Fall einzig der Papst zuständig und somit nicht die lokalen Machtträger; die Eidgenossen hätten im übrigen bis jetzt seine geistliche Gerichtsbarkeit immer respektiert. In der Erwiderung dieses bischöflichen Schreibens befleissigten sich die Mülhauser nun eines zurückhaltenden Tons: Sie beteuerten ihre Unschuld, beklagten die Unmöglichkeit, die Täter dingfest zu machen, und erklärten, sie verzichteten darauf, die Eidgenossen in die Angelegenheit einzubeziehen.[110] An deren Stelle trat nun Basel, und zwar sowohl das bischöfliche Domkapitel, welches den Mülhausern Vorwürfe machte, als auch der Rat. Letzterer nahm die Position eines Vermittlers ein, allerdings mit deutlicher Bevorzugung der Mülhauser Position.[111] Nach mehreren Verzögerungsversuchen seitens der geistlichen Partei willigte das Domkapitel aufgrund baslerischen Drucks darin ein, den strafbaren Mülhausern die Absolution zu gewähren. Nach Abschluss der Affäre resümierten die Basler noch einmal die Angelegenheit, wobei sie mit abfälligen Bemerkungen über ihren Stadtherrn sowie das Domkapitel nicht sparten; gleichzeitig zeigt das baslerische Vorgehen aber, dass die geistliche Herrschaft gegenüber Androhungen von Gewalt machtlos war.[112]

---

110 Mossmann, *Cartulaire de Mulhouse*, Bd. 4, Nr. 2013, S. 514–516: «Was ouch gefallens oder miszfallens unnser getruwen lieben puntgnossen gemeyn eidtgnossen darab empfahen, wissen wir zu sinen zitten wol zu verantwortten; so ist unns ouch unverborgen, ob derglichen handlung vorher nye mer bescheen, unnd wie uwer gnade des von menigklichem, uszgenomen von unns, vertragen bliben, wellen das uff disz mal im besten ungelütert lassen.»

111 Vgl. dazu die Missive Basels an Mülhausen, 24. Oktober 1513 (Mossmann, *Cartulaire de Mulhouse*, Bd. 4, Nr. 2015, S. 517f.): «[...] nachdem wir grosz miszuallen ab den nidischenn des priesters wortten, so euch nit allein, sonder ein ganz eydtgnoszschafft billich behertziget, enpfangen [...]». Dennoch wollen die Basler eine gütliche Einigung erreichen.

112 Mossmann, *Cartulaire de Mulhouse*, Bd. 4, Nr. 2021, S. 522–524, Basel an Mülhausen, 9. Januar 1514: Die Basler gingen anfänglich davon aus, dass mit ihrem Brief an den Bischof die Sache geklärt sei, «das aber dozů zyten nit bescheen, sonders von siner gnade aber umbkreisz [Ausflüchte] gesücht und dermassen uns geschriben worden, das wir zů etlichem unwyllen us vile vergangner ufzugen gewurtzelt bewegt, und des daruf retig worden sind, sin gnad umb sollich absolution nit wellen ankeren, sonder nachtrachten furwenden, wie wir uch solher unordenlichen sorgthalp us unrowen bringen mochten; und haben uf das sechs unser ratzfrund zů einem erwurdigen capitel verordnot, und denen den handel etlicher mass endecken, und dabj mit ruhen [rauhen] worten die verzug, so uns gantz verachtlich von siner gnade begegnot sind, erzalt und dabj anzougt, solhes nit zu kleiner behertzigung enpfangen, und jnen das gesagt, das sy wellen mit reden und verfügen die absolucion on wytern verzug zegeben; beschee das, bestand dabj [sei die Sache erledigt]; wo das nit, ob dann einicher-

Während die Affäre um den schimpfenden Priester noch im Zusammenhang mit der langsamen mülhausisch-eidgenössischen Annäherung stattfand, bezieht sich der zweite Schmähungsfall direkt auf das Bündnis vom 19. Januar 1515.[113] Erhalten ist das Geständnis von Gilg Munsterlj, der den bekannten Kuhspott in verschiedenen Abwandlungen von sich gab: «Ich sitz dem Switzerlannd so nach, sesz ich als nach uff der kwh, ich mocht jr ins füdloch fallen.» Einem anderen berichtete er, dass er in die «kwfütt» (Kuhscheide) gezogen sei, und gegenüber einem Dritten bezeichnete er die Mülhauser als «kwgehiger» (Kuhsodomiten). Dabei scheinen seine Ansichten von anderen Vorderösterreichern geteilt worden zu sein, welche die Herrschaft der eidgenossenfreundlichen Partei in Mülhausen kritisierten. So meinte Heinrich Schultheiss von Ensisheim: «Mocht ich erleben, dasz ich zu Mulhusen houptman wurd als zu Illzich [Illzach], was wolt ich kabiszkopff[114] machen!» Und Mathis Groszhenn meinte vom Bürgermeister Ulrich Gerber, der die Annäherung an die Eidgenossen gefördert hatte: «das jn gotz macht schend, den hexenmeister: er halt uns ein hexen [von] Escholtzwiller, uff die man vor x jaren solt verbrennet han. Daruff redt Gilg [Munsterlj]: das musz jne gotz marter schennden in der kwfutt [Kuhscheide] da jnnen.» Munsterlj schliesslich meinte ebenfalls: «Das sy gots marter schennd, die von Illzich und Mulhusen, und den touff, darinn sy geteufft sind, da sy Switzer worden sind.»[115] Der Katalog von Schmähungen zeigt eindrücklich, dass auch diese Beschimpfungen in einen religiösen Kontext eingeordnet werden müssen: Die mülhausischen *kwgehiger* sind Ketzer und

ley ergers dorvon furfallen und attemptiert wurd, das wir das müssten laszen bescheen, und damit unnser eer bewart.» Trotz dieses Winks mit dem Zaunpfahl versuchen die Domherren, Zeit zu gewinnen, indem sie den sechs Räten vorschlagen, eine gemeinsame Gesandtschaft zum Bischof zu senden. Die Räte antworten nun, dass ihre bereits gemachten Friedensvorschläge schlicht ein *beuelh* [Befehl] seien, dem sie zu gehorchen hätten. Als kurz darauf die Absolution eintrifft, weisen die Basler sie zurück, da sie sich auf Mülhauser *in corpore* bezögen, statt auf die einzelnen Täter. Darauf kann das Domkapitel nichts anderes tun, als noch einmal – entsprechend den Forderungen der Basler – eine Absolution auszustellen!

113 Vgl. den Text des Geständnisses bei Mossmann, *Cartulaire de Mulhouse*, Bd. 4, Nr. 2067, S. 566f. Von Beschimpfungen durch die Nachbarn berichten die Mülhauser auch im Februar 1516 den Bernern (ebd., Bd. 5, Nr. 2073, S. 7f.).
114 «Kabisköpfe [Kohlköpfe] machen» bedeutet in der damaligen Umgangssprache «jemanden köpfen».
115 Die gleichen Schmähmuster tauchen auch später noch auf. So kommt es 1522 zu einem Disput zwischen Mülhausen und der vorderösterreichischen Regierung, weil es bei einer Kirchweih zu einer Schlägerei kam. Auslöser war das Tragen von Straussen- respektive Pfauenfedern sowie das selbstsichere Auftreten von Mülhausern,

ihr Bürgermeister gar ein Hexenmeister. Das «Turning Swiss» wird mit einer Ketzertaufe gleichgesetzt, womit *e contrario* auf die religiöse Selbstlegitimation der Eidgenossen verwiesen wird.

Fazit

Wenn «Schimpfen» und «Schirmen» die Entstehung des eidgenössischen Grenzfalls Mülhausen zu Beginn des 16. Jahrhunderts begleiteten und förderten, so zeigt dieser Befund, wie damals Zugehörigkeiten festgelegt und Abgrenzungen vorgenommen wurden. Es ist nicht ein ideales Konstrukt wie der «souveräne Staat», welcher von seinem Machtzentrum aus über ein geschlossenes Territorium wacht, sondern die von einem neuen Bündnis betroffenen Bevölkerungsgruppen errichten durch Interaktion – Beschimpfungen, Gewalttätigkeiten und Schlichtungsverhandlungen – neue Grenzen und erhalten sie aufrecht.[116] In diesen Auseinandersetzungen steht die Ehre des jeweiligen Gemeinwesens im Zentrum, die repräsentiert und gegen Anfechtungen geschützt werden muss, eine Aufgabe, welche alle Personen betrifft, die sich jeweils einer Herrschaft zugehörig verstehen. Die von Ehrverletzung und Ehrerhaltung betroffenen Obrigkeiten übernehmen in diesem Zusammenhang die Rolle von medialen Mittlern. Sie spielen einzelne Vorfälle hoch, indem sie möglichst viele Beteiligte davon unterrichten und damit gleichzeitig einen öffentlichen Austrag der Konflikte einfordern. So kann aus einer simplen Schmähung eine Angelegenheit werden, welche Bischöfe und Kaiser beschäftigt. Die jeweiligen Vorkommnisse ermöglichen es, Haltung und Handlungsbereitschaft von Verbündeten und Gegnern zu testen. Dabei geht es weniger um einen «Sieg» oder eine «Niederlage» der eigenen Partei, sondern darum, Zugehörigkeiten darzustellen und bestäti-

---

welche an Kirchweihen auf vorderösterreichischem Gebiet teilnahmen und während ihrer Anwesenheit lauthals behaupteten «Hye Schwytzer grundt und boden» (Mossmann, *Cartulaire de Mulhouse*, Bd. 5, Nr. 2126–2130, S. 70–78, das Zitat S. 77). Tatsächlich wird Mülhausen nach 1515 als eidgenössisches Gebiet betrachtet, wie der Fall des Johannes Boltz, genannt Fatzmann, zeigt. Dieser bedrohte die Mülhauser mit einer Fehde, da er auf eidgenössischem Gebiet – allerdings im weit entfernten Thurgau – geschädigt worden sei (Mossmann, *Cartulaire de Mulhouse*, Bd. 5, Nr. 2075–2090, S. 9–23).

116 Der Beitrag von Irène Herrmann in diesem Band zeigt eindrücklich, dass – parallel zur Etablierung des Nationalstaates – solche Praktiken der Grenzziehung auch in der ersten Hälfte des 19. Jahrhunderts weiterbestanden.

gen zu lassen, und auch das «soziale Kapital der Ehre» muss weniger vergrössert, als in erster Linie gewahrt bleiben. Ein derartiges Verfahren bedarf eines grossen Publikums: Sowohl die eigenen Leute als auch die Gegner sollen erfahren, wer zu wem gehört. Naturgemäss handelt es sich dabei um einen Vorgang, der nie als abgeschlossen gelten kann. Immer wieder müssen Konflikte durchgespielt und damit Zugehörigkeiten und Bündnisse bestätigt werden. Diese ständig wiederholten Herausforderungen und Bestätigungen der eigenen Position können vielleicht als Kennzeichen einer Herrschaftspraxis gelten, die sich noch nicht auf eine Staatlichkeit im modernen Sinne berufen kann und die Mühe bekundet, ihre Erlasse durchzusetzen.[117]

Allerdings fällt die Schärfe der Auseinandersetzungen im Falle Mülhausens auf. Sie erklärt sich mit der besonderen Stellung der beteiligten Eidgenossen. Als Parvenüs innerhalb des komplizierten oberrheinischen Machtgefüges besassen sie keine Legitimation, welche mit einer adligen Herrschaft vergleichbar wäre. Deswegen glichen die Schweizer diesen Mangel durch eine hohe Gewaltbereitschaft und eine plakative, von ihnen selbst gestaltete Religiosität aus. Gleichzeitig präsentierten sie sich als Konkurrenten derjenigen Adligen, die ihrem «Schutzauftrag» nicht mehr nachkamen. Damit erreichten sie, dass sich die Edlen mit ihnen auf dem Feld der Ehre messen mussten, obwohl eine derartige Konkurrenz aufgrund des Standesunterschiedes eigentlich von vornherein ausgeschlossen war.[118] Dennoch konnten sich die Adligen einer derartigen Herausforderung nicht entziehen, und sie befanden sich erst noch in der unangenehmen Situation desjenigen, der provoziert wurde: Wichen sie dem Affront aus, galten sie als Feiglinge, nahmen sie den Fehdehandschuh auf, so stand ihnen eine Auseinandersetzung bevor, bei der selbst bei einem Sieg keine Lorbeeren zu gewinnen waren, da es sich bei den Eidgenossen nicht um standesgemässe Gegner handelte. Es war diese Vermischung von Ehrhandel und ständischem Konflikt, die das «Schimpfen» und «Schirmen» am Oberrhein zu einer derart ernsten Angelegenheit für Mülhausen werden liess.

---

117 Vgl. dazu jetzt Jürgen Schlumbohm, Gesetze, die nicht durchgesetzt werden – ein Strukturmerkmal des frühneuzeitlichen Staates?, in: *Geschichte und Gesellschaft* 23 (1997), S. 647–663.
118 Ein bekanntes Beispiel für Provokationen seitens der Eidgenossen ist ihr Verhalten während des Sundgauerzugs 1468, als sie den Adligen auf dem sogenannten «Ochsenfeld» eine Schlacht anboten; letztere weigerten sich aber, gegen die Eidgenossen anzutreten (Diebold Schilling, *Die Berner Chronik des Diebold Schilling 1468–1484*, hrsg. von Gustav Tobler, 2 Bde., Bern 1897/1901, Bd. 1, Kapitel 19, S. 25f.).

Bibliographie

Thomas D. Albert, *Der gemeine Mann vor dem geistlichen Richter. Kirchliche Rechtsprechung in den Diözesen Basel, Chur und Konstanz vor der Reformation*, Stuttgart 1998.

Gadi Algazi, *Herrengewalt und Gewalt der Herren im späten Mittelalter. Herrschaft, Gegenseitigkeit und Sprachgebrauch* (Historische Studien Bd. 17), Frankfurt/New York 1996.

Wilhelm Baum, *Sigmund der Münzreiche. Zur Geschichte Tirols und der habsburgischen Länder im Spätmittelalter*, Bozen 1987.

Heinrich von Beinheim, Die Chroniken 1365–1452, samt Fortsetzung 1465–1473, in: *Basler Chroniken* Bd. 5, Leipzig 1895, S. 329–472.

Thomas A. Brady, *Turning Swiss. Cities and Empire 1450–1550*, Cambridge Mass. 1985.

Breisacher Reimchronik über Peter von Hagenbach, hrsg. von Franz Josef Mone, in: *Quellen zur Badischen Landesgeschichte*, Bd. 3, Karlsruhe 1863, S. 183–434, S. 681–684 (Nachträge).

Peter Burke, Beleidigung und Gotteslästerung im frühneuzeitlichen Italien, in: ders., *Städtische Kultur in Italien zwischen Hochrenaissance und Barock. Eine historische Anthropologie*, Berlin 1986.

Peter Burschel, *Söldner im Nordwestdeutschland des 16. und 17. Jahrhunderts. Sozialgeschichtliche Studien* (Veröffentlichungen des Max-Planck-Instituts für Geschichte Bd. 113), Göttingen 1994.

Dorothea A. Christ, *Zwischen Kooperation und Konkurrenz. Die Grafen von Thierstein, ihre Standesgenossen und die Eidgenossenschaft im Spätmittelalter*, Zürich 1998.

Fritz Glauser, Ritter und Sandritter. Tendenzen des Rittertums in der Eidgenossenschaft um 1500, in: Norbert Furrer, Lucienne Hubler, Marianne Stubenvoll und Danièle Tosato-Rigo (Hrsg.), *Gente ferocissima. Mercenariat et société en Suisse – Solddienst und Gesellschaft in der Schweiz (15.–19. Jahrhundert). Festschrift für Alain Dubois*, Zürich 1997, S. 167–191.

Erving Goffman, *Stigma. Über Techniken der Bewältigung beschädigter Identität*, Frankfurt am Main 1975.

Valentin Groebner, *Schenck. Geschenke, Korruption und politische Sprache am Oberrhein und in der Eidgenossenschaft vom 14. bis ins 16. Jahrhundert*. Habilitationsschrift Philosophisch-Historische Fakultät der Universität Basel, Basel 1997.

François J. Himly, *Atlas des villes médiévales d'Alsace*, Nancy 1970.

Wolfgang Kaiser, Kaufleute, Makler und Korsaren. Karrieren zwischen Marseille und Nordafrika im 16. und 17. Jahrhundert, in: Ursula Fuhrich-Gruber und Angelus H. Johansen, *Preussen – Deutschland – Westeuropa – Übersee. Festschrift für Ilja Mieck* (Berliner Historische Forschungen), Berlin 1997, S. 11–32.

Friedrich Kluge, *Etymologisches Wörterbuch der Deutschen Sprache. Bearbeitet von Walter Mitzka*, 20. Auflage Berlin 1967.

Martin H. Körner, *Solidarités financières Suisses au XVIᵉ siècle. Contribution à l'histoire monétaire, bancaire et financière des cantons Suisses et des états voisins* [Thèse Université de Genève], Lausanne 1980.
Martin Körner, Zur eidgenössischen Solddienst- und Pensionendebatte im 16. Jahrhundert, in: Norbert Furrer, Lucienne Hubler, Marianne Stubenvoll und Danièle Tosato-Rigo (Hrsg.), *Gente ferocissima. Mercenariat et société en Suisse – Solddienst und Gesellschaft in der Schweiz (15.–19. Jahrhundert). Festschrift für Alain Dubois*, Zürich 1997, S. 193–203.
Harry Kühnel (Hrsg.), *Bildwörterbuch der Kleidung und Rüstung. Vom Alten Orient bis zum ausgehenden Mittelalter*, Stuttgart 1992.
Niklaus Landolt, *Untertanenrevolten und Widerstand auf der Basler Landschaft im 16. und 17. Jahrhundert* (Quellen und Forschungen zur Geschichte und Landeskunde des Kantons Basel-Landschaft, Bd. 56), Liestal 1996.
Christoph Maier, *Regiment und Rechtschaffenheit: Regelungen des öffentlichen «Benehmens» in Basel 1415–1460*, Lizentiatsarbeit, Historisches Seminar der Universität Basel, Basel 1985.
Guy P. Marchal, *Sempach 1386. Von den Anfängen des Territorialstaates Luzern. Beiträge zur Frühgeschichte des Kantons Luzern. Mit einer Studie von Waltraud Hörsch: Adel im Bannkreis Österreichs*, Basel/Frankfurt am Main 1986.
Guy P. Marchal, Die Antwort der Bauern. Elemente und Schichtungen des schweizerischen Geschichtsbewusstseins am Ausgang des Mittelalters, in: Hans Patze (Hrsg.), *Geschichtsschreibung und Geschichtsbewusstsein im späten Mittelalter* (Vorträge und Forschungen 31), Sigmaringen 1987, S. 757–790.
Guy P. Marchal, Nouvelles approches des mythes fondateurs suisses: L'imaginaire historique des Confédérés à la fin du XVᵉ siècle, in: M. Comina (Hrsg.), *Histoire et belles histoires de la Suisse. Guillaume, Nicolas de Flüe et les autres, des chroniques au cinéma* (Itinera 9/1989), S. 1–24.
Guy P. Marchal, Die «Alten Eidgenossen» im Wandel der Zeiten. Das Bild der frühen Eidgenossen im Traditionsbewusstsein und in der Identitätsvorstellung der Schweizer vom 15. bis ins 20. Jahrhundert, in: *Innerschweiz und frühe Eidgenossenschaft. Jubiläumsschrift 700 Jahre Eidgenossenschaft*, hrsg. vom Historischen Verein der Fünf Orte, 2 Bde., Bd. 2, Olten 1990, S. 309–406.
Guy P. Marchal, «Von der Stadt» und bis ins «Pfefferland». Städtische Raum- und Grenzvorstellungen in Urfehden und Verbannungsurteilen oberrheinischer und schweizerischer Städte, in: Guy P. Marchal (Hrsg.), *Grenzen und Raumvorstellungen 11.–20. Jh. – Frontières et conceptions de l'espace 11ᵉ–20ᵉ siècles* (Clio Lucernensis 3), Zürich 1996, S. 225–266.
Albert W. Matzinger, *Zur Geschichte der niederen Vereinigung*, Zürich 1910.
Albert W. Matzinger, Der Bund Mülhausens mit Basel, in: *Basler Zeitschrift für Geschichte und Altertumskunde* 12 (1913), S. 329–388.
Helmut Maurer, *Schweizer und Schwaben. Ihre Begegnung und ihr Auseinanderleben am Bodensee im Spätmittelalter*, 2., erweiterte Auflage Konstanz 1991.

Helmut Maurer, Formen der Auseinandersetzung zwischen Eidgenossen und Schwaben: Der «Plappartkrieg» von 1458, in: Peter Rück und Heinrich Koller (Hrsg.), *Die Eidgenossen und ihre Nachbarn im Deutschen Reich des Mittelalters*, Marburg an der Lahn 1991, S. 193–214.

Werner Meyer, *Die Löwenburg im Berner Jura. Geschichte der Burg, der Herrschaft und ihrer Bewohner* (Basler Beiträge zur Geschichtswissenschaft 113), Basel/Stuttgart 1968.

Philippe Mieg, La politique de Mulhouse au temps des deux greffiers Gamsharst (1486–1529), in: *Bulletin du Musée Historique de Mulhouse* 67 (1959), S. 17–70 [Teil 1]; 68 (1960), S. 5–66 [Teil 2]; 69 (1961), S. 5–79 [Teil 3]; 70 (1962), S. 5–92 [Teil 4]; 71 (1963), S. 5–105 [Teil 5].

Peter Moraw, Zur Verfassungsposition der Freien Städte zwischen König und Reich, bes. im 15. Jahrhundert, in: *Res publica. Bürgerschaft in Stadt und Staat*. Tagung der Vereinigung für Verfassungsgeschichte in Hofgeismair, 30./31. März 1987 (= Der Staat, Beiheft 8). Berlin 1988, S. 11–66.

Marysia Morkowska, *Vom Stiefkind zum Liebling. Die Entwicklung und Funktion des europäischen Schweizerbildes bis zur Französischen Revolution*, Zürich 1997.

Xavier Mossmann, *Cartulaire de Mulhouse*, 6 volumes, Strasbourg/Colmar 1883–1890.

Daniel Nordman, *Frontières de France. De l'espace au territoire, XVIe–XIXe siècles*, Paris 1998.

Gottlieb Friedrich Ochsenbein (Hrsg.), *Die Urkunden der Belagerung und Schlacht von Murten*, Freiburg im Üechtland 1876.

Peter Ochsenbein, Beten ‹mit zertanen armen› – ein alteidgenössischer Brauch, in: *Schweizerisches Archiv für Volkskunde* 75 (1979), S. 129–172.

Peter Ochsenbein, *Das Grosse Gebet der Eidgenossen. Überlieferung – Text – Form und Gehalt* (Bibliotheca Germanica 29), Bern 1989.

Hans Conrad Peyer, Die wirtschaftliche Bedeutung der fremden Dienste für die Schweiz vom 15. bis zum 18. Jahrhundert, in: ders., *Könige, Stadt und Kapital*, Zürich 1982, S. 219–231.

Osvaldo Raggio, Costruzione delle fonti e prova: Testimoniali, possesso e giurisdizione, in: *Quaderni storici* 31 (1996), N. S. 91, April 1996, S. 135–152.

Gerd Reinhold, Siegfried Lamnek und Helga Recker, *Soziologie-Lexikon*, München/Wien 1991.

Christine Reinle, Zur Rechtspraxis gegenüber Homosexuellen. Eine Fallstudie aus dem Regensburg des 15. Jahrhunderts, in: *Zeitschrift für Geschichte* 44 (1996), S. 307–326.

Hermann Romer, *Herrschaft, Reislauf und Verbotspolitik. Beobachtungen zum rechtlichen Alltag der Zürcher Solddienstbekämpfung im 16. Jahrhundert* (Zürcher Studien zur Rechtsgeschichte 28), Zürich 1995.

Lyndal Roper, *Das fromme Haus. Frauen und Moral in der Reformation*, Frankfurt am Main/New York 1995.

Josef Rosen, *Finanzgeschichte Basels im späten Mittelalter, Gesammelte Beiträge 1971–1987*, mit einem Vorwort von Walter L. J. Rosen, Stuttgart 1989.

Roger Sablonier, Innerschweizer Gesellschaft im 14. Jahrhundert. Sozialstruktur und Wirtschaft, in: *Innerschweiz und frühe Eidgenossenschaft. Jubiläumsschrift 700 Jahre Eidgenossenschaft,* hrsg. vom Historischen Verein der Fünf Orte, 2 Bde., Bd. 2, Olten 1990, S. 11–236.

Diebold Schilling, *Die Berner Chronik des Diebold Schilling 1468–1484,* hrsg. von Gustav Tobler, 2 Bde., Bern 1897/1901.

Jürgen Schlumbohm, Gesetze, die nicht durchgesetzt werden – ein Strukturmerkmal des frühneuzeitlichen Staates?, in: *Geschichte und Gesellschaft* 23 (1997), S. 647–663.

Hans Joachim Schmidt, Grenzen in der mittelalterlichen Kirche. Ekklesiologische und juristische Konzepte, in: Guy P. Marchal (Hrsg.): *Grenzen und Raumvorstellungen (11.–20. Jh.) – Frontières et conceptions de l'espace (11ᵉ–20ᵉ siècles)* (Clio Lucernensis 3), Zürich 1996, S. 137–162.

Wolfram Schneider-Lastin und Helmut Puff, Und solt man alle die so das tuend verbrennen, es bliben nit funffzig mannen jn Basel. Homosexualität in der deutschen Schweiz im Spätmittelalter, in: Helmut Puff (Hrsg.), *Lust, Angst und Provokation. Homosexualität in der Gesellschaft,* Göttingen/Zürich, 1993, S. 79–103.

Tom Scott, *Regional Identity and Economic Change. The Upper Rhine, 1450–1600,* Oxford 1997.

Claudius Sieber-Lehmann, *Spätmittelalterlicher Nationalismus. Die Burgunderkriege am Oberrhein und in der Eidgenossenschaft* (Veröffentlichungen des Max-Planck-Instituts für Geschichte Nr. 116), Göttingen 1995.

Claudius Sieber-Lehmann, Regna colore rubeo circumscripta. Überlegungen zur Geschichte weltlicher Herrschaftsgrenzen im Mittelalter, in: Guy P. Marchal (Hrsg.): *Grenzen und Raumvorstellungen (11.–20. Jh.) – Frontières et conceptions de l'espace (11ᵉ–20ᵉ siècles)* (Clio Lucernensis 3), Zürich 1996, S. 79–92.

Claudius Sieber-Lehmann und Thomas Wilhelmi, *In Helvetios – Wider die Kuhschweizer. Fremd- und Feindbilder von den Schweizern in antieidgenössischen Texten aus der Zeit von 1386 bis 1532* (Schweizer Texte, Neue Folge, Bd. 13), Bern/Stuttgart/Wien 1998.

Katharina Simon-Muscheid, *Basler Handwerkszünfte im Spätmittelalter. Zunftinterne Strukturen und innerstädtische Konflikte,* Phil. Diss. Basel 1988.

Katharina Simon-Muscheid, «Schweizergelb» und «Judasfarbe». Nationale Ehre, Zeitschelte und Kleidermode um die Wende vom 15. zum 16. Jahrhundert, in: *Zeitschrift für Historische Forschung* 22 (1995), S. 317–343.

Lucien Sittler, *La décapole alsacienne des origines à la fin du Moyen Age* (Publications de l'Institut des Hautes Etudes Alsaciennes XII), Strasbourg/Paris 1955.

Charles Tilly, War making and state making as organized crime, in: Peter B. Evans, Dietrich Rueschmeyer und Theda Skocpol (Hrsg.), *Bringing the state back in,* Cambridge 1985, S. 169–191.

Michael Toch, Schimpfwörter im Dorf des Spätmittelalters, in: *Mitteilungen des Instituts für österreichische Geschichtsforschung* 101 (1993), S. 311–327.

Claudia Ulbrich, *Leibherrschaft am Oberrhein im Spätmittelalter* (Veröffentlichungen des Max-Planck-Instituts für Geschichte 58), Göttingen 1979.
Urkundenbuch der Stadt Basel, 11 Bde., Basel 1890–1910.
Verfasserlexikon. Die deutsche Literatur des Mittelalters, hrsg. von Kurt Ruh, in Zusammenarbeit mit Gundolf Keil, 2. Auflage Berlin/New York 1977ff.
Elisabeth Wechsler, *Ehre und Politik. Ein Beitrag zur Erfassung politischer Verhaltensweisen in der Eidgenossenschaft (1440–1500) unter historisch-anthropologischen Aspekten*, Zürich 1991.
Brigitte Maria Wübbeke, *Das Militärwesen der Stadt Köln im 15. Jahrhundert* (Vierteljahresschrift für Sozial- und Wirtschaftsgeschichte Beiheft 91), Stuttgart 1991.
Leo Zehnder, *Volkskundliches in der älteren schweizerischen Chronistik* (Schriften der Schweizerischen Gesellschaft für Volkskunde 60), Basel 1976.

Der Oberrhein und sein «konfessioneller Grenzverkehr»

Wechselbeziehungen und Religionskonflikte im 16. und 17. Jahrhundert

Wolfgang Kaiser

«Regardons sur le Rhin. Un petit pays, divisé contre lui-même, tronçonné, segmenté en cent morceaux divers. Une mosaïque, et dont les cubes, disjoints, jouent et se désagrègent.» Für Lucien Febvre gleicht die Landschaft am Oberrhein im Spätmittelalter und in der frühen Neuzeit einem Flickenteppich kleinräumiger Herrschaften – «du billon de souverains».[1] Die österreichischen «Vorlande»[2] bildeten wohl eine politische Klammer über den Rhein hinweg und erschienen als mögliche Basis für die Bildung eines grösseren Territorialstaats. Im Oberelsass und im Breisgau kam es zum Ausbau der Landeshoheit, doch in anderen Teilen der Vorlande blieb es bei Formen der indirekten Einflussnahme, die man als den Versuch der Habsburger charakterisiert hat, ein «nichtterritoriales Herrschaftssystem» zu schaffen.[3]

Diese unterschiedliche Intensität des herrschaftlichen Zugriffs kennzeichnet auch andere Formen der Kooperation am Oberrhein zwischen relativ selbständigen Partnern: die defensiven Bündnisse, «Schirmwerke» oder «Landsrettungen» wie etwa die 1474 gebildete «Niedere Vereinigung» zwischen oberrheinischen Reichsstädten und dem Herzog von Österreich oder der elsässische «Zehnstädtebund», der bis ins 17. Jahrhundert über-

---

1 Albert Demangeon und Lucien Febvre, *Le Rhin. Problèmes d'histoire et d'économie*, Paris 1935, S. 115, 109.
2 Die Landgrafschaft Breisgau mit Freiburg, die vier Waldstädte am Hochrhein, das Fricktal, die habsburgischen Besitzungen im Elsass, Österreichisch-Schwaben und Vorarlberg.
3 Volker Press, Vorderösterreich in der habsburgischen Reichspolitik des späten Mittelalters und der frühen Neuzeit, in: Volker Press und Hans Maier (Hrsg.), *Vorderösterreich in der frühen Neuzeit*, Sigmaringen 1989, S. 1–41, hier S. 16. Siehe auch Karl Siegfried Bader, *Der deutsche Südwesten in seiner territorialstaatlichen Entwicklung*, Stuttgart 1950, Ndr. Sigmaringen 1978. Georges Bischoff, *Gouvernés et gouvernants en Haute-Alsace à l'époque autrichienne. Les états des pays des origines au milieu du XVIe siècle*, Strasbourg 1982.

dauerte.⁴ Neben den spätmittelalterlichen Ansätzen einer monetären Zusammenarbeit gelten diese Bündnisse als Beleg für ein regionales Zusammengehörigkeitsgefühl in einer herrschaftlich zersplitterten oberrheinischen «Landschaft».⁵ Die Allianzen waren freilich unterschiedlicher Natur. Da seit der Goldenen Bulle von 1356 nur Landfriedensbünde als rechtens galten, mussten die Städte, deren Bünde gegen die Fürsten im 13. und 14. Jahrhundert besiegt worden waren, mit Rittern und Fürsten zusammenarbeiten. Im 15. Jahrhundert waren Bündnisse zwischen Fürsten, Rittern und Städten ein wichtiger Bestandteil des kaiserlichen Herrschaftssystems.⁶ Im schweizerischen Raum hingegen manifestierte sich in den Bündnissen zwischen Städten und ländlichen Orten der Widerstand gegen den Adel und die Machtansprüche der Habsburger, ein Herrschaftskonzept, das sich angesichts der dominierenden Gesellschaftskonzeptionen als drittständisch definieren musste und im 15. und 16. Jahrhundert in der sozialen und politischen Drohung des «Schweizerwerdens» in den Quellen deutlich fassbar wird.⁷

Die zwiespältige Rolle der Städte wird deutlich in den grossen Bewegungen des 16. Jahrhunderts, im Bauernkrieg und in der Reformation. Die Städte als nichtadlige, drittständische Kraft mit ihrer überlegenen Informationsökonomie bildeten ein Koordinatensystem des politischen Handelns. Die «Bruderschaften» der sundgauischen, breisgauischen und markgräflichen Bauern wandten sich ebenso an Strassburg, Basel oder Offenburg wie ihre geistlichen und weltlichen Herren. So vermittelten Strassburg und

---

4 Zu den Bündnissen in der zweiten Hälfte des 15. Jahrhunderts siehe Claudius Sieber-Lehmann, *Spätmittelalterlicher Nationalismus. Die Burgunderkriege am Oberrhein und in der Eidgenossenschaft* (Veröffentlichungen des Max-Planck-Instituts für Geschichte, 116), Göttingen 1995, S. 95–118. Zum Zehnstädtebund vgl. Lucien Sittler, *La Décapole alsacienne des origines à la fin du Moyen Age*. Strasbourg 1955; Ders., Der Elsässische Zehnstädtebund, seine geschichtliche Eigenheit und seine Organisation. In: *Esslinger Studien* 10 (1964) S. 59–77.
5 Tom Scott, *Regional Identity and Economic Change. The Upper Rhine, 1450–1600*, Oxford 1997, S. 282–285.
6 Thomas A. Brady Jr., *Turning Swiss. Cities and Empire, 1450–1550* (Cambridge Studies in Early Modern History), Cambridge usw. 1985. Siehe auch Georg Schmidt, *Der Städtetag in der Reichsverfassung. Eine Untersuchung zur korporativen Politik der Freien und Reichsstädte in der ersten Hälfte des 16. Jahrhunderts*, Stuttgart 1984.
7 Thomas A. Brady Jr., Villes et édifications de l'Etat dans la zone germano-suisse de la «ceinture urbaine», in: Peter Blickle (Hrsg.), *Résistance, représentation et communauté* (Les origines de l'Etat moderne en Europe, hg. von Wim Blockmans und Jean-Philippe Genet), Paris 1998, S. 314–333, hier S. 316.

Basel den Ausgleich zwischen dem badischen Markgrafen und seinen bäuerlichen Untertanen, wobei das eidgenössische Basel als neutraler Verhandlungsort für den Abschluss des Friedens (13. September 1525) diente.[8] Zugleich wurden auch die Grenzen ihrer Vermittlerrolle deutlich. Einerseits galten dem Adel die Stadtbürger sozial den Bauern gleichgestellt und als heimliche Verbündete der Aufständischen: Mülhausen stünde mit den bäuerischen Aufrührern von Habsheim im Bunde und habe ihnen als Fluchtort gedient, lautete der Vorwurf der sundgauischen Herren.[9]

Andererseits waren die Städte selber Herren, herrschten über Untertanengebiete, deren Bevölkerung die städtische oft bei weitem übertraf, und unterschieden sich insofern kaum von anderen Territorien.[10] Der Basler Rat fürchtete nichts mehr als den Zusammenschluss der verschiedenen Bauernhaufen. Die «friedliche Beilegung» Basels mit seinen eigenen aufrührerischen Untertanen auf der Landschaft war eine Voraussetzung dafür, andernorts als Vermittler aufzutreten und dort letztlich dazu beizutragen, die Bauernbewegungen zu schwächen. Nur in der Funktion, die Bauernhaufen hinzuhalten, akzeptierten die vorderösterreichische Regierung in Ensisheim und der Adel im Elsass und im Breisgau die Städte – nicht jedoch wirklich als Vermittler. Hier spielten die soziale Abgrenzung des Adels gegenüber den Stadtbürgern und die politische Geringschätzung der Städte, im Fall Basels und Mülhausens sicherlich auch das Ressentiment gegenüber den Schweizern, eine wesentliche Rolle.[11]

Der Beitritt Basels zur Eidgenossenschaft (1501) und Mülhausens Abkehr vom elsässischen Zehnstädtebund und Bündnis mit Basel (1506) sowie die Bindung an die Eidgenossenschaft als sechster «zugewandter Ort» (1515) waren einerseits eingebettet in überkommene politische Handlungsmuster und in längerfristige Tendenzen: das Bestreben der Basler, sich ihres bischöflichen Herrn zu entledigen, und die Suche Mülhausens nach

---

8 Berthold Sütterlin, *Geschichte Badens*, Bd. 1, 2. Aufl. Karlsruhe 1968, S. 322–352. Vgl. auch Karl Hartfelder, *Zur Geschichte des Bauernkriegs in Südwestdeutschland*, Stuttgart 1884.
9 Matthias Graf, *Geschichte der Stadt Mühlhausen und der Dörfer Illzach und Modenheim im obern Elsasse*, 2 Bde., Mülhausen 1819–1826, Bd. 2, S. 30–33.
10 Diesen Gesichtspunkt unterstreicht Brady, Villes, S. 314–315.
11 Heinrich Ryhiner, *Chronik des Bauernkrieges* (1525) [Basler Chroniken 6], Leipzig 1902, S. 461–524; Hartfelder, *Geschichte*. Siehe jetzt auch Niklaus Landolt, *Untertanenrevolten und Widerstand auf der Basler Landschaft im 16. und 17. Jahrhundert* (Quellen und Forschungen zur Geschichte und Landeskunde des Kantons Basel-Landschaft, 56), Liestal 1996.

einem wirksamen Schutz seiner reichsstädtischen Freiheiten gegenüber kaiserlichen und adligen Machtansprüchen.[12] Andererseits wurde dieses «Schweizerwerden» vom habsburgisch-österreichischen Adel als soziale und politische Kampfansage gewertet. Die Beschwörung des «ewigen Bündnisses» war in Mülhausen begleitet von einem «Feder- und Trommelkrieg» der Anhänger der österreichischen und der eidgenössischen Partei: junge Gesellen mit einer Pfauenfeder am Hut zogen mit «deutschem Trommelschlag» durch die Stadt und äusserten ihren Unmut über die Zuwendung zur Eidgenossenschaft, deren Parteigänger, mit Straussenfedern geschmückt, ihnen mit «schweizerischem Trommelschlag» antworteten. Schon das Bündnis mit Basel hatte zu einem Kleinkrieg mit Schmähungen und Drohungen in den Tavernen und Läden des Sundgaus geführt. Den Bürgermeister und den Stadtschreiber von Mülhausen wollte man «klätschen», denn sie seien «meyneidige Bösewichte»; in Thann drohte ein Junker in der Herberge zum Schlüssel, er wolle bald einen von Mülhausen «ufnesteln» und ein Bürger von Habsheim nannte in der Metzgerei die Mülhausener «erkaufte und erbettelte Schweizer».[13]

Dabei bedeutete die politische Umorientierung zunächst keineswegs eine klare Abkehr vom Reich: Basel und Schaffhausen ebenso wie die zugewandten Orte Mülhausen und St. Gallen wurden nicht aus der Reichsmatrikel gestrichen und weiter zur Türkensteuer veranlagt, die das Reichskammergericht bis 1548 anmahnte.[14] Dem «zugewandten Ort» Mülhausen

---

12 Zu Absprachen zum Verhalten gegenüber kaiserlichen Steuerforderungen durch Basel und Mülhausen siehe zum Beispiel Staatsarchiv Basel-Stadt (StBS), Mülhausen A 1, Nr. 27 (1524). Andreas Ryff, «Circkell der Eidgnoschaft»; eine handschriftliche Kopie aus dem achtzehnten Jahrhundert befindet sich in der Universitätsbibliothek Basel (H.I 6). Teilabdruck der Mülhausen betreffenden Passagen durch E. Meininger, *Une chronique suisse inédite du XVIe siècle*, Basel 1892, hier S. 23–26.

13 Graf, *Geschichte*, Bd. 1, S. 315, 290–291, basierend auf (den von ihm edierten bzw. neu herausgebrachten) Geschichten von Jacob Henric-Petri, *Der Statt Mülhausen Geschichten* (1628), ed. M. Graf, Mülhausen 1838; id., *Der Statt Mülhausen Historien*, Mülhausen 1896; Jules Lutz, *Illzacher Chronik*, Rappoltsweiler 1898. Siehe zu diesem Komplex insbesondere den Beitrag von Claudius Sieber-Lehmann im vorliegenden Band.

14 *Amtliche Sammlung der ältern eidgenössische Abschiede* [= EA], bearbeitet von K. Derschwanden, J. Krütli und J. Strickler, Bern 1861–1886, Bd. IV, 1, S. 188. *Aktensammlung zur Geschichte der Basler Reformation in den Jahren 1519 bis Anfang 1534* [= ABR], hg. von Eugen Dürr und Paul Roth, 6 Bde., Basel 1921–1950, Bd. 5, S. 171, 180. Der Chronist Johannes Gast notiert im April 1531: «Um das Ungemach voll zu machen, plagte ein Gesandter des Kaisers unsere Regierung mit dem Verlangen, Truppen gegen die Türken zu senden» (*Tagebuch*, S. 137); kaiserliches Mandat vom

wurde im «ewigen Bündnis» von 1515 das Fortbestehen der Bande mit dem Reich ausdrücklich zugesichert, seine Deputierten waren auf den Tagsatzungen ohne beschliessende und beratende Stimme. Doch in die Friedensverträge und Bündnisse mit dem französischen Königreich waren die Mülhauser fortan eingeschlossen und an den eidgenössischen Deputationen beteiligt.[15]

Mülhausen befand sich freilich in bezug auf die Eidgenossenschaft in einer doppelten Randlage: es war eine Enklave im habsburgischen Sundgau und zugleich eine vorgelagerte «Exklave» der Eidgenossen. Dem Aussenstehenden erschien sie als eine Art Vorstadt Basels. Die Subtilitäten der rechtlichen und politischen Position Mülhausens blieben dem aufmerksamen Reisenden und Juristen Michel de Montaigne verborgen, als er am 29. September 1580 zum Abendessen in Mülhausen rastete. Für ihn war die Stadt eine «belle petite ville de Souisse, du quanton de Basle».[16]

Tatsächlich blieb der politische Einfluss Mülhausens auf die Eidgenossenschaft angesichts der lockeren Anbindung als zugewandter Ort gering. Als im Gefolge der sogenannten «Finingerschen Händel» die katholischen Orte der Eidgenossenschaft Mülhausen 1586 die Bündnisbriefe zurückgaben, geriet die Stadt vollends unter die «Vormundschaft» Basels und wurde vom guten Willen der evangelischen Orte abhängig.[17] Den Pressionen des Kaisers im Vorfeld des Dreissigjährigen Krieges konnte sie nur dank der Fürsprache der evangelischen Orte und des Einsatzes des strategischen Bündnispartners der Eidgenossen, des französischen Königs, trotzen.

Auf theologisch-kirchlichem Gebiet weitgehend vom Rat Basels abhängig, lässt sich Mülhausen schwerlich mit Genf als einem «zweiten Rom» und

---

12. Januar 1531 an Basel, St. Gallen und Schaffhausen (ebenda, S. 136 Anm. 38). Julia Gauss, Basels politisches Dilemma in der Reformationszeit, in: *Zwingliana* 15: 7 (1982), S. 509–548.

15 *EA*, Bd. 4, 1a, S. 1103 (5. Mai 1521), 4, 2, S. 1509 (Abkommen mit Karl IX., 7. Dezember 1564–21. Juli 1565), S. 776a (21. Juli 1582), S. 788 (28. November 1582, Delegation in Paris). Siehe Raymond Oberlé, Mulhouse et la Confédération Helvétique à la fin du XVIe et au début du XVIIe siècle, in: *L'Alsace et la Suisse à travers les siècles*, Strasbourg/Paris 1952, S. 139–154, sowie seinen Beitrag im vorliegenden Band.

16 Michel de Montaigne, Journal de voyage en Italie, in: *Œuvres complètes*, hrsg. von Albert Thibaudet und Maurice Rat, Paris 1962, S. 1127.

17 Zu den Finingerschen Händeln siehe jetzt, mit kritischer Beurteilung der älteren Literatur, Thomas Lau, Die Affäre Fininger. Strukturprobleme der Schweiz Ende des 16. Jahrhunderts, dargestellt am Beispiel der Mülhäuser Stadtunruhen des Jahres 1587, in: Mark Häberlein (Hrsg.), *Devianz, Widerstand und Herrschaftspraxis in der Vormoderne. Studien zu Konflikten im südwestdeutschen Raum (15.–18. Jahrhundert)* [Konflikte und Kultur – Historische Perspektiven, 2], Konstanz 1999, S. 227–248.

der Hauptstadt des europäischen Calvinismus vergleichen. Ähnliches gilt für die wirtschaftliche Bedeutung Mülhausens zu Beginn der Neuzeit. Anders als Genf, das im 15. Jahrhundert als Finanzplatz und als Umschlagplatz im Fernhandel zwischen Nord- und Südeuropa europäischen Rang hatte und diesen in der frühen Neuzeit zumindest in bestimmten Sektoren wie dem Seidengewerbe, zum Teil auch dem Getreidehandel behauptete, spielte Mülhausen im oberrheinischen Raum zumindest bis zum 18. Jahrhundert nur eine untergeordnete Rolle.[18] Mülhausens Lage am Rand der Eidgenossenschaft lässt sich in dieser historischen Konfiguration schwerlich aus der Binnenperspektive betrachten, sondern nur im Rahmen der Wechselbeziehungen am Oberrhein insgesamt, das heisst im Zusammenhang mit der Zentralität und der Grenzlage Basels.

Die Hinwendung Basels und Mülhausens zur Eidgenossenschaft erscheint erst im nachhinein, durch die erfolgreiche historische Verfestigung dieser Bindung, als wirklicher Wendepunkt. Den Chronisten und Kosmographen des 16. Jahrhunderts wie Sebastian Franck, Willibald Pirckheimer oder Sebastian Münster galt zwar die Tatsache, dass Basel 1501 «vom Reich zu den Schweizern gefallen» war und Mülhausen 1515 als «zugewandter Ort» Anschluss an die Eidgenossenschaft fand, als einschneidender politischer Schritt. Gleichzeitig schlossen jedoch Franck und Münster die Schweizer weiterhin in die «Teutsche Nation» ein: «Heluetia: das ist: Schweytzer land oder Eydtgenoschaft / die erst prouentz Teütscher nation / so an beyden Welschen laendern Italiam vnnd Galliam stoßt.»[19]

Das «Welschlandt» bildete auch für die Basler Chronisten des 16. Jahrhunderts die äussere Grenze ihres Erfahrungsraums. Ihr Gesichtskreis war durch eine Doppelperspektive gekennzeichnet: einerseits der Blick auf die politischen Beziehungen zu den eidgenössischen Orten, andererseits die Orientierung auf die nördlichen Vorlande, das traditionelle Einflussgebiet

---

18 Liliane Mottu-Weber, *Economie et Refuge à Genève au siècle de la Réforme: La draperie et la soierie (1540–1630)*, Genève 1987; Anne-Marie Piuz und Liliane Mottu-Weber, *L'économie genevoise, de la Réforme à la fin de l'Ancien Régime*, Genève 1990, S. 90, 258–259, 376–377; zu den ökonomischen Beziehungen zwischen Genf und Mülhausen im 18. Jahrhundert siehe den Beitrag von Liliane Mottu-Weber im vorliegenden Band.

19 Sebastian Franck, *Chronica des gantzen Teütschen lands / aller Teütschen voelcker herkommen...*, s.l. 1536, fol. ccxxiiijvo («Basel und Mülhausen wirt Schweitz»), fol. cclxxvre («In dissem jare ist eine grosse teürung in Teutsch landen / vnnd Basel vom Reich zu den Schweitzern gefallen»); Willibald Pirckheimer, *Bellum Suitense*, hrsg. von K. Rück, München 1895, lb. 2, cap. 8, § 17–20. Sebastian Franck, *Weltbuoch*, Tübingen 1534, fol. xxiijvo–xxvire; Sebastian Münster, *Cosmographei*, Basel 1550, Drittes Buch.

Basels.[20] Der Sundgau und das Elsass waren – ein Gemeinplatz der schweizerischen Chronistik – «der Helvetier Weinkeller und Kornkammer», der Sundgau gar die «Weide» der Basler, «dann sy zuom teil nüt lidenn mögen, das inenn ein frömbde khuo uff die weide zieche»[21], während die Basler Klöster und Bürger in den rechtsrheinischen Gebieten bis zum Schwarzwald, einst «der Helvetier Wildnis»,[22] Herrschaften, Grundbesitz und Gefälle besassen. Dieses bis nach Strassburg reichende Gebiet galt dem Basler Geistlichen Johannis Knebel in der zweiten Hälfte des 15. Jahrhunderts als seine «patria» – als vertrauter Lebensraum.[23]

Mülhausen lag im noch unmittelbaren Naheinzugsbereich, in dem der Kaufmannssohn Andreas Ryff in den 1550er Jahren schon im Alter von sieben bis zehn Jahren an der Hand seines Vaters die Jahrmärkte bereiste.[24] Für Mülhausen, das um 1500 um 2000 Einwohner zählte, war Basel (obschon selbst nur eine Mittelstadt mit etwa 10 000 Einwohnern, weniger als der Hälfte der Bevölkerung von Strassburg) die Stadt schlechthin, mit der man Handel und Geldgeschäfte trieb, um deren Bürgerrecht die Angehörigen der städtischen Elite nachsuchten und an deren Universität sie studiert hatten. Umgekehrt wurden Basler Söhne und Töchter in die Mülhauser Klöster geschickt, hatte der Komtur der Deutschherren von

---

20 Friedrich Meyer, *Die Beziehungen zwischen Basel und den Eidgenossen in der Darstellung der Historiographie des 15. und 16. Jahrhunderts* (Basler Beiträge zur Geschichtswissenschaft, 39), Basel 1951.

21 Fridolin Ryff, *Chronik* (1514–1541), fortgesetzt von Peter Ryff (1543–85) [Basler Chroniken, 1], Leipzig 1872, S. 53 («Elsesz, Sungow und Margroffen Land»), 162 («Welschlandt, nydren und obern Elsesz, Basel»); S. 173 («Dann sy zuom teil nüt lidenn mögen, das inenn ein frömbde khuo uff die weide zieche, dan das Sungow und Elsas der Helvetier Keller und Kasten gennenet werden»). Weitere Belege bei Meyer, *Beziehungen*, sowie bei Leo Zehnder, *Volkskundliches in der älteren schweizerischen Chronistik* (Schriften der Schweizerischen Gesellschaft für Volkskunde, 60), Basel 1976.

22 Christian Wurstisen, *Basler Chronik* (1580), fortgeführt von Daniel Bruckner (1580–1620), Ndr. der Ausgabe den Daniel Bruckner (1765), 3. Aufl. Basel 1883, S. 49–50. Zu den frühneuzeitlichen Kosmographen und Historiographen siehe Gerald Strauss, *Sixteenth-Century Germany. Its Topography and Topographers*, Madison 1959; Erich Kleinschmidt, *Stadt und Literatur in der Frühen Neuzeit. Voraussetzungen und Entfaltung im südwestdeutschen, elsässischen und schweizerischen Städteraum* (Literatur und Leben, N.F. 22), Köln/Wien 1982.

23 *Johannis Knebel capellani ecclesiae Basiliensi Diarium*, hrsg. von W. Vischer, H. Boos, A. Bernouilli (Basler Chroniken, 2–3), Leipzig 1880, 1887, S. 1–271, Bd. 2, S. 84, 6f. («de tota patria ab Argentina per totam Alsaciam, Suntgaudium, Brisgaudium et de Nigra Silva»).

24 Andreas Ryff, Reisebüchlein (Reiss Biechlein), hrsg. von Friedrich Meyer, in: *Basler Zeitschrift für Geschichte und Altertumskunde* [= BZGA] 72 (1972), S. 5–136, hier S. 29.

Mülhausen eine Residenz in Basel, waren die Basler Geistlichen und der Basler Rat gleichsam natürliche Ratgeber in kirchlichen und politisch-rechtlichen Fragen.

In den Verhandlungen mit den eidgenössischen Orten vor dem Beitritt im Jahr 1501 pries sich Basel damit an, einen «Schlüssel der Eidgenossenschaft» bilden zu können:

> Sol [...] daby bedacht werden, was vnd wie vil gemeiner eydgenosschaft an einer statt Basel vnd Irem land vnd lüten ist gelegen, vnd das die ein Thore vnd Ingang wirt sin kauffs vnd verkouffs vnd aller gewerb vnd gemeinschaft der nidern orten, ouch was sy an Ir selbs vermag mit ir starken statt, die sich offnet in das Suntgow, Brißgow vnd Elsaß [...]. Ouch ist daby nit zu vergessen, das ein statt Basel ein ganzen Ingang an die vier stette des Rynns zu beden syten, wo es die not vordert, mag geben vnd sy ouch damit, ouch an schwarzwald vnd was darumb, ouch was ihensits des Ryns ligt gezwungen werden veillen kouff vnd den gewerben fürgang zu lassen [...].[25]

Basel wucherte also mit dem Pfund, dass die Stadt bestimmte zentralörtliche Funktionen, auch über Grenzen hinweg, erfüllen konnte, zugleich Zentralort und Grenzstadt sein würde. Die Stadt war eingebettet in den interregionalen Handel, in das System der Messen und Plätze, und ein wichtiger Bankenplatz für die regionalen Herrscher wie den Fürstbischof von Basel, den Herzog von Württemberg oder den Markgrafen von Baden, aber auch für den französischen König.[26] Das nördliche Umland sicherte die Versorgung Basels und war das Dienstbotenreservoir für die Basler Bürger. Im Gegenzug wurde den Sundgauern freier Zuzug in die Stadt gewährt, wurden die unmittelbar vor den Toren der Stadt liegenden markgräflichen Dörfer wie Haltingen oder Weil von Basler Einfuhrzöllen befreit.

Basel war der Markt und das Zentrum einer asymmetrisch strukturierten «Regio»: rechts- und linksrheinisch ausgerichtet auf Basel, mit intensiveren Verbindungen ins Elsass.[27] Im Umkreis einer Tagesreise war die regionale Marktdominanz Basels angesichts der städtearmen Markgrafschaft und der sehr viel kleineren elsässischen Städte unbe-

---

25 «Abscheid des gehalten tags zwüschen gemeiner Eidtgenoschaft vnd der Statt Basel» (21. März 1501), *EA*, Bd. 3.2, S. 105–106.

26 Martin Körner, *Solidarités financières suisses au XVIe siècle. Contribution à l'histoire monétaire, bancaire et financière des cantons suisses et des états voisins*, Lausanne 1980; Robert Stritmatter, *Die Stadt Basel während des Dreissigjährigen Krieges. Politik, Wirtschaft, Finanzen*. Bern/Frankfurt am Main/Las Vegas 1977. Robert Arzet, Die Geldgeschäfte der badischen Markgrafen mit der Stadt und der Bürgerschaft Basel, in: *Blätter aus der Markgrafschaft* 1919, S. 1–37.

27 Zur Migration siehe Rolf E. Portmann, *Basler Einbürgerungspolitik 1358–1798, mit einer Berufs- und Herkunftsstatistik des Mittelalters* (Basler Statistik, 3), Basel 1979.

stritten.[28] Basel war Gerichtsort auch für die obere Markgrafschaft,[29] und die Stadt übernahm Funktionen und Dienstleistungen für das Umland: der Basler Stadtarzt Felix Platter wurde im 16. Jahrhundert Hausarzt hoher elsässischer, württembergischer und badischer Adliger und bewegte sich in einem ähnlichen Radius wie der Basler Tucher Andreas Ryff im Rahmen seines Lokalhandels.[30] Mülhausen gehörte zu diesem Naheinzugsbereich Basels und war im 16. Jahrhundert in seiner wirtschaftlichen und verkehrsgeographischen Position auch innerhalb des Elsass von nachgeordneter, lokaler und allenfalls regionaler Bedeutung.[31]

Aus einer übergreifenden Perspektive unterschied sich Basel in dieser zwiespältigen Position nicht von anderen oberrheinischen und anderen europäischen Städten – mit dem Pfund der Grenzlage zu wuchern, war im frühneuzeitlichen Europa ein Topos der städtischen politischen Rhetorik. Die Buchdruckerstadt Basel wurde mit der Reformation ein Glied in jener Kette protestantischer Propagandazentren, die von Genf bis Amsterdam den klandestinen Buchmarkt in den katholischen Ländern versorgte. Auf der regionalen und lokalen Ebene wurden für Basel und Mülhausen die Grenzziehungen des 16. und 17. Jahrhunderts durch die konfessionellen Konflikte, das Abdriften der Eidgenossenschaft vom Reich und die Expansion des französischen Königreichs gleichsam aufgeladen, wurde gleichsam das «Ausland nächster Nachbar».[32] Die Grenzen waren stets präsent: Basel befand sich als Zentralort der Regio in einer «ex-zentrischen» Position, Mülhausen als Ex- oder Enklave nicht nur in einer Randlage, sondern «draussen».

28 Ryff, Reisebüchlein; Felix Platter, *Tagebuch (Lebensbeschreibung) 1536–1567*, hrsg. von Valentin Lötscher, Basel/Stuttgart 1976. Zum Basler Einzugsbereich im 15. Jahrhundert siehe Dorothee Rippmann, *Bauern und Städter: Stadt-Land-Beziehungen im 15. Jahrhundert. Das Beispiel Basel, unter besonderer Berücksichtigung der Nahmarktbeziehungen und der sozialen Verhältnisse im Umland* (Basler Beiträge zur Geschichtswissenschaft, 159), Basel/Frankfurt am Main 1990.
29 Seit 1490 konnten Basler Gläubiger und Schuldner aus der Markgrafschaft ihren Streit vor einem markgräflichen Gericht in Basel austragen, Rudolf Wackernagel, Basel und die Markgrafschaft, in: *Badische Heimat* 1923, S. 34–41.
30 Platter, *Tagebuch*, Kap. 8 und 11; Ryff, Reisebüchlein, passim. Martin Körner, Das System der Jahrmärkte und Messen in der Schweiz 1500–1800, in: *Jahrbuch für Regionalgeschichte und Landeskunde* 19 (1993/94), S. 13–34.
31 Raymond Oberlé, *La République de Mulhouse pendant la Guerre de Trente ans*, Strasbourg 1965, S. 270–276.
32 So Eberhard Gothein, Die oberrheinischen Lande vor und nach dem dreissigjährigen Kriege, in: *Zeitschrift für die Geschichte des Oberrheins* [= ZGO] 40 NF 1 (1886), S. 9.

Die politischen und konfessionellen Grenzziehungen waren, und dies gilt nicht nur für die Grenzen am Oberrhein, eine in die Alltagspraxis eingebaute ständige Reibungsfläche. Entscheidend angestossen wurde die historische Dynamik, die zur mehrfachen Umgestaltung der politisch-religiösen Landkarte führte, durch die Auseinandersetzungen um die reformatorischen Lehren. Die Konfessionalisierung ist in einer makrohistorischen Perspektive zum «Fundamentalvorgang» erklärt und als ein untrennbar mit der frühneuzeitlichen Staatsbildung verbundenes, zentrales Element der Modernisierung charakterisiert worden. Zunächst seien Konfessionen herausgebildet, kodifiziert und voneinander abgegrenzt worden, auf die man Bürger und Untertanen verpflichtet habe. Damit habe es einen massiven Territorialisierungsschub, einen Machtzuwachs der Fürsten und der städtischen Obrigkeit gegeben, denen ehemals sakrale Funktionen zugewachsen seien und die disziplinierend in die Lebensführung der ihnen untergebenen Bürger und Bauern eingriffen. Schliesslich sei die Konfessionalität verinnerlicht und in einem spezifischen Sozialverhalten bereits den Zeitgenossen sichtbar geworden.[33]

In diesem Abgrenzungsprozess, so das bittere Fazit von Hugo Grotius, seien aus Christen und Nachbarn Fremde geworden:

> So sehen wir bei uns [in Europa] nicht nur die anderen Europäer als Fremde an, sondern unterscheiden bei den Deutschen überdies zwischen Oberdeutschen und Niederdeutschen. Die Niederdeutschen sind noch untereinander zerstritten durch die Erinnerung an einen erst kürzlich beigelegten Krieges [...]. Ganz zu schweigen von den Rivalitäten zwischen Städten und in den Städten, dem Streit zwischen Stadtvierteln und den Rivalitäten zwischen vornehmen Familien. Genau besehen sehen sich Nachbarn und Verwandte offenbar mehr als Ausländer an als Du während Deines Aufenthalts in Syrien die Italiener oder Spanier. In der Religion ist nach meiner Ansicht das gleiche geschehen: die Unterschiede anfangs der Ansichten und schon bald des Glaubensgefühls haben die Christen den Christen so fremd werden lassen, dass sie füreinander nicht mehr als Christen galten.[34]

Was Grotius Anfang des 17. Jahrhunderts für den niederrheinischen Raum feststellte, war indes das Ergebnis eines langfristigen Prozesses der «Verfeindung». Am Oberrhein gab es zunächst eine längere Phase einer «neuen

---

33 Neuere Überblicke mit der weiteren Literatur: Heinrich R. Schmidt, *Konfessionalisierung im 16. Jahrhundert* (Enzyklopädie deutscher Geschichte, 12), München 1992; Heinz Schilling, *Die Stadt in der frühen Neuzeit* (Enzyklopädie deutscher Geschichte, 24), München 1993, II, 4.

34 Hugo Grotius, *Meletius, sive, De iis quae inter Christianos conveniunt epistola* (Studies in the history of Christian thought, 40), hrsg., übersetzt, kommentiert und eingeleitet von Guillaume H. Posthumus Meyjes, Leiden 1988, S. 75.

Unübersichtlichkeit» mit neuen Zwängen und Optionen und mit durchaus unklaren Perspektiven. Die Übernahmen der neuen Lehre zogen sich über ein halbes Jahrhundert hin (Strassburg, Basel, Mülhausen wurden in den 1520er Jahren evangelisch, die Markgrafschaft Baden 1556, Colmar 1575) und der Übergang war durchaus nicht irreversibel. Erbteilung und Konfessionswechsel des Fürsten (in der Markgrafschaft) sowie die Wirren des Dreissigjährigen Krieges (zeitweilige Rekatholisierung Colmars 1628, lutherische Ausrichtung 1632 unter schwedischer Herrschaft) hielten die konfessionelle Situation über mehr als ein Jahrhundert in Bewegung.

Die ungleichzeitigen und gegenläufigen Entwicklungen brachten Basel und Mülhausen in eine heikle Lage, denn sie waren gleichsam eingeklammert von katholischen Gebieten: Die vorderösterreichischen Besitzungen, Rheinfelden im Osten Basels und der Sundgau, Umland Mülhausens und Basels Nachbar im Nordwesten, blieben katholische Bastionen. Im Süden machte nach dem Landfrieden von 1531 die Rekatholisierung in Solothurn, dem Erzrivalen Basels, rasche Fortschritte. Das Markgräflerland blieb ebenfalls noch katholisch. Markgraf Ernst zeigte zwar Interesse und Sympathien für die neuen Lehren[35], die Reformation wurde aber erst 1556 von seinem Nachfolger nach dem Augsburger Religionsfrieden in der oberen Markgrafschaft eingeführt. Auch im Elsass waren die evangelischen Städte und Herrschaften eingeschlossen in einem katholisch gebliebenen Umland; ihre Situation verbesserte sich kurzfristig durch den zweiten reformatorischen Schub im letzten Drittel des 16. Jahrhunderts.[36]

Die Handlungsmuster in dieser unsicheren Lage blieben dem oben skizzierten, überkommenen Vokabular des politischen Handelns verhaftet, dem Bemühen um Schirm, Burgrechte und Bündnisse, die nunmehr konfessio-

---

35 Er stellte 1531 den Basler Pfarrer zu St. Theodor als Hofprediger an, Johannes Gast, *Tagebuch* (Basler Chroniken 8), hrsg. von Paul Burckhardt, Basel 1945, S. 174; er bat im August 1531 den Basler Rat um «ein Buch eines Spaniers über die Trinität» (die antitrinitarische Schrift des Miguel Servet), Gast, *Tagebuch*, S.175. Dem übersandten Buch war ein Schreiben beigelegt, in dem der Rat betonte, ein Spanier, kein Lutherischer habe das Buch verfasst; es sei nicht in Basel, sondern in Hagenau gedruckt worden, in Abwesenheit des Herrn Oekolampad; der Druck in Basel sei durch den Rat verhindert worden; dem Brief wurde ein negatives Gutachten der Basler Theologen über Servets Schrift beigefügt.

36 Henri Strohl, *Le protestantisme en Alsace*, Strasbourg 1950. Kaspar von Greyerz, *The late City Reformation in Germany: The Case of Colmar, 1522–1628* (Veröffentlichungen des Instituts für Europäische Geschichte Mainz, 98), Wiesbaden 1980. Peter G. Wallace, *Communities and Conflict in Early Modern Colmar, 1575–1730* (Studies in German History), Atlantic Highlands 1995.

nell geprägt waren. Auch das politische Kräfteverhältnis zu Kaiser und Reich sowie zu den Fürsten für die evangelischen Städte bildete weiterhin ein verhaltensleitendes, ja für das Überleben der neuen Lehre entscheidendes Element, das sich mit dem politischen Instrumentarium der städtischen Obrigkeit handhaben liess. Die theologischen Konflikte zwischen den führenden Vertretern reformatorischer Lehren führten allerdings zu neuen Formen der Konfliktregelung – den Religionsgesprächen und Bekenntnissen –, bei denen Kompromisse sehr viel schwieriger zu erreichen waren.[37]

Die spezifischen Formen städtischer Politik und Konfliktaustragung konstituierten somit im 16. Jahrhundert einen politischen Raum mit wechselnden Konturen, in dem die Bündnisbeziehungen den – nicht übereinstimmenden – religiösen und politischen Konfliktlinien folgten. So trat Basel 1529 dem «Christlichen Burgrecht» zwischen Zürich und Bern bei, dem sich auch Mülhausen, Strassburg, Konstanz und Schaffhausen anschlossen.[38] Im «Hessischen Verstand» von 1530 verband man sich mit Landgraf Philipp von Hessen. Doch blieben Basel und die anderen evangelischen Städte der Eidgenossenschaft mit Hinweis auf die Erbeinigung mit dem Hause Österreich (1511) dem 1531 gebildeten «Schmalkaldischen Bund» zwischen evangelischen Reichsstädten und Fürsten fern. Die Strassburger Aufforderung zum Beitritt bezieht schon die periphere Lage der eidgenössischen Städte ein, wenn damit argumentiert wird, dass «die entlegenheit herin kein Verhinderung bringen solt»[39].

Der hier erkennbare Riss zwischen den eidgenössischen Orten und den oberdeutschen Reichsstädten war noch kein endgültiger Bruch.[40] Basel wurde nach der Niederlage des Schmalkaldischen Bundes und der Einführung des Interims zum Zufluchtsort für entlassene Pfarrer und militärische Führer der Evangelischen.[41] Auf religiösem Gebiet versuchte der Bas-

---

37 Max Geiger, *Die Basler Kirche und Theologie im Zeitalter der Hochorthodoxie*, Zürich 1952, Kap.1; Hans Berner, Basel und das Zweite Helvetische Bekenntnis, in: *Zwingliana* 15: 1 (1979), S. 8–39.
38 *ABR*, Bd. 3, S. 383–391 (Beitritt Basels, 3. März 1529). *EA*, Bd. 4, 1b, Beilage 11.
39 *Politische Korrespondenz der Stadt Strassburg*, Bd. 2, hrsg. von Otto Winckelmann, Strassburg 1887, Nr. 14, S. 11.
40 Siehe etwa A. Meister, Ein Gesuch der Stadt Strassburg um Aufnahme in den eidgenössischen Bund, in: *ZGO* NF 9 (1894), S. 638ff.
41 Die Stadt nahm nach der Niederlage der Evangelischen und der Einführung des Interims entlassene Augsburger Prediger und den Feldhauptmann des Bundes, Sebastian Schertlin, in ihren Mauern auf, vgl. Paul Burckhardt, Basel zur Zeit des Schmalkaldischen Krieges, in: *BZGA* 38 (1939), S. 5–104; Rudolf Thommen, Sebastian Schertlin in Basel, in: *Basler Jahrbuch* 1897, S. 226–263.

ler Münsterprediger Simon Sulzer während seines Antistitiums (1553–1585) ein Bindeglied zu schaffen zwischen dem lutherisch ausgerichteten Protestantismus Württembergs und Mömpelgards, Strassburgs und der badischen Markgrafschaft auf der einen Seite und den reformierten helvetischen Orten auf der anderen Seite.[42]

Vor dem endgültigen konfessionellen Auseinanderdriften lag eine längere Phase, in der die wechselnden Fronten und die lange aufrecht erhaltene eigenständige Mittelposition Basels und die räumliche Nähe des konfessionellen Gegners einen Handlungsspielraum eröffneten. Konfessionswechsel, innerprotestantische Kontroversen und Konflikt führten zu einer Art «konfessionellem Grenzverkehr», insbesondere natürlich zu einer Art «Karussell» bei den Pfarrerstellen. In diesem Zusammenhang spielte auch Mülhausen eine Rolle als Alternative und möglicher Fluchtort, allerdings nur als «zweitbeste Wahl» gegenüber den grossen Zentren des Handels oder Buchdrucks, was angesichts der geringeren Möglichkeiten, im kleinen Mülhausen eine Anstellung oder «Nahrung» zu finden, verständlich wird. Auch die Rückkehr zum alten Glauben war möglich. Der ehemaliger Basler Augustinermönch Jakob Augsburger war auf Ökolampads Empfehlung 1526 in Mülhausen Pfarrer geworden. Nach mehreren Jahren evangelischer Predigttätigkeit verliess er im Streit die Stadt, schwor 1533 öffentlich in Ensisheim dem evangelischen Glauben ab und erhielt eine Stelle an der Wallfahrtskirche Mariastein im katholischen Kanton Solothurn. Landsmannschaftliche Bindungen und Freundschaften halfen in anderen Fällen, eine Stelle zu finden. Als der Pastor von Illzach gleichzeitig mit Augsburger seine Pfarrerstelle aufgab und sich in Basel niederliess, kam für ihn der Breisacher Priester Conrad Has, der wegen seiner evangelischen Predigen die Stadt hatte verlassen müssen, ins evangelische Mülhausen – durch Vermittlung des Basler Reformators Oswald Myconius, mit dem Has durch

---

42 Zu Württemberg siehe jetzt Franz Brendle, *Dynastie, Reich und Reformation. Die württembergischen Herzöge Ulrich und Christoph, die Habsburger und Frankreich* (Veröffentlichungen der Kommission für geschichtliche Landeskunde, Reihe B, Bd. 141), Stuttgart 1998; zu Mömpelgard ders., Die «Einführung» der Reformation in Mömpelgard, Horburg und Reichenweier zwischen Landesherrn, Theologen und Untertanen, in: *Württemberg und Mömpelgard. 600 Jahre Begegnung* (Schriften zur südwestdeutschen Landeskunde, 26), hrsg. von Sönke Lorenz und Peter Rückert, Stuttgart 1998, S. 145–167; und Jean-Marc Debard, Die Reformation und die Organisation der evangelisch-lutherischen Kirche in Mömpelgard, in: *Württemberg und Mömpelgard*, S. 121–144.

seinen Freund, den aus Breisach stammenden Basler Pfarrer Johannes Gast, bekannt gemacht worden war.[43]

Die reformatorischen Bestrebungen in Mülhausen hatten sich von Beginn an vor allem an Basel orientiert: die führenden Geistlichen waren zum Teil aus Basel nach Mülhausen geflüchtet, die besonnenen Befürworter der Reformation im Rat hatten in Basel studiert und wurden dort später Bürger. Aber auch die radikalen Bewegungen folgten wie beim Bildersturm von 1528 dem Basler Vorbild.[44] Bei den Beratungen über eine Kirchen- und Zuchtordnung für Mülhausen wurden 1529 die Ordnungen Basels und Strassburgs zum Vergleich konsultiert, und bis auf einen Artikel jeweils derjenige Basels übernommen. Von Genf aus gesehen erschien Théodore de Bèze die «confessio Mylhusianae» als Synonym für das Basler Bekenntnis von 1534.[45]

Spätestens während der Amtszeit Sulzers in Basel und zum Teil ausgelöst durch die Debatte über die Ketzertötung (Hinrichtung Miguel Servets in Genf 1553) kam es zu einer fortschreitenden Entfremdung zwischen Basel, Genf und Zürich. Simon Sulzer wurde im Rahmen seiner Bemühungen um den Erhalt der Verbindungen zwischen den oberdeutschen und den schweizerischen Protestanten auch ausserhalb Basels tätig. Bei Einführung der Reformation in der oberen Markgrafschaft Baden 1556 wurde er zum Superintendenten der Markgrafschaft ernannt, und mehrere Basler erhielten Pfarrerstellen: «Wyr habend uns auch beflyssen, an bemelts Ort an Pärson zeschicken, das Volcks an zefüren mit der Predig des Evangeli, die nebet andern herrlichen Gottes Gaben [...] der Augspurgischer Confession [...] glichfoermig gesinnet», schrieb Sulzer über die Reformation in Lörrach 1556 an den Markgrafen Karl II.[46] Als Vermittler nach Strassburg gerufen, unterzeichnete Sulzer 1563 den Strassburger Konsens, den er als Mittelposition zwischen reformierten und lutherischen Auffassungen sah. Es wird angenommen, dass Sulzer in seinem Bemühen, den Bruch zwischen ober-

---

43 Philippe Mieg, *La Réforme à Mulhouse, 1518–1538*, Strasbourg 1948, S. 131–133.
44 Xavier Mossmann, *Cartulaire de Mulhouse*, 6 Bde., Strasbourg/Colmar 1883–1890, Bd. 5, Nr. 2213, 2214.
45 *Registres de la Compagnie des Pasteurs de Genève*, Bd. 4 (1575–1582), hg. von Olivier Labarthe/Bernard Lescaze, Genève 1974, S. 367 (Brief an die Pastoren von Zürich, 24. März 1581).
46 Gerhard Linder (Hrsg.), *Sulcerana Badensia*, Heidelberg 1886, S. 14–16; ders., *Simon Sulzer und sein Antheil an der Reformation im Land Baden, sowie an den Unionsbestrebungen*, Heidelberg 1890; A. Ludwig, *Die evangelischen Pfarrer des badischen Oberlandes im 16. und 17. Jahrhundert*, Lahr 1934.

deutschen und schweizerischen Städten zu vermeiden, von Kreisen in Basel unterstützt wurde, die am Fernhandel im rheinischen Raum interessiert waren.[47]

Basel unterzeichnete deshalb anders als Mülhausen das Zweite Helvetische Bekenntnis von 1566 nicht. In den letzten Jahren seiner Amtszeit nahm Sulzer eindeutigere prolutherische Positionen ein: 1571 mussten die Basler Geistlichen den Wittenberger Konkord unterzeichnen. Als Superintendent in der oberen Markgrafschaft verlangte Sulzer 1578 die Unterzeichnung der Konkordienformel von den Pastoren.[48] Diese innerprotestantischen Konflikte führten zu Repressionen gegenüber unbotmässigen Geistlichen. So wurde 1581 der Markgräfler Pfarrer Johannes Lind seines Amtes enthoben, weil er sich geweigert hatte, die Konkordienformel zu unterzeichnen. Doch für die Basler und Markgräfler Gegner Sulzers gab es eine Alternative und einen Zufluchtsort in Reichweite: Johannes Lind fand wie schon 1573 der Basler Gegner Sulzers, Heinrich Erzberger, Aufnahme im reformierten Mülhausen und wurde dort nach den Finingerschen Händeln Pfarrer.[49]

Die Gegnerschaft zu Calvin und die Sonderstellung Basels waren auch ein Glücksfall für jene italienischen und savoyardischen Dissidenten wie Curione, Sozzi oder Castellio, die quer zu den protestantischen Hauptströmungen lagen und gezwungen waren, ein unruhiges Leben als «wandernde Christen» zu führen. Trotz Schwierigkeiten mit der Zensur konnten sie während der Amtszeit Sulzers in Basel leben, arbeiten und publizieren – sofern ihre Beherbergung und ihre Aktivitäten nicht zum öffentlichen Konflikt mit anderen evangelischen Orten der Eidgenossenschaft führten.[50]

---

47 Hans R. Guggisberg, *Sebastian Castellio. Humanist und Verteidiger der religiösen Toleranz*, Göttingen 1997, S. 114–115; ders., Das lutheranisierende Basel – Ein Diskussionsbeitrag, in: Hans-Christoph Rublack (Hrsg.), *Die lutherische Konfessionalisierung in Deutschland*, Gütersloh 1992, S. 199–201; Berner, Basel.

48 Amy Nelson Burnett, Simon Sulzer and the Consequences of the 1563 Strasbourg Consensus in Switzerland, in: *Archiv für Reformationsgeschichte* [= ARG] 83 (1992), S. 154–179, hier S. 175 Anm. 72.

49 Kaspar von Greyerz, Basels kirchliche und konfessionelle Beziehungen zum Oberrhein im späten 16. und frühen 17. Jahrhundert, in: *Schweizerisch-deutsche Beziehungen im konfessionellen Zeitalter. Beiträge zur Kulturgeschichte 1580–1650* (Wolfenbütteler Arbeiten zur Barockforschung, 12), Wiesbaden 1984, S. 227–252, hier S. 242.

50 Frank Hieronymus, Gewissen und Staatskirchenraison. Basler Theologie und Zensur um 1578, in: *ARG* 82 (1991), S. 209–238. Ein Ausweg war die Angabe eines falschen oder die Wahl eines anderen Druckorts, ebenda S. 214.

Länger als Strassburg, «die politische Hauptstadt der Reformation»[51], blieb Basel ein bevorzugter Zufluchtsort für Dissidenten und Querdenker.[52]

Einen gewissen Spielraum gab es sogar für die «ellenden rottengeisteren»[53] – die Wiedertäufer, die in Basel und seinem Territorium mit weniger Vehemenz und Konsequenz als andernorts verfolgt wurden. Die Taufgesinnten suchten zudem, sich eines Verbindungsgeflechts unter Ausnutzung der herrschaftlichen Grenzen zu bedienen, und versammelten sich nicht im schärfer kontrollierten städtischen Raum, sondern in kleineren Gemeinden im Basler Umland: täuferisch gesinnte Personen wurden in den 1530er Jahren im Hombergeramt und Rothenfluh ausgemacht, in den 1550er und 1560er Jahren tauchten Verdächtige in den stadtnahen Dörfern Oberwil und Riehen auf. Ein Visitationsprotokoll der badischen Markgrafschaft Hochberg von 1560, der Bericht des Lörrachers Pfarrers und Verhörprotokolle von Täufern in der oberen Markgrafschaft aus dem Jahre 1582 belegen die Existenz eines grenzüberschreitenden, schon seit Jahrzehnten bestehenden Beziehungsgeflechts zwischen Taufgesinnten und Sympathisierenden in Lörrach, Haltingen, Ötlingen, Binzen und anderen markgräflichen Dörfern, die sich im Leimental oder auf dem Bruderholz, in Lörrach oder im Wald bei Lörrach, Stetten oder Inzlingen versammelten.[54]

Noch grösser war der Spielraum in Basel für fremde Anabaptisten – wenn sie wohlhabend und vornehm waren und sich nicht als Täufer zu erkennen gaben. Bevor der Niederländer David Joris, Haupt einer spiritualistischen Wiedertäufer-Gemeinschaft, unter falschem Namen nach Basel kam, hatte er bei dem Buchhändler Peter Van Mechelen Erkundigungen einziehen lassen. Dieser bedeutete ihm, «wenn sie sich [...] still verhielten,

---

51 Heiko A. Oberman, Europa afflicta: The Reformation of the Refugees, in: *ARG* 83 (1992), S. 91–111, hier S. 96.
52 Delio Cantimori, *Eretici italiani del Cinquecento*, Firenze 1939; Werner Kaegi, Machiavelli in Basel, in: ders., *Historische Meditationen*, Zürich 1942, S. 119–181. Zur Position der Eidgenossenschaft siehe Hans R. Guggisberg, Parität, Neutralität und Toleranz, in: *Zwingliana* 15: 8 (1982), S. 632–649.
53 «Täufermandat» (23. November 1530), *ABR*, Bd. 5, Nr. 62, S. 51. Bereits die Basler Reformationsordnung vom 1. April 1529 spricht von den «rottengeystern», *ABR*, Bd. 3, Nr. 473, S. 401.
54 Zu den Basler Täufern siehe Hanspeter Jecker, Die Basler Täufer. Studien zur Vor- und Frühgeschichte, in: *BZGA* 80 (1980), S. 5–131; ders., *Ketzer – Rebellen – Heilige. Das Basler Täufertum von 1580–1700* (Quellen und Forschungen zur Geschichte und Landeskunde des Kantons Basel-Landschaft, 64), Liestal 1998, insbesondere Kap. 2 und 3 (zum Lörracher Täuferkreis). Das Visitationsprotokoll von 1560 sowie die Verhöre von 1582 finden sich in: *Quellen zur Geschichte der Täufer* [= QGT], Bd. 4: Baden und Pfalz, hrsg. Von Manfred Krebs, Gütersloh 1951, Nr. 31, 33, 36.

den Frieden nicht störten und sich christlich gebärdeten, so hätten sie nichts zu befürchten».[55] Tatsächlich erhielt «Johann von Bruck» das Bürgerrecht und lebte unbehelligt bis zu seinem Tode vornehm im Spiesshof und seinem Wasserschloss in Binningen, obwohl den Baslern – etwa Simon Sulzer, dem Stadtarzt Felix Platter und dem Ratssyndikus Bonifatius Amerbach – klar war, dass es sich um den Führer der Davidisten handelte. Schliesslich hatte der Strassburger Rat seine Basler Kollegen mehrfach über die «widerteuferische secten» in den Niederlanden und ihren «könig: heißt David Joras» informiert und auch über dessen Gespräche mit den Strassburger «Hoffmannianern».[56] Die vornehmen Basler und der Rat schauten «durch die Finger»[57], das heisst, sie taten so, als wüssten sie nicht um seine wahre Identität. David Joris verbarg diese seinerseits sorgfältig nach aussen und simulierte durch eifrigen Kirchgang und Patenschaften religiöse Konformität. Erst durch Denunziation nach seinem Tod wurde den Anhängern der Prozess gemacht und der Leichnam des «Erzketzers» verbrannt.[58]

In erster Linie wurden mit diesem doppelbödigen Verhalten soziale Abgrenzungen in der Stadtgesellschaft bekräftigt: in der begrenzten Öffentlichkeit des Milieus der Vornehmen und Gebildeten war die Bandbreite geduldeter Überzeugungen grösser als offiziell erlaubt. Das Geheimnis war ein «geteiltes Geheimnis», eine soziologische Herrschaftstechnik und Form des Handelns.[59] Die Trennung zwischen der offiziellen und öffentlichen

---

55 Zitiert nach Roland Bainton, *David Joris. Wiedertäufer und Kämpfer für Toleranz im 16. Jahrhundert*, Leipzig 1937, S. 57. Paul Burckhardt, *David Joris* (Basler Biographien, 1), Basel 1900; ders., David Joris und seine Gemeinde in Basel, in: *BZGA* 48 (1949), S. 5–106.

56 *QGT*, Bd. 16: *Elsass*, 4. Teil: *Stadt Strassburg 1543–1552*, bearbeitet von Marc Lienhard, Stephen F. Nelson und Hans Georg Rott, Gütersloh 1988, S. 119–121 (Nr. 1411 und Beilage: die XIII von Strassburg an die Geheimen zu Basel, 15. Dezember 1544); Bd. 15: *Elsass*, 3. Teil; *Stadt Strassburg 1536–1542*, bearbeitet von Marc Lienhard, Stephen F. Nelson und Hans Georg Rott, Gütersloh 1986, S. 156–238 (Nr. 836, Juni 1538, Gespräche von Joris mit den Hoffmannianern).

57 Ryhiner, *Chronik*, S. 504 (gemünzt auf das heuchlerische Verhalten der Regierung in Ensisheim, sie habe «durch die Finger und zugesehen»).

58 Burckhardt, *Joris*, S. 19, 32, 34, 35, 82 und Anm.125; Bainton, *Joris*, S. 125. Auf Thomas Platters Landgut wurden die Kinder von zwei dort angestellten Täufern getauft. Die Mitwisser handelten der Reformationsordnung von 1529 zuwider, die jeden zur Anzeige von Irrlehren verpflichtete, *ABR*, Bd. 3, S. 386 und 401. Zum Überleben der Täufer auf dem Lande siehe auch Roland E. Hofer, Täufer im 17. Jahrhundert. Herrschaftsdurchdringung und untertäniger Widerstand in der Frühen Neuzeit, in: *Schaffhauser Beiträge zur Geschichte* 71 (1994), S. 97–118.

59 Georg Simmel, Das Geheimnis und die geheime Gesellschaft, in: ders., *Soziologie. Untersuchungen über die Formen der Vergesellschaftung* (1908), zitiert nach: *Gesamt-*

Politik und dem einem kleinen Kreis erlaubten Verhalten war ein selbstverständlicher Teil der Distinktionsmacht der städtischen Führungsgruppen und wurde *qua definitionem* in den zeitgenössischen Quellen kaum zum Thema gemacht.[60]

Nicht immer aber liessen sich die Abgrenzungen gegenüber der weiteren Stadtöffentlichkeit so einfach ziehen und nach aussen der Eindruck religiöser Einmütigkeit erzeugen. Am Oberrhein waren die verschiedenen Konfessionen auf engem Raum präsent – voneinander getrennt, doch leicht erreichbar: der Wechsel von Feindes- in Freundesland und zurück war innerhalb eines Tages möglich. Vertreibungen aus politischen und religiösen Gründen und die Anziehungskraft als Handelsplatz und Arbeitsmarkt sorgten ebenfalls dafür, dass die Präsenz von Angehörigen anderer Konfessionen im städtischen Raum insbesondere in den grösseren Städten wie Basel oder Strassburg ein ständiges Problem blieb.

Mit dem Übergang zur Reformation wurde in Mülhausen und Basel von allen Bürgern das evangelische Bekenntnis verlangt; wer sich weigerte, musste das Bürgerrecht aufgeben. Neubürger mussten versprechen, ihre Kinder evangelisch taufen zu lassen.[61] Den Zeitgenossen war freilich klar, dass es noch zahlreiche Altgläubige oder «geselle, die zweyerley gloubenns sind», gab.[62] Für die städtischen Magistrate konnte es zunächst nur um die Kontrolle des öffentlich sichtbaren Verhaltens gehen; verlangt wurde eine äusserliche Anpassung und Unterordnung, die auch Gegnern der neuen Lehren einen gewissen Handlungsspielraum bot. So blieb ein bekannter Gegner der Reformation in Mülhausen, Martin Brüstlein, zunächst in der Stadt. Als er 1536 verbannt wurde, ging er nicht etwa in einen katholischen Ort, sondern liess sich in Basel nieder und erhielt dort 1537 das Bürgerrecht.[63]

Eine Möglichkeit, den Anschein der religiösen Einheit des städtischen Raums zu wahren, war die räumliche Trennung zwischen den Glaubens-

---

ausgabe, Bd. 11, hrsg. von Oskar Rammstedt, Frankfurt am Main 1992, S. 383–455, hier S. 407.

60 Johannes Gast kann so in seinem Tagebuch notieren, die «Päpstler» dürften nicht mehr als Taufzeugen fungieren, und nebenbei bemerken, dass eines seiner Kinder den Abt von Murbach zum Taufpaten hatte, Gast, *Tagebuch*, S. 169.
61 Siehe die Basler Reformationsordnung vom 1. April 1529, *ABR*, Bd. 3, S. 383–410.
62 *ABR*, Bd. 3, S. 432 (Zeugenaussage vom 13. April 1529). Siehe mit weiteren Belegen Wolfgang Kaiser, Vicini stranieri. L'uso dei confini nell'area di Basilea (secolo XVI–XVII), in: *Quaderni storici* 30: 3 (1995), S. 601–630.
63 Mieg, *Histoire*, S. 117.

gemeinschaften. Von diesem «kleinen Grenzverkehr», dem Gottesdienstbesuch in andersgläubigen Städten und Dörfern im Umkreis, wissen wir vor allem durch Bestrafungen oder Beschwerden.[64] Da sich dieser kleine Grenzverkehr nicht unterbinden liess, versuchte man ihn in den Reformationsordnungen streng zu kanalisieren und zu kontrollieren. Wer in Basel zwischen Morgen- und Nachmittagspredigt «zum Spazierengehen» die Stadt verlassen wollte, brauchte einen Passierschein und musste seinen Namen am Stadttor hinterlegen.[65] Man kann wohl mit Recht vermuten, dass die immer wieder verfügten Einschränkungen und Kontrollen eher von der Schwierigkeit ihrer Durchsetzung als von ihrer Effizienz zeugen.

Die Existenz konfessioneller Grenzziehungen wurde aber nicht nur von verfolgten Altgläubigen oder überzeugten Andersgläubigen genutzt, um an ihrem Glauben festzuhalten und ihn praktizieren zu können. Es gibt auch Belege für ein Interesse an religiösen Fragen, das nicht auf einen kleinen Kreis von theologisch Gebildeten beschränkt war. Basler gingen Ende des 16. Jahrhunderts ins markgräfliche Dorf Weil vor den Toren der Stadt, um einen lutherischen Gottesdienst zu erleben, während umgekehrt Weiler beim reformierten Gottesdienst in Riehen anzutreffen waren. Gerade die konfessionellen Abgrenzungen ermöglichten mithin persönliche Erfahrungen mit anderen Glaubensformen und die Ausnutzung verschiedener spiritueller Ressourcen, die sozusagen «vor der Haustür» lagen. Es waren vielleicht gerade der Streit zwischen den Konfessionen und Kontroverspredigten wie etwa im markgräflichen Weil der «Weiningersche Handel»[66], die zur Grenzüberschreitung anreizten, um damit die Grenze zum Andersdenkenden um so deutlicher zu ziehen. Das «Schmähen» des anderen Glaubens war ein populärer Beitrag zur konfessionellen Grenzziehung. Dabei ging es sicherlich vor allem um symbolische Formen der Glaubenspraxis, vermischt jedoch mit anderen Konflikten, der Benachteiligung auf Grund der konfes-

---

64 Beispiele in Kaiser, Vicini stranieri.
65 Zur Verschärfung der Kirchenzucht seit den 1580er Jahren siehe Geiger, *Basler Kirche*, Kap. 2.
66 Ausgelöst durch die sogleich gedruckte Predigt des Rötteler Pfarrers und Superintendenten für die obere Markgrafschaft Johannes Weininger bei der Hochzeit des Markgräflichen Rats Werner Eglinger mit der Baslerin Sara Brand, im Dorf Weil vor den Toren Basels im Jahre 1598. Darin wetterte er gegen die Basler Theologen, insbesondere gegen Polanus und Grynaeus, der vor seinem Übergang zum reformierten Bekenntnis selbst Pfarrer in Rötteln gewesen war (1565–1575). Siehe F. R. Linder, Der Weininger'sche Handel in den Jahren 1598–1600, in: *Zeitschrift für die historische Theologie* 39 (1869), S. 405–432; Ernst Staehelin, *Amandus Polanus von Polansdorf* (Studien zur Geschichte der Wissenschaften in Basel, 1), Basel 1955, S. 76–78.

sionellen Zugehörigkeit bei Niederlassung, Liegenschaftsgeschäften oder Marktrechten. Konfessionelle Streitigkeiten verbanden sich hier mit anderen dörflichen Konflikten, die sie verschärften oder denen sie eine religiöse Färbung gaben.[67]

Wie Frankfurt am Main, Strassburg oder Genf wurde auch Basel Ziel von Refugianten aus Norditalien, England, Flandern und Frankreich. Doch die fremden Glaubensflüchtlinge – Engländer, Italiener, Franzosen – versuchten auch, eigene Glaubensgemeinschaften zu bilden. Damit wurde jedoch ein kritischer Punkt berührt, nämlich die öffentlich sichtbare Existenz von Sondergemeinden, deren inneres Leben nicht völlig der Kontrolle des Rats unterlag.[68] Für die italienischen und französischen Glaubensflüchtlinge kam noch die feindselige Haltung gegenüber allen «Welschen» hinzu. Die Grenze zum sogenannten «Welschland» bildete offenbar trotz der Solidarität mit den verfolgten Glaubensbrüdern und -schwestern eine «harte» Aussengrenze, die in den theologischen Kontroversen und Unterschieden im Kultus wie auch in der Konkurrenz um «Nahrung» und «Stellen» unterschwellig präsent waren und diese zusätzlich aufluden.

Guillaume Farel oder Pierre Toussain hatten bei ihren Aufenthalten in Mülhausen und Basel in den 1520er Jahren bereits – nach Aussage Farels – kalte Abweisung erfahren und die «Heuchelei» der Basler erlebt. Der spanische Kaufmann und Bankier Marco Pérez, Mitglied des Konsistoriums der reformierten Untergrundkirche in Antwerpen, fand zwar nach seiner Flucht vor der blutigen Repression 1567 in Basel Aufnahme und erhielt das Bürgerrecht, wurde aber von den Basler Pfarrern misstrauisch beäugt. Mit seinem Plan, eine grosse Seidenmanufaktur zu gründen, die den Armen, vor allem aber den vielen geflüchteten italienischen und französischen Seiden-

---

67 Hans Berner, *«die gute correspondenz». Die Politik der Stadt Basel gegenüber dem Fürstbistum Basel in den Jahren 1525–1585* (Basler Beiträge zur Geschichtswissenschaft, 158), Basel/Frankfurt am Main 1989. Einen Überblick auf der Grundlage vor allem der Abschiede bietet A. Blatter, *Schmähungen, Scheltreden, Drohungen. Ein Beitrag zur Geschichte der Volksstimmung zur Zeit der schweizerischen Reformation*, Wissenschaftliche Beilage zu den Jahresberichten des Gymnasiums, der Realschule und der Töchterschule, Basel 1911. Siehe auch Heinrich R. Schmidt, Pazifizierung des Dorfes – Struktur und Wandel von Nachbarschaftskonflikten vor Berner Sittengerichten 1570–1800, in: Heinz Schilling (Hrsg.), *Kirchenzucht und Sozialdisziplinierung im frühneuzeitlichen Europa* (Zeitschrift für historische Forschung, Beiheft 16), Berlin 1994, S. 91–128.
68 Christina Hallowell Garrett, *The Marian Exiles. A Study in the Origins of Elizabethan Puritanism*, Cambridge 1938. Philippe Denis, *Les églises d'étrangers en pays rhénans (1538–1564)*, Paris 1984.

webern Arbeit geben sollten, stiess er beim Rat auf Wohlwollen. Doch seine Bitte, auch «alguna yglesia o françesa o ytaliana» für die welschen Refugianten gründen zu dürfen, rief heftigen Widerstand hervor.[69] Der Pfarrer der Leonhardskirche Johann Füeglin wandte sich 1569 in seiner «Supplikation» mit scharfen Worten dagegen:

> Das die Welschen und Niderlender, so gleich dem Papstum abgesagt, mertheilg mit seltzamme Fantasien, so der gsonden, reinen leer in unserer Confession so us Gottes wort geschöpfft, nitt gemäß umgend, und dieselbigen gleichwol ein Zeitlang verbrergendt, so bald si aber an einem ort erwarmet, von inen ausgiessendt.

Die Sorge des Pfarrers war vor allem die Anziehungskraft des französischsprachigen Gottesdiensts auf die jungen Basler und die Möglichkeiten von Kontroversen:

> Dieweil dann, gnedig Herren, unsere jungen Bürger, von der Französischen Zungen wegen, sollichen Conventum und Versammlung besuochen würde, so were fürwar grose Sorg, daß sich ettwas Gifffts, underm Schein köstlich Weins, drincken würde, und uff sellichs mitt der Zeit [...] hin und wider under den Bürgern, auch Fremden und Heimischen, veil dischputierens, libellierens, zamkens und haderens entsten, wie dann sollliches vor wenig Jaren Strasburg, Franckfort, Bremen [...] und dieser Zeit Heidelberg erfaren hat und erfart.[70]

Auch hier fungierte Mülhausen als Alternative und «zweitbeste Wahl». Petrus Ramus zufolge habe sich Pérez auf Grund der Beschimpfungen, er wolle einen «Wiedertäuferkonvent» gründen, ins reformierte Mülhausen begeben, um dort die Möglichkeiten für eine Fremdengemeinde zu prüfen.[71] Aus den Mülhauser Plänen wurde nichts, doch gelang es den französischen (oder besser französischsprachigen) Reformierten einige Jahre nach der Bartholomäusnacht, schrittweise eine eigene Gemeinde in Basel aufzubauen. Die reformierte Orientierung Basels nach dem Tode Sulzers erleichterte dies, auch wenn das Misstrauen gegenüber den Fremden und ihren fremden Bräuchen keineswegs verschwand. Zunächst erhielten die französischsprachigen Refugianten die Erlaubnis zur Hausandacht, später

---

69 Carlos Gilly, *Spanien und der Basler Buchdruck bis 1600*, Basel 1985, S. 409, Anm. 510, korrigiert das früher angenommene Datum seiner Ankunft (1569) durch Auguste Bernus, *Un laïque du seizième siècle. Marc Pérez, ancien de l'Eglise réformée d'Anvers*, Lausanne 1895. Bürgeraufnahme: StABS, Öffnungsbuch, 9, 17. Siehe auch Guido Marnef, *Antwerp in the Age of Reformation, 1550–1577*, Baltimore/London 1996, S. 95, 149.
70 StABS, Kirchenakten G 18 (6. Juli 1569).
71 Fragment eines Briefs an R. Gwalther und L. Lavater in Zürich (aus Basel, am 22. oder 31. Juli 1569), publiziert von Auguste Bernus, Pierre Ramus à Bâle, in: *Bulletin de la Société de l'Histoire du Protestantisme français* 39, 1890, S. 508ff.

durften sie – unter strenger Kontrolle und in Anwesenheit städtischer Pfarrer – Taufen, Begräbnisse und einen Gottesdienst in französischer Sprache halten.[72]

Die Grenzlage und politische Neutralität Basels und Mülhausens boten in den Kriegen des 17. Jahrhunderts, im Dreissigjährigen Krieg wie in den Kriegen Ludwigs XIV. die Möglichkeit, dort Zuflucht zu suchen. Dies galt nicht nur für die sundgauischen und markgräflichen Bauern[73], sondern auch für den badischen Markgrafen, der im 17. Jahrhundert mehrfach gleichsam als «Fürst ohne Land» in seinem Basler Stadtpalais seine exterritoriale Residenz aufschlug.[74] Auch Mülhausen nahm Glaubensflüchtlinge aus Lothringen und Ste-Marie-les-Mines in den Vogesen in seinen Mauern auf.[75]

Mit diesen erzwungenen Migrationen stellte sich auch die Frage der Kultfreiheit für andere Konfessionen im städtischen Raum, insbesondere in den grösseren Städten wie Basel. Dort genossen «Hochfürstliche Personen und Marggräfische Herrschaften» das Privileg, in ihrem Basler Stadtpalais den lutherischen Hofprediger Gottesdienst halten zu lassen. Eigentlich auf den Hof des Markgrafen beschränkt, liess sich diese Abgrenzung in der Praxis nicht durchhalten. Mehrfach musste sich der Rat mit dem lutherischen Gottesdienst beschäftigen, der anscheinend auf grossen Zuspruch bei den Baslern traf.[76] Nach Basel geflüchtete Markgräfler liessen während des Dreissigjährigen Krieges und in den 1680er Jahren ihre Kinder von lutheri-

---

72 Zur fremdenfeindlichen Haltung: Peter Ochs, *Geschichte der Stadt und Landschaft Basel*, 8 Bde., Basel 1786–1822, Bd. 6, S. 491–492. Zur französischen Gemeinde siehe Wolfgang Kaiser, «Les étranges fantaisies des Welsch». La communauté réformée de langue française à Bâle entre ressentiments xénophobes et solidarité religieuse (XVIe–XVIIe siècle), in: Gabriel Audisio (Hrsg.), *Religion et Identité*, Aix-en-Provence 1998, S. 77–87.

73 Hans Georg Wackernagel, Basel als Zufluchtsort des Elsass (15.–17. Jahrhundert), in: *Annuaire de Colmar/Colmarer Jahrbuch*, 1936, S. 54–64; H. Rocholl, Die Vertreibung evangelischer Bürger aus der freien Reichsstadt Colmar und ihre Aufnahme in Basel. Ein Geschichtsbild aus der Zeit der katholischen Gegenreformation 1628–1630, in: *Beiträge zur vaterländischen Geschichte* NF 14 (1896), S. 307–345.

74 Martin Keller, Markgräfliche Sitze in Basel; Taufen, Trauungen und Totenfeiern in den Basler Hofkapellen, in: *Das Markgräflerland* Heft 1 (1993), S. 31–102.

75 Philippe Mieg, Les réfugiés lorrains et de Sainte-Marie à Mulhouse et en Suisse au XVIIe siècle, in: *Lorraine, Alsace, Franche-Comté* (Publications de la Société Savante d'Alsace et des Régions de l'Est), Strasbourg/Paris 1957, S. 13-36; ders., Les réfugiés colmariens à Mulhouse au temps de la Contre-Réforme 1628–1632, in: *Annuaire de Colmar*, 1950, S. 45–56.

76 Ochs, *Geschichte*, Bd. 7, S. 344f. (1689); Bd. 8, S. 23 (1707).

schen Pfarrern taufen und mussten sich vom Rat ermahnen lassen.[77] Und als sich während des Dreissigjährigen Krieges die Pappenheimschen Truppen der Eidgenossenschaft näherten, prüften die vier evangelischen Städte auf Antrag Basels die Frage, «ob und wie im Falle eines Zuzugs seitens der katholischen Orte den katholischen Zuzügern die Ausübung ihrer Religion zu gestatten wäre»[78]. Im Jahre 1645 schliesslich wetterte der Basler Rat gegen «papistische Winkelschulen» und katholische Soldaten, die «sich an hiesige Weibsbilder henken, und hernach von Papisten wollen eingesegnet seyn»[79].

Doch geschah die Wahl des Zufluchtsortes durchaus nicht immer oder nicht allein auf Grund rein konfessioneller Erwägungen. Die Frage, ob man ein Gewerbe ausüben konnte, spielte ebenfalls eine Rolle. So brachte der Colmarer reformierte Kannengiesser Augustin Güntzer nach der gewaltsamen Rekatholisierung Colmars im Jahre 1627 zwar seine Besitztitel im reformierten Basel in Sicherheit, ging aber selbst weder dorthin noch ins reformierte Mülhausen, sondern – wahrscheinlich wegen der Hoffnung, dort bessere Arbeitsmöglichkeiten zu finden – zunächst ins inzwischen orthodox lutherische Strassburg. Dort konnte er das Bürgerrecht erwerben, das bis in die 1660er Jahre eigentlich nur denen verliehen wurde, die lutherischen Bekenntnisses waren. Welche Kompromisse er in Glaubensfragen schliessen musste, verschweigt Güntzer in seiner Autobiographie, die als eine Reihe bestandener Prüfungen des «Kreuzschülers» konstruiert ist. 1532 kehrte er für einige Jahre in das unter schwedischer Herrschaft streng lutherisch gewordene Colmar zurück und wurde dort ein führender Vertreter der drangsalierten reformierten Gemeinde, die ihren Gottesdienst im reformierten Mülhausen oder – auf Einladung protestantischer französischer Offiziere – in Neuenburg am Rhein oder Breisach feiern mussten. Erst nach dem Ende des Dreissigjährigen Krieges zog er sich, ermüdet vom kon-

---

77 Christian M. Vortisch, Markgräfler Einträge in den Basler Kirchenbüchern, in: *Das Markgräflerland* Heft 1 (1967), Heft 2 (1967), Heft 1 (1968), H. 2–3 (1968); Ochs, *Geschichte*, Bd. 7, S. 344f. Karl Seith, Markgräfler Flüchtlinge während des 30jährigen Krieges in der baselischen Gemeinde Riehen, in: *Das Markgräflerland* Heft 1 (1957), S. 56–60.
78 Ludwig R. von Salis, *Die Entwicklung der Kultfreiheit in der Schweiz*. Festschrift dem Schweizerischen Juristenverein bei seiner Versammlung in Basel im Jahre 1894 überreicht von der Juristischen Fakultät der Universität Basel, Basel 1894, S. 84, Anm. 1. Dieser Punkt, «daran ein Hohes und Wichtiges gelegen ist», wurde am 27. Mai 1627 in den Abschied genommen, *EA*, Bd. 5, 2, S. 507.
79 Ochs, *Geschichte*, Bd. 6, S. 757 (1640). Zu den Katholiken in Basel siehe Theo Gantner, *Probleme einer konfessionellen Minderheit aus volkskundlicher Sicht*, Basel 1968.

fessionellen Kleinkrieg, ins reformierte Basel zurück, um dort seinen Lebensabend zu verbringen.[80]

Die kleinräumige Vielfalt herrschaftlicher Strukturen am Oberrhein, in der alternative Bündnispartner sozusagen in Reichweite waren, ermöglichten im 16. und 17. Jahrhundert mittelfristig, sich politische Optionen offenzuhalten. Sie gaben Spielraum nicht nur für das politische Handeln der Fürsten und Magistrate, sondern auch für die sozialen Praktiken der kleinen Leute im Umgang mit der Grenzlage. War das «Schmützen und Schmähen» gleichsam der populäre Beitrag zur Grenzziehung zwischen Protestanten und Katholiken, so blieben die subtilen innerprotestantischen Gegensätze weitgehend eine Angelegenheit der theologischen und politischen Eliten. Auch sie trugen zur kulturellen Entfremdung am Oberrhein bei. Mit der reformierten Ausrichtung verlor Basel seinen theologischen Einfluss auf die evangelisch-lutherischen Städte und Territorien im Norden, deren Pfarrer jetzt in Tübingen und nicht mehr in Basel studierten.[81]

In seinem Einzugsbereich verblieben war Mülhausen. Beide Städte mussten sich von nun an stärker auf die Eidgenossenschaft beziehen. Die fragile Assoziierung Mülhausens an die evangelischen Orte der Eidgenossenschaft erwies sich freilich in der Expansionsphase des französischen Königreichs im 17. Jahrhundert als stärkerer Schutz als Strassburgs Stellung als Reichsstadt. Doch wäre es zweifellos verfehlt, würde man allein innere Faktoren, die einheitsstiftende Kraft der bündischen Strukturen, die sich spät in einer republikanischen Ideologie kristallisierte, für die erstaunliche Dauerhaftigkeit in einem Europa der Machtstaaten verantwortlich machen. Sie war möglich in einem «Pufferbereich», an dessen Erhalt die europäischen Mächte interessiert waren und in einer spezifischen historischen Kon-

---

80 Augustin Güntzer, Lebensbeschreibung, Universitätsbibliothek Basel, Handschriftenabteilung, Ms. H IV 165 fol. 136–225v. Unzuverlässiger Druck: *Augustin Güntzers merkwürdige Lebensgeschichte: ein Kulturbild aus dem Jahrhundert des 30jährigen Krieges*. Erzählt von ihm selbst (Barmer Bücherschatz, 3–4), Barmen 1896. Vgl. Kaspar von Greyerz, Religion in the Life of German and Swiss Autobiographers (sixteenth and early seventeenth centuries), in: ders. (Hrsg.), *Religion and Society in Early modern Europe 1500–1800*, London 1984, S. 223–241. Dominik Sieber, «Mihr waren 2 gudte Reß brieder ... Mein gesel ist zwar der babistischen Religion»: die Autobiographie des calvinistischen Kannengiessers Augustin Güntzer (1596–1657?), Lizentiatsarbeit Universität Basel 1994 (mein Dank an Dominik Sieber, der mich seine Arbeit lesen liess).
81 Greyerz, Beziehungen; siehe auch den Überblick bei Anton Schindling und Walter Ziegler (Hrsg.), *Die Territorien des Reichs im Zeitalter der Reformation und Konfessionalisierung. Land und Konfession 1500–1650*, Bd. 5: *Der Südwesten* (Katholisches Leben und Kirchenreform im Zeitalter der Glaubensspaltung, 53), Münster 1993.

stellation, zu der die strategische Bindung der Eidgenossenschaft an das französische Königreich gehörte. Wie fragil diese Konstruktion der Exklave Mülhausen im französischen Elsass war, erwies sich erst, als im Gefolge der Französischen Revolution und der napoleonischen Expansion die territorialen Verhältnisse in Bewegung gerieten. Aus dem Verschwinden der eidgenössischen Exklave Mülhausen erwächst erst das historische Staunen über ihre Dauer.

Bibliographie

Aktensammlung zur Geschichte der Basler Reformation in den Jahren 1519 bis Anfang 1534, hrsg. von Eugen Dürr und Paul Roth, 6 Bde., Basel 1921–1950.
Amtliche Sammlung der ältern eidgenössischen Abschiede, bearbeitet von K. Derschwanden, J. Krütli und J. Strickler, Bern 1861–1886.
Robert Arzet, Die Geldgeschäfte der badischen Markgrafen mit der Stadt und der Bürgerschaft Basel, in: *Blätter aus der Markgrafschaft* 1919, S. 1–37.
Karl Siegfried Bader, *Der deutsche Südwesten in seiner territorialstaatlichen Entwicklung*, Stuttgart 1950, Ndr. Sigmaringen 1978.
Roland Bainton, *David Joris. Wiedertäufer und Kämpfer für Toleranz im 16. Jahrhundert*, Leipzig 1937.
Hans Berner, Basel und das Zweite Helvetische Bekenntnis, in: *Zwingliana* 15: 1 (1979), S. 8–39.
Hans Berner, *«die gute correspondenz». Die Politik der Stadt Basel gegenüber dem Fürstbistum Basel in den Jahren 1525–1585* (Basler Beiträge zur Geschichtswissenschaft, 158), Basel/Frankfurt am Main 1989.
Auguste Bernus, Pierre Ramus à Bâle, in: *Bulletin de la Société de l'Histoire du Protestantisme français* 39, 1890, S. 508ff.
Auguste Bernus, *Un laïque du seizième siècle. Marc Pérez, ancien de l'Eglise réformée d'Anvers*, Lausanne 1895.
Georges Bischoff, *Gouvernés et gouvernants en Haute-Alsace à l'époque autrichienne. Les états des pays des origines au milieu du XVIe siècle*, Strasbourg 1982.
A. Blatter, *Schmähungen, Scheltreden, Drohungen. Ein Beitrag zur Geschichte der Volksstimmung zur Zeit der schweizerischen Reformation*, Wissenschaftliche Beilage zu den Jahresberichten des Gymnasiums, der Realschule und der Töchterschule, Basel 1911.
Thomas A. Brady Jr., *Turning Swiss. Cities and Empire, 1450–1550* (Cambridge Studies in Early Modern History), Cambridge usw. 1985.
Thomas A. Brady Jr., Villes et édifications de l'Etat dans la zone germanosuisse de la «ceinture urbaine», in: Peter Blickle (Hrsg.), *Résistance, représentation et communauté* (Les origines de l'Etat moderne en Europe, hrsg. von Wim Blockmans und Jean-Philippe Genet), Paris 1998, S. 314–333.

Franz Brendle, *Dynastie, Reich und Reformation. Die württembergischen Herzöge Ulrich und Christoph, die Habsburger und Frankreich* (Veröffentlichungen der Kommission für geschichtliche Landeskunde, Reihe B, Bd. 141), Stuttgart 1998.

Franz Brendle, Die «Einführung» der Reformation in Mömpelgard, Horburg und Reichenweier zwischen Landesherrn, Theologen und Untertanen, in: *Württemberg und Mömpelgard. 600 Jahre Begegnung* (Schriften zur südwestdeutschen Landeskunde, 26), hrsg. von Sönke Lorenz und Peter Rückert, Stuttgart 1998, S. 145–167.

Paul Burckhardt, Basel zur Zeit des Schmalkaldischen Krieges, in: *Basler Zeitschrift für Geschichte und Altertumskunde* 38 (1939), S. 5–104.

Paul Burckhardt, *David Joris* (Basler Biographien, 1), Basel 1900.

Paul Burckhardt, David Joris und seine Gemeinde in Basel, in: *Basler Zeitschrift für Geschichte und Altertumskunde* 48 (1949), S. 5–106.

Delio Cantimori, *Eretici italiani del Cinquecento*, Firenze 1939.

Jean-Marc Debard, Die Reformation und die Organisation der evangelischlutherischen Kirche in Mömpelgard, in: *Württemberg und Mömpelgard. 600 Jahre Begegnung* (Schriften zur südwestdeutschen Landeskunde, 26), hrsg. von Sönke Lorenz und Peter Rückert, Stuttgart 1998, S. 121–144.

Albert Demangeon und Lucien Febvre, *Le Rhin. Problèmes d'histoire et d'économie*, Paris 1935.

Philippe Denis, *Les églises d'étrangers en pays rhénans (1538–1564)*, Paris 1984.

Sebastian Franck, *Weltbuoch*, Tübingen 1534.

Sebastian Franck, *Chronica des gantzen Teütschen lands / aller Teütschen voelcker herkommen...*, s. l. 1536.

Theo Gantner, *Probleme einer konfessionellen Minderheit aus volkskundlicher Sicht*, Basel 1968.

Johannes Gast, *Tagebuch* (Basler Chroniken 8), hrsg. von Paul Burckhardt, Basel 1945.

Julia Gauss, Basels politisches Dilemma in der Reformationszeit, in: *Zwingliana* 15: 7 (1982), S. 509–548.

Max Geiger, *Die Basler Kirche und Theologie im Zeitalter der Hochorthodoxie*, Zürich 1952.

Carlos Gilly, *Spanien und der Basler Buchdruck bis 1600*, Basel 1985.

Eberhard Gothein, Die oberrheinischen Lande vor und nach dem dreissigjährigen Kriege, in: *Zeitschrift für die Geschichte des Oberrheins* 40 NF 1 (1886).

Matthias Graf, *Geschichte der Stadt Mühlhausen und der Dörfer Illzach und Modenheim im obern Elsasse*, 2 Bde., Mülhausen 1819–1826.

Kaspar von Greyerz, *The late City Reformation in Germany: The Case of Colmar, 1522–1628* (Veröffentlichungen des Instituts für Europäische Geschichte Mainz, 98), Wiesbaden 1980.

Kaspar von Greyerz, Basels kirchliche und konfessionelle Beziehungen zum Oberrhein im späten 16. und frühen 17. Jahrhundert, in: *Schweizerisch-deutsche Beziehungen im konfessionellen Zeitalter. Beiträge zur Kulturgeschichte 1580–1650* (Wolfenbütteler Arbeiten zur Barockforschung, 12), Wiesbaden 1984, S. 227–252.

Kaspar von Greyerz, Religion in the Life of German and Swiss Autobiographers (sixteenth and early seventeenth centuries), in: Kaspar von Greyerz (Hrsg.), *Religion and Society in Early modern Europe 1500–1800*, London 1984, S. 223–241.

Hugo Grotius, *Meletius, sive, De iis quae inter Christianos conveniunt epistola* (Studies in the history of Christian thought, 40), hrsg., übersetzt, kommentiert und eingeleitet von Guillaume H. Posthumus Meyjes, Leiden 1988.

Hans R. Guggisberg, Parität, Neutralität und Toleranz, in: *Zwingliana* 15: 8 (1982), S. 632–649.

Hans R. Guggisberg, Das lutheranisierende Basel – Ein Diskussionsbeitrag, in: Hans-Christoph Rublack (Hrsg.), *Die lutherische Konfessionalisierung in Deutschland*, Gütersloh 1992, S. 199–201.

Hans R. Guggisberg, *Sebastian Castellio. Humanist und Verteidiger der religiösen Toleranz*, Göttingen 1997.

Augustin Güntzers merkwürdige Lebensgeschichte: ein Kulturbild aus dem Jahrhundert des 30jährigen Krieges. Erzählt von ihm selbst (Barmer Bücherschatz, 3–4), Barmen 1896.

Christina Hallowell Garrett, *The Marian Exiles. A Study in the Origins of Elizabethan Puritanism*, Cambridge 1938.

Karl Hartfelder, *Zur Geschichte des Bauernkriegs in Südwestdeutschland*, Stuttgart 1884.

Jacob Henric-Petri, *Der Statt Mülhausen Geschichten* (1628), ed. M. Graf, Mülhausen 1838.

Jacob Henric-Petri, *Der Statt Mülhausen Historien*, Mülhausen 1896.

Frank Hieronymus, Gewissen und Staatskirchenraison. Basler Theologie und Zensur um 1578, in: *Archiv für Reformationsgeschichte* 82 (1991), S. 209–238.

Roland E. Hofer, Täufer im 17. Jahrhundert. Herrschaftsdurchdringung und untertäniger Widerstand in der Frühen Neuzeit, in: *Schaffhauser Beiträge zur Geschichte* 71 (1994), S. 97–118.

Hanspeter Jecker, Die Basler Täufer. Studien zur Vor- und Frühgeschichte, in: *Basler Zeitschrift für Geschichte und Altertumskunde* 80 (1980), S. 5–131.

Hanspeter Jecker, *Ketzer – Rebellen – Heilige. Das Basler Täufertum von 1580–1700* (Quellen und Forschungen zur Geschichte und Landeskunde des Kantons Basel-Landschaft, 64), Liestal 1998.

Werner Kaegi, Machiavelli in Basel, in: ders., *Historische Meditationen*, Zürich 1942, S. 119–181.

Wolfgang Kaiser, Vicini stranieri. L'uso dei confini nell'area di Basilea (secolo XVI–XVII), in: *Quaderni storici* 30: 3 (1995), S. 601–630.

Wolfgang Kaiser, «Les étranges fantaisies des Welsch». La communauté réformée de langue française à Bâle entre ressentiments xénophobes et solidarité religieuse (XVIe–XVIIe siècle), in: Gabriel Audisio (Hrsg.), *Religion et Identité*, Aix-en-Provence 1998, S. 77–87.

Wolfgang Kaiser, Régions et frontières: l'espace frontalier de Bâle, XVIe–XXe siècles, in: Heinz Gerhard Haupt, Michael G. Müller und Stuart J. Woolf (Hrsg.), *Regional and National Identities in Europe, 19th–20th centuries – Les identités régionales et nationales en Europe au XIXe et XXe siècles*, Den Haag/London/Boston 1998, S. 379–410.

Martin Keller, Markgräfliche Sitze in Basel; Taufen, Trauungen und Totenfeiern in den Basler Hofkapellen, in: *Das Markgräflerland* Heft 1 (1993), S. 31–102.

Erich Kleinschmidt, *Stadt und Literatur in der Frühen Neuzeit. Voraussetzungen und Entfaltung im südwestdeutschen, elsässischen und schweizerischen Städteraum* (Literatur und Leben, NF 22), Köln/Wien 1982.

Johannis Knebel capellani ecclesiae Basiliensis Diarium, hrsg. von W. Vischer, H. Boos, A. Bernoulli (Basler Chroniken, 2–3), Leipzig 1880, 1887.

Martin Körner, *Solidarités financières suisses au XVIe siècle. Contribution à l'histoire monétaire, bancaire et financière des cantons suisses et des états voisins*, Lausanne 1980.

Martin Körner, Das System der Jahrmärkte und Messen in der Schweiz 1500–1800, in: *Jahrbuch für Regionalgeschichte und Landeskunde* 19 (1993/94), S. 13–34.

Niklaus Landolt, *Untertanenrevolten und Widerstand auf der Basler Landschaft im 16. und 17. Jahrhundert* (Quellen und Forschungen zur Geschichte und Landeskunde des Kantons Basel-Landschaft, 56), Liestal 1996.

Thomas Lau, Die Affäre Fininger. Strukturprobleme der Schweiz Ende des 16. Jahrhunderts, dargestellt am Beispiel der Mülhäuser Stadtunruhen des Jahres 1587, in: Mark Häberlein (Hrsg.), *Devianz, Widerstand und Herrschaftspraxis in der Vormoderne. Studien zu Konflikten im südwestdeutschen Raum (15.–18. Jahrhundert)* [Konflikte und Kultur – Historische Perspektiven, 2], Konstanz 1999, S. 227–248.

F. R. Linder, Der Weininger'sche Handel in den Jahren 1598–1600, in: *Zeitschrift für die historische Theologie* 39 (1869), S. 405–432.

Gerhard Linder (Hrsg.), *Sulcerana Badensia*, Heidelberg 1886.

Gerhard Linder, *Simon Sulzer und sein Antheil an der Reformation im Land Baden, sowie an den Unionsbestrebungen*, Heidelberg 1890.

A. Ludwig, *Die evangelischen Pfarrer des badischen Oberlandes im 16. und 17. Jahrhundert*, Lahr 1934.

Jules Lutz, *Illzacher Chronik*, Rappoltsweiler 1898.

Guido Marnef, *Antwerp in the Age of Reformation, 1550–1577*, Baltimore/London 1996.

E. Meininger, *Une chronique suisse inédite du XVIe siècle*, Basel 1892.

A. Meister, Ein Gesuch der Stadt Strassburg um Aufnahme in den eidgenössischen Bund, in: *Zeitschrift für die Geschichte des Oberrheins* NF 9 (1894), S. 638ff.

Friedrich Meyer, *Die Beziehungen zwischen Basel und den Eidgenossen in der Darstellung der Historiographie des 15. und 16. Jahrhunderts* (Basler Beiträge zur Geschichtswissenschaft, 39), Basel 1951.
Philippe Mieg, *La Réforme à Mulhouse, 1518–1538*, Strasbourg 1948.
Philippe Mieg, Les réfugiés colmariens à Mulhouse au temps de la Contre-Réforme 1628–1632, in: *Annuaire de Colmar*, 1950, S. 45–56.
Philippe Mieg, Les réfugiés lorrains et de Sainte-Marie à Mulhouse et en Suisse au XVIIe siècle, in: *Lorraine, Alsace, Franche-Comté* (Publications de la Société Savante d'Alsace et des Régions de l'Est), Strasbourg/Paris 1957, S. 13–36.
Michel de Montaigne, Journal de voyage en Italie, in: *Œuvres complètes*, hrsg. von Albert Thibaudet und Maurice Rat, Paris 1962.
Xavier Mossmann, *Cartulaire de Mulhouse*, 6 Bde., Strasbourg/Colmar 1883–1890.
Liliane Mottu-Weber, *Economie et Refuge à Genève au siècle de la Réforme: La draperie et la soierie (1540–1630)*, Genève 1987.
Sebastian Münster, *Cosmographei*, Basel 1550.
Amy Nelson Burnett, Simon Sulzer and the Consequences of the 1563 Strasbourg Consensus in Switzerland, in: *Archiv für Reformationsgeschichte* 83 (1992), S. 154–179.
Raymond Oberlé, Mulhouse et la Confédération Helvétique à la fin du XVIe et au début du XVIIe siècle, in: *L'Alsace et la Suisse à travers les siècles*, Strasbourg/Paris 1952, S. 139–154.
Raymond Oberlé, *La République de Mulhouse pendant la Guerre de Trente ans*, Strasbourg 1965.
Heiko A. Oberman, Europa afflicta: The Reformation of the Refugees, in: *Archiv für Reformationsgeschichte* 83 (1992), S. 91–111.
Peter Ochs, *Geschichte der Stadt und Landschaft Basel*, 8 Bde., Basel 1786–1822.
Willibald Pirckheimer, *Bellum Suitense*, hrsg. von K. Rück, München 1895.
Anne-Marie Piuz und Liliane Mottu-Weber, *L'économie genevoise, de la Réforme à la fin de l'Ancien Régime*, Genève 1990.
Felix Platter, *Tagebuch (Lebensbeschreibung) 1536–1567*, hrsg. von Valentin Lötscher, Basel/Stuttgart 1976.
Politische Korrespondenz der Stadt Strassburg, Bd. 2, hrsg. von Otto Winckelmann, Strassburg 1887.
Rolf E. Portmann, *Basler Einbürgerungspolitik 1358–1798, mit einer Berufs- und Herkunftsstatistik des Mittelalters* (Basler Statistik, 3), Basel 1979.
Volker Press, Vorderösterreich in der habsburgischen Reichspolitik des späten Mittelalters und der frühen Neuzeit, in: Volker Press und Hans Maier (Hrsg.), *Vorderösterreich in der frühen Neuzeit*, Sigmaringen 1989.
Quellen zur Geschichte der Täufer, Bd. 4: Baden und Pfalz, hg. von Manfred Krebs, Gütersloh 1951; Bd. 16: Elsass, 4. Teil: *Stadt Strassburg 1543–1552*, bearbeitet von Marc Lienhard, Stephen F. Nelson und Hans Georg Rott, Gütersloh 1988; Bd. 15: *Elsass*, 3. Teil; *Stadt Strassburg 1536–1542*, bearbeitet von Marc Lienhard, Stephen F. Nelson und Hans Georg Rott, Gütersloh 1986.

Registres de la Compagnie des Pasteurs de Genève, Bd. 4 (1575–1582), hrsg. von Olivier Labarthe und Bernard Lescaze, Genève 1974.

Dorothee Rippmann, *Bauern und Städter: Stadt-Land-Beziehungen im 15. Jahrhundert. Das Beispiel Basel, unter besonderer Berücksichtigung der Nahmarktbeziehungen und der sozialen Verhältnisse im Umland* (Basler Beiträge zur Geschichtswissenschaft, 159), Basel/Frankfurt am Main 1990.

H. Rocholl, Die Vertreibung evangelischer Bürger aus der freien Reichsstadt Colmar und ihre Aufnahme in Basel. Ein Geschichtsbild aus der Zeit der katholischen Gegenreformation 1628–1630, in: *Beiträge zur vaterländischen Geschichte* NF 14 (1896), S. 307–345.

Andreas Ryff, Reisebüchlein (Reiss Biechlein), hrsg. von Friedrich Meyer, in: *Basler Zeitschrift für Geschichte und Altertumskunde* [= BZGA] 72 (1972), S. 5–136.

Fridolin Ryff, *Chronik* (1514–1541), fortgesetzt von Peter Ryff (1543–85) [Basler Chroniken, 1], Leipzig 1872.

Heinrich Ryhiner, *Chronik des Bauernkrieges* (1525) [Basler Chroniken, 6], Leipzig 1902.

Ludwig R. von Salis, *Die Entwicklung der Kultfreiheit in der Schweiz*. Festschrift dem Schweizerischen Juristenverein bei seiner Versammlung in Basel im Jahre 1894 überreicht von der Juristischen Fakultät der Universität Basel, Basel 1894.

Heinz Schilling, *Die Stadt in der frühen Neuzeit* (Enzyklopädie deutscher Geschichte, 24), München 1993.

Anton Schindling und Walter Ziegler (Hrsg.), *Die Territorien des Reichs im Zeitalter der Reformation und Konfessionalisierung. Land und Konfession 1500–1650*, Bd. 5: *Der Südwesten* (Katholisches Leben und Kirchenreform im Zeitalter der Glaubensspaltung, 53), Münster 1993.

Georg Schmidt, *Der Städtetag in der Reichsverfassung. Eine Untersuchung zur korporativen Politik der Freien und Reichsstädte in der ersten Hälfte des 16. Jahrhunderts*, Stuttgart 1984.

Heinrich R. Schmidt, *Konfessionalisierung im 16. Jahrhundert* (Enzyklopädie deutscher Geschichte, 12), München 1992.

Heinrich R. Schmidt, Pazifizierung des Dorfes – Struktur und Wandel von Nachbarschaftskonflikten vor Berner Sittengerichten 1570–1800, in: Heinz Schilling (Hrsg.), *Kirchenzucht und Sozialdisziplinierung im frühneuzeitlichen Europa* (Zeitschrift für historische Forschung, Beiheft 16), Berlin 1994, S. 91–128.

Tom Scott, *Regional Identity and Economic Change. The Upper Rhine, 1450–1600*, Oxford 1997.

Karl Seith, Markgräfler Flüchtlinge während des 30jährigen Krieges in der baselischen Gemeinde Riehen, in: *Das Markgräflerland* Heft 1 (1957).

Dominik Sieber, «*Mihr waren 2 gudte Reß brieder ... Mein gesel ist zwar der babistischen Religion*»: die Autobiographie des calvinistischen Kannengiessers Augustin Güntzer (1596–1657?), Lizentiatsarbeit Universität Basel 1994.

Claudius Sieber-Lehmann, *Spätmittelalterlicher Nationalismus. Die Burgunderkriege am Oberrhein und in der Eidgenossenschaft* (Veröffentlichungen des Max-Planck-Instituts für Geschichte, 116), Göttingen 1995.
Georg Simmel, Das Geheimnis und die geheime Gesellschaft, in: Georg Simmel, *Soziologie. Untersuchungen über die Formen der Vergesellschaftung* (1908), *Gesamtausgabe*, Bd. 11, hrsg. von Oskar Rammstedt, Frankfurt am Main 1992, S. 383–455.
Lucien Sittler, *La Décapole alsacienne des origines à la fin du Moyen Age*, Strasbourg 1955.
Lucien Sittler, Der Elsässische Zehnstädtebund, seine geschichtliche Eigenheit und seine Organisation, in: *Esslinger Studien* 10 (1964) S. 59–77.
Ernst Staehelin, *Amandus Polanus von Polansdorf* (Studien zur Geschichte der Wissenschaften in Basel, 1), Basel 1955.
Gerald Strauss, *Sixteenth-Century Germany. Its Topography and Topographers*, Madison 1959.
Robert Stritmatter, *Die Stadt Basel während des Dreissigjährigen Krieges. Politik, Wirtschaft, Finanzen.* Bern/Frankfurt am Main/Las Vegas 1977.
Henri Strohl, *Le protestantisme en Alsace*, Strasbourg 1950.
Berthold Sütterlin, *Geschichte Badens*, Bd. 1, 2. Aufl. Karlsruhe 1968.
Rudolf Thommen, Sebastian Schertlin in Basel, in: *Basler Jahrbuch* 1897, S. 226–263.
Christian M. Vortisch, Markgräfler Einträge in den Basler Kirchenbüchern, in: *Das Markgräflerland* Heft 1 (1967), Heft 2 (1967), Heft 1 (1968), Hefte 2–3 (1968).
Hans Georg Wackernagel, Basel als Zufluchtsort des Elsass (15.–17. Jahrhundert), in: *Annuaire de Colmar/Colmarer Jahrbuch*, 1936, S. 54–64.
Rudolf Wackernagel, Basel und die Markgrafschaft, in: *Badische Heimat* 1923, S. 34–41.
Peter G. Wallace, *Communities and Conflict in Early Modern Colmar, 1575–1730* (Studies in German History), Atlantic Highlands 1995.
Christian Wurstisen, *Basler Chronik* (1580), fortgeführt von Daniel Bruckner (1580–1620), Ndr. der Ausgabe des Daniel Bruckner (1765), 3. Aufl. Basel 1883.
Leo Zehnder, *Volkskundliches in der älteren schweizerischen Chronistik* (Schriften der Schweizerischen Gesellschaft für Volkskunde, 60), Basel 1976.

Das «protestantische Rom»:
Mythos und politische Schwäche

Genevan Diplomacy and Foreign Policy, c. 1535–1560: Balancing on the edge of the Confederacy

William G. Naphy

When Geneva's merchants went abroad on diplomatic missions for the nascent Republic or on business trips, whether state or private, they faced a fascinating conundrum. From a strategic point of view, the city's greatest asset was its fame as the centre of Calvinism and, even more so, as the residence of Calvin himself as well as other prominent Protestant theologians. However, on a more tactical and practical level, the presence of Calvin and his compatriots and leading coreligionists coupled with their extracurricular religious activities universally complicated and often frustrated the foreign policy efforts of the Republic's ruling elite. Before examining this assertion in detail or attempting to place Calvin and Genevan Calvinism within the wider framework of the city's diplomacy in the middle decades of the sixteenth century it is necessary to make some general and brief comments on the role and importance of foreign policy and external affairs for the city and its populace in the years immediately preceding independence.[1] The Republic's rulers had learned from these earlier successes and failures the paramount importance of diplomacy. Indeed, one point of this essay will be to stress and explain why this feature of civic life could come so to dominate the city's politics and society and how, throughout most of the first thirty years of independence, foreign affairs could be a constant source of tension for the government, the elite and the ecclesiastical leadership.[2]

---

1 For a fuller discussion of this subject and a wider bibliography see the text and notes in: W. G. Naphy, *Calvin and the Consolidation of the Genevan Reformation*, Manchester 1994, pp. 12–52.
2 The Swiss are often overlooked as discussions on diplomacy's development move from the early origins of the craft in northern Italy to the larger monarchical states. For example see F. Angiolini, "Diplomazia e politica dell'Italia non Spagnola nell'età di Filippo II. Osservazioni preliminari", in: *Rivista Storica Italiana* 92: 2 (1980), pp. 432–469 which treats Northern Italy and the larger states but not Switzerland which might have attracted the notice of Northern Italian states in the period. There is also an extensive literature on the development of diplomacy in the period. Some general sources are: C. Giry-Deloison, "La Naissance de la diplomatie moderne en France et en Angleterre au début du XVI siècle (1475–1520)", in: *Nouvelle revue du seizième*

In the first fifteen years of the century, Geneva's native ruling elite chaffed under the yoke of two rulers. The Prince-Bishop of Geneva who ruled (as a normally absentee prince) through his *vidomne* and the Bishop's overlord (and the person who usually appointed him), the Duke of Savoy. For the most part, the native elite attempted to distance themselves from the Duke by asserting their status as an Imperial city. In addition, by marriage and business ties, the city increasingly linked itself economically and socially with the Swiss Confederation. Needless to say there were a number of problems with this approach both practically and theoretically. First, there was a substantial contingent of Savoyards resident in the city and the clerical elite was almost wholly drawn from Savoy. Also, there was the obvious and undeniable reality that much of the "native" elite was in fact Piedmontese who had settled in the city three or four generations previously. In other words, there were substantial segments of the elite in the city who were socially, economically, politically and emotionally tied to Savoy and the dukes. On the more theoretical level, there was the problem that the Confederation had no history of admitting non-German speaking cantons and the only other apparent alternative was a protectorate sponsored by one or more of the Swiss cantons. For all their attempts to emphasise their "Swiss" character through the use of symbols and terminology, the reality was that Geneva had a predominately French-speaking populace. The

---

siècle 5 (1987), pp. 41–58 (who notes that diplomatic correspondence usually betrays the relationship between the author and recipient in that the recipient's name comes before the English monarch's name unless the recipient is an inferior); M. S. Anderson, *The Rise of Modern Diplomacy 1450–1919*, London 1993, which, likewise overlooks the Swiss situation; M. Mallett, "Diplomacy and war in later Fifteenth-century Italy", in: *Proceedings of the British Academy* 67 (1981), pp. 267–288; E. M. Hallman, "Practical aspects of Roman diplomacy in Germany, 1517–1541", in: *Journal of Medieval and Renaissance Studies* 10: 2 (1980), pp. 193–206. There are also discussions relating to individual diplomats and diplomatic journeys: A. C. Cizauskas, "A Venetian diplomat in 15th century Lithuania", in: *Lituamas* 30: 3 (1984), pp. 33–45; W. A. Rebhorn, "Machiavelli at Carpi: Confidence games in the Republic of Wooden Clogs", in: *Italian Quarterly* 24: 92 (1983), pp. 27–38 (which notes that an "official" state mission, i.e., a dispute over the Florentine minority convents, could be combined with "private" matters, i.e., arranging for a noted preacher to give the Lenten addresses on behalf of the Wool Guild); E. B. Clementi, "Annotazioni sul soggiorno veneziano di Cosimo Bartoli", in: *Archivio Storico Italiano* 141: 3 (1983), pp. 363–420 (which recounts the work of a "permanent" representative); H. F. Graham, (trans. & ed.), "Paul Juusten's mission to Muscovy", in: *Russian History* 13: 1 (1986), pp. 41–92 (which is especially interesting for the role of a Protestant ecclesiastic and the use of diplomacy as an alternative to war).

Genevans, therefore, had to find some means to overcome these problems and to ensure that no Swiss protectorate turned into an occupation.

Seemingly, these Genevan "patriots" had found the means of squaring this circle when they entered into a *combourgeoisie* with Fribourg and Berne in 1519. In a stroke this move cemented their "Swiss" ties. Unfortunately for the Genevans, it became apparent that the Swiss were unwilling to go to war with Savoy for them. The denouement of this early crisis and aborted revolt was the execution of Berthelier and the temporary exile of the "patriots". Clearly, the Genevans had miscalculated the strength of their position but equally, the Savoyard reaction and the execution of Berthelier only hardened the patriots' resolve and tended to sour the Swiss attitude to Savoy. The subsequent residence of the Duke and his harsh manhandling of the local councils also upset native sentiment. In effect, the Duke managed to alienate just about everyone in the city and its environs with the possible exception of the Savoyard petty nobility. By focussing concerns on his behaviour the Duke set in motion the subsequent series of events which would serve entirely to separate Geneva from his rule. This then set the stage for the fateful years which ushered in an independent Geneva. At crucial moments the Bishop wavered in his support for Savoy. Indeed, at one point, he went so far as to request *bourgeoisie* status in the city. That is, the Prince-Bishop of Geneva asked to be admitted into the citizen body of the city with all the rights, responsibilities and powers of a naturalized citizen. It would be hard to imagine a more ludicrous situation. What the Bishop intended is wholly obscure. It appears that he hoped this move would secure his position with the patriotic party. It certainly served to sever his ties with the Duke. However, he also tried to maintain his links with Savoy. In the end the Bishop only managed to convince the revolutionaries that he was a liability.

It is worth pausing at this point to highlight the fact that from the very inception of the Republic, religion was a major political and diplomatic issue. Moreover, at this point the actions of the Swiss became crucial. Berne and Fribourg had renewed the *combourgeoisie* with the Genevans and, this time, were apparently willing to act. In part, this was because the weakness of Savoy was all the more obvious and the desire of France to move against the duchy was a further encouragement to the Swiss to act and grab what they could of Savoy. Thus, the Bernese army swept across Vaud to "rescue" Geneva. On the way, the Bernese also managed to "liberate" the Vaud, Lausanne – as much as they could. For their part, the French were not slow to act. The result was the effective partition and occupation of Savoy by the

French and the Bernese (supported by Fribourg). This brought about the independence of Geneva from Savoy but did not solve the problem of the Bishop and the new problem of the Bernese "army of liberation" in Geneva.

Berne seemed set to stay and Geneva looked destined to exchange Savoyard rule for the same sort of liberation being enjoyed by Lausanne and the Vaud. Clearly this did not appeal to the patriotic elements in Geneva's elite. Fortunately, Geneva's strategic location came to its rescue. The Imperial route (the Road to Flanders) between Italy and the Netherlands ran directly by Geneva. Thus the city sat on one of the most important roads of early modern Europe. France was engaged in Italian wars with the Empire and had learned a few years previously to fear Swiss (i.e., Bernese) aggrandizement. In other words, for the Emperor and France it was essential that this road be held either by themselves or by no other military power. Therefore, France made a diplomatic move towards the Genevans. Magnanimously, France offered to come to Geneva's aid against the Bernese should this be necessary. This seems to have been enough to convince the Bernese. For their part, although they wanted to control Geneva they had no desire (for military and religious reasons) for the city to fall into French hands. The result was a *de facto* agreement that Geneva would remain independent as a buffer zone between France and Berne.

Before continuing, the above discussion needs some examination. Geneva's independence in the military sense was dependent upon Swiss support. The city's release from the grasp of these same Swiss was the result of French diplomatic and military pressure. Most importantly of all, Geneva found itself with little choice in the matter of religion after it had deposed its Prince who also happened to be the head of the Catholic structure in the city. Thus Geneva found itself shorn of its resident *(Savoyard)* nobility and its (again, *Savoyard*) clergy in a matter of months. It was free and socially reduced to a merchant society. In addition, religion and the adoption of the Reformation had been a necessary consequence of the diplomatic, military and political situation. This is not to imply that Geneva's Protestants were insincere rather it is to highlight that it is almost impossible to envisage a situation in which Geneva could have gained its independence from Savoy with Bernese military support and still kept a Prince-Bishop technically subservient to Savoy. Thus, much of the internal situation which marked Geneva in the coming years – a Protestant merchant society; precarious military, geographical and strategic position; dependence on Berne – has its roots in the very first months of the Republic. Geneva's rulers, though not perhaps its imported preachers, were unhappily aware of the difficult situation in which the city found itself and the manifest need to pursue a successful foreign policy towards its more powerful neighbours in Paris and Berne. They knew that the secret of the city's survival lay in diplomacy and managing to balance the geo-political and military needs of the French and Swiss.

It is hardly surprising therefore that the Republic's first great domestic crisis revolved around diplomatic issues. This is the famous Articulant affair which is best known to historians because one aspect of the dispute was the exile of Calvin and Farel. For the most part, when the crisis has been discussed in the past it has been done in the context of a Calvin-centred discussion. As has been shown elsewhere, this is the result of an almost naive reliance upon Calvin as a source for historical fact and an over-emphasis to the point of fixation, on the person and biography of Calvin.[3] In this approach, the whole of Genevan history in the first three decades after independence is the story of Calvin's ministry and his troubles with a quarrelsome, immoral and intransigent (yet vocal) minority who disturbed the Calvinistic Jerusalem until the good Protestant citizens rose up in 1555 and cleansed the city of these bothersome Libertines. This is patently not the case. Calvin's role certainly grew with his years in Geneva but the city's rulers always had a greater concern than their chief minister which was the maintenance of Geneva's liberties and franchises. Indeed, it is certainly arguable that the whole of the string of crises which unsettled the relationship between ministers and magistrates can be seen as a struggle relating not primarily to morality and religious practice but to the defence of local, particular concepts of freedom and native liberty from outside – and outsider – interference.

However, the important thing to note at this point in the discussion is that the newly-founded Republic had yet to regularise the city's situation *vis-à-vis* Berne. Because the city had seized the personal possessions of the Bishop it found itself holding lands which were technically under the suzerainty of the Bernese who had conquered these lands and taken to themselves the powers of the Dukes of Savoy and their local bailiffs.[4] Thus,

---

3 This is a point treated in detail in W. G. Naphy, "The usefulness of Calvin's letters for the study of Geneva history", in: *Archiv für Reformationsgeschichte* 86 (1995), pp. 67–89.
4 As early as 30 January 1537, Berne was beginning to pressurise Geneva's magistracy, *Archives d'Etat de Genève*, Registres du Conseil [henceforth AEG, RC] (volume) 30, fol. 160. Geneva was also receiving protestations from France on behalf of the dis-

there were endless opportunities for conflicts over jurisdiction. In addition, the Bernese were placing pressure on the city's rulers to bring their religious practices into conformity with those of Berne. Petty disputes over jurisdiction and religious practices with Geneva would hardly facilitate Berne's efforts to spread Protestantism in their newly conquered possessions. Thus, for reasons of state and to ameliorate possible areas of friction in a volatile and fluctuating situation, the Bernese pressurised the Genevans into agreeing to modifications in all areas of differences and potential dispute. This reading of the situation exactly and completely explains both the behaviour of the Articulants in the period 1538–40 and their opponents in the years 1541–44. For both, the concern was the balancing of the need to maintain good relations with Berne and their presumed liberties against any Bernese incursions.[5] Effectively, Calvin and Farel became collateral damage in this internal debate over the correct foreign policy and diplomatic stance for the city. The fact that two foreigners, both relatively recent arrivals to the city, failed to assess the situation correctly is wholly understandable.

In 1538, the group of Genevans who won the elections were immediately faced by another round of pressure from Berne. For obvious reasons, the religious differences were the easiest to rectify as the issues in contention were minor. The new senators moved quickly to conform Geneva's practices. This is the point where Calvin and Farel enter the picture. They were angered, not by the changes themselves but by the magistrates willingness to legislate on religious matters without reference to the ministers. For their part (and again taking their lead from Berne – and Zurich) the magistrates assumed that they were, as the elected rulers of the city, in charge of all aspects of Genevan life, including religion. They saw no reason to think that they were acting outside of their competence and they certainly saw no reason to consult with their foreign clergy on a matter which, to them, was primarily political and diplomatic. To make a long story short, Calvin and Farel made this a point of principle and were removed from office by the magistrates. This rather harsh treatment of the ministers seems not to have evoked any immediate furore in the city. However, future opponents of the

---

placed (and probably destitute) religious, AEG, RC 33, fol. 196bis–196v.bis (8–9 Jul. 1539).

5 Bernese involvement in Geneva betrays an assumption that the Republic is, in effect, a Bernese client-state. For example, in 1538 Berne repeatedly intervened in the case against Claude Savoye, *maistre de monnaie*, arrested for possible malfeasence. See AEG, RC 32, fol. 90 (22 Jun. 1538), 139, (4 Sep. 1538), 154 (26 Sep. 1538); RC 33, fol. 188v (1 Jul. 1539), 269v (2 Sep. 1539).

magistrates and their pro-Bernese appeasement policy now had martyrs should they need them and a *cause célèbre*.

The real bone of contention, from the domestic political point of view, came with the publication of the treaty which the Genevan magistrates had negotiated with Berne – the infamous articles (hence, the name Articulants mockingly corrupted into *Artichaux*). The magistrates knew they had conceded everything of substance to Berne and must have realised that there would be an immense backlash. One could hardly expect that a city so recently stirred by nationalism and the heady rush of a successful revolution would happily accept the pragmatic appeasement of a state whose army had shown every sign of wanting to stay.[6] There was, however, more to the violent backlash than simple nationalism and patriotic fervour. The leaders of the opposition, the Guillermins (from their "martyr", Guillaume Farel – called *Farets*, or burnt-out candles, by the Articulants) were also heavily involved in property deals in the disputed territories. After the city had come into possession of the ecclesiastical lands and those of the Bishop it proceeded to sell off parcels and the rights to the rents of other sections to finance the revolutionary debt. Many prominent Genevans had enriched themselves in what was almost a "fire-sale". Suddenly, these Genevans found that their lands were no longer subject to Genevan (and, in their capacity as city magistrates and leading citizens, their) jurisdiction but rather to distant Berne.[7] This was, to these Genevans, the wrong way to enter the Swiss Confederation.

What would have led the city's leaders to think that these articles would ever have been acceptable in Geneva? They were in fact simultaneously responding to a number of things both pragmatic and more ethereal. First, they were well aware of the pro-Swiss aspect of Genevan nationalism. Both the Guillermins and the Articulants (and all their party-political successors) actively pursued a policy whose aim was membership in the Confederation. It was not until 1555 and the triumph of the Calvinists and their Franco-cen-

---

6 In fact, the first warning the Senate had was the refusal of Jean Lullin to participate in the treaty's negotiations – a breach of civic responsibilities which was refered to the Council of Two Hundred. AEG, RC 33, fol. 212v (22 Jul. 1539).

7 This was more than a complaint about legal jurisdiction in the secular sense. Berne was also intent upon extending its consistorial control over the areas and seemed determined to meddle in the minutiae of Genevan life. See, for example, Berne's letter about the marriage of Jean Pernet on 3 October 1539 (AEG, RC 33, fol. 307v) and its complaint about Genevans not obeying Bernese consistories, RC 33, fol. 315 (15 Oct. 1539).

tric interests that Geneva dropped this as the primary goal of its foreign policy. Thus, the magistrates were perhaps justified in thinking that the citizenry might view this treaty as the necessary price for gaining Bernese support for Geneva's application. Secondly, the magistrates were fully appraised of Geneva's precarious diplomatic and military position. To survive, the Protestant city had to have the overt and secure support of a powerful military protector. Berne fit the bill exactly. Surely, the magistrates were correct in assuming that any rational and unbiased observer would realise that any price, short of actual occupation, was worth paying to ensure continuing Bernese support. Sadly for their calculations, they had not fully taken into account the economic and emotional realities of the situation. The popular response might have been manageable had the ruling elite presented a united front to the populace. Unfortunately, a substantial section of the Senate were extremely upset to find that lands and rents which they had purchased with hard cash had been transferred to a foreign power.[8]

Before leaving the Articulant crisis to consider the next fifteen years of Genevan diplomacy and foreign affairs in greater details, it is perhaps worth returning briefly to the ministers. What had been their role in this crisis? In a very real sense they were the first casualties. In a more general sense, they became the unwitting martyrs to and rallying point for the Guillermins in their opposition to the Articulants and their treaty. The Guillermins were able to focus their opposition on the religious changes and the, as they saw it, harsh treatment of the ministers. This allowed them an avenue of protest which was very effective, very public and yet very far short of seditious. By refusing to accept the replacement ministers, the new practices and the sacraments which followed (a course Calvin positively rejected) they were able to make their point while only committing an ecclesiastical offence.[9] The important point to retain when examining the place of religion in this

---

8 In addition, it was apparent very early on that the larger Council of Two Hundred was not happy with the handling of the treaty (the Council refused to confirm the appointment of Jean Coquet on an embassy to Berne and substituted Girardin de la Rive) and that modifications would be necessary (although unlikely given the Bernese stance). AEG, RC 33, fol. 315v (15 Oct. 1539); RC 34, fol. 5 (6 Jan. 1540).

9 There can be little doubt that these replacement ministers were not only associated with the Articulant magistrates but also with Berne itself. For example, see their report on letters exchanged with Berne for advice about hiring a new school regent, AEG, RC 33, fol. 95 (25 Apr. 1539). These ministers were not alone in seeking outside advice about manning Geneva's schools which were a constant problem for the city. See W. G. Naphy, "The Reformation and the evolution of Geneva's schools", in: B. Kümin (ed.), *Reformations Old and New*, Aldershot 1996, pp. 185–202.

crisis is that, once again, religion was a domestic adjunct to the wider diplomatic interests and concerns of the city and its leadership. The Bishop, because of his behaviour was, in part, a casualty of the realities of Geneva's military and diplomatic situation in the early 1530s. Calvin and Farel were, in very much the same way (again, because of their behaviour), victims of the necessities of the city's foreign policy in the late 1530s.

The Guillermins faced a number of problems in the immediate aftermath of the Articulant crisis. First, the ministers appointed by the Articulants abandoned their posts. The obvious solution to this problem would have seemed to be the recall of Calvin and Farel. Eventually, and only after the resignation of more ministers, the city recalled Calvin and gave him a fairly free hand to set the city's troubled ecclesiastical house in order (a task which took Calvin until 1546).[10] Second, the city had greatly angered Berne by its repudiation of the treaty. Not only did the old jurisdictional conflicts remain but now Geneva found itself on the verge of almost open warfare with Berne.[11] The Guillermins had had a solution to the problem of the articles what they failed to offer Geneva or Berne was a solution to the preexistent realities which had given birth to the articles or to the fiasco which was Bernese–Genevan relations after the abrogation of the treaty. Third, the magistrates also had to cope with the exiled Articulants who were bemoaning their fate the length and breadth of Protestant Switzerland. Not only were they demanding the return of their state-appropriated property (much of which the Guillermins had bought) but they were loudly insisting that their expulsion was illegal and excessively harsh. This latter must have seemed all the more plausible in a Switzerland which had heard the Guillermins complaining about the treatment of the ministers.[12] Finally, the city's new administration had to find some way to conduct a foreign policy which would secure the city's independence and encourage domestic harmony.

---

10 The city also tried to acquire the permanent services of Viret who had been loaned to them by the Bernese (as a conciliatory gesture, perhaps). AEG, RC 35, fol. 419v (6 Dec. 1541), 422v (7 Dec. 1541), 450v (3 Jan. 1542). For more details on Calvin's efforts see W. G. Naphy, "The Renovation of the ministry in Calvin's Geneva", in: A. Pettegree (ed.), *Reformation of the Parishes*, Manchester 1993, pp. 113–132.

11 One notes the lilliputian image provided by Berne's ambassadors being met at Geneva's frontier by Perrin, Vandel, Corne, Desarts, 100 cavalrymen and artillery on 24 March 1541 (AEG, RC 35, fol. 127).

12 See, for example, Berne's appeals on their behalf, AEG, RC 34, fol. 545 (3 Dec. 1540) and notice of Basle's ruling on behalf of Chapeaurouge against Pertemps and Roset, RC 35, fol. 495 (10 Feb. 1542), 497v (13 Feb. 1542).

Thus one finds Geneva's ambassadors, on 16 October 1542, returning from Lausanne where they had been dealing with the complaints by Berne on behalf of two leading Articulants, Dada and Chapeaurouge.[13] The ambassadors had been gone nine days and were joined in their return by another contingent which had been away in Berne for a fortnight.[14] It would seem that the embassies were pursuing a twin agenda of defending their treatment of the Articulants and attempting to mollify the Bernese about both the exiles and the treaty. The fruit of the efforts, which were largely unsuccessful was a written response from Berne on 25 November.[15] It is essential to realise the massive scale of these embassies and the strains they must have placed on the city regardless of any other considerations relating to Geneva's precarious military situation. For example, one single embassy to Basle, on 26 April 1541, involved nine senators (of a total of 25).[16]

However, sadly for the city, Berne was not their only concern. Geneva also had to deal with Catholic France whose forces were worryingly close in occupied Chambéry whence Curtet and Vandel returned from embassy on 1 January 1543.[17] The problems here tended to revolve around two major points, the position of properties at Thiez (on which see below) and the state of the former monks and nuns from Geneva.[18] In addition, the city was trying to negotiate its way around total dependence on Berne by seeking the support of other Swiss cities, notably Basle and its bankers.[19] Although

13 AEG, RC 36, fol. 145.
14 AEG, RC 36, fol. 145v.
15 AEG, RC 36, fol. 177v.
16 AEG, RC 35, fol. 176.
17 AEG, RC 36, fol. 203v. As a religious aside it is rather interesting to speculate how two Protestant ambassadors in the early 1540s passed Christmastide in a Catholic city. Confessional problems seem to have caused little concern. Charles IX sent the Bishop of Rennes as his ambassador to Elizabeth I, see E. I. Kouri, *England and the Attempts to form a Protestant Alliance in the late 1560s: A Case Study in European Diplomacy*, Helsinki 1981, p. 42. Note also that in 1597 the Protestant Hansa towns (led by Hamburg) suceeded in getting Rudolf II to close German ports to Elizabeth I's "merchant adventurers" at the instigation of Philip II of Spain, C. Gomex-Centurion Jimenez, "Las Relaciones Hispano-Hanseaticas durante el reinado de Felipe II", in: *Revista de Historia Naval* 4: 15 (1986), pp. 65–83, esp., p. 76.
18 AEG, RC 35, fol. 193 (5 May 1541) and see also note 4 above. These monks and nuns, and their plight, forms and part of the polemic against Genevan Protestantism, see W. G. Naphy, "'No history can satisfy everyone': Geneva's chroniclers and emerging religious identities", in: B. Gordon (ed.), *Protestant History and Identity in Sixteenth-Century Europe*, vol. 2, Aldershot 1996, pp. 23–38.
19 The complaint by Berne's ambassador about war debts owed by Genevan gives an idea of why Geneva would want a financial supporter different from its military pro-

Geneva could never borrow enough to afford a decent, independent military force, they were certainly intent on building the best fortifications that Basle money could buy.[20] Finally, one must not forget that Geneva's relatively small elite was also forced to undertake embassies, which could take substantial time and money, for much more mundane matters. For example, ambassadors were sent to St-Maury-en-Chablais about a suspected counterfeiter, one Antoine Milan.[21]

It is perhaps possible to discuss these financial negotiations with Basle and their result. September 1542 saw the notice of the first substantial sums (4643 *écus*) from Basle while in January 1543, Pertemps and Lambert returned from Basle with 1500 *écus*.[22] A few months later, Roset was again in Basle seeking 6000–7000 *écus* (and defending Geneva against complaints by Chapeaurouge).[23] The result seems to have been the 3300 *écus* which Pertemps brought back in June.[24] Clearly this sum, about 50% of what was requested (and needed), was insufficient for in November Curtet and Dufour went to Basle to request another 2000 *écus*.[25] This excursion was much more successful for within a fortnight the ambassadors were able to report that not only had the money been secured but that Basle had agreed to dispatch two of its own citizens to Berne in an attempt to settle the crisis in Bernese–Genevan relations. The city was moved to send a letter of thanks to Basle's magistracy.[26] An apparently separate embassy (of Corne and Darlod) returned in January with 537 *écus*.[27] It would appear that this last infusion of cash momentarily satiated Geneva's straining treasury for there is no other mention of such an embassy until Roset's return in March 1545 with

---

tector. AEG, RC 33, fol. 255–255v (22 Aug. 1539). See also, the demand for 100 *écus* owed from the war, RC 33, fol. 287 (16 Sep. 1539).

20 For more on this aspect of Genevan policy see W. G. Naphy, "Genevan National Security & Defence Spending", in: *War in History* 5:4 (1998), pp. 378–399.
21 AEG, RC 35, fol. 244 (24 Jun. 1541). See also various mutual exchanges of ambassadors and letters with Catholic Syon, RC 35, fol. 268v (19 Jul. 1541), 379 (3 Nov. 1541) and, especially, the appeal by the Bishop of Syon on behalf of his charge, Jean Cellier, *hoste*, who was still owed money by Geneva's ambassadors, RC 35, fol. 540 (29 Mar. 1542).
22 AEG, RC 36, fol. 120 (13 Sep. 1542), 224 (29 Jan. 1543).
23 AEG, RC 37, fol. 72 (26 Apr. 1543).
24 AEG, RC 37, fol. 136v (25 Jun. 1543).
25 AEG, RC 37, fol. 270 (12 Nov. 1543).
26 AEG, RC 37, fol. 283v (1 Dec. 1543). The ambassadors returned and reported to the senate on 15 December (RC 38, fol. 6v) after an absence of over a month.
27 AEG, RC 38, fol 31.

a paltry 70 *écus*.[28] The end of the year saw a request for a more substantial amount when Roset was asked to seek 3000–4000 *écus* at 5% interest.[29] However, he had to report that only 1000 *écus* were presently available although the rest would be sent forthwith.[30] A later embassy to get 6000 *écus*, in March, allowed Tissot to return with only a scant 1835 *écus* a month later.[31] The apparent reason for this increased demand on Basle's bankers was the fears of war sparked by conflict in Germany.[32]

However, Geneva's borrowing was but one aspect of its diplomacy with the cantons of the Confederation. On the whole, the bulk of the city's attention was focused on healing the rift with Berne. A quick survey of the flurry of activity between Geneva and Berne will suffice to demonstrate the crisis-like nature of the diplomatic efforts between the cities in the aftermath of the collapse of the Articulant policy. The first major embassy of the Guillermins was that of 30 September 1540 when De la Rive, Curtet, Pertemps, Roset, Beguin, Ruffy, Lambert, Porral, Vellut, Dufour and Desarts were all dispatched to Berne in an attempt to renegotiate the articles.[33] The meetings between the negotiating teams seem to have taken place in Lausanne and to have lasted until 18 October when the ambassadors returned to Geneva.[34] Another embassy was sent to Lausanne within a month and returned even more hastily.[35] There were some embassies from Berne to Geneva but these were infrequent and seem not to have helped the situation. For example, in what must have been an amazing piece of theatre, Bernese ambassadors addressed (perhaps, berated) the *Petit*

28 AEG, RC 40, fol. 57v (20 March 1545).
29 AEG, RC 40, fol. 309v (2 Dec. 1545).
30 AEG, RC 40, fol. 341 (5 Jan. 1546).
31 AEG, RC 41, fol. 56 (22 March 1546), 71 (12 April 1546).
32 Geneva formed a war committee on 12 July 1546 composed of magistrates with significant diplomatic experience: Roset, Lambert, Corne and Dupan (all syndics); Perrin (the *Capitaine général*); Desfosses (the Senate's treasurer); Coquet, Gerbel, Desarts, and Tissot. For more details on these and other Genevans mentioned in this essay the most convenient source would be the index and the accompanying notes in Naphy, *Calvin*.
33 AEG, RC 34, fol. 464 and see also Naphy, *Calvin*, pp. 40–41.
34 AEG, RC 34, fol. 481v. An example of the burdens placed on individuals is that Dufour, who had already been gone from Geneva c. 1–18 October was sent on 27 October, with 20 *écus*, to Strasbourg to fetch Calvin. The letter from Strasbourg on the matter of Calvin's return on 20 November 1540 (RC, fol. 533) had been sent on 6 November which gives one some idea of the approximate length of the journey on which Dufour had been sent.
35 AEG, RC 34, fol. 511 (7 Nov. 1540), 528v (19 Nov. 1540).

Conseil as well as the larger Council of Two Hundred on 16 April 1540.[36] This was so stunningly unsuccessful that the next visit of Berne's ambassadors on 24 March 1541 was greeted with armed force.[37] There is no mention of a subsequent Bernese foray into Geneva until 17 July 1541.[38] All of this activity was conducted in addition to an almost continuous exchange of letters between Geneva and Berne.[39]

In the midst of these negotiations, the Genevans were also pursuing another approach to resolving the dispute. Increasingly, it was clear that the cities would have to accept not just the mediation of Basle but actual binding arbitration.[40] As with Berne, all this was conducted in parallel with an exchange of diplomatic letters.[41] The initial, and seemingly unacceptable results of Basle's arbitration were received on 19 January 1542.[42] This report was followed by a dispatch of Pertemps, Lambert and Roset to Basle 4 days

---

36 AEG, RC 34, fol. 183–184bis. Not only did ambassadors pass along information on the places they visited but they had no scruples about involving themselves in the internal factions of states in an effort either to destabilise opposing states or increase their influence in friendly powers, Mallett, "Diplomacy and War", pp. 274–275.

37 See above, note 9.

38 AEG, RC 35, fol. 26v.

39 AEG, RC 34, fol. 457v (27 Sep. 1540), 469 (7 Oct. 1540), 471 (9 Oct. 1540), 499 (28 Oct. 1540), 511 (7 Nov. 1540), 541 (29 Nov. 1540), 452v (30 Nov. 1540), 561 (16 Dec. 1540), 572 (22 Dec. 1540). This correspondence spared the merchants unnessecary and lengthy trips but it was not free and occupied a considerable amount of time for the city's heralds. For example, on 30 October 1540 Heustace Vincent was paid 19 *f[lorins]*–2 *s[ols]* for 29 journeys for Geneva of which 23 related to Berne (RC 34, fol. 503) and on 14 January 1541 he was paid another 24 *f[lorins]* for 22 days at Lausanne, Berne and Basle and Jean Dorenge, another herald, was given 34 *f[lorins]* (both were paid on a fixed basis of 8 *d[eniers]* per day) for 6 days at Lausanne, one month at Basle, and an additional 15 days at Berne and Lausanne (RC 35, fol. 11). See also RC 35, fol. 235v (14 Jun. 1541) re Vincent, the trip of Dorenge to Chambery on 16 May to take money to Vandel, the city's ambassador there (RC 35, fol. 205v), RC 35, fol. 244 (24 Jun. 1541) re Jehanton de Voix, *herauld de cheval*, and RC 35, fol. 253 (4 Jul. 1541) re Claude Vouvrey, *herauld de pied*.

40 See, for initial discussions of mediation, AEG, RC 34, fol. 531v (22 Nov. 1540), which embassy returned on 23 December (RC 34, fol. 517). By 12 May 1542 it was clear that more arbitration was necessary (RC 36, fol. 10).

41 See, for example, Geneva's letter to Basle on 3 June 1541 (AEG, RC 35, fol. 225) and the apparent reply from Basle on 30 June (RC 35, fol. 249) as well as the note from Basle on 15 October (RC 35, fol. 359) and Geneva's response on 23 October (RC 35, fol. 366v).

42 Henry Enaud, *herauld de Basle*, got 6 *écus* for his troubles in bringing the results. AEG, RC 35, fol. 462v.

later.[43] The ambassadors were hard at work in Basle by at least 20 February when the Senate received a preliminary report from them.[44] These three peripatetic merchants were back in the city a week later after an absence of over a month.[45] Pertemps was sent back to Basle with a letter less than three weeks later and returned by 5 June.[46]

These trips by Pertemps highlight the immense burden placed upon Geneva's magisterial class who were almost to a man working merchants. In the period 23 January–5 June 1542, Pertemps was only physically present in Genevan 27 February–15 March. Not only is it difficult to see how he was able to conduct his own affairs but it must have been difficult for him to fulfil his civic functions. Indeed, this must have been one of the most complex and frustrating aspects of Genevan diplomacy. The city lacked any substantial landed gentry in the ruling elite who might have had the time and money to undertake lengthy and expensive embassies. In addition, the city never seems to have developed a professional ambassadorial cadre and always had to rely, for the most part, on the 25 senators and syndics with perhaps some additional ambassadors drawn from the Councils of Sixty and Two Hundred.[47] Mention has already been made of the large contingents sent to Berne on occasion but there were also multiple trips which could take away a significant section of the magistracy.[48] For example, there were three separate embassies on 13 July 1540 to Fribourg, Chambéry and Berne which required two ambassadors apiece.[49] Nor was the expense slight and limited solely to the expenses of travel and housing while abroad. On 2 May 1541, Pertemps and Jean Franch were given 64 *f[lorins]*–3 *s[ols]*–6 *d[eniers]* in compensation for the two "manteux in tartassone gris" which they had given to the sons of the Bernese Ladnoyer (Naguely) and city secretary

---

43 AEG, RC 35, fol. 465v.
44 AEG, RC 35, fol. 503v.
45 AEG, RC 35, fol. 509v (27 Feb. 1542).
46 AEG, RC 36, fol. 14 (15 May 1542), 31v.
47 This contrasts with larger monarchical states, even less advanced one, such as Russia which were able to develop chancellories devoted to diplomacy in the same period. See U. Halbach, "Kanzlei und Kanzleramt in Rußland vor dem 16. Jahrhundert", in: *Jahrbücher für Geschichte Osteuropas* 33: 1 (1985), pp. 23–47.
48 In addition to those noted above see the embassy on 17 July 1653 of Coquet, Gerbel, Pertemps, Roset, Perrin, Favre and Beguin (AEG, RC 37, fol. 158) who did not return until 6 August (RC 37, fol. 172).
49 AEG, RC 34, fol. 331.

(Geron).⁵⁰ Also, Laurent Meigret (about whom, more below) was paid 6 *f[lorins]*–3 *s[ols]* for expenses he incurred housing the Chambéry embassy and Jean Lambert (himself a frequent ambassador), *hoste*, was given 30 *écus* for keeping the Basle ambassadors.⁵¹ Nor did this time-consuming work involve only Geneva's magistrates. On any number of occasions, ministers (such as Calvin and Viret) were given embassies.⁵² On most occasions, the ministerial embassies seem to have been primarily involved with religious affairs. However, when Calvin returned from Strasbourg and Metz after an embassy relating to Caroli he seems to have conducted some discussions in Basle about the situation with Berne as he was able to show the Senate a letter which he had received from Bernard Mayer, a leading Basle magistrate.⁵³ Two particularly bizarre examples of the *ad hoc* nature of Genevan diplomacy must be the dispatch of Calvin as part of an embassy to Catholic Fribourg and the involvement of Baudichon de la Maisonneuve (tried for heresy in Lyon in 1534) in negotiations to buy grain from the French King.⁵⁴ In other words, Geneva was forced to rely on whomever it could, whenever it could to conduct its diplomacy. Normally, costs both of the trips themselves as well as the time away from Geneva had to be borne, in the first instance, by the ambassadors.

---

50 AEG, RC 35, fol. 187v. This certainly would appear to be very close to a bribe or at least a friendly gift to interested parties. Bribery, or rewards and gifts, were not uncommon. See Hallman, "Roman Diplomacy", p. 194.
51 AEG, RC 35, fol. 206 (16 May 1541), 246 (27 Jun. 1541).
52 For example, Viret to Lausanne on 2 May 1541 (AEG, RC 35, fol. 187v) for which he was paid 21 *f[lorins]*–8 *s[ols]*; Farel brought a letter from Viret on the same day that Calvin and a herald were sent to Metz to deal with the Caroli affair which was, admittedly, a religious dispute, RC 37, fol. 130 (16 Jun. 1543), 132 (18 Jun. 1543). Calvin appears to have gone via Strasbourg whence he wrote on 7 July 1543 assuring the Senate he would proceed to Metz in a fortnight, RC 37, fol. 147 (7 Jul. 1543), 150v (10 Jul. 1543). He had returned by no later than 15 October – about 4 months after he left, RC 37, fol. 243v. A reliance upon clerics for diplomacy was not solely a feature of small, impoverished city-states, see H. Wiesflecker, "Neue Beiträge zum Gesandtschaftswesen Maximilians I.", in: *Römische Historische Mitteilungen* 23 (1981), pp. 303–317, esp., p. 304 on the importance of diplomacy in dealing with the Swiss.
53 AEG, RC 37, fol. 259 (31 Oct. 1543).
54 AEG, RC 38, fol. 350v (4 Sep. 1544), 351 (5 Sep. 1544), 3554v (7 Sep. 1544) and RC 37, fol. 198 (20 Aug. 1543), 262 (5 Nov. 1543). For more on the heresy trial see W. G. Naphy, "Catholic Perspectives on Early French Protestantism: the Maisonneuve Heresy in Trial in Lyon, 1534", in: *French History* 9: 4 (Dec., 1995), pp. 451–477.

Having left the Basle arbitration efforts unresolved it might be useful to return to Geneva's relations with Berne at this point. It would appear that despite repeated embassies to Berne nothing was really being accomplished. By 7 January 1544 there were signs that the situation might be reaching some resolution. There is every reason to suspect that the willingness of Geneva, which sent the first syndic (Coquet), Pertemps and Favre to Berne and Basle on that date, and Berne to settle their differences had more to do with the deteriorating religious situation in Germany than any rapprochement between the two cities.[55] Pertemps returned from Berne on 20 January and was followed 4 days later by an embassy from Berne (Naguely, Ausburger, Umbert, and Lando).[56] Within weeks the Senate had sent two additional ambassadors (Curtet, Roset) to Berne.[57] They must have returned speedily for Curtet (with Perrin) was off to France on 21 March and Roset (with Coquet) was returned, on 24 March, to Berne.[58] This hectic round of activity was beginning to tell upon the Genevans. On 28 March, Perrin asked to be removed from an embassy to Chambéry for business reasons and Desarts was provisionally substituted.[59] One can understand his reluctance. Having been forced to go, Perrin found himself still in Chambéry as late as 28 July.[60] Sometime afterwards he returned only to be sent to Berne on 30 September.[61]

This latter embassy was sparked by the news, sent from Paris by François Paquet *(reside[n]t en la Cour du Roy)* that the French King and the Emperor had reached an accord which might spell trouble for Protestants everywhere.[62] This, along with the news of increasing trouble in Germany, spurred on the Basle arbitration and encouraged all parties to conciliation. Still, the actual negotiations took a while and the first clear sign that an accord has been reached is the payment of 180 *écus* to various Basle officials in thanks for their efforts on 5 January 1545.[63] The official signing ceremony appears

---

55 AEG, RC 38, fol. 26v. The ambassadors actually left two days later, on 9 January, RC 38, fol. 28.
56 AEG, RC 38, fol. 35, 85v–86.
57 AEG, RC 38, fol. 129v (19 Mar. 1544).
58 AEG, RC 38, fol. 132, 133.
59 AEG, RC 38, fol. 139v, 141. His request appears not to have succeeded for he left with Curtet, an herald and 150 *écus* on 1 April (RC 38, fol. 145v).
60 AEG, RC 38, fol. 302v. He and Curtet also sent reports on 7 April (RC 38, fol. 150v) and 26 July (RC 38, fol. 300).
61 AEG, RC 38, fol. 394.
62 AEG, RC 38, fol. 394.
63 AEG, RC 39, fol. 90.

to have been during the subsequent embassy of March.[64] Although the crisis had ended, Geneva appears to have remained somewhat wary of Berne's support for, as war raged in Germany and anti-Protestant persecution grew in France, Berne wrote assuring Geneva of the stability of the alliance.[65]

There can be no doubt that the spectre of war and anti-Protestant persecutions encouraged Berne and the Swiss to consider Geneva in a more lenient light. The arbitration results were much more to Geneva's liking than their weak position should have given them cause to hope. Why? First, just as Geneva's physical location was its greatest weakness in that it invited attack it was also one of its greatest assets. Geneva must have become increasingly aware that Berne and the other Protestant Swiss cities had no desire to see this key point on the Flanders Road falling into Catholic hands. Geneva was, effectively, not only a buffer between France and Berne but also a forward base protecting the Vaud and, eventually, Berne. It was certainly better, and cheaper, to buttress Geneva than to face the prospect of French or Imperial troops using it as a base to launch attacks against Berne's western frontier. Secondly, the increasing fame of Calvin and, therefore, Geneva as a centre for francophone Protestantism gave added impetus to moves to defend Geneva. Tolerating the loss of Geneva would, in effect, signal a willingness to abandon France entirely. As long as Geneva remained free and Protestant then French Protestantism had a safe base of operations. Were it to fall not only would there be no focus for French Protestantism but also any waves of refugees would break, not on the walls of Geneva but much deeper into Switzerland with all the attendant social and ethnic problems which that would entail. Again, better to support Geneva and let it deal with the troubles of a dangerous frontier than to see those dangers move further east deeper into Swiss Protestant lands.

On a more parochial level, certain features of Genevan diplomacy are worth highlighting. First, there is a certain chauvinistic *naïveté* about their efforts. For all their fury at the Articulants, meeting Berne's ambassadors with armed force was a truly ludicrous move. Second, their stubbornness in their negotiations with Berne shows an amazing ability to overestimate the security of their position. Without Berne, Geneva was hopelessly exposed to attack. Granted, Savoy was occupied and from the Genevan point of view it

---

64 AEG, RC 40, fol. 46v (11 Mar. 1545): Perrin, Coquet, Chiccand, Lambert, Chautemps, Donzel, Delarche, Dorsiere, Mugnier, Messeri, Vachat.
65 AEG, RC 41, fol. 32 (27 Feb. 1546).

may have seemed that their worst enemy, the Duke of Savoy, was emasculated. Thirdly, on the practical level, the embassies were extremely costly both for the state and the individuals involved. Needless to say, a successful diplomacy which delivered security was much cheaper than a standing army.[66] Finally, and perhaps more importantly, the involvement of leading magistrates in diplomacy on a regular basis meant there was always the chance that foreign policy would be exploited on the domestic front. For example, failure to secure results might be used against a politician. This mingling of domestic politics and politicians with foreign affairs and the diplomatic corps meant that there was the chance that actions taken abroad could have a dramatic impact on the local political scene.

Maintaining ones independence on the frontiers of the Swiss Confederation involved more than just a successful relationship with Berne and Basle. Geneva, an increasingly important centre for Protestantism generally, and French Protestantism in particular, had to develop a foreign policy which would allow it to interact peacefully with its powerful Catholic neighbours. The loss of Fribourg's support at the very moment of the Republic's birth was but a harbinger of the difficulties which the city would face because of its religious affiliation with Berne. Protestantism, borne of the necessity of appeasing Berne and expelling the Bishop, came at a high price. Hereafter, Geneva would be a threat and an annoyance to France and the attempts of the French Crown to bring some order to the religious situation inside the realm. If the chauvinistic stubbornness of the magistrates was a major factor in complicating their relations with Berne then the activities of Calvin, his fellow ministers, the French religious refugees and the burgeoning francophone religious press in the city would be the nemesis of Geneva's relations with France. Initially though, diplomacy between France and Geneva revolved around two major issues. First, the French Crown repeatedly intervened on behalf of Geneva's former monks and nuns. Second, like Berne, France had some claims to territory which Geneva administered. In this case, though, the areas of overlapping jurisdiction were fairly limited and confined to the *mandemant* of Thiez.

---

66 Cf. J. N. Stephens, *The Fall of the Florentine Republic*, Oxford 1983. It is perhaps worth comparing Geneva with Florence, another state which was "peculiarly mercantile" and also chose, despite its wealth (p. 135, which supported extensive internal loans), not to maintain a large standing army. What can be said of Florence can, in large part, be applied to Geneva: "The city had derived a thoroughly merchant character, which is the chief fact of its history, for it helps to explain at once why political participation was unusually broad there, and why, militarily, the city was so weak" (p. 7).

From the very outset of the Republic, ambassadors were sent to France.[67] In addition, the city entertained embassies from the French Crown.[68] For the most part, however, relations between Geneva and France were conducted through the *Parlement* set up by the occupying French in Chambéry. These embassies could be as frequent and as costly as those to the Swiss.[69] They could also involve major issues or more specific and limited goals, for example the mission of Jean Gabriel Monathon to Chambéry to obtain the release of Jean Lambert.[70] Moreover, as one might expect, these embassies were augmented by a regular diplomatic correspondence.[71] Perhaps more interestingly – and a comment on the Genevan relationship with Berne – in 1539 the city had used a Bernese herald to carry letters to the French King relating to Thiez.[72] This approach to the Crown seems to have marked the beginning of a lengthy hiatus in negotiations while Geneva devoted its entire attention to the Articulant crisis for there is no mention of further contact except an embassy in February 1540 and a letter from the President of the Chambéry *Parlement* in favour of André Philippe in August.[73] Serious contacts seem to have been renewed when Pierre Vandel showed the Senate a letter which he had received from the Chambéry President on 18 September 1540 which requested a meeting with Genevan officials.[74] Vandel appears to have been duly dispatched for his return was noted on 23 September.[75] These contacts were followed up by a letter from the Crown broaching the subject of Thiez six weeks later.[76]

67 AEG, RC 31, fol. 30 (27 Jul. 1537): Porral and Bordon.
68 AEG, RC 31, fol. 119 (26 Nov. 1537). The King complained about injuries caused by Beguin, Costel, Monet and other Genevans.
69 For example, Rosset was sent on 19 July 1537 (AEG, RC 31, fol. 25v) as well as Savoye and Chapeaurouge on 1 January 1538 (RC 31, fol. 144) the latter at a cost of 110 *écus* (RC 31, fol. 194v).
70 AEG, RC 32, fol. 33v (4 May 1539).
71 For example, the Crown's request on behalf of the former nuns and monks on 8–9 July 1539 (AEG, RC 33, fol. 196bis–196v.bis) and the letters of 19 July 1539 (RC 33, fol. 209v), 26 September 1539, re Geneva establishing its own currency (RC 33, fol. 303).
72 RC 33, fol. 256v (23 Aug. 1539), 257 (25 Aug. 1539). The herald, Hans Cleret was given 15 *écus* for the journey and paid an *écu* and a *teston* upon his return on 25 September (RC 33, fol. 301).
73 AEG, RC 34, fol. 111 (24 Feb. 1540), 113 (26 Feb. 1540), 393 (23 Aug. 1540).
74 AEG, RC 34, fol. 449.
75 AEG, RC 34, fol. 454.
76 AEG, RC 34, fol. 508 (3 Nov. 1540).

Nevertheless, this was still in the midst of the crisis with Berne and the relatively limited nature of the jurisdictional dispute with France was such that the matter was allowed to languish again until Vandel was next in Chambéry.[77] A few months later, the Guillermins showed signs of giving the matter a higher priority with the dispatch of Perrin and Porral.[78] Chambéry responded with a letter once more mentioning the matter of confiscated church properties.[79] The situation, never a high priority, languished with only an embassy by Vandel in August 1542.[80] Vandel next led an embassy (with Lambert) in April 1543 to negotiate about Thiez.[81] Whether this produced favourable results is not known but this trip was followed relatively quickly in May by a visit of Jean Ami Curtet.[82] Desarts returned from another embassy in December which would seem to imply a slight quickening in the pace of negotiations.[83] However, everything halted until June when letters were received by the Senate from an embassy at Chambéry.[84] The next mention of France has already been noted above: Paquet, a Genevan, who was pensioned by the French King (and was almost certainly a semiofficial Genevan representative with the Court) reported the accord between the Crown and the Emperor.[85]

This seems to have spurred (relatively speaking) the Genevans into a frenzy of diplomatic activity. Tyvent Baptista (herald) was sent to the King "et ordo[n]ne po[u]r obtenyr plus fortes l[ett]res patentes". He was also given letters to take to a host of prominent personages: the King, the Admiral, the Queen of Navarre, Cardinal Bellay, M. Dallanyon, various captains (of Fribourg, Basle and the Valais) as well as private individuals (Paquet

---

77 AEG, RC 35, fol. 208v (19 May 1541). Vandel's continual trips to Chambery are the closest one gets in Geneva to finding someone devoted to a particular embassy. This contrasts strikingly with what one finds in larger states of the period. For example, Elector Palatinate Frederick in the 1560s tended repeatedly to delegate specific individuals to the same country as did Elizabeth I who normally used Christopher Mundt, the English resident in Strasbourg, to deal with the Imperial Rhineland. Kouri, *England*, pp. 24–25.
78 AEG, RC 35, fol. 322 (12 Sep. 1541).
79 AEG, RC 35, fol. 439 (19 Dec. 1541).
80 AEG, RC 36, fol. 105 (28 Aug. 1542).
81 AEG, RC 37, fol. 60 (13 Apr. 1543).
82 AEG, RC 37, fol. 101 (21 May 1543). He returned 8 days later (RC 37, fol. 109).
83 AEG, RC 38, fol. 2v (10 Dec. 1543).
84 AEG, RC 38, fol. 240v (6 Jun. 1544).
85 AEG, RC 38, fol. 394 (30 Sep. 1544).

and Robert Estienne).[86] Curtet was also sent to ensure that the accord regarding Thiez, which had been reached prior to the peace with the Emperor, would still be honoured by the French King.[87] The departure of these missions was somewhat delayed but eventually Curtet and Baptista were sent with an augmented stipend (doubled from 50 *écus* to 100 *écus*) on 22 October 1544.[88] This flurry of activity continued with another report from Paquet about the situation at the Court and a letter, in the hands of the *Curé* of Montpichon from the Queen of Navarre.[89] There was also a clutch of (initially) optimistic letters from Curtet about Thiez.[90] The year closed with a packet of letters on the situation in France addressed to various people received from André Philippe (favourably mentioned by Chambéry, as noted above) in Dijon.[91] A sign that all was not well with the accord was a letter sent to Paquet asking him to intervene with the King about Thiez two months later.[92] A fortnight later there was another blitz of letters to France: the King, the Queen of Navarre, Cardinal du Bellay, Cardinal de Lorraine, the Admiral and others.[93] War, and a change of monarch resulted in a delay in these negotiations and no Genevan embassy seems to have been sent until Perrin went on 27 June 1547.[94]

Perhaps with the death of Francis I it would be useful to stop to consider another aspect of Geneva's relationship with both France and the Empire, namely its location on a major thoroughfare for troops moving to and from Italy. The seemingly laconic nature of Geneva's relations with France may, in part, be explained by the fact that the French Crown had

---

86 AEG, RC 39, fol. 4v (13 Oct. 1544). Merchant-dominated states often combined "official" diplomacy with "personal" economic missions, see W. von Stromer, "Commercial policy and economic conjuncture in Nuremburg at the close of the Middle Ages", in: *Journal of European Economic History* 10: 1 (1981), pp. 119–129, esp., p. 120.
87 AEG, RC 39, fol. 7 (14 Oct. 1544).
88 AEG, RC 39, fol. 15v (21 Oct. 1544), 16 (22 Oct. 1544).
89 AEG, RC 39, fol. 40 (15 Nov. 1544), 45 (18 Nov. 1544). The Queen requested that Montpichon be given refuge and the city put at his disposal the former house of George Galloys which was near that of Laurent Meigret (a pensioner of the King, see below).
90 AEG, RC 39, fol. 48 (21 Nov. 1544), 56 (1 Dec. 1544), 73v (18 Dec. 1544).
91 AEG, RC 39, fol. 79v (24 Dec. 1544): Curtet to the Senate and other letters to Tissot, Perrin, Baptista, and the *admonier* (probably, Montpichon) of the Queen of Navarre.
92 AEG, RC 41, fol. 33 (27 Feb. 1546).
93 AEG, RC 41, fol. 52v (15 Mar. 1546).
94 AEG, RC 42, fol. 158v.

greater concerns than a small parcel of land on its eastern boundaries.[95] In addition, as will be seen, Geneva was working hard to ensure that it was as accommodating as possible to both the Empire and France and therefore there may have been little cause to worry that any jurisdictional dispute could erupt into a major crisis. Nevertheless, the fact is that Geneva was constantly in danger of becoming an (un)intentional victim of the wars between France and the Empire.

The first sign both of how dangerously exposed Geneva was and the possible problems should there ever be an accord between France and the Empire came soon after independence. On 14 December 1539, Berne wrote to warn Geneva that an Imperial army of 6000 had been given French permission to proceed to Flanders via Burgundy and Bourg-en-Bresse.[96] This scare did not return until 1542 when the situation between France and the Empire began to deteriorate. On 27 March 1542, the Chambéry President wrote to request safe passage for 2000 armed men.[97] A more substantial request accompanied the arrival of Sr de Beauregard who sought passage for 10 000 French troops.[98] Genevan cooperation with French military moves was made even more explicit a year later when the city was asked to allow safe passage for Sr Blanfouse, "Cap[i]t[aine] du Roy", and Gaspard Vierly and another Fribourg captain.[99] This was followed a week later with the decision to provide wine to "cappitaie[n]nes des italiens & des swyches ausy le tress^r g[e]n[er]al du Roy" who were raising troops in the area.[100] This is not to imply that Geneva was wholeheartedly enthusiastic about the French military effort. The Senate expressed deep concern about 5000 Italian troops sent by the Pope to aid France because the army "peult este ausy c[on]tre le Religio[n] cristie[n]ne".[101] Nor was Geneva completely unsympathetic to the predicament of Imperial forces. On 24 April 1544 the city permitted Claude du Pan *(appothicayre de la ville)* and others to treat the

---

95 Frequency of contact and the importance attached to another state are related factors. See W. Roosen, "Early Modern diplomatic ceremonial: A Systems approach", in: *Journal of Modern History* 52: 3 (1980), pp. 452–76, esp., p. 468.
96 AEG, RC 33, fol. 377 (14 Dec. 1539).
97 AEG, RC 35, fol. 537–537v.
98 AEG, RC 36, fol. 83v (1 Aug. 1542), 94v (14 Aug. 1542).
99 AEG, RC 37, fol. 200v–201 (23 Aug. 1543).
100 AEG, RC 37, fol. 209 (31 Aug. 1543).
101 AEG, RC 37, fol. 221 (17 Sep. 1543).

wounded soldiers (and especially, the princes) of the 10000–11000 defeated Imperial troops nearby.[102]

This rather cosy arrangement came to an abrupt end with the cessation of Franco–Imperial conflict and the outbreak of religious warfare and persecution in Germany and France. Here Geneva began to play a much more interventionist – and dangerous – game in France. On 14 May 1545, Jean Lambert, a frequent ambassador, was sent with 10 *écus* to the Protestants in Merindol "causa[n]t le p[er]secutio[n] que ce fayct en p[ro]vence" and a week later Calvin went to Germany to discuss ways of responding to this persecution.[103] In 1546, though, these concerns became submerged in the very real fear that Geneva would be attacked by Catholic forces, whether Imperial or French. Rumours were rife. For example, a certain man named Foucher who lived at Nice reported that 25000 Papal troops were moving against Geneva.[104] Within days, Jean Arpeaux, a refugee, reported 3000 troops under *Comte Guillaume* preparing to attack Geneva.[105] Indeed, the next 9 months were dominated by reports on the war and movement of troops and by efforts to obtain accurate information on the situation.[106] It was at this critical point that Geneva took the rather tardy decision to close its borders to Catholics. This was not for religious reasons but because there were rumours that Catholic spies had been sent to poison the city's wells.[107] The announcement of a new King in France was accompanied by news of assaults on Wittenberg and the intervention of the Danish King.[108]

At this juncture, the diplomatic and foreign policy position of Geneva entered a dramatic and potentially very dangerous phase. At first however the situation looked favourable. Berne showed every sign of wanting to waive all disputes as war paranoia swept the city.[109] Moreover, Geneva's

---

102 AEG, RC 38, fol. 172 (24 Apr. 1544).
103 AEG, RC 40, fol. 114, 125 (22 May 1545).
104 AEG, RC 41, fol. 146v (16 Jul. 1546).
105 AEG, RC 41, fol. 151 (21 Jul. 1546).
106 See AEG, RC 41, fol. 162v (2 Aug. 1546), 164 (3 Aug. 1546), 195 (9 Sep. 1546, the report by George de Virtenram of a Protestant victory at Regensburg), 290 (23 Jan. 1547, Calvin coupled a tour of ministers in Zurich, Basle and Berne with a fact-finding mission); RC 42, fol. 81 (8 Apr. 1547), 83 (11 Apr. 1547), 85v (14 Apr. 1547, the three previous relating the death of the King).
107 AEG, RC 42, fol. 92v (22 Apr. 1547).
108 AEG, RC 42, fol. 123 (28 May 1547), 132v–133v (6 Jun. 1547).
109 An embassy planned to discuss minor territorial and jurisdictional disputes was cancelled when a Bernese letter arrived making it clear that Berne was much more concerned with the military situation. AEG, RC 41, fol. 147 (16 Jul. 1546), 147v (17 Jul. 1547).

magistrates concluded this was the moment to press for membership in the Confederacy "pource que le te[m]ps est p[ro]pre a pour suyvre cella".[110] More positively, in July 1548, Geneva received word that Henry II was seeking united opposition against the Emperor.[111] The French Crown followed this written appeal with a personal visit of its ambassador to the Swiss, Sr de Beauregard, who stopped in Geneva.[112] However, Geneva was subtly reminded of their exposed position when an Imperial herald, accompanying the Bishop of Syon, nonchalantly passed through Genevan territory on his way to a council meeting in Augsburg.[113]

This rosy picture was shattered, though, when the relations of various Genevans with the French Crown exploded in a complicated spy-treason scandal involving, initially, Ami Perrin, then Laurent Meigret (a *bourgeois*) and eventually, Berne, Calvin and the entire ruling elite. Although this is a very complicated case it can be sketched in brief and then some general points made from it with regard to Geneva's diplomatic situation. Perrin (the city's military commander) was accused, in his capacity as a frequent ambassador, of having become an agent of France plotting for the eventual French occupation of the town.[114] At the same time (and during his absence in France), Perrin's wife and father-in-law (Françoise and François Favre) had been soundly rebuked and publicly humiliated by the Consistory under Calvin's direction. Berne – in the person of Ladnoyer Naguely – intervened both for the Favres and Perrin almost immediately.[115] In addition, for reasons never made clear, Meigret, a personal friend of Calvin was then accused of a similar involvement with the French, though he was not implicated in the Perrin plot. Berne now demanded – and here seems to have gone too far even for its supporters on Geneva's councils – that its ambassadors be allowed to examine Meigret and that Perrin be released forthwith.[116] Stung by this attempt to transgress Genevan sovereignty and concerned that the

---

110 AEG, RC 41, fol. 254v (3 Dec. 1547). Dumollard went to Berne and Basle to press Geneva's case in July 1548, RC 42, fols. 166v, 179v.
111 AEG, RC 42, fol. 188v–189.
112 AEG, RC 42, fol. 244v (14 Sep. 1547).
113 AEG, RC 42, fol. 207 (11 Aug. 1547).
114 Which is an interesting twist on the general assumption that ambassadors were "by a change of name more truly described as tempters and spies" for their state – rather than against them, Anderson, *Modern Diplomacy*, p. 14.
115 AEG, RC 42, fol. 265v–266 (5 Oct. 1547), 267 (6 Oct. 1547), 270v (7 Oct. 1547). This campaign was somewhat undercut when the Consistory at Morges wrote to Geneva to complain of the behaviour of Favre and his wife, RC 42, fol. 355 (28 Nov. 1547).
116 AEG, RC 42, fol. 288v (19 Oct. 1547), 308 (28 Oct. 1547), 352v (25 Nov. 1547).

situation was fast getting out of hand without any real evidence against either man, the city moved to quell the scandal before the Christmas Eucharist. Perrin was dismissed from his offices, Meigret lost his pension and his *bourgeoisie* status and everyone was ordered to be reconciled.[117]

Subsequent contacts with both the Swiss and the French appear to have been somewhat muted. Sr de Luvaulx brought a conciliatory letter from King Henry on 1 January 1548.[118] The Swiss ambassadors to France were entertained by the city as they passed through.[119] Also, there were trips made to Basle and Berne by both Calvin and various magistrates though the latter seem to have involved lesser, indeed personal, matters.[120] In addition, the city approved two personal trips which would seem to imply a lessening of tensions in the area: Fabri, minister at Jussy was allowed to go to Augsburg to set in order the affairs of his brother who had died in the service of an Imperial gentleman and Jean Philippin's business trip to Burgundy was authorised.[121] Nevertheless, by April it was clear that any real chance at membership in the Swiss Confederation had passed and that the relationship with France was again deteriorating.[122] Thus, the (too) close interaction between foreign policy and domestic realities had once again damaged Geneva's diplomatic initiatives and left the city, yet again, marooned on the frontiers of the Confederation.

Rather than continue with a detailed account of Geneva's diplomacy for the next decade, two facets, both emphasising the importance of the role of the ministers and church–state relations in Geneva foreign policy and diplomacy must be examined in detail. The first is actual a conflation of two separate but complementary cases: the Bolsec and Servetus affairs. Secondly, it is worth considering the effect of the 1555 Calvinist victory within the city.

The basic details of the Bolsec and Servetus affairs are well known.[123] Briefly, Bolsec became embroiled with Calvin and other ministers in a

---

117 See Naphy, *Calvin*, pp. 104–105.
118 AEG, RC 42, fol. 403.
119 AEG, RC 43, fol. 30 (1 Mar. 1548).
120 AEG, RC 42, fol. 418v (2 Feb. 1548); RC 43, fol. 24v (23 Feb. 1548), 33 (5 Mar. 1548), 69v (19 Apr. 1548).
121 AEG, RC 43, fol. 23 (21 Feb. 1548), 34 (5 Mar. 1548).
122 French anti-Protestant persecution was resumed and Genevan books were explicitly banned, AEG, RC 43, fol. 70 (19 Apr. 1548) while the discussion with the Swiss switched from membership in the Confederacy to reaffirmation of the alliance with Berne, RC 43, fol. 149v (31 Jul. 1548), 257 (3 Dec. 1548), 270v (22 Dec. 1548).
123 For a fuller discussion of both these crises see Naphy, *Calvin*, pp. 171–174, 182–185.

debate over the (as he saw it) too strict predestinarianism of Calvin. On first glance, one might wonder how this could ever become a diplomatic event. The magistrates were in a quandary. They were reasonably well aware that many Swiss Protestants were equally uncomfortable with Calvin's views on this doctrine and it would appear that many of them were also troubled by it. Also, Geneva had a history of very lenient treatment (i.e., banishment) of religious dissidents, for example, Anabaptists were expelled rather than executed as was the norm in most other Protestant and Catholic states.[124] Rather than confront Calvin head-on, the magistrates chose the much more subtle and astute approach of writing to the Swiss cities for advice. The responses made it clear that there was no Swiss support for harsh action against Bolsec and the city was able to use this as an excuse only to expel him. This had two effects, first it annoyed Calvin who seemed to see this as yet another example of magisterial interference and perhaps even a comment upon his views. Secondly, it made Calvin's doctrines a matter of diplomatic discussion within the Swiss Confederation.

The Servetus affair was a slightly different matter. First, the prosecution against Servetus was an entirely state-led affair. Calvin and the ministers were asked to provide an official comment on Servetus' stated beliefs. Also, Servetus was not simply disagreeing with an aspect of Calvin's theology. Rather, in addition to Anabaptism, he was accused of questioning the validity of the doctrine of the Trinity. The city quickly realised that they had an arch-heretic on their hands who was already under sentence of death in Catholic Vienne (who eagerly provided Geneva with details on their trial of Servetus). Nevertheless, both the city and the ministers showed a real reluctance to move against Servetus alone. Once again, the magistrates consulted the Swiss cities. This time, however, the responses were much harsher. Any thought that the magistrates might have been using the Servetus affair to frustrate Calvin must be rejected at this point for two reasons. First, all magisterial activity in the case halted once the letters were sent to the Swiss and the day after the replies were received the city sentenced Servetus to death by burning, despite Calvin's appeals for a more humane beheading. From the standpoint of this discussion, however, the important point, is that once more internal religious matters were the subject of diplomatic discussion and concern. It was clear that the Confederation (and certainly Berne in particular) had always taken a more than passing interest in Geneva's

---

124 See Naphy, *Calvin*, p. 32.

ecclesiastical affairs but with these two cases the interest, and involvement (and the invitation of the Republic's magistrates) became explicit.

Before turning to the final aspect of this discussion, Calvin's triumph in 1555, it is perhaps worth noting that Geneva's position geographically and its growing status as the centre and refuge for French Protestantism almost inevitably meant that the city's religious affairs would be of interest to its neighbours. The magistrates themselves were aware of the need to maintain a "good image" religiously both with regard to the Swiss (who found some of Calvin's views on predestination and church–state relations disturbing) and the French (who were often annoyed by the activities of Geneva's refugees and printers). Two particularly dramatic examples of the role of diplomacy as "public relations" theatre occurred around the time of the Servetus affair. On 19 September 1552, Curtet, Bonna, Corne and others entertained the Cardinal de Tournon (who was passing nearby) to a wine reception – presumably outside the city walls.[125] In May of the following year, in a similar gesture of ecumenical hospitality and pragmatic diplomacy the syndics greeted Cardinal du Bellay, two other bishops and 200 knights who were passing en route to Rome.[126] So seriously did the magistrates take these events that they prosecuted two men who had stood on the roadside and mocked du Bellay as he passed.[127]

However, these snippets of positive diplomacy were as nothing compared with the negative effects of the aftermath of the 1555 debacle.[128] Again, these events are too well known to warrant a full discussion. In brief, as a result of (seeming) growing domestic immorality, the law-and-order party (i.e., the Calvinists) was able to gain a one seat majority on the Senate

---

125 AEG, RC 46, fol. 274.
126 AEG, RC 47, fol. 69 (6 May 1553). For other references to the importance of hospitality and ceremonial in maintaining a successful foreign policy see: G. Lubkin, "Strategic hospitality: Foreign dignitaries at the Court of Milan, 1466–1476" in: *The International History Review* 8: 2 (1988), pp. 174–189, esp., pp. 174–175 ("Because they [the ambassadors] were always persons of consequence, their presence [in a state] necessarily had political, social even economic ramifications. Any state's treatment of foreign representatives reflects its own sense of security and the value it places on foreign relations – the entertainment of visiting dignitaries was a function of statecraft"); R. M. Croskey, "The Diplomatic forms of Ivan III's relationship with the Crimean Khan", in: *Slavic Review* 42: 2 (1984), pp. 257–269 (who notes, as does Giry-Deloison above, note 2, the importance of the order of names in documents); and Roosen, "Diplomatic ceremonial".
127 AEG, RC 47, fol. 70v (11 May 1553).
128 For a detailed discussion see Naphy, *Calvin*, pp. 197–198.

in February 1555. Realising their luck, this group moved swiftly to consolidate their hold on political power by granting large numbers of religious refugees *bourgeoisie* status.[129] This effectively gave them a built-in electoral majority and consigned the bloc led by Perrin to political oblivion. There were numerous complaints by leading Genevans and, almost inevitably, the opposition stumbled (quite literally) into a drunken riot. This was used as the convenient pretext for charges of sedition against leading Perrinists who were then tacitly allowed to go into exile – after a few exemplary executions of lesser figures.

This created a crisis in Genevan foreign affairs which equalled that of the Articulant affair. Despite a visit to Berne by Calvin, Chauvet (who had previously been arrested by Bernese authorities in Thonon), Aubert and Chamois the Bernese were furious.[130] In fact, anti-Calvinist sentiment had already been on the rise in Berne and Calvin had had cause to complain of a number of sermons attacking him.[131] The matter at issue seems to have been a Bernese dislike of Calvin's attempts to assert ministerial independence in excommunication (an issue which had disturbed Genevan church–state relations on a number of previous occasions).[132] Bernese and Swiss distaste with this aspect of Calvinism was as nothing, though, compared with their reaction to the expulsion of nearly one third of the native ruling elite and the wholesale admission of Frenchmen (most of substance and status) into the Genevan citizenry. Berne refused to renew the *combourgeoisie* and ministers across Switzerland reported to Calvin that he was universally disliked – held, in fact, to be worse than the Pope.[133] This situation would only have been made worse had it become common knowledge that Geneva's new ruling magistrates had consulted three Frenchmen (Calvin, Chevalier and Colladon, *les savans* – and, apparently, all university-trained lawyers) on the choice of ambassadors to Berne on 7 November 1555.[134] As it was, all 13

---

129 Berne had previously warned the city of the danger of this large refugee contingent on 10 April 1553 (AEG, RC 47, fol. 52v) but the Perrinist faction were confident that by denying them civic status they could be controlled.
130 On Chauvet's arrest see AEG, RC 48, fol. 72v (12 Jun. 1554), 75v (16 Jun. 1554), 94v (24 Jul. 1554).
131 AEG, RC 48, fol. 126 (1 Oct. 1554), 131v (12 Oct. 1554).
132 AEG, RC 48, fol. 138v–139v (25 Oct. 1554) and Naphy, *Calvin*, pp. 147, 222.
133 AEG, RC 49, fol. 107v–108 (18 Jun. 1555); RC 50, fol. 11v (17 Oct. 1555), 13v (18 Oct. 1555), 22 (28 Oct. 1555) and Naphy, *Calvin*, pp. 197–198.
134 AEG, RC 50, fol. 29v. Obviously, these men could not go themselves but the importance placed on legal training for ambassadors and diplomacy was recognised at the time, Anderson, *Modern Diplomacy*, pp. 26–27.

cantons – in a very dramatic gesture considering the religious divisions within the Confederacy – wrote to Geneva on 23 October 1555 to complain of the treatment meted out to the Perrinists.[135]

In effect, the city had destroyed the work of fifteen years of diplomacy. It had, however, also settled its internal situation and ended the almost endemic factionalism which had beset the Republic since its birth. The united front presented by the magistracy and their total unwillingness to bow to Swiss pressure and to readmit any of the Perrinists (as the city had done with the exiled Articulants) seems to have convinced that Swiss that they had no choice but to accept the situation and eventually led to the normalisation of relations between the city and the Confederation. However, the victory of Calvin and his supporters in 1555 and the admission of so substantial a number of Frenchmen to the citizenry (and soon thereafter to the various magisterial posts below the Senate) fundamentally altered Geneva's character and diplomatic outlook. It is from 1555 that one can date the Genevan acceptance of its place on the frontier of the Confederacy. The city no longer had as the central plank of its foreign policy admission to the Confederation. Henceforth, the city and its leadership would turn their attention to France and Geneva would not again see domestic factions identifying themselves as "Swiss" for many years to come.

In sum, the unwillingness of the Swiss and especially the Bernese to see Geneva admitted into the Confederacy meant that various internal Genevan factions came to see that the policy of overt appeasement of the Swiss with a view to admission was doomed from the outset. As Geneva became "ethnically" more French and seemingly more astute in realising that their position was precarious yet secure (in that Berne could not really afford to abandon the city) the Republic looked west to France taking for granted, as it were, the relationship with the Swiss. Borne of the vagaries of "big-power" politics on the west of the Confederacy and sustained by the pragmatic necessities of these same realities, Geneva was increasingly free in fact as well as theory. In the early days of the Republic, membership in the Confederacy would have given the city the security it desperately craved. Later, as Geneva's diplomatic and foreign policy situation stabilised and the city's domestic postrevolutionary turmoil (albeit dramatically and violently) settled, the city no longer focused its attention on the Confederacy. Under Calvin's leadership after 1555 and Beza's thereafter, Geneva looked to gaining a greater prize than political membership in the Confed-

135 AEG, RC 52, fol. 59v.

eracy – the city concentrated its efforts on winning, for France, spiritual membership in the Protestant world.

Bibliography

M. S. Anderson, *The Rise of Modern Diplomacy 1450–1919*, London 1993.
F. Angiolini, "Diplomazia e politica dell'Italia non Spagnola nell'età di Filippo II. Osservazioni preliminari", in: *Rivista Storica Italiana* 92: 2 (1980), pp. 432–469.
A. C. Cizauskas, "A Venetian diplomat in 15th century Lithuania", in: *Lituamas* 30: 3 (1984), pp. 33–45.
E. B. Clementi, "Annotazioni sul soggiorno veneziano di Cosimo Bartoli", in: *Archivio Storico Italiano* 141: 3 (1983), pp. 363–420.
C. Giry-Deloison, "La Naissance de la diplomatie moderne en France et en Angleterre au début du XVI siècle (1475–1520)", in: *Nouvelle revue du seizième siècle* 5 (1987), pp. 41–58.
C. Gomex-Centurion Jimenez, "Las Relaciones Hispano-Hanseaticas durante el reinado de Felipe II", in: *Revista de Historia Naval* 4: 15 (1986), pp. 65–83.
H. F. Graham (trans. & ed.), "Paul Juusten's mission to Muscovy" in: *Russian History* 13: 1 (1986), pp. 41–92.
U. Halbach, "Kanzlei und Kanzleramt in Rußland vor dem 16. Jahrhundert", in: *Jahrbücher für Geschichte Osteuropas* 33: 1 (1985), pp. 23–47.
E. M. Hallman, "Practical aspects of Roman diplomacy in Germany, 1517–1541", in: *Journal of Medieval and Renaissance Studies* 10: 2 (1980), pp. 193–206.
E. I. Kouri, *England and the Attempts to form a Protestant Alliance in the late 1560s: A Case Study in European Diplomacy*, Helsinki 1981.
G. Lubkin, "Strategic hospitality: Foreign dignitaries at the Court of Milan, 1466–1476", in: *The International History Review* 8: 2 (1988), pp. 174–189.
M. Mallett, "Diplomacy and war in later Fifteenth-century Italy", in: *Proceedings of the British Academy* 67 (1981), pp. 267–288.
W. G. Naphy, "The Renovation of the ministry in Calvin's Geneva", in: A. Pettegree (ed.), *Reformation of the Parishes*, Manchester 1993, pp. 113–132.
W. G. Naphy, *Calvin and the Consolidation of the Genevan Reformation*, Manchester 1994.
W. G. Naphy, "Catholic Perspectives on Early French Protestantism: the Maisonneuve Heresy in Trial in Lyon, 1534", in: *French History* 9: 4 (Dec., 1995), pp. 451–477.
W. G. Naphy, "The usefulness of Calvin's letters for the study of Geneva history", in: *Archiv für Reformationsgeschichte* 86 (1995), pp. 67–89.
W. G. Naphy, "'No history can satisfy everyone': Geneva's chroniclers and emerging religious identities", in: B. Gordon (ed.), *Protestant History and Identity in Sixteenth-Century Europe*, vol. 2, Aldershot 1996, pp. 23–38.

W. G. Naphy, "The Reformation and the evolution of Geneva's schools", in: B. Kümin (ed.), *Reformations Old and New*, Aldershot 1996, pp. 185–202.

W. G. Naphy, "Genevan National Security and Defence Spending, 1535–1555", in: *War in History* 5:4 (1998), pp. 379–399.

W. A. Rebhorn, "Machiavelli at Carpi: Confidence games in the Republic of Wooden Clogs", in: *Italian Quarterly* 24: 92 (1983), pp. 27–38.

W. Roosen, "Early Modern diplomatic ceremonial: A Systems approach", in: *Journal of Modern History* 52: 3 (1980), pp. 452–476.

J. N. Stephens, *The Fall of the Florentine Republic*, Oxford 1983.

W. von Stromer, "Commercial policy and economic conjuncture in Nuremburg at the close of the Middle Ages", in: *Journal of European Economic History* 10: 1 (1981), pp. 119–129.

H. Wiesflecker, "Neue Beiträge zum Gesandtschaftswesen Maximilians I.", in: *Römische Historische Mitteilungen* 23 (1981), pp. 303–317.

French *Parlements* and the Myths of Geneva, 1548–1555

William Monter

Almost forty years ago, Alain Dufour published his remarkable essay on "Le mythe de Genève au temps de Calvin" in the *Revue Suisse d'histoire*.[1] It remains a solitary landmark in the historiography of Calvin's Geneva, the first serious study of how this city acquired its new international reputations – both favorable and unfavorable – in the mid-sixteenth century. Dufour established several important points. First, one finds "no tendency towards myth – at least a profane or historical myth – in Calvin himself".[2] Second, one can find printed examples of a positive "myth of Geneva" as early as 1550 in an Italian brochure by Vergerio, and trace echoes of its influence shortly afterwards as far away as Sicily, with "ingeniously colored expressions" about a city where "life was good" and whose clergy were respectable men.[3] Third, French Catholics developed a negative counter-myth of Geneva, essentially "a place of decadence and debauchery" whose leadership were "seditious minds, trying to undermine the base of royal power".[4] Finally, although Dufour did not try to establish a birthdate for the favorable "myth of Geneva", he believed that its negative myth could be dated precisely from 1555. Fomented by famous people like Castellio or Bolsec and by such less well-known figures as Guillaume Guéroult, this propaganda was encouraged by the Bernese for political reasons; and all of it turned around the figure of Calvin, who came to symbolize his adopted city.[5]

This contribution proposes to retouch Dufour's now-classic picture of these developments by looking at some earlier negative images of Geneva developed within the kingdom of France between 1548 and 1555, particularly through the records of French *parlements*. There were some very good

---

1 Originally printed in vol. 9 (1959), pp. 489–518, it was republished with two long documentary appendices in Alain Dufour's *Histoire politique et psychologie historique*, Genève 1966, pp. 67–130, from which subsequent quotations are taken.
2 Dufour, *Histoire politique*, p. 74.
3 Dufour, *Histoire politique*, pp. 77–80.
4 Dufour, *Histoire politique*, pp. 85–90 (quotes, p. 86).
5 Dufour, *Histoire politique*, pp. 90–94.

reasons why French public authorities became uncomfortably aware of the significance of the young republic of Geneva long before 1555. The various French *parlements* were then at the very zenith of their campaign, begun by Francis I with the Edict of Fontainebleau in 1540 and accelerated by the notorious "crusade" against the Waldensians of Provence in 1545, to extirpate what they persisted in calling the "Lutheran" heresy from French soil. But they were also becoming increasingly aware by the end of the 1540s that their anti-Protestant measures were not working well. Their censorship was hopelessly inefficient; vernacular propaganda, much of it by Calvin, most of it printed in Geneva, poured into the kingdom.[6] Worse still, Calvin's propaganda against "Nicodemites" was bearing fruit: a few important people were leaving France to settle in Geneva. For its part, the republic of Geneva felt impelled to start up a special *Livre des habitants* in March 1549, ostensibly in order to permit these registered new residents to sell wine[7] and generally to permit closer surveillance of such foreigners. The general problem is to trace this growing awareness of Geneva's religious importance at the highest levels of French government, specifically the network of sovereign appellate courts.

One French *parlement* far outclassed all others in prestige and importance. The *Parlement* of Paris, then led by Pierre Lizet, its First President since 1529 and a remarkably determined foe of "Lutheran" heretics since 1523, had begun to combat Protestantism long before François I considered them dangerous. They had been the only French *parlement* to execute "Lutheran" heretics before 1530. They had been the first *parlement* to send out special commissioners against suspected heretics in 1545.[8] They were the only *parlement* in which the monarchy had created a special judicial unit by 1548, the notorious *Chambre ardente*, devoted exclusively to prosecuting cases of heresy and blasphemy.[9] It is therefore not surprising that our first evidence of French parlementary concern about the specific attractions of Geneva should come from the *Parlement* of Paris during the relatively brief

---

6   See the works of Francis Higman, particularly his *Censorship and the Sorbonne*, Genève 1979, and especially his recent *Piety and the People: Vernacular Religious Printing in France, 1511–1551*, Aldershot 1996.
7   See Paul-François Geisendorf (ed.), *Livre des Habitants de Genève*, tome I; *1549–1560*, Genève 1957, p. xi.
8   See the fourth and fifth chapters of my book, *Judging the Reformation: Heresy Trials by Sixteenth-Century French Parlements*, Cabridge, Mass./London, 1999.
9   The old study by Nathaniel Weiss, *La Chambre ardente*, Paris 1889, is still valuable although slightly outdated.

era of the *Chambre ardente* and shortly before the creation of Geneva's *Livre des habitants*. Its huge *registre d'arrêts criminels* between mid-November 1548 and late April 1549[10] contains several interesting bits of information concerning the dawning awareness of the significance of Geneva by Lizet and his colleagues.

Soon after their 1548 annual session began, the royal prosecutor warned the court that episcopal officials at Noyon had arrested two laymen charged with *blasphemes sacramentaires*, but were unable to transfer them to secular courts. Part of the reason was that the local *lieutenant-général*, a lynchpin of such prosecution machinery, had apparently fled the kingdom; so President Lizet signed an order to "take evidence secretly and diligently" against the missing official, *Maître* Laurent de Normandie, "whom one says is presently in Geneva", and find out how long he had been "infected by that sect".[11] He is of course the same person soon to become famous as the outstanding organizer and distributor of Calvinist propaganda in France. The report from Noyon, begun in late October and continued in December, confirmed their worst suspicions. In early February, de Normandie, his servant, his *greffier* Lancelot de Montigny, and four other local men were ordered arrested and their property confiscated; de Normandie's wife was summoned to Paris, and a warrant was issued against a foreigner, "someone named Mons\" Crespin, from the province of Artois or maybe Hainaut, a man short of stature, with a red beard and a pale and thin face".[12] Of course, the Paris *Parlement* laid hands on nobody except de Normandie's wife and a few unimportant suspects. A month later, they passed sentence against what appears to be a Renaissance musical sextet from Noyon who called themselves the "Carefree Lads" *(les enfants sans souci)*, using nicknames like Narcissus, Troilus, Leander, or Priam: all of them, charged with immoral songs, scandalous speech and possession of illegal books, performed official public apologies at the cathedral of Paris as their books burned.[13] All this time, de Normandie and his clerk were living alongside Noyon's most famous son, Jean Calvin, who is never mentioned in these documents.

Meanwhile, President Lizet decided on January 2, 1549, to lay hands on a slippery cleric, *Maître* Thibault Brosses, who had been arrested at Clermont-Ferrand: "infected with *Lutherenie* and having frequented familiarly

---

10 Archives Nationales [= AN], Paris, X2a 106, containing 1600 written pages.
11 AN, X2a 106, fol. 42v–43v (22–11–1548).
12 AN, X2a 106, fol. 360–360v (7–2–1549).
13 AN, X2a 106, fol. 571–571v (sentences decided 9–3 and carried out 17–3–1549).

with heretics in Geneva for several days and having received some books from them", he had escaped and must be rearrested. Two months later he was recaptured at Tours, but had in the meantime obtained a royal pardon.[14] A more dangerous person – Lizet perhaps realized it – was Denis Raguenier, who headed a group of four absentees from Sens condemned in a package sentence in late January.[15] Although his whereabouts are never mentioned, we know that Raguenier soon surfaced in Geneva, where he began copying Calvin's sermons in August and became the first French refugee to be regularly subsidized by Geneva's *Bourse française*.[16] (Interestingly enough, there is no trace in Lizet's *arrêts* of the sudden disappearance in early 1549 of a highly visible and prominent Parisian, *Noble* Jean Budé, son of the internationally-famous humanist secretary of François I, who signed Geneva's *Livre des habitants* in June 1549 and soon became permanent secretary of the fund which subsidized Raguenier.)

A few other prominent refugees to Geneva can however be found in these *arrêts*. For instance, by April they had ordered the arrest and confiscation of the property of *Maître Deode de Besze*, prior of Longjumeau, and then added two of his associates, including the well-known humanist *Norard Badius*, who soon became a major collaborator in Geneva's printing industry.[17] Since Beza had the nerve to sell his benefice before quitting France, an outraged Lizet now issued a general warning against "those unhappy men tainted with the Lutheran sect" who "had left the dwellings and habitations of this kingdom, [committing simony as well as heresy] and had transported themselves to the city of Geneva, receptacle of the enemies of the Christian faith". Royal prosecutors were ordered to publish *monitoires*, general requests for information, in order to discover such reprobates.[18] This is the first piece of specifically anti-Genevan legislation emanating from the French government; and it came barely a month after Geneva had taken *its* first official step to control the growing numbers of immigrants from France.

---

14 AN, X2a 106, fol.189–189v (2–1–1549), 529v (9–3–1549).
15 AN, X2a 106, fol. 317–318 (31–1–1549). Raguenier was to be burned if captured; "sinon sera faict un tableau auquel sera painct par efigie led[it] Raguenier avec un feu audessooubz".
16 Jeannine E. Olson, *Calvin and Social Welfare: Deacons and the Bourse française*, London/Toronto 1989, p. 49.
17 AN, X2a 106, fol. 675v (2–4–1549), 686v (5–4–1549).
18 AN, X2a 106, fol. 701–701v (6–4–1549).

We do not know what further steps the *Parlement* of Paris took against the menace of Geneva during the next few years; its *arrêts criminels* are missing for the next six months, and by November 1549, for obscure reasons, its anti-heresy campaign was abruptly curtailed. What little we do know is mostly on the printed record, a brief battle of the books. In 1550, the Genevan printer Jean Gérard published a satirical imitation of French parlementary decrees against Protestants, entitled "Arrestz et ordonnances royaux de la suprême, très-haute et souveraine court du Royaume des Cieux"; instead of prohibiting vernacular Bibles, it proposed to require people to read them.[19] The doughty Catholic polemicist Artus Desiré quickly counterattacked with the first pamphlet specifically targeting Geneva: "Les combats du fidèle Papiste, pelerin romain, contre l'apostat priapiste, tirant à la synagogue de Geneve, maison babilonicque des Lutheriens".[20] Besides its wordplay opposing the Reformers' pejorative "papist" with the even more pejorative "priapist" (thus already suggesting the sexual debauchery stressed by Dufour as a central feature of the negative myth about Geneva), Desiré's title also demonstrates that in 1550 Calvin was not yet associated with Geneva, a place full of "Lutherans". Probably more significant than either treatise was Henry II's well-known Edict of Châteaubriand in autumn 1551, which contained several clauses designed specifically to impede the arrival of books from Geneva, and punish the departure of his subjects to Geneva with greater severity. Although France was never prepared to undertake military action against Geneva, the Valois monarchy had apparently begun a kind of cold war against the young republic.

As *parlements* across France took cognizance of the Edict of Chateaubriand, traces of their interest in Geneva also multiplied. In August 1551, the second oldest and second largest *parlement*, Toulouse, ordered a convicted heretic from Pontoise to be tortured before his execution in order to learn "if he had been sent from Geneva in order to sow errors".[21] In July 1552 they executed an heretical tanner from the Bourbonnais, identified as "living in Geneva for ten years", and arrested his companion, a native

---

19 References in P. Chaix, A. Dufour and G. Moeckli, *Les livres imprimés à Genève de 1550 à 1600*, Genève 1966, p. 15.
20 Published at Rouen, also in 1550; Higman, *Piety,* p. xx, identifies this as the first French literary attack against Geneva.
21 Archives Départementales de la Haute-Garonne, Toulouse [=ADHG], B 3392 (14–8–1551: Michel de Chasteau Molin).

Genevan.²² Meanwhile, the earliest preserved *plumitifs* or interrogations of prisoners at the Norman *Parlement* of Rouen enable us to identify a pair of Genevan couriers whom it executed for heresy in 1552 and 1553. The first one, apparently a native Frenchman, had come from Geneva via Lyon and was heading for England²³; the other, commemorated by Crespin, was caught carrying letters from Normandy to Geneva.²⁴ They were not the first Genevan couriers in French parlementary records; back in 1548, the *Parlement* of Aix interrogated a man carrying several letters from former residents of Provence "now residing in the city of Geneva" to their local relatives.²⁵ The important aspect of the Norman couriers is that they were both executed as heretics.

Meanwhile, other prisoners charged with heresy were now being questioned closely at Rouen about any possible contacts they may have had with Geneva. A barber, who had travelled to places as distant as London and Naples, admitted that he had spent three months in Geneva. Although he correctly identified Calvin as the principal preacher there, he insisted to the judges that he had not heard their sermons ("n'a point usé de leur manière à faire"), much less taken communion; instead, he had travelled into France to hear Mass at the nearest available place. One finds no sign of a negative myth, however. The barber recalled that the Genevans "paid him well while he was there" and that "there are no bordellos in Geneva". Another prisoner, a middle-aged shopkeeper whom they questioned the next day, indignantly told his judges that he had never even heard of the place ("ne scait que c'est de Genefve et n'y fut jamais").²⁶

---

22 ADHG, B 3398 (30–7–1552: François d'Augi and Pierre Septsolin, arrested at Annonay after a scandal at the local Franciscan nunnery). Crespin lists d'Augi among his martyrs, but misdates the affair by seven years and provides impossible information: see Raymond A. Mentzer, *Heresy Proceedings in Languedoc, 1500–1560*, Philadelphia 1984, p. 121.

23 Archives Départementales de la Seine Maritime, Rouen [= ADSM], 1B 3004 (26–4–1552: Michel Pol, who had packages of books and letters given to him by "aucuns gentilshommes à Genefve and lived in a Vaudois village une lieue près de Genefve").

24 Compare Jean Crespin, *Histoire des Martyrs...*, ed. D. Benoît, 3 vols., Toulouse 1885–1889, vol. II, pp. 13–25, with A.D.S.M., 1B 3004 (15–5 and 17–5–1553: Guillaume Néel).

25 Archives Départementales des Bouches-du-Rhône, dépôt d'Aix [= ADBR], B 5451 (*arrêt* of 20–12–1548 vs. Jean Jacquemes of Cadenet). His fate is unknown, since the court ordered further investigation, but its *arrêts* for 1549 and 1550 have vanished.

26 See ADSM, 1B 3004 (13–7 and 14–7–1552: Fouquet Thorel [the barber] and Mandin le Roy).

Not surprisingly, the most important developments in the French parlementary involvement with Geneva during the early 1550s happened at Paris, in the greatest French appellate court. Three episodes in particular stand out: their second and more thorough round of investigation at Noyon in 1552, continuing the process begun when de Normandie's flight was first discovered; the Paris *Parlement*'s peculiar refusal to hear appeals from six Genevan students arrested at Lyon in 1552 in their customary manner; and the unusually rich interrogation records of two French *emigrés* to Geneva, captured in France late in 1554. In different ways, each episode reveals much about the growing Parisian phobia towards Geneva.

In the spring of 1552, Cardinal Bourbon requested the Paris *Parlement* to send a special heresy investigator to Noyon (which was his possession) to investigate the mutilation of a crucifix. Veteran commissioner Louis Gayant undertook the mission and spent almost a year in Noyon. Although he never did catch the authors of the sacrilege, Gayant managed to convict five local heretics. One of them was condemned to death; another, who had moved to Geneva and left his family there, was sentenced to life in the galleys.[27] Gayant's most remarkable act, however, was approved at Paris in September 1552. Using evidence gathered by the local Inquisitor in early autumn 1550, Gayant pronounced default condemnations against Laurent de Normandie's entourage and various other religious refugees, totalling ten men and seven women. They were all declared guilty of *lèse-majesté* for moving to Geneva, "a suspect city, the receptacle for suspects of the crime of heresy", and thereby made "voluntary desertion of the faith". Although none of them had anything to do with the iconoclasm that provoked his mission, Gayant proceeded to burn the effigies of the men (omitting the women) in front of the parish church to which the defaced crucifix was taken. Their official sentences were to be written out "in large script" on a table in front of the belfry of Noyon's main church, "in perpetual memory of the crime" and the infamy of those "infected with the *secte lutherique*".[28] It was one of the most innovative attempts at guilt by association ever undertaken by Europe's most famous tribunal.

---

27 AN, X2a 112, fol. 6–7v (Gayant's commission, 3–5–1552), 647v–648 (7–9–1552: Gilles Cullot, who made public apologies at both Paris and Noyon for "avoir retiré sa femme et famille en la ville de Geneve" and "vivant en l'erreur de ceulx dud. lieu de Genefve" for three years).

28 AN, X2a 112, fol. 460v–461v (7–9–1552).

The next remarkable action of the Paris *Parlement* was noteworthy for what they failed to do. The episode of the arrest, imprisonment, conviction, and eventual execution of five French students returning from Geneva via Lyon is well known. Their deaths and the failure of Swiss intervention provoked Jean Crespin into publishing the first edition of his famous martyrology; indeed, their correspondence and their deeds fill up nearly a third of the text of Crespin's first edition. Little attention has been paid, however, to the unusual way in which the Paris *Parlement* reacted when the five students employed due legal process in February 1553, making an *appel comme d'abus*, the traditional method by which this secular court took jurisdiction of cases away from ecclesiastical tribunals. At first the court complained to the vicar of the Cardinal-Archbishop of Lyon that they could not judge this case "without hearing the prisoners explain [in person] the reasons for their appeal". But after learning that the prisoners' lawyer carried some written memoranda from his clients, overnight reflection, and candid advice from a high-ranking official that "the king wishes and commands to ignore their appeal" ("passer oultre à l'appel comme d'abus"), the *Parlement* bypassed its invariable procedure of hearing appellants in person and used the prisoners' confessions of faith as sufficent grounds to deny their appeal.[29] This is virtually the only known instance where any sixteenth-century French *parlement* refused to hear prisoners in person when they made a legal appeal, and of course the first case involving a group of French students from Geneva.

Finally, late in 1554 we encounter an unusually instructive case where the Paris *Parlement* closely interrogated two prisoners, captured while taking their families to live with them in Geneva. It permits us to compare the story of their martyrdom in Crespin with the tactics of the parlementary judges, seen through the record of their interrogations in the court's *plumitifs*.[30] The essential point is that each account actually complements the other, since nothing they say is directly contradictory. Having read their trial records, the judges began by questioning Jean Filleul, a cabinetmaker or *menuisier* from the province of Berry. He admitted at the outset that he had been married for eight years, and that "previously he had heard Mass in this country, but had lived in Geneva for three years". The judges immediately started to

---

29 AN, X2a 113, fol. 402, 404–405v (17–2 and 18–2–1553).
30 AN, X2a 911, entries from 4 to 18–12–1554 *passim* (the *plumitifs* are never numbered, but always dated). The official sentence is in X2a 116, fol. 162–163 (18–12–1554). Compare Crespin's account in *Histoire des Martyrs*, vol. II, pp. 65–68.

question him about transsubstantiation and received evasive answers. On the following day the judges questioned his companion, Julien Lesveillé, a needlemaker *(aiguilletier)*; he started off and "said that he was going to Geneva, both himself and his children, because the people there no longer blasphemed or swore oaths ("l'on n'y blaspheme point et on ne jure point"). Again they asked about transsubstantiation and received an unsatisfactory reply. Lesveillé explained that he had told the official who arrested them why he was moving his family to Geneva. When the judges asked him how long it had been "since he received his Creator", Lesveillé first refused to answer, then said that "he had been at Geneva for a long time, where they didn't do Easter [as in France]". At the end of this session, the judges ominously asked "if the faith he had accepted in Geneva, would he leave it or not?" Lesveillé refused to answer. There was much theological fencing back and forth between judges and defendants, and some procedural problems delayed the final decision, but no more questioning about Geneva. When condemning both men to death and confiscating their property, the judges set aside forty *livres* of their assets for the religious education of their children – presumably not in Geneva. Perhaps most important for our purposes is Lesveillé's justification, made both to the arresting official and the Parisian judges, for taking his family to live in Geneva: the eradication of casual public blasphemy, a cardinal tenet of the favorable "myth of Geneva".

Meanwhile, one finds further traces of Geneva's presence in the relatively laconic *arrêts* of other French *parlements*. The *Parlement* of Aix, for example, began confiscating assets of nine people who had "withdrawn to the city of Geneva" in December 1552, a few months after Gayant's puppet-show at Noyon.[31] In October 1554, the *Parlement* of Dijon caught a carter who had taken a Burgundian religious refugee's wife and another local refugee's merchandise to Geneva; they ordered him tied to the back of his cart with a sign reading "Accessory to Heretics", then whipped and perpetually banished from France.[32] In December 1553, the *Parlement* of Toulouse behaved as Paris had earlier that year, by turning down unheard the appeals of four prisoners charged with heresy; they accepted the same excuse from the Governor of Montpellier as the vicar of Lyon's archbishop had used in Paris, namely the real threat that his prisoners might escape. Their most

---

31 A.D.B.R., B 5453 (*arrêt* of 22-12-1552).
32 Bibliothèque Municipale, Dijon, Ms. 1496, fol. 88–88v (27-10-1554 *arrêt* vs. Jean Simenot).

important Montpellier prisoner (whose previous defrocking in October had been witnessed by the Basel medical student Felix Platter) was described as a "libraire de Genève".[33]

In 1555, at the moment Calvin's political allies triumphed in Geneva and the negative "myth of Geneva" developed in intensity, this same *Parlement* of Toulouse offered its own Languedocian variations on the theme. But two elements are necessary to set the stage properly. First, late in 1553 one of the better-known judges on this court, Antoine de Lautrec, suddenly disappeared from Toulouse and resurfaced a few months later in Geneva. The scandal was immense: he was the only sitting parlementary judge to take refuge in Calvinist Geneva, and his colleagues did him the honor of burning his effigy on Shrove Tuesday in 1554.[34] A year later, however, the *Parlement* annulled the death sentences imposed by municipal authorities on four students from the local university who had taken unauthorized leave to visit Geneva, reducing their punishments to public abjurations and six months imprisonment.[35] Like the *Parlement* of Paris, whose criminal *arrêts* for 1555 are complete but include no executions for heresy, France's second greatest court appeared to be softening its attitude towards Protestants.

Into this situation came an official emissary sent by the Republic of Geneva, apparently for the first time, who reached the *Parlement* of Toulouse on July 4, 1555.[36] An irritated and perplexed presiding judge dictated a report: "There came to the palace an unknown man wearing a two-colored gown with a coat-of-arms on the shoulder, calling himself a herald from the city of Geneva." He publically presented the First President with a sealed letter addressed to the court, concerning "those who are separated from the obedience and union of the Catholic church". The President asked his colleagues if it was "tolerable [...] that such apostates, schismatics and heretics send heralds and letters to courts of *Parlement*, without express permission". Duly consulted, his colleagues ordered the President to open and

---

33 ADHG, B 3402 (x–12–1553: Guillaume d'Alençon and others). Although this register is now badly damaged, he is clearly the same man whose martyrdom at Montpellier in early January 1555 was commemorated by Crespin, *Histoire des Martyrs*, vol. II, p. 34.
34 Good account in Mentzer, *Heresy Proceedings*, pp. 50–51.
35 ADHG, B 3407 (voted 9–2–1555 and pronounced six days later vs. François le Balleur, Giles Couchon, Jean de Beaudon and Pierre Champaigne); see also Mentzer, *Heresy Proceedings*, p. 111.
36 See ADHG, B 3409 (4–7 and 5–7–1555).

read the letter (whose contents are not described)[37] while the herald was escorted outside and interrogated by two designated judges.

On the following day, the Toulouse *Parlement* composed its official answer. It began by declaiming against the "enterprises and practices to seduce His Majesty's subjects [...] from the integrity of the faith and induce them into the apostasy [...] and congregation of Geneva". These nefarious practices were done "both through the means of the mad, false, and sensual liberty of the said city, and the easy access, traffic and favorable reception in it, being a neighbor and close to the said Kingdom; and to the freedom and immunity which all schismatics and heretics obtain in the said congregation, as has been known and verified through the indubitable experience of trials held in this court, against several preachers and dogmatizers coming from the said city of Geneva, carrying prohibited books to distribute among His Majesty's subjects". Nor was this all. "Even today", continued the Toulouse judges, "through the judgments made against a schoolteacher and a bookseller, born in Auvergne, who coming from said Geneva have been captured with several books and small treatises which they were carrying, full of blasphemies and abominations against our holy faith. Such is the frequency and astuteness of the representatives and commerce of Geneva; in brief, if such license and liberty is not reproved by authority of His Majesty, some irreparable evil is to be feared."

That was half of their response to the Genevan herald. The other half was the next *arrêt* in their records, also dated July 5, condemning two men charged with heresy to be burned alive at Le Puy, together with their collection of prohibited books; "because of their pertinacy and arrogance", it continued, both would have their tongues cut out beforehand. (A quiet postscript noted, as was customary in such cases, that both men would in fact be strangled as soon as the fire was lit.[38])

Toulouse was two weeks distant from Geneva. The French *parlement* closest to Geneva, Chambéry, which had seen many heralds from Geneva during the previous twenty years, also had an important official encounter with Geneva in 1555. That summer, their *prévot des maréchaux* captured a party of six Genevans, including three of the earliest "missionaries" ever

---

37 This mysterious letter – sent not by their former colleague Lautrec, but by a merchant named Pierre Ferrieres – can be read in the Archives d'Etat de Genève, Copies des Lettres, vol. 4, fol. 66 (20–6–1555).
38 ADHG, B 3409 (5–7–1555: Pierre Barbat and Jean Fenure). Interestingly, neither man appears in Crespin's martyrology.

despatched by Geneva's Company of Pastors. The story of their tribulations, interrogations, and the eventual execution of five of them in early October is best known through Crespin's detailed account. Two points should be stressed here. First, during the course of their interrogations, it was not a Chambéry judge but one of the Company's "missionaries", Antoine Laborie, who raised the issue of Servetus' death. "I agreed with him", reported Laborie in response to a judge's question, "that one must punish heretics, and I cited Servetus who had been punished at Geneva."[39] Second, the official sentence of the Chambéry judges closely resembled some of the Toulouse rhetoric addressed to the herald.[40] The defendants were accused of leaving French soil to "make their residence and dwelling in the city of Geneva, in order to separate and depart from the obedience and union of the Catholic and universal church". Then, it resembles their decree against the schoolteacher and book-peddler: "[...] and afterwards to depart from said place of Geneva with intention to come dogmatize and sow false and erroneous doctrines in the lands of the Most Christian King, with forbidden, censored and scandalous books and pictures". Finally, however, one can discern the personal hand of Jean Calvin – as we should expect in any negative description of Geneva by late 1555. The Chambéry judges held in their hands some highly compromising correspondence; and their official final sentence made much of a letter dated June 10, signed by Calvin "in the name of the Company" but without any indication of its intended recipient, which proved that Vernou had worked previously in French territory "to attract and teach the King's subjects his false doctrine, and that he had been sent for this purpose by the said Calvin with two others, whom Calvin said he had approved". The Chambéry judges had it right; one of the Genevan missionaries admitted in a letter of July 25 that they had lied under oath in order to avoid being extradited to Grenoble and betraying all their acquaintances (one should also note that no one ever suggested that any of these prisoners be tortured).

To summarize: the French parlementary encounter with the republic of Geneva, from their discovery of Laurent de Normandie's flight in 1548 to their capture of one of Geneva's first missionary companies six and a half

---

39 See *Calvini Opera*, XV, col. 744 (#2280).
40 Archives Départementales de la Savoie, Chambéry, B 59, fol. 183v–186v (30–8–1555, vs. Jean Vernou, Antoine Laborie, Jean Trigallet, Bertrand Bataille and Girod Thoran). The *arrêt* is out of chronological order, and we know from other evidence that the executions were not carried out until October 12.

years later, had little to do with negative mythmaking – although, as the Toulouse judges showed in July 1555, they could rise to the occasion – and much to do with real problems of public order. The judges were deeply embarrassed by their failure to stem the flood of Reformed propaganda into France, and by their failure to prevent people from leaving in increasing numbers. They were never officially hostile towards the young republic on their border, which was protected by the Bernese even during the Chambéry crisis of 1555. But in the early 1550s, Geneva became too important for French courts to ignore, and impossible to control. The problem would only get worse, until the "irreparable evil" which the Toulouse judges predicted in 1555 actually engulfed France seven years later.

Bibliography

P. Chaix, A. Dufour and G. Moeckli, *Les livres imprimés à Genève de 1550 à 1600*, Genève 1966.

J. Crespin, *Histoire des Martyrs...*, ed. D. Benoît, 3 vol., Toulouse 1885–1889.

A. Dufour, "Le mythe de Genève au temps de Calvin", in: *Histoire politique et psychologie historique*, Genève 1966, pp. 67–130.

P.-F. Geisendorf (ed.), *Livre des Habitants de Genève*, tome I: *1549–1560*, Genève 1957.

F. Higman, *Censorship and the Sorbonne*, Genève 1979.

F. Higman, *Piety and the People: Vernacular Religious Printing in France, 1511–1551*, Aldershot 1996.

R. A. Mentzer, *Heresy Proceedings in Languedoc, 1500–1560*, Philadelphia 1984.

W. Monter, *Judging the French Reformation: Heresy Trials by Sixteenth-Century Parlements*, Cambridge Mass./London 1999.

J. E. Olson, *Calvin and Social Welfare: Deacons and the Bourse française*, London/Toronto 1989.

N. Weiss, *La Chambre ardente*, Paris 1889.

Genève fin 1688–1691:
Qu'il est doux d'être indépendant?

Laurence Bergon

Les deux dernières décennies du XVIIe siècle offrent au chercheur, en quête d'informations concernant le fonctionnement politique de la République de Genève et l'état de ses relations avec ses voisins, un champ d'investigation riche d'enseignements. C'est en effet le temps de la guerre de la Ligue d'Augsbourg (1688–1698) qui vit s'affronter en d'impitoyables combats la France d'une part, presque seule, et de l'autre un groupe puissant d'Etats coalisés (des Princes d'Empire, l'Empereur, l'Angleterre et les Provinces-Unies, aux forces conjointes sous le commandement unique de Guillaume III, l'Espagne enfin, encore maîtresse du Milanais, de l'autre côté des Alpes). Point n'est donc besoin de méditer longuement sur une carte de l'Europe pour prendre conscience de la position centrale qu'occupa, au sein de cette réalité conflictuelle, le Corps helvétique. L'entrée en guerre du duc de Savoie, en juin 1690, contribua d'ailleurs encore à renforcer cette situation et plaça, du même coup, Genève à l'avant-garde des opérations militaires, au grand dam de ses dirigeants, dont l'obsession fut toujours de maintenir l'indépendance de la cité. Pour y parvenir, ils se virent placés dans l'obligation de déployer une intense activité diplomatique. Leurs démarches s'adressèrent en priorité à leur puissant et dangereux voisin français, mais elles se tournèrent également vers le Corps helvétique. Celui-ci leur sembla effectivement être le seul capable de défendre la cité, dans le cas où Louis XIV en aurait décidé l'annexion.

Plusieurs fonds des Archives d'Etat de Genève[1] gardent les traces des démarches entreprises. Certains documents, facilement accessibles, ne sont plus aujourd'hui tout à fait inédits.[2] Confrontés à des textes d'origine privée,

---

1 Il faut notamment signaler les registres du Conseil [désormais RC], cotés RC 88, 89, 90 et 91, le volume consacré aux relations avec la Suisse, coté Suisse 5, ou bien encore les Portefeuilles Historiques [désormais PH].
2 Quelques pièces du très riche dossier consacré aux tentatives de cantonnement de 1691 et 1692, PH 3872, ont été publiées par Marguerite Cramer dans son ouvrage intitulé *Genève et les Suisses. Histoire des négociations préliminaires à l'entrée de Genève dans le Corps helvétique 1691–1792*, Genève 1914.

tel le *Journal* du pasteur Jacques Flournoy[3], ils se voient éclairés d'une nouvelle perspective, qui, tout en corroborant les informations extraites des sources publiques, comblent leur sécheresse relative et leur apportent l'épaisseur d'une interprétation subjective. Il existe également d'autres textes, conservés dans des dépôts extérieurs au territoire de la République, voire de la Suisse. D'un accès un peu plus difficile, ils demeurent moins connus, même s'ils ont parfois fait l'objet d'une exploitation partielle. C'est le cas de la correspondance du représentant du roi de France à Genève – le résident – Charles-François de La Bonde d'Iberville.[4]

Il s'agit là d'une source riche et tout à fait passionnante, d'une part à cause de la réalité géopolitique que connut alors la République, d'autre part à cause de la compétence dont fit preuve son auteur dans le domaine du renseignement.[5] Car d'Iberville fut, comme la plupart de ses collègues[6], un véritable chef de réseau. Relativement volumineuse, sa correspondance, active et passive[7], est actuellement conservée, pour l'essentiel, au Ministère des Affaires étrangères à Paris.[8] Des copies, effectuées sur ordre du gouvernement fédéral suisse, en ont été déposées, à la fin du XIXe siècle, aux

---

3   Jacques Flournoy, *Journal 1675–1692*, édité et annoté par Olivier Fatio, Genève 1994.
4   Jérôme Sautier s'en est inspiré pour les quelques pages qu'il a consacrées à la période 1688–1698 dans un article remarquable et stimulant, cf. Jérôme Sautier, Politique et refuge. Genève face à la Révocation de l'Edit de Nantes, dans: Olivier Reverdin, Jérôme Sautier, Olivier Fatio et al., *Genève au temps de la Révocation de l'Edit de Nantes 1680–1705* (Mémoires et documents publiés par la société d'histoire et d'archéologie de Genève, t. 50), Genève 1985, pp. 1–158.
5   Les historiens, qui se sont penchés avec plus ou moins de bonheur sur son action, semblent presque tous avoir été fascinés par cet aspect de son activité. Parfois même, il n'en ont retenu que cela au détriment de son action de diplomate qui fut pourtant considérable (cf. Henri-Victor Aubert, Les espions du résident de France à Genève, après la Révocation de l'Edit de Nantes, dans: *Bulletin de la Société d'Histoire du protestantisme français* 72 (1923), pp. 39–43; Louis Sordet, *Histoire des résidents de France à Genève*, Genève 1854; Sautier, Politique et Refuge, pp. 1–158).
6   François de Callières, auteur d'un ouvrage sur la manière de négocier, allait jusqu'à dire: «On appelle un ambassadeur un honorable espion» (cf. François de Callières, *De la manière de négocier avec les souverains, de l'utilité des négociations, du choix des ambassadeurs et des envoyez, et des qualités nécessaires pour réussir dans ces employs*, Paris, M. Brunet, 1716, p. 46, cité d'après Lucien Bély, *Espions et ambassadeurs au temps de Louis XIV*, Paris 1990, p. 116).
7   Elle se compose de quelques 1370 lettres.
8   Ces lettres, pour l'essentiel, sont classées sous la cote Correspondance Politique [CP] Genève 5 à 18, au Ministère des Affaires étrangères. Quelques missives isolées figurent également dans les fonds de la Bibliothèque Nationale, des Archives Nationales, à Paris, et du Ministère de la Défense, à Vincennes.

Archives fédérales à Berne.[9] Le lecteur y découvre un tableau complet de la vie à Genève depuis l'arrivée du diplomate, fin novembre 1688, jusqu'à son départ en février 1698. Durant cette période, correspondant presque exactement à la durée de la guerre, le négociateur rapporta au Secrétaire d'Etat aux Affaires étrangères[10] les moindres détails de la vie politique genevoise et l'état de l'opinion publique. Comme c'était un fin politique et un remarquable observateur, il offre à l'historien contemporain une occasion incomparable d'assister aux affrontements entre les magistrats, divisés en partisans de la France et partisans des coalisés, tous néanmoins désireux de sauvegarder avant tout la cité dont ils avaient la responsabilité. Le lecteur y observe aussi les stratégies déployées pour porter remède à l'agitation et aux inquiétudes du peuple genevois, ainsi qu'à celles des cantons évangéliques, tout en évitant de tomber sous la coupe des uns ou des autres. Il prend conscience des efforts réalisés pour assurer la sécurité de la cité et peut faire son miel des interprétations de d'Iberville à propos des événements auxquels il se trouva confronté, parfois même au péril de sa sécurité. La vision du diplomate, obnubilé par la défense des intérêts de son souverain, apporte donc un éclairage complémentaire à celui que révèlent les sources genevoises déjà mentionnées, d'une part, et les sources suisses, d'autre part. Par ailleurs, à côté des renseignements sur Genève, figurent aussi toutes les informations que le résident put glaner sur le déroulement de la guerre en Europe, l'état d'esprit et les intrigues des belligérants, les menées des réfugiés huguenots dans leurs pays d'accueil[11], l'attitude des Suisses sollicités à abandonner leur neutralité pour entrer dans le camp des coalisés, etc. Grâce à l'intérêt que le roi de France porta à la petite République, dans son désir de ne pas la laisser tomber entre des mains ennemies du royaume, les lettres de d'Iberville sont donc une véritable mine.

La correspondance officielle de ce diplomate suggère la première des limites chronologiques proposées dans le titre de cet article puisqu'elle débute en novembre 1688. Mais 1688 correspond également au début des

---

9   Elles peuvent être consultées sous la cote Paris Archives 12 (947) à 15 (950).
10 Charles Colbert de Croissy (v.1626–1696) occupa le poste jusqu'à sa mort, puis son fils, Jean-Baptiste Colbert de Torcy (1655–1748), lui succéda. Ce furent les deux principaux interlocuteurs du résident. Parmi les autres on relève surtout les noms de François-Michel Le Tellier, marquis de Louvois, ministre de la Guerre jusqu'en 1691, date de sa mort, puis celui de son fils et successeur Louis Le Tellier, marquis de Barbezieux.
11 Ce sont principalement la Suisse, l'Angleterre, les Provinces-Unies et les états de quelques princes allemands dont le plus célèbre est l'Electeur de Brandebourg.

opérations militaires liées à la guerre. L'autre butée est constituée par la suspension des efforts genevois concernant le cantonnement de Genève en juillet 1691. Dans l'intervalle, les sources illustrent toutes les nuances et les ambiguïtés des rapports entre la cité lémanique et le Corps helvétique. Elles manifestent, de façon éclatante, les manipulations auxquelles la République dut faire face et l'influence prépondérante des diplomaties étrangères, particulièrement française, sur ses choix politiques. Elles montrent comment la cité devint une sorte d'enjeu, au cours de cette période précise, à la fois pour la France, pour l'Angleterre et pour la fraction évangélique du Corps helvétique. Elles révèlent enfin l'habileté et le sang-froid avec lesquels les magistrats tentèrent de sauvegarder leur indépendance en utilisant tous les moyens à leur disposition.

Genève en danger

S'il y a bien une opinion sur laquelle tous les Etats intéressés, à différents titres, dans la conservation de Genève – c'est à dire Genève elle-même, la France, les cantons évangéliques et l'Angleterre jointe aux Provinces-Unies – s'accordèrent rapidement au fil de l'évolution du conflit, ce fut le danger que courrait la petite République de perdre son indépendance au profit du parti ennemi.

Naturellement chacun avait sa propre idée sur les ennemis en question. Naturellement aussi l'évolution de la situation militaire en rendit certains plus cruciaux que d'autres. Il y eut toutefois des constantes. Pour les cantons évangéliques, et particulièrement pour Berne, ainsi que pour l'Angleterre et les Provinces-Unies, l'ennemi absolu de Genève était la France. Tout un chacun, selon eux, n'avait-il pas sous les yeux l'effet désastreux des ambitions démesurées de Louis XIV? Pour la France, à l'inverse, la vigilance de la République devait s'exercer particulièrement à l'encontre du duc de Savoie[12], risque en fait pratiquement éliminé à partir de 1690, et de Guillaume III, installé officiellement depuis janvier 1689 sur le trône d'Angleterre, à la

---

12 Les chefs de la Maison de Savoie étaient des ennemis traditionnels de Genève. Ils rêvaient depuis le XVIe siècle d'annexer la cité à leur Etat. Et même si l'échec retentissant de leur tentative, lors de l'Escalade en décembre 1602, qui les obligea à reconnaître la ville comme un Etat indépendant, avait mis un frein à leurs ambitions, le duc Victor Amédée II (1666–1732) n'avait pas renoncé à s'emparer de la ville. Il l'avait même insinué personnellement à l'ambassadeur de France en poste à Turin en 1686 (cf. Sautier, Politique et Refuge, p. 4).

place de son beau-père Jacques II Stuart. Sa politique, tendant à attirer Genève, ainsi que tout le Corps helvétique, pourtant neutre depuis juin 1689[13], dans son alliance au détriment de la sécurité du royaume français, faisait courir à la République le risque d'une annexion «préventive» car le roi n'eût jamais pu tolérer que la ville devînt une place forte aux mains de ses ennemis. Outre ces deux dangers, la France en envisageait un troisième: Berne. Au regard des dirigeants de Genève, l'Etat le plus dangereux pour eux était bien évidemment la France; ils n'en étaient pas moins parfaitement conscients de l'ambiguïté du comportement bernois à leur égard. Ils redoutaient parallèlement l'arrivée dans leurs murs de l'envoyé anglais que leur avait annoncé Guillaume III, dès avril 1689. La confrontation dans leurs murs entre les résidents respectifs des deux monarques ennemis eût été explosive, d'autant plus que Louis XIV ne reconnaissait pas Guillaume comme souverain légitime de l'Angleterre. D'un autre côté, le refus de Genève de recevoir le représentant du défenseur de la cause calviniste l'eût placée dans une position délicate non seulement vis-à-vis de Guillaume, à l'amitié duquel elle tenait pour des raisons essentiellement religieuses, mais encore vis-à-vis de ses alliés suisses évangéliques. Pour résumer, on peut donc dire que, selon l'analyse genevoise, tous les Etats qui s'intéressaient à la République, et qui ne cessaient de protester de leur bienveillance à son égard, pouvaient, selon les circonstances, se transformer en agresseurs.

Le danger français
La contemplation d'une carte de géographie suffit à illustrer de façon éclatante la réalité de ce danger pour Genève. Depuis 1601, date à laquelle Henri IV acquit le pays de Gex de haute lutte contre le duc de Savoie, la France avait une frontière commune avec la République. Or la politique territoriale de Louis XIV donnait depuis longtemps à réfléchir aux gouver-

---

[13] Des tractations serrées et pénibles occupèrent l'ambassadeur de France en Suisse, Michel-Jean Amelot, marquis de Gournay, pendant toute la première partie de l'année 1689. L'obtention d'un traité de neutralité n'avait rien d'évident car les cantons évangéliques avaient de nombreux griefs contre le roi et les petits cantons catholiques étaient soumis aux pressions répétées de Landsee, l'ambassadeur de Léopold Ier. Une première version du traité, proposée en avril 1689, avait finalement était refusée par l'Empereur. Celle du 7 mai, qui fut signée, laissait aux Suisses jusqu'au 1er juin pour obtenir de Léopold Ier des conditions similaires à celles proposées par Louis XIV et assurer ainsi définitivement la neutralité du Corps helvétique (cf. Edouard Rott, *Histoire de la représentation diplomatique de la France auprès des Cantons suisses, de leurs alliés et de leurs confédérés*, 10 volumes, Berne/Paris 1926, vol. 9, pp. 188–189).

nants de la cité lémanique et à leurs voisins du Corps helvétique. Particulièrement s'ils se rappelaient de l'annexion, en 1681, en pleine paix, de la ville libre de Strasbourg, sous le motif du renforcement de la sécurité des frontières orientales du royaume. Or Genève, tout comme cette dernière, verrouillait une des portes d'entrée du royaume par l'Est. Qu'allait-il donc se passer en ces temps de guerre, alors qu'il était clair pour chacun que l'Empereur Léopold Ier, les princes allemands et les autres coalisés eussent volontiers emprunté ce chemin s'ils l'avaient pu? La ville ne pouvait faire le poids seule contre le royaume. Au niveau démographique en effet, il semble que sa population n'ait été composée à l'époque que de quelques 16 000 habitants[14], alors que la France en comptait à peu près 20 millions. Tout le reste découlait de cette simple constatation.

Jusqu'au mois d'avril 1690 environ, les Genevois ne parurent pourtant pas ressentir de manière cruciale le danger français. Il est vrai que comme le montre d'Iberville dans la plupart de ses lettres de l'année 1689, le roi ne cessa de leur transmettre des marques de sa bienveillance tandis que les magistrats s'efforçaient de lui donner satisfaction en tout point:

> [...] ils professent hautement à tous propos, que leur seureté et la conservation de leur liberté depend uniquement de la protection et de la bienveillance de Sa Majesté. Aussy puis je vous assurer, Monseigneur, que dans toutes leurs actions egalement comme dans leurs discours on remarque un extresme desir d'en meriter la continuation, et une grande attenti[on] à eviter tout ce qui pourroit les en priver.[15]

Mais à partir de ce mois d'avril précisément, un changement important survint dans l'équilibre des forces de la région. La situation se dégrada rapidement entre la France et le duc de Savoie. Celui-ci, sollicité par les coalisés depuis le début du conflit et désireux de profiter de la situation pour s'émanciper de la tutelle française, préparait son adhésion à la Ligue d'Augsbourg tout en restant officiellement fidèle à la France. Louis XIV, parfaitement informé de son double jeu, et pour parer à toute éventualité, commença à mobiliser des troupes du côté du Dauphiné et de la Savoie. Le

---

14 Ce chiffre est proposé par Anne-Marie Piuz dans plusieurs des articles qu'elle a consacrés à la vie économique à Genève aux XVIIe et XVIIIe siècle. Elle affirme ainsi que Genève comptait en 1693 un peu plus de 16 000 habitants dont 3300 réfugiés huguenots français (cf. Anne-Marie Piuz, Les relations économiques entre les villes et les campagnes dans les sociétés préindustrielles, dans: Anne-Marie Piuz, *A Genève et autour de Genève aux XVIIe et XVIIIe siècles. Etudes d'histoire économique*, Lausanne 1985, pp. 9–44; Anne-Marie Piuz, Le marché urbain, dans: Anne-Marie Piuz, *A Genève et autour de Genève aux XVIIe et XVIIIe siècles. Etudes d'histoire économique*, Lausanne 1985, pp. 45–58.
15 D'Iberville à Croissy, [Genève], 8. 3. 1689, fol. 18v.

4/14 avril 1690, le syndic genevois de la Garde, Jacques Pictet, reçut ainsi avis qu'il se produisait des passages extraordinaires de troupes d'infanterie, aussi bien que de cavalerie, depuis Dijon jusqu'à Lyon, en passant par Châlons. Son informateur évalua même ces troupes, mais sans aucune certitude, à 10 000 hommes. Il précisa également qu'une bonne quantité d'entr'elles seraient logées partout en Bourgogne, en Bresse, en Bugey et dans le Valromey, voire au Fort de l'Ecluse, près de Bellegarde. Les Français s'employaient d'ailleurs à renforcer ces fortifications. Pour couronner le tout, Trembley fut aussi informé que nombre de chariots pour porter un canon et d'autres munitions étaient commandés à Chambéry afin d'être acheminés à Montmélian.[16]

Le danger pour la ville s'accrut encore avec la rupture entre le roi et la Savoie, intervenue le 25 mai/4 juin 1690. La Savoie fut alors complètement occupée et soumise entre juillet et août 1690. Les menaces qui pesaient déjà sur la République prirent un aspect plus économique. En effet, bien des particuliers genevois, de même que la République, possédaient des terres et des droits dans les états du duc, pour l'intégrité desquels ils se mirent à craindre. De surcroît, la nécessité de nourrir et d'approvisionner les troupes entraîna bientôt l'interdiction de sortir les blés de Savoie et du pays de Gex et fit craindre aux habitants de la petite cité que le roi ne veuille les affamer.[17] En effet, la ville n'était pas capable de subvenir à ses besoins en matière de blé et de sel avec les productions d'un territoire franchement exigu. Elle devait donc faire venir son blé des deux régions citées. Or cette situation donna l'idée au résident, jamais en reste d'imagination pour être utile à son maître, de suggérer au Secrétaire d'Etat l'utilisation des blés comme moyen de pression sur les dirigeants genevois, voire sur leurs alliés bernois:

> Ces M^{rs} cy se sont hastez d'envoyer en Bresse acheter quantité de bleds. Je croirois, Monseigneur, qu'il ne seroit pas à propos de laisser sortir tout d'un coup ny si tost la quantité dont ils se veulent pourvoir, mais seulement dans l'espace de six ou sept mois, durant lesquels on verroit plus clairs dans les desseins que Mrs de Berne projettent de ces costez cy.[18]

16 Cf. RC 190, 4. 4. 1690, fol. 94.
17 Cette opinion ne leur était pas propre puisque les cantons évangéliques l'avaient conçue eux-mêmes comme ils s'en expliquèrent, par le biais de leurs députés, avec le résident. Dans cette entrevue, les députés de Zurich et Berne, commis pour discuter avec les magistrats genevois des meilleurs moyens d'assurer la défense de la ville, laissèrent entendre au diplomate français qu'il y avait deux causes à l'inquiétude qu'ils nourrissaient à l'égard de la cité lémanique: «L'une est la deffense qui a esté faite tant en Savoye qu'au pays de Gex pour la sortie des bleds; L'autre est le voisinage des trouppes qui seront mises en quartier dans les pays qui environnent cette ville [...].» (D'Iberville à Croissy, Genève, 13. 10. 1690, fol. 60v.)
18 D'Iberville à Croissy, Genève, 8. 9. 1690, fol. 22v.

La réponse de la Cour fit voir que l'avis avait été retenu et immédiatement appliqué:

> Sa Majesté a fait donner ses ordres à l'Intendant du Lionnois de laisser sortir peu à peu le bled qui sera absolument necessaire pour la subsistance de la ville de Geneve mais on ne fera rien de plus dans la conjoncture presente jusqu'à ce qu'on soit assuré de la bonne conduite de lad. ville [...] faisant seulement entendre aux magistrats s'ils s'en plaignent que vous escrirez pour leur faire donner satisfaction mais q[u'i]ls doivent cepend[ant] moderer le[ur] demande et la reduire à leu[r] plus pressant besoin.[19]

En dépit de cette mesure, qui connut d'ailleurs quelques modifications dans son application au gré de l'évolution de la situation, Louis XIV prit soin, dès le départ, de faire donner aux Genevois, par le commandant des troupes dans la région, le marquis de Vins, des assurances qu'ils n'auraient pas à souffrir du contrecoup des opérations militaires en Savoie. Il n'était pas en effet dans ses intérêts d'inquiéter Genève et ses alliés helvétiques, les seuls à ne pas avoir rejoint la Ligue. Pourtant ses affirmations rassurantes n'eurent pas le don de calmer l'inquiétude des bourgeois et citoyens de la ville, persuadés des mauvaises intentions du souverain à leur égard.

Ce fut là une autre forme du danger que la France fit peser sur la cité: celui d'un possible soulèvement populaire. D'Iberville avait signalé très tôt à la Cour l'hostilité du peuple genevois aux intérêts du roi.[20] Celle-ci prit

---

19 Croissy à d'Iberville, Genève, 14. 9. 1690, fol. 25r.
20 D'Iberville à Croissy [Genève], 5. 4. 1689, fol. 35v. Dans cette lettre le résident présenta les bourgeois, citoyens et habitants genevois comme «*des bestes feroces, et dont la pluspart temoign[ent] par leurs discours, qu'ils ont peu d'affection pour les interests de Sa Majesté*». Le registre du Conseil garde une trace précise des reproches fait par d'Iberville aux Genevois, à l'occasion d'une terrible mercuriale passée à un Conseiller genevois. Il en voulait notamment à ses hôtes d'avoir des «conferances avec luy [le Sr Vandermeer, envoyé de Mrs les Etats des Provinces-Unies], sur les affaires du temps au preiudice des interests du Roy, que des particuliers du Conseil avoyent eu des pourparlers avec luy, que tout le peuple etoit ennemi iuré de la France, et à tel point que dans Londres, Vienne et Amsterdam l'on n'en faisoit pas de si grandes demonstrations, et on n'y parle point si desavantageusement et si injurieusement du Roy, que la chose etoit si publique que tous les Intendans des Provinces voisines en etoyent tres informéz, et luy avoyent escrit d'une maniere si forte qu'il etoit obligé de nous dire, qu'il n'estimoit pas que nos gens fussent en seureté en France, Que Monsr le marquis de Vins luy avoit écrit qu'il ne pouvoit point executer la parole qu'il avoit donnée à Monsr l'ancien syndic DelaRive de ne point troubler ni molester les Balliages de Ternier et de Gaillard, à moins que l'on n'oblige les habitants des dits Balliages qui sont les armes à la main sur les frontières de retourner dans leurs maisons, que Monsr de Louvoy luy avoit écrit d'exiger de nous un estat specifique des villages et

également la forme d'une très grande défiance à l'égard des magistrats, obligés à une grande prudence envers Louis XIV et accusés d'être *vendus* à la France. C'est du moins ce que des particuliers, au grand scandale du Conseil, laissèrent entendre à leurs correspondants bernois dans des lettres privées.[21] L'entrevue entre Jean-Pierre Trembley, procureur général, et Pierre Fabri, premier syndic, est sur ce point assez révélatrice. Tremblay, très inquiet, insista particulièrement sur le «tremoussement qu'on remarque parmi le peuple, causé par les bruits qui se repandent du dessein qu'on dit qui a eté formé de nous insulter et envahir par le moyen des trouppes qui sont du costé du Lionnois et dans la [/] Bresse, et que le Peuple en etoit dans une si grande inquietude que toutes les remontrances qu'il avoit fait là dessus à ceux qui luy en ont parlé et toutes les insinuations qu'il s'etoit efforcé de leur donner de se reposer sur les soins du Magistrat n'avoyent pas eté capables de calmer leurs esprits».[22]

Les conseillers eux-mêmes s'opposaient sur la politique à tenir à l'égard de la France. Ceux qui souhaitaient que l'on ne s'appuyât pas sur les paroles réconfortantes de Louis XIV, et que d'Iberville accusaient de travailler pour Guillaume d'Orange, n'hésitaient pas à entretenir l'inquiétude par tous les moyens.[23] C'était là une façon efficace de faire pression sur les gouvernants[24] pour obtenir un éventuel recours aux troupes suisses. Par ailleurs ces

maisons que nous avions enclavées dans la Savoye, afin que sur iceluy on passe prendre ses mesures» (cf. RC 190, 5./15. 7. 1690, fol. 180).
21 Le registre du Conseil de 1690, dans le procès-verbal de la séance du vendredi 18./28. 4. 1690, fait effectivement mention d'une lettre, datée de Berne, 16./26. 4. 1690, expédiée au Conseil de Genève par Mrs de Berne, dans laquelle ces derniers remerciaient les Genevois pour les informations qu'ils leur avaient communiquées sur les mouvements des troupes françaises en Bourgogne et témoignaient qu'ils avaient donné «créance aux advis que des particuliers leur peuvent envoyer de cette ville par un effet d'un zele imprudent et inconsideré et de leur penchant à exaggerer les choses» (cf. RC 190, 18. 4. 1690, fol. 113).
22 Cf. RC 190, 16. 4. 1690, fol. 109–110.
23 Le 8. 9. 1690, d'Iberville déclarait à Croissy: «Le scindic Tremblay et les autres chefs du party du prince d'Orange n'oublient pas de joüer leur rôle pour entretenir la peur, et tiennent des conventicules parmy le peuple qui aboutiront à une sedition contre le Magistrat en cas qu'il persiste à refuser le secours» (D'Iberville à Croissy, Genève, 8. 9. 1690, fol. 20v).
24 D'Iberville signala souvent, dans ses lettres à la Cour, ces pressions populaires sur le magistrat, plus ou moins provoquées d'ailleurs, selon lui, par les Bernois. «Pour eviter à l'avenir des embarras pareils à ceux d'où ils sortent, et n'estre plus exposez à essuyer les instances seditieuses de leur peuple d'appeler un secours estranger, ils ont resolu de renforcer leur garnison [...]» (D'Iberville à Croissy, Genève, 1. 9. 1690).

divergences, s'il faut en croire d'Iberville, risquaient de n'être pas sans conséquence pour sa sécurité personnelle.[25]

Au-delà de ces tensions toutefois, le résident savait que les magistrats étaient dans l'ensemble parfaitement conscients de leurs intérêts. Il avait même à ce point confiance en eux qu'il leur assura qu'il «écrivoit [à la Cour] les choses comme elles luy paroissoyent ascavoir que le Magistrat faisoit son devoir, mais qu'il etoit mal obei par le Peuple, ayant aiouté à l'égard du Magistrat qu'il scavoit bien qu'ils n'etoyent pas tous d'un mesme sentiment et qu'il y en avoit plusieurs qui donnoyent dans ceux de la populace [...]».[26]

Le danger bernois
Le risque que représentaient les Bernois pour la cité lémanique était bien réel et ancien, en dépit du traité de combourgeoisie signé en 1584 entre Berne, Genève et Zurich, pour assurer la défense de la République contre les entreprises belliqueuses du duc de Savoie. Cette alliance pourrait donc faire paraître paradoxaux les propos de Gregorio Leti, historien italien qui, à la fin du XVIIe siècle, résida à Genève avant d'aller s'établir en Hollande:

> Les Bernois sont les plus grands ennemis qu'aient les Genevois, d'autant plus dangereux qu'ils sont familiers. Comme ils n'ont point de forteresse plus solide que cette ville pour la défense du Pays de Vaud, ils voudraient l'avoir entre les mains et s'ils ne la savaient pas protégée par le roi de France, auquel il n'est pas de son intérêt que ce boulevard tombe entre leurs mains, non seulement ils l'auraient déjà surpris, ou pris, mais encore réduit en un esclavage fort misérable puisqu'il est certain que les Bernois n'aiment en aucun compte les Genevois quoique confédérés et unis par raison d'Etat et les Genevois, qui connaissent l'humeur de ceux-ci et qui savent les tentatives qu'ils ont faites, ne les aiment pas beaucoup; aussi y en a-t-il un qui me disait qu'il voudrait mieux tomber entre les mains des Turcs que des Bernois.[27]

---

25 Dans sa lettre à Croissy, datée Genève, 1. 9. 1690, (fol. 9r–v), d'Iberville raconte que «Les Cabalistes sont enragez de ce que leurs efforts pour faire declarer ce peuple et les Bernois contre la France ont été inutils [sic]. Ils continüent leurs intrigues pour animer cette populace contre moy, et m'imputent mille faits non seulement faux, mais contre toute vray semblance [...]. Ce sot peuple donc excité par ces faux rapports a lasché des discours contre moy et contre mes domestiques, qui ont donné lieu à d'honnestes gens de croire que je [/] pouvois estre en danger. J'ay méprisé divers avis que j'en ay receus, et j'ay bien fait connoistre, en ne changeant rien à ma conduite et sortant aux mesmes heures et aussy peu accompagné qu'à l'ordinaire, qu'on ne reussiroit pas dans le dessein qu'on a de m'intimider, et de m'obliger à prendre la fuite.»
26 Cf. RC 190, 2./12. 7. 1690, fol. 178.
27 Ce texte est un manuscrit conservé à la Bibliothèque publique et universitaire de Genève sous la cote Ms. Suppl. 835, fol. 376. Il est cité ici d'après l'édition qu'en donne Sautier, Politique et Refuge, p. 7. Sur le danger bernois, cf. ibidem, pp. 7–10.

Pourtant la correspondance de d'Iberville semble confirmer ce jugement. Le diplomate montrait en effet, en septembre 1690, que les Bernois n'avaient qu'une piètre opinion des Genevois: «On parle à Berne et dans le pays de Vaux avec le dernier mépris contre les Genevois qu'on dit estre traistres à la patrie et vendus à la France.»[28]

L'accusation de trahison, entretenue aussi par les réfugiés huguenots français en Suisse, s'il faut en croire le résident[29], permet de discerner l'enjeu stratégique que représentait la cité de Calvin pour les Bernois. Il eût suffit en effet que Genève tombât entre les mains françaises pour que l'accès au pays de Vaud d'abord[30], au Corps helvétique ensuite, fût assuré sans obstacle possible.

La progression des troupes françaises en direction de la Savoie et de Genève, entre les mois d'avril et d'août 1690, ne pouvait donc qu'inquiéter au plus haut point[31] les dirigeants bernois, d'autant que, comme il a été dit plus haut[32], certains de leurs administrés avaient reçu des lettres de particuliers genevois se plaignant de la légèreté des magistrats en matière de défense de leur cité.[33]

Dans la conjoncture d'août 1690, face au risque représenté par la présence française en Chablais, les Bernois levèrent immédiatement un régiment de fusiliers pour défendre le pays de Vaud et parer à l'éventualité d'une entreprise militaire ludovicienne sur leurs états. Il était également destiné à défendre leur alliée lémanique, si elle le souhaitait. Basé le long du lac, il reçut l'ordre de se tenir prêt à marcher sur Genève dès que les magis-

---

28 D'Iberville à Croissy, Genève, 1. 9. 1690, fol. 6v.
29 D'Iberville à Croissy, Genève, 1. 9. 1690, fol. 7v: «Ces M^{rs} cy ne seront pas faschez d'avoir en eux [les députés de Berne et de Zurich] des temoins irreprochables de leur conduite, et dont les relations, feront voir à leurs alliez qu'ils ne s'endorment point sur ce qui concerne la seureté de leur ville, et qu'ils ne sont pas vendus à la France, comme les refugiez et les cabalistes prennent soin de l'ecrire.»
30 Le pays de Vaud appartenait aux Bernois depuis le XVIe siècle.
31 Ce n'est qu'au début de l'année 1691 que les Bernois obtinrent des cantons catholiques la promesse d'une aide militaire pour la défense du pays de Vaud.
32 Cf. l'annotation n° 21 en haut.
33 Jacques Flournoy nota dans son *Journal*: «La principale raison qui a obligé à assembler le Conseil des 60, ce sont des lettres ecrites par Mrs de Berne au Conseil, portans que divers particuliers de Genève leur avoient écrit qu'à Genève on s'endormoit, qu'on ne donnoit aucuns ordres pour la seureté de la ville etc., quoyque nous fussions en grand danger» (Flournoy, *Journal*, p. 298).

trats en feraient la demande.³⁴ Parallèlement, un député porteur de lettres l'accréditant comme résident, Imhoff, fut immédiatement envoyé à la République afin de conférer avec ses dirigeants des précautions à prendre pour sa sauvegarde. Celui-ci fit leur savoir que les Bernois et les Zurichois étaient tout à fait disposés à contribuer à tout ce qui dépendraient d'eux dans ce but, selon les prescriptions du traité de 1584. Les troupes bernoises, outre le régiment mentionné, étaient d'ailleurs déjà toutes prêtes à intervenir. Bien installé dans la ville, Imhoff n'eut de cesse d'exercer des pressions et de représenter aux conseillers l'«éminent danger» dans lequel ils se trouvaient, afin de les pousser à accepter le secours proposé et, au demeurant, prévu par les alliances.³⁵ Plusieurs rencontres eurent lieu entre des députés du Conseil et ce représentant entre le 12/22 août, date de sa première audience en Conseil et la fin du mois, où le danger français sembla diminuer quelque peu. Il y eut même des séances plusieurs fois par jour. Ainsi le 13/23 août. Le registre du Conseil mentionne, pour ce jour-là, trois conférences qui toutes tournèrent autour du souhait de Genève de ne recevoir que 600 hommes, destinés à renforcer la garnison. Imhoff pourtant réitéra ses exhortations à recevoir le corps de secours, piaffant d'impatience aux frontières de la République et dont, à dire le vrai, le commandant bernois ne savait que faire. A plusieurs reprises au cours de ces entretiens, Imhoff supplia les députés et le Conseil de faire réunir les Deux-Cents immédiatement, afin qu'une prompte décision fût prise.³⁶ Au lieu de cela, le Petit Conseil décida d'«aller plus loin» dans les discussions avec Imhoff «pour luy faire gouster l'intention du Conseil, qui n'est pas d'appeler quant à présent le dit secours mais d'avoir un nombre suffisant de bons hommes pour renforcer notre garnison iusques à six cents hommes».³⁷

Il décida aussi de remettre l'acceptation des secours supplémentaires à l'arrivée du député zurichois, dont on avait entre-temps sollicité la venue. On ne pouvait être plus courtoisement clair. Sur ce, la situation se détendit quelque peu du côté français, puisque les troupes s'éloignèrent de Genève

---

34 Flournoy présente les choses ainsi: «Le 11 aoust, on apprit que les Bernois étoient encore plus alarmés pour nous que nous mêmes, qu'ils avoient prontement levé un régiment de mille fusiliers qui estoit le long du lac prêts à marcher du côté de Genève et qu'ils avoient donné les ordres pour avoir un camp de 8000 hommes au pays de Vaud, qu'ils étoient fort irrités de cette invasion de la Savoye et qu'ils en avoient écrit à Mr l'Ambassadeur Amelot» (Flournoy, *Journal*, p. 322).
35 Cf. RC 190, 13./23. 8. 1690, fol. 225–226.
36 Cf. RC 190, 13./23. 8. 1690, fol. 225–228.
37 Cf. RC 190, 13./23. 8. 1690, fol. 226.

et il ne fut bientôt plus question, en septembre, que de trois cents hommes à faire venir, à propos desquels le Conseil réitéra à Imhoff sa volonté de ne les recevoir que comme travailleurs et non comme soldats.[38]

Les réticences des magistrats genevois, leurs manœuvres dilatoires et l'habileté avec laquelle ils jouèrent de leurs institutions – commençant par de longues discussions avec Imhoff, retardant la convocation des Deux-Cents, chargés d'avaliser ou au contraire de refuser les décisions suggérées par le Petit Conseil et le Conseil des Soixante – prouvent de manière indiscutable leur réalisme politique et la conscience qu'ils avaient de l'attitude ambiguë des Bernois. D'Iberville, dans une lettre datée du 1er septembre 1690, fit remarquer à Croissy que les Genevois étaient «bienheureux d'avoir evité le piege que Mrs de Berne leur avoient tendu, car il paroist certain que ces M^{rs} là avoient envie de profiter de cette occasion pour se rendre maistres de Geneve et ensuite du Chablais».[39]

Ailleurs, il signala que «L'empressement avec lequel Mrs de Berne continuent de l'offrir [le secours] augmente les defiances que l'on avoit déja de leurs intentions, si leurs desseins ne vont pas iusqu'à s'emparer de Geneve, comme les factionn^{res} le veulent persuader, on ne dissimule pas, que leur but est, lorsqu'ils auront icy une forte garnison de leurs trouppes d'obliger le Roy à leur remettre la garde du Chablais et des Bailliages de Ternier et de Gaillard».[40]

Il faut dire que la prudence initiale des Genevois fut soigneusement entretenue par les insinuations du diplomate français, distillées avec art sur ordre de Louis XIV. Le roi de France en effet, dans chacune des lettres expédiées à son représentant pendant cette période, continua de répéter inlassablement qu' «il est bon cependant d'insinuer adroitement aux magistrats de Geneve l'interest q[u'i]ls ont de conserver la liberté de leur ville et de s'opposer aux [/] desseins qu'ont les Bernois de s'en rendre les maistres sous le pretexte d'un danger chimerique leur faisant tousjours comprendre qu'en se conduisant bi[en] ils doivent estre assurez de la continuation de la protection de Sa Maj[es]té».[41]

---

38 «A eté dit que lesd. Seig^{rs} commis luy fassent derechef bien conoitre la dessus notre pensée et notre intention, qui n'est point de faire venir lesd. trois cents hommes en qualité de soldats, mais de simples travailleurs, ausquels nous payerons des iournées modiques quand ils travailleront, demeurans au surplus Mrs de Berne chargés de leur payer leur solde et de leur fournir leur nourriture» (RC 190, 19./29. 9. 1690, fol. 277).
39 D'Iberville à Croissy, Genève, 1. 9. 1690, fol. 6v.
40 D'Iberville à Croissy, Genève, 8. 9. 1690, fol. 20v.
41 Croissy à d'Iberville, Versailles, 8. 1. 1690, fol. 117r–v.

Les Bernois, après l'échec de leurs efforts, ne baissèrent pourtant pas les bras et continuèrent leurs manipulations pour obtenir que les Genevois acceptassent les secours proposés. Le résident français, qui les observait évidemment d'un œil partial, était persuadé qu'ils répandaient des bruits alarmistes pour affoler le peuple, déjà suffisamment inquiet, et le pousser à faire pression sur les magistrats.[42] Pour exemple, il cita le cas d'une visite effectuée par des militaires et responsables politiques bernois dans la cité de Calvin: «Ils visiterent le mesme jour les fortifications, et en firent soigneusem^t [/] remarquer tous les defauts, p^r faire voi[r] la necessité de recevoir le secours.»[43]

Le déplacement des troupes françaises et l'arrivée du député zurichois, le 29 septembre/9 octobre, permirent aux responsables politiques genevois de connaître un peu de répit avant de se voir confrontés au délicat problème du stationnement des troupes royales en quartier d'hiver dans leur voisinage, qui risquait de ranimer les alarmes.[44]

Si les visées militaires des Bernois inquiétèrent le Magistrat genevois, celui-ci éprouva aussi force émotions à la contemplation de la politique extérieure, quelque peu erratique, de ce canton. Ses ambitions à l'égard de Genève mettaient en danger non seulement la ville mais également l'unité du Corps helvétique lui-même, puisqu'elles suscitaient l'exaspération de certains cantons catholiques, tel Fribourg par exemple:

> Un off^r envoyé par Mrs de Fribourg pour observer ce qui se passoit dans le pays de Vaux me dist avant hier que ses superieurs ont conceu avec raison de grandes defiances des intentions du canton de Berne; Qu'il a reconnu clairement qu'ils avoient dessein de se rendre maistres de Genève et du Chablais; Qu'apres cette conqueste ils [/] seroient en estat de donner la loy à tous les autres cantons, sur tout à celuy de Fribourg qui se trouveroit entouré; Qu'il ne leur resteroit de ressource que dans la protection du Roy qui est regardé comme le seul protecteur de la religion cat^{que} et de la liberté du Corps helvetique.[45]

---

42 «Le Sr Imhoff de son costé presche incessamm[ent] que le danger n'est pas passé, et pour preuve il met en avant vingt faits controuvez, comme par exemple, qu'on a intercepté des lettres du Roy à Mr Amelot, qui marquent que Sa M^{té} a dessein de se rendre maistre de Geneve» (D'Iberville à Croissy, Genève, 8. 9. 1690, fol. 20v).
43 D'Iberville à Croissy, Genève, 8. 9. 1690, fol. 20r–v.
44 «A present que voila leur grand feu passé, et que ces M^{rs} cy ont repris leurs esprits et rétably le calme dans leur ville, je sçauray bien leur faire entendre qu'ils doivent accoustumer leurs bourgeois à ne se pas effrayer de l'approche des trouppes que le Roy mettra cet hyver en quartiers dans toute la Savoye, sans en excepter le Chablais» (D'Iberville à Croissy, Genève, le 12. 9. 1690, fol. 27r).
45 D'Iberville à Croissy, Genève, 5. 9. 1690, fol. 15r–v.

Mais le comble de la *fantaisie* était évidemment atteint dans les rapports du canton avec la France. Berne ne portait pas une affection immodérée à Louis XIV, loin de là.[46] Sa méfiance, voire son antipathie, à l'égard du souverain français explique grandement les raisons de sa politique à l'égard de Genève. Sans compter que les luttes entre le Petit Conseil bernois et le conseil des Deux Cents pour l'exercice du pouvoir[47], jointes aux rivalités personnelles au sein de ces mêmes conseils, n'aidaient pas à créer une situation stable. La confusion semble avoir été telle que d'Iberville déclara un jour tout à trac à son ministre:

> Pour moy qui ay vû de prez depuis depuis deux ans les hauts et les bas de leur conduite j'avoüe que je n'y p[uis] rien comprendre, et j'admire souvent qu'un Estat qui assurement est puissant en hommes passe sur le moindre bruit de la plus insolente fierté aux plus grandes frayeurs.[48]

Cette instabilité était accrue par la présence dans les murs de la ville de l'Ours de Thomas Coxe, envoyé de Guillaume III auprès des cantons évangéliques[49]. Il avait adopté, à l'égard de Berne, l'attitude de d'Iberville à Genève et distillait savamment des messages hostiles à la France, apportant de l'eau au moulin des appréhensions bernoises à propos de la cité léma-

---

46 Les Bernois, comme les Zurichois, avaient été fortement indisposés par la politique religieuse de Louis XIV à l'égard des huguenots. Or leur crainte de voir ce souverain œuvrer pour l'éradication définitive du protestantisme s'était trouvée confortée par les récits de leurs coreligionnaires français réfugiés en Suisse pour échapper aux persécutions. Enfin, ils n'étaient pas d'accord avec les conditions de service faites à leurs concitoyens engagés aux côtés des troupes françaises et s'ingéniaient à mettre tous les bâtons possibles et imaginables dans les roues du char de guerre français.
47 D'Iberville à Croissy [Genève], 3. 1. 1689, fol. 5v–6r: «Ce sont les Deux Cents qui ont rendu cet arrest [/] autant pour chagriner le Conseil des 25, et luy faire sentir l'autorité dont ils se sont mis en possession, que pour marquer leur mauvaise humeur contre la France.»
48 D'Iberville à Croissy, Genève, 3. 10. 1690, fol. 50v.
49 Coxe avait le titre d'envoyé extraordinaire de Guillaume III auprès des cantons évangéliques. Il fut reçu à Zurich en novembre 1689: «Le 18 novembre, Mr Kox, envoyé extraordinaire d'Angleterre, fit son entrée à Zurich avec une suite d'environ 30 personnes. Il a été receu avec beaucoup de pompe. Mrs de Zurich luy sont allés au devant avec 300 chevaux et 700 hommes de pié; on a tiré le canon, etc.» (cf. Flournoy, *Journal*, p. 285). Sa mission consistait à offrir un traité d'alliance à l'ensemble du Corps helvétique ou, à défaut, aux cantons évangéliques. Il fallait aussi qu'il se chargeât de la levée de régiments de huguenots réfugiés pour les coalisés et veiller, de concert avec l'envoyé des Provinces-Unies, à la défense des cantons occidentaux (Flournoy, *Journal*, pp. 285–286, n° 110).

nique. Avant de se rendre indésirable[50] dans cette ville, il s'y créa de forts appuis:

> [...] il y a tout à craindre des resolutio[ns] du conseil des Deux Cens, dont plusie[urs] [/] sont livrez à M. Cox, soit par zele pour leur religion ou par interest, jusqu'au poinct d'employer l'autorité souveraine, pour faire mettre dans la gazette qui s'imprime à Berne tous les faux avis que led. Sr Cox juge à propos de repandre dans le public.[51]

Cela inquiéta les dirigeants genevois, assez réalistes s'il faut en croire d'Iberville, qui avaient discerné rapidement les buts de Guillaume III:

> Ces M^{rs} cy qui voyent bien, Monseigneur, quel est le but que Mr Cox et ses adherens à Berne ont en veue, [/] (C'est a dire qu'ils cherchent a porter les affaires à une ruptur[e]) n'oublient rien pour faire connoistre aux Magistrats du d. canton de Berne, combien il est de leur inter[est] commun de ne se pas broüiller avec la France [...].[52]

Le danger anglais
Guillaume III, en dépit de son éloignement géographique, pouvait en effet aussi constituer une source de gros ennuis pour Genève, dans le cadre du conflit opposant le groupe des coalisés à Louis XIV. La raison en est simple: Guillaume était le hérault de la cause protestante en Europe et son but était clairement de mettre un frein aux ambitions de Louis XIV.[53] Or Genève, haut lieu de la foi réformée, ne pouvait qu'avoir de la sympathie pour le principal soutien de la cause protestante en Europe, sans compter le fait que celui-ci, alors qu'il n'était encore que *stathouder* des Provinces-Unies, avait contribué financièrement à la réfection des fortifications genevoises. Devenu l'ennemi acharné du roi de France, il s'était installé sur un trône auquel, selon le souverain français, il n'avait absolument pas droit.

Dès le 13/23 mars 1689, entraînée par ses sympathies protestantes, Genève avait reconnu Guillaume pour roi légitime d'Angleterre tout en modérant ses transports de joie à cause de la présence du résident français. D'Iberville, parfaitement lucide sur les sentiments des Genevois, avait tout de suite informé Croissy de ce qu'il fallait penser de l'attitude de ses hôtes:

---

50 «[...] plusieurs con^{ers} du Deux Cens de Berne, mesme de ceux qui ont marqué cy devant plus de chaleur, sont fort dégoustez de M. Cox et se reunissent pour traverser se pernicieu[x] desseins» (D'Iberville à Croissy, Genève, 19. 12. 1690, fol. 134v).
51 D'Iberville à Croissy, Genève, 12. 9. 1690, fol. 27v–28.
52 D'Iberville à Croissy, Genève, 12. 9. 1690, fol. 28v.
53 Voir à ce sujet l'article de Mark A. Thomson, Louis XIV and William III 1689–97, dans: Ragnhild Hatton et John S. Bromley, *William III and Louis XIV. Essays 1680–1720 by and for Mark Thomson*, Liverpool 1968, pp. 24–48.

> L'interest de leur religion leur fait assurement souhaiter du meilleur de leur cœur l'affermissement du prince d'Orange sur le trosne d'Angleterre, mais ils connoissent si bien qu'il ne pourroit les mettre à couvert des effets de l'indignation du Roy s'ils se l'attiroient, et que la conservation de leur liberté depend [/] uniquement de la bienveillance et de la protection de Sa Majesté, que je suis persuad[é] que s'il étoit question de prendre party ils ne balanceroient pas à s'expliqu[er] pour la France mais quand ils seroient dans d'autres sentiments, je ne vois pas, Monseigneur, qu'ils fussent en estat de donner les moindres secours aux ennemis de Sa Majesté soit d'hommes, d'argent, de poudres, d'armes, ny de grains.[54]

Le nouveau roi d'Angleterre ne pouvait pas se contenter d'une simple reconnaissance. Il lui fallait faire passer Genève, ainsi que tous les cantons évangéliques, voire le Corps helvétique entier si possible, dans son camp. Il décida donc, pour ce faire, d'envoyer un représentant permanent dans la République et choisit Philibert Herwart des Marets[55], ancien sujet du roi de France, huguenot émigré en Angleterre et entré à son service. Cette décision politique plongea Genève dans une perplexité, qui ne fit que croître en 1690 et 1691:

> On y connoit trop clairement que le but de l'etablissem[ent] d'un ministre du P[ce] d'Orange en cette ville n'étoit autre, que de l'engager avec les cantons ses alliez dans la guerre contre le Roy, pour en faire une place d'armes, d'où l'on auroit pu facilement porter la guerre en Savoy[e] et par là dans le Royaume.[56]

D'Iberville, de son côté, connut en 1689 de grands moments d'inquiétude[57], à l'idée des incidents diplomatiques que provoquerait fatalement une rencontre, même fortuite, entre les deux hommes:

> On a désja voulu pressentir, Monseigneur, comm[ent] j'en userois avec ce Mr Desmarais, et si je chercherois les occasions de me trouver en lieu où il seroit pour prendre le pas sur luy, ou si je les eviterois. J'ay repondu avec haute[ur] à ceux, qui m'ont fait ces questions que, qu[and] bien [sic] le prince d'Orange seroit legitime roy d'Angleterre je ne croyois pas qu'aucun ministre de sa part osast rien disputer à celuy de Sa Majesté qui seroit du méme ordre, mais que [/] ce prince n'ayant aucune souveraineté depuis qu'il a esté dépoüillé de celle d'Orange, on me prenoit pour un

---

54 D'Iberville à Croissy, Genève, 31. 5. 1689, fol. 72r–v.
55 D'Iberville déclarait à Croissy, en parlant de Guillaume III, que «ce Prince va toûjours à son but, qui est d'engager par quelque moyen que ce puisse estre les cantons protestans dans la ligue contre le Roy; or il paroist certain qu'il y reussiroit à coup seur s'il pouvoit une fois introduire icy un ministre de sa part [/] qui ne manqueroit pas de disputer le pas à celuy de Sa M[té] avec avantage etant favorisé de la populace, et aydé de tous les etrangers anglois ou allemands et mesme des Bernois qui sont icy» (D'Iberville à Croissy, 29. 12. 1690, fol. 154–155).
56 D'Iberville à Croissy, Genève, 8. 2. 1691, fol. 228v.
57 «Monsieur le resident de France se trémousse beaucoup sur le bruit de cét envoy et [...] il s'est expliqué là dessus en termes forts» (cf. RC 189, 27. 5. 1689, fol. 239).

imbecille de me croire capable de reconnoistre pour ministre public un homme qui n'auroit de pouvoir que de luy.⁵⁸

Des lettres écrites sur ordre des magistrats par des particuliers à de puissants Anglais, amis de la République, tel l'évêque de Salisbury Gilbert Burnet⁵⁹, et un accident survenu à Herwart avaient momentanément sursis à l'exécution de cet envoi. Mais l'affaire revint sur le devant de la scène, dès le mois d'octobre 1690, avec l'annonce de l'envoi d'Herwart à Turin.⁶⁰ Dans une lettre du 28 novembre, d'Iberville confirma à Croissy le départ de Hollande du diplomate anglais, concluant qu'il n'y avait probablement pas lieu de s'inquiéter et que d'Herwart irait plutôt à Turin. La Cour l'informa du contraire, précisant que «tous les avis qu'on a de La Haye assurent que le Sʳ Desmarais doit se rendre bientost à Geneve et vous devez tascher de decouvrir quelles sont les intentions du Magistrat sur la reception de cet envoyé afin que Sa Majᵗᵉ puisse prendre ses resolutions sur vostre rap[pel] ou continuation de sejour aud. Geneve».⁶¹

Pendant ce temps-là, l'envoyé d'Angleterre auprès des cantons de Zurich et Berne, Coxe, avait déjà tenté de savoir par le bailli de Lausanne, présent à Genève, et par Oberkam, officier zurichois prêté à la ville pour pourvoir à sa défense, comment serait reçu Herwart s'il venait à Genève. La réponse genevoise ne souffrit aucune ambiguïté: il serait très dangereux pour Genève qu'il y vînt.⁶²

---

58 D'Iberville à Croissy [Genève], 12. 4. 1689, fol. 37v–38r. Le registre du Conseil pour l'année 1689 mentionnait, de son côté, que «nous avions suiet d'en apprehender de tres fascheuses suittes; par les demelés qui pourront infailliblement survenir entr'eux, qui nous mettroyent dans de grands embarras» (cf. RC 189, 24. 5. 1689, fol. 234).
59 Ce prélat anglican avait dû, en raison de son opposition à Jacques II, quitter l'Angleterre. Il avait alors voyagé en Europe, se fixant quelques temps à Genève, avant de rejoindre Guillaume d'Orange à La Haye.
60 D'Iberville signale le fait, sans plus de précision, dans une lettre à Croissy, datée Genève, 20. 10. 1690, f. 76: «J'apprens que M. Herwart Desmarais va à Thurin en qualité d'envoyé du pᶜᵉ d'Orange.» Selon lui, ce sont les circonstances politiques qui avaient conduit Guillaume à penser que les temps étaient mûrs pour envoyer avec succès un représentant dans la ville. «Lorsque le prince d'Orange a repris la resolution d'envoyer le d. Sʳ Desmarais en cette ville, les affaires y etoient assez dans leur crise, les esprits étant fort echauffez par la reduction de la Savoye; Et je suis bien persuadé que s'il eust pû voler et se presenter icy dans le temps des plus chaudes alarmes, les Magistrats auroient eté forcez de le recevoir» (D'Iberville à Croissy, Genève, 29. 12. 1690, fol. 155).
61 Croissy à d'Iberville, Versailles, 8. 12. 1690, fol. 117v.
62 Cf. Flournoy, *Journal*, p. 343.

En dépit des efforts désespérés des magistrats de la cité lémanique, de leurs interventions itératives auprès de Zurich et de Berne pour faire détourner Herwart de l'exécution de son projet, celui-ci «arriva le 22 décembre par le lac sans suite et sans se faire connoitre».[63] Si Herwart présentait ses lettres, les magistrats seraient obligés ou bien de le reconnaître et de faire face aux ennuis immédiats qui surviendraient du côté français, ou bien de le refuser et de se brouiller avec Guillaume et, peut-être même, avec leurs combourgeois. D'après d'Iberville, les esprits genevois ne semblaient pas disposés à accepter que l'on mît en péril par des actions inconsidérées la bienveillance du roi à l'égard de la cité, maintenant que la tension entre les deux voisins s'était apaisée: «Ce ne seroit pourtant pas sans peine, qu'on prendroit la resolution de refuser ouvertement un ministre d'un [/] Prince qui est regardé icy comme une idole, et auquel on croit avoir des obligations particulières.»[64]

Ce fut pourtant cette résolution qui fut adoptée, non sans que les magistrats aient là encore usé de toute leur finesse politique et de tous les moyens institutionnels mis à leur disposition par la constitution genevoise. Ils commencèrent par se réunir en Petit Conseil, puis en conseil des Soixante, pour savoir quelle attitude il convenait d'adopter. Ils décidèrent ensuite premièrement d'envoyer des députés à Zurich et à Berne pour les prier de solliciter le rappel d'Herwart, deuxièmement d'intervenir eux-mêmes auprès de Guillaume d'Orange pour qu'il rappelle son envoyé et troisièmement de faire agir les représentants de leurs alliés suisses évangéliques, présents à Genève, pour faire valoir à Herwart, les raisons pour lesquelles ils ne pouvaient pas le recevoir ouvertement et le supplier de ne pas se déclarer.[65] Le diplomate anglais, sur le conseil des partisans de Guillaume à Genève, commença d'abord par s'abstenir de toute démarche. Il ne renonça pourtant pas à sa mission et en arriva bientôt à tenter de se faire reconnaître, tout en s'appuyant sur les affirmations que répandaient ses principaux soutiens auprès des bourgeois de la ville. Il s'agissait pour eux de susciter un mouvement populaire en sa faveur.

---

63 Cf. Flournoy, *Journal*, p. 344. Le même auteur nous apprend qu'Herwart «répondit à ceux qui luy en parlèrent qu'il avoit ses ordres et qu'il ne pouvoit pas s'empêcher de continuer sa route, mais qu'il en useroit d'une manière à ne chagriner personne et qu'il ne prendroit point de caractère jusqu'à ce qu'il eût receu de nouveaux ordres» (Flournoy, Journal, p. 344).
64 D'Iberville à Croissy, Genève, 29. 12. 1690, fol. 155.
65 Cf. Flournoy, *Journal*, p. 345 et d'Iberville à Croissy, Genève, 2. 1. 1691, fol. 158v.

Face à ces démarches, les magistrats cherchèrent à gagner du temps[66] et se retranchèrent derrière la réponse de leurs alliés qu'ils attendaient. Finalement Herwart, ulcéré par les délais mis à le recevoir, dut se résoudre à quitter la ville, le 10/20 janvier 1691, pour retourner en Suisse sans avoir obtenu ce qu'il désirait. Pour parer les contrecoups néfastes de cette affaire, les magistrats décidèrent d'abord l'envoi d'une députation auprès de Berne et de Zurich, afin de donner à leurs alliés leur propre version de l'affaire. Ils résolurent également d'écrire à Guillaume directement pour le remercier de l'honneur qu'il leur avait fait de bien vouloir leur envoyer un résident et lui expliquer la raison pour laquelle ils n'avaient pu l'accepter.

En fait, tout se termina bien pour eux car, s'il faut en croire d'Iberville, les bourgeois genevois soutinrent, en grande majorité, leurs magistrats[67]; les Zurichois, déjà soupçonneux à l'égard de la résolution wilhelmine d'envoyer un résident à Genève, au mépris des risques qu'il faisait courir à la petite cité[68], se montrèrent compréhensifs et se firent fort d'entraîner les Bernois, beaucoup plus réservés. Ils tinrent leur promesse et les deux alliés accordèrent un satisfecit à la République. Par la suite, les magistrats apprirent également l'attitude accommodante de Guillaume à leur égard. Genève avait donc échappé aux risques d'un accrochage grave avec la France, d'une rupture avec le roi d'Angleterre, et d'un refroidissement de ses relations avec la Confédération évangélique.

Il apparaît ainsi que les dangers, auxquels se trouva exposée la ville calviniste, provinrent essentiellement de sa situation géo-stratégique, si particulière, et de la politique européenne propre à chacun des pays belligérants engagés dans le conflit. Ils sont aussi étroitement liés aux rapports entretenus par le Corps helvétique, normalement neutre, avec la France et ses

---

66 «Le Conseil des Soixante opinant sur cela s'est trouvé partagé comme il arrive ordinairem^t non sur le fond de l'affaire car tous presque unanimem^t sont convenus qu'il falloit eviter le piege qu'on leur tendoit, mais sur la conduite qu'il faut tenir p^r faire la chose de la maniere la moins desobligeante. Plusieurs neantmoi[ns] vouloient qu'on envoyast dire nettement aud. Sr Desmarais qu'on ne peut le recevoi[r.] D'autres qu'il ne falloit point se declarer mais tirer l'affaire en longueur sous pretext[e] de la proposer au conseil des Deux cens qu[i] [/] est presentement occupé à l'élection des nouveaux magistrats, et cependant envoyer des deputez vers les alliez pour conferer avec eux sur une affaire si importante [...]» (D'Iberville à Croissy, Genève, 16. 1. 1691, fol. 183–184).

67 «[...] la meilleure partie de la populace mesme approuve la resolution des magistrats, et connoist la necessité de conserver la bienveillance de Sa Majesté» (D'Iberville à Croissy, Genève, 30. 1. 1691, fol. 206).

68 D'Iberville à Croissy, Genève, 19. 1. 1691, fol. 192–193.

adversaires. Les risques encourus furent assurément réels, mais ils furent aussi considérablement amplifiés par les tentatives d'intoxication des représentants des différents partis en présence.[69] Cela ressort de manière assez frappante de la lecture des lettres du résident français. Louis XIV ne cessa, pendant tous ces mois de tension, de répéter à son négociateur qu'il devait rassurer les Genevois. Il donna par ailleurs de nombreux gages de bienveillance, comme les sauvegardes pour les possessions genevoises en Savoie.

D'une manière générale, on constate que les adversaires en présence, qu'ils eussent des liens privilégiés ou non avec Genève, n'hésitèrent jamais à faire de la désinformation pour dénigrer leur concurrent, gagner un avantage psychologique ou bien, par le biais soit d'un incident diplomatique soit d'un mouvement de sympathie populaire, attirer cette place forte dans le bon camp. Il fut par conséquent extrêmement difficile aux gouvernants de trouver les réponses appropriées pour calmer les angoisses des bourgeois – et garder ainsi une marge de manœuvre plus grande – et se mettre concrètement à l'abri de toute agression.

Les parades genevoises

Les moyens dont le Magistrat genevois disposait pour défendre sa cité peuvent paraître somme toute assez faibles, étant donné les déploiements de forces, troupes et équipements militaires, dont la ville se vit entourée pendant ces années 1689 à 1692. Ils reposaient pour l'essentiel sur des règle-

---

69 D'Iberville raconta à Croissy (Genève, 1. 9. 1690, fol. 9r) que les partisans de Guillaume d'Orange dans la ville s'efforçaient d'animer le peuple genevois contre d'Iberville en lui imputant toutes sortes d'initiatives fausses et même invraisemblables «par exemple que j'ay eu prise avec M. Imhoff (que je n'ay jamais vû) et que je me suis battu contre luy, que j'avois écrit à M^r de St Rhüe de venir camper à La Roche; que je suis allé moy mesme au marché faire enlever tous les bleds, et autres impertinences semblables». Flournoy mentionna pareillement dans son «Journal que le 21 juillet, la nouvelle étant venue de la victoire du roy Guillaume en Irlande et de la fuite du roy Jacques, les François publièrent en même temps que le roy Guillaume avoit été tué dans la bataille aussi bien que Mr de Schomberg. Cette nouvelle, quoyqu'on ne la crût pas entierement, mit Genève dans de grandes inquiétudes, mais elles furent heureusement dissipées par les nouvelles qu'on eut le 25 qui apprirent que le roy n'avoit esté que blessé fort legèrement à l'épaule» (Flournoy, *Journal*, pp. 313–314). Cela n'empêcha pas d'Iberville de faire savoir, le 26 juillet suivant, qu'il avait reçu une lettre présentant la nouvelle de la mort de Guillaume comme assurée. Les Genevois, de nouveau plongés dans l'inquiétude, ne furent détrompés définitivement que le 28 juillet suivant.

ments diplomatiques et politiques des problèmes posés, puisqu'à part ses fortifications, Genève ne pouvait guère compter sur sa force militaire.[70] Pour la plupart des solutions envisagées, elle bénéficia de l'appui presque sans réserve de ses alliés évangéliques zurichois et bernois, même si ceux-ci ne furent pas toujours dénués d'arrière-pensées, comme on l'a vu, tandis que l'attitude de la France à son égard se révélait également déterminante.

Les fortifications
La base du système défensif genevois, composé de deux lignes d'enceinte, datait pour l'essentiel de 1536. Il avait connu des ajouts considérables après la tentative savoyarde de l'Escalade en décembre 1602. On avait alors érigé devant le front de Saint-Antoine un *ouvrage à couronne*, simplement fait de terre et, après 1651, la décision avait été prise de construire quatre bastions. L'exécution du projet, confiée à un ingénieur hollandais, permit l'édification du bastion de Hollande, achevé en 1663, du bastion Souverain (1664), du bastion d'Yvoi (1666) et du bastion Bourgeois (1668). Les courtines entre chacun d'eux ne furent entreprises qu'en 1686 et terminées en 1687. Cette année-là commencèrent aussi les travaux du côté de Saint-Gervais.[71] En dépit de ces constructions et restaurations diverses, quelques failles demeuraient. Ainsi Flournoy signalait-il, au mois de mars 1689, que «[...] [l']on travaill[ait] à refaire la gazonnade extérieure du bastion bourgeois qui s'étoit éboulée pendant l'hiver. La muraille de la face du bastion d'Hollande s'est affaissée et les voutes des contremines se sont crevées.»[72]

Par ailleurs, en mars 1687 déjà, au bruit d'une prétendue attaque surprise du roi de France contre la ville, le Conseil avait pris une décision radicale:

> Le 4 mars, il a été arrêté au Conseil des 200 d'abbattre toutes les maisons qui sont à 50 toises de la contrescarpe tout autour de la ville. Il y en a un grand nombre, surtout du côté de Plainpalais. Ce même jour, on commença à fonder la courtine d'entre le bastion d'Yvoi et le bastion Bourgeois.[73]

---

70 Ses bourgeois étaient tout à fait décidés à se sacrifier pour la patrie. D'Iberville écrivit d'ailleurs à Croissy à ce propos: «Un ministre de cette ville s'avisa l'autre jour de loüer dans son presche le zele que les bourgeois temoignoient [/] pour la conservation de leur liberté, les exhortant à tout sacrifier p^r la deffense de leur ville et de leur religion» (D'Iberville à Croissy, Genève, 1. 9. 1690, fol. 8 r–v).
71 Cf. *Histoire de Genève des origines à 1798*, publiée par la Société d'histoire et d'archéologie de Genève, Genève 1951, pp. 344–346.
72 Cf. *Histoire de Genève des origines à 1798*, p. 254.
73 Cf. Flournoy, *Journal*, p. 206.

Le début de la guerre de la Ligue d'Augsbourg créa, pour les dirigeants et le peuple genevois, une nécessité nouvelle d'engager de grosses dépenses. L'année 1690 en confirma l'urgence puisque les troupes françaises commencèrent à affluer dans la région. Dès la mi-avril 1690, il fut proposé en Conseil de palissader les contrescarpes, les chemins couverts et les places d'armes et de mettre les extérieurs en état d'être bien défendus. L'on proposa également de renforcer les compagnies bourgeoises, chargées de veiller au calme et à la défense de la ville, et d'organiser des patrouilles, y compris de cavaliers, pour surveiller les abords de la ville. Une visite exacte du système défensif fut confiée aux responsables des fortifications. Destinée à déterminer les endroits les plus exposés, elle devait permettre de pourvoir à leur renforcement.[74] Le lundi 14/24 avril 1690, le syndic de la Garde, qui était également président de la Chambre de la fortification, informa les membres du Petit Conseil du résultat des délibérations de la dite Chambre. Après inspection, il s'était avéré que les deux galères affectées à la protection de la Porte du lac, une des plus importantes et des plus dangereuses de la ville, pourraient être utilisées mais après qu'elles eussent été radoubées. Il faudrait également pourvoir à leur armement. Les extérieurs avaient un urgent besoin d'être remis en état en commençant par les places d'armes des contrescarpes, glacis et chemins couverts. Tout devrait être ensuite palissadé. La Chambre proposait, à cet effet, que trois compagnies de la garnison[75] s'y employassent chaque jour. Par ailleurs, il était suggéré de faire établir dans chaque quartier des listes précises des personnes qui y résidaient et particulièrement des étrangers. Enfin, on préconisait de faire faire à tous les capitaines de compagnie une inspection des armes utilisées par leurs hommes. Ces suggestions furent aussitôt acceptées.[76]

Les menaces se faisant plus pressantes, il fut aussi convenu de demander de l'aide à Berne et à Zurich. Nous avons vu ce qu'il en fut pour Berne, qui s'échina à faire accepter un plus grand nombre d'hommes, et à des conditions différentes de celles souhaitées par Genève. Quant à Zurich, elle proposa l'envoi de 200 hommes et, surtout, elle envoya comme conseiller militaire Hans Heinrich Oberkam, seigneur de Saint-Gratien, autrefois officier au service de la France, passé à celui de la Ligue avec le grade de brigadier

---

74 Cf. RC 190, 11./21. 4. 1690, fol. 101–102.
75 En septembre 1690, la garnison se composait de 300 hommes (cf. d'Iberville à Croissy, Genève, 5. 9. 1690, fol. 16v).
76 Cf. RC 190, 14./24. 4. 1690, fol. 105.

en 1690.[77] Cet officier, après avoir été informé de tout ce qui avait été fait, se déclara très satisfait de l'application genevoise à mettre en état ses contrescarpes et ses chemins couverts «puisque c'est en cela que consiste la premiere et principale deffense» et du bon état de l'arsenal.[78] Il conseilla de palissader ces ouvrages et le Conseil décida d'obtenir 20000 cannes de Berne, ce qui lui fut accordé. Dans le même sens, Oberkam montra la nécessité d'une forte garnison et suggéra de l'établir à 1200 hommes environ.

Mais tout cela impliquait un financement important, car il fallut assurer non seulement le paiement des travaux mais également la solde des Bernois affectés, après bien des palabres, à la construction des fortifications.[79] Les cotisations habituelles avaient déjà bien du mal à être perçues, au point qu'il fallut une décision du Conseil selon laquelle les auditeurs, accompagnés d'officiers, devraient se rendre chez chaque particulier mauvais payeur afin de faire exécuter «virilement» le payement[80], pour venir à bout des récalcitrants. Les fonds demeurant insuffisants, on eut recours à d'autres méthodes. Déjà une proposition du conseil des Soixante avait demandé que chacun payât un pour cent de son bien «afin de faire par ce moyen un fonds de soixante ou quatre vingt mille ecus».[81] La taxe fut acceptée et mise en place en septembre–octobre 1690, mais il y eut là encore bien des difficultés au moment de son recouvrement. D'Iberville donna d'amples précisions à Croissy sur ce sujet:

> Tout est en rumeur dans cette ville au sujet d'une taxe de seize mille écus que les magistrats ont faite pour subvenir aux nouvelles depenses auxquelles ils viennent de s'engager. Chaque bourgeois a été taxé à proportion du bien qu'il possede. On fait payer un écu pour chaque millier d'ecus de capital jusqu'aux premiers dix mille seule-

---

77 «Le 9 septembre, M^r le colonel d'Oberkam de Zurich est arrivé à Genève. Le Conseil l'avoit prié d'y venir pour avoir son avis touchant les fortifications, munitions de guerre, etc.» (Flournoy, *Journal*, p. 330).
78 Cf. RC 190, 12. 9. 1690, fol. 268.
79 Il avait en effet été convenu que Genève payerait des journées modiques (3 bats) aux soldats qui travailleraient aux fortifications et que les Bernois prendraient en charge leur solde (2 bats) ainsi que leur nourriture (cf. RC 190, 19./29. 9. 1690, fol. 276 et 23. 9./3. 10. 1690, fol. 283).
80 Cf. RC 190, 22. 9./2. 10. 1690, fol. 280. Un *Rôle des contributions 1690* a été établi, séparé en deux parties, l'une réservée aux contributions des conseillers de la République, l'autre à celles des particuliers. Il a été particulièrement étudié dans l'article d'Anne-Marie Piuz, A la fin du XVIIe siècle: les plus riches des Genevois, dans: Anne-Marie Piuz, *A Genève et autour de Genève aux XVIIe et XVIIIe siècles. Etudes d'histoire économique*, Lausanne 1985, pp. 206–218. L'unité fiscale était fixée à 22 florins 6 sols.
81 Cf. RC 190, 16./26. 4. 1690, fol. 111.

ment. Les seconds dix mille ecus doublent; Les troisiesmes doublent les [/] seconds &ª. C'est à dire, Monseigneur, que pour dix mille écus on paye dix écus; Pour vingt mille écus trente; Pour trente mille soixante; Pour quarante mille six vingt, et ainsy jusqu'à cent mille écus, aprez quoy l'augmentation n'est plus si forte.[82]

Prudence, politique et diplomatie
Le Conseil, pour assurer la sauvegarde de Genève, ne se contenta pas de prendre soin de ses fortifications et de sa garnison. Il choisit d'agir en même temps sur un autre plan, plus subtil et discret, sans doute, mais tout aussi efficace, si ce n'est plus. Il adopta, sur ce chapitre, deux tactiques complémentaires. L'une consista en une action «solitaire», destinée à pallier les problèmes locaux avec la France, l'autre en une action «confédérale» avec ses alliés, pour des affaires dont les répercussions pouvaient être européennes. L'aide de ces mêmes alliés fut aussi sollicitée dans le cadre des rapports de la République avec le Corps helvétique. Parfois également, les conseillers combinèrent les deux formes d'intervention pour être sûrs de se faire entendre.

Pour ce qui concerne les relations avec la France, il est assez frappant de constater la prudence, le pragmatisme et le sang-froid avec lequel les responsables politiques genevois en usèrent, au milieu de la tourmente des années 1690 et 1691. Cela n'a rien de vraiment original puisque d'Iberville notait déjà en avril 1689:

> Je crois, Monseigneur, pouvoir assurer hardiment qu'ils n'ont d'autre desir que de conserver leur liberté; qu'ils connoissent qu'elle ne durera qu'autant qu'il plaira à Sa Majesté la leur laisser, et qu'ils ne feront rien, ny en ce temps cy ny en aucun autre, qui puisse luy deplaire et les priver de l'honneur de sa bienveillance. Ils ont pris soin de m'en assurer avec les expressions les plus soumises, dans le temps mesme que les premiers succez de l'entreprise du prince d'Orange auroient pû leur donner des esperances de tirer de grands avantages de sa protection, s'ils avoient esté capables d'en concevoir de si fausses.[83]

---

82 D'Iberville à Croissy, Genève, 20. 11. 1690, fol. 105 r–v.
83 D'Iberville à Croissy, Genève, 25. 4. 1689, fol. 30r. Dans une lettre adressée à Croissy et datée Genève, 31. 5. 1689, fol. 72 r–v, d'Iberville déclarait: «[...] Je leur dois, Monseigneur, la justice de dire, qu'ils sont fort attentifs à eviter tout ce qui pourroit déplaire au Roy. L'interest de leur religion leur fait assurement souhaiter du meilleur de leur cœur l'affermissement du prince d'Orange sur le trosne d'Angleterre, mais ils connoissent si bien qu'il ne pourroit les mettre à couvert des effets de l'indignation du Roy s'ils se l'attiroient, et que la conservation de leur liberté depend [/] uniquement de la bienveillance et de la protection de Sa Majesté, que je suis persuad[é] que s'il étoit question de prendre party ils ne balanceroient pas à s'expliqu[er] pour la France [...].»

Et effectivement, même au plus fort de leurs inquiétudes concernant leur avenir, ils s'efforcèrent de ne rien faire qui pût donner ombrage à Louis XIV. Ainsi, lorsqu'un de leurs ministres adressa des louanges trop vives aux bourgeois genevois, appliqués à assurer leur défense, ils le censurèrent sous prétexte que ses exhortations avaient paru séditieuses dans les conjonctures présentes.[84]

De même réagirent-ils avec vigueur lorsqu'ils se trouvèrent confrontés aux problèmes des levées faites secrètement dans la ville et sur leur territoire au nom du roi d'Angleterre. Les recrues normalement ne pouvaient se faire sans l'accord des magistrats.[85] Il était donc difficile de ne pas soupçonner le gouvernement genevois de complicité avec les recruteurs en cas d'enrôlements clandestins. Dès le mois de mars 1690, d'Iberville se plaignit au Conseil, accusant Etienne Rocca, ancien secrétaire du droit, d'avoir eu une commission de Thomas Coxe pour lever une compagnie de 200 hommes. Il ajouta que 150 d'entre eux avaient déjà été recrutés et se trouvaient présentement à Lausanne.[86] Le Conseil réagit aussitôt et décida un ajournement personnel du personnage. Pour faire bonne mesure, il comprit aussi dans cette décision trois autres bourgeois qui s'étaient retirés de Genève sans congé pour lever une compagnie d'infanterie dans le voisinage. Ces hommes ne se présentèrent pas, quoiqu'ils en eussent été sommés publiquement, et les condamnations furent rudes, pour marquer la déférence genevoise au roi. Rocca dut en effet reconnaître sa faute devant le Conseil, mais surtout il fut démis du conseil des Deux Cents, cassé de sa bourgeoisie et obligé de verser une amende de 500 écus. Les autres subirent à peu près le même sort.[87]

De même, lors de l'incident diplomatique qui causa moult frayeurs aux magistrats, fin juillet début août 1690, firent-ils preuve de diligence et de respectueuse soumission à l'égard de Louis XIV. A la suite de la bataille de la Boyne en juillet 1690, qui vit le succès de Guillaume III, en Irlande, sur les troupes de Jacques II, le bruit courut, entretenu par d'Iberville lui-même,

---

84 D'Iberville à Croissy, Genève, 1. 9. 1690, fol. 8v.
85 Le registre du Conseil de 1690 porte les traces de ces autorisations. On apprend notamment que l'ancien syndic de Chapeaurouge demanda un congé pour son quatrième fils auquel son frère aîné, capitaine au service de Louis XIV, faisait espérer un grade d'enseigne dans sa compagnie. Il lui fut accordé, de même qu'au cadet des fils du syndic Gallatin, partant servir en Hollande, et au frère du sautier Marc Dupuy, incorporé dans la compagnie du capitaine du Crest (cf. RC 190, 24. 3./3. 4. 1690, fol. 83–84).
86 Cf. RC 190, 15. 3. 1690, fol. 78.
87 Cf. RC 190, 1. 4. 1690, fol. 91. Avec Rocca furent condamnés Gabriel Puerari, André Fontaine, Gabriel Bourdillat ainsi qu'une vingtaine d'autres personnes.

que le vainqueur était décédé des suites de ses blessures. Lorsqu'il fut établi avec certitude qu'il n'en était rien, les manifestations de joie populaire ne connurent plus de bornes et de grands feux furent allumés sur les places, à St-Gervais, à la Fusterie et au Molard. Pendant ce temps-là, des officiers des régiments levés pour le roi d'Angleterre en Chablais allèrent donner une sérénade d'un genre un peu particulier sous les fenêtres du résident de France, concluant leur interlude musical par de retentissants «Vive le roi Guillaume». Le syndic de la Garde, immédiatement prévenu, fit éteindre les feux et procéda à quelques arrestations. Pourtant, le lendemain, d'Iberville arborait, face à la députation aussitôt envoyée pour lui témoigner la surprise et le chagrin du Conseil devant ces manifestations indésirables et vigoureusement désapprouvées, un «air froid, sérieux et triste». Il rejeta les excuses des députés et les informa qu'il ne pourrait se dispenser d'en écrire en Cour. Encore, précisa-t-il par la suite à Croissy, lui avait-on caché qu'il y avait eu des «figures» frappées à coups de bâton, mutilées puis brûlées, à grand renfort d'injures.[88] Les principaux responsables de ces débordements furent cités à comparaître, ce dont ils s'abstinrent, et furent finalement condamnés à faire amende honorable devant la Résidence et au bannissement perpétuel.[89] Cela eut l'heur de convenir à d'Iberville.

Au moment de la rupture entre la France et la Savoie, les responsables politiques genevois cherchèrent par tous les moyens à obtenir des renseignements exacts avant de se laisser aller à l'affolement ou d'entreprendre quoique ce fût. Ainsi, à l'annonce que des dragons français se trouvaient au pont de Gresin pour passer en Savoie afin de la brûler, sept ou huit conseillers prirent l'initiative de faire envoyer De La Rive et Chouet à d'Iberville pour savoir s'il s'agissait d'une nouvelle fondée ou non et s'il y avait bien un ordre royal de ravager la Savoie. Cette information leur importait au plus haut point car la République, et certains particuliers, avaient des villages, des terres ou des maisons enclavées dans les états du duc. D'Iberville, qui avait reçu la veille une lettre du commandant des troupes françaises dans la région, le marquis de Vins, leur fit une réponse rassurante. De Vins ne faisait en effet mention d'aucun ordre de mouvement reçu de la Cour. La rupture n'étant intervenue que le 4 juin à Carignan, il était encore trop tôt pour que le roi en eût été informé.[90] Les magistrats décidèrent donc sagement d'attendre et de voir.

88 D'Iberville à Croissy, Genève, 8. 8. 1690, fol. 207v–208r.
89 Cf. Flournoy, *Journal*, pp. 314–315, et RC 190, 29. 7./8. 8. 1690, fol. 196–198.
90 Cf. RC 190, 31. 5./10. 6. 1690, fol. 143.

Par ailleurs, ils surent tirer parti des avantages que représentait la présence du résident de France dans leurs murs. Le diplomate leur ayant offert ses services auprès de de Vins et de la Cour pour défendre les intérêts économiques de la cité en Savoie, De La Rive et Chouet, députés par le Conseil, vinrent lui demander de les aider à obtenir des sauvegardes suffisantes et, à cette occasion, le négociateur leur réitéra ses propositions.[91] Ce fut à lui également qu'ils remirent, le 15 juillet 1690, la liste détaillée de leurs possessions savoyardes. Les magistrats n'hésitèrent pas non plus à le sonder sur des questions de stratégie. Au début du mois de juillet, lorsqu'on parla de demander une neutralisation du Chablais et des terres savoyardes (du côté suisse), du Bugey, du Valromey et du pays de Gex (du côté français), les conseillers cherchèrent à savoir de leur interlocuteur si la chose lui semblait faisable. Ils le prièrent d'intercéder pour eux dans ce sens.[92] D'Iberville les assura qu'il avait déjà pris sur lui d'en écrire à Versailles, afin que l'ambassadeur de France à Soleure pût recevoir des ordres précis pour conclure cette négociation.[93]

Les démarches diplomatiques genevoises en direction de la France ne se limitèrent pas au seul résident. La lecture du *Journal* de Flournoy prouve qu'elles s'adressèrent aussi directement à certains officiers influents:

> Le 23 juin, le Conseil envoya à Seissel M^r l'ancien sindic De la Rive vers M^r le marquis de Vins qui commande les troupes du Roy en ces quartiers là. Il luy a demandé des sauvegardes, soit pour nos villages qui sont du côté de Savoye, soit pour les maisons et biens des particuliers de Genève qui sont dans les villages de Savoye; ensuite il luy a représenté que la meilleure sauvegarde seroit de ne point porter la guerre dans les pays de Savoye qui sont autour de Genève ni dans le Chablais, et qu'en laissant ces pays dans la neutralité, il obligeroit fort Mrs de Genève et feroit une chose très agréable à M^{rs} les Suisses, qui ne prendroient pas plaisir de voir la guerre si près de leurs frontières.[94]

Surtout, les Genevois ne perdirent pas une occasion, comme le montre l'assertion ci-dessus, d'exploiter au mieux ce qu'ils savaient des intentions de Louis XIV à leur égard. Or ce monarque, par l'intermédiaire de Croissy, ne cessa de le répéter à d'Iberville, Genève «ne doit rien appréhender ny pour sa subsistance ny pour sa seureté tant qu'elle se conduira bien»[95], ce qui

---

91 Cf. RC 190, 3./13. 6. 1690, fol. 149.
92 Cf. RC 190, 20./30. 6. 1690, fol. 168.
93 Cf. RC 190, 13./23. 8. 1690, fol. 227.
94 Cf. Flournoy, *Journal*, p. 310.
95 Croissy à d'Iberville, Versailles, 7. 9. 1690, fol. 12v.

impliquait que les magistrats résistassent aux pressions populaires ou à celles de leurs alliés:

> [...] ils ne doivent p[as] en apprehender aucun prejudice tant qu'ils se contenteront de faire ce qu[i]ls croiront necessair[e] pour leur seureté mais s'ils s'abandonnent aveuglement aux emportemens de la populace et aux trompeuses remonstrances des cantons de Berne et de Zurich ils pouront bien perdre leur liberté et en mesme temps la protection de Sa Majesté.[96]

De plus, comme le souverain souhaitait absolument que les cantons suisses ne pussent retirer aucune inquiétude du développement des opérations dans le voisinage de Genève et que l'union et la neutralité du Corps helvétique subsistât, il fit bénéficier les occupants de la cité lémanique de certains ménagements. Ceux-ci, dans leur propre intérêt[97], se firent les instruments, avec les Zurichois[98], du maintien de cette unité. Les lettres de d'Iberville montrent d'ailleurs qu'ils avaient très bien compris ce que le roi attendait d'eux à cet égard.

> J'espere [...] que l[es] reflexions qui y [dans les conférences à venir] seront faites tant par led. Sr Meyer que par les magistrats de cette ville serviront beaucoup à ramener Mrs de Berne à de meilleurs sentimens. Il revient déja que Mr Imhof commence à tenir des discours plus moderez, et je scais qu'il a d[it] [/] depuis quatre jours, que son avis sera toujours que ny le canton de Berne ny aucun autre ne doivent jamais rompre avec le Roy, quoy que Sa M^{té} puisse faire de désobligeant p^r eux.[99]

Enfin, pour assurer leur sécurité, ils s'appuyèrent sur leurs alliés suisses, principalement zurichois. Ainsi Genève souhaita tout particulièrement l'envoi de députés dans ses murs. Le Bernois, nous l'avons vu, y arriva au plus fort de la tension avec la France, le Zurichois alors que la situation s'était passablement détendue. Au point même que Mrs de Zurich jugèrent utile

---

96 Croissy à d'Iberville, Versailles, 21. 9. 1690, fol. 40v.
97 «Je vois clairement, Monseigneur, que Mrs de Genève n'apprehendent rien tant que la mesintelligence des cantons avec la France, et je prens soin d'entretenir cette crainte pour les obliger à continüer d'exciter les cantons dont ils sont alliez, et particulierement celuy de Berne, à en bien user avec Sa Majesté» (D'Iberville à Croissy, Genève, 10. 5. 1689, fol. 47r).
98 Zurich, quoiqu'indisposé tout comme Berne, par la politique religieuse et militaire de Louis XIV, semblait avoir adopté une attitude beaucoup plus modérée et politique à l'égard du souverain. L'homme que ses dirigeants avaient choisi d'envoyer à Genève, en septembre 1690, le *statthalter* Meyer (d'Iberville crut pendant un moment que ce serait le conseiller Hess) jouissait, tout comme son collègue Hess, d'une bonne réputation auprès de la France: «L'un et l'autre passent p^r [/] avoir les intentions droites, et pensent, à ce qu'on dit fort juste sur l'interest qu'ont tous les cantons de se tenir unis à la France» (D'Iberville à Croissy, Genève, 26. 9. 1690, fol. 44r–v).
99 D'Iberville à Croissy, Genève, 26. 9. 1690, fol. 44v– 45r.

d'écrire au Conseil genevois pour savoir s'il souhaitait toujours la venue d'un de leurs citoyens. Les magistrats répondirent aussitôt qu'il était bien vrai que le danger était moins pressant mais que, pouvant le devenir à nouveau par la suite, puisque l'armée française prendrait certainement ses quartiers d'hiver dans leur voisinage, ils estimaient qu'il était toujours pertinent de bien réfléchir aux précautions à prendre. Ils ajoutèrent qu'ils avaient le désir d'en conférer avec leurs alliés et «de se bien entendre <u>ensemble</u> sur cela»[100] avec leurs députés. S'il faut en croire le résident,

> La verité est, Monseigneur, que les Zuriquois sont desirez icy mesme par les mieux intentionne[z] pour plusieurs raisons: 1° pour avoir un exemple dont on pûst se servir une autre fois pour demander de l'adoucissement dans les conditions du traitté d'alliance. 2° Pour donner un contrepoids à l'autorité que les trouppes de Berne voudroient prendre. 3° Pour se mettre à couvert des offres que Mrs de Berne pourront faire d'envoyer icy un plus grand nombre de leurs sujets au defaut des Zuriquois. Et enfin pour se servir du deputé de Zurick qui ne manqueroit pas de venir avec leurs trouppes, pour ramener de concert Mrs de Berne à des sentiments plus moderez et à une conduite plus reguliere envers la France.[101]

A côté des conseils et bons avis, on attendait aussi un soutien diplomatique de leur part, dans le cadre de négociations délicates. C'était notamment le cas de celles qui eussent permis d'assurer la tranquillité dans la région, voire la neutralisation du Chablais, du Bugey, du Valromey et du pays de Gex. Les Genevois avaient essayé de l'obtenir en se recommandant à d'Iberville. Pour plus de sûreté, ils s'adressèrent aussi aux cantons évangéliques. Comme membres du Corps helvétique, ces derniers pouvaient s'adresser, par le biais de la Diète fédérale, à un diplomate d'un rang supérieur à celui du résident, l'ambassadeur de France auprès des Confédérés.

Les magistrats commencèrent donc par suggérer à Imhoff l'intérêt de l'entreprise, au moment même où celui-ci faisait pression pour obliger les magistrats à accepter les troupes bernoises:

> Les dits Seig[rs] Commis ayant adiouté que dans la d[e] Conferance il y fut proposé comme un moyen efficace de faire cesser nos iustes craintes, de procurer l'eloignement des trouppes francoises et leur evacuation des Provinces voisines, et pour y parvenir de negocier la chose tant avec Monsr Le Resident auquel on feroit l'ouverture qu'avec Monsr L'Ambassadeur qui est à Soleurre par la voye de nos Alliez: Ce que le dit Seig[r] Imhoff approuva fort, et temoigna que la chose luy paroissoit faisable.[102]

---

100 Cf. RC 190, 2./12. 9. 1690, fol. 258. Le terme *ensemble* est souligné dans le registre.
101 D'Iberville à Croissy, Genève, 26. 12. 1690, fol. 146v–147r.
102 Cf. RC 190, 13./23. 8. 1690, fol. 226.

Ils obtinrent du Bernois qu'il en écrivît à ses supérieurs, mais Louis XIV s'opposa formellement à cette neutralisation. Elle eût trop avantagé le duc de Savoie Victor-Amédée II et eût mis en danger la sécurité du royaume. Car si les Alliés avaient pu y prendre pied, ils fussent entrés avec la dernière facilité en France, par le Dauphiné. Selon la logique royale, la Savoie et le Piémont devaient être envahis. La démarche était donc vouée à l'échec de toute façon.

Le cantonnement

Le cantonnement était la solution la plus définitive et la plus logique pour assurer, une bonne fois pour toutes, la sécurité de la petite cité calviniste. Elle s'imposa aux dirigeants après les émotions causées par les manœuvres d'Herwart pour se faire reconnaître comme envoyé du roi d'Angleterre.

Toutes les tentatives précédentes avaient toujours connu l'échec, parfois à cause de la France[103], mais les circonstances, cette fois-ci, semblaient favorables, puisque la pression exercée par Louis XIV était manifeste et que l'évêque de Bâle sollicitait de son côté un cantonnement ou une incorporation. Dès le mois de juin 1690, l'idée avait été lancée, à ce qu'indique Flournoy. La visite privée de l'envoyé extraordinaire de Hollande en Suisse, accompagné d'un professeur de théologie zurichois, offrit aux magistrats l'occasion de tâter le terrain. A leur départ, «on les a priés de prier Mrs de Zurich d'essayer si dans cette conjoncture on nous voudroit cantonner».[104]

D'Iberville, de son côté, informa Croissy de ses soupçons, en septembre 1690:

> Le deputé de Zurik n'est point encore arrivé. Ces M^{rs} cy souhaitent fort qu'il vienne. J'ay opinion qu'ils ont envie de mettre sur le tapis quelque projet [/] pour leur cantonnement de leur ville, ou du moins pour la fair[e] comprendre dans l'alliance gen[érale] des Suisses.[105]

---

103 «Ont eté veus les registres du Conseil touchant les negotiations precedemment faites en divers temps pour le fait de l'alliance generale de cette Ville avec le Corps Helvetique, tant le siecle passé que principalement en celuy cy, les années 1604 et 1641, dans la derniere desquelles Monsr de Caumartin Ambassadeur de France en Suisse extremement irrité et indigné de ce que nous poursuivions lad. alliance sans sa participation et communication reçeut tres mal nos Deputés à Baden, leur reprocha en termes durs le mépris que nous faisions en cela au Roy nôtre plus ancien allié [...]» (Archives d'Etat de Genève, Suisse 5, 23. 3./2. 4. 1691, n. p.).

104 Cf. Flournoy, *Journal*, p. 310.

105 D'Iberville à Croissy, Genève, 22. 9. 1690, fol. 41r-v.

Les Genevois prévoyaient des difficultés dans la réalisation de ce souhait[106] et avaient donc sagement envisagé, en cas d'échec, de se replier sur une alliance générale avec le Corps helvétique ou, à défaut, une simple alliance avec les cantons catholiques de Fribourg et Soleure, apparemment les mieux disposés.[107] Fribourg n'avait-il pas signé des traités de combourgeoisie avec Genève en 1477, 1519, et 1526? Bien sûr, le canton avait dénoncé le dernier lorsque la ville était passée au calvinisme en 1534[108], mais les circonstances avaient changé.

Le cantonnement était évidemment ce que les responsables politiques genevois souhaitaient avec le plus d'ardeur. Leur République serait ainsi devenue le quatorzième canton et eût donc obtenu l'assurance de la plénitude des droits publics. C'est-à-dire qu'elle aurait eu la possibilité d'assister aux diètes générales et celle de s'exprimer librement et directement sur n'importe quel sujet. Comme elle aurait par ailleurs été incorporée à la Confédération évangélique, du fait de sa religion, elle aurait aussi pris part à ses délibérations particulières sur des intérêts d'ordre politique ou confessionnel. Jusqu'à présent, n'étant liée que par des alliances particulières à Berne et à Zurich, les obligations réciproques ne concernaient que ces deux cantons. De plus la combourgeoisie ne donnait pas le droit aux Genevois d'envoyer des représentants aux diètes générales ou particulières et, si des questions à débattre avec les cantons suisses survenaient, il fallait le faire dans des conférences réunies spécialement pour cela.[109]

---

106 D'Iberville indiqua à Croissy que certains le considéraient même comme irréalisable: «Pour ce qui est du cantonnement de Gene[ve] Mrs de Berne leur ont donné d'aussy bell[es] paroles que Mrs de Zurik, mais on ne croit pas qu'elles soient aussy sinceres, et je vois d'ailleurs que les gens les plus sensez regardent ce projet comme impraticable» (D'Iberville à Croissy, Genève, 6. 3. 1691, fol. 249).
107 «Le 9, on a appris que nos députés en revenant de Zurich avoient été à Soleurre où ils avoient veu les avoyers pour leur recommander l'affaire de notre cantonnement, qui leur avoient donné de bonnes paroles. Ils ont aussi l'ordre d'aller à Fribourg pour ce sujet» (Flournoy, *Journal*, p. 359). Un peu plus loin, Flournoy nota: «Ils ont passé à Fribourg où ils ont vû les avoyers qui leur ont beaucoup promis pour le cantonnement» (p. 361).
108 Wilhelm Oechsli, Orte und Zugewandte. Eine Studie zur Geschichte des schweizerischen Bundesrechtes, dans: *Jahrbuch für Schweizerische Geschichte* Bd. 13 (1888), pp. 1–497. Des extraits traduits en français en ont été donné par Victor van Berchem, Les Alliances de Genève avec les Cantons suisses. Extrait d'un mémoire de W. Oechsli, dans: Victor van Berchem, Wilhelm Oechsli, Edouard Favre et al., *Les Cantons suisses et Genève, 1477–1815* (Mémoires et documents publiés par la Société d'histoire et d'archéologie de Genève, série in-4°, t. 4), Genève 1915, pp. 5–71.
109 Cf. Cramer, *Genève et les Suisses*, p. 29.

La deuxième solution envisagée, c'est-à-dire devenir un Etat allié, consistait à obtenir l'incorporation ou alliance générale par le biais de laquelle, l'Etat en question appartenait au Corps helvétique et avait ainsi le droit d'assister à certaines diètes où il pouvait donner son avis sur les questions le concernant. Ses devoirs et ses droits étaient applicables à la Confédération entière.[110] Cette solution, s'il faut en croire d'Iberville, n'avait apparemment pas la faveur du Petit Conseil, car elle eût porté un coup sérieux à son pouvoir en donnant voix au chapitre aux autres cantons sur la direction de certaines affaires de la cité: «Les magistrats du Petit Conseil, [...] ne souhaitent pas trop cette incorporation, parce que leur autorité en souffriroit quelque diminution en certains cas, dont tout le Corps helvetique pourroit prendre connoissance [...].»[111]

Pour parvenir à l'un de ces buts, Genève avait besoin, du fait de son statut, de la médiation de Berne et de Zurich. Ni l'un ni l'autre n'étaient hostiles à un rapprochement de la République et du Corps helvétique. Ils informèrent donc Genève de la tenue d'une diète évangélique, aussitôt qu'il fut question de traiter du cantonnement demandé par l'évêque de Bâle pour ses états.[112] Pour une efficacité plus grande, il fut résolu de ne traiter d'abord qu'avec certains Bernois et Zurichois, dont on était sûr des dispositions favorables à l'égard de la République. Parallèlement, une chambre spéciale fut créée, le 20/30 mars 1691, à Genève, par le Petit et le Grand Conseil, pour le traitement de l'affaire. Ces travaux devaient rester parfaitement secrets. Apparemment, les magistrats remportèrent un franc succès sur ce point-là car d'Iberville, pourtant toujours bien informé, ne fit mention des tractations engagées en vue du cantonnement qu'en juin 1691, à la suite de la visite de deux députés du Conseil. Ces derniers avaient été envoyés pour l'informer expressément sur ce sujet et lui demander ses bons offices.[113]

---

110 Cf. Cramer, *Genève et les Suisses*, pp. 29–30.
111 D'Iberville à Croissy, Genève, 5. 6. 1691, fol. 347.
112 Le 16.[/26.]2. 1691, les Mrs de Berne adressèrent une lettre à Genève, actuellement conservée aux Archives d'Etat de Genève avec l'ensemble des documents afférents aux tentatives de cantonnement de 1691 et 1692. Ils l'informaient qu'«il y a une diete convoquée par nos tres chers et anciens alliés de la louable Ville de Zuric p^r se trouver à Bade en l'hostellerie au 22. de fev. p^r les affaires publiques qui escheent en laquelle entre autres choses l'on traittera aussi de l'incorporation demandée par S.A. M^r l'Evesque de Bale au Corps Helvetique [...]» (cf. PH 3872, pièce 2, n. p.).
113 «Deux deputez de ce Conseil me vinrent trouver, il y a trois jours, pour me dire, que sur les propositions qui avoyent été faites cy devant par les cantons catholiques d'unir l'Evesché de Basle au Corps helvetiq[ue], les protestans alliez de cette ville ont con-

Par ailleurs, les responsables genevois, en avril 1691, décidèrent l'envoi d'un émissaire secret à Berne. Il serait chargé de plaider habilement la cause de la ville auprès de ses alliés et de demander leur avis. L'homme que l'on choisit, Jacob de Normandie[114], ne pouvait être taxé de sympathies francophiles. Ses instructions étaient de les prier

> de se bien reflechir sur l'interest qu'a le loüable Corps helvetique dans nôtre conservation et de quelle importance luy est cette place qui ne pourroit pas tomber soubs une autre Puissance sans exposer tous les Cantons quoyque les uns plus, les autres moins; en telle maniere qu'on peut dire que la conservation du repos de la Suisse est comme inseparable de la subsistance de Geneve dans l'etat où elle est.
> Apres leur avoir bien persuadé ces verités il les priera de luy départir leurs bons et salutaires conseils sur la maniere de s'y prendre, et de luy rendre leurs bons offices pour l'acheminement de ce grand ouvrage, pour le succez duquel nous sommes dans la disposition de ne rien épargner.[115]

Il ne s'agissait donc pas pour de Normandie de négocier lui-même l'entrée de Genève dans le Corps helvétique. De nombreuses rencontres eurent lieu à Berne, qui aboutirent finalement à la réunion du vendredi 1/11 mai 1691

ceu la pensée de la faire incorporer en echange; Que la matiere ayant eté agitée dans les Conseils de Berne et de Zurik, et en dernier lieu à Basle par les deputez desd. cantons, ils ont ensuite mis l'affaire en train; Que Mr Amelot auquel on en a écrit a répondu à Mrs de Berne que le Roy auroit agreable le succez de ce projet; Qu'ils me prioient d'en remercier Sa Maj^{té} et de luy representer que cette ville n'en seroit pas moins soûmise à ses volontez pour estre incorporéé; Qu'Elle peut s'assurer au contraire qu'Elle auroit dans les dietes des Suisses un suffrage de plus, [/] toûjours favorable à ses desirs; Que le seul avantage qu'ils envisageoient dans cette incorporation estoit de voir finir les embarras que leur causent à tous momens les inquietudes que de faux amis d'Holand[e] et d'Ang^{re} donnent à leur peuple et à leurs alliez sur la liberté de cette ville [...]» (D'Iberville à Croissy, Genève, 5. 6. 1691, fol. 346r–v.).

114 Sa façon de présenter les choses au dignitaire bernois, qu'il rencontra tout d'abord, prouve la conscience et l'énergie avec laquelle il s'acquitta de sa mission: «[...] il s'agissoit presentement de se mettre à couvert non pas contre la puissance d'un petit Prince mais du plus puissant Monarque de l'Europe, que deux raisons nous faisoient tout craindre, la religion et l'ambition, que pour la premiere les gens d'Eglise qui avoient un grand ascendant sur l'esprit ou plustost sur la conscience du Roy le solliciteroient à ruiner la Religion dans Geneve qu'ils appellent le trone de l'heresie, et à l'egard de l'ambition que Geneve estoit non seulement importante pour la conservation de la Savoie mais encor pour faciliter la conqueste de tout ce que Berne, Fribourg et le Valley ont conquis sur les ducs de Savoie, qu'il n'estoit pas possible que tous ces pais subsistassent si le Roy avoit Geneve, parce qu'il voudroit rentrer dans les droits des ducs de savoie, et se moqueroit des traittés faits au suiet desd. pais que Berne avoit en suite tout à craindre soit du côté de la religion soit du coté de ses autres Etats» (PH 3872, pièce 13, Jacob de Normandie à Jacques Franconis, Berne, 23. 4./3. 5. 1691, n. p.).

115 Cf. PH 3872, pièce 12, *Instructions, ou projet d'instructions pour le député genevois*, n. p.

au cours de laquelle les conseillers bernois consultés établirent la marche que les Genevois devraient suivre. Ils assurèrent d'abord la République de leur soutien et convinrent avec eux que le cantonnement serait la solution la plus efficace «non seulement à cause des secours qui sont plus considérables, mais particulièrement pour la reputation, puis que nous sachans incorporés par le Cantonnement avec le Corps helvétique, on apprehendera en nous attaquant, d'avoir tout ce puissant Corps, dont nous serions un des membres, pour ennemi».[116]

Ils conseillaient la discrétion la plus grande dans le déroulement des négociations, pensant qu'il vaudrait mieux d'abord vaincre en sous-main les possibles obstacles auprès des cantons catholiques, en commençant par attirer dans le camp genevois ceux qui lui avaient été favorables jusqu'à présent, notamment Fribourg, et gagner les autres ensuite. Enfin, ils recommandaient d'utiliser, pour faire avancer leurs affaires, les relations existantes entre le *statthalter* zurichois Escher et le Soleurois Durler, tous deux députés à Bâle par leurs cantons. Par ailleurs, ils ne s'opposaient pas à ce que l'ambassadeur de France à Soleure et le résident à Genève fussent informés des démarches entreprises, mais suggéraient que cela se fit «en termes generaux seulement, sans leur communiquer les moiens que nous devons employer pour cela».[117]

Les obstacles étaient considérables. Ils résidaient pratiquement tous dans l'hostilité fondamentale des cantons catholiques, particulièrement des cantons ruraux, à un agrandissement du Corps helvétique. Ils tenaient particulièrement à la conservation de leurs privilèges et n'envisageaient pas d'un œil favorable l'idée que le poids de la partie évangélique de la Confédération puisse s'accroître. Les insinuations du nonce du pape par ailleurs, qui ne cessait de montrer la Cité de Calvin sous un jour «apocalyptique», n'étaient pas faites non plus pour les rendre plus traitables. Enfin, il y avait les pressions exercées par l'ambassadeur du duc de Savoie dont les prétentions sur Genève étaient encore bien réelles. Le rapport de de Normandie précisait bien la nature des difficultés à surmonter:

> du coté des Cantons 1° de Soleurre à cause d'un Traitté qu'il a eu avec le Duc de Savoie par lequel led. Canton s'est engagé à n'entrer dans aucune alliance avec Geneve, que les pretentions de S.A. sur Geneve n'aient été vuidées par le droit ou autrement, 2° de Lucerne au sujet de la Religion et de l'Alliance qu'ils ont avec le Duc de Savoie, 3° des quatre petits Cantons pour les mesmes raisons que Lucerne [...].[118]

---

116 Cf. PH 3872, pièce 25, *Résultat de la Conference tenue le Vendredi 1er May 1691*.
117 Cf. PH 3872, pièce 25, *Résultat de la Conference tenue le Vendredi 1er May 1691*.
118 Cf. PH 3872, pièce 25, *Résultat de la Conference tenue le Vendredi 1er May 1691*.

Pour les petits cantons, de Normandie ajoutait des motifs d'avidité que lui avaient fait remarquer à plusieurs reprises ses interlocuteurs bernois, et qui conduisirent d'ailleurs au retrait de la demande présentée au Corps helvétique par l'évêque de Bâle:

> [...] par l'incorporation de l'Eveché de Bale, (sans laquelle nous ne devions pas esperer que les Cantons Catholiques ci dessus, donnassent iamais les mains à notre Cantonnement), les petits Cantons perdroient des avantages qu'ils ont par leurs Traittés avec l'Eveché de Basle, soit pour le paiement du secours qui tombe sur l'Evêque par lesd. Traittés, soit par une rente que Leurs Deputés aupres de cet Evéque tirent, donnant à chacun un ducat par iour, bouche en Cour, et au bout de trois mois un gobelet d'argent à chacun desd. deux deputés du poids de quarante onces.

Du côté zurichois, les remarques furent les mêmes, mais les conseillers, consultés seulement au mois de juin pour des raisons stratégiques, déconseillèrent la demande de cantonnement, d'autant plus que l'évêque de Bâle avait retiré sa demande, et suggérèrent plutôt de prétendre à l'incorporation, et de commencer par s'allier à Fribourg et Soleure. Malheureusement, un incident diplomatique survenu entre Fribourg et Berne mit un frein à toutes ces démarches car il eut pour conséquence de réveiller les tensions religieuses entre les deux cantons.

A l'automne 1691, la tension retombée et les opérations militaires entre la France et la Savoie concentrée à Montmélian provoquèrent une reprise des négociations. De Normandie retourna à Berne en avril 1692 mais Fribourg, passée sous influence française, était désormais beaucoup moins favorable à la République. Ce fut un nouvel échec et Genève garda son statut de combourgeoise de Berne et Zurich.

Ces trois années montrent donc à quel point la République s'est trouvée ballottée au gré de la conjoncture européenne et des politiques étrangères de la France, des coalisés (particulièrement celle de Guillaume III) et du Corps helvétique. L'ouverture d'un front en Savoie posa de manière cruciale la question de son indépendance et fit prendre une nouvelle fois conscience à tous de l'importance de sa situation stratégique et de l'extrême fragilité de la ville. Ces trois années illustrent également l'ampleur des manipulations dont Genève et le Corps helvétique firent l'objet et la place prise par la désinformation dans les stratégies diplomatiques. Elles mettent surtout en évidence le sang-froid et la maturité politique des dirigeants genevois qui tentèrent, au milieu du chaos, d'exploiter, souvent au jour le jour, tous les moyens à leur disposition pour conserver leur indépendance inconfortable mais absolument désirée.

Bibliographie

Henri-Victor Aubert, Les espions du résident de France à Genève, après la révocation de l'Edit de Nantes, dans: *Bulletin de la Société d'Histoire du protestantisme français* 52 (1923), pp. 39–43.

Lucien Bély, *Espions et ambassadeurs au temps de Louis XIV*, Paris 1990.

Victor van Berchem, Les Alliances de Genève avec les Cantons suisses. Extrait d'un mémoire de W. Oechsli, dans: Victor van Berchem, Wilhelm Oechsli, Edouard Favre et al., *Les Cantons suisses et Genève, 1477–1815* (Mémoires et documents publiés par la Société d'histoire et d'archéologie de Genève, série in-4°, t. 4), Genève 1915, pp. 5–71.

Victor van Berchem, Wilhelm Oechsli, Edouard Favre et al., *Les Cantons suisses et Genève, 1477–1815* (Mémoires et documents publiés par la Société d'histoire et d'archéologie de Genève, série in-4°, t. IV), Genève 1915.

François de Callières, *De la manière de négocier avec les souverains, de l'utilité des négociations, du choix des ambassadeurs et des envoyez, et des qualités nécessaires pour réussir dans ces employs*, Paris, M. Brunet, 1716.

Marguerite Cramer, *Genève et les Suisses. Histoire des négociations préliminaires à l'entrée de Genève dans le Corps helvétique 1691–1792*, Genève 1914.

Jacques Flournoy, *Journal 1675–1692*, édité et annoté par Olivier Fatio, Genève 1994.

Ragnhild Hatton et John S. Bromley, *William III and Louis XIV. Essays 1680–1720 by and for Mark Thomson*, Liverpool, 1968.

Histoire de Genève des origines à 1798, publiée par la Société d'histoire et d'archéologie de Genève, Genève 1951.

Wilhelm Oechsli, Orte und Zugewandte. Eine Studie zur Geschichte des schweizerischen Bundesrechtes, dans: *Jahrbuch für Schweizerische Geschichte*, Bd. 13 (1888), pp. 1–497.

Anne-Marie Piuz, A la fin du XVIIe siècle: les plus riches des Genevois, dans: Anne-Marie Piuz, *A Genève et autour de Genève aux XVIIe et XVIIIe siècles. Etudes d'histoire économique*, Lausanne 1985, pp. 206–218.

Anne-Marie Piuz, Le marché urbain, dans: Anne-Marie Piuz, *A Genève et autour de Genève aux XVIIe et XVIIIe siècles. Etudes d'histoire économique*, Lausanne, 1985, pp. 45–58.

Anne-Marie Piuz, Les relations économiques entre les villes et les campagnes dans les sociétés préindustrielles, dans: Anne-Marie Piuz, *A Genève et autour de Genève aux XVIIe et XVIIIe siècles. Etudes d'histoire économique*, Lausanne 1985, pp. 9–44.

Olivier Reverdin, Jérôme Sautier, Olivier Fatio et al., *Genève au temps de la Révocation de l'Edit de Nantes 1680–1705* (Mémoires et documents publiés par la Société d'histoire et d'archéologie de Genève, t. 50), Genève 1985.

Edouard Rott, *Histoire de la représentation diplomatique de la France auprès des Cantons suisses, de leurs alliés et de leurs confédérés*, 10 volumes, Berne/Paris 1900–1935.

Jérôme Sautier, Politique et refuge. Genève face à la Révocation de l'Edit de Nantes, dans: Olivier Reverdin, Jérôme Sautier, Olivier Fatio et al., *Genève au temps de la Révocation de l'Edit de Nantes 1680–1705* (Mémoires et documents publiés par la Société d'histoire et d'archéologie de Genève, t. 50), Genève 1985, pp. 1–158.

Louis Sordet, *Histoire des résidents de France à Genève*, Genève 1854.

Mark A. Thomson, Louis XIV and William III 1689–97, dans: Ragnhild Hatton et John S. Bromley, *William III and Louis XIV. Essays 1680–1720 by and for Mark Thomson*, Liverpool 1968, pp. 24–48.

De l'exemplarité au soupçon

L'Eglise genevoise entre la fin du XVIIe et le début du XVIIIe siècle

Maria-Cristina Pitassi

> Genève est une ville considérable par son antiquité, par sa beauté, par sa grandeur, par sa force et par sa situation avantageuse [...] Elle n'est pas moins considérable parmi les Catholiques, qui la régardent (pour parler avec un Ecrivain moderne) comme la Rome Protestante, et comme la Capitale du Parti Réformé et le Centre de la Réformation, quoi qu'ils se trompent en cela.[1]

Il est vrai, comme le dit Abraham Ruchat, qu'en 1714 Genève n'était plus ce chef-lieu du protestantisme réformé qu'elle avait été dans les siècles précédents; et il n'est pas invraisemblable d'imaginer que la portée symbolique de l'Eglise-mère, investie d'une autorité qui, pour n'être pas institutionnelle, n'avait pas été moins réelle, n'eut parue désormais telle qu'à un regard étranger. Des raisons d'ordre à la fois historique, théologique et intellectuel avaient contribué à affaiblir l'exemplarité genevoise: tout d'abord, la dispersion en 1685 du calvinisme français qui, brisant des liens ecclésiaux et identitaires très forts, avait amoindri la référence communautaire et favorisé, dans de larges couches du peuple huguenot, une foi plus individuelle et souvent astreinte à des remodelages confessionnels à l'intérieur même du protestantisme; en deuxième lieu, une évolution contrastée du discours théologique, qui avait creusé l'écart entre les positions orthodoxes et celles qui visaient une reformulation des données traditionnelles; enfin, le changement des paramètres intellectuels, et notamment philosophiques et scientifiques, qui, en détrônant une pensée aristotélicienne fortement majoritaire, avait fragmenté l'unité des systèmes de référence en rendant caduque la notion même de modèle. Ce passage lent et à beaucoup d'égards contrasté «de la stabilité au mouvement», pour le dire avec Paul Hazard[2], n'épargna donc pas Genève, en dépit de l'autorité certaine qu'elle avait exercée sur les

---

1 [A. Ruchat], *Les délices de la Suisse, une des principales Républiques de l'Europe; où l'on peut voir tout ce qu'il y a de plus rémarquable dans son Pays et dans celui de ses Alliez, qui composent avec elle le louable Corps helvetique, par le Sr Gottlieb Kypseler de Munster*, Leide, Pierre vander Aa, 1714, vol. IV, p. 747–748.
2 Pour un premier aperçu de ces différentes transformations cf. P. Hazard, *La crise de la conscience européenne 1680–1715*, Paris 1961 (1re éd. Paris, 1934–39).

autres Eglises réformées au cours d'une partie du XVIIe siècle encore; preuve en est l'affaire emblématique du *Consensus helveticus*[3], qui, née de la volonté d'uniformiser la croyance au nom d'une orthodoxie érigée en norme, désagrégea en réalité l'unité des Eglises réformées et révéla les faiblesses qui se cachaient derrière l'apparente vitalité de la dogmatique traditionnelle. En réagissant contre les doctrines théologiques et herméneutiques enseignées à l'Académie de Saumur depuis le premier tiers du XVIIe siècle[4], des hommes tels que le Genevois François Turrettini[5] et le Zurichois Johannes Heinrich Heidegger[6] conçurent un formulaire censé définir le véritable enseignement orthodoxe; imposé en Suisse en 1675 et à Genève quatre ans plus tard[7], le *Consensus* est significatif à plusieurs égards.

Tout d'abord il représenta une des dernières manifestations de l'aspiration à une intégrité systématique qui était destinée à s'étioler rapidement au

---

3 *Formula Consensus Ecclesiarum helveticarum Reformatarum circa Doctrinam de Gratia universali et connexa, aliaque nonnulla capita*, s.l.d.

4 Le formulaire condamna les trois doctrines saumuroises de l'universalisme hypothétique, de la non-imputation du péché d'Adam et de la non-antiquité de la vocalisation massorétique du texte hébreu de la Bible. Formulées respectivement par Moïse Amyraut, Josué de la Place et Louis Cappel, elles ne se voulaient nullement en rupture avec les positions traditionnelles dont elles essayaient d'émousser la rigidité. Cf. F. Laplanche, *Orthodoxie et prédication. L'œuvre d'Amyraut et la querelle de la grâce universelle*, Paris 1965; id., *L'Ecriture, le sacré et l'histoire: érudits et protestants français devant la Bible en France au 17e siècle*, Amsterdam et Maarssen 1986; F. P. van Stam, *The Controversy over the Theology of Saumur, 1635–1650. Disrupting Debates among the Huguenots in complicated Circumstances*, Amsterdam et Maarssen 1988.

5 Né à Genève en 1623, François Turrettini enseigna la théologie à l'Académie de sa ville natale, de 1653 à sa mort en 1687. Tenant convaincu de l'orthodoxie calviniste, il exerça une autorité certaine sur l'Eglise genevoise et, plus en général, sur le monde réformé. Sur lui cf. E. de Budé, *Vie de François Turrettini théologien genevois 1623–1687*, Lausanne 1871; G. Keizer, *François Turrettini. Sa vie et ses œuvres et le Consensus*, Lausanne, 1900; J. W. Beardslee, *Theological Development at Geneva under Francis and Jean-Alphonse Turrettin (1648–1737)*, unpublished Ph. Dissertation, Yale University, 1956; E. P. Meijring, *Reformierte Scholastik und patristische Theologie: die Bedeutung des Väterbeweises in der «Institutio theologiae elencticae», unter besonderer Berücksichtigung der Gotteslehre und Christologie*, Nieuwkoop 1991.

6 Le Zurichois Johannes Heinrich Heidegger (1663–1698), après des études à Marbourg et à Heidelberg, s'établit dans cette dernière ville où il occupa la chaire d'hébreu et ensuite de philosophie. Appelé à l'Académie de Zurich en 1665, il y enseigna dans un premier temps la morale et successivement la théologie.

7 Sur l'adoption en Suisse et à Genève du *Consensus* cf. H. Vuilleumier, *Histoire de l'Eglise réformée du Pays de Vaud sous le régime bernois*, Lausanne 1927–1933, en part. vol. II.

nom d'autres impératifs, d'ordre éthique et irénique en particulier; héritière d'une tradition fortement axée sur la primauté de l'élément dogmatique, la *Formula* surprend moins par les doctrines qu'elle réaffirme, lesquelles constituent en réalité un savant compromis par rapport à des tendances plus rigides[8], que par l'esprit qui l'anime, et qui est redevable d'une notion d'autorité de plus en plus contestée parce que légitimée par l'antiquité davantage que par la vérité. Comme devait le dire hardiment à Turrettini, en 1683, le jeune ministre qu'était alors Jean Le Clerc, qui avait pourtant signé le formulaire trois ans auparavant, «en matiere d'autorité tous les hommes [sont] égaux»[9]; ce sentiment, qui laisse entrevoir un changement de perspective auquel ne fut certainement pas étrangère la démarche méthodologique cartésienne, se heurtait, avec l'imposition de la signature obligatoire du *Consensus*, à une pratique qui apparaissait d'autant plus difficile à accepter qu'elle prétendait apprivoiser les consciences. Les difficultés que connut

---

8 Ceci est vrai du point de vue aussi bien théologique qu'intellectuel au sens large du terme. En effet le formulaire de 1675, tout en réaffirmant avec vigueur une doctrine particulariste de la grâce, selon laquelle Dieu ne veut le salut que d'un petit nombre d'élus, n'embrassa pas de positions extrêmes comme, par exemple, le supralapsarisme, qui postule que Dieu aurait décidé de damner une grande partie de l'humanité avant même le péché originel. D'autre part, les auteurs du *Consensus* renoncèrent finalement à inclure dans la condamnation le cartésianisme, comme le voulaient les plus rigides. Il faut aussi ajouter que si les doctrines furent condamnées, sans pour autant être déclarées hérétiques, il en alla autrement de leurs auteurs, qui ne furent pas mentionnés.

9 «J'ay dit là dessus qu'en matiere d'autorité tous les hommes étoient égaux; que l'on devoit écouter ceux qui disent la verité qui qu'ils puissent être. [...] J'ay dit là dessus que erant etiam illi homunciones (en parlant des Reformateurs) et que lors qu'ils nous disoient de bonnes raisons nous les devions croire, mais que leur seule autorité n'étoit pas suffisante en matiere de Religion (Conversation de M. Turretin Professeur en Theologie et de J[ean] L[e] C[lerc] M[inistre])» (ms. autographe de la main de Le Clerc conservé à Genève, Bibliothèque Publique et Universitaire [BPU], Archives Tronchin 38, f. 163–165, publié dans M.-C. Pitassi, *Entre croire et savoir. Le problème de la méthode critique chez Jean Le Clerc*, Leiden 1987, p. 94–96, passage cité: p. 95–96). Jean Le Clerc (1657–1736), après des études en théologie brillamment accomplies à Genève et un voyage d'étude qui l'amena en France et en Hollande, décida, à la suite des démêlés avec François Turrettini, d'aller s'établir à Amsterdam où il embrassa l'arminianisme. Théologien, exégète biblique, journaliste, philosophe, il devint, en l'espace de quelques années, l'un des personnages les plus en vue de la République des Lettres. La *Conversation* citée se situe juste avant son départ définitif de sa ville natale; quant au fait que Le Clerc ait souscrit au *Consensus*, il ne faut pas oublier que la signature était la condition pour pouvoir accéder au ministère pastoral. Pour un aperçu biographique cf. A. Barnes, *Jean Le Clerc (1657–1736) et la République des lettres*, Paris 1938.

le parti orthodoxe à imposer le formulaire à Genève, où les conflits relatifs aux problèmes liés à la grâce divisèrent l'Eglise et l'Académie tout au long des années 1670, montrent, certes, l'ampleur des dissensions théologiques[10], mais laissent aussi entrevoir, en filigrane, les faiblesses d'un modèle disciplinaire qui suscitait de plus en plus de résistances. Il est du reste significatif que la *Formula*, conçue pour contrer des doctrines d'origine endogène, n'ait à aucun moment franchi les frontières de l'Helvétie, refusée qu'elle fut même par des Eglises proches comme celle de Neuchâtel, qui résista fermement à son adoption en dépit des pressions bernoises.[11]

Mais s'il est vrai qu'avec le *Consensus* Genève exerça, peut-être d'ailleurs pour la dernière fois, le rôle de gardienne de la foi réformée, il faut dire qu'elle partagea cette mission avec les autres Eglises helvétiques, et notamment avec celles de Zurich et de Berne. Ce compagnonnage mérite d'autant plus d'être souligné que ses assises allaient se révéler bien précaires, la solidarité théologique de ces Eglises étant destinée à se briser en l'espace de quelques décennies seulement pour laisser place à une méfiance à peine dissimulée. Certes, la disparition des principaux artisans du *Consensus*, les Turrettini, les Heidegger ou les Gernler[12], dont la collaboration avait été rendue possibles par une orientation théologique assez semblable, ne fut pas étrangère au refroidissement des relations entre les Eglises réformées suisses et genevoise; mais elle n'est pour ainsi dire qu'une cause extrinsèque, derrière laquelle se cachaient des divergences profondes de nature théologique et intellectuelle.

---

10 Sur les troubles que connut l'Eglise genevoise à la suite de la diffusion des doctrines saumuroises cf. D. D. Groham, *The Genevan Reaction to the Saumur Doctrine of Hypothetical Universalism: 1635–1685*, unpublished Ph. D. dissertation, Knox College, Toronto 1971.

11 Cf. le récit qu'en 1724 fit de ces évenements le pasteur neuchâtelois Jean-Frédéric Ostervald dans une lettre adressée à son ami et collègue genevois Jean-Alphonse Turrettini: «[…] les Eccl. de B[erne] voyant que notre Compagnie [sc. la Compagnie des pasteurs de Neuchâtel] refusoit de signer et de recevoir la formule, firent écrire par L.E. à notre Magistrat, se plaignant de ce que nous nous séparions des Eglises et des Cantons Evangéliques, et donnant à entendre que si nous ne voulions pas nous conformer à ce qui se faisoit dans les Cantons, par rapport aux choses de la Religion, nous ne serions plus regardez co[mm]e faisant partie de leur Corps, et qu'on nous laisseroit là si nous nous trouvions menacez. Notre Compagnie eut besoin de toute sa fermeté et de toute sa prudence, pour parer ce coup là, car ces lettres souleverent tout le monde contre elle» (Lettre de J.-F. Ostervald à J.-A. Turrettini [Neuchâtel], 8 avril 1724, ms. conservé à Genève, BPU, cote Ms. fr. 490, f. 247r°).

12 François Turrettini mourut en 1687, Johann Heinrich Heidegger en 1698 et Lukas Gernler en 1675.

La voie que la *Formula* semblait avoir tracée pour Genève, à savoir celle d'une orthodoxie théologique ferme, qui coexistait néanmoins avec une certaine tolérance à l'égard des nouvelles instances culturelles[13], devait se révéler à court terme sans issue. L'Eglise que François Turrettini avait laissée à sa mort n'avait en effet que l'apparence de cette fermeté sans failles que laissait entendre le formulaire; si le parti orthodoxe pouvait encore compter sur des théologiens tels que Bénédict Pictet, Michel Turrettini ou Bénédict Calandrini ainsi que sur un nombre non négligeable de pasteurs, il ne détenait en revanche pas le monopole du discours théologique, et aucun de ses

13 Je me réfère ici au fait que, même à l'apogée de l'orthodoxie, Genève fit preuve d'une certaine ouverture à l'égard du monde intellectuel contemporain, en permettant par exemple que le cartésianisme fût enseigné à l'Académie; certes, Jean-Robert Chouet, qui y occupa de 1669 à 1686 la chaire de philosophie et dont les sympathies envers Descartes étaient ouvertement affichées, garda toujours son enseignement dans les limites d'une séparation stricte entre foi et raison, se refusant à introduire les éléments de la nouvelle philosophie dans le domaine dogmatique. Cette conception des rapports entre philosophie et théologie rejoignait du reste celle de François Turrettini lui-même, soucieux de garder les deux sphères distinctes: «[...] cavendum ne veritates Philosophicae ultra sphaeram suam et vires ordinarias naturae extendantur, ad ea quae sunt supernaturalis revelationis aut potentiae, et physica cum hyperphysicis, humana cum divinis confundantur. [...] Quamvis Philosopho concedi posset, ad tutiorem rerum naturae indagationem, ut à dubitatione incipiat; perperam tamen hoc ad res Theologicas et fidei traheretur, quae certis et indubitatis nituntur principiis et veritatibus per se notis, de quibus dubitare est nefas» *(Institutio theologiae elencticae, in qua status controversiae perspicue exponitur, Praecipua Orthodoxorum Argumenta proponuntur et vindicantur, et Fontes Solutionum aperiuntur*, Genevae, S. de Tournes, 1688–1690, vol. 1, I.I.XIV. 13–14, p. 53*)*. Si ces approches neutralisaient, d'une certaine manière, le potentiel critique de la nouvelle philosophie, il n'en demeure pas moins que le fait d'autoriser l'enseignement ne serait-ce que de la physique cartésienne était loin de constituer la règle dans les Académies réformées: «Il y a deux mois que nostre Comp.e receut une lettre de la part de Mess.rs les pasteurs et les professeurs de vostre ville [sc. Berne] escrite par Mons.r Bourgeois le recteur, pour nous donner avis que l'on abvoit condamné et banni de vostre Academie la philosophie de Descartes» (Lettre de L. Tronchin à ?, s.l.n.d. [mais vraisemblablement 1681], BPU, Archives Tronchin 57, f. 217 r°). Cf. aussi Registres de la Compagnie des Pasteurs 14, f. 120, 10 décembre 1680 [RCP] (les registres manuscrits sont conservés à Genève aux Archives d'Etat [AEG]). Sur les débuts du cartésianisme à Genève cf. M. Heyd, Jean-Robert Chouet et l'introduction du cartésianisme à l'Académie de Genève, dans: *Bulletin de la Société d'histoire et d'archéologie de Genève* 15 (1973), p. 125–153; id., dans: *Between Orthodoxy and Enlightenment: Jean-Robert Chouet and the Introduction of Cartesian Science in the Academy of Geneva*, The Hague 1982. Sur l'attitude de Genève à l'égard des nouvelles sollicitations culturelles cf. M.-C. Pitassi, De la censure à la réfutation. l'Académie de Genève, dans: *Revue de métaphysique et de morale* 93, n. 2 (1988), p. 147–164.

adeptes ne jouissait de l'autorité ni du pouvoir de celui qui en avait été le chef reconnu jusqu'en 1687. C'est ainsi que quelques années devaient suffire pour que l'«horrible tyrannie»[14] dénoncée par Le Clerc en 1684 se muât en un climat moins rude qui permit à d'autres voix, qui s'étaient du reste déjà faites entendre, bien que sans succès, lors des conflits relatifs à la question de la grâce, de se manifester plus librement: c'était le cas notamment de Louis Tronchin «le plus pénétrant et le plus judicieux Theologien de notre communion» au dire, en 1671, de l'alors jeune étudiant Pierre Bayle[15], dont la pensée, orthodoxe dans la substance, était néanmoins traversée par un rationalisme modéré d'inspiration à la fois saumuroise et cartésienne. Certes, Tronchin professait à l'Académie depuis 1661 et il n'y a pas d'indices qui permettent de penser que son enseignement ait évolué substantiellement pendant les vingt dernières années de sa carrière; il n'en demeure pas moins que, si le fond du discours théologique genevois ne changea pas du jour au lendemain, la disparition de François Turrettini allégea indéniablement un climat qui avait mêlé pendant longtemps pression psychologique et contrôle disciplinaire. Qu'il s'agît pour le moment davantage d'un changement d'ambiance que d'une transformation du contenu, cela apparaît clairement quand on regarde la composition du corps professoral de l'Académie aux alentours des années 1690: des trois chaires de théologie, l'une était occupée par Tronchin, dont l'enseignement, sans être radicalement nouveau, était dénué d'une certaine verbosité scolastique mais les deux autres étaient tenues par Pictet et Calandrini qui, bien qu'appartenant à des générations différentes, partageaient une même fidélité à la tradition de Dord-

---

14 Dans une lettre adressée à un pasteur de Grenoble qui avait offert ses services pour apaiser le conflit entre Turrettini et Le Clerc, celui-ci écrivit: «si Turrettini ingenium Italicum, hoc est immansuetum, parcere nescium, et summa dissimulatione incredibilem superbiam ac ferocitatem tegens, mihi a multis annis notum non esset, crederem illum posse commoveri dictis tuis; sed quem nec pietas in Deum nec charitas in proximum, nec denique pudor ipse qui aliquando barbaris fraenum inieceret, impedire potuerunt quominus horrendam Tyrannidem in conscientias institueret, is certe triplici aere munitum pectus adversus admonitiones fraternas gerit. Inquisitio fidei, cuius nomen horrent moderatiores etiam Romanenses, iam ita viget Genevae nostrae, ut haereticus habeatur et muneribus excludatur non modo qui palam et aperte contradicit Turrettino […] sed qui etiam in familiari sermone coram vel uno teste se maiorem modestiam in condendis canonibus requirere testatur» (Lettre de J. Le Clerc à A. Vigne, Amsterdam, 15 mars 1684, dans: M. Sina (éd.), *Epistolario*, Firenze 1987, vol. 1: 1679–1689, n. 41, p. 148).
15 Lettre de P. Bayle à son père, Genève, 21 septembre 1671 dans *Nouvelles Lettres de Mr Bayle*, La Haye 1739, vol. 1, p. 27.

recht. Il est vrai que Bénédict Pictet, qui avait été l'élève et de son oncle François Turrettini et de Jean-Robert Chouet[16], professait une orthodoxie quelque peu émoussée, ouverte à certains des nouveaux acquis culturels, fortement tournée vers l'apologétique et méfiante à l'égard de la méthode scolastique, ce qui faisait de lui davantage un homme «de transition»[17] qu'un tenant pur et dur de la théologie traditionnelle. Malgré cela, les sympathies de Pictet penchaient plus vers Turrettini que vers Tronchin, et il resta sa vie durant attaché au «parti rigide» pour lequel il œuvra avec acharnement.[18] Et pourtant, en dépit d'un enseignement théologique somme toute assez traditionnel et auquel les deux chaires de philosophie n'apportaient pas d'éclat, ni de renouveau particulier[19], Genève devait s'engager, dans des temps rela-

---

16 Né en 1655 à Genève où il étudia la théologie avant d'entreprendre la traditionnelle *peregrinatio academica* en Hollande et en Angleterre, Pictet succéda à François Turretini en 1687 et garda son enseignement de théologie jusqu'à sa mort en 1724. Ecrivain fécond sinon toujours heureux, il publia de nombreux ouvrages qui furent maintes fois réimprimés, dont une *Morale chrétienne* en 1693–1696, une *Théologie chrétienne* en 1702, des *Cantiques sacrez* en 1705 et un recueil d'*Orationes* en 1720. Sur Pictet cf. E. de Budé, *Vie de Bénédict Pictet, théologien genevois (1655–1724)*, Lausanne 1874; F. Laplanche, *L'Ecriture, le sacré et l'histoire*, en part. p. 618–623, 690–692, 697–698; M. I. Klauber, Reformed Orthodoxy in Transition: Bénédict Pictet (1655–1724) and Enlightened Orthodoxy in Post-Reformation Geneva, dans: W. F. Graham (éd.), *Later Calvinism: International Approaches*, Kirksville 1994, p. 93–113.
17 Cf. Laplanche, *L'Ecriture, le sacré et l'histoire*, p. 618.
18 «Si quelque chose a empêché le progrès des Principes moderez dans ces quartiers [sc. à Genève], c'etoient ses clameurs et les lettres qu'il ecrivoit de coté et de l'autre» (Lettre de J.-A. Turrettini à J. Le Clerc, Genève, 13 juin 1724, dans: Sina, Epistolario, vol. 4: 1719–1732, n. 769, p. 262; Sina lit à tort «questions» là où il faut lire «quartiers», cf. BPU, Ms. fr. 481, f. 105v°).
19 C'est Antoine Léger (1652–1719) qui prit, en 1686, la succession de Chouet quand celui-ci fut appelé à exercer d'importantes charges politiques; dix ans plus tard, la deuxième chaire fut occupée par Jean-Antoine Gautier (1674–1729). Partisans de Descartes pour ce qui regarde du moins la physique, ils professaient une philosophie éclectique, notamment dans le domaine de la métaphysique. A en croire l'un de ses étudiants, Léger eut un certain rayonnement en tant qu'enseignant de philosophie: «Monsr Leger fait de 15 en 15 jours des Experiences. Toute la fleur des Etrangers s'y trouve, et toute l'Elite des proposants y vient [...] Cela fait honneur à M. Leger, et la reputation qu'il s'aquiert par l'exactitude et la penetration qu'il fait paroistre fera passer son nom dans toutes les parties de l'Europe» (Lettre de J.-A. Turrettini à J. H. Gernler, 22 mars/1er avril 1688, ms. conservé à Bâle, Öffentliche Bibliothek der Universität, cote Ki. Ar. 130b, f. 191). Sur la philosophie à Genève après que Chouet renonça à ses obligations académiques cf. Heyd, *Between Ortodoxy and Enlightenment*, p. 189–197; M.-C. Pitassi, Cartésianisme et théologie réformée au XVIIIe siècle. Le cas de l'Académie de Genève, dans: *Lias* 18, n° 2 (1991), p. 303–312.

tivement brefs, sur la voie d'un changement dont elle ne percevait probablement pas encore les contours, ni la profondeur. S'il n'est pas aisé d'expliquer comment cette transformation s'opéra, on sait en revanche qu'elle dut beaucoup à un homme qui, encore jeune proposant en 1690, devait accéder sept ans plus tard seulement à l'Académie, en y inaugurant la chaire d'histoire ecclésiastique. Jean-Alphonse Turrettini[20], le fils unique de François, en qui la plupart voyaient celui qui reprendrait le flambeau du père[21], n'eut besoin ni de conquérir ni de forcer l'entrée dans la République des Lettres, sa réputation ayant précédé, pour ainsi dire, la reconnaissance de ses mérites. Elève talentueux de l'Académie, le jeune Turrettini commença à tisser, dès la traditionnelle *peregrinatio academica* qu'il accomplit de 1691 à 1693 en France, en Hollande et en Angleterre, un réseau d'amitiés et de relations savantes qui le placèrent très rapidement au cœur de l'Europe intellectuelle et ecclésiastique. Son attirance précoce pour l'Angleterre latitudinaire des Burnet et des Tillotson laissait déjà entrevoir les contours de sa théologie à venir, apologétique, dogmatiquement peu profilée, tolérante, soucieuse de concilier raison et révélation, nature et grâce. Si ses maîtres

---

20 Sur Jean-Alphonse Turrettini (1671–1737) cf. M. Heyd, Un rôle nouveau pour la science: Jean-Alphonse Turrettini et les débuts de la théologie naturelle à Genève, dans: *Revue de théologie et de philosophie* 112 (1980), p. 25–42; M.-C. Pitassi, L'apologétique raisonnable de Jean-Alphonse Turrettini, dans: ead. (éd.), *Apologétique 1680–1740: sauvetage ou naufrage de la théologie?*, Genève 1991, p. 99–118; ead., D'une Parole à l'autre: les sermons du théologien genevois Jean-Alphonse Turrettini (1671–1737), dans: *Annali di storia dell'esegesi* 10 (1993), p. 71–93; M. I. Klauber, *Between Reformed Scholasticism and Pan-Protestantism. Jean-Alphonse Turrettini (1671–1737) and Enlightened Orthodoxy at the Academy of Geneva*, Selingrove/London/Toronto 1994.
21 Les nombreuses lettres de condoléances que le jeune homme reçut en 1687 contiennent très souvent des allusions, plus ou moins ouvertes, à cette carrière déjà tracée dans le sillage du père disparu: cf. par exemple lettre de F. (?) Laurent, 31 octobre 1687, ms. conservé à Genève, dans les archives privées de la famille Turrettini [Tur], cote 1/Gd.L.9, f. non numéroté (ce qui est le cas de l'ensemble de la correspondance conservée dans ces Archives); lettre J.-H. Heidegger, 5 décembre 1687, Tur, 1/Gd.G.2; lettre de J. Gailhard, Paris, 13/23 avril 1688, Tur, 1/Gd.G.1. Les espoirs de la famille allaient du reste dans ce sens; on peut citer pour preuve les mots qu'adressa au jeune Jean-Alphonse la tante Marie Turrettini: «[...] vous voyez asses combien sa memoire [sc. celle de François Turrettini] e[s]t encore en reputation ainsi c[']es]t une grande gloire que lon dise que vous suives [s]es traces cest à quoy je vous exorte et vous le recommande bien expre[sse]ment». (Lettre de M. Turrettini à J.-A. Turrettini, Genève, 15/25 septembre 1691, BPU, Ms. fr. 483, f. 71v°–72r°).

genevois furent incontestablement Chouet[22] et Tronchin, auxquels le lia une amitié profonde et sans faille, il hérita d'eux davantage un esprit qu'un système: appartenant à une génération pour qui la crise de l'augustinisme était désormais consommée, et qui ne concevait plus la nouvelle raison philosophique dans des termes exclusivement cartésiens, Turrettini franchit le seuil devant lequel ses maîtres s'étaient arrêtés. Redevable d'une anthropologie moins foncièrement marquée par le péché originel que celle de l'orthodoxie, il partagea avec beaucoup de ses contemporains la crainte que l'insistance exclusive sur la justification par la foi ne contribuât à légitimer malgré elle la décadence morale et le libertinisme ambiant qu'il croyait déceler dans son siècle. Il s'ensuit que cette doctrine n'a plus dans sa théologie la place de choix qu'elle avait toujours eue dans la tradition réformée, et que les autres principes de la dogmatique calviniste, bien que n'étant pas mis directement en discussion, perdent, pour ainsi dire, de leur substance dans un discours attentif à concilier plutôt qu'à exaspérer les différences confessionnelles. S'il dépassa donc le modèle du maître pour parvenir à un système original informé par le souci apologétique de prouver la vérité du christianisme, il poursuivit en revanche le chemin de la modération emprunté par Tronchin, auquel il rendit hommage dans l'Oraison qu'il lui consacra en 1705 après sa mort: «Neque vero illud Veri studium Caritati adversum erat, sed Moderatione inter Theologos rarissima erat praeditus […] Scilicet justum singulis quaestionibus pretium statuebat, dolebatque quod Christiani, ob res plerumque levissimas, in propria viscera saevirent.»[23]

Sur le plan philosophique, Turrettini fit preuve d'une même autonomie: nourri au cartésianisme par Chouet, passionné dans sa jeunesse, à l'instar de son maître, par des questions de physique[24], il demeura un admirateur

---

22   Le jeune étudiant en philosophie qu'était en 1686 Jean-Alphonse avait dû se plaindre du départ prématuré de Chouet, comme on peut le déduire de la réponse de l'un de ses correspondants: «Nihil praefatus, meas quaerimonias ob amissum praestantissimum professorem cum tuis jungo; nam quamvis ille qui successurus est amisso haud quaquam impar futurus esset, multum, tamen damni mea quidem sententia ipsa mutatio assert» (Lettre de J.-A. Dautun à J.-A. Turrettini, Vangue, 13 janvier 1686, Tur, 1/Gd.D.3).

23   J.-A. Turrettini, *De theologo veritatis Oratio inauguralis et pacis studioso. Dicta est Kalend. Decembr. An. MDCCV. Quo die Auctor, in locum Viri Venerandi, Ludovici Tronchini, in Domino pie defuncti, subrogatus, publicam S. Theologiae Preofessionem adiret*, Genevae, Typis Societatis, 1706, p. 34.

24   C'est ce qui ressort de sa correspondance de jeunesse, qui révèle les intérêts scientifiques, et notamment physiques, du jeune Jean-Alphonse. Qu'il s'agit de l'origine des

inconditionnel du *Discours de la méthode*[25], tout en ne retenant de Descartes que les règles méthodiques, isolées du fondement épistémologique et de la légitimation métaphysique qu'elles avaient chez le philosophe français.[26] En outrepassant la distinction rigoureuse que Chouet avait observée entre le domaine de la raison et celui de la foi, Turrettini appliqua la méthode cartésienne à la théologie, faisant ainsi de celle-ci un savoir ordonné dont la clarté de l'agencement conceptuel se superposait à la *perspicuitas Verbi Dei* chère à la tradition réformée et la simplicité servait une sobriété dogmatique que d'aucuns, en particulier outre-Sarine, assimilèrent à une déperdition de substance théologique:

> On a vu à Zurich et en Suisse vos harangues, M. Ott m'en parle avec admiration; je sai qu'on les a trouvé tres-belles. Mais je suis informé qu'il y a des gens qui ont dit que vous ne parliez du tout point icy de la foy en J.C., ni de la Grace du St Esprit, qui sont les deux grands principes de la pieté.[27]

Et pourtant, si Turrettini n'avait été qu'un cas isolé, une figure d'exception dans une Eglise et dans une Académie demeurées solidement ancrées dans

---

comètes (cf. par exemple lettres de T. Gernler, Bâle, 19/29 janvier 1686, Tur, 1/Gd.G.8; Bâle, 1/11 février 1686, *ibidem*; J.-A. Dautun, Wangen an der Aare, 3/13 février 1686, Tur, 1/Gd.D.3) ou de la nature du mouvement (cf. lettres de J.-A. Dautun, Wangen an der Aare, 13/23 janvier 1686, Tur, 1/Gd.D.3; T. Gernler, Bâle, 28 mai/7 juin 1686, Tur, 1/Gd.G.8), il s'essaya à des explications qui ne laissèrent pas de doutes à ses correspondants quant à son attachement à Descartes: «[...] in ultimis tuis ob oculos mihi venit, ansam mihi dat vices tuas deplorandi; te [...] nunc demum hypothesibus cartesianis multis plane fundamentis superstructis, involutum video, quorum novaturientium eterodoxon mos est multa garnire, pauca probare» (Lettre de T. Gernler à J.-A. Turrettini, Bâle, 13/23 avril 1686, Tur, 1/Gd G.8).

25 «Lege brevem illam quidem, sed eximiam, sed incomparabilem, sed auream Cartesii de Methodo dissertationem; Et nisi plus inde frugis, quam ex omnibus Logicae vulgaris speculationibus percipias, equidem caussa cadere ac pipulo differri non renuam» (J.-A. Turrettini, *De Studiis emendandis et promovendis Oratio academica. Dicta est statis Academiae Genevensis Solennibus, die XIX. Maii, Anno M.DCC.IV. cum Auctor tertium Rectoratus Academici annum ageret*, Genevae, Typis Societatis, 1706, p. 11).

26 «[Turrettini] prit [de Descartes] sur-tout l'art de poser des principes clairs et simple, de remonter aux premiéres idées, de définir, de distinguer et de raisonner conséquemment; en un mot, ce qu'on appelle la Méthode ou l'esprit philosophique, qui se porte dans toutes les sciences, qui entre dans toutes sortes de Compositions, pour y mettre l'ordre, la précision, la clarté» (J. Vernet, Eloge historique de Mr. Jean-Alphonse Turrettini, Pasteur et Professeur en Théologie et en Histoire Ecclésiastique à Genève, dans: *Bibliothèque raisonnée des Ouvrages des Savans de l'Europe* 21 (1738), p. 8).

27 Lettre de J.-F. Ostervald à J.-A. Turrettini, s.l.n.d. (mais après le 26 mars et avant le 2 avril 1707), BPU, Ms. fr. 489, f. 188v°–189r°.

une tradition aux contours bien définis, l'écart qui le sépara de Tronchin se serait réduit à des différences individuelles et générationnelles de sensibilité et de références théologiques. En réalité, le maître et le disciple évoluèrent, pour une grande partie de leurs vies respectives, dans des contextes ecclésiastiques dissemblables et dont l'évolution apparaît à l'historien d'autant plus surprenante qu'elle s'accomplit en l'espace de quelques années seulement. Au moment où Turrettini accéda à sa première charge professorale, l'Académie gardait, comme on a vu, des traits somme toute traditionnels et la Vénérable Compagnie était encore majoritairement acquise au parti orthodoxe[28]; l'aveu du jeune professeur, en 1697, de vouloir s'appliquer à «remettre les choses sur un meilleur pied»[29] laissait du reste entendre que, sur le plan institutionnel du moins, la situation était loin d'être satisfaisante. Pourtant, la pesanteur qui semble caractériser l'Eglise genevoise au tournant du siècle devait rapidement se muer en une réalité bien autrement dynamique, sans qu'on puisse véritablement retracer l'évolution des rapports de force dans les instances aussi bien ecclésiastiques que civiles. Certes, on sait que chaque proposition d'innovation rencontra des résistances tenaces et qu'il fallut beaucoup d'adresse et de prudence pour ne pas exaspérer les conflits. Ainsi, le pasteur neuchâtelois Jean-Frédéric Ostervald, dont le *Catéchisme*, imprimé à Genève en 1702, grâce surtout à Turrettini et à Tronchin[30], ne cessait de soulever de vives réactions, notamment du côté de Berne[31], devait exhorter à plusieurs reprises son jeune collègue genevois à ne pas se décourager face aux oppositions: s'il était navrant qu'il y eût des oppositions et surtout que les jeunes gens eussent pris l'habitude

---

28 En annonçant en 1724 à son ami Jean Le Clerc la nouvelle de la probable nomination d'Antoine Maurice à la chaire de théologie, Turrettini écrivit: «Quand il [sc. A. Maurice] entra dans notre Comp^e, comme le parti rigide dominoit, il crût qu'il faloit se tourner de ce coté là, et il y a eté attaché jusqu'à présent» (Lettre de J.-A. Turrettini à J. Le Clerc, Genève, 13 juin 1724, cit., p. 262). Maurice fut consacré ministre en 1697.
29 Lettre de J.-F. Ostervald à J.-A. Turrettini, [Neuchâtel], 15/25 novembre 1699, BPU, Ms. fr. 489, f. 7r°.
30 «Je ne saurois assez vous remercier de tout ce que vous avez fait pour moy au sujet de mon Catéchisme, et de la protection que vous et Mr Tronchin avez bien voulu accorder à cet ouvrage» (Lettre de J.-F. Ostervald à J.-A. Turrettini, Neuchâtel, 13 décembre 1702, BPU, Ms. fr. 489, f. 39r°.) Cf. aussi lettre d'Ostervald à Turrettini, [Neuchâtel], 26 septembre 1704, BPU, Ms. fr. 489, f. 68r°, dans laquelle le pasteur neuchâtelois reconnaît que Turrettini procura la publication du *Catéchisme* à Genève.
31 Cf. lettres de J.-F. Ostervald à J.-A. Turrettini, Neuchâtel, 22 novembre 1702, BPU, Ms. fr. 489, f. 37v°; Neuchâtel, 24 mars 1703, *ibidem*, f. 44r°; [Neuchâtel], 4 août 1703, *ibidem*, f. 52v°.

de «hurler avec les loups», il ne fallait pas pour autant perdre espoir.³² De tels mots, répétés au fil des lettres, laissent entendre que dans les années 1702–1704 les jeux étaient loin d'être faits au sein de l'Eglise genevoise, le conflit entre les tenants de l'orthodoxie et les partisans du renouvellement n'ayant pas encore d'issue clairement prévisible. Ostervald, qui avait déjà vécu une situation analogue à Neuchâtel, où les choses s'étaient dénouées de manière aussi rapide qu'inattendue³³, n'avait pas, à proprement parler, de stratégie accomplie à recommander à son jeune collègue et s'en tint à quelques conseils issus de sa propre expérience et dispensés en vrac: sensibiliser telle ou telle personne, évoquer discrètement certaines questions dans les sermons, distribuer de courts mémoires et, surtout, viser la relève, en préparant au ministère des jeunes sages, prudents et pieux. On ne sait pas l'usage que Turrettini fit de ces recommandations ni le réseau d'alliances qu'il mit certainement en place même s'il est vraisemblable d'imaginer que, suivant les conseils avisés de son ami neuchâtelois, il préféra les prudences diplomatiques aux ruptures ouvertes.

Quoi qu'il en soit de la stratégie adoptée, quatre ans après l'échange épistolaire avec Ostervald et quelques mois à peine après la mort de Tronchin, l'Eglise genevoise rouvrit l'affaire, toujours sensible, du *Consensus*, à la suite du refus d'un réfugié, candidat au ministère, d'y souscrire selon la formule traditionnelle.³⁴ Les résultats auxquels elle parvint, bien que n'étant

32 «J'apprens avec bien de déplaisir par v[otr]e lettre, que les personnes qui ont des Lumieres parmi vous ne sont pas assez unies; et ce qui est pis encore, que les jeunes gens s'accoutûment à hurler avec les loups. C'est un mal, mais il ne faut pas laisser d'esperer» (Lettre de J.-F. Ostervald à J.-A. Turrettini [Neuchâtel], 19 juillet 1702, BPU, Ms. fr. 489, f. 26v°). L'année précédente déjà Tronchin avait fait état à Ostervald du manque d'union de l'Eglise genevoise: «Je vous remercie, Monsieur, de la confiance que vous avez en moy, en me disant sur quel pied les choses sont à Geneve. On m'avait déjà dit qu'il n'y avoit pas autant de veritable union, qui seroit à souhaiter; et que la vanité de quelques uns est un obstacle à cette concorde fraternelle et cordiale qui doit unir les pasteurs d'une meme Eglise» (Lettre de J.-F. Ostervald à L. Tronchin, Neuchâtel, 26 octobre 1701, BPU, Archives Tronchin, vol. 51, f. 189v°).
33 «J'ay vû le tems qu'il n'y avoit du tout rien à esperer en ce pays, nous n'etions que trois ou quatre dans la Compagnie qui eussions quelques vües de Reformation, le reste du Corps, c'est à dire pres de trente personnes, n'en vouloient pas entendre parler; et les plus accredités nous etoient contraires. [...] Enfin, Dieu nous a fait la grace de nous fournir tout d'un coup des ouvertures auxquelles nous n'avions osé nous attendre. En moins de trois ans, il s'est fait un changement surprenant, en sorte qu'à présent nous sommes quatre contre un» (Lettre de J.-F. Ostervald à J.-A. Turrettini, Neuchâtel, 16 juin 1703, BPU, Ms. fr. 489, f. 50r°–v°).
34 Il s'agit de Jacques Vial de Beaumont, un réfugié originaire de Grenoble, qui souscrivit au *Consensus* non pas par les mots admis de «sic sentio» mais par ceux de «contra-

qu'un savant compromis entre des tendances conflictuelles, n'en furent pas moins significatifs; en effet la signature obligatoire fut abolie et remplacée par un engagement plus souple qui demandait aux futurs ministres d'être fidèles à la Parole de Dieu et de conformer leur enseignement à la confession de foi et au catéchisme reconnus par l'Eglise genevoise tout en les exhortant à ne rien enseigner contre les canons de Dordrecht.[35] Pour en arriver là, il fallut, à l'intérieur du corps pastoral genevois, de longs mois de discussions parfois âpres, et de contacts discrets avec les coreligionnaires suisses, afin de ne pas froisser des susceptibilités théologiques qu'il fallait sonder et, le cas échéant, amadouer. Comme devait le dire Ostervald, au début de l'affaire, dans une lettre à Turrettini:

> Vous n'avez à craindre que de deux endroits; de chez vous, ou du voisinage; mais plus du second endroit peut etre que du premier. Pour ce qui est de votre Compagnie, et de v[ot]re Conseil, je juge par ce que vous me marquez que tout y ira bien; il faut seulement agir toujours avec une fermeté accompagnée de douceur, de prudence et de sang froid [...] Je craindrois un peu plus de la Suisse; mais j'y vois plus d'un remede.[36]

---

rium non docebo et pacem Ecclesiae promovebo». Lors de sa séance du 23 avril 1706, la Compagnie décida, malgré cette signature restrictive, de recevoir le candidat «pour éviter les dissentions, et les grands maux qui pouvaient arriver si cette affaire etoit portée hors de son corps» (RCP 19, f. 93, 23 avril 1706). La décision fut prise à la majorité des voix mais suscita les réactions outrées d'un certains nombre de pasteurs. Sur la révision du *Consensus* à Genève cf. M. I. Klauber, Jean-Alphonse Turrettini and the Abrogation of the Formula Consensus in Geneva, dans: *Westminster Theological Journal* 53 (1991), p. 325–338; M.-C. Pitassi, Le débat théologique à Genève au début du XVIIIe siècle, dans: *Jacques-Barthélemy Micheli du Crest (1690–1766), homme des Lumières*. Une exposition des Archives d'Etat de Genève et la Maison Tavel, Genève 1996, p. 13–17.

35 Le texte du nouveau formulaire est couché dans les Registres de la Compagnie des pasteurs, qui sont conservés aux Archives d'Etat de Genève: «Vous protestés et jurés devant Dieu de croire et de faire profession de croire tout ce qui est contenu dans les Saintes Ecritures du Vieux et du Nouveau Testament, qui sont la veritable et l'unique regle de notre foy. Vous promettez encore de n'enseigner rien qui ne soit conforme à la confession de foy et au catechisme de cette Eglise, comme contenans le sommaire de ce qui nous est enseigné dans l'Ecriture sainte. Vous etes enfin exhorté à n'enseigner rien ycy dans l'Eglise et dans l'Academie contre les canons du synode de Dordrect contre les Reglemens de la V. C. et contre celuy des Eglises de Suisse: et cela pour le bien de la paix et pour garder l'uniformité dans la maniere d'enseigner. N'est ce pas ce que vous promettez? Reponse: Je le promets» (RCP, 19, f. 125, 27 août 1706).

36 Il continue ainsi: «[...] supposé qu'il vous vint de fortes lettres de Suisse, il ne faut pas s'en etonner. Nous savons par experience que les Ecclesiastiques et les Magistrats mesme des Cantons, font d'abord du bruit, écrivent des lettres, menacent; mais tout cela tombe à terre, dès qu'on oppose un peu de fermeté» (Lettre de J.-F. Ostervald à J.-A. Turrettini, 28 avril 1706, BPU, Ms. fr. 489, f. 115 r°–v°).

Dans ce climat incertain et *a priori* peu propice au changement[37], une première décision fut arrêtée par la Vénérable Compagnie, au mois de mai, qui prévoyait le remplacement de la formule «sic sentio» par celle, moins contraignante mais toujours très explicite, de «sic docebo»[38]. Timide tentative d'adoucir la rigueur du *Consensus* par la distinction fragile entre la sphère de la conviction intime et celle de la profession publique, la nouvelle proposition n'était en réalité qu'une solution boiteuse, qui était loin de faire l'unanimité, tant parmi les autorités politiques[39] que parmi les ministres[40]. Un mois plus tard seulement, le corps pastoral revint en effet sur sa décision, en faisant appel à des arguments qui révélaient le souci de respecter les consciences et de créer un climat transparent plus enclin à la sincérité qu'à la feintise. Ainsi on décréta que la formule envisagée dans un premier temps par la Compagnie devait être refusée:

> 1° parce qu'ayant oté le sic sentio, c'est à dire, la necessité de croyre, on ne sauroit conserver le sic docebo, c'est à dire la necessité d'enseigner, de quelque maniere qu'on le tourne, et quelque limitation qu'on y puisse ajouter; que cela est contre la franchise, puis que c'est s'engager à enseigner ce qu'on ne croit pas, lors que l'on est

---

37 Que la révision du *Consensus* ait été un fait inespéré auquel même les ecclésiastiques les plus ouverts ne s'attendaient pas, c'est ce qui ressort d'une lettre envoyée par Turrettini à l'évêque anglican Gilbert Burnet dans laquelle, après avoir défini la Formula «une tyrannie insupportable» il ajoutait: «je gemissois, je vous l'avouë, depuis tres-longtems, sur cette affaire. Mais je n'osois dire mot, par des raisons que vous pouvez assez deviner, et parce que je croyois d'ailleurs que tout ce que j'en pourrois dire seroit absolum[en]t inutile» (Lettre de J.-A. Turrettini à G. Burnet, Genève, 8 octobre 1706, ms. conservé à Londres, Lambeth Palace Library, cote Ms. 932/80 [les folios ne sont pas numérotés]).

38 La proposition d'une nouvelle signature(«sic docebo et contrarium non docebo, scil. quoties hanc materiam tractandam suscipiam, sive ore sive calamo, sive privatim, sive publice») fut avancée au sein de la Compagnie par l'un des parents de Vial de Beaumont, le pasteur Jean-Antoine Fatio, qui proposa de garder le *Consensus* «dans toute sa force, et le Reglement, pour conserver l'uniformité de la doctrine mais d'ôter le sic sentio parce qu'effectivement on n'est pas le maitre de croyre ou de ne croyre pas» (RCP 19, f. 98, 7 mai 1706).

39 D'après l'*Extrait des registres du Conseil au M. C. des 200* qui est transcrit dans le compte rendu de la même séance, «il a esté dit que sans approuver ou desapprouver l'avis de la V. C. on tolere quant à present la nouvelle signature, et que loüant l'union et la bonne intelligence des Sp^{bles} Pasteurs, on les exhorte de s'entendre plus particulierement et toujours mieux sur cette matiere» (*Ibidem*, f. 100, 21 mai 1706).

40 Cf. par exemple l'appréciation de Turrettini: «Cette nouvelle signature ne nous agréoit point; nous la trouvions un peu equivoque; et nous y trouvions d'ailleurs un air d'Inquisition, qui ne convenoit point à des matieres aussi obscures et aussi indifferentes que celles-ci» (Lettre de J.-A. Turrettini à G. Burnet, Genève, 8 octobre 1706, Lambeth Palace Library, cote Ms. 932/80).

dans d'autres pensées. 2° que ces paroles, quoties suscipiam hanc materiam tractare, sic docebo sont extremement equivoques, car ou elles imposent la nécessité de mentire; ou elles n'imposent point cette necessité, et alors ne signifient rien et sont absolument inutiles. 3° que ces autres paroles, neq. ore, neq. calamo, neq. privatim, neq. publice, establissent une espece d'inquisition, meme sur les conversations et sur les commerces de letres, qui ne convient point a des matiers que tout le monde convient etre indiferente, dans un tems surtout, ou l'on convient de s'adoucir a cet egard, et où l'on ote le sic sentio, c'est à dire la nécessité de croire ces choses là. 4° que ces sortes d'engagemens sont absolument impraticables sur tant de petites questions scholastiques et indiferentes, et qu'ainsy ce seroit un piege qu'on tendroit aux consciences.[41]

Une vingtaine d'années après les mots révoltés que Le Clerc avait adressés à son ami Alexandre Vigne pour se plaindre de l'«inquisitio fidei» pratiquée à Genève[42], ceux de la Compagnie prouvent que, pour la majorité du corps ecclésiastique du moins, les temps n'étaient plus au contrôle minutieux des croyances individuelles ni aux compromis équivoques visant à assurer une simple conformité de façade. Au respect des consciences prôné par les pasteurs devait du reste s'ajouter la perte de pertinence théologique de questions – comme la grâce, le péché originel et l'antiquité du texte massorétique de l'Ancien Testament, qui avaient pourtant été jugées essentielles au siècle précédent. Reléguées parmi les matières «tres obscures et tres difficiles, et nullement essentielles au salut»[43], ces doctrines apparaissaient désormais comme des entraves inutiles dans une Eglise à la recherche d'un nouveau langage théologique: pierres d'achoppement dans le dialogue interconfessionnel avec les luthériens et les anglicans[44], de l'avis des ministres elles ne faisaient plus l'objet à Genève d'intérêt ni de discussion, dépourvues qu'elles étaient de tout impact sur la vie morale, liturgique et homilétique.[45] Sans se prononcer néanmoins sur leur valeur théologique, et se gardant de

---

41 RCP 19, f. 114–115, 25 juin 1706.
42 Cf. *supra*, note 14.
43 Cf. RCP 19, f. 115, 25 juin 1706.
44 «[…] ces signatures choquent extremement les autres Eglises, qui sont dans d'autres pensées, comme celles d'Allemagne et d'Angleterre […] ces matieres sont le grand achopement des Lutheriens, […] ils se plaignent de notre rigueur à cet egard, […] les princes Reformez d'Allemagne souhaitent qu'on s'adoucisse, […] les Prelats d'Angleterre, qui sont aussi dans d'autres pensées sont fort choquez de nos signatures, et […] ils s'en plaignent hautement» (*Ibidem*, f. 115–116).
45 «[…] les matieres dont il s'agit, n'ont aucune influence, ni sur les mœurs, ni sur le service de Dieu, ni sur la maniere de precher. […] ces matieres ne sont point agitées auojourdhuy parmi nous et […] ainsy il n'y a point de raison d'exercer tant de rigueur à cet egard» (*Ibidem*, f. 116).

désapprouver d'une manière quelconque ceux qui les professaient[46], la majorité du corps pastoral jugea ces doctrines suffisamment secondaires pour ne plus exiger une adhésion publique explicite, se limitant à recommander de ne pas choquer les sentiments reçus «afin de conserver la paix et l'union et pour garder l'uniformité dans la maniere d'enseigner»[47]. La solution adoptée était donc un compromis[48] qui n'abolissait pas la *Formula* mais se voulait respectueuse des consciences, comme Turrettini ne laissait pas de répéter à ses correspondants alémaniques qui semblaient craindre, par dessus tout, une abrogation pure et simple du *Consensus:* «Neque enim Formulam antiquamus. Absit. Agit t[an]tum de modo subscribendi, qui varius adm[inistratus] est in variis locis.»[49]

---

46 «[...] la C. en s'adoucissant la dessus, ne fait aucun tort à personne, [...] elle ne gène personne, [...] au contraire elle a de grands egards pour ceux qui sont dans les pensées de nos reglemens» (*Ibidem*, f. 117).
47 *Ibidem*, f. 117.
48 Des hommes comme Turrettini et Ostervald étaient bien conscients du fait que la question restait ouverte et qu'elle ne se résoudrait qu'avec l'abolition du formulaire de 1675, mais l'un et l'autre reconnaissaient la difficulté d'aller plus loin pour le moment: «Je benis Dieu [...] de ce que les choses se sont si heureusement terminées. Votre procedé et vos reglemens sont assurêment sages et judicieux; il y a à la verité encore q[uel]que chose qu'on devroit oter, mais cela se fera dans la suite et tombera de soy mesme; il auroit eté contre la prudence d'en demander davantage pour le présent» (Lettre de J.-F. Ostervald à J.-A. Turrettini, 4 septembre 1706, BPU, Ms. fr. 489, f. 143r°). «La chose n'est pas encore parfaite, et il est à souhaiter qu'on laisse une egale liberté des deux cotez; mais apres tout, on n'est point obligé présente[me]nt, ni de croire, ni d'enseigner ces dogmes là» (Lettre de J.-A. Turrettini à G. Burnet, Genève, 8 octobre 1706, Lambeth Palace Library, cote Ms. 932/80.) La demi-mesure représentée par la révision de 1706 semblait aussi laisser insatisfaite une partie du pouvoir politique, qui aurait vraisemblablement souhaité une décision plus radicale; si en effet l'approbation de la nouvelle formule de signature se fit sans autre au sein du Petit Conseil le 30 août 1706, elle rencontra quelques résistances dans le Conseil des Deux-Cent: «Les uns ont dit que voyant avec une extreme satisfaction que les Pasteurs s'etoient entendus sans bruit sur cette affaire, ils loüoient Dieu de leur union, et demeuroient au projet; les autres, qu'encore qu'ils vissent que cet ouvrage n'étoit pas dans sa perfection, ils ne laissoient pas de le tolerer, en interdisant neanmoins aux Pasteurs toute contestation sur les matieres dont il s'agit. D'autres enfin ont dit que sans approuver cet accord on le tolere quant à present, et qu'il seroit plus expedient peut-être de n'en rien dire, et de renvoyer d'en deliberer à une autre fois» (Registres des Conseils 206, f. 377–378, 6 septembre 1706; ces registres sont déposés aux AEG).
49 Lettre de J.-A. Turrettini à J. J. Hottinger, Genevae, 30 avril 1706, BPU, Ms. fr. 481, f. 210 r°–v°. Quelques mois plus tard, les conseils d'Ostervald iront dans le même sens: «[...] je n'hesite pas à vous conseiller d'ecrire à notre ami M^r O[tt] et je suis persuadé que luy marquant qu'il ne s'agit nullement de l'abolition, mais seulement de ne pas

En dépit du caractère modéré des mesures adoptées en 1706, les réactions ne manquèrent pas à Genève, les opposants allant jusqu'à invoquer le vice de forme pour faire révoquer la décision[50]; ils se heurtèrent pourtant à une majorité de ministres qui, grâce sûrement à l'action discrète mais efficace de collègues comme Jean-Alphonse Turrettini[51], étaient désormais convaincus «que de tous costés on s'adoucit sur ces matieres, et que partout on se trouve bien de s'adoucir».[52] Dans ce cas-là «s'adoucir» équivalait non seulement à prendre ses distances vis-à-vis d'une construction dogmatique dont l'anthropologie et la sotériologie n'étaient plus unanimement partagées, mais aussi commencer à mettre en discussion le principe même d'une orthodoxie s'exprimant par le biais de mesures disciplinaires contraignantes. Ce passage lent et contrasté d'une ecclésiologie fortement axée sur l'uniformité théologique à un modèle ecclésial laissant davantage de marge d'autonomie aux consciences individuelles, en particulier sur des questions jugées non essentielles, n'était pas sans répercussions sur les relations entre Genève et les autres Eglises réformées. Comme le montrent les discussions qui eurent lieu au sein de la Compagnie, et dont les Registres, il faut bien le souligner, ne donnent que des échos succincts et atténués, l'Eglise gene-

astreindre les consciences etc. cela ne produise un bon effet» (Lettre de J.-F. Ostervald à J.-A. Turrettini,14 juillet 1706, BPU, Ms. fr. 489, f. 135r°).

50 Certains pasteurs, comme François Dassier, absents à la séance du 25 juin, lors de laquelle on avait procédé à l'adoption du nouveau règlement, en demandèrent l'invalidation sous prétexte qu'il avait été approuvé par une Compagnie qui n'était pas au complet. Celle-ci décida de ne pas donner suite à cette demande en raison du caractère volontaire de ces absences. Cf. RCP 19, f. 112–114, 25 juin 1706; f. 118, 2 juillet 1706. On sait par ailleurs que ces absences répondaient à un dessein stratégique du parti rigide, qui avait misé sur le fait que la Compagnie ne délibérerait pas sur un sujet aussi important que le *Consensus* si elle n'était pas au complet; cf. lettre de J.-A. Turrettini à G. Burnet, Genève, 8 octobre 1706, Lambeth Palace Library, cote Ms. 932/80. Au mois d'août Calandrini et Pictet présentèrent au Petit Conseil deux longs mémoires pour protester contre la décision de la Compagnie; cf. RC 206, f. 339, 13 août 1706 (les deux mémoires sont insérés entre les f. 338 et 339). Selon Turrettini, les deux professeurs faisaient, dans ces mémoires, «les lamentations du monde les plus tragiques, comme si la religion alloit etre renversée» (Lettre de J.-A. Turrettini à G. Burnet, cit).

51 Cf. les mots qu'Ostervald adressa à Turrettini au début du mois de mai 1706, quand l'affaire du *Consensus*, sans être terminée, semblait néanmoins engagée sur une bonne voie: «Dieu veuille vous conserver [...] car sans vous les choses n'iroient pas comme elles vont. Qui auroit dit qu'apres la mort de M. T[ronchin] les choses prendroient ce train là. On auroit jugé tout le contraire» (Lettre de J.-F. Ostervald à J.-A. Turrettini, 8 mai 1706, BPU, Ms. fr. 489, f. 121 r°).

52 RCP 19, f. 116, 25 juin 1706.

voise ne prétendait plus à exercer une autorité quelconque sur les communautés sœurs; au contraire, elle semblait trouver dans d'autres pratiques ecclésiales et dans d'autres orientations théologiques une raison supplémentaire de renoncer à des règlements adoptés à une époque et dans des contextes intellectuels bien différents. Les exemples des Eglises d'origine française, de celles d'Angleterre, de Bâle ou de Neuchâtel où «on s'adoucit sur ces matieres» et où «on ne signe point»[53], loin de faire l'objet d'une condamnation quelconque, légitimaient une décision qui exposait Genève aux critiques des tenants d'une orthodoxie déclinante mais toujours présente. L'affaire de la révision du *Consensus*, qui ne se conclut définitivement qu'en 1725[54] et s'inséra dans un mouvement plus général de réformes ecclésiastiques et académiques[55], contribua en effet à propager cette renommée douteuse qui devait désormais accompagner le nom de Genève tant en Suisse qu'à l'étranger. De l'exemplarité du XVIIe siècle au «nid d'heresie»[56] du XVIIIe avec lequel certaines Eglises sœurs songeaient à rompre les rap-

---

53 *Ibidem*, f. 116.
54 Ce fut en effet à cette date-là qu'on liquida les restes de la Formula Consensus en décidant d'abolir le formulaire de 1706 qui, tout «adouci» qu'il avait été, constituait une entrave à la réunification avec les luthériens et une dissonance embarrassante avec d'autres Eglises réformées. A la presqu'unanimité, le 1er juin 1725 la Compagnie en arrêta l'abrogation, en le remplaçant par l'article six des Ordonnances ecclésiastiques: «Vous protestés de tenir la Doctrine des Saints Prophêtes et Apôtres, comme elle est comprise dans les livres du Vieux et du Nouveau Testament, de laquelle Doctrine nous avons un sommaire dans nôtre Catechisme» (RCP 22, f. 112, 1er juin 1725). Craignant que l'allusion au *Catéchisme* ne pût prêter le flanc à des interpretations erronées, la Compagnie ajouta que «cette Protestation ne renferme rien que de sage, qu'elle nous engage uniquement à suivre et à enseigner la Doctrine de l'Ecriture Engagement sous lequel doivent être tous les Ministres de l'Evangile. Que si elle parle du Catechisme ce n'est pas pour l'egaler à l'Ecritute, ni pour nous engager à le suivre en tout, mais simplement pour temoigner que nous reconnoissons que l'on y trouve la substance et le sommaire de la Doctrine Chrêtienne. Que d'ailleurs cette Protestation et ces exhortations pourvoient à tout ce que l'on cherche par la voye des Formulaires, puisqu'elles engagent à enseigner d'une maniere pure et à ne rien avancer qui puisse occasionner des disputes» (*Ibidem*, f. 112).
55 Cf. M.-C. Pitassi, *De l'Orthodoxie aux Lumières. Genève 1670–1737*, Genève 1992, en part. p. 51–66.
56 «Ce n'est pas dans la seule ville de Rome où j'ai entendu dire de celle de Geneve qu'elle estoit le Nid de l'heresie. J'ay l'honneur de vous dire que j'ay aussi ouy dire à des personnes et dans des villes qui se glorifient d'estre protestantes» (Lettre de P. Got à J.-A. Turrettini, Amsterdam, 1er juillet 1718, Tur 1/Gd.G.13 [folios non numérotés]).

ports[57] s'écoula moins d'un demi-siècle, pendant lequel Genève parcourut pourtant le chemin ardu d'une redéfinition dogmatique et d'un renouveau ecclésial à travers lesquels elle devait se forger une nouvelle identité.

Bibliographie

A. Barnes, *Jean Le Clerc (1657–1736) et la République des lettres*, Paris 1938.
P. Bayle, *Nouvelles Lettres de Mr Bayle*, La Haye 1739.
J. W. Beardslee, *Theological Development at Geneva under Francis and Jean-Alphonse Turrettin (1648–1737)*, unpublished Ph. Dissertation, Yale University 1956.
E. de Budé, *Vie de François Turrettini théologien genevois 1623–1687*, Lausanne 1871.
E. de Budé, *Vie de Bénédict Pictet, théologien genevois (1655–1724)*, Lausanne 1874.
D. D. Groham, *The Genevan Reaction to the Saumur Doctrine of Hypothetical Universalism: 1635–1685*, unpublished Ph.D. dissertation, Knox College, Toronto 1971.
P. Hazard, *La crise de la conscience européenne 1680–1715*, Paris 1961 (1re éd. Paris 1934–39).
M. Heyd, Jean-Robert Chouet et l'introduction du cartésianisme à l'Académie de Genève, dans: *Bulletin de la Société d'histoire et d'archéologie de Genève* 15 (1973), p. 125–153.
M. Heyd, Un rôle nouveau pour la science: Jean-Alphonse Turrettini et les débuts de la théologie naturelle à Genève, dans: *Revue de théologie et de philosophie* 112 (1980), p. 25–42.
M. Heyd, *Between Orthodoxy and Enlightenment: Jean-Robert Chouet and the Introduction of Cartesian Science in the Academy of Geneva*, The Hague 1982.
G. Keizer, *François Turrettini. Sa vie et ses œuvres et le Consensus*, Lausanne 1900.
M. I. Klauber, Jean-Alphonse Turrettini and the Abrogation of the Formula Consensus in Geneva, dans: *Westminster Theological Journal* 53 (1991), p. 325–338.
M. I. Klauber, *Between Reformed Scholasticism and Pan-Protestantism. Jean-Alphonse Turrettini (1671–1737) and Enlightened Orthodoxy at the Academy of Geneva*, Selingrove/London/Toronto 1994.

---

57 Un an auparavant, en 1717, un correspondant de Turrettini lui écrivait qu'«on étoit fort surpris en Hollande de la maniére libre dont on entendoit parler, au sujet de la Religion, les jeunes gens qui venoient de Geneve et que, si cela continuoit, on seroit obligé de rompre avec vôtre Eglise» (Lettre de J. Barbeyrac à J.-A. Turrettini, 16 octobre 1717, BPU, Ms. fr. 484, f. 215v°).

M. I. Klauber, Reformed Orthodoxy in Transition: Bénédict Pictet (1655–1724) and Enlightened Orthodoxy in Post-Reformation Geneva, dans: W. F. Graham (éd.), *Later Calvinism: International Approaches*, Kirksville 1994, p. 93–113.

F. Laplanche, *Orthodoxie et prédication. L'œuvre d'Amyraut et la querelle de la grâce universelle*, Paris 1965.

F. Laplanche, *L'Ecriture, le sacré et l'histoire: érudits et protestants français devant la Bible en France au 17e siècle*, Amsterdam et Maarssen 1986.

E. P. Meijring, *Reformierte Scholastik und patristische Theologie: die Bedeutung des Väterbeweises in der «Institutio theologiae elencticae», unter besonderer Berücksichtigung der Gotteslehre und Christologie*, Nieuwkoop 1991.

M.-C. Pitassi, *Entre croire et savoir. Le problème de la méthode critique chez Jean Le Clerc*, Leiden 1987.

M.-C. Pitassi, De la censure à la réfutation. l'Académie de Genève, dans: *Revue de métaphysique et de morale* 93, n. 2 (1988), p. 147–164.

M.-C. Pitassi, Cartésianisme et théologie réformée au XVIIIe siècle. Le cas de l'Académie de Genève, dans: *Lias* 18, n. 2 (1991), p. 303–312.

M.-C. Pitassi, L'apologétique raisonnable de Jean-Alphonse Turrettini, dans: M.-C. Pitassi (éd.), *Apologétique 1680–1740: sauvetage ou naufrage de la théologie?*, Genève 1991, p. 99–118.

M.-C. Pitassi, *De l'Orthodoxie aux Lumières. Genève 1670–1737*, Genève 1992.

M.-C. Pitassi, D'une Parole à l'autre: les sermons du théologien genevois Jean-Alphonse Turrettini (1671–1737), dans: *Annali di storia dell'esegesi* 10 (1993), p. 71–93.

M.-C. Pitassi, Le débat théologique à Genève au début du XVIIIe siècle, dans: *Jacques-Barthélemy Micheli du Crest (1690–1766), homme des Lumières. Une exposition des Archives d'Etat de Genève et la Maison Tavel*, Genève 1996, p. 13–17.

[A. Ruchat], *Les délices de la Suisse, une des principales Républiques de l'Europe; où l'on peut voir tout ce qu'il y a de plus rémarquable dans son Pays et dans celui de ses Alliez, qui composent avec elle le louable Corps helvetique, par le Sr Gottlieb Kypseler de Munster*, Leide, Pierre vander Aa, 1714.

M. Sina (éd.), *Epistolario*, Firenze 1987.

F. P. van Stam, *The Controversy over the Theology of Saumur, 1635–1650. Disrupting Debates among the Huguenots in complicated Circumstances*, Amsterdam et Maarssen 1988.

J.-A. Turrettini, *De Studiis emendandis et promovendis Oratio academica. Dicta est statis Academiae Genevensis Solennibus, die XIX. Maii, Anno M.DCC.IV. cum Auctor tertium Rectoratus Academici annum ageret*, Genevae, Typis Societatis, 1706.

J.-A. Turrettini, *De theologo veritatis Oratio inauguralis et pacis studioso. Dicta est Kalend. Decembr. An. MDCCV. Quo die Auctor, in locum Viri Venerandi, Ludovici Tronchini, in Domino pie defuncti, subrogatus, publicam S. Theologiae Preofessionem adiret*, Genevae, Typis Societatis, 1706.

H. Vuilleumier, *Histoire de l'Eglise réformée du Pays de Vaud sous le régime bernois*, Lausanne 1927–1933.

Stadtregiment und republikanisches
Selbstverständnis

Genf und Zürich von 1584 bis 1792 –
eine Allianz von Republiken?

Thomas Maissen

République et canton de Genève – selbst die Quittung des Genfer Staatsarchivs für ein paar Photokopien trägt diesen stolzen Titel, der ansonsten nur in den Kantonen Neuenburg und Jura üblich ist. Die Neuenburger wählten diese Selbstbezeichnung allerdings erst 1848, als ausdrücklichen Bruch mit der monarchischen Vergangenheit unter preussischer Krone, und die Jurassier gar erst mit ihrer staatsgründenden Verfassung von 1977. Dagegen ist die Rede von der *République de Genève* so alt und vertraut, dass ihre Wurzeln verloren zu sein scheinen. Was anderes als eine Republik kann denn die Stadt von Calvin und Rousseau auch je gewesen sein? Tatsächlich werden verfassungsgeschichtlich die Reformationsanfänge, die Vertreibung des Bischofs und bisherigen Stadtherren, als Geburtsstunde der Republik angesehen[1] – Gaullieurs Buchtitel aus dem vergangenen Jahrhundert drückt das noch heute gültige Selbstverständnis aus: *Genève depuis la constitution de cette ville en république jusqu'à nos jours (1532–1856).*[2]

Dem Bild einer *République souveraine* widerspricht allerdings die völkerrechtliche Situation: Genf ist *de iure* nie aus dem Reichsverband ausgeschieden, auch wenn der Stadt aus diesem Sachverhalt seit dem 16. Jahrhundert *de facto* keine Verpflichtungen mehr erwachsen sind.[3] Tatsächlich

---

1 Vgl. etwa Catherine Santschis Verfassungsgeschichte von «Genève République souveraine» in: *Encyclopédie de Genève*, Bd. 4: *Les institutions politiques, judiciaires et militaires*, Genève 1985, S. 83–91, oder E. William Monter, *Calvin's Geneva*, New York 1967, S. 29, 56–59, 225–229.

2 Eusèbe-Henri Gaullieur, *Genève depuis la constitution de cette ville en république jusqu'à nos jours (1532–1856)*, Genève 1856. Vgl. Robert Oresko, The Question of the Sovereignty of Geneva after the Treaty of Cateau-Cambrésis, in: Helmut G. Koenigsberger (Hg.), *Republiken und Republikanismus im Europa der frühen Neuzeit* (Schriften des Historischen Kollegs. Kolloquien 11), München 1988, S. 77–99, hier 95–97, der festhält, dass in den 1560er Jahren noch kein «high level of republican consciousness» festzustellen ist. «The situation, furthermore, has been muddied by the frequency with which historians of Geneva living in the eighteenth, nineteenth and twentieth centuries have touched upon the republican theme in their commentaries».

3 Vgl. Santschi, Genève République souveraine, S. 85f.

verbleibt auch die seit Calvin nicht systematische, aber wiederholte Selbstbezeichnung als *ville libre* im imperialen Rahmen: als freie Reichsstadt.[4] Der Westfälische Friede von 1648 führt zwar zur Exemtion der «gemaine dreyzehen Orth der Aydtgnoßschafft» beziehungsweise von «unum vel alterum Corporis Helvetici membrum eorumve cives, clientes aut subditos» – Genf ist darin jedoch nicht eingeschlossen.[5] In die Friedensschlüsse von Rijswijk (1697) und Utrecht (1713) werden die Eidgenossen dagegen mit allen Verbündeten und Zugewandten einbezogen, wobei Genf ausdrückliche Erwähnung findet. Dies kann als indirekte, da widerspruchslose Anerkennung politischer Selbständigkeit gedeutet werden[6], doch eine völkerrechtlich verbindliche Exemtion vom Reich ist es gleichwohl nicht. Zudem werden bis weit ins 18. Jahrhundert hinein hoheitliche und konfessionelle Vorbehalte gleichrangige zwischenstaatliche Kontakte Genfs mit Savoyen und der Kurie verhindern.[7]

Die verfassungsgeschichtliche Realität ist in den folgenden Ausführungen als Hintergrund mit einzubeziehen, steht allerdings nicht im Zentrum der Problematik. Vielmehr geht es um die Frage, wann sich in Genf ein republikanisches Selbstverständnis entwickelt und inwiefern es die Beziehungen zu seinen eidgenössischen Verbündeten prägt, die ja ebenfalls als republikanische Sonderfälle in einer monarchischen Umwelt betrachtet werden können, ab 1648 sogar mit völkerrechtlicher Absegnung.[8] Gemeinhin wird der Genfer Republikanismus als Phänomen des 18. Jahrhunderts behandelt, so zuletzt bei Linda Kirk, die von einigen einleitenden Bemerkungen über Calvin direkt zu Pierre Fatio und den Unruhen von 1707 hin-

---

4 Oresko, The Question of the Sovereignty, S. 86f., 94.
5 *Die Eidgenössischen Abschiede 1618–1648* (Amtliche Abschiedesammlung 5, 2), Bern 1877, S. 2274f.
6 Lorenz Joos, *Die politische Stellung Genfs zu Frankreich und zu Bern und Zürich in den Jahren 1690–1697*, Diss. Bern, Teufen 1906, S. 156–160.
7 Vgl. dazu Walter Zurbuchen, L'établissement de relations diplomatiques entre le Saint-Siège et la République de Genève: une histoire anecdotique, in: *Bulletin de la société d'histoire et d'archéologie de Genève* 18 (1989), S. 97–148.
8 «What was Genevan republicanism? Often enough named, it is too little examined.» Dies konstatiert völlig zu Recht Pamela A. Mason, The Genevan Republican Background to Rousseau's *Social Contract*, in: *History of Political Thought* 14 (1994), S. 547–572, hier 548. Allerdings untersucht auch sie in ihrem wichtigen Aufsatz den Genfer Republikanismus in Hinblick auf Rousseau und damit ausschliesslich auf seine modernen Elemente.

überspringt.⁹ Meistens steht dabei Rousseau im Mittelpunkt, und damit die moderne, individualrechtliche republikanische Bewegung.¹⁰

Im Folgenden wird dagegen versucht, den frühneuzeitlichen Republikanismus nicht als Vorgeschichte des auf individuellen Freiheits- und Bürgerrechten und einer Verfassungsordnung beruhenden Republikanismus im 19. Jahrhundert oder gar der modernen Demokratie zu deuten, sondern in die Reihe der Traditionen einzufügen, in der er für die Zeitgenossen stehen musste: die antike, insbesondere aristotelische und römisch-republikanische Überlieferung, die mittelalterliche kommunale Freiheit und die Sozialtheorien der Reformatoren.¹¹ Diesen Weg gewiesen haben bereits Franco Venturi in seiner ebenso knappen wie gelungenen Analyse und, eher deskriptiv, aber ebenfalls profund, Yves Durand.¹² Die Bedeutung der politischen Sprache und insbesondere einer republikanischen Terminologie haben im Anschluss an Pococks wegweisende Studie insbesondere Quentin Skinner und andere Forscher in seinem Umkreis hervorgehoben¹³; dazu kommt im verwandten Projekt der *Geschichtlichen Grundbegriffe* Wolfgang Magers detaillierte Abhandlung zum Begriff «Republik».¹⁴ Die entsprechende Ent-

---

9 Linda Kirk, Genevan Republicanism, in: David Wootton (Hrsg.), *Republicanism, Liberty, and Commercial Society, 1649–1776*, Stanford 1994.
10 So bei Alain-Jacques Czouz-Tornare, L'idée républicaine en Suisse, in: *Annales historiques de la Révolution* 66 (1994), S. 205–222.
11 Vgl. auch die weiterführenden methodischen Bemerkungen insbesondere zu den Arbeiten von Peter Blickle, Heinz Schilling, Quentin Skinner und John Greville Agard Pocock sowie über den Begriff «Republikanismus» selbst in meinen Aufsätzen: Petrus Valkeniers republikanische Sendung. Die holländische Prägung des neuzeitlichen schweizerischen Staatsverständnisses, in: *Schweizerische Zeitschrift für Geschichte* 48 (1998), S. 149–176, und «Par un pur motief de religion et en qualité de Republicain». Der aussenpolitische Republikanismus der Niederlande und seine Aufnahme in der Eidgenossenschaft (ca. 1670–1710), in: Luise Schorn-Schütte (Hrsg.), *Strukturen des politischen Denkens im Europa des 16./17. Jahrhunderts*, München 2000.
12 Franco Venturi, Re e repubbliche tra Sei e Settecento, in: ders., *Utopia e riforma nell'illuminismo*, Turin 1970, S. 29–59, hier 29, 31: «la tradizione repubblicana che affondava la sua radice nel medioevo e nel rinascimento»; Yves Durand, *Les Républiques au temps des Monarchies*, Paris 1973.
13 John Greville Agard Pocock, *The Machiavellian Moment. Florentine Political Thought and the Atlantic Republican Tradition*, Princeton/London 1975; einen guten Überblick über den gegenwärtigen Stand der Diskussion ergeben die Beiträge in Gisela Bock, Quentin Skinner und Maurizio Viroli (Hrsg.), *Machiavelli and Republicanism*, Cambridge 1990. Zu Skinner James Tully (Hrsg.), *Meaning and context: Quentin Skinner and his critics*, Cambridge 1988.
14 Wolfgang Mager, «Republik», in: Otto Brunner, Werner Conze und Reinhart Koselleck (Hrsg.), *Geschichtliche Grundbegriffe. Historisches Lexikon zur politisch-sozialen Sprache*, Bd. 5, Stuttgart 1984, S. 549–651.

wicklung auf dem Kontinent ist – von Italien abgesehen – erstmals durch Helmut Koenigsbergers Sammelband zu *Republiken und Republikanismus im Europa der Frühen Neuzeit* systematisch angegangen worden.[15] Was das Gebiet des Heiligen Römischen Reichs anbetrifft, sind dabei besonders die Beiträge von Peter Blickle und Heinz Schilling und ihre Konzepte von «Republikanismus» interessant.[16] Blickle versteht darunter eine analytische und systematische Kategorie des sozial- und verfassungsgeschichtlichen Wandels, wobei vor allem seine Schüler von einem republikanischen Selbstverständnis oder entsprechenden Äusserungen der Kategorisierten weitgehend abstrahieren. Schillings Fragestellung ist stark entwicklungsgeschichtlich und hat als Kriterien eines «veritablen Republikanismus» moderne Konzepte wie Egalität, Konstitutionalität, Partizipation, Öffentlichkeit und persönliche Grund- und Freiheitsrechte. Insofern diese in den Städten des Alten Reiches allenfalls unvollständig zu lokalisieren sind, werden die dortigen, genossenschaftlich geprägten Verfassungsordnungen – eher unbeabsichtigt – auf Vorstufen oder «Bausteine» einer wirklichen, auf Individualrechten beruhenden republikanischen Theorie reduziert, wie sie erst nach 1789 begegnet.

Wie auch Schilling festhält, sind auf dem Gebiet des Heiligen Römischen Reichs republikanische Überzeugungen kaum in den Theorien berühmter Philosophen zu finden, sondern in indirekten Zeugnissen. Das Augenmerk der folgenden Untersuchung gilt dabei in erster Linie dem Sprachgebrauch der Genfer Obrigkeit im diplomatischen Verkehr mit verbündeten Mächten. Zeigt sich darin die Anerkennung und Wertschätzung einer republikanischen Staatsform[17], werden im Verkehr mit den Eidgenossen die verfas-

---

15 Helmut G. Koenigsberger (Hrsg.), *Republiken und Republikanismus im Europa der frühen Neuzeit* (Schriften des Historischen Kollegs. Kolloquien 11), München 1988; eine aktualisierte Zusammenfassung der Resultate jetzt ders., Republicanism, monarchism and liberty, in: G. C. Gibbs et al. (Hrsg.), *Royal and Republican Sovereignty in Early Modern Europe*, Cambridge 1997, S. 43–74.
16 Peter Blickle, Kommunalismus und Republikanismus in Oberdeutschland, in: Koenigsberger, *Republiken und Republikanismus*, S. 57–75; Heinz Schilling, Gab es im späten Mittelalter und zu Beginn der Neuzeit in Deutschland einen städtischen «Republikanismus»? Zur politischen Kultur des alteuropäischen Bürgertums, in: Königsberger, *Republiken und Republikanismus*, S. 101–143; ähnlich Heinz Schilling, Stadt und frühmoderner Territorialstaat: Stadtrepublikanismus versus Fürstensouveränität. Die politische Kultur des deutschen Stadtbürgertums in der Konfrontation mit dem frühmodernen Staatsprinzip, in: Michael Stolleis (Hrsg.), *Recht, Verfassung und Verwaltung in der frühneuzeitlichen Stadt*, Köln/Wien 1991, S. 19–39.
17 Vgl. die Bemerkung von Helmut G. Koenigsberger, Schlussbetrachtung. Republiken und Republikanismus im Europa der frühen Neuzeit aus historischer Sicht, in: ders.,

sungsmässigen Gemeinsamkeiten gar zu einer Basis der Beziehungen – oder bestehen vielmehr fundamentale Unterschiede im Staatsverständnis der Genfer und der Schweizer? Der Republikanismus in der Eidgenossenschaft ist bisher vorwiegend für die zweite Hälfte des 18. Jahrhunderts untersucht worden.[18] Grössere Beachtung bereits in früheren Jahrzehnten hat ausserdem nur Bern gefunden.[19] Was Genf anbetrifft, so hat jüngst Pamela Mason in einem sehr anregenden Artikel die Bedeutung eines republikanischen Vokabulars («distinctively Genevan republican idiom») für die innerstädtische Opposition im 18. Jahrhundert dargestellt. Sie untersucht die rhetorische Besetzung zentraler Begriffe in der zeitgenössischen Pamphletliteratur, namentlich *Peuple*, *Etat*, *Unité* und *Liberté*, deren ursprüngliche theologische Konnotationen sie hervorhebt.[20]

Im folgenden Aufsatz geht es dagegen um den Begriff *république* selbst: Aufgezeigt wird zuerst, wann er als Selbstbezeichnung üblich wird und wie er in den diplomatischen Verkehr mit anderen Mächten und insbesondere mit dem eidgenössischen Vorort Zürich einfliesst. Im Ancien Régime ist Zürich, neben Bern, die einzige Schweizer Stadt, mit der Genf – seit 1584 – durch eine formelle Allianz verbunden ist.[21] Da die katholischen Orte die

Republiken und Republikanismus, S. 300: «Ein Kennzeichen der Republiken und Republikaner im 17. Jahrhundert war die gegenseitige Bewunderung.»

18 So etwa im Sammelband von Ernest Giddey (Hrsg.), *Préromantisme en Suisse* (Kolloquium der Schweizerischen Geisteswissenschaftlichen Gesellschaften 6), Fribourg 1982, die Beiträge von Ulrich Im Hof über das «neue schweizerische Nationalbewusstsein» (S. 191–215), von François de Capitani über «Die Antike im schweizerischen Staatsdenken» (S. 217–236) und von Christian Simon zum «Diskurs über Staat und Gesellschaft» (S. 239–262). Vgl. auch die bald zu erwartende Publikation eines Berner Vortrags von André Holenstein («Republikanismus in der alten Eidgenossenschaft») sowie die Beiträge zur Tagung *Republikanische Tugend: Ausbildung eines Schweizer Nationalbewusstseins und Erziehung eines neuen Bürgers* (Monte Verità, September 1998).

19 Vgl. den Ausstellungskatalog von Dario Gamboni, Georg Germann und François de Capitani (Hrsg.), *Zeichen der Freiheit. Das Bild der Republik in der Kunst des 16. bis 20. Jahrhunderts*, Bern 1991; ausserdem Hans von Greyerz, *Nation und Geschichte im bernischen Denken. Vom Beitrag Berns zum schweizerischen Geschichts- und Nationalbewusstsein*, Bern 1953.

20 Mason, The Genevan Republican Background, insbes. S. 549–553, 560f., 571. Es war mir leider noch nicht möglich, die ungedruckte Thèse von Paul Barbey einzusehen, welche eine ähnliche Problematik aus der Sicht der Eliten behandelt: Paul Barbey, *Etat et Gouvernement. Les sources et les thèmes du discours politique du patriciat genevois entre 1700 et 1770*, Thèse Genève 1990.

21 Siehe Wilhelm Oechsli, Les alliances de Genève avec les Cantons suisses, in: *Les Cantons suisses et Genève 1477–1815*, Genève 1915, S. 1–71, hier 34–36.

Aufnahme des «protestantischen Rom» standhaft verweigern, ist dieses Bündnis für die Unabhängigkeit der exponierten Rhone-Stadt immer wieder wichtig: In den Jahren zwischen der Escalade und der Französischen Revolution ziehen wiederholt Zürcher Truppen zum Schutz der Glaubensgenossen und der Einfallspforte in das schweizerische Mittelland nach Südwesten. Im 18. Jahrhundert, insbesondere anlässlich der Mediationen von 1738 und 1766, werden dagegen die mit Frankreich und Bern koordinierten Vermittlungsbemühungen in den städtischen Konflikten als reaktionäre Interventionen verstanden, worauf unten näher eingegangen wird.

Die diplomatische Korrespondenz liegt den grundlegenden historistischen Studien zum Verhältnis zwischen Genf und Zürich zugrunde.[22] Den Charakter der ständigen Genfer Diplomatie hat zudem Herbert Lüthy am Beispiel der Residenten in Frankreich aufschlussreich analysiert.[23] Vor kurzem sind die in Genf archivierten, französisch verfassten *Copies de lettres* und *Registres du Conseil* für das 18. Jahrhundert von Barbara Roth-Lochner neu ausgewertet worden, nicht in Hinsicht auf spektakuläre Staatsaktionen, sondern zur Beschreibung der «diplomatie au quotidien»: Sie entwirft ein anschauliches Bild der Kommunikationswege und -probleme, von aussenpolitischer, militärischer und konfessioneller Kooperation, von ökonomischen Absprachen, Seuchenwarnungen und gegenseitiger juristischer Hilfe, welche alle den diplomatischen Alltag zwischen Zürich und Genf im Jahrhundert der Aufklärung ausmachen.[24]

Das Aufkommen der Fremd- und Selbstbezeichnung *République*

Res publica ist ein alter und zentraler Begriff der politischen Theorie.[25] Seit Ciceros Gleichsetzung von *res publica* mit *res populi* und dank Leonardo

22 Vgl. ausser Oechsli, Les alliances, und Joos, *Die politische Stellung Genfs,* Marguerite Cramer, *Genève et les Suisses. Histoire des négociations préliminaires à l'entrée de Genève dans le Corps helvétique 1691–1792,* Genève 1914.
23 Herbert Lüthy, Une diplomatie ornée de glaces: Genève sous protectorat français, urspr. in: *Bulletin de la Société d'histoire et d'archéologie de Genève* 12 (1960/61), S. 9–42, jetzt in: *Le passé présent. Combats d'idées de Calvin à Rousseau,* Monaco 1965, S. 191–225.
24 Barbara Roth-Lochner, Zurich et Genève au XVIIIe siècle, ou la diplomatie au quotidien, in: Simone Zurbuchen und Helmut Holzhey (Hrsg.), *Alte Löcher – neue Blicke. Zürich im 18. Jahrhundert: Aussen- und Innenperspektiven,* Zürich 1997, S. 65–81.
25 Vgl. zur Begriffsgeschichte Mager, Republik, insbes. S. 565–590.

Brunis Übersetzung des aristotelischen *Politeia* mit *res publica* haftet dem Konzept die freistaatliche Konnotation an: Republik als Gegensatz zur Einzelherrschaft.[26] Daneben findet sich aber im 16. Jahrhundert verbreitet die korporative, theologisch-aristotelische oder naturrechtliche Verwendung des Begriffs, wonach *res publica* die politisch verfasste Gesellschaft meint: «staatliche Gemeinschaft» oder bloss «Staat». So schreibt etwa Jean Bodin 1576 seine *Six livres de la République*, womit er Monarchien ebenso wie Freistaaten meint – entscheidend ist ihre Souveränität.

Gerade in der Sprache der humanistisch Gebildeten findet sich *respublica* häufig für das in dieser Form neuartige Phänomen des frühmodernen Staates. Insofern darf es nicht überraschen, wenn etwa Calvin (meistens angesichts widriger Zeitumstände) von *respublica nostra* spricht[27] – an eine bestimmte Verfassungsform braucht er dabei nicht zu denken, auch wenn die Genfer Reformation den Mitspracherechten breiter Kreise im *Conseil général* Wesentliches verdankt.[28] Allerdings soll *respublica* in Calvins Formulierungen durchaus die Herrschaftsrechte der Stadt ausdrücken, welche die ganze Gerichtsbarkeit für sich beansprucht, einen Bürgereid verlangt und Regalrechte ausübt.

Die Regalien geben tatsächlich auch erste Hinweise darauf, wann *res publica* als Selbstbezeichnung üblich wird: deutlich nach der Vertreibung des Bischofs, aber ebenso deutlich vor dem ähnlichen Prozess in den eidgenössischen Orten und viel früher als bisher angenommen.[29] Zwar bleiben

---

26 M. Tullius Cicero: *De re publica*, hrsg. von K. Ziegler, Leipzig 1969, S. 24 (1, 25, 39): «Est igitur, inquit Africanus, res publica res populi»; Mager, Republik, S. 550–554, 566, 580–586.

27 Jean Calvin, *Opera quae supersunt omnia*, hrsg. von Wilhelm Baum, Eduard Cunitz und Eduard Reuss, Bd. 14 (Corpus Reformatorum Bd. 42), Braunschweig 1875, S. 27 (an Viret, 24. Januar 1551): «Non credas quantum mihi displiceat praesens reipublicae nostrae status»; 455 (an Libertet, 13. Januar 1553): «totum reipublicae suae ordinem et statum»; 474 (an Blarer, 14. Februar 1553): «perturbatio huius reipublicae». Vgl. William J. Bouwsma, The Peculiarity of the Reformation in Geneva, in: Steven Ozment (Hg.), *Religion and Culture in the Renaissance and Reformation* (Sixteenth Century Essays and Studies, Bd. 11), Kirksville 1987, S. 65–78, hier 75.

28 Oresko, The Question of the Sovereignty, S. 96f.: «Evidence for a developed consciousness of the distinctions between republican and princely forms of government is thin [in the 1560s]»; weitere Belegstellen eines wenig emphatischen Gebrauchs von *république* ebd., S. 95f.

29 Offensichtlich zu spät wird das Auftreten des Begriffs von Walter Zurbuchen datiert, der sich *en passant* als erster mit dem Problem beschäftigt hat, vgl. den erwähnten Aufsatz: L'établissement de relations diplomatiques, S. 97f.: «La séparation d'avec le Saint Empire romain germanique pouvait être tenue pour acquise depuis le traité de

Siegel und Wappen im wesentlichen von ihrem ersten Auftreten bis heute unverändert, ausser dass sie in der Reformationszeit die Inschrift *Post tenebras lux* erhalten.[30] Das bringt es mit sich, dass nicht nur der klerikale Bischofsschlüssel das Wappen ziert, sondern auch der imperiale Adler mit Krone.[31] Das paradoxe Nebeneinander von monarchischen Symbolen und republikanischem Selbstverständnis ist einerseits ein Beleg für die Anhänglichkeit an vertraute Wahrzeichen, daneben aber auch für die staatsrechtlich unklare Situation von Genf: Von den Wappen, Staatsbildern und Münzen der eidgenössischen Orte wie etwa Zürich verschwinden ab 1648 nicht schlagartig, aber bis zum Anfang des 18. Jahrhunderts doch vollständig die monarchischen Insignien wie Kaisernamen, Krone, Adler oder Szepter von Münzen, Wappen und anderen bildlichen Darstellungen.[32] Nicht zuletzt zeigt sich darin auch eine unterschiedliche historische Erfahrung und Bedrohung: Die habsburgischen Kaiser bleiben für die Schweizer zwiespältige Nachbarn, während Genf in ihnen auf einen fernen, aber doch respekt-

>Westphalie, confirmée d'ailleurs implicitement par les déclarations qui accompagnèrent les traités de Ryswick et d'Utrecht. L'indépendance du nouvel Etat avait précédé de longtemps la qualification de ‹république›: c'est en 1644 seulement qu'une monnaie genevoise – c'était le ducat d'or – porta pour la première fois la mention d'une ‹Respublica Genevensis›, et il faudra attendre jusqu'à 1689 pour qu'une autre pièce – c'était cette fois celle de trois sols – portât à nouveau cette même mention, qui deviendra courante au XVIIIe siècle. Le traité de Paris, conclu en 1749 avec Louis XV, fut le premier accord diplomatique, où la ‹République de Genève› apparût, non seulement dans le corps même de l'acte, mais déjà dans le préambule.»

30 1547 findet sich die Devise zum ersten Mal zusammen mit dem Genfer Wappen, vgl. Monter, *Calvin's Geneva*, S. 78.
31 *Wappen, Siegel und Verfassung der Schweizerischen Eidgenossenschaft und der Kantone*, Bern 1948, S. 1243–1254; Catherine Santschi, *Histoire et évolution des armoiries de Genève*, Genève 1987.
32 Auf dem Zürcher Taler findet sich 1645 noch ein Löwe mit Reichsapfel und Schwert und der Umschrift *Mo.[neta] no.[va] thuric.[ensis] civita.[tis] imperialis* und einem Doppeladler auf dem Revers, im selben Jahr aber bereits dieselbe Münze auch mit der Umschrift *Moneta nova reipublicae thuricensis*; 1652 trägt letztmals ein Taler einen Löwen mit Reichsapfel, der schon seit 1645 mehrheitlich durch den Palmzweig und die Umschrift mit *republica* abgelöst worden ist; vgl. Hans Hürlimann, *Zürcher Münzgeschichte*, Zürich 1966, Nr. 534, 534a, 535*. Auch auf den Zürcher Mandaten wird der Reichsadler vom wappentragenden Löwen ersetzt; das letzte Mal taucht der Adler am 13. März 1693 auf, vgl. Staatsarchiv Zürich (StAZ) III AAb, 285. Eine Löwenfigur vor dem neuen Rathaus von 1697 soll nach den Plänen des Künstlers in der einen Hand ein Szepter tragen, doch dies wird abgelehnt, da es sich um ein monarchisches Symbol handle; an seine Stelle tritt ein Palmzweig (Hans Nabholz, Zur Baugeschichte des Rathauses, in: *Zürcher Taschenbuch* 1914, Zürich 1914, S. 203–240, hier S. 229f.).

gebietenden Protektor gegen französische oder savoyische Prätentionen hofft.[33]

Auf den Münzen tritt allerdings auch in Genf *respublica* neben die kaiserlichen Symbole, allerdings erst ein Jahrhundert, nachdem am 24. November 1535 das entsprechende Regal erstmals beansprucht worden ist.[34] Auf dem Golddukaten von 1644, der bis 1667 wiederholt nachgeprägt wird, liest man erstmals *Ducatus reipubl. genevensis*, desgleichen auf dem Doppeldukaten von 1654, der letztmals 1690 geprägt wird. Die weniger wertvollen Münzen behalten noch lange die Umschrift *Geneva Civitas*; 1689 steht dies auf den Trois-sols, wobei allerdings im gleichen Jahr die ansonsten identische Münze in einer zweiten Fassung mit der Umschrift *Respub. Geneven.* geprägt wird.[35] Im 18. Jahrhundert wird dies dann rasch die einzige übliche Bezeichnung der Stadt auf ihren Münzen.[36] Bereits 1692 haben die Zürcher und Berner Offiziere, die zur Verteidigung der Stadt nach Genf marschiert sind, Gedenkmünzen mit einer Stadtansicht und der Umschrift *Respublica Genevensis* erhalten.[37] Sie werden dieser Tatsache kaum Beachtung geschenkt haben: In Zürich taucht *Respublica* bereits im 16. Jahrhundert – allerdings als auffällige Ausnahme – auf Goldkronen auf, 1640 auf dem Taler, und ab 1652 rasch auf allen gebräuchlichen Münzen; in Bern fügt sich schon 1617 auf den Dicken sowie Batzen dieselbe Bezeichnung problemlos neben den Reichsadler.[38]

Sprechen sich diese Alliierten nunmehr auch gegenseitig als Republiken an, wie es ihre Münzen nahelegen könnten? Oder bedeuten die erwähnten Umschriften nicht mehr als «Staat» im aristotelisch-naturrechtlichen Sinn?

33 Vgl. dazu auch Thomas Maissen, Zürich und Genf: Selbstdarstellung und Wahrnehmung zweier Republiken im 17. Jahrhundert, in: François Walter (Hrsg.), *La Suisse comme ville. Colloque du Groupe d'Historie urbaine. Genève, 12–13 mars 1998* (Itinera Fasc. 22), Basel 1999, S. 89–106.
34 Vgl. zum folgenden Eugène Demole, *Histoire monétaire de Genève de 1535 à 1792* (Mémoires et documents publiés par la société d'histoire et d'archéologie de Genève, Bd. 1), Genève 1887; vgl. auch Bernard Lescaze, *Genève: Sa vie et ses monnaies aux siècles passés*, Genève 1981.
35 Demole, *Histoire monétaire de Genève*, S. 272.
36 Auf den Deux-quarts steht ab 1702 *Geneva Resp*; auf den Trois-quarts ab 1708 und den Six-quarts ab 1722; dieselbe Umschrift auf den Silbermünzen Dix sols et demi (1714), Vingt et un sols (1710), Ecu (1721) sowie auf der Goldpistole (1722).
37 Eugène Demole, *Médailles genevoises décernées au «secours suisse» du XVIIe au XIXe siècle*, Genève 1911, S. 8–14; vgl. auch S. 24–26.
38 Vgl. Jean-Paul Divo und Edwin Tobler, *Die Münzen der Schweiz im 17. Jahrhundert. Mit einem geschichtlichen Überblick von Prof. Dr. Boris Schneider*, Zürich 1987; Jean-Paul Divo, *Die Taler der Schweiz,* Zürich/Luzern 1966.

Das Genfer Beispiel wird zeigen, dass die Bezeichnung *respublica* lange Zeit keine antimonarchische Stellungnahme impliziert, dass sie aber gleichwohl mit dem Bewusstsein verwendet wird, dass sie eine nicht-monarchische Regierungsform meint; schliesslich, dass die freistaatlichen Konnotationen allmählich aussenpolitisch relevant und innenpolitisch brisant werden.

Die Anrede in der diplomatischen Korrespondenz von Zürich und Genf erfolgt in Wendungen ähnlich denen, die unter den Eidgenossen üblich sind und personalistische oder korporative Staatsvorstellungen ausdrücken. Die Genfer adressieren die Zürcher als «Magnifiques puissans et treshonores seigneurs bons voysins treschers et singuliers amys»; Abschied nehmen sie als «Voz bien voulans et affectionnes voysins et amys. Les sindiques petit et grand conseil de Geneve». In der deutschen Übersetzung heisst dies «Großmechtige, gewalltige, sonders ehrende Herren, guote nachburen unnd fürgeliebte fründt. [...] Üwere willige unnd guothertzige Nachpuren unnd fründt. Die Syndici, klein und groß Räth der Statt Gënff».[39] Ihrerseits vermerken die Zürcher im Titularbuch von 1704, dass die Anreden an Genf «gleicher Gstalt» sind wie diejenige von Mulhouse: «Den Trouwen, Fürsichtigen, Ehrsamen und weysen Syndics und Rath der Statt Genff, unseren besonders guten Fründen, und getrüwesten lieben Eyd- und Pundtgnoßen.»[40] Diese Formeln bleiben im wesentlichen bis zum Ende des Ancien Régime unverändert. Auch der ewige Bund von Zürich und Bern mit Genf wird 1584 in diesem Geist geschlossen, unter Berufung auf die traditionelle Freundschaft und alte Bündnisse – die gemeinsame Konfession wird bewusst nicht erwähnt, um die katholischen Orte nicht unnötig zu reizen.[41]

---

39 StAZ A 246² (14. Dezember 1582); nach dem Bündnis von 1584 ist die Anrede leicht verändert: «Puissans et Tres honorés Seigneurs, Bons Voisins, Singuliers Amis, Tres chers Alliés et Confederés», vgl. etwa StAZ A 246¹³ (1687–1691) oder A 246²³ (1782–1797).
40 «Titularbuch in welchem aller Hoch und Nideren Standts Persohnen Titul sich befinden», StAZ B III 15, S. 483; das Titularbuch stammt ursprünglich aus den 1690er Jahren, doch die darin katalogisierten Wendungen sind meistens viel älter.
41 *Les sources du droit du canton de Genève*, hg. von Emile Rivoire (*Sammlung Schweizer Rechtsquellen* 22, Bd. 3: 1551–1620), Aarau 1933, S. 403; zum Verzicht auf konfessionelle Formeln Oechsli, Les alliances, S. 36; zum Bund selbst zuletzt Martin Körner, Genève et la Suisse réformée en 1584, in: *Bulletin de la société d'histoire et d'archéologie de Genève* 18 (1989), S. 3–22.

Die Fremdbezeichnung als *république* erfolgt also nicht durch die Schweizer, sondern von einer eher unerwarteten Seite: vom König von Frankreich. Henri IV erlässt am 27. Mai 1602 *Lettres patentes* zugunsten der «Seigneurie de Genève»; am 27. Juni 1606 werden diese ausdrücklich bestätigt, doch gelten sie jetzt den «sieurs de la Ville et Republicque de Geneve».[42]

Wenn Henri IV diese Wendungen wählt, so ist das am Hof kein Einzelfall[43]; auch ist sich der Monarch des Unterschieds zwischen Fürstentümern und Republiken durchaus bewusst[44] – *République* meint also nicht «Staat» im Sinne Bodins. Vielmehr übernimmt der französische König hier eine Innovation, die in diesen Jahren in Genf selbst eingeführt worden ist. Die volkssprachliche Verwendung von *republique* ähnlich dem oben angeführten Sprachgebrauch Calvins findet sich schon früh, spätestens ab 1555, wobei Vorstellungen von Gleichheit innerhalb der Bürgerschaft durchaus mitspielen.[45] Doch ein offizieller Titel des Staates wird daraus erst im Laufe des für Genf so wichtigen Jahres 1602. Am 30. April 1602 richten die Genfer einen Hilferuf an Zürich, da Savoyen droht, die Republik umzustürzen («subvertir ceste republique»). *Republik* heisst in diesem Zusammenhang

---

42 *Les sources du droit du canton de Genève*, 3, S. 476, 510f. Vgl. auch die «Lettres patentes [...] octroyées aux Citoyens, Bourgeois, Habitans & Sujets de la Ville de Geneve par le Roy de France», in den Archives Nationales, Paris (ANP), AD XV 33. In der ersten Fassung von 1596 ist noch ausschliesslich von «laditte ville» die Rede, während die erneuerte Version von 1608 verkündet: «le Droit d'Aubaine cesse [...] contre les Citoyens, Bourgeois, Domiciliés & Sujets de ladite République, infolge der supplication de la Seigneurie de la Ville & Republique de Geneve.»

43 Vgl. auch die Briefe des Duc de Sully vom 3. Januar 1601 («Messieurs de la ville et seigneurie de Geneve»); jedoch am 9. Juni 1610 die Nachricht von der Ermordung des Königs an «Messieurs du Conseil de la Ville et Republique de Geneve»; Archives d'Etat de Genève (AEG), Portefeuilles des pièces historiques (PH) 2263.

44 Vgl. die erwähnte Urkunde von 1608, ANP AD XV 33, der auf die Befriedung Frankreichs Bezug nimmt: «Nous n'aurions rien tant désiré que de rendre des effets de gratifications aux Princes Etrangers & Républiques, lesquels pendant les derniers troubles ont fait paroistre leur affection envers Nous.»

45 Vgl. den «Édit contre les fugitifs» vom 8. September 1555 in: *Les sources du droit du canton de Genève*, 3, S. 26: «en grand malheur et au dangier de la republique... comme apartient en une bonne police et republique, tous soient contenuz en degré de citoien et bourgeois, sans se vouloir preferer et s'atribuer quelque authorité ou seigneurie par dessus les autres, sinon en tant qu'office de justice portera; et que par ce moyen soit entretenue bonne paix, les seditions, tumultes, noyses et differens populaires evitez et la benediction de Dieu nous soit donnee pour estre une republique devant luy humile à son honneur et à sa gloire»; vgl. ebd., S. 54 (15. Dezember 1557). «[...] avecq desir de rendre son debvoir à ceste republique.»

offensichtlich «Freistaat», denn die Abwehr der benachbarten Herzöge wird gedeutet als eine Etappe im Kampf, der mit der Befreiung von der Papstkirche und der Tyrannis begonnen hat: «des le temps qu'il a plu a dieu nous delivrer de la tirannie et superstition papale comme appartenant proprement a notre eglise et republique». Der einstige Stadtherr, der Bischof, ist nicht nur als Katholik eine Gefahr, sondern auch als arroganter Despot, der weiterhin Land beansprucht, das seit seiner Vertreibung der Stadt gehört. Die Übersetzung des zitierten Texts durch die Zürcher Staatskanzlei zeigt, dass ihr die neue Begrifflichkeit noch wenig vertraut ist: «sider der Zÿt, das uns hatt der herr durch sÿn gnad von der bäbstischen tirannij und aberglauben erlößt hatt, als wellche land unnd inkhommen irer eigenschafft halber, unserer Kilch und Regimen zuogehörrend.» Aus «subvertir ceste republique» wird entsprechend «userenn Stand und Regimen umbzuokherren».[46] Doch bereits am 19. Mai, als die vier evangelischen Orte sich in dieser Sache an Henri IV wenden, haben sie die fremde Terminologie übernommen: «sider der Zÿt der Religionsennderung als wellche güter unnd inkhommen irer eigenschafft halber der Kilchen und Republic der Statt Genf zugehörend».[47] Die für französische Ohren pleonastische Formulierung «Republic der Statt Genf» verrät aber die anhaltende Verunsicherung der Deutschsprachigen: «Republic» meint den weltlichen Teil der Stadt, den gemeinen Besitz und letztlich das Gemeinwohl der Bürger – aber nicht die politische Gemeinschaft als solche, geschweige denn eine besondere Verfassungsform. Dagegen spricht Henri IV am 3. Juli in seiner Antwort an die Eidgenossen in französischer Prägnanz von «Nos treschers et bons amys les Sindics et conseil de la Republique de Geneve» – der erste Beleg für diesen Titel in einem diplomatischen Dokument.[48]

Man kann also festhalten, dass im Jahr 1602, noch *vor* der Escalade und dem Vertrag von St-Julien mit Savoyen, der im Juli 1603 in gewisser Hinsicht die Anerkennung der Autonomie bedeutet,[49] *respublica/république* zur offiziellen Bezeichnung von Genf wird: Die vertraute Bedeutung des Begriffs als «Gemeinwesen/Staat» wird eingeengt auf «Freistaat», ein Freistaat, der Souveränität beanspruchen darf, auch wenn er nicht monarchisch

---

46 StAZ A 246⁵, Nr. 16 (30. April 1602).
47 StAZ A 246⁵, Nr. 16 (3. Juli 1602).
48 AEG PH 2293.
49 Im Vertragstext findet sich als Titel der Stadt stets nur «les seigneurs de la Ville de Geneve» bzw. auf Deutsch «Statt Gennff»; vgl. AEG PH 2315; der französische Text auch in *Les sources du droit du canton de Genève*, 3, S. 482–488.

– von einem Bischof oder Herzog – regiert wird. Aufschlussreich für die Konnotationen und damit verbundenen Prätentionen des Begriffs ist eine Broschüre von 1636, in der Genf seine Position in einem Rechtsstreit mit einem Adligen um Geldschulden darlegt und die auch auf Deutsch übersetzt und gedruckt wird.[50] «Ville et Republique de Genève» wird darin zu «gemeine Stadt Genff», das Adjektiv *publicus* also gleichsam aus dem Begriff *respublica* herausgelöst und als kaum mehr denn schmückendes Beiwort dem herkömmlichen Titel «Stadt Genff» angehängt, wobei es allenfalls noch an den im Deutschen vertrauten Begriff der Gemeinde erinnert.[51] Dass die Genfer mehr darunter verstehen, zeigt die Broschüre, wo sie den Drohungen ihres Gegners mit der Autorität des habsburgischen Erzherzogs Leopold ihr Selbstverständnis entgegenstellen: «une ville & Republique de Geneve, qui est libre & Souveraine» («freye und für sich eigne Statt»), die keine fremde Jurisdiktion anerkennt.[52] *Republique* ist für die Genfer der ideale Begriff, um Souveränität zu markieren; insofern diese in erster Linie durch Fürsten bedroht ist, kommt darin auch freistaatlicher Stolz zum Ausdruck, doch grundsätzlich antimonarchisch ist dieses Selbstverständnis nicht.

Das erklärt auch das interessante Phänomen, dass der Genfer Wandel im Sprachgebrauch mitvollzogen, ja vermutlich ganz entscheidend befördert wird durch den französischen König Henri IV und seinen Hof. Es ist gut möglich, dass der einstige Genfer Student und berühmte Monarchomach Philippe Duplessis-Mornay, inzwischen königlicher Berater und unbestrittener «Pape des huguenots», an dieser folgenreichen Neutaufe der Rhone-Stadt einen gewichtigen Anteil hat: Jedenfalls anerbietet er sich gleich nach der Escalade, der *Republique* zu Hilfe zu eilen.[53]

Dagegen verharren die Eidgenossen wie erwähnt für weitere zwei Jahrhunderte in den herkömmlichen Anredeformeln; selbst im eigentlichen

---

50 «Sommaire des justes deffenses de ceux de Geneve contre les induës pretensions de Noble Sebastian Truchses agissant par Represailles contre laditte ville & Republique, & les particuliers d'icelle» (StAZ A 246[6], Nr. 59 a und b).
51 Vgl. auch ebd., S. 1, die Übersetzung von «contre la ville & Republique de Geneve, & les personnes & biens de tous ses habitans» durch «wider die Statt und Gemeine auch alle und jede inwohner zu Genff insonderheit».
52 Ebd., S. 6, 9.
53 Philippe de Mornay, Seigneur du Plessis an «les Syndics et Conseil de la Republique de Geneve» (11. Februar 1603): «Messieurs, Vous cognoistres par la bonte de Monsieur Dauphin plus particulierement que par mes lettres la bonne volonté de S. M. envers votre Republique» (AEG PH 2304).

Textteil ihrer Briefe bleibt die oben zitierte Erwähnung der «Republic der Statt Genf» bis 1735 eine seltene Ausnahme, obwohl Genfer Gesandte in Bern und Zürich den Begriff ab 1603 regelmässig verwenden.[54] Zwar übersetzen die Zürcher Kanzlisten den Begriff, wenn er in einem Brief einmal vorkommt, inzwischen korrekt ins Deutsche, aber in ihren Antworten taucht er nie auf.[55] Auch die Genfer adressieren und unterzeichnen ihre Missive an die Eidgenossen stets mit den herkömmlichen Formeln wie «Les syndics et conseil de Geneve» («Die Syndici und Rath der Stadt Genff»). Dagegen setzt sich der Titel in Genf selbst wenn nicht schlagartig, so doch rasch durch:[56] 1609 werden Erlasse von 1603 unter der folgenden Überschrift gedruckt: «Ordonnances et reglement sur la discipline militaire, faite par nos tres-honnorez seigneurs syndiques et Conseil de la Ville et Republique de Geneve, le second d'avril 1589 et reveus le neufiesme de may 1603»[57]; unnötig zu sagen, dass 1589 in obrigkeitlichen Mandaten noch nicht von «Ville et Republique de Geneve» die Rede gewesen ist.

Zwischen Holland und Frankreich: das 17. Jahrhundert

Ungeachtet des raschen Anfangserfolgs am französischen Hof wird die Selbstbezeichnung *République de Genève* im diplomatischen Verkehr noch lange Jahrzehnte brauchen, ehe sie anerkannt und übernommen wird. Das gilt nicht nur für die Eidgenossen, sondern auch bei anderen Staaten, die eigentlich verfassungsmässige Gemeinsamkeiten erkennen könnten, wie etwa Venedig.[58] Der Sinn für eine Sonderrolle von Republiken und daraus

---

54 Vgl. die «Proposition des deputes de Geneve a Berne devant Petit et Grand Conseil» nach der Escalade (12./13. Januar 1603, AEG PH 2300): «Il ny a pas longtemps que vos Seig.s furent visitees de la part de nos Seig.s a l'occasion du danger espouvantable qui leur advint le 12 du mois dernier, danger qui presques mit fin a leur Eglise et Republ.»
55 Vgl. StAZ A 246⁷, Nr. 2 (8. März 1642), worin der Vertrag von St-Julien erwähnt wird, «entre [...] prince Charles Emanuel duc de Savoye et nostre Republique», was der Kanzlist übersetzt als «Herzog von Savoy und unserer Republic».
56 Am 27. Juli 1609 erscheinen noch «Ordonnances de la Cité de Genève, sur la Reformation, Estat et Police d'icelles»; doch schon bald ist «Republique» nicht mehr wegzudenken; vgl. die 1631 gedruckten «Ordonnances et règlement nouveau de la République de Genève concernant les habits, noces, banquets etc. fait [...] le 27. octobre 1626».
57 *Les sources du droit du canton de Genève*, 3, S. 478.
58 Der Doge richtet im April 1653 ein Schreiben an «Illustrissimis Dominis Consuli et Gubernatoribus Civitatis Genevae, amicis nostris carissimis» (AEG PH 3282).

entstehende Hilfeverpflichtungen geht der ersten Hälfte des 17. Jahrhunderts noch völlig ab – Allianzen werden ausschliesslich mit herkömmlicher Verbundenheit und konfessioneller Solidarität begründet. So danken die Zürcher den Genfern für die «bezügung ürens zu uns tragenden Punt- und Religionsgnößischen besten willens» und versprechen ihnen 1641, sich für die Aufnahme der Rhone-Stadt unter die Eidgenossen einzusetzen, worin «unßere Fründt-, Eidt- und Religionsgnössische gmütsmeinung» zum Ausdruck kommt («nostre amiable, confederale intention, en suite de nostre commune Religion»).[59]

Der behutsame Übergang von einer rein konfessionellen Freundschaftsrhetorik zu einer mindestens zum Teil republikanisch-freiheitsbetonten diplomatischen Sprache lässt sich zuerst und lange Zeit ausschliesslich für die Niederlande feststellen, in denen im 17. Jahrhundert *nolens volens* eine freistaatliche politische Theorie und entsprechende Symbolsprache entwickelt wird.[60] Noch vor dem Westfälischen Frieden, im Jahre 1642, erreichen die ersten Briefe der calvinistischen Glaubensbrüder Genf, deren Anrede lautet: «Nos tres honores et magnifiques seigneurs Messieurs les Syndics et autres du petit et Grand Conseil de la Cité et republique de Geneve, nos bons amis», ja, es richten sich auch die Magistraten der «Republique de Leÿden» an ihre Kollegen «de la Republique a Geneve» – fortan ist dies eine Selbstverständlichkeit.[61]

Die Jahrhundertmitte darf als der Moment betrachtet werden, wo in manchen Teilen Europas das Nachdenken über die Besonderheit der republikanischen Staatsform einsetzt – weniger wegen der formalen Unabhängigkeit von Holländern und Schweizern im Jahr 1648 denn infolge der Machtübernahme der niederländischen «Regenten-Republikaner» um die Gebrüder De Witt, vor allem aber als Reaktion auf die Hinrichtung von

---

59 AEG PH 2928 (3. November 1633) sowie PH 3091 (12. August 1641).
60 Vgl. dazu und zu den niederländischen Einflüssen auf die Eidgenossen und Zürich meine erwähnten Aufsätze: Petrus Valkeniers republikanische Sendung und «Par un pur motief de religion».
61 AEG PH 3101 (23. Januar 1642); vgl. PH 3470 vom 11. Januar 1667 und die holländische Formulierung vom 3. Juli 1688 (PH 3821): «Weledele, hoogachtbare, Wijse, Voorsichtige, Heeren, Burgermeesteren en Raadt der Stadt en Republique voan Geneve, Onse besondere goede Frunden en Nabuÿren.» Zu den Kontakten zwischen Genf und den Niederlanden vgl. Guillaume Fatio, *Genève et les Pays-Bas*, Genève 1928; zur finanziellen Unterstützung im 17. Jahrhundert Théophile Heyer, Deux députations genevoises auprès des Provinces-Unies des Pays-Bas pendant le XVIIe siècle, in: *Mémoires et documents publiés par la société d'histoire et d'archéologie de Genève* 13 (1863), S. 40–113.

Karl I. und die Gründung der puritanischen Republik durch Cromwell. Als ausgerechnet diese beiden protestantischen Freistaaten in einen erbitterten Krieg geraten, unternehmen die evangelischen Orte einen zuletzt erfolgreichen Vermittlungsversuch, in dessen Verlauf die Bezeichnung *respublica* nicht nur für die Kriegsparteien, sondern auch für die Eidgenossenschaft als ganze erstmals häufiger vorkommt.[62] Insofern ist es kein Zufall, wenn Zürich den Genfern 1654 mitteilt, dass die reformierten Kantone «in beider Republiquen friedens-tractat auch begriffen und yngeschlossen worden» sind.[63]

Wichtiger ist jedoch, dass die Bedrohung von Religion und Freiheit als paralleles Phänomen vor allem seitens der Holländer benannt und als gemeinsames Schicksal erfahren wird – so erhält die schon lange gültige Solidarität unter Glaubensbrüdern gleichsam eine zweite Legitimation. Die Genfer beklagen 1661 in einem Schreiben an die Generalstaaten «les menaces continuelles des ennemis de nostre liberté et de nostre Religion»[64], um an den altbewährten Freiheitswillen der Holländer zu erinnern und zu appellieren.[65] Es dauert nicht lange, und eine erste (anonyme) Broschüre fordert eine Allianz republikanischer Staaten gegen die absolutistischen Monarchen und insbesondere gegen Frankreich: *L'affermissement des republiques de Hollande & de Suisse* von 1675. Wie der Titel besagt, geht es um ein Bündnis von Niederländern und Eidgenossen, doch die Bedeutung des Traktats liegt gerade in seinen verallgemeinernden Aussagen: «Dans cette veüe il seroit exdient [sic], que toutes les Republiques s'entre aymassent, & méme (si la trop grande distance n'en empéche la communication) se ligassent contre des ennemis communs, afin de s'entreaider au besoin. Mais specialement celles qui ont le méme ennemy à craindre.» Als Beispiel für diese Maxime werden angeführt «la Republique de Gennes & celle de Berne, avec Geneve», die beinahe ununterbrochen dem aggressiven Expansionismus gegenüberstehen, der für alle Monarchen und in diesem Fall für die savoyischen Herzöge bezeichnend sei.[66]

---

62 AEG PH 3252 (6. und 24. Februar 1653) und 3274 (27. März 1654 und 24. Juni 1654); vgl. zu der Vermittlungsaktion Theophil Ischer, *Die Gesandtschaft der protestantischen Schweiz bei Cromwell und den Generalstaaten der Niederlande 1652/54*, Bern 1916.
63 AEG PH 3274 (10. August 1654).
64 AEG PH 3397 (30. April 1661); vgl. auch Heyer, Deux députations genevoises, S. 106.
65 Ediert von Heyer, Deux députations genevoises, S. 107: «[…] après avoir couronné d'une sainte et glorieuse liberté les grandes souffrances de leurs illustres Ancestres […].»
66 *L'affermissement des republiques de Hollande & de Suisse*, s. l. 1675, S. 9f.

Genf und Zürich von 1584 bis 1792 – eine Allianz von Republiken? 311

Solche Äusserungen sind nicht typisch für die frankophilen städtischen Führungsgruppen, aber sie bleiben nicht ungehört in den Jahren, da Louis XIV die Schweiz zu umkreisen droht, die Freigrafschaft, Savoyen, Strassburg und Freiburg erobert, das Edikt von Nantes aufhebt, die Pfalz verwüstet und gegen alle protestantischen Staaten Krieg führt. In diese Zeit fallen intensive Bemühungen Genfs, Zürichs und Berns, für die Calvin-Stadt das «cantonnement» zu erreichen, die Aufnahme in die Eidgenossenschaft, was aber stets am Widerstand der kleineren katholischen Orte scheitern wird.[67] Die evangelischen Kantone beziehen dagegen Genf in ihre Beratungen eng mit ein, etwa an ihrer Aarauer Tagsatzung von 1687, und entsenden sogar eine hochrangige Gesandtschaft zu Louis XIV, die sich für die bedrohten Genfer aussprechen soll, aber wegen zeremonieller Streitigkeiten unverrichteter Dinge wieder abzieht.[68] Zwischen den Bündnispartnern von 1584 ist es – anders als damals – insbesondere die Gefährdung der gemeinsamen Konfession, welche als Motiv für die gegenseitige Hilfe angeführt wird.[69] Doch gleichzeitig zeigen sich Spuren, dass im nicht streng formellen Umgang mit Genf jetzt auch die Eidgenossen – allerdings ohne Emphase – von einer *Republique* sprechen: Zürcher und Berner Gesandte verwenden den Begriff 1686 in einer Grussadresse vor dem Genfer Rat,[70] und der Zür-

---

67 Vgl. dazu Cramer, *Genève et les Suisses*, S. 7–119. Ihre Schilderung setzt allerdings erst 1691 ein, übergeht also die Zürcher Konferenz vom Januar 1686 und die im folgenden erwähnten weiteren Kontakte in diesen Jahren; zur Zürcher Konferenz vgl. den Bericht der Genfer Gesandten nach Zürich (AEG PH 3786) und den Abschied der Konferenz in AEG PH 3788; auch in *Die Eidgenössischen Abschiede*, Bd. 6² (1681–1712), Einsiedeln 1882, S. 157f.
68 Vgl. Conrad Escher, Eine schweizerische Gesandtschaft an den französischen Hof in den Jahren 1687 und 1688, in: *Zürcher Taschenbuch* 11, Zürich 1888, S. 165–201; auch Hans Camille Huber, *Bürgermeister Heinrich Escher von Zürich und die eidgenössische Politik im Zeitalter Ludwig XIV* [sic], Zürich 1936, insbes. S. 34–36. Zur Genfer Gesandtschaft an der Aarauer Tagsatzung vgl. AEG PH 3817.
69 Vgl. etwa den Brief der Genfer an Zürich vom 22. Juli 1686 (StAZ A 246¹²): «Nous n'avons pas creu que tous ces advis fussent à negliger en la facheuse conioncture, ou nostre Religion est exposée. C'est pour ce Suiet, Tres Chers Alliés et Confederés, que nous avons resolu de faire toutes les choses qui dependront de nous pour nostre conservation et prevenir cette demolition ou privation d'exercice [de la religion].»
70 Es handelt sich um den Zürcher Caspar von Muralt und den Berner Bernhard von Muralt, die am 18. Februar 1686 wegen der piemontesischen Flüchtlinge vorsprechen (AEG PH 3790): «Et pusque, Magnifiques Seigneurs, nos Souverains prennent a cœur la conservation de vostre Republique, de votre Ville, et de vos Privileges, ils se trouveroient fort satisfaits des advis de vostre Estat present pour d'autant plus par ce moyen asseurer vostre propre Estat, et celuy de vos Treschers alliez et Confederes

cher Stadtschreiber Johann Heinrich Rahn richtet 1688 einen offiziösen Brief an «Monsieur Gautier Conseiller de la Republique de Geneve».[71] Rahns Formulierung ist besonders auffällig, weil gleichartige Briefe an Gautier, die 1690 von David Hess und 1692 von David Holzhalb geschrieben werden, das Wort *Republique* vermeiden![72] Es ist wahrscheinlich, dass sich in Rahns Wortwahl mehr ausdrückt als eine Reverenz an die Genfer und ihren üblichen Staatstitel; der Zürcher ist der Verfasser einer hollandfreundlichen, republikanischen Broschüre von 1674, in der das «gemeine Interesse aller freyen Ständen» erörtert worden ist und tritt im frühaufklärerischen *Collegium Insulanum* mit Gleichgesinnten als Vertreter dieser neuen Überzeugungen hervor.[73]

Die Verbindung von niederländischem Republikanismus, reformierter Solidarität und umfassenden Bündnisplänen zur Abwehr von Louis XIV ist am eindrücklichsten greifbar in der Person von Petrus Valkenier.[74] Als *Envoyé extraordinaire* der Generalstaaten residiert er von 1690 bis 1704 in Zürich, wo es ihm unter anderem gelingt, Truppen für Holland auszuheben; damit ist das französische Monopol auf Schweizer Söldner durchbrochen. Valkeniers Sekretär, Georges Monet, ist ein Genfer Bürger, und so ist der Niederländer nicht nur ein überzeugter, sondern auch ein gut informierter

---

[...].» *Republique* ist allerdings auch hier nicht als Anrede gebraucht und dürfte im Deutschen etwa «Gemeinwesen» entsprechen.

71 AEG PH 3819A (21. Mai 1688); es geht ebenfalls um Piemonteser Flüchtlinge, die sich in Genf zu einem Zug in die Heimat sammeln wollen. Rahn erkundigt sich im Auftrag der Obrigkeit («Nos seigneurs») darüber, doch richtet er den Brief nicht offiziell an die Genfer Regierung, sondern nur an den offenbar den Zürchern besonders vertrauten Ratsherren Pierre Gautier.

72 AEG PH 3854 (15. und 21. Dezember 1690); PH 3886 (15. Februar 1692). Auch in den Ergebnissen der Genfer Verhandlungen vom Oktober 1690, in denen der Zuzug von Berner und Zürcher Truppen in die Rhone-Stadt besprochen wird, steht nie *Republique*, sondern nur «Ville de Genève» (PH 3864); ähnlich ist in der deutschsprachigen «Relation» der Konferenz von Weiningen (22. August 1693) nur von «Statt Genf» die Rede, in der französischen Übersetzung dagegen von «Republique de Geneve» (PH 3895).

73 *Gründtlicher Bericht der Hollander Religion*, s. l. 1674, zum republikanischen Gehalt vgl. etwa S. 42: «Alle freye Ständ sind bey den Gekrönten nicht wohl angeschriben.» Zu Rahn als vermutlichem Verfasser Christine von Hoiningen-Huene, *Beiträge zur Geschichte der Beziehungen zwischen der Schweiz und Holland im 17. Jahrhundert*, Diss. Bern, Dessau 1899, S. 117f.; zu seinem übrigen Wirken Maissen, Par un pur motief de religion.

74 Vgl. zu seiner Person und zu seinem Wirken in der Schweiz meine Aufsätze: Petrus Valkeniers republikanische Sendung und «Par un pur motief de religion».

Genf und Zürich von 1584 bis 1792 – eine Allianz von Republiken? 313

Fürsprecher einer engen Anbindung von Genf an die Eidgenossenschaft.[75] Einer seiner ersten öffentlichen Auftritte in der Schweiz findet am 8. Januar 1691 statt, an dem Valkenier in Bern eine «Proposition [...] wegen der in grosser Gefahr stehender Statt Genf» hält. Der Holländer beschreibt den Wert der «Statt Genff alß der beste Eydgnösische Schlüssel und Vormauer» gegen den «sonderlichen appetit» Frankreichs. Fällt Genf, so drohe sofort auch Bern und den anderen Orten der «gänzliche Verlust ihres Freyen Stands: Wurden die übrige Cantonen, als Mitglieder dieser löblichen Republic, sich wol ein bessers einbilden dörffen, alß daß sie theils ihre Religion, und ins gesamt ihre völlige so herzhafft erworbene Freyheit samt dem Edelsten Kleinoth ihrer Souverainität, und was ihnen selbsten mehr lieb und werth ist, der obgedachten Unersätlichkeit aufopfern müssten?» Die «Liebe zu ihrer althergebrachten Freyheit» verlange, dass die Eidgenossen die ebenfalls freie und souveräne Calvin-Stadt stützten, ansonsten es Louis XIV nach Art der Monarchen halten werde: «Auf solche Weise sind die Mächtigste [sic] Könige zu der Monarchie gelanget, indeme ihre Anschläge entweder nicht recht gemerket oder sie wenig geförchtet oder kaltsinnig widerstanden worden.»[76] Während Genf und seine eidgenössischen Fürsprecher allein die sicherheitspolitischen Argumente oder – wenn keine Katholiken gegenwärtig sind – konfessionelle Gemeinsamkeiten anführen[77], führt Valkenier behutsam die verbindende republikanische Verfassungsform an.

Politisch relevant werden solche republikanische Freundschaftsbeteuerungen während der Rijswijker Friedensverhandlungen. Um dem anhaltenden Druck aus Frankreich zu begegnen, setzt Genf über seine Verbündeten in der Schweiz und Holland alle Hebel in Bewegung, um namentlich in den

---

75 Cramer, *Genève et les Suisses*, S. 39–43; vgl. die Versicherung Valkeniers vom 25. September 1693 (AEG PH 3910) an die Genfer: «Les Interests de Votre Illustre Republique me seront toujours fort chers [...].»
76 Petrus Valkenier, *Proposition an die Groß-Mächtige Regierung des loblichen Cantons Bern wegen der in grosser Gefahr stehender Statt Genf und höchst nöthiger Beschleunigung deroselben Errettung*, s. l. 1690 (29. Dezember nach alter Zählung).
77 Vgl. z.B. die Briefe des Genfer Gesandten Jacques de Normandie an die Obrigkeit, in denen er seine Verhandlungen über Hilfezusagen schildert (AEG PH 3872). Es geht allein um die *Religion* und die *Ambition* von Louis XIV (Brief vom 23. April 1691): «nous ne doutions pas que par Interest d'estat ou par la consideration de la Religion, le Roy ne se mist en devoir de s'en rendre maitre lors qu'il en trouveroit l'occasion» (26. April 1691).

Frieden eingeschlossen zu werden.[78] Dies gelingt schliesslich gegen die Obstruktion von Louis XIV, die sich zuletzt noch darin ausdrückt, dass in den entsprechenden französischen Urkunden nur von der «ville de Geneve» die Rede ist, nicht von der «Respublica et Civitas Genevarum», wie es etwa dem Sprachgebrauch der kaiserlichen Gesandten entspricht, oder von «Republic», wie es ausnahmsweise auch den Zürchern aus der Feder fliesst.[79] Fern sind die Zeiten eines Henri IV! Der Fürsprecher der Republik ist jetzt ein Niederländer, und entsprechend bedankt sich Genf bei Valkenier für die Hilfe beim Einschluss in den Friedensvertrag. Dieser antwortet mit bezeichnenden Worten:

> Cependant pour mon particulier je me trouve honnoré au dernier degré de ce, que vous reconnoissiez avec tant de civilité et avec tant de bienveuillance le peu de chose que par un pur motief de religion et en qualité de Republicain j'y ay contribué, afin qu'à la formalité de la dite Inclusion ne rien manquerait.[80]

Trotz solcher Teilerfolge verfängt Valkeniers republikanische Propaganda letztlich weder bei den Eidgenossen noch in Genf; die durch Pensionen abgesicherte Verbundenheit der jeweiligen Führungsgruppen einerseits, die Angst vor dem übermächtigen Nachbarn andererseits widerstehen allen weitergehenden Allianzplänen. Auf eine von Valkeniers radikalsten Schriften, in der er die Kantone im Namen der «theuren Freiheit» auffordert, für Genf gegen Louis XIV zu den Waffen zu greifen[81], antwortet ein vom

---

78 Vgl. den Genfer Brief vom 22. September 1696 an den Vorort Zürich (StAZ A 246[14]), worin ein genereller Einschluss unter die *alliés* der Eidgenossen als ungenügend beurteilt wird.
79 Vgl. die Missive Zürichs an Genf, 20. Dezember 1697 (AEG PH 3972): «Eüwer Lobl. Republic und dero Dependenz» und den Brief von Kaunitz vom 29. Oktober 1697 an den kaiserlichen Gesandten Neveu, in dem die in den Frieden einzuschliessenden Staaten erwähnt werden (AEG PH 3970): «Tredecim Helvetiorum Cantones cum eorum Foederatis, nominatim cum Republica et Civitate Genevarum, [...] Valesianis [...].» Louis XIV und Colbert sprechen im selben Zusammenhang von «La Republique de Valais [...] la ville de Geneve et ses Dependances [...]». (PH 3970); auch im französischen Bestätigungsschreiben an die Genfer steht ausschliesslich «ville de Geneve».
80 Valkenier an Genf (19. November 1697, AEG PH 3970), bereits zuvor aufschlussreich: «[...] en vous assurant, que c'est par le meme principe de religion et d'interest, que Leurs Hautes Puissances ont commun avec votre Republique, qu'ils ont songé à votre sûreté par le moyen de votre Inclusion dans leur Paix.»
81 Petrus Valkenier, *Das Interesse einer gesamten löblichen Eydgenoßschafft bei itzigen Conjuncturen*, s. l. 1697; der Text ist bereits im Juni 1696 verfasst, jedoch erst später gedruckt worden.

erwähnten Zürcher Johann Heinrich Rahn verfasstes Traktat[82] mit resigniertem Realismus, obwohl es die Arroganz des französischen Monarchen keineswegs leugnet:

> Dergleichen kleine Republiquen die ihre Situation halt beschaffen sind, wie die Statt Genff, müssen sich zu Zeiten in Gedult schicken und einen mächtigen Nachbauren, der so vil Vortheil hat ihnen mit gäntzlicher Abschneydung der Underhaltungs-Mittlen Leyds zuthun, nicht leicht Trotz bieten.[83]

Da diese Einschätzung auch von den Genfer Magistraten geteilt wird, entwickelt sich Genf noch in den letzten Jahren des 17. Jahrhunderts zu dem recht gefügigen Protektorat der französischen Krone, das es im 18. Jahrhundert sein wird – mit äusserst lukrativen Aspekten insbesondere für die Genfer Bankiers. *Republique* ist zwar der äussere Titel der Stadt, den – von den Schweizern abgesehen – die meisten Staaten in ihrer diplomatischen Korrespondenz verwenden[84], aber es steckt kein stolzer Anspruch auf eine besondere Verfassungsform dahinter, und selbst der Souveränitätsgedanke wird gegenüber Frankreich für lange Zeit kaum mehr betont.[85] Der Republikanismus des 17. Jahrhunderts ist für Genfs Selbstbehauptung wichtig gewesen, obwohl er weniger ausgeprägt hervorgetreten ist als in den Niederlanden; während es sich dabei vor allem um ein aussenpolitisches Phänomen handelt, wird der Republikanismus des 18. Jahrhunderts in erster Linie zu einer innenpolitischen Emanzipationsbewegung, die in Genf stärker und früher als anderswo die ständische Gesellschafts- und Staatsordnung zum Wanken bringt.

Zwischen Syndics und Sujets: das 18. Jahrhundert

Kaum hat das neue Jahrhundert begonnen, werden die Spannungen zwischen Bürgerschaft und Obrigkeit manifest, die in der Hinrichtung Pierre

---

82 Vgl. Gottlieb Emanuel von Haller, *Bibliothek der Schweizer-Geschichte und aller Theile, so dahin Bezug haben*, Bern 1785–1788, Bd. 5, S. 444 (Nr. 1471).
83 *Politisches Gespräch zwischen Dranco, Arminio und Teutobacho: über das wahre Interesse der Eydgnoßschafft*, s. l., s. a.
84 So auch der preussische König Friedrich I., vgl. den Brief vom 18. Juni 1707 (AEG PH 4124) an die «Republicque Geneve».
85 Zum Übergang unter die französische Dominanz Cramer, *Genève et les Suisses*, S. 94–119.

Fatios 1707 ihr erstes Fanal erleben.[86] Die besorgten Verbündeten aus Zürich und Bern entsenden Botschafter zur Vermittlung, die sich wie bei allen folgenden Missionen letztlich hinter die Magistraten stellen. An den drei spektakulären Zusammenkünften des *Conseil Général* im Mai ergreifen auch die Schweizer das Wort, erstmals am 5. Mai 1707. In ihrer Rede sind zwei Begriffe zentral: *ordre* und *union*.[87]

> Nous nous assurons que Vos Magnifiques Seigneuries se procureront à Elles mêmes un si grand bien, en se revetissant en general & en particulier d'un esprit de douceur, de paix & d'union, & de tous les sentimens qu'éxige de vous l'amour sincére que vous devés à Vôtre Patrie, & en remplissant chacun dans son état, tous les devoirs auxquels le bon ordre vous a soûmis: Et vous conviendrés Magnifiques Seigneurs, sans doute, que si l'embleme & la dévise de L. H. P. Les Etats Généraux est applicable à toutes les Républiques, ce doit étre particuliérement à la Vôtre, qui à divers égards est plus exposée qu'aucune autre.[88]

Die Anspielung auf die niederländische Devise *Concordia res parvae crescunt*[89] bringt das paternalistische Verständnis von «Republik» zum Ausdruck: Eintracht ist zur Selbstbehauptung gegen aussen notwendig, und Eintracht entsteht, indem sich jeder gemäss dem ihm zukommenden Stand ohne Widerspruch in die weitgehend vorgegebene Ordnung einfügt – ein alteuropäisch-ständisches Ideal.

Die Schweizer sprechen von «la conservation & la tranquilité de cette République», wozu es eigentlich ausreiche, die weisen Verhaltensregeln der Vorfahren zu befolgen, also jegliche Anfechtung zu vermeiden, «beaucoup plus dans une Assemblée aussi nombreuse que celle-cy». Darin zeigen sich die Vorbehalte der Oligarchen gegen den weite Kreise umfassenden und die Ausübung der Souveränität beanspruchenden *Conseil Général*, Vorbehalte, die insofern nicht unbegründet sind, als die Sitzung vom 5. Mai 1707 tumultuös und für die Gesandten unerfreulich verläuft.[90] Diese orten denn auch

---

86 Einen guten Überblick über die Genfer Unruhen im 18. Jahrhundert liefert Kirk, Genevan Republicanism.
87 Zum Begriff «union» vgl. auch Mason, The Genevan Republican Background, S. 550f., 556.
88 «Representation faite au Conseil Général de la Ville de Geneve [...] par les Seigneurs Ambassadeurs & Représentans [...] des Loüables Cantons de Zurich & de Berne» (AEG Res 534, 2), S. 2.
89 Zur sallustianischen Devise auch Hans Conrad Peyer, Der Wappenkranz der Eidgenossenschaft, in: Felix Richner et al. (Hrsg.), *«Vom Luxus des Geistes». Festschrift für Bruno Schmid zum 60. Geburtstag*, Zürich 1994, S. 121–138, hier 129.
90 Vgl. die Empörung in «Discours au Conseil Général de la Ville de Genève le Jeudi 12 du Mois de May 1707 par les Seigneurs Ambassadeurs & Représentans des [...] Cantons de Zurich & de Berne».

den Konflikt im Gegensatz zwischen den Räten und «ce souverain Conseil»:

> Ainsi ces deux Poles de l'Etat, étans fixez & rendus immobiles, il n'est pas possible que la roüe du Gouvernement ne fasse bien toutes ses fonctions, & ne produise à l'avenir tous les avantages d'une République bien reglée.[91]

«Jalousie contre l'authorité, mouvemens d'ambition, interêts particuliers» und «autres artifices», also eigennütziger Widerstand gegen die ständische Ordnung und Einheit sind die Wurzeln allen Übels.

Diese Einschätzung findet sich auch im gedruckten Bericht der Genfer Obrigkeit zu den Unruhen. Darob gilt es, die Unterschiede zwischen eidgenössischen und Genfer Herrschaften nicht zu übersehen: In der Refugiantenstadt Genf mit dem mindestens potentiell einflussreichen *Conseil Général* hat sich die Oligarchie noch nicht lange und weniger lückenlos von den übrigen Bürgern abgegrenzt als in den Schweizer Städten: Einbürgerungen sind nicht selten, und der Bürgerversammlung obliegen nicht unwichtige Wahlen wie diejenige der Bürgermeister.[92] Der erwähnte Bericht zeigt, dass die Obrigkeit diese Besonderheiten als Argument verwendet, um die unzufriedenen Mitbürger zu beruhigen:

> Geneve est peut être l'Etat le plus proprement nommé République qu'il y ait au Monde: Tous ses Citoiens peuvent pretendre aux Charges Publiques, &, quand ils sont légitimement convoques & assemblez en Corps, leur Assemblée s'appelle Souveraine, & elle a la Sanction des Loix, & la Creation des Principaux Magistrats, soit pour le Gouvernement [...] soit pour la Police [...]. Cependant ce Corps Souverain a laissé, depuis près de deux Siecles, le soin des Affaires publiques à deux Conseils, dont l'un est [...] le Petit Conseil, & l'autre [...] le Grand Conseil.[93]

Republikanisches Gedankengut prägt also, trotz der faktischen Usurpation der wesentlichen Hoheitsrechte, auch die Äusserungen der Genfer Magistraten, in einem Mass, wie dies in Bern oder Zürich undenkbar wäre: Formal stehen die Räte allen *Citoyens* offen, «quand ils ont le merite & les qualitez requises» – ein elitäres, aber kein geburtsständisches Prinzip. Auch eine geplante Gedenkmedaille, welche die Versöhnung der Bürger symbolisieren soll, greift bewusst auf antik-republikanische Motive zurück: Zwei verschränkte Ringe stehen für S. P. Q. G., *Senatus Populusque Genevensis*, vier Buchstaben, «qui sont empruntées des Romains, qui se designoient ainsi pendant qu'ils se gouvernerent en Republique; L'Union de ces deux

---

91 «Discours fait au Conseil Général de la Ville de Genève le Jeudi 26 du Mois de May 1707 par les Seigneurs Ambassadeurs & Représentans des ... Cantons de Zurich & de Berne», S. 2.
92 Vgl. auch Lüthy, Une diplomatie, S. 193.
93 «Lettre sur le Sujet de ces Figures» (AEG Res 534, 9).

Anneaux met devant les yeux celle qu'il y a entre ces deux Parties qui composent la Souveraineté de Geneve».[94]

Welche Vorstellung von «Republik» kann sich durchsetzen? Eine souveräne Obrigkeit, wie sie die Eidgenossen kennen und als Ausdruck eines ständischen *ordre* wünschen; eine zwischen Magistrat und Bürgern geteilte Souveränität, wie sie die Genfer Tradition mit sich bringt und selbst die einheimischen Patrizier theoretisch verteidigen; oder ein souveräner *Conseil Général*, wie ihn die *Bourgeois* und *Citoyens* fordern und im Lauf des Jahrhunderts allmählich auch die anderen Bevölkerungskreise, die darin vertreten sein wollen: die *Natifs*, die *Habitants*, die *Sujets* vom Lande?[95] Die Genfer *Troubles* sind nicht zuletzt ein Streit um die gültige (Um-)Definition politischer Begriffe; und zu diesen gehört auch *République*. Das führt unter anderem dazu, dass in der zweiten Krisenphase (1734–1738) die Zürcher Kanzlei ab 1735 schlagartig die Begrifflichkeit ändert und plötzlich mit aller Selbstverständlichkeit und regelmässig von Genf als *République* handelt – auch auf deutsch, auch in offiziellen Briefen (allerdings weiterhin nicht in der Grussformel).[96]

Am besten greifbar wird die Usurpation republikanischer Konzepte durch die Zürcher in einem Brief, den sie am 29. Dezember 1735 als «alliés d'Etat et de Religion» abschicken, um zu mahnen, «que votre constitution et votre forme de gouvernement qui après Dieu et le secours de vos fidelles alliés, ont le plus contribué a l'affermissement et à l'acroissement de votre

---

94 «Lettre sur le Sujet de ces Figures»; vgl. zu den Medaillen Auguste Cahorn, Quatre projets de médailles genevoises, 1706–1707, in: *Revue suisse de Numismatique* 4 (1894), S. 39–48.

95 Zur Debatte um Souveränität und dem damit zusammenhängenden «anti-government opposition's republican idiom»: Mason, The Genevan Republican Background, S. 549, 562–566.

96 Vgl. etwa den Brief vom 22. Februar 1736: «das band des fridens, eintracht und guten vertrauens in Eüre lobl. Republique» oder die gedruckte Broschüre vom 24. September 1737 «Mémoire adressé par les Seigneurs Représentans des Louables Cantons de Zurich & de Berne [...] aux Magnifiques Seigneurs Sindics, petit & grand Conseil de la Ville & Republique de Genève»; auch im Text wird Genf regelmässig als «Republique» bezeichnet, die eidgenössischen Orte dagegen als «louables Cantons». Dass der Begriff den Zürchern immer noch fremd oder gar ungeliebt ist, zeigt die Mediationsakte von 1738, wie sie von Zürich ratifiziert wird: In der französischen Fassung steht «République de Geneve», in der deutschen dagegen weiterhin «Stadt Genff», vgl. *Recueil des pieces concernant la demande de la Garantie de sa Majesté Très-Chretienne, et des Louables cantons de Zurich et de Berne, faite par le petit Conseil de la Rep. de Genève contre les Cit. & Bourg. Représentans de la dite Ville*, London 1767, S. 31–34.

état, soient maintenues, conservées et soutenues avec fermeté». Die zahlreichen illegalen und tumultuösen Bürgerversammlungen verunmöglichten jedoch das Wirken der ordentlich gewählten Magistraten; diese seien nicht mehr «en état de resister avec plus de rigueur et d'unanimité aux forces du dehors et a deffendre votre liberté bien etablie d'Etat et de Religion, a la Consolation de vos fideles allies, et pour le bien de la cause commune, qui demande necessairement qu'il regne une bonne union dans votre ville». Einheit entsteht durch Gehorsam, und nur so kann die Freiheit des Gemeinwesens aufrechterhalten werden: «dans un etat bien policé, il est necessaire qu'il y ait une subordination sans laquelle les republiques, meme les puissantes, tombent bien-tôt dans la decadence.» Die Zürcher Überlegungen zu «votre forme de gouvernement» übernehmen die aussenpolitische Maxime souveräner Freiheit aus dem Genfer Sprachgebrauch des 17. Jahrhunderts, versuchen jedoch, die innenpolitische Dynamisierung des Konzepts, wie sie an der Rhone stattfindet, zu blockieren, indem sie «Republik» konservativ besetzen: Aussenpolitische Bewahrung hängt vom «maintien de la Constitution de votre République» ab – davon also, dass innenpolitisch nichts verändert wird.[97] Mit dieser Rhetorik wird die Intervention und «Mediation» von Zürich, Bern und Frankreich verbrämt, «pour rétablir la Paix dans cette République, & pour y assurer une forme de Gouvernement qui fasse respecter les Loix, qui conserve la Liberté du Peuple, & qui maintienne l'Indépendance de l'Etat».[98]

Republikanische Freiheit wird fortan von den Apologeten ständischer Ordnung und Privilegien ebenso wie von ihren Gegnern proklamiert – erstere sehen sich als deren Garanten, während sie letzteren als deren despotische Unterdrücker vorkommt. Die *Liberté du peuple*[99] ist für erstere vor allem von aussen bedroht, während die Oppositionellen verkünden, diese müsse gegen die Tyrannen im Inneren errungen werden. Besonders deutlich sagt dies Jacques Barthélemy Micheli du Crest, ein emigriertes Genfer Ratsmitglied, in seinem Appell an die Zürcher und Berner. Auch er erklärt sich zum Verfechter der althergebrachten und bewährten Verfassungsprinzipien, insbesondere der Rechte des *Conseil Général*. Doch für ihn sind es nicht eigensinnige Aufrührer, die diese gefährden, sondern die «Gouvernemens

---

97 Bern und Zürich an Genf, 14. Februar 1735 (AEG PH 4621 bis); das deutsche Original des Briefs fehlt. Vgl. auch den dort befindlichen Text, der auch als Flugblatt gedruckt wurde (AEG Res 534, 2).
98 «Mémoire adressé par les Seigneurs Représentans.»
99 Zum Begriff «Liberté» Mason, The Genevan Republican Background, S. 551f., 557–560.

de ces trois Républiques» in Genf, Bern und Zürich, die zu «Oligarchies effrenées» degeneriert seien – gerade diese abzuschaffen sei doch das Ziel der Zürcher Zunftrevolte und der Brunschen Verfassung gewesen![100]

Der emanzipatorische bürgerliche Republikanismus soll aufgefangen werden, indem sich die städtischen Oligarchien die republikanische Sprache zu eigen machen – in der zweiten Hälfte des Jahrhunderts nennen sich auch Zürich und Bern regelmässig *Republique*.[101] Daran nimmt auch die französische Monarchie keinen Anstoss mehr: Unter Louis XIV ist sie herablassend mit Freistaaten umgegangen, aber 1749 schliesst sie einen «Traité entre Sa Majesté très chrestienne et La Republique de Geneve»[102], womit *Ville et Republique de Geneve* wie zu den Zeiten von Henri IV wieder ein völkerrechtlich vollwertiger Begriff ist. Ja, der französische Aussenminister kann sich sogar in einem kleineren Konflikt mit Genf eine «conciliation qui puisse ne pas blesser la délicatesse républicaine» erhoffen.[103] Ihrerseits bringen aber die Genfer Patrizier, über ihre Bankgeschäfte eng mit Versailles verbunden, zum Ausdruck, dass sie tausendmal lieber Untertanen des französi-

---

100 Jacques Barthélemy Micheli, Seigneur du Crest, *Supplication avec Supplément presentée aux Loüables Cantons de Zurich et de Berne en Juillet & Decembre 1744 [...] au sujet du Réglement fait en 1738 par l'Illustre Médiation de Genève*, Basel 1745, S. 99, 115. Vgl. zu Micheli du Crest Barbara Roth-Lochner und Livio Fornara (Hrsg.), *Jacques-Barthélémy Micheli du Crest, 1690–1766, homme des Lumières*, Genève 1996, insbesondere Paul Barbey, Le discours politique de Micheli du Crest, contexte historique, teneur et sources (S. 20–29). Ausserdem Dominique Micheli, La pensée politique de Jacques-Barthélémy Micheli du Crest d'après les «Maximes d'un Républicain», in: *Bulletin de la Société d'histoire et d'archéologie de Genève* 8 (1942), S. 165–175.

101 *Recueil des pièces*, S. 349 (Declaration des Seigneurs plénipotentiaires): «Nous soussignés Ministres Plenipotentiares de SA MAJESTE TRES-CHRETIENNE & des REPUBLIQUES de ZURICH et de BERNE, Envoyés auprès de la RÉPUBLIQUE DE GENEVE [...]» (25. Juli 1766). Vgl. die Reden der eidgenössischen Gesandten im Dezember 1766 vor Genfer Citoyens und Bourgeois, *Recueil des pièces*, S. 429: «Mais sur-tout, Messieurs, écoutez notre voix; Ministres de deux Republiques, étroitement alliés à la votre [...].»

102 «Traité entre Sa Majesté très chrestienne et La Repubique de Geneve [...] au sujets des possessions de la Ville Et Republique de Geneve enclavées dans le pays de Gex», AEG PH 4766.

103 Der Duc de Choiseul-Praslin am 24. November 1763 an M. De Beauteville, den französischen Botschafter in Solothurn; zitiert bei Georges Livet, «Délicatesse républicaine» et absolutisme monarchique. Note sur l'intérêt des «Instructions aux Ambassadeurs» pour la connaissance des rapports franco-helvétiques sous l'Ancien Régime, in: *Cinq siècles de relations franco-suisses. Hommage à Louis-Edouard Roulet*, Neuchâtel 1984, S. 123–139, hier 123 (nach Archives du Ministère des Affaires étrangères, Correspondance politique, Suisse, vol. 366, fol. 241).

schen Königs wären als der *Représentants*, der gewöhnlichen Bürger, die auf Beteiligung an der Macht drängen.[104] Die Fronten verlaufen nicht mehr zwischen Einzelherrschaft und Freistaat, sondern zwischen ständischen und bürgerlichen Ordnungsvorstellungen.

Entsprechend begründen die Mediationsmächte Frankreich, Zürich und Bern 1766 ihr Eingreifen als ein «plan qui prévient également les abus de l'aristocratie, ou d'une démocratie qui pouvoit détruire sa liberté, & que les Puissances, dont l'alliance doit être précieuse à la République, ne sauroient voire avec indifférence. Tout ce qui peut donner plus de jour & de force aux Loix qui assurent une sage liberté à tous les Membres de l'Etat, tout ce qui peut conserver leurs droits & leurs privileges, a été pour les Ministres Mediateurs un point de vue principal.»[105] Die Demokratie als Feindbild ist genannt, eine richtig verstandene, weise Freiheit dürfe sich nicht gegen Vorrechte und Privilegien richten. Welchem Stand der Republik diese Überzeugung nutzen soll, machen die Zürcher Gesandten klar: «Nos Souverains Seigneurs de la Ville & République de Zurich […] prennent sous leur protection & sauve-garde tous les Ordres de la République de Genève, spécialement le Magistrat.»[106]

Republikanische Begrifflichkeit kann wohl weiterhin zur Abgrenzung von Monarchien dienen, doch das republikanische Pathos, wie es in Zürich Bodmer und seine oppositionellen Gefährten pflegen, droht seine Wirkungskraft zu verlieren, wenn entscheidende Elemente davon im innerstädtischen Konflikt auch von der Obrigkeit verwendet werden. Das entgeht klugen oppositionellen Beobachtern nicht, wie die interessante Analyse im *Bigarus d'un citoyen de Genève et ses conseils républicains dédiés aux Americains* zeigt, ein 1776 in Philadelphia gedrucktes anonymes Werk. Es beschreibt, wie die einheimischen despotischen Magistraten die Nachbarn zu Hilfe rufen:

> C'étoient à la verité des Republicains comme nous; mais des Republicains aristocratiques, auxquels notre Democratie porte ombrage, & qui auroient souhaités que nos Magnifiques Seigneurs eûssent pû introduire parmi nous cette fortunée Aristocratie, qui soutient avec tant d'opulence la brillante fortune des Senateurs de Berne & de Zurich. Il y a longtems que ces Cantons, & quelqu'autres du Corps helvetique, paroissent n'avoir consideré notre Democratie que comme un modèle de mauvais

---

104 Das entsprechende Zitat des Bankiers Marc Cramer bei Lüthy, Une diplomatie, S. 223.
105 *Recueil des pièces*, S. 368f.
106 *Recueil des pièces*, S. 442–443 (Declaration des Seigneurs plénipotentiaires de Zurich, 7. Januar 1767).

exemple pour leurs sujets. Autant que ceux-ci souhaitent joüir des avantages, que nous procure notre constitution, autant leurs sages Souverains apprehendent de ne pas être toûjours primus inter pares.

Der Ehrgeiz sei es, der die Staaten nicht zur Ruhe kommen lasse, weil er die Eliten rastlos lasse im Ringen um «le projet aristocraticien, qui flattoit autant leur orgüeil, que leurs interêts particuliers».[107]

Aristokratie gegen Demokratie – so nennen nunmehr die Kontrahenten selbst den Konflikt innerhalb der Republik, der zur Genfer Revolution von 1782 führt.[108] Während die Syndics Zürich am 9. Mai 1782 mit den herkömmlichen Formeln für die Unterstützung gegen die oppositionellen Bürger danken, schreiben die «Citoyens & Bourgeois Réprésentans de la Ville & République de Genève» am selben Tag den Zürchern äusserst demütig:[109] Als «Républicains» können sie die abweisende Haltung der Verbündeten nicht verstehen, die doch die «droits que donnent à notre République sa qualité d'Etat libre & Souverain» achten müssten. Die Unabhängigkeit eines Staates («Société Politique») sei die Voraussetzung für die Autorität ihrer Gesetze, ansonsten sich jeder Ehrgeizige für seine Ambitionen fremde Hilfe suche – genau das, was die patrizischen «Négatifs», die patriotischer Gefühle entbehrten, stets getan hätten und seit 1779 erneut betrieben. Dem Appell der Genfer Bürger an republikanische Solidarität und Respekt für die «Independance & la Souveraineté de la République» ist es allerdings kaum zuzuschreiben, dass Zürich im Unterschied zu Bern 1782 nicht militärisch interveniert; vermutlich hält sich der Rat eher in Erinnerung an die manifeste innerstädtische Opposition von 1766 zurück.[110] Jedenfalls begrüssen auch die Zürcher Magistraten die «Rükkehr der öfentlichen Ruhe in Euerer Republic und der Wiedereinsezung der gesezmäßigen Regierung in ihr Oberkeith».[111]

---

107 *Les Bigarus d'un citoyen de Genève et ses conseils républicains dédiés aux Americains. Avec quantités d'Anecdotes amusantes, interessantes & autres pour servir à terminer l'histoire des Jésuites*, Philadelphia 1776, Bd. 1, S. 5, 20. Vgl. auch das strenge Urteil über den ehrgeizigen Brutus (S. 11), das mit dessen Verklärung als grosser Republikaner kontrastiert, wie sie im Bodmer-Kreis üblich ist.
108 Zu den Revolutionen ab 1782 vgl. *Révolutions genevoises 1782–1798*, Genève 1990, darin insbesondere die Beiträge von Eric Golay.
109 Beide Briefe StAZ A 246^{23}.
110 Dazu Werner Zimmermann, Verfassung und politische Bewegungen, in: Hans Wysling (Hrsg.), *Zürich im 18. Jahrhundert*, Zürich 1983, S. 21–25; allgemein zu den Konflikten in Zürich Rolf Graber, *Bürgerliche Öffentlichkeit und spätabsolutistischer Staat. Sozietäten und Konfliktkonjunktur in Zürich 1746–1780*, Zürich 1993.
111 AEG PH 5120 (10. Juli 1782).

Die 1790er Jahre führen zuerst in Genf und überraschend rasch dann auch in Bern und Zürich zum Kollaps des Ancien Régime. Die Zürcher Bürgermeister ahnen nicht, wie überlebt ihre letztlich rein personalistischen Vorstellungen sind, die sie Ende 1790 in einem Brief an die Genfer Syndics paternalistisch über «väterliche Zuneigung gegen Eüere Bürgerschaft» und «das Zutrauen Eüerer Mitbürger als dem vestesten Grundpfeiler einer republicanischen Verfaßung» äussern.[112] «Eüere Republicanische Verfaßung» soll diejenigen aufhalten, die gegen «toutes les barrieres de votre Constitution & toute difference des Etats» anstürmen.[113] Denn das «Bestreben der unteren Volks-Claßen Eüerer Republik» geht dahin, «Eüere bürgerliche Verfaßung gäntzlich abzuändern», wobei sie auch noch auf äussere Unterstützung des revolutionären Frankreich zählen könnten.[114] Ebenso wie die städtischen Obrigkeiten innenpolitisch diesem modernen, individualistischen Republikanismus der Franzosen einen altständischen Republikanismus entgegenzustellen versuchen, so versuchen sie auch aussenpolitisch eine republikanische Defensivallianz zum Schutz vor den revolutionären Truppen zu organisieren. Um die Unabhängigkeit der Genfer zu sichern, befördern die Zürcher – für einmal erfolgreich – deren Einbezug in die schweizerische Neutralität während der losbrechenden Revolutionskriege, weil sie «eingedenk unserer bundsgenößischer und fründschaftlichen Verbindungen mit Eürer Republik zu allem denjenigen mit Vergnügen beÿtragen werden, was zu Eüerere Beruhigung und zum Besten des allgemeinen Vaterlandes gereichen mag».[115]

Die Sorge der Eidgenossen um ihre Südwestflanke veranlasst denn auch die revolutionäre Genfer Regierung, ihre Alliierten rasch zu beschwichti-

---

112 AEG PH 5299 (24. November 1790); vgl. PH 5308 (27. Januar 1791): «Nicht nur beÿ uns habet Ihr U.[nsere] G.[etreuen] L.[ieben] resp. E.[id-] u. B.[undgenossen] diesen Endzwek erreichet, und Uns Eüerer Absicht und des Bestrebens vergewißeret, das Zutrauen Eüerer Mitbürger als dem vestesten Grundpfeiler einer republicanischen Verfaßung, in vollem Maaße Eüch zuzueignen, sonder Wir dürfen mit Zuversicht glauben, daß der höchste Rath Eüeren bescheinten wohldenkenden und vaterländischen Gesinnungen die verdiente Gerechtigkeit wiederfahren laßen werde.»
113 AEG PH 5308 (27. Januar 1791).
114 AEG PH 5308 (19. Februar 1791).
115 AEG PH 5340 (Zürich an Genf, 14. April 1792); vgl. ebd. die Briefe vom 30. März 1791 und 23. April 1792. Zu den Neutralitätsverhandlungen Cramer, *Genève et les Suisses*, S. 191–273, und Albert Sarasin, Inclusion de Genève dans la neutralité helvétique en 1792, in: *Mémoires et documents publiés par la société d'histoire et d'archéologie de Genève* 25 (= ser. 2, t. 5) (1893–1901), S. 134–162.

gen, nachdem sie im Dezember 1792 die Macht übernommen hat.[116] Mit den herkömmlichen Grussformeln wird das Schreiben vom 1. Januar 1793 eingeleitet, in dem die Geschehnisse dargestellt sind:

> En faisant part de cet événement à Vos Seigneuries nous n'ignorons pas qu'Elles sont indifferentes à toutes ces modifications intérieures de l'administration d'un peuple libre, que ce sont des arrangemens domestiques qui peuvent & qui doivent varier parmi nous selon le cours de l'opinion, mais ce qui vous interesse particulièrement comme debout & fidèles amis & alliés, c'est la conservation de l'indépendance de nostre Etat à laquelle nous voyons avec tant de satisfaction que vous avez mis la plus haute importance; ce sentiment est l'ame de nostre République. Les deux Comités provisoires ont juré en présence de tous les Citoyens assemblés en Conseil Général de maintenir les principes de la liberté, de l'égalité, & de veiller de tout leur pouvoir à l'indépendance de l'Etat, serment qui fut reçu par les Citoyens avec des marques d'approbation éclatante. Mais Magnifiques, Puissants & Tres Honorés Seigneurs, l'un de nos premiers soins sera constamment de cultiver et d'entretenir les relations qui lient dès les tems anciens notre République à la Votre & dont nous recueillimes en diverses occasions les plus précieux avantages.[117]

Indem die Genfer Revolutionäre den Zürcher Oligarchen wider besseres Wissen Gleichgültigkeit unterstellen, was die inneren Angelegenheiten ihrer souveränen Republik und die neuen Verfassungsprinzipien anbetrifft, können sie die aussenpolitische Bande unter Republiken hervorstreichen. So geschieht es denn auch erst jetzt und nur allmählich in den folgenden Jahren, dass die Genfer in der diplomatischen Korrespondenz mit Zürich zuerst selbst als «Les Sindics & Conseil de la République de Genève» zeichnen und schliesslich auch die «louable République de Zurich» als solche ansprechen.[118]

---

116 Vgl. Louis Binz et al., *Regards sur la Révolution genevoise 1792–1798*, Genève 1992; zur Ikonographie ausserdem Eric Golay, Genève en révolution, in: *La Suisse & la Révolution Française. Images, caricatures, pamphlets*, Lausanne 1989, S. 118–134.
117 StAZ A 246[23].
118 Der Brief vom 7. Februar 1793 ist gezeichnet von den «Comités d'Administration & de Sureté de la Ville & République de Genève», derjenige vom 17. April 1794 von «Les Sindics & Conseil de la République de Genève»; und am 30. Januar 1795 wird zwar noch die traditionelle Anrede verwendet, aber im Text schreiben die Genfer: «La Chancellerie de Genève recevra toujours avec reconnaissance les communications que voudra bien lui faire celle de la louable République de Zurich» (StAZ A 246[23]).

Schluss

Die Analyse der diplomatischen Korrespondenz und einzelner politischer Broschüren hat gezeigt, wie sich das Selbstverständnis von Genf und Zürich und ihr Umgang mit dem Begriff *Respublica* im 17. und 18. Jahrhundert verändert haben. *République de Genève* ist in der aussenpolitischen Abgrenzung gegen Savoyen und dank französischer Unterstützung um 1600 zum offiziellen Titel der Calvin-Stadt geworden, worin insbesondere der Anspruch auf Souveränität zum Ausdruck kommt. Diesen aussenpolitischen Charakter behält der Begriff im 17. Jahrhundert bei; während die eidgenössischen Bundesgenossen bei den herkömmlichen, mittelalterlichen Freundschaftsbeteuerungen bleiben, übernehmen insbesondere die republikanischen Niederlande freistaatliche Konzepte in der diplomatischen Sprache, ja sie tragen etwa durch Petrus Valkenier neue hinzu, um den Kampf gegen Louis XIV nicht nur religiös und strategisch zu legitimieren. Eine breite republikanische Front kommt allerdings um 1700 nicht zustande, unter anderem weil die Genfer Eliten ihr Schicksal zusehends stärker an die französische Krone binden. Dies ist ein Grund für die heftigen Unruhen, die im ganzen 18. Jahrhundert die Rhone-Stadt erschüttern und in denen verschiedene Vorstellungen von *République* aufeinanderstossen. Die Zürcher Obrigkeit bestärkt die Genfer Patrizier in einer ständisch-personalistischen Auffassung des Konzepts, das ab 1735 auch in ihrer Korrespondenz vorherrschend wird: «Republik» ist somit verstanden als die herrschende Verfassung, welche auf väterlicher Fürsorge der Magistraten, einmütigem Zutrauen der Untertanen, klaren Hierarchien und aussenpolitischer Unabhängigkeit ruht. Ihre Entsprechung haben diese Zürcher Vorstellungen bei den konservativsten Vertretern der Genfer Oligarchie, die sich den bezeichnenden Namen *Constitutionnaires* zulegen. Ihnen gegenüber stehen die *Représentants*, die angesichts der politischen Schirmherrschaft von Zürich und Bern wiederholt an republikanische Gemeinsamkeiten zwischen den Eidgenossen und Genf appellieren, obwohl sie im Grunde erkennen, dass die Schweizer Magistraten kaum weniger oligarchisch sind als die eigenen. So differenziert sich in Genfer Oppositionskreisen allmählich ein demokratischer, egalitärer Republikanismus heraus, der immer weitere Bevölkerungsgruppen umfasst und mit dem patrizischen Republikanismus nur noch das aussenpolitische Streben nach Souveränität gemein hat, das den Begriff *République* schon seit dem späten 16. Jahrhundert für Genfs geistige Abwehr gegen Savoyen und Frankreich so wichtig hat werden lassen – aber für Beziehungen zu Zürich und den Eidgenossen nie zentral geworden ist, die bis 1798 auf mittelalterlich-ständischen und konfessionellen Konzepten beruhen.

Bibliographie

L'affermissement des republiques de Hollande & de Suisse, s. l. 1675.
Paul Barbey, *État et Gouvernement. Les sources et les thèmes du discours politique du patriciat genevois entre 1700 et 1770*, Thèse Genève 1990.
Les Bigarus d'un citoyen de Genève et ses conseils républicains dédiés aux Americains. Avec quantités d'Anecdotes amusantes, interessantes & autres pour servir à terminer l'histoire des Jésuites, Philadelphia 1776.
Louis Binz et al., *Regards sur la Révolution genevoise 1792–1798*, Genève 1992.
Peter Blickle, Kommunalismus und Republikanismus in Oberdeutschland, in: Helmut G. Koenigsberger (Hrsg.), *Republiken und Republikanismus im Europa der frühen Neuzeit* (Schriften des Historischen Kollegs. Kolloquien 11), München 1988, S. 57–75.
Gisela Bock, Quentin Skinner und Maurizio Viroli (Hrsg.), *Machiavelli and Republicanism*, Cambridge 1990.
William J. Bouwsma, The Peculiarity of the Reformation in Geneva, in: Steven Ozment (Hrsg.), *Religion and Culture in the Renaissance and Reformation* (Sixteenth Century Essays and Studies, Bd. 11), Kirksville 1987, S. 65–78.
Auguste Cahorn, Quatre projets de médailles genevoises, 1706–1707, in: *Revue suisse de Numismatique* 4 (1894), S. 39–48.
Jean Calvin, *Opera quae supersunt omnia*, hrsg. von Wilhelm Baum, Eduard Cunitz und Eduard Reuss, Bd. 14 (Corpus Reformatorum Bd. 42), Braunschweig 1875.
M. Tullius Cicero, *De re publica*, hrsg. von K. Ziegler, Leipzig 1969.
Marguerite Cramer, *Genève et les Suisses. Histoire des négociations préliminaires à l'entrée de Genève dans le Corps helvétique 1691–1792*, Genève 1914.
Alain-Jacques Czouz-Tornare, L'idée républicaine en Suisse, in: *Annales historiques de la Révolution* 66 (1994), S. 205–222.
Eugène Demole, *Histoire monétaire de Genève de 1535 à 1792* (Mémoires et documents publiés par la société d'histoire et d'archéologie de Genève, Bd. 1), Genève 1887.
Eugène Demole, *Médailles genevoises décernées au «secours suisse» du XVIIe au XIXe siècle*, Genève 1911.
Jean-Paul Divo, *Die Taler der Schweiz*, Zürich/Luzern 1966.
Jean-Paul Divo und Edwin Tobler, *Die Münzen der Schweiz im 17. Jahrhundert. Mit einem geschichtlichen Überblick von Prof. Dr. Boris Schneider*, Zürich 1987.
Yves Durand, *Les Républiques au temps des Monarchies*, Paris 1973.
Die Eidgenössischen Abschiede 1618–1648 (Amtliche Abschiedesammlung Bd. 5, 2), Bern 1877; *Die Eidgenössischen Abschiede 1681–1712* (Amtliche Abschiedesammlung Bd. 6, 2), Einsiedeln 1882.

Encyclopédie de Genève, Bd. 4: *Les institutions politiques, judiciaires et militaires*, Genève 1985.
Conrad Escher, Eine schweizerische Gesandtschaft an den französischen Hof in den Jahren 1687 und 1688, in: *Zürcher Taschenbuch* 11, Zürich 1888, S. 165–201.
Guillaume Fatio, *Genève et les Pays-Bas*, Genève 1928.
Dario Gamboni, Georg Germann und François de Capitani (Hrsg.), *Zeichen der Freiheit. Das Bild der Republik in der Kunst des 16. bis 20. Jahrhunderts*, Bern 1991.
Eusèbe-Henri Gaullieur, *Genève depuis la constitution de cette ville en république jusqu'à nos jours (1532–1856)*, Genève 1856.
Ernest Giddey (Hrsg.), *Préromantisme en Suisse* (Kolloquium der Schweizerischen Geisteswissenschaftlichen Gesellschaften 6), Fribourg 1982.
Eric Golay, Genève en révolution, in: *La Suisse & la Révolution Française. Images, caricatures, pamphlets*, Lausanne 1989, S. 118–134.
Rolf Graber, *Bürgerliche Öffentlichkeit und spätabsolutistischer Staat. Sozietäten und Konfliktkonjunktur in Zürich 1746–1780*, Zürich 1993.
Hans von Greyerz, *Nation und Geschichte im bernischen Denken. Vom Beitrag Berns zum schweizerischen Geschichts- und Nationalbewusstsein*, Bern 1953.
Gründtlicher Bericht der Hollander Religion, s. l. 1674.
Gottlieb Emanuel von Haller, *Bibliothek der Schweizer-Geschichte und aller Theile, so dahin Bezug haben*, Bern 1785–1788.
Théophile Heyer, Deux députations genevoises auprès des Provinces-Unies des Pays-Bas, pendant le XVIIe siècle, in: *Mémoires et documents publiés par la société d'histoire et d'archéologie de Genève* 13 (1863), S. 40–113.
Christine von Hoiningen-Huene, *Beiträge zur Geschichte der Beziehungen zwischen der Schweiz und Holland im 17. Jahrhundert*, Diss. Bern, Dessau 1899.
Hans Camille Huber, *Bürgermeister Heinrich Escher von Zürich und die eidgenössische Politik im Zeitalter Ludwig XIV* [sic], Zürich 1936.
Hans Hürlimann, *Zürcher Münzgeschichte*, Zürich 1966.
Theophil Ischer, *Die Gesandtschaft der protestantischen Schweiz bei Cromwell und den Generalstaaten der Niederlande 1652/54*, Bern 1916.
Lorenz Joos, *Die politische Stellung Genfs zu Frankreich und zu Bern und Zürich in den Jahren 1690–1697*, Diss. Bern, Teufen 1906.
Linda Kirk, Genevan Republicanism, in: David Wootton (Hrsg.), *Republicanism, Liberty, and Commercial Society, 1649–1776*, Stanford 1994.
Helmut G. Koenigsberger (Hrsg.), *Republiken und Republikanismus im Europa der frühen Neuzeit* (Schriften des Historischen Kollegs. Kolloquien 11), München 1988.
Helmut G. Koenigsberger, Schlussbetrachtung. Republiken und Republikanismus im Europa der frühen Neuzeit aus historischer Sicht, in: ders. (Hrsg.), *Republiken und Republikanismus im Europa der frühen Neuzeit* (Schriften des Historischen Kollegs. Kolloquien 11), München 1988, S. 285–302.

Helmut G. Koenigsberger, Republicanism, monarchism and liberty, in: G. C. Gibbs et al. (Hrsg.), *Royal and Republican Sovereignty in Early Modern Europe*, Cambridge 1997, S. 43–74.

Martin Körner, Genève et la Suisse réformée en 1584, in: *Bulletin de la société d'histoire et d'archéologie de Genève* 18 (1984), S. 3–22.

Bernard Lescaze, *Genève: Sa vie et ses monnaies aux siècles passés*, Genève 1981.

Georges Livet, «Délicatesse républicaine» et absolutisme monarchique. Note sur l'intérêt des «Instructions aux Ambassadeurs» pour la connaissance des rapports franco-helvétiques sous l'Ancien Régime, in: *Cinq siècles de relations franco-suisses. Hommage à Louis-Edouard Roulet*, Neuchâtel 1984.

Herbert Lüthy, Une diplomatie ornée de glaces: Genève sous protectorat français, urspr. in: *Bulletin de la Société d'histoire et d'archéologie de Genève* 12 (1960/61), S. 9–42, jetzt in: *Le passé présent. Combats d'idées de Calvin à Rousseau*, Monaco 1965, S. 191–225.

Wolfgang Mager: Republik, in: Otto Brunner, Werner Conze und Reinhart Koselleck (Hrsg.), *Geschichtliche Grundbegriffe. Historisches Lexikon zur politisch-sozialen Sprache*, Bd. 5, Stuttgart 1984, S. 549–651.

Thomas Maissen, Petrus Valkeniers republikanische Sendung. Die holländische Prägung des neuzeitlichen schweizerischen Staatsverständnisses, in: *Schweizerische Zeitschrift für Geschichte* 48 (1998), S. 149–176.

Thomas Maissen, «Par un pur motief de religion et en qualité de Republicain». Der aussenpolitische Republikanismus der Niederlande und seine Aufnahme in der Eidgenossenschaft (ca. 1670–1710), in: Luise Schorn-Schütte (Hrsg.), *Strukturen des politischen Denkens im Europa des 16./17. Jahrhunderts*, München 2000.

Thomas Maissen, Zürich und Genf: Selbstdarstellung und Wahrnehmung zweier Republiken im 17. Jahrhundert, in: François Walter (Hrsg.), *La Suisse comme ville. Colloque du Groupe d'Histoire urbaine. Genève, 12–13 mars 1998* (Itinera, Fasc. 22), Basel 1999, S. 89–106.

Pamela A. Mason, The Genevan Republican Background to Rousseau's *Social Contract*, in: *History of Political Thought* 14 (1994), S. 547–572.

Mémoire adressé par les Seigneurs Représentans des Louables Cantons de Zurich & de Berne [...] aux Magnifiques Seigneurs Sindics, petit & grand Conseil de la Ville & République de Genève, Genève 1737.

Dominique Micheli, La pensée politique de Jacques-Barthélémy Micheli du Crest d'après les «Maximes d'un Républicain», in: *Bulletin de la Société d'histoire et d'archéologie de Genève* 8 (1942), S. 165–175.

Jacques Barthélemy Micheli, Seigneur du Crest, *Supplication avec Supplément presentée aux Loüables Cantons de Zurich et de Berne en Juillet & Decembre 1744 [...] au sujet du Réglement fait en 1738 par l'Illustre Médiation de Genève*, Basel 1745.

E. William Monter, *Calvin's Geneva*, New York 1967.

Hans Nabholz, Zur Baugeschichte des Rathauses, in: *Zürcher Taschenbuch 1914*, Zürich 1914, S. 203–240.

Wilhelm Oechsli, Les alliances de Genève avec les Cantons suisses, in: *Les Cantons suisses et Genève 1477–1815*, Genève 1915, S. 1–71.
Ordonnances de la Cité de Genève, sur la Reformation, Estat et Police d'icelles, Genève 1609.
Ordonnances et règlement nouveau de la République de Genève concernant les habits, noces, banquets etc. fait [...] le 27. octobre 1626.
Robert Oresko, The Question of the Sovereignty of Geneva after the Treaty of Cateau-Cambrésis, in: Helmut G. Koenigsberger (Hrsg.), *Republiken und Republikanismus im Europa der frühen Neuzeit* (Schriften des Historischen Kollegs. Kolloquien 11), München 1988, S. 77–99.
Hans Conrad Peyer, Der Wappenkranz der Eidgenossenschaft, in: Felix Richner et al. (Hrsg.), *«Vom Luxus des Geistes». Festschrift für Bruno Schmid zum 60. Geburtstag*, Zürich 1994, S. 121–138.
John Greville Agard Pocock, *The Machiavellian Moment. Florentine Political Thought and the Atlantic Republican Tradition*, Princeton/London 1975.
Politisches Gespräch zwischen Dranco, Arminio und Teutobacho: über das wahre Interesse der Eydgnoßschafft, s. l., s. a.
Recueil des pieces concernant la demande de la Garantie de sa Majesté Très-Chretienne, et des Louables cantons de Zurich et de Berne, faite par le petit Conseil de la Rep. de Genève contre les Cit. & Bourg. Représentants de la dite Ville, London 1767.
Révolutions genevoises 1782–1798, Genève 1990.
Barbara Roth-Lochner, Zurich et Genève au XVIIIe siècle, ou la diplomatie au quotidien, in: Simone Zurbuchen und Helmut Holzhey (Hrsg.), *Alte Löcher – neue Blicke. Zürich im 18. Jahrhundert: Aussen- und Innenperspektiven*, Zürich 1997, S. 65–81.
Barbara Roth-Lochner und Livio Fornara (Hrsg.), *Jacques-Barthélémy Micheli du Crest, 1690–1766, homme des Lumières*, Genève 1996.
Catherine Santschi, *Histoire et évolution des armoiries de Genève*, Genève 1987.
Albert Sarasin, Inclusion de Genève dans la neutralité helvétique en 1792, in: *Mémoires et documents publiés par la société d'histoire et d'archéologie de Genève* 25 (= sér. 2, t. 5) (1893–1901), S. 134–162.
Jérôme Sautier, Politique et refuge – Genève face à la révocation de l'édit de Nantes, in: *Genève au temps de la révocation de l'Edit de Nantes, 1680–1705*, Genève/Paris 1985, S. 1–158.
Heinz Schilling, Gab es im späten Mittelalter und zu Beginn der Neuzeit in Deutschland einen städtischen «Republikanismus»? Zur politischen Kultur des alteuropäischen Bürgertums, in: Helmut G. Koenigsberger (Hrsg.), *Republiken und Republikanismus im Europa der frühen Neuzeit* (Schriften des Historischen Kollegs. Kolloquien 11), München 1988, S. 101–143.
Heinz Schilling, Stadt und frühmoderner Territorialstaat: Stadtrepublikanismus versus Fürstensouveränität. Die politische Kultur des deutschen Stadtbürgertums in der Konfrontation mit dem frühmodernen Staatsprinzip, in: Michael Stolleis (Hrsg.), *Recht, Verfassung und Verwaltung in der frühneuzeitlichen Stadt*, Köln/Wien 1991, S. 19–39.

Les sources du droit du canton de Genève, hg. von Emile Rivoire (Sammlung Schweizer Rechtsquellen 22, Bd. 3: 1551–1620), Aarau 1933.

James Tully (Hrsg.), *Meaning and context: Quentin Skinner and his critics*, Cambridge 1988.

Petrus Valkenier, *Proposition an die Groß-Mächtige Regierung des loblichen Cantons Bern wegen der in grosser Gefahr stehender Statt Genf und höchst nöthiger Beschleunigung deroselben Errettung*, s. l. 1690.

Petrus Valkenier, *Das Interesse einer gesamten löblichen Eydgenoßschafft bei itzigen Conjuncturen*, s. l. 1697.

Franco Venturi, Re e repubbliche tra Sei e Settecento, in: ders., *Utopia e riforma nell'illuminismo*, Turin 1970, S. 29–59.

Wappen, Siegel und Verfassung der Schweizerischen Eidgenossenschaft und der Kantone, Bern 1948.

Werner Zimmermann, Verfassung und politische Bewegungen, in: Hans Wysling (Hrsg.), *Zürich im 18. Jahrhundert*, Zürich 1983, S. 21–25.

Walter Zurbuchen, L'établissement de relations diplomatiques entre le Saint-Siège et la République de Genève: une histoire anecdotique, in: *Bulletin de la société d'histoire et d'archéologie de Genève* 18 (1989), S. 97–148.

Die «Souveränität, die uns der Schweizerbund gibt»
Reichsstädtisches Freiheitsbewusstsein, Republikanismus
und eidgenössisches Bündnis in Mülhausen

Christian Windler

Wenn Josua Hofer in den Reden, die er von 1748 bis 1797 jedes Jahr als Stadtschreiber von Mülhausen am Schwörtag hielt[1], auf die Ursprünge der Freiheit seiner Stadt zu sprechen kam, verwies er auf die kaiserlichen Privilegien, die ihr die Stellung einer Reichsstadt verliehen hatten. Ihre Freiheit sei durch die «Altvorderen vom Römischen Reich hergebracht» worden.[2]

Der Stadtschreiber setzte allerdings voraus, dass Mülhausen nun aus dem Reichsverband ausgeschieden sei: er sprach etwa von den «alten Zeiten, da die Stadt noch zu dem Reich gehörte»[3], oder von den «alten Zeiten»,

---

1 Die handschriftlichen Fassungen der Schwörtagsreden Josua Hofers befinden sich in: A.M.V.M. [= Archives Municipales de la Ville de Mulhouse], II B 37a. Verschiedene Reden wurden gedruckt. In den Fussnoten wird mit einem in Klammern gesetzten (D) auf diese Versionen verwiesen: *Rede Herrn Stadtschreiber Josua Hofers von Müllhausen, gehalten am jährlichen Schwörtage allda, in St. Stephans Kirche, Sonntags den 24 Brachmonats 1787* [ohne Ort und Jahr], 16 S.; *Rede Herrn Stadtschreibers Josua Hofers von Müllhausen, gehalten am jährlichen Schwörtage allda, in St. Stephans Kirche, Sonntags den 22 Brachmonats 1788* [ohne Ort und Jahr], 16 S.; *Rede Herrn Stadtschreiber Josua Hofers von Mühlhausen, gehalten am jährlichen Schwörtage allda, in St. Stephans Kirche, Sonntags den 21 Brachmonats 1789* [ohne Ort und Jahr], 16 S.; *Rede Herrn Stadtschreiber Josua Hofers von Müllhausen, gehalten am jährlichen Schwörtage allda, in St. Stephans Kirche, Sonntags den 20 Brachmonats 1790* [ohne Ort und Jahr], 15 S.; *Rede am Schwörtage zu Mülhausen, gehalten von Josua Hofer, Stadtschreiber, Sonntags den 22sten Brachmonats 1794*, Basel, Samuel Flick [ohne Jahr], 16 S.; *Rede am Schwörtage zu Mülhausen, gehalten von Josua Hofer, Stadtschreiber, Sonntags den 21sten Brachmonats 1795*, Basel, Samuel Flick [ohne Jahr], 14 S.; *Rede am Schwörtage zu Müllhausen, gehalten von Josua Hofer, Stadtschreiber, Sonntags den 26sten Brachmonats 1796*, Basel, Samuel Flick [ohne Jahr], 16 S. – An dieser Stelle sei A. Bischofberger für die grosszügige Bereitschaft gedankt, dem Verfasser seine sorgfältigen Transskriptionen der Schwörtagsreden zur Verfügung zu stellen.
2 Schwörtagsrede 1755, vgl. 1757, 1767, 1777, 1781, 1789.
3 Schwörtagsrede 20.6.1756.

in denen sie «eine Reichsstadt» gewesen sei.[4] Die kaiserlichen Privilegien galten Hofer nurmehr als entfernter Ursprung städtischer Eigenständigkeit. Durch das Bündnis, das Mülhausen 1515 mit den dreizehn Orten abschloss, sei die Stadt zugewandter Ort der Eidgenossenschaft und – dank der 1549, 1565, 1582, 1598, 1602, 1663 und 1777 bestätigten Teilnahme an den eidgenössischen Allianzverträgen mit dem französischen König – «Bundesgenoss» Frankreichs geworden.[5] Der «Schweizerbund» habe Mülhausen eine republikanische «Souveränität» gegeben[6], die es von den Reichsstädten des Elsass unterschieden habe, zu denen es bis anhin gezählt hatte; «dem Reich und dem Hause Österreich zugetan», mussten letztere «nach und nach dessen Botmässigkeit erkennen und deren Untertanen werden».[7] Die Eidgenossen hätten Mülhausen «durch ihre tapferen Zuzüge und den teuren Bund [...] in die Freiheit gesetzt».[8]

Kam Josua Hofer auf den Westfälischen Frieden zu sprechen, so liess er Mülhausen an der Exemtion der eidgenössischen Orte vom Reich teilhaben, obwohl die Stadt in den Verträgen unerwähnt geblieben war. Wie es zu seiner Zeit auch die Eliten der dreizehn Orte taten, reinterpretierte Stadtschreiber Hofer die reichsrechtliche Exemtion als Bestätigung einer auf der *Possessio* beruhenden, bereits zuvor bestehenden republikanischen Souveränität.[9] Auf diese Weise löste er die Geschichte seiner Stadt aus einem Reichsbezug, der sich im 16. und 17. Jahrhundert zwar wie im Falle der dreizehn Orte an einem historisch gewordenen Verfassungszustand orientiert hatte, in dieser Form aber weiterhin dazu beigetragen hatte, die Führungsgruppen zur Herrschaft zu legitimieren.

So selbstverständlich in der historischen Literatur von der «Republik Mülhausen» die Rede ist, so wenig Aufmerksamkeit haben bisher die Interaktionsprozesse gefunden, in denen das reichsstädtische Freiheitsverständnis erst durch einen naturrechtlich begründeten Republikanismus überlagert wurde. Die französischsprachige elsässische Historiographie hat die politischen Diskurse Mülhausens im 18. Jahrhundert überwiegend aus der Perspektive des 1798 erfolgten Anschlusses an Frankreich und der damit

---

4 Schwörtagsrede 1765.
5 Schwörtagsrede 1765, vgl. 1777.
6 Schwörtagsrede 1765: «[...] mit der Souveränität, die uns der Schweizerbund gibt». Vgl. Schwörtagsreden 1757, 1777, 1794.
7 Schwörtagsrede 1765.
8 Schwörtagsrede 20.6.1756.
9 Schwörtagsrede 1765, vgl. 1757, 1793.

einhergehenden radikalen Umgestaltung der städtischen Verfassung untersucht. Die Republik Mülhausen erscheint als ein dem Untergang geweihtes Relikt einer vergangenen Zeit; Neuerungen werden im Einfluss französischer Vorbilder gesucht.[10] Besonders pointiert vertritt Nicolas Schreck diese Auffassung: «La République de Mulhouse est une synthèse entre un passé conservateur de langue allemande, une modernité d'essence française et une réaction culturelle allemande.»[11] Löst man sich von der teleologischen Interpretation aus der Perspektive französischer Nationalgeschichte, wird der Blick frei auf Konflikte, in deren Verlauf sich erst explizit republikanische Formen der Legitimation von Herrschaft artikulierten. Wegen der Lage der Stadt als Enklave im französischen Territorium definierte sich in Mülhausen städtischer Republikanismus zuerst in Abgrenzung zur Monarchie, dann zur revolutionären französischen Republik. In der Grenzsituation wurden republikanische Herrschaftskonzepte gewonnen, die auf die Eigenschaft der Stadt als zugewandter Ort der Eidgenossenschaft zurückgeführt wurden. Die als gemeineidgenössisch dargestellte republikanische Eigenart rechtfertigte die politische Sonderstellung Mülhausens im Oberelsass.

Der durch die aussenpolitische Situation Mülhausens bedingte Bruch mit der vor allem nördlich der Alpen in der Frühen Neuzeit tief verwurzelten Vorstellung, wonach auch die Selbstverwaltung der städtischen Kommune im gottgegebenen Zusammenhang einer monarchischen Ordnung ihre

---

10 Bruno Guessard, *La Réunion de la République de Mulhouse à la France 1785–1798*, Mulhouse 1991; Raymond Oberlé, L'esprit philosophique et la Réunion de Mulhouse à la France en 1798, in: *Actes du Quatre-Vingt-Huitième Congrès National des Sociétés Savantes, Clermont-Ferrand 1963, Section d'histoire moderne et contemporaine*, Paris 1964, S. 277–294; ders., in: Georges Livet und Raymond Oberlé (Hrsg.), *Histoire de Mulhouse, des origines à nos jours*, Strasbourg 1977, Kapitel VI; Charles Schmidt, *Une conquête douanière: Mulhouse. Documents des Archives Nationales relatifs à la préparation de la réunion de Mulhouse à la France, 1785–1798*, Mulhouse 1912; Nicolas Schreck, La République de Mulhouse des crises d'Ancien Régime à la Réunion à la France de 1798, in: *La Révolution française et l'Alsace*, Bd. 4: *L'Alsace et la République*, Cernay 1992, S. 81–125; ders., *La République de Mulhouse et l'Europe des Lumières. Essai d'histoire culturelle sur les mentalités, la vie publique, l'instruction, les arts, les sciences et les lettres*, Strasbourg 1993; ders., L'engagement culturel européen de la République de Mulhouse au XVIIIe siècle, in: *La Révolution française et l'Alsace*, Bd. 5: *L'Alsace et l'Europe*, Cernay 1993, S. 105–126; ders., Les cursus européens de deux bourgeois: Godefroi Engelmann, père et fils, fin XVIIIe–début XIXe, in: *ebd.*, S. 127–137.
11 Schreck, L'engagement culturel européen, S. 110.

Legitimation fand[12], erlangte im 18. Jahrhundert in den Auseinandersetzungen zwischen Zunftbürgerschaft und Ratsoligarchie eine beträchtliche ideologische Sprengkraft. Es wird im folgenden zu zeigen sein, wie sich in einem politischen Spannungsfeld, das durch die Auseinandersetzungen zwischen einer kleinen Gruppe regierender Familien und den bloss *de iure* regimentsfähigen Bürgern geprägt wurde, unterschiedliche Formen der Wahrnehmung einer Stadtrepublik herausbildeten und als Leitbilder in die politische Praxis eingebracht wurden. Städtischer Republikanismus soll nicht als Vorstufe individualrechtlich begründeter republikanischer Theorien verstanden werden, wie sie sich in der amerikanischen und französischen Revolution durchsetzten.[13] Vielmehr ist, wie dies zuletzt Thomas Maissen für Genf und Zürich vorgeschlagen hat, zu klären, welche Bedeutung republikanische Diskurse für die Zeitgenossen besassen.[14] Besondere Aufmerksamkeit gilt dabei dem Bündnis mit den reformierten Orten, das Hofer als Grundlage republikanischer Souveränität schilderte.

---

12 Helmut G. Koenigsberger, Republicanism, monarchism and liberty, in: Robert Oresko, G. C. Gibbs und H. M. Scott (Hrsg.), *Royal and Republican Sovereignty in Early Modern Europe. Essays in Memory of Ragnhild Hatton*, Cambridge (usw.) 1997, S. 43–74, hier S. 58, betont die «ambiguity in the perception of republics and republicanism». In Mittel- und Westeuropa regierten sich städtische und ländliche Gemeinden in der Frühen Neuzeit zwar oft weitgehend selbständig, doch führten selbst die Niederlande ihren Kampf gegen die Könige von Kastilien bis etwa 1620 nicht mit Bezug auf eine republikanische Freiheit (S. 58–68). Vgl. Helmut G. Koenigsberger (Hrsg.), *Republiken und Republikanismus im Europa der Frühen Neuzeit* (Schriften des Historischen Kollegs. Kolloquien 11), München 1988, v.a. S. 291–296, 299–300.

13 Dazu François Furet und Mona Ozouf (Hrsg.), *Le siècle de l'avènement républicain*, Paris 1993; Patrice Higonnet, *Sister Republics. The Origins of French and American Republicanism*, Cambridge (Mass.)/London 1988.

14 Im Anschluss an J. G. A. Pococks einflussreiche Studie (John Greville Agard Pocock, *The Machiavellian Moment. Florentine Political Thought and the Atlantic Republican Tradition*, Princeton [N.J.] 1975) hat sich vor allem Skinner mit der republikanischen politischen Sprache der Frühen Neuzeit befasst (siehe Gisela Bock, Quentin Skinner und Maurizio Viroli (Hrsg.), *Machiavelli and Republicanism*, Cambridge [usw.] 1990). Über Italien hinaus greifen die Beiträge in Koenigsberger, *Republiken und Republikanismus* und ders., Republicanism, monarchism and liberty; vgl. zum Republikbegriff: Wolfgang Mager, Republik, in: *Geschichtliche Grundbegriffe*, Bd. 5, Stuttgart 1984, S. 549–651. Republikanismus im Bereich der Eidgenossenschaft wurde bisher vor allem für das 18. Jahrhundert untersucht. Grundlegend neue Aufschlüsse zum Republikanismus in Genf und Zürich verspricht das Forschungsprojekt von Thomas Maissen (siehe dessen Beitrag, S. 295–330, sowie die in Anmerkung 25 zitierten Artikel).

Von der Reichsstadt zur souveränen Stadtrepublik

Mülhausen hatte das eidgenössische Bündnis zu einem Zeitpunkt gesucht, als eidgenössische Freiheit angesichts des Verlustes der kaiserlichen Patronage eine beträchtliche Anziehungskraft auf die süddeutschen Reichsstädte ausübte. Wenn auch Schweizer werden – «Turning Swiss» – bedeutete, sich der Jurisdiktion des Kaisers *de facto* weitgehend zu entziehen, so blieb doch der monarchisch geprägte Reichskontext der Rahmen, in dem die Freiheiten der eidgenössischen Städte und Länder bis ins 17. Jahrhundert legitimiert wurden.[15] Auf Gegenständen, die der Ausübung von Rechten dienten, die Mülhausen aufgrund kaiserlicher Privilegien zustanden, wurde der Reichsadler über dem Wappen der Stadt angebracht.[16] Wie in den eidgenössischen Orten symbolisierten die Standesscheiben des Ratssaales zugleich den Bundesgedanken und die Legitimation städtischer Privilegien im Reichsverband.[17] Gegenüber den Habsburgern berief sich Mülhausen auf die im 13. und 14. Jahrhundert verliehenen kaiserlichen Privilegien. Anders als die Städte und Länder der Eidgenossenschaft leistete Mülhausen weiterhin die jährliche Reichssteuer in Höhe von 100 Gulden – mehr Zeichen der Zugehörigkeit als materielle Belastung. Wie Basel liess sich die Stadt an den Reichstagen nicht mehr vertreten, hingegen hatte sie der Zitierung vor das Reichsgericht noch Folge zu leisten.[18]

1648 wurden die Städte der elsässischen Dekapolis, der Mülhausen früher ebenfalls angehört hatte, zwar in ihrer Reichsunmittelbarkeit

---

15 Thomas A. Brady, *Turning Swiss. Cities and Empire, 1450–1550*, Cambridge usw. 1985, S. 34–42, verliert die Bedeutung des Reichskontextes für das eidgenössische Selbstbewusstsein zu sehr aus den Augen. Vgl. ders., *Protestant Politics: Jacob Sturm (1489–1553) and the German Reformation*, Atlantic Highlands (N.J.) 1995, S. 142–203. Zum Reichsbezug in den dreizehn Orten: Rainer C. Schwinges, Verfassung finden durch Geschichte. Die Eidgenossen und das Reich um 1500, unveröffentlichtes Referat, 42. Deutscher Historikertag, 10.9.1998. Eine differenzierte Darstellung der komplexen bundesrechtlichen Situation Mülhausens in: Lutz Eichenberger, *Mülhausen und der Dollfushandel 1722–1746. Ein Beitrag zu seiner Politik, Wirtschaft, Bevölkerung und bundesrechtlicher Stellung in der 1. Hälfte des 18. Jahrhunderts*, Bern/Frankfurt am Main/Las Vegas 1977, S. 154–235. Vgl. die Beiträge im vorliegenden Band.
16 Siehe etwa eine tragbare Sammelbüchse aus Holz von 1614, die vermutlich der Einnahme der Wegzölle diente. Vgl. die vor 1642 entstandene Ansicht Mülhausens, genannt *Plan von Bern* (beides: Mülhausen, Musée historique).
17 Vgl. Dario Gamboni und Georg Germann, unter Mitwirkung von François de Capitani (Hrsg.), *Zeichen der Freiheit. Das Bild der Republik in der Kunst des 16. bis 20. Jahrhunderts*, Bern 1991, S. 131–136, zum Zyklus im Tagsatzungssaal Baden.
18 Oberlé in: Livet/Oberlé, *Histoire de Mulhouse*, S. 105.

bestätigt. Allerdings schuf die Abtretung der kaiserlichen Präfektur an den König von Frankreich eine grundlegend neue Lage, deren Auswirkungen bereits damals zu erahnen waren. Mülhausen musste jede Gleichsetzung mit den elsässischen Reichsstädten vermeiden, wollte es nicht Gefahr laufen, sich den Begehrlichkeiten der französischen Krone auszusetzen. In den Friedensverhandlungen erreichte der Basler Bürgermeister Wettstein von der kaiserlichen Delegation den Verzicht auf die Erwähnung Mülhausens als Reichsstadt, nicht jedoch die ausdrückliche Aufnahme in die Exemtion des *Corpus Helveticum* vom Reich. Mit Blick auf Rottweil widersetzte sich die kaiserliche Delegation der Erwähnung der Zugewandten im Vertragstext. Damit blieb die reichsrechtliche Stellung Mülhausens ungeklärt, was Raum für französische und kaiserliche Ansprüche bot. Während der durch den König von Frankreich eingesetzte Präfekt der Dekapolis, Comte d'Harcourt, die Stadt zur Bezahlung der – mehr symbolisch als materiell bedeutsamen – Reichssteuer zwang, versuchte der Kaiser 1662, Mülhausen zum Reichstag nach Regensburg zu zitieren.[19]

Solchen Ansprüchen konnte sich die Stadt bloss entziehen, wenn es ihr gelang, ihre politische Ordnung ausserhalb des Reichsverbandes zu legitimieren. Angesichts der erstarkenden französischen Präsenz im Elsass vermied die Stadt Schritte, die sie in die Nähe der übrigen Reichsstädte des Elsass gerückt hätten, etwa die Teilnahme an den Bemühungen um die Erhaltung ihrer Reichsunmittelbarkeit. Statt Privilegien im Reichsverband beanspruchte sie mit Verweis auf die *Possessio* staatliche Souveränität.

Die Absicherung dieser Souveränität fand die Stadt trotz des im späten 16. Jahrhundert erfolgten Bruchs mit den katholischen Orten in der Zugehörigkeit zum *Corpus Helveticum*. Zur Klärung der nun vor allem im Hinblick auf das Verhältnis zum König von Frankreich relevanten reichsrechtlichen Stellung trug zunächst der 1658 unterzeichnete und 1663 erneuerte eidgenössische Allianzvertrag mit dem französischen König bei: Die Stadt Mülhausen wurde darin ausdrücklich als zugewandter Ort erwähnt, und ihr Bürgermeister gehörte der Delegation an, die sich zum feierlichen Vertragsabschluss nach Paris begab.[20] Allerdings entstanden mit der französischen Politik der *Réunions* neue Ungewissheiten. Verschiedene Vorfälle

---

19 Oberlé in: Livet/Oberlé, *Histoire de Mulhouse*, S. 105–117, über das Verhältnis zu Frankreich bis zu den Verträgen von Utrecht und Rastatt.
20 Zur Rolle der eidgenössischen Allianzverträge mit dem König von Frankreich bei der Klärung der Bindungen Mülhausens mit dem *Corpus Helveticum*, vgl. Eichenberger, *Dollfushandel*, S. 206–207.

stellten die Bindungen zum *Corpus Helveticum* in Frage. Im Frieden von Nijmwegen (1678) blieb die Stadt als zugewandter Ort unerwähnt. Als die dreizehn Orte 1681 eine Delegation nach Ensisheim sandten, um den König zu begrüssen, mussten die Abgesandten der Forderung nachgeben, in ihrer Rede Mülhausen und Genf zu übergehen. Sodann brachte der neue französische Botschafter, Tambonneau, kein Beglaubigungsschreiben für Mülhausen mit; da der König die übrigen zugewandten Orte berücksichtigt hatte, war die Auslassung gewiss nicht dem Zufall zuzuschreiben.

Unter den für die Stadt bedrohlichen Umständen – die Besetzung von Strassburg hatte 1681 den Ernst der Lage verdeutlicht – liess der Rat das eidgenössische Bündnis 1682 in den Mittelpunkt der ikonographischen Neuausstattung des Ratssaales rücken: Obwohl die Abgesandten der dreizehn Orte in ihrer Rede vor König Ludwig XIV. in Ensisheim 1681 die Verbündeten Mülhausen und Genf nicht erwähnen durften, wurden in Erinnerung an ihren Empfang in Mülhausen neben einem Wandgemälde des Rütlischwures die Wappen der dreizehn Orte und der Zugewandten Biel, Abtei St. Gallen und Stadt St. Gallen angebracht. Eine Inschrift erklärte, dass Gott es einem Volk, das seinen Bund und sein Gesetz halte, geben werde, «dass die Hülf bei Freund und Bundsgenossen, so oft es nötig ist, erfolge unverdrossen».[21] Wappen und Inschrift suggerierten Bindungen, die in dieser Form seit dem Finingerhandel gar nicht mehr bestanden, beschränkte sich das Bündnis doch seither auf die reformierten Orte.

Völkerrechtlich allseits anerkannt wurde die Souveränität Mülhausens erst in den Friedensverträgen von Rijswijk, Utrecht und Rastatt, welche die Stadt als Verbündete der eidgenössischen Orte nannten.[22] Unter dem Eindruck dieser Ereignisse wandte sich der Rat von Neuenburg 1714 in Abkehr von der gewohnten Formel an die «Maîtres Bourgeois et Conseil de la Ville *et République* de Mulhouse». Spätere Schreiben enthalten wieder die schon zuvor übliche Anrede als «ville de Mulhouse».[23]

---

21 Mit der Ausführung dieser Malereien wurde Daniel Hofer beauftragt (Ernest Meininger, *Les anciens artistes-peintres et décorateurs mulhousiens jusqu'au XIXe siècle. Matériaux pour servir à l'histoire de l'art à Mulhouse*, Mulhouse/Paris 1908, S. 35). Die Malereien wurden 1798 übermalt. 1815 wurden sie restauriert; die heutigen Inschriften stammen aus dieser Zeit (Victor Engel, D'une république à l'autre: évolution du décor peint de l'hôtel de ville de Mulhouse, 1779–1799, in: *La Révolution française et l'Alsace*, Bd. 8: *Villes et villages d'Alsace au moment de la Révolution française*, Cernay 1996, S. 155–161, hier S. 159–160).
22 Vgl. Eichenberger, *Dollfushandel*, S. 174.
23 A.M.V.M., XIII G 3.

Republikanismus und zunftbürgerlicher Protest

Im Ringen um die völkerrechtliche Absicherung seiner Souveränität entwickelte sich in Mülhausen – ähnlich wie in Strassburg zwischen 1648 und der französischen Besetzung 1681[24] – das Bewusstsein einer nichtmonarchischen Regierungsform. Wie in Genf galt in den beiden elsässischen Städten «Republik» zunächst als «aussenpolitische Maxime souveräner Freiheit».[25] Während sich Mülhausen und die verbündeten reformierten Orte der Eidgenossenschaft bis zum Ende des Ancien Régime in ihrer Korrespondenz in gewohnter Weise als «Städte» ansprachen[26], nahmen Aussenstehende die republikanische Terminologie dann auf, wenn sie dem Bürgermeister und dem Rat der Stadt Mülhausen schmeicheln wollten. So wandte sich ein französischer Offizier 1735 an «Leurs Excellences les Seigneurs Bourgmaître et Conseil de la Ville et République de Mulhausen», um sich für die Verhaftung von drei Deserteuren seines Regiments zu bedanken.[27] Erst die Aus-

---

24 Wie G. Livet gezeigt hat, versuchte die strassburgische Kanzlei der Auffassung des Rates Nachachtung zu verschaffen, die Stadt sei *in territorio*, aber nicht *de territorio Alsatiae*. Opportunitätserwägungen konnten die französischen Obrigkeiten dazu bewegen, dem Anspruch der Stadt, als souveräne Republik behandelt zu werden, Genüge zu tun. So wandte sich im Namen des Königs Frémont d'Ablancourt 1675 mit folgenden Worten an den Rat von Strassburg: «Je puis vous assurer, MM. les Préteurs, Consuls et Sénat de la République de Strasbourg, de la bonne, franche et sincère amitié que S. M. a pour ses bons amis, alliés et voisins qui composent cette République» (Georges Livet, *L'Intendance d'Alsace sous Louis XIV, 1648–1715*. Strasbourg/Paris 1956, S. 405–407, hier: S. 407).

25 Th. Maissen weist mit Nachdruck auf diese unterschiedlichen Bedeutungen republikanischer Freiheit in Genf hin: siehe seinen Beitrag im vorliegenden Band und Thomas Maissen, Petrus Valkeniers republikanische Sendung. Die holländische Prägung des neuzeitlichen schweizerischen Staatsverständnisses, *Schweizerische Zeitschrift für Geschichte* 48 (1998), S. 149–176; ders., «Par un pur motief de religion et en qualité de Republicain». Der aussenpolitische Republikanismus der Niederlande und seine Aufnahme in der Eidgenossenschaft (ca. 1670–1710), in: Luise Schorn-Schütte (Hrsg.), *Strukturen des politischen Denkens im Europa des 16./17. Jahrhunderts*, München 2000 (im Druck); ders., Zürich und Genf: Selbstdarstellung und Wahrnehmung zweier Republiken im 17. Jahrhundert, in: François Walter (Hrsg.), *La Suisse comme ville. Colloque du Groupe d'Historie urbaine. Genève, 12–13 mars 1998* (Itinera, Heft 22), Basel 1999, S. 89–106.

26 Xavier Mossmann, *Cartulaire de Mulhouse*, Bd. 6, Strasbourg/Colmar, 1890, S. 646–728 (Dokumente der Jahre 1651–1797); Korrespondenz zwischen Mülhausen und Zürich: A.M.V.C., XIII F. Zur Korrespondenz zwischen Genf und Zürich siehe Th. Maissen in seinem Beitrag zu diesem Band.

27 Datiert: Camp de Chalampé, 8.6.1735, unterzeichnet: May (A.M.V.C., XIII O 2). Vgl. Philippe Ignace de Reinach an «Messieurs les Magnifiques des ville et République de

einandersetzungen des 18. Jahrhunderts zwischen Bürgerschaft und Rat führten in Genf und Mülhausen zu einer folgenschweren Republikanisierung der innerstädtischen politischen Diskurse. In Strassburg kam die französische Besetzung einer solchen Entwicklung zuvor.

Spätmittelalterlicher und frühneuzeitlicher Kommunalismus erscheint als «dem Republikanismus vorgängige und ihn bedingende Erscheinung».[28] In der Kommune wurden Formen der Selbstverwaltung eingeübt, die das Bewusstsein einer spezifisch republikanischen Regierungsform erst denkbar machten. Kann indessen von einer «Kontinuität vom Kommunalismus des Spätmittelalters in die Demokratie der Moderne» gesprochen werden, wie sie Blickle postuliert hat?[29] Das Prinzip des Gemeinen Nutzens, auf das sich Stadtbürger und städtische Obrigkeiten im 16. und 17. Jahrhundert beriefen, band das Individuum mit Freiheiten und Pflichten in den korporativen Rahmen der Stadtgemeinde ein, die ihrerseits Privilegien im monarchischen Verband des Reiches besass.[30] Unter diesen Bedingungen konnten, wie Schilling dargelegt hat, klassisch-antike und naturrechtliche Argumente für eine antimonarchische und antiadlige republikanische Freiheit nur in Zeiten innerstädtischen Protests in den Mittelpunkt der politischen Diskurse rücken.[31]

Mülhausen», 28.3.1753 (A.M.V.C., II A 2 5) sowie ein Schreiben an «Messieurs les Bourguemaîtres et magistrats de la Ville et Etat de Mulhouse», Altkirch, 10.11.1738 (A.M.V.C., XIII O 2).

28 Peter Blickle, Kommunalismus und Republikanismus in Oberdeutschland, in: Koenigsberger, *Republiken und Republikanismus*, S. 57–75, hier S. 69. Vgl. Peter Blickle, *Deutsche Untertanen. Ein Widerspruch*, München 1981; ders., Kommunalismus. Begriffsbildung in heuristischer Absicht, in: ders. (Hrsg.), *Landgemeinde und Stadtgemeinde in Mitteleuropa. Ein struktureller Vergleich* (Historische Zeitschrift. Beihefte, N.F. 13), München 1991, S. 5–38; ders. (Hrsg.), *Verborgene republikanische Traditionen in Oberschwaben*, Tübingen 1998.

29 Blickle, *Kommunalismus und Republikanismus*, S. 75. Vgl. Robert von Friedeburg, «Kommunalismus» und «Republikanismus» in der Frühen Neuzeit? Überlegungen zur politischen Mobilisierung sozial differenzierter ländlicher Gemeinden unter agrar- und sozialhistorischem Blickwinkel, in: *Zeitschrift für Historische Forschung* 21 (1994), S. 65–91.

30 Zum Begriff des Gemeinnutzes, vgl. Winfried Schulze, Vom Gemeinnutz zum Eigennutz. Über den Normenwandel in der ständischen Gesellschaft der Frühen Neuzeit, in: *Historische Zeitschrift* 243 (1986), S. 591–626.

31 Heinz Schilling, Gab es im späten Mittelalter und zu Beginn der Neuzeit in Deutschland einen städtischen «Republikanismus»? Zur politischen Kultur des alteuropäischen Stadtbürgertums, in: Koenigsberger, *Republiken und Republikanismus*, S. 101–143, und ders., Stadt und frühmoderner Territorialstaat: Stadtrepublikanismus versus Fürstensouveränität. Die politische Kultur des deutschen Stadtbürgertums in

Die Rezeption naturrechtlicher Freiheitsargumente, die sich mit der Loslösung aus dem Reich verband, bedeutete deshalb, wie Maissen im vorliegenden Band an den Beispielen Genf und Zürich darlegt, einen tiefen Bruch mit bisherigen stadtbürgerlichen Erfahrungen. Zwar stand den republikanischen Ideologien in der sozialen Praxis ein oligarchisches Politikverständnis gegenüber, das die Republiken mit der ständischen Welt verband. Damit verlor Republikanismus allerdings sein Potential als Protestprinzip nicht. Die Auseinandersetzungen in Mülhausen, Zürich und Genf zeigen, dass die in aussenpolitischen Umbruchsituationen rezipierten Topoi naturrechtlicher Herrschaftslegitimation auch gegen das Stadtregiment gewandt werden konnten.[32]

Seit dem Dreissigjährigen Krieg entwickelte sich Mülhausen von einer Landstadt, die in der regionalen Wirtschaft eine bescheidene Rolle spielte, zum wichtigsten Handelsplatz im Oberelsass und seit der Gründung einer ersten Manufaktur im Jahre 1746 zu einem der bedeutendsten Zentren der Indienne-Herstellung in Westeuropa.[33] Mit der Entstehung und dem ausserordentlichen Wachstum der Manufakturen verbanden sich tiefgreifende soziale Veränderungen. Eine beträchtliche Zuwanderung aus dem elsässischen Umland trug dazu bei, den Bedarf an Arbeitskräften zu decken. Zwischen der Jahrhundertmitte und 1782 wuchs die Zahl der Einwohner Mülhausens von gut 4000 auf beinahe 8000 Personen. Gegenüber den Zuwanderern grenzte sich die Bürgerschaft wie in andern Städten im Bereich der Eidgenossenschaft durch die Verweigerung der Neubürgeraufnahme weitgehend ab. Der Anteil der *de iure* regimentsfähigen Bürgersfamilien an den städtischen Haushalten sank deshalb von 72% im Jahre 1699 auf 46% im Jahre 1782. Innerhalb der städtischen Bevölkerung vertieften sich die Gegensätze zwischen Arm und Reich. Von der Pauperisierung besonders betroffen waren die zugezogenen Manufakturarbeiter, die als *Schirmverwandte* oder *Fremde* keine politischen Rechte und nur begrenzte Möglichkeiten wirt-

---

der Konfrontation mit dem frühmodernen Staatsprinzip, in: Michael Stolleis (Hrsg.), *Recht, Verfassung und Verwaltung in der frühneuzeitlichen Stadt*, Köln/Wien 1991, S. 19–39. Vgl. Koenigsberger, *Republiken und Republikanismus*, S. 295–296. Siehe auch Ulrich Scheuner, Nichtmonarchische Staatsformen in der juristischen und politischen Lehre Deutschlands im 16. und 17. Jahrhundert, in: Roman Schnur (Hrsg.), *Die Rolle der Juristen bei der Entstehung des modernen Staates*, Berlin 1986, S. 737–773, hier: S. 746–747, 757–773.

32 Dazu Thomas Maissen in diesem Band (S. 295–330).
33 Den besten Überblick vermittelt: Livet/Oberlé, *Histoire de Mulhouse*, siehe die Kapitel V und VI von Raymond Oberlé, VII von Paul Leuilliot.

schaftlicher Betätigung besassen. Ihr prekäres Aufenthaltsrecht war vom Nutzen abhängig, den sie der Stadt brachten.

Die unternehmerischen Initiativen gingen in Mülhausen von Familien aus, die an der oligarchischen Kontrolle des Rates teilhatten. Diese beruhte auf der Kooptation unter verwandtschaftlich eng vernetzten Familien im formellen Rahmen der Zunftverfassung. Mit dem aktiven Zutun des Rates verloren die zünftischen Vorrechte und Monopole im Wirtschaftsleben an Wirksamkeit zugunsten der freieren Entfaltung der Tätigkeiten der Handelsherren und Fabrikanten, die sich über die engen Grenzen der Stadt weit ins oberelsässische Umland hinaus erstreckten. Im Laufe des 18. Jahrhunderts artikulierten zünftische Kreise, die sich ökonomisch und politisch zurückgestellt fühlten, immer wieder heftige Protestbewegungen gegen die Ratsoligarchie. Diese kam ihnen verschiedentlich mit Konzessionen entgegen und verzichtete anders als etwa die Räte der eidgenössischen Städte Zürich, Bern und Freiburg fast ganz auf repressive Massnahmen – möglicherweise fiel ihr dies deshalb leichter, weil ihre soziale Stellung dank ihrer ökonomischen Aktivitäten nicht schicksalhaft an die Ausübung politischer Macht gebunden war.[34]

Angesichts des wachsenden Widerstandes der Zunftbürgerschaft gegen die Vorrechte der einflussreichen Ratsfamilien sah sich die städtische Obrigkeit 1738–1740 im sogenannten Dollfushandel gezwungen, in Verhandlungen mit dieser Opposition einzutreten. Die Forderungskataloge, welche dem Rat vorgelegt wurden, deckten Konflikte auf, die durch begrenztes obrigkeitliches Entgegenkommen entschärft, aber nicht gelöst wurden.

1738–1740 setzte die zünftische Opposition die Einführung eines Grossen Rates durch; im Vergleich zum Kleinen Rat wurden zu diesem Gremium vermehrt Vertreter der Zunftbruderschaften beigezogen – neben den sogenannten *Sechsern* (d.h. den Vorstandsmitgliedern der Zünfte), die durch Angehörige der Ratsfamilien gestellt wurden, vor allem die neuge-

---

34 Vgl. Eichenberger, *Dollfushandel*; Philippe Mieg, Les métiers des bourgeois de Mulhouse d'après les recensements de 1699 et 1798, in: *Artisans et ouvriers d'Alsace*, Strasbourg 1965, S. 205–211; Raymond Oberlé, Les Corporations et les débuts de l'industrialisation à Mulhouse, in: *ebd.*, S. 369–379; ders., Les symptomatiques troubles populaires à Mulhouse au milieu du XVIIIe siècle, in: *Revue d'Alsace* Nr. 116 (1989/1990), S. 275–284. Zur Oligarchisierung des Regiments in den eidgenössischen Städten und zum Widerstand gegen diese Entwicklung siehe Rudolf Braun, *Das ausgehende Ancien Régime in der Schweiz. Aufriss einer Sozial- und Wirtschaftsgeschichte des 18. Jahrhunderts*, Göttingen/Zürich 1984, v.a. S. 211–223.

schaffenen *Dreier*. Im Sinne der zünftischen Forderungen erliess der Rat Massnahmen gegen Wahlabsprachen und Wahlgeschenke. Sodann durften die aus vermögenden Ratsfamilien rekrutierten *Sechser* die finanziell einträglichen *erbetenen Dienste* (z.B. Unterschultheiss, Salzmesser, Waagmeister) nicht mehr ausüben. Hingegen sollten fortan alle Bürger ohne Ansehen der Person zu den *beschwerlichen Diensten* (Winzer, Torschliesser) herangezogen werden. Indem die bürgerlichen Freiheiten sowie die Berufsvorschriften auf jeder Zunft in einem Protokoll niedergelegt wurden, hoffte sich die Zunftbürgerschaft inskünftig besser gegen Übertretungen der zünftischen Vorschriften durch die Handelsherren einerseits sowie gegen Ansprüche der von den Zünften ausgeschlossenen Schirmverwandten und Fremden andererseits wehren zu können. Mit dem Druck der Gerichtsordnungen wurden die Rechte der Bürgerschaft festgelegt und die öffentliche Beurteilung obrigkeitlicher Willkür erleichtert. Die Gegenseitigkeit der Verpflichtung und die allgemeine Geltungskraft der legalen Normen wurden dadurch repräsentiert, dass die Amtsträger inskünftig ihren Eid wie die Bürgerschaft im Rahmen des Schwörtages abzulegen hatten.[35]

Die Mülhauser Reformbewegung von 1738 bis 1740 orientierte sich in wesentlichen Punkten am alten Recht der Reichsstadt. Die Forderungen nach schriftlicher Fixierung der stadtbürgerlichen Freiheiten und Offenlegung der Regierungsangelegenheiten etwa waren in städtischen Protestbewegungen im Reich weit verbreitet. Gleiches gilt für die Forderungen nach der Mitbeteiligung aller an den Lasten und Pflichten der Bürgerschaft und nach Teilhabe der Bürger an den Entscheidungen in der Gemeinde. Diese Forderungen verbanden sich im Reich in der Regel nicht mit explizit republikanischen Ordnungsvorstellungen.[36]

Gewiss fielen die Ergebnisse des zünftischen Widerstandes in Mülhausen in der Praxis dürftig aus; insbesondere blieb der neueingeführte Grosse Rat weitgehend bedeutungslos.[37] Trotzdem musste die Obrigkeit in den folgenden Jahrzehnten auf den Kompromiss von 1740 Rücksicht nehmen und ihre Tätigkeit an ihren damaligen Zugeständnissen messen lassen. In den Auseinandersetzungen zwischen Rat und zünftischer Opposition wurde antimonarchische republikanische Freiheit zum unterschiedlich interpretierten Leitbegriff der politischen Diskurse einer nun über alle Gegensätze hinweg als souveräne Republik definierten Stadt.

---

35 Eichenberger, *Dollfushandel*, S. 236–278.
36 Schilling, Städtischer Republikanismus, S. 102–103, 107–116.
37 Eichenberger, *Dollfushandel*, S. 273–274, 278.

Obrigkeitlicher Republikanismus als Identifikationsangebot

Der vollständig erhaltene Corpus der Reden, die Stadtschreiber Josua Hofer von 1748 bis 1797 am Schwörtag hielt[38], eröffnet Einblicke in die Art und Weise, wie ein einflussreicher Vertreter der Obrigkeit Republikanismus im Rahmen eines Aktes interpretierte, welcher der Legitimation der politischen und gesellschaftlichen Ordnung diente. Josua Hofer – Doktor der Rechte, Sohn eines Zunftmeisters und Mitglieds des Kleinen Rates, Enkel mütterlicherseits und Schwiegersohn eines Bürgermeisters – stand als Stadtschreiber in der städtischen Ämterhierarchie direkt hinter dem Bürgermeister und vor den Mitgliedern des Kleinen Rates.[39] Dank des direkten Zugangs zu allen schriftlichen Dokumenten, der Ausbildung und Erfahrung als Jurist, der vollamtlichen Stellung und der langen, im Gegensatz zu den Bürgermeistern nie unterbrochenen Amtsdauer entwickelte sich Hofer zur zentralen Figur der Stadtregierung. Insbesondere bestimmte er deren Aussen- und Bündnispolitik. Hofer verstand, wie eingangs gezeigt wurde, den zugewandten Ort Mülhausen als Teil eines aus dem Reichsverband ausgeschiedenen eidgenössischen Bündnissystems, das auch den Rahmen seiner Beziehungen zu Frankreich absteckte. Mülhausen war, wie bereits erwähnt, seit dem sogenannten Finingerhandel im späten 16. Jahrhundert nur noch mit den reformierten Orten verbündet und bloss zu deren Sondertagsatzungen zugelassen. In jahrelangen Verhandlungen gelang es Hofer, die Abneigung der katholischen Orte gegen das reformierte Mülhausen zu überwinden. Zwar kam es nicht zu einer formellen Erneuerung des Bündnisses mit allen dreizehn Orten, doch durfte die Delegation Mülhausens 1777 an der *Séance de légitimation* des französischen Botschafters Vergennes teilnehmen. Kurz darauf wurde die Stadt formell in die erneuerte Allianz mit dem König von Frankreich einbezogen. Als die Nationalversammlung den französischen Zoll an die Aussengrenzen verlegte und Mülhausen damit zur zollpolitischen Enklave machte, setzte Hofer auf eine Zollunion mit Frankreich, um die politische Selbständigkeit der Stadt wenigstens teilweise zu bewahren.

---

38 Siehe Christian Windler, Schwörtag und Öffentlichkeit im ausgehenden Ancien Régime. Das Beispiel einer elsässischen Stadtrepublik, in: *Schweizerische Zeitschrift für Geschichte* 46 (1997), S. 197–225. Vgl. Andreas Bischofberger, *Die Schwörtagsreden des Mülhauser Stadtschreibers Josua Hofer aus den Jahren 1748–1797*, unveröffentlichte Lizentiatsarbeit, Historisches Seminar der Universität Basel, 1995.

39 Siehe zuletzt Raymond Oberlé, A propos de la bibliothèque d'un juriste du XVIIIe siècle, in: *Revue d'Alsace* Nr. 119 (1993), S. 271–284. Vgl. *Nouveau Dictionnaire de biographie alsacienne*, n° 17: *Hoc à Hug*, Strasbourg 1991, S. 1622–1623.

Als einnehmender und gewandter Vertreter der Stadtrepublik unterhielt Josua Hofer ein weitgespanntes Netz persönlicher Beziehungen in den eidgenössischen Orten, im Elsass und in Paris. In seiner Denkweise stand er Reformern in den eidgenössischen Städten am nächsten, mit denen er korrespondierte und von denen er viele persönlich kannte. Aktiv nahm er an den Versammlungen der Helvetischen Gesellschaft teil, deren Mitglied er 1763 geworden war. 1781 präsidierte er die Versammlung der Gesellschaft in Olten.[40] Das Inventar seiner Bibliothek zeigt einen gebildeten Juristen, der sich über die verschiedensten Wissensbereiche und Geistesströmungen zu informieren suchte – auch über solche, die er ablehnte. So legte er Wert darauf, auch Schlüsselwerke der Aufklärung zu erwerben, die er kritisch beurteilte, etwa solche von Voltaire und Rousseau.[41] Seine Belesenheit erleichterte Hofer den Versuch, als Schwörtagsredner gegenläufige Bestrebungen von Bürgerschaft und Obrigkeit zu einem ideellen Konsens zusammenzuführen.

Am Schwörtag, der jeweils im Juni am Sonntag nach der Ämterbesetzung abgehalten wurde, versammelten sich Bürgerschaft und Obrigkeit, um den Bürger- beziehungsweise den Amtseid zu leisten. Der Zeitpunkt des Schwörtages – an einem Sonntagmorgen –, der räumliche Rahmen – die Stadtpfarrkirche –, die Beteiligung der weltlichen und kirchlichen Amtsträger, Formen und Inhalte der Ansprachen des Stadtschreibers sowie die Symbolik der Handlungen waren ganz darauf ausgerichtet, den unterschiedlichen sozialen Status der Anwesenden fortzuschreiben. Die ständische Hierarchie fand einen deutlichen Ausdruck in der räumlichen Distanzierung: Die Herren des Kleinen Rates, der Bürgermeister und der Stadtschreiber stellen sich «der Reihe nach» auf den Lettner, die Herren des Grossen Rates und die Bürgerschaft «bleiben unten in der Kirche stehen».[42] Die Schwörtagsreden hatten den Anwesenden die Bedeutung von Eid und Schwörtag als affirmative Repräsentation und Erneuerung einer vor Gott eingegangenen Verpflichtung in Erinnerung zu rufen.[43]

---

40 Vgl. Ulrich Im Hof und François de Capitani, *Die Helvetische Gesellschaft: Spätaufklärung und Vorrevolution in der Schweiz*, 2 Bde., Frauenfeld/Stuttgart 1983: Bd. 1, S. 15, 20, 53, 54, 61, 68, 92, 179, 182, 188, 220, 346 (Anm. 10); Bd. 2, S. 321.
41 Vgl. über den Basler Iselin: Ulrich Im Hof, *Isaak Iselin und die Spätaufklärung*, Bern/München 1967, S. 179–197.
42 Anhang zur Schwörtagsrede 1788 (D), S. 15.
43 Der nicht auf das Recht begrenzten gesellschaftlichen Gestaltungskraft des Eides in den Gesellschaften des Ancien Régime ist in der Forschung neuerdings grössere Aufmerksamkeit geschenkt worden: Peter Blickle (Hrsg.), *Der Fluch und der Eid: Die*

Trotzdem war der Schwörtag nicht jene tendenziell kommunikationslose Sphäre obrigkeitlicher Repräsentation «vor dem Volk», wie man dies im Anschluss an Habermas im Sinne eines aufgeklärt-liberalen Kommunikationsbegriffs annehmen könnte.[44] Als Vertreter der städtischen Obrigkeit ging Hofer davon aus, dass die Bürgerschaft einen eigenen politischen Willen ausdrückte, und nahm deshalb implizit und explizit Argumente der zünftischen Opposition gegen die Obrigkeit auf. Seine Aufgabe als Redner lag darin, auch schwer zu vereinbarende Positionen zusammenzubringen und Dissens zum obrigkeitlichen Identifikationsangebot zurückzuführen. Vieldeutigkeit und Widersprüche sind deshalb nicht als individueller Mangel an Kohärenz, sondern als Ausdruck von Verwerfungen in den politischen Diskursen der Stadtrepublik zu lesen.

Der obrigkeitliche Diskurs Hofers war darauf ausgerichtet, das Handeln des Rates als Erfüllung der 1740 erzielten Kompromisse und allgemein als Ausgleich zwischen Obrigkeit und Bürgerschaft sowie innerhalb der Bürgerschaft zu interpretieren. Während der Stadtschreiber seit den 1780er Jahren immer entschiedener gegen den «Patriotengeist», d.h. den demokratisch-emanzipatorischen Republikanismus, polemisierte, richtete sich sein Republikanismus bis dahin als Identifikationsangebot an die zünftische Opposition, die Republikanismus ihrerseits als gegen die Arkanpolitik des Rates gerichtete Forderung formulierte. Der konsensorientierte Diskurs Hofers signalisierte betont Offenheit gegenüber Reformen. Zur «Schläfrigkeit der Regenten» gehöre das Versäumnis, die Ordnungen «nach den Zeiten und Umständen» einzurichten.[45]

Aus der Sicht des städtischen Rates sollte der Schwörtag vor allem die eidliche Bindung der Einwohnerschaft bekräftigen; der Bürgereid glich sich

---

metaphysische Begründung gesellschaftlichen Zusammenlebens und politischer Ordnung in der ständischen Gesellschaft (Zeitschrift für historische Forschung. Beiheft 15), Berlin 1993; André Holenstein, *Die Huldigung der Untertanen. Rechtskultur und Herrschaftsordnung (800–1800)* (Quellen und Forschungen zur Agrargeschichte 36), Stuttgart/New York 1991; Paolo Prodi, *Il sacramento del potere. Il giuramento politico nella storia costituzionale dell'Occidente*, Bologna 1992; ders., *Der Eid in der europäischen Verfassungsgeschichte* (Schriften des Historischen Kollegs. Vorträge 33), München 1992; ders. (Hrsg.), *Glaube und Eid. Treueformeln, Glaubensbekenntnisse und Sozialdisziplinierung zwischen Mittelalter und Neuzeit* (Schriften des Historischen Kollegs. Kolloquien 28), München 1993.

44 Jürgen Habermas, *Strukturwandel der Öffentlichkeit. Untersuchungen zu einer Kategorie der bürgerlichen Gesellschaft*, Frankfurt am Main 1990 (1. Ausgabe: 1962), S. 60–62.

45 Schwörtagsreden 1759, 1770.

so unmerklich dem Untertaneneid an, den die von den politischen Rechten ausgeschlossenen Schirmverwandten und Fremden an einer getrennten Versammlung leisteten. Auch die zunftbürgerliche Opposition verstand den Schwörtag als Akt, der städtische Verfassung gestaltete und aktualisierte. Die Gegenseitigkeit des Eides gehörte zu den Konzessionen, die sie dem Rat im Dollfushandel 1740 abrang. Der Rat musste den Ausdruck «getreue Untertanen» durch die Formel «getreue und untergebene Bürger» ersetzen und gleichzeitig der Forderung stattgeben, auch die Amtsträger sollten ihren Eid fortan im Rahmen des Schwörtages leisten.[46] Anlässlich des Schwörtages wurde republikanische Ordnung nun einmal pro Jahr als auf *gegenseitiger* Treue zwischen Bürgerschaft und Obrigkeit beruhend öffentlich repräsentiert. Die Stellung der Mülhauser Bürgerschaft unterschied sich damit deutlich von jener, die etwa J. J. Moser den Bürgern von Reichsstädten zuerkannte.[47]

In den Schwörtagsreden Hofers wurden die Gegenseitigkeit und die Grenzen der eidlichen Verpflichtung zu einer symbolhaften Eigenart der republikanischen Verfassung Mülhausens, die diese grundlegend von den Verhältnissen in Fürstenstaaten unterscheide: «Wenn sich ein Fürst teils aus Furcht, teils aus Gewalt huldigen lässt, so hat der Eid, den eine hohe und rechtmässige Obrigkeit begehrt, die Liebe und das Wohl der Bürger zum Grund.» Noch bevor sich die Bürger am Schwörtag «zum Gehorsam verpflichten», verbänden sich die Obrigkeiten «zu Recht und Gerechtigkeit». Während ein Treueeid, der «nur in allgemeinen Worten gefordert» werde, «leicht auf einen blinden Gehorsam gezogen und missbraucht werden» könne, sei ein Eid, der «in seinen besonderen Pflichten und gleichsam artikelweise vorgeschrieben wird, ein Zeichen, wie redlich man es mit den Bürgern meint».[48]

---

46 Über die Eidleistung der Amtsträger als Forderung der Bürgerschaft vgl. Oberlé, in Livet/Oberlé, *Histoire de Mulhouse*, S. 148. Über die Eidformel: Oberlé, Troubles populaires à Mulhouse, S. 282.
47 Vgl. Johann Jacob Moser, *Von der Reichs-Stättischen Regiments-Verfassung. Nach denen Reichs-Gesezen und dem Reichs-Herkommen, wie aus denen Teutschen Staats-Rechts-Lehrern und eigener Erfahrung*, Frankfurt am Main/Leipzig 1772, S. 73, § 20: «Die Burgerschaft und übrige Eingesessene einer Reichsstadt haben in Corpore und einzeln gegen die Obrigkeit eben diejenigen Pflichten, wie anderer Reichsstände Untertanen gegen ihre Landesherrschaft; nämlich 1. Ehrerbietigkeit und 2. Gehorsam; dahero auch die Vergehung wider das eine oder andere von denen höchsten Reichsgerichten ernstlich geahndet wird.»
48 Schwörtagsrede 1748.

Die Reden des Stadtschreibers enthielten deutliche Spitzen gegen den Fürstenstaat, dem er die Vorzüge Mülhausens als durch Gesetze wohlgeordnete, «freie» und «souveräne» Republik gegenüberstellte.[49] Eine monarchische Obrigkeit sollte zwar ebenfalls durch «Fundamentalgesetze» geordnet und eingeschränkt sein, sonst sei sie «tyrannisch» oder «despotisch». Wenn Hofer die Vorteile von Republik und Monarchie abwog, unterstrich er aber die Gefahr einer Entartung der Monarchie zur Tyrannei. Persönliche Freiheit, Rechtsgleichheit, Bindung von Bürgerschaft und Obrigkeit an die Gesetze anstelle blinden Untertanengehorsams, Wahl der Amtsträger – solche Eigenarten republikanischer Herrschaft unterschieden die Verhältnisse in Mülhausen von jenen in Monarchien.[50]

Um dies zu verdeutlichen, suchte der Schwörtagsredner seine Zuhörer «mit dem Elsass ein wenig besser bekannt zu machen». «Die Rechte des Landes und die königlichen Ordnungen» seien «schön», doch da es «gar viel auf Formalitäten» ankomme und «die eingeführten schriftlichen Prozeduren durch viele Hände gehen» müssten, «auch in einem deutschen Land das Französische nicht jedermann verständlich» sei, gebe «dieses zu vielem Aufschub, Missverstand, Fehlern und Kosten Anlass.» «Die Entfernung des Richters oder dessen schwieriger Zugang» ständen dem Rechtsbegehrenden «gar oft im Wege: Wie viele sogenannte Acte empfängt nicht manchmal ein Bauer, der nichts als den Pflug kennt und muss Reisen zu dem Advokaten und dem Richter machen, den er nicht antrifft oder lange warten muss. Wie geschwind vermehren sich dann nicht seine Kosten, die oft über die Hauptsumme steigen. Die geringste Schrift kostet Geld, und der Leuten, die von der Feder und Prozessen leben wollen, ist fast kein End.» Mit der Aufzählung ungewohnter Begriffe, die für die «Beschwerden» standen, die die französische Verwaltung verursache, erläuterte Hofer, warum «die königlichen Untertanen Mülhausen glücklich schätzen und es wegen seiner Freiheit mit einigem Neid und Eifersucht ansehen». Der königlichen Justiz stellte er jene Mülhausens gegenüber, die leicht zugänglich und wenig kostspielig sei. Mit seinen Vergleichen hoffte er den Bürgern ihre «eigene Verfassung desto schätzbarer» und ihre «Pflichten teurer zu machen».[51] Die antimonarchische Argumentation übernahm die Ansprüche der Zunftbürgerschaft auf eine rechtliche Absicherung der Regierten und beraubte sie damit ihrer kritischen Stosskraft.

---

49 Schwörtagsrede 1786, vgl. 1765, 1769, 1772, 1773, 1785.
50 Schwörtagsrede 1755, vgl. Schwörtagsreden 1748, 1761 und 1786.
51 Schwörtagsrede 1769.

Noch und noch betonte Hofer, wie vorteilhaft sich für Mülhausen die Beziehungen zu Frankreich gestalteten. Den Westfälischen Frieden schilderte er als Befreiung von den Begehrlichkeiten des Hauses Österreich und als Beginn einer Zeit, in der die Souveränität Mülhausens nicht mehr ernsthaft in Frage gestellt werde. Der Stadtschreiber wurde nicht müde, den Grossmut der königlichen Verwaltung gegenüber der kleinen Stadtrepublik zu loben.[52]

Die Intensivierung territorialer Souveränität in Frankreich stellte den städtischen Rat in Wirklichkeit vor Schwierigkeiten, denen er in der zweiten Hälfte des 18. Jahrhunderts immer weniger gewachsen war. 1760 konnte der Rat die Errichtung einer Zollgrenze um die Stadt noch mit der Bereitschaft verhindern, den königlichen Fiskus für die Verluste zu entschädigen, die ihm durch den Verzicht auf die Erhebung einer im Vorjahr eingeführten Lederabgabe erwuchsen.[53] Als hingegen 1785 die Einfuhr von Indienne-Stoffen in die fünf *grosses fermes* verboten wurde, erlangte eine Mülhauser Delegation in Paris unter der Leitung Hofers 1786 nur eine partielle temporäre Erlaubnis, solche Stoffe weiterhin nach Frankreich einzuführen. Eine dauerhafte Lösung stand noch aus, als die Nationalversammlung den französischen Zoll an die Aussengrenzen verlegte und Mülhausen damit zur zollpolitischen Enklave machte.[54] Die Zollsperre stürzte die zuvor stark expandierende Wirtschaft Mülhausens in eine Krise, aus der sie erst nach der *Réunion* wieder herausfand. Die Zollmassnahmen waren deshalb so folgenreich, weil sich die Manufakturen der Stadt immer stärker auf Absatzmärkte im Elsass, aber auch im französischen Zollgebiet jenseits der Vogesen ausgerichtet hatten. Der Entscheid zugunsten der *Réunion* verband sich 1798 nicht mit einer sozialen Protestbewegung, sondern wurde durch wohlhabende Bürger getragen. Dank der politischen Neuorientierung von 1798 konnten sie die Ertragskraft ihrer Manufakturen unter neuen, französischen Bedingungen wiederherstellen.[55]

Bevor sich die innerstädtischen Gegensätze als Folge der wirtschaftlichen Krise verschärften, hatte sich die Abhängigkeit Mülhausens von seinem mächtigen Nachbarn widersprüchlich auf die Legitimation des Rates

---

52 Siehe z.B. Schwörtagsreden 1752, 1754, 27.6.1756, 1757, 1760, 1761, 1769, 1770, 1774, 1784, 1793.
53 Oberlé in: Livet/Oberlé, *Histoire de Mulhouse*, S. 138–139.
54 Siehe den Beitrag von L. Mottu-Weber im vorliegenden Band (S. 365–394). Vgl. Schmidt, *Une conquête douanière*.
55 Zur *Réunion* vgl. die Literaturhinweise in Anm. 10.

Die «Souveränität, die uns der Schweizerbund gibt» 349

ausgewirkt. Jenen, die 1760 den Beschluss des Rates, die Entschädigung für den Verzicht auf die Lederabgabe durch eine neu zu erhebende Steuer zu decken, als Verletzung der Freiheiten der Bürgerschaft kritisierten, erklärte Hofer, die Mülhausener seien nicht «Herren im Lande» und lägen nicht «mitten in der Schweiz»; es sei deshalb «klug, unter 2 Übeln das geringere zu erwählen». Den Ausgang der Verhandlungen mit Frankreich nahm er zum Anlass, die schwierigen Bemühungen des Rates um die Erhaltung der Rechte der Stadt – insbesondere der Handelsfreiheit – zu schildern.[56] Bei dieser und andern Gelegenheiten unterstrich er, die Mülhausener genössen im Elsass Handelsvorteile, die auf einseitig gewährten Begünstigungen beruhten.[57]

Hofer führte, wie bereits erwähnt wurde, die Souveränität Mülhausens auf das eidgenössische Bündnis von 1515 zurück. Dieser Bund vermittle das Bündnis mit Frankreich, das «das einzige Fundament» seiner «Freiheit und des Ansehens» sei, das ihn «noch von andern Städten unterscheidet».[58] Die Zugehörigkeit zur französischen Allianz lasse Mülhausen «in dem europäischen Staatskörper mit den Eidgenossen als eine freie Republik erscheinen».[59] Als die französischen Massnahmen gegen die Einfuhr bedruckter Baumwollstoffe 1785 die wirtschaftliche Abhängigkeit der Stadt verdeutlichten, betonte er, nur der eidgenössische Bund gebe dem «freien, souveränen Staat» Mülhausen noch das «Ansehen», das ihn «bisher vor fremder Jurisdiktion und Souveränität» bewahrt habe.[60]

Immer wieder erinnerte der Stadtschreiber allerdings daran, wie schwach die eidgenössischen Garantien geworden seien. Das Bündnis biete bloss noch «Ansehen, aber keine Kraft».[61] Wirksame Unterstützung sei im kriegerischen Ernstfall nicht zu erwarten: «Unsere Eidgenossen geben uns das Ansehen, aber wenn wir Feinde hätten, so wäre [...] ihre Macht nicht mehr zureichend, uns zu retten.»[62] Entsprechend zurückhaltend habe Mülhausen Frankreich gegenüber aufzutreten: «Ist der teure Eidgenössische Bund unsere Schutzwehr und der Schild unserer Freiheit, so halten wir unsere lieben Eidgenossen in Hulden, meinen aber deswegen nicht, unser

---

56 Schwörtagsrede 1761.
57 Schwörtagsreden 1752, 1754, 1757, 1760, 1761, 1769, 1771, 1784, 1786.
58 Schwörtagsrede 1765.
59 Schwörtagsrede 1777, vgl. Schwörtagsrede 1789.
60 Schwörtagsrede 1786.
61 Schwörtagsrede 1765.
62 Schwörtagsrede 1777.

Gebiet sei die Schweiz selbst und wir könnten aus dem Throne der freien Gebirge sprechen.»[63]

Noch und noch verwies Hofer auf die schwierige Lage Mülhausens als winziger Enklave in einer monarchisch geprägten Umgebung: «Wir sind auch ein Volk, wir sind auch eine Republik, aber unter den Völkern das kleinste und unter den Republiken die ohnmächtigste.»[64] Frankreich könne der Stadt viele Hindernisse in den Weg legen, ohne formell ihren «Souveränitätsrechten Abbruch zu tun».[65] Im diskursiven Kontext des Schwörtages dienten solche Hinweise dazu, die Bürger der Republik zur Eintracht, d.h. zur Einordnung in die ständischen Hierarchien, aufzurufen. So begann Hofer etwa seine Rede am Schwörtag des Jahres 1772 mit dem Hinweis auf die polnische Teilung, um anschliessend die «bürgerlichen Vorurteile», die die städtische Ordnung in Frage stellten, zu tadeln.[66] Indem er die Freiheit der kleinen Republik als Wunder darstellte, das sich nur mit der «unermesslichen und unverdienten Güte» Gottes erklären liess, führte der Stadtschreiber hin zum Eid als Erneuerung einer Verpflichtung vor Gott.[67]

Hofer stellte den Begriff *Freiheit* in den Mittelpunkt seiner Schwörtagsreden. Die Hofersche Argumentation ging von der naturrechtlichen Begründung von Herrschaft in einem Vertrag aus.[68] Der Stadtschreiber definierte die Einschränkung der natürlichen Freiheit des Menschen ausgehend von den Bedürfnissen der Bürger: «[...] denn alle Menschen sind von Natur frei und haben sich nur zu dem End unter Gesetze, d.i. unter gewisse Regierungsformen, begeben, dass sie sicherer und glücklicher leben konnten.»[69] Der Schwörtagsredner folgte nicht dem Konzept des Unterwerfungsvertrages im Sinne von Hobbes, der den «Vertrag zur rechtlichen Absicherung der Rechtsfreiheit der Herrschaftsbeziehung» benutzte, indem er einen Vertrag zugunsten eines daran selbst *nicht* beteiligten Herrschers postulierte.[70] Er ging vielmehr von Naturrechtslehren aus, wie sie etwa Samuel Pufendorf

---

63 Schwörtagsrede 1757, vgl. Schwörtagsreden 1752, 20.6.1756, 1759, 1770, 1772, 1785, 1786.
64 Schwörtagsrede 20.6.1756, vgl. Schwörtagsreden 20.6.1756, 1757, 1762, 1786, 1789 (D), S. 4, 1790 (D), S. 6.
65 Schwörtagsrede 1769, vgl. Schwörtagsreden 20.6. und 27.6.1756.
66 Schwörtagsrede 1772.
67 Schwörtagsrede 1749, vgl. Schwörtagsreden 1750, 27.6.1756.
68 Schwörtagsreden 1755, 1766, 1767, 1781, 1792.
69 Schwörtagsrede 1766.
70 Wolfgang Kersting, Vertrag, Gesellschaftsvertrag, Herrschaftsvertrag, in: *Geschichtliche Grundbegriffe*, Bd. 6, Stuttgart 1990, S. 901–954, hier: S. 921, vgl. S. 918–922.

und Christian Wolff formuliert hatten. In ihrem Sinne postulierte er eine gegenseitige Bindung von Bürgerschaft und Obrigkeit, in der die Bürgerschaft als Rechtssubjekt erhalten blieb und die, im Gegensatz zum Hobbesschen Unterwerfungsvertrag, die Obrigkeit mit in die Vertragspflicht nahm.[71] Hofer fügte dem Vertrag Grundgesetze bei, die wie der Vertrag selbst dem Zugriff der Obrigkeit entzogen seien: «Frei» sei eine Regierung nur dann, wenn «die höchste Gewalt unter der Macht der Fundamentalgesetze bei verständigen, gewissenhaften und klugen Regenten haftet, die von allem Eigennutze entfernt das Wohlsein ihrer Mitbürger befördern».[72] Als erstes und höchstes Grundgesetz, dem die republikanische Obrigkeit verpflichtet sei, nannte Hofer das «Wohlsein des Volkes».[73] Der nun theoretisch in einem Vertrag begründete Staatszweck führte die Verpflichtung des Bürgerverbandes auf das «Gemeine Beste» weiter, wie sie seit dem Spätmittelalter formuliert worden war.

Im Vergleich zu Pufendorf und Wolff fällt auf, dass Hofer gelegentlich auch individuelle Freiheitsrechte erwähnte, die die Bürger der Obrigkeit als Rechtsansprüche entgegensetzen konnten.[74] Der Mensch trete beim Übertritt in den gesellschaftlichen Stand nur jenen Teil seiner natürlichen Freiheit ab, die der Staat zur Sicherung seiner bürgerlichen Freiheit und Rechte brauche. Der Einwohner eines Freistaates oder einer Republik geniesse aufgrund der «Grundverfassung und den Fundamentalgesetzen bürgerliche Freiheit», d.h. Vorrechte, die ihm «sowohl in Ansehung der Regierung als in Ansehung seines Privatstandes und des Verhältnisses gegen seine Mitbürger zukommen».[75] Der so gefasste Vertragsbegriff bildete den Ausgangspunkt für den Versuch Hofers, Übereinstimmung herzustellen zwischen manchen der – *de facto* teilweise unerfüllt gebliebenen – Konzessionen von 1740 an die zünftische Opposition und den bestehenden Verhältnissen in Mülhausen.

Die Kodifizierung und Veröffentlichung der gültigen Rechtsordnungen war im Dollfushandel eine zentrale Forderung der zünftischen Opposition

---

71 Vgl. Kersting, Vertrag, Gesellschaftsvertrag, Herrschaftsvertrag, S. 922–926.
72 Schwörtagsrede 1755.
73 Schwörtagsrede 1755.
74 Vgl. Diethelm Klippel, *Politische Freiheit und Freiheitsrechte im deutschen Naturrecht des 18. Jahrhunderts* (Rechts- und Staatswissenschaftliche Veröffentlichungen der Görres-Gesellschaft, N.F., Heft 23), Paderborn 1976, S. 72–81. Gerd Kleinheyer, Grundrechte. Menschen- und Bürgerrechte, Volksrechte, in: *Geschichtliche Grundbegriffe*, Bd. 2, Stuttgart 1975, S. 1047–1082, hier S. 1059–1060.
75 Schwörtagsrede 1755.

gewesen.⁷⁶ In diesem Sinne knüpfte Hofer an der Vorstellung von Republik als normativer Verfassung schlechthin an und leitete die gegenseitige Verpflichtung von Bürgern und Obrigkeit von der Existenz allseits bindender Gesetze ab, die die Republik grundlegend von der Monarchie unterscheide. Gross sei die Republik, «deren Regierungsform so beschaffen ist, dass weder der gemeine noch der vornehme Mann alles zu sagen hat, und nicht die Personen, sondern die Gesetze herrschen».⁷⁷ In der Republik werde der Eid nicht dem Regenten, «sondern dem Gemeinen Wesen und den Bürgern zum Besten geschworen».⁷⁸ Aus der damit gerechtfertigten Pflicht zu «Respekt und Gehorsam» gegenüber der Obrigkeit folgte allerdings die Verpflichtung, obrigkeitliche «Personen» zu lieben und hochzuachten, «weil die Obrigkeit aus ihnen besteht».⁷⁹ Damit schloss der Schwörtagsredner die Möglichkeit des Dissenses aus, den die Unterscheidung zwischen einer abstrakten Obrigkeit und obrigkeitlichen Personen zu eröffnen schien. Hofer betonte denn auch, Bürger *und* Obrigkeit seien zwar den Gesetzen untertan, aber: «Einer muss gehorchen, der andere muss befehlen.»⁸⁰

Der Forderung der zünftischen Opposition nach Versachlichung und Entpersonalisierung städtischer Herrschaft kam der Hofersche Diskurs insofern entgegen, als er einem durch privaten Nutzen bestimmten Umgang mit Hoheitsrechten eine eindeutige Absage erteilte: «Eine Obrigkeit soll in ihren Verordnungen auf den Nutzen des Ganzen und nicht auf den Privatnutzen nur einiger ihrer Bürger sehen.»⁸¹ Dem «gemeinen Mann wie dem Vornehmen» hätte die Obrigkeit ohne «Unterschied der Ehre, des Reichtums, der Profession oder der Verwandtschaft» gleiches Recht und Gehör zu bieten.⁸² Einer Obrigkeit gegenüber, die wie jene von Mülhausen «auf den Nutzen des Ganzen» schaue, sei die Bürgerschaft allerdings verpflichtet, Gehorsam und Treue zu halten.

Hofer verwandte in seinen Schwörtagsreden den Begriff *Freiheit* nicht nur dann im positivem Sinne, wenn er von den «Freiheiten» ständischer Körperschaften⁸³ oder der äusseren, in ihren Ursprüngen auf die kaiser-

---

76 Vgl. Eichenberger, *Dollfushandel*, S. 251, 255–258.
77 Schwörtagsrede 1785, vgl. 1748, 1751, 1775, 1787 (D), S. 4.
78 Schwörtagsrede 1748, vgl. 1750, 1764.
79 Schwörtagsrede 1749.
80 Schwörtagsrede 1762, vgl. 1748, 1749, 1761, 1773, 1784.
81 Schwörtagsrede 1755.
82 Schwörtagsrede 1776, vgl. 1761.
83 In diesem Sinn: Schwörtagsrede 1775.

lichen Privilegien zurückgeführten Freiheit Mülhausens[84] sprach. Republikanische Freiheit bedeutete primär Rechtssicherheit in einem durch Gesetze bestimmten Raum und schloss, wie bereits festgestellt wurde, einen individuell einzufordernden Freiheitsanspruch der Bürger gegen die Obrigkeit ein. Die kommunikative Wirkung der Reden Hofers wurde entscheidend dadurch geprägt, dass er verschiedene Auffassungen von *Freiheiten* und *Freiheit* ineinanderfliessen liess und auf diese Weise den unterschiedlichen Erwartungshaltungen der Schwörenden entgegenkam. Auf diese Weise versuchte Hofer einen neuen Konsens zwischen Bürgerschaft und Obrigkeit zu etablieren, der die «Subordination» nicht gefährden würde.

In ihrer Vieldeutigkeit besonders aufschlussreich sind die oft bekräftigten Aussagen zur Freiheit der Meinungsäusserung. Während «die Throne der Fürsten» nicht «für die Wahrheit gemacht» seien, sei in den Republiken «der offene Mund nicht verboten». Zu ihren Vorzügen gehöre das Recht, die eigene Meinung zu verfechten. Dieses Recht interpretierte Hofer allerdings als ständisches Privileg des Stadtbürgers gegenüber der Obrigkeit; in diesem Sinn beinhaltete die Freiheit der Meinungsäusserung nicht das Recht auf Teilhabe am Regiment. Wenn die Obrigkeit die Pflichten des Gesellschaftsvertrages erfüllte, verstiess das «bürgerliche Tadeln» gegen die Pflicht zur «Subordination» als der «Ordnung, in der man im gesellschaftlichen Leben steht». Freiheit der Rede heisse nicht, «dass man dem Alter nicht seine Ehre, dem Vorsitz nicht seinen Rang und einer Meinung nicht ihren Gang lassen solle».[85]

Der Versuch, das öffentliche Räsonnement – in den Worten Hofers die der Selbstbescheidung mit dem eigenen Stand zuwiderlaufende «Tadelsucht» der Bürger[86] – auf eine Form zurückzuführen, die sich in die Ordnung einer ständisch verfassten Republik einfügen würde, antwortete auf die Forderung nach mehr Öffentlichkeit, wie sie die zunftbürgerliche Opposition schon in der ersten Hälfte des 18. Jahrhunderts gegen die Arkanpolitik der Regierenden artikulierte, mehrere Jahrzehnte vor den Anfängen der Sozietätenbewegung. Wie etwa Andreas Würgler gezeigt hat, lässt die Auffassung, bürgerliche Öffentlichkeit habe sich ausgehend von einer zunächst unpolitischen literarischen Öffentlichkeit herausgebildet, nicht nur in Mül-

---

84 Vgl. Schwörtagsreden 1755, 1757, 1765, 1767, 1777 und 1781.
85 Schwörtagsrede 1782, vgl. 1755, 1763, 1784.
86 So Schwörtagsreden 1749, 1755, 1762, 1763, 1766, 1768, 1772, 1773, 1776, 1782, 1783, 1785, 1787 (D), S. 5.

hausen das Veränderungspotential zünftischer Widerstandsbewegungen ausser Betracht.[87]

Mit seiner Interpretation der «bürgerlichen Gleichheit» antwortete Hofer ebenfalls auf Forderungen der vom Regiment ausgeschlossenen Bürger, die die «Subordination» und «bürgerliche Einigkeit» gefährdeten. Seinen Mitbürgern sollte man nicht aus «Neid, Hass und Missgunst im Weg stehen».[88] Mit diesen Worten wies der Stadtschreiber die zünftische Opposition gegen neue Formen von Gewerbe und Handwerk zurück: «Eifersucht und Tadel, Missgunst und Eigennutz geben hier [im bürgerlichen Stand] Anlass zu Betrachtungen, die man entweder auf die Freiheit bauen, mit der gleichen Geburt verteidigen oder auch mit dem Vorzug seines Berufs entschuldigen will.» Zum «Eigennutz» zählte auch der «Eifer in Verfechtung vieler oft mehr schädlicher als nützlicher Handswerksartikeln. Die Klage der Professionen gegeneinander, weil die Hantierungen über die Handwerker oder die Handwerker über die Handelschaft, ja auch ein Meister über den andern herrschen will.»[89]

Bei anderer Gelegenheit unterstrich der Stadtschreiber, die Obrigkeit sei auch zum Schutz der zünftischen Rechte verpflichtet: Um das «bürgerliche Vertrauen» zu verdienen, habe sie nicht nur für die «Regalien, Einkünfte, Freiheiten und Rechte der Stadt», sondern auch «für die Rechte und Vorteile besonderer Gesellschaften, Hantierungen und Handwerkern oder auch einzelner Personen» zu wachen.[90]

Aus den Ausführungen Hofers, dessen Familie selbst an Indienne-Manufakturen beteiligt war, konnten die Zunftbürger die Zusicherung heraushören, die Erhaltung ihrer hergebrachten Privilegien bleibe Aufgabe von Bürgermeister und Rat. «Gleichheit» bezog sich in diesem Fall auf die vollberechtigten Bürger und stellte die Ungleichheit der Stände nicht in Frage.

---

87 Vgl. Andreas Würgler, *Unruhen und Öffentlichkeit. Städtische und ländliche Protestbewegungen im 18. Jahrhundert* (Frühneuzeit-Forschungen 1), Tübingen 1995; ders., Das Modernisierungspotential von Unruhen im 18. Jahrhundert. Ein Beitrag zur Entstehung der politischen Öffentlichkeit in Deutschland und der Schweiz, in: *Geschichte und Gesellschaft* 21 (1995), S. 195–217.
88 Schwörtagsrede 1755.
89 Schwörtagsrede 1766. Vgl. Schwörtagsreden 1755, 1756, 1763, 1772. 1757 führt Hofer aus: «Kommt einer in seinem Beruf reichlich fort und treibt sein Gewerb grösser als wir, so verdriesst es uns, nicht darum, dass es uns schade, sondern darum, dass er nicht mehr sein solle als wir; da wir doch eine Freude daran haben sollten, weilen ein grosser Vertrieb viel Geld circulieren macht, und vielen Händen Arbeit gibt, die sonst müssig giengen oder gar bettlen müssten.»
90 Schwörtagsrede 1761.

Sie war als gleicher Zugang der jeweils in gleicher Weise Privilegierten zu den ihnen zustehenden Rechten zu verstehen.

Der Redner spielte mit der Vielschichtigkeit des Begriffs Gleichheit, um die Akzeptanz seiner Aussagen zu erhöhen. Der Abschliessung des städtischen Regiments widersprach die Aussage, der «gemeine Bürger» habe «wie der Vornehme» das Recht, zur Regierung zu gelangen.[91] Manche Reden lassen das Postulat einer naturrechtlich begründeten Gleichheit des Rechtes, jedoch nicht des Ansehens oder der ökonomischen Mittel, anklingen: Dem Reichen, Angesehenen und Vornehmen dürfe man nicht mehr gestatten als jedem andern.[92] Die praktische Umsetzung der Forderung wies Hofer jedoch mit dem Verweis auf die gottgewollte Ungleichheit der Stände in Grenzen; es sei «gar unbescheiden», die «Gleichheit der Rechte bei jedem Anlass im Mund zu führen».[93]

Zur Begründung des ungleichen Zuganges zu «Ehrenstellen» rekurrierte der Stadtschreiber auch auf das Argument ungleicher persönlicher «Verdienste und Fähigkeiten»[94], die in diesem Fall also die de facto-Privilegien der Ratsoligarchie legitimierten. Gleichheit von Ansehen und Reichtum erschien als das Ende einer geordneten Gemeinschaft. Das bürgerliche Herz sei «zufrieden mit seinem Stande» und denke, «er komme von Gott, nicht jedermann könne reich sein». Man solle nicht die «Erhebung seines Standes» suchen, sondern «in einem erhabenen gesitteten Gang die Achtung und das Vertrauen seiner Mitbürger».[95] Die Gleichheit der Güter sei unmöglich: «und muss es auch in den Republiken, obschon sonsten die Bürger allda an Rechten einander alle gleich sind, doch auch ungleiche Stände geben, in denen muss aber der Reiche sich weder seines Reichtums erheben, noch der Arme ihn beneiden, und ein jeder sich seinem Stande gemäss aufführen, der höhere Stand von dem niederen geehrt, der Niedere aber von dem Höheren nicht verachtet werden».[96]

---

91 Schwörtagsrede 1782, vgl. 1778.
92 Schwörtagsreden 1755, 1768, 1773, 1774, 1776.
93 Schwörtagsrede 1755.
94 Schwörtagsrede 1761, vgl. 1768, 1788 (D), S. 4.
95 Schwörtagsrede 1776.
96 Schwörtagsrede 1773, vgl. 1774, 1782, 1787 (D), S. 13.

Bürgerliche Öffentlichkeit und demokratischer Republikanismus

In den 1780er Jahren machte die Suche Hofers nach einem ideellen Konsens der Polemik gegen eine neue Begründung bürgerlicher Kritik – gegen den «Patriotengeist» – Platz, die eine *bürgerliche Öffentlichkeit* als Legitimationsinstanz an die Stelle der Obrigkeit setzte. Der Begriff *Bürger* gewann in den politischen Diskursen der Stadtrepublik eine neue Bedeutung; aus dem Stadtbürger des Ancien Régime, der in eine Hierarchie ständischer Privilegien eingebunden war, wurde der vergesellschaftete und nützliche Mensch schlechthin, der als *Patriot* an der Regierung teilzuhaben beanspruchte. Angesichts der Radikalität dieser Forderung und der Unmöglichkeit eines Konsenses im Rahmen der bestehenden städtischen Verfassung wählte Hofer den Weg der kontroversen Abgrenzung. 1783 tadelte er den Bürger, «der in den öffentlichen Versammlungen sich zur Unzeit hervortun und unnötige Fragen aufwerfen will, um erkenntnisvoll oder gar ein patriotischer Mann vor anderen Patrioten zu scheinen, der, anstatt von seiner Obrigkeit das beste zu reden, alles tadelt, was sie macht».[97] 1787 argumentierte der Stadtschreiber, es sei «unrecht, wenn der Bürger alle obrigkeitliche Entschlüsse tadelt, und durch freies Raisonnieren über dieselbe sich bei seinen Mitbürgern gross machen und als einen Patrioten oder sogenannten Bürgersmann zeigen will, welcher Patriotengeist aber, wenn man ihn recht untersucht, meistens einigen Hochmut oder Eigensinn oder gar Eigennutz zum Grunde hat». Es bestehe die Gefahr, dass eine «schleichende Gesetzlosigkeit den Staat in die Länge nicht bestehen» lasse.[98]

Während die Forderung nach Offenlegung der Staatssachen bis in die 1770er Jahre vor allem durch die zunftbürgerliche Opposition artikuliert wurde, verband sich diese Radikalisierung mit der Sozietätenbewegung, die sich allerdings entgegen den Thesen von Habermas[99] in einer «politisch bereits sensibilisierten Gesellschaft»[100] entfaltete. 1775 hatten sich reformgesinnte Bürger Mülhausens in der *Gesellschaft zur Beförderung des guten Geschmacks und der schönen Wissenschaften* (1775–1789) zusammenge-

---

97 Schwörtagsrede 1783.
98 Schwörtagsrede 1787 (D), S. 5.
99 Habermas, *Strukturwandel der Öffentlichkeit*, S. 14.
100 So Würgler, Modernisierungspotential von Unruhen, S. 216. Vgl. ders., *Städtische und ländliche Protestbewegungen*, v.a. S. 157–169.

schlossen, die sie seit 1780 als *Patriotische Gesellschaft* bezeichneten. In diesem Rahmen bürgerlich-aufklärerischer Kommunikation wurden Zeitungen und Bücher gelesen und diskutiert, praktische Reformprojekte etwa zur Verbesserung von Erziehung und Bildung entwickelt. Die Umbenennung zur *Patriotischen Gesellschaft* signalisierte einen entscheidenden Schritt zur Politisierung der in ihren Ursprüngen literarischen Sozietät. Die Auflösung der Gesellschaft im Jahr 1789 als Folge interner Gegensätze und die Gründung des frankophilen *Club Patriotique* markierten den Bruch zwischen einer zwar konservativen, aber nicht grundsätzlich reformfeindlichen Obrigkeit und einem Kreis von Bürgern, die eine politische Neuorientierung anstrebten.[101] Die Krise der Indienne-Manufaktur trug entscheidend zum Legitimationsverlust der städtischen Obrigkeit und zur Destabilisierung des politischen und gesellschaftlichen Gefüges bei.

In den Briefen, die Nicolas Thierry seit 1790 aus Paris dem *Club Patriotique* sandte, verband dieser Freiheit als Grundrechtsanspruch des Individuums gegenüber dem Staat mit der Forderung nach demokratischer Partizipation, die mit der ständischen Ordnung der Stadtrepublik brach.[102] Thierry formulierte ein revolutionäres Programm, das sich explizit gegen den Stadtschreiber Hofer und die «clique syndicale»[103] wandte, die er als «aristocrates» bezeichnete[104]. So schrieb er den «amis patriotes de leur patrie» in Mülhausen im Januar 1792:

> Ne cessez pas de semer sans cesse les grains patriotiques partout où vous trouverez le terrain préparé, et osez dire à la face du ciel qu'un républicain doit être libre et que le premier principe de la liberté est la communication parfaitem[en]t libre des pensées et l'assujettissem[en]t des actions à la loi; que le peuple seul peut être souverain, que les représentants du peuple peuvent porter une loi, mais que le peuple la constitue en l'acceptant comme telle. Que jamais le législateur doit être juge, ni exécuteur de la loi, que les places à vie sont un levain d'aristocratie puisqu'il est de l'essence du pouvoir de déborder continuellem[en]t ses limites, et que le peuple qui nomme aux emplois publics doit essentiellem[en]t avoir le droit d'en démettre.

---

101 Schreck, Des Crises d'Ancien Régime à la Réunion, S. 93–97; ders., *Mulhouse et l'Europe des Lumières*, S. 37–47.
102 Nicolas Thierry an Daniel Meyer, datiert Paris, 8.12.1790 (A.M.V.M., 64 TT 18). – Zum Freiheitsbegriff der Französischen Revolution vgl. Gerd van den Heuvel, *Der Freiheitsbegriff der Französischen Revolution* (Schriftenreihe der Historischen Kommission bei der Bayerischen Akademie der Wissenschaften 31), Göttingen 1988.
103 N. Thierry im Namen der «députés du peuple mulhousien aux amis patriotes de leur patrie», datiert Paris, 17.1.1792, «l'an deux de la Liberté» (A.M.V.M., 64 TT 18). Auf französisch wird der Stadtschreiber als «greffier-syndic» bezeichnet, daher der Ausdruck «clique syndicale».
104 N. Thierry an D. Meyer, datiert Paris, 28.12.1790 (A.M.V.M., 64 TT 18).

Meinungsfreiheit und ausschliessliche Unterwerfung seiner Handlungen unter das Gesetz sollten das Leben des Republikaners prägen. Die Grundsätze der Volkssouveränität, der Gewaltentrennung und der Beschränkung der Amtszeiten, das Recht des Volkes, seine Amtsträger zu wählen und abzuberufen, hätten die Regierungsordnung zu bestimmen und zu verhindern, dass die Machtträger die ihnen gesetzten Grenzen überschritten und zur Aristokratie würden.[105]

Integrierte Hofer in seinen früheren Reden wohlverstandene *Freiheit* und *Gleichheit* in das obrigkeitliche Identifikationsangebot an die Bürgerschaft, so grenzte er in den neunziger Jahren seine Position zunehmend enger ab. 1790 assoziierte der Stadtschreiber die neu entstehende französische Verfassung noch mit den «Fundamentalgesetzen», unter denen die Regenten eines jeden Staates stehen sollten. Die neue, auf die «angeborene Freiheit der Menschen» zielende Verfassung sichere auch die Freiheit Mülhausens.[106] Demgegenüber schlug Hofer in seiner Schwörtagsrede von 1792 einen polemisch antirevolutionären Ton an, der sich gegen die republikanisch-demokratische Opposition um Nicolas Thierry und andere Frankophile im *Club Patriotique* richtete.[107] Zeigte die Republikanisierung der politischen Diskurse der aus dem Reichsverband ausgeschiedenen Stadt Mülhausen Möglichkeiten politischer Erneuerung in einem durch die Ratsoligarchie kontrollierten Rahmen auf, so reagierte der Stadtschreiber nun angesichts der engen Beziehungen der innerstädtischen Opposition zu den demokratischen Bewegungen in der Nachbarschaft mit unbeholfener Ablehnung. Die Radikalisierung der Transformationsprozesse liess den Versuch des mit dem Stadtregiment verbundenen Reformers, kritisches Räsonnement auf eine Form zurückzuführen, die sich in die Ordnung der altständischen Republik einfügen würde, illusorisch werden. Es bestätigte sich, was obrigkeitlicher Republikanismus 1790 noch nicht wahrhaben wollte: dass sich wie in Genf, Bern oder Zürich ständische und demokratische Ordnungsvorstellungen und nicht mehr so sehr Monarchie und Republik gegenüberstanden.[108]

---

105 N. Thierry im Namen der «députés du peuple mulhousien aux amis patriotes de leur patrie», datiert Paris, 17.1.1792, «l'an deux de la Liberté» (A.M.V.M., 64 TT 18).
106 Schwörtagsrede 1790 (D), S. 4–5, 11.
107 Schwörtagsrede 1792.
108 Vgl. Thomas Maissen im vorliegenden Band (S. 295–330).

Bibliographie

Andreas Bischofberger, *Die Schwörtagsreden des Mülhauser Stadtschreibers Josua Hofer aus den Jahren 1748–1797*, unveröffentlichte Lizentiatsarbeit, Historisches Seminar der Universität Basel, 1995.
Peter Blickle, *Deutsche Untertanen. Ein Widerspruch*, München 1981.
Peter Blickle, Kommunalismus und Republikanismus in Oberdeutschland, in: Helmut G. Koenigsberger (Hrsg.), *Republiken und Republikanismus im Europa der Frühen Neuzeit* (Schriften des Historischen Kollegs. Kolloquien 11), München 1988, S. 57–75.
Peter Blickle, Kommunalismus. Begriffsbildung in heuristischer Absicht, in: ders. (Hrsg.), *Landgemeinde und Stadtgemeinde in Mitteleuropa. Ein struktureller Vergleich* (Historische Zeitschrift. Beihefte, N.F. 13), München 1991, S. 5–38.
Peter Blickle (Hrsg.), *Der Fluch und der Eid: Die metaphysische Begründung gesellschaftlichen Zusammenlebens und politischer Ordnung in der ständischen Gesellschaft* (Zeitschrift für historische Forschung. Beiheft 15), Berlin 1993.
Peter Blickle (Hrsg.), *Verborgene republikanische Traditionen in Oberschwaben*, Tübingen 1998.
Gisela Bock, Quentin Skinner und Maurizio Viroli (Hrsg.), *Machiavelli and Republicanism*, Cambridge (usw.) 1990.
Thomas A. Brady, *Turning Swiss. Cities and Empire, 1450–1550*, Cambridge (usw.) 1985.
Thomas A. Brady, *Protestant Politics: Jacob Sturm (1489–1553) and the German Reformation*, Atlantic Highlands (N.J.) 1995.
Rudolf Braun, *Das ausgehende Ancien Régime in der Schweiz. Aufriss einer Sozial- und Wirtschaftsgeschichte des 18. Jahrhunderts*, Göttingen/Zürich 1984.
Yves Durand, *Les Républiques au temps des Monarchies*, Paris 1973.
Lutz Eichenberger, *Mülhausen und der Dollfushandel 1722–1746. Ein Beitrag zu seiner Politik, Wirtschaft, Bevölkerung und bundesrechtlicher Stellung in der 1. Hälfte des 18. Jahrhunderts*, Bern/Frankfurt am Main/Las Vegas 1977.
Victor Engel, D'une république à l'autre: évolution du décor peint de l'hôtel de ville de Mulhouse, 1779–1799, in: *La Révolution française et l'Alsace*, Bd. 8: *Villes et villages d'Alsace au moment de la Révolution française*, Cernay 1996, S. 155–161.
Robert von Friedeburg, «Kommunalismus» und «Republikanismus» in der Frühen Neuzeit? Überlegungen zur politischen Mobilisierung sozial differenzierter ländlicher Gemeinden unter agrar- und sozialhistorischem Blickwinkel, in: *Zeitschrift für Historische Forschung* 21 (1994), S. 65–91.
François Furet und Mona Ozouf (Hrsg.), *Le siècle de l'avènement républicain*, Paris 1993.
Dario Gamboni und Georg Germann, unter Mitwirkung von François de Capitani (Hrsg.), *Zeichen der Freiheit. Das Bild der Republik in der Kunst des 16. bis 20. Jahrhunderts*, Bern 1991.
Bruno Guessard, *La Réunion de la République de Mulhouse à la France 1785–1798*, Mulhouse 1991.

Jürgen Habermas, *Strukturwandel der Öffentlichkeit. Untersuchungen zu einer Kategorie der bürgerlichen Gesellschaft*, Frankfurt am Main 1990 (1. Ausgabe: 1962).

Randolph C. Head, *Early Modern Democracy in the Grisons. Social Order and Political Language in a Swiss Mountain Canton, 1470–1620*, Cambridge (usw.) 1995.

Patrice Higonnet, *Sister Republics. The Origins of French and American Republicanism*, Cambridge (Mass.)/London 1988.

André Holenstein, *Die Huldigung der Untertanen. Rechtskultur und Herrschaftsordnung (800–1800)* (Quellen und Forschungen zur Agrargeschichte 36), Stuttgart/New York 1991.

Ulrich Im Hof, *Isaak Iselin und die Spätaufklärung*, Bern/München 1967.

Ulrich Im Hof und François de Capitani, *Die Helvetische Gesellschaft: Spätaufklärung und Vorrevolution in der Schweiz*, 2 Bde., Frauenfeld/ Stuttgart 1983.

Wolfgang Kersting, Vertrag, Gesellschaftsvertrag, Herrschaftsvertrag, in: *Geschichtliche Grundbegriffe*, Bd. 6, Stuttgart 1990, S. 901–954.

Gerd Kleinheyer, Grundrechte. Menschen- und Bürgerrechte, Volksrechte, in: *Geschichtliche Grundbegriffe*, Bd. 2, Stuttgart 1975, S. 1047–1082.

Diethelm Klippel, *Politische Freiheit und Freiheitsrechte im deutschen Naturrecht des 18. Jahrhunderts* (Rechts- und Staatswissenschaftliche Veröffentlichungen der Görres-Gesellschaft, N.F., Heft 23), Paderborn 1976.

Helmut G. Koenigsberger (Hrsg.), *Republiken und Republikanismus im Europa der Frühen Neuzeit* (Schriften des Historischen Kollegs. Kolloquien 11), München 1988.

Helmut G. Koenigsberger, Republicanism, monarchism and liberty, in: Robert Oresko, G. C. Gibbs und H. M. Scott (Hrsg.), *Royal and Republican Sovereignty in Early Modern Europe. Essays in Memory of Ragnhild Hatton*, Cambridge (usw.) 1997, S. 43–74.

Georges Livet, *L'Intendance d'Alsace sous Louis XIV, 1648–1715*, Strasbourg/Paris 1956.

Georges Livet und Raymond Oberlé (Hrsg.), *Histoire de Mulhouse, des origines à nos jours*, Strasbourg 1977.

Wolfgang Mager, Republik, in: *Geschichtliche Grundbegriffe*, Bd. 5, Stuttgart 1984, S. 549–651.

Thomas Maissen, Petrus Valkeniers republikanische Sendung. Die holländische Prägung des neuzeitlichen schweizerischen Staatsverständnisses, in: *Schweizerische Zeitschrift für Geschichte* 48 (1998), S. 149–176.

Thomas Maissen, Zürich und Genf: Selbstdarstellung und Wahrnehmung zweier Republiken im 17. Jahrhundert, in: François Walter (Hrsg.), *La Suisse comme ville. Colloque du Groupe d'Histoire urbaine. Genève, 12–13 mars 1998* (Itinera, Heft 22), Basel 1999, S. 89–106.

Thomas Maissen, «Par un pur motief de religion et en qualité de Republicain». Der aussenpolitische Republikanismus der Niederlande und seine Aufnahme in der Eidgenossenschaft (ca. 1670–1710), in: Luise Schorn-Schütte (Hrsg.), *Strukturen des politischen Denkens im Europa des 16./17. Jahrhunderts* (im Druck).

Ernest Meininger, *Les anciens artistes-peintres et décorateurs mulhousiens jusqu'au XIXe siècle. Matériaux pour servir à l'histoire de l'art à Mulhouse*, Mulhouse/Paris 1908.

Philippe Mieg, Les métiers des bourgeois de Mulhouse d'après les recensements de 1699 et 1798, in: *Artisans et ouvriers d'Alsace*, Strasbourg 1965, S. 205–211.

Xavier Mossmann, *Cartulaire de Mulhouse*, Bd. 6, Strasbourg/Colmar, 1890.

Raymond Oberlé, L'esprit philosophique et la Réunion de Mulhouse à la France en 1798, in: *Actes du Quatre-Vingt-Huitième Congrès National des Sociétés Savantes, Clermont-Ferrand 1963, Section d'histoire moderne et contemporaine*, Paris 1964, S. 277–294.

Raymond Oberlé, Les Corporations et les débuts de l'industrialisation à Mulhouse, in: *Artisans et ouvriers d'Alsace*, Strasbourg 1965, S. 369–379.

Raymond Oberlé, Les symptomatiques troubles populaires à Mulhouse au milieu du XVIIIe siècle, in: *Revue d'Alsace* Nr. 116 (1989/1990), S. 275–284.

Raymond Oberlé, A propos de la bibliothèque d'un juriste du XVIIIe siècle, in: *Revue d'Alsace* Nr. 119 (1993), S. 271–284.

Hans Conrad Peyer, *Verfassungsgeschichte der alten Schweiz*, Zürich 1978.

John Greville Agard Pocock, *The Machiavellian Moment. Florentine Political Thought and the Atlantic Republican Tradition*, Princeton (N.J.) 1975.

Paolo Prodi, *Der Eid in der europäischen Verfassungsgeschichte* (Schriften des Historischen Kollegs. Vorträge 33), München 1992.

Paolo Prodi, *Il sacramento del potere. Il giuramento politico nella storia costituzionale dell'Occidente*, Bologna 1992.

Paolo Prodi (Hrsg.), *Glaube und Eid. Treueformeln, Glaubensbekenntnisse und Sozialdisziplinierung zwischen Mittelalter und Neuzeit* (Schriften des Historischen Kollegs. Kolloquien 28), München 1993.

Ulrich Scheuner, Nichtmonarchische Staatsformen in der juristischen und politischen Lehre Deutschlands im 16. und 17. Jahrhundert, in: Roman Schnur (Hrsg.), *Die Rolle der Juristen bei der Entstehung des modernen Staates*, Berlin 1986, S. 737–773.

Heinz Schilling, Der libertär-radikale Republikanismus der holländischen Regenten. Ein Beitrag zur Geschichte des politischen Radikalismus in der Frühen Neuzeit, in: *Geschichte und Gesellschaft* 10 (1984), S. 498–533.

Heinz Schilling, Gab es im späten Mittelalter und zu Beginn der Neuzeit in Deutschland einen städtischen «Republikanismus»? Zur politischen Kultur des alteuropäischen Stadtbürgertums, in: Helmut G. Koenigsberger (Hrsg.), *Republiken und Republikanismus im Europa der Frühen Neuzeit* (Schriften des Historischen Kollegs. Kolloquien 11), München 1988, S. 101–143.

Heinz Schilling, Stadt und frühmoderner Territorialstaat: Stadtrepublikanismus versus Fürstensouveränität. Die politische Kultur des deutschen Stadtbürgertums in der Konfrontation mit dem frühmodernen Staatsprinzip, in: Michael Stolleis (Hrsg.), *Recht, Verfassung und Verwaltung in der frühneuzeitlichen Stadt*, Köln/Wien 1991, S. 19–39.

Jürgen Schlumbohm, *Freiheit. Die Anfänge der bürgerlichen Emanzipationsbewegung in Deutschland im Spiegel ihres Leitwortes (ca. 1760–ca. 1800)* (Geschichte und Gesellschaft. Bochumer Historische Studien 12), Düsseldorf 1975.

Charles Schmidt, *Une conquête douanière: Mulhouse. Documents des Archives Nationales relatifs à la préparation de la réunion de Mulhouse à la France, 1785–1798*, Mulhouse 1912.

Nicolas Schreck, La République de Mulhouse des crises d'Ancien Régime à la Réunion à la France de 1798, in: *La Révolution française et l'Alsace*, Bd. 4: *L'Alsace et la République*, Cernay 1992, S. 81–125.

Nicolas Schreck, Les cursus européens de deux bourgeois: Godefroi Engelmann, père et fils, fin XVIIIe–début XIXe, in: *La Révolution française et l'Alsace*, Bd. 4: *L'Alsace et la République*, Cernay 1992, S. 127–137.

Nicolas Schreck, *La République de Mulhouse et l'Europe des Lumières. Essai d'histoire culturelle sur les mentalités, la vie publique, l'instruction, les arts, les sciences et les lettres*, Strasbourg 1993.

Nicolas Schreck, L'engagement culturel européen de la République de Mulhouse au XVIIIe siècle, in: *La Révolution française et l'Alsace*, Bd. 5: *L'Alsace et l'Europe*, Cernay 1993, S. 105–126.

Winfried Schulze, Vom Gemeinnutz zum Eigennutz. Über den Normenwandel in der ständischen Gesellschaft der Frühen Neuzeit, in: *Historische Zeitschrift* 243 (1986), S. 591–626.

Gerd van den Heuvel, *Der Freiheitsbegriff der Französischen Revolution* (Schriftenreihe der Historischen Kommission bei der Bayerischen Akademie der Wissenschaften 31), Göttingen 1988.

Franco Venturi, Kings and republics in the seventeenth and eighteenth centuries, in: ders., *Utopia and Reform in the Enlightenment*, Cambridge 1971, S. 18–46.

Christian Windler, Schwörtag und Öffentlichkeit im ausgehenden Ancien Régime. Das Beispiel einer elsässischen Stadtrepublik, in: *Schweizerische Zeitschrift für Geschichte* 46 (1997), S. 197–225.

Andreas Würgler, Das Modernisierungspotential von Unruhen im 18. Jahrhundert. Ein Beitrag zur Entstehung der politischen Öffentlichkeit in Deutschland und der Schweiz, in: *Geschichte und Gesellschaft* 21 (1995), S. 195–217.

Andreas Würgler, *Unruhen und Öffentlichkeit. Städtische und ländliche Protestbewegungen im 18. Jahrhundert* (Frühneuzeit-Forschungen 1), Tübingen 1995.

Wirtschaftliche Beziehungen
und politischer Wandel

Mulhouse, Genève et leurs indienneurs à la fin du XVIIIe siècle

Contribution à l'histoire de l'industrie des toiles peintes et des migrations d'artisans en Europe

Liliane Mottu-Weber

Alliées des XIII Cantons confédérés depuis le XVIe siècle, les républiques réformées de Mulhouse et de Genève ont entretenu entre elles des relations constantes durant tout l'Ancien Régime. Pourtant rares sont les études genevoises qui se sont intéressées à ces échanges en tant que tels, si ce n'est celle de Martin Körner sur la solidarité financière régnant entre les villes réformées au XVIe siècle, qui a révélé l'existence de prêts consentis en 1582 par Mulhouse à la cité de Calvin menacée par les troupes de Savoie.[1] C'est plus en fonction des rapports qu'elles ont l'une et l'autre avec la Confédération des XIII Cantons, avec la France ou avec des églises étrangères – comme ce fut notamment le cas lors des conflits qui opposèrent les réformés calvinistes et zwingliens aux luthériens, et qui débouchèrent finalement sur la rédaction de la *Confession helvétique postérieure* de 1566 –, que le parallélisme de leurs situations a été mis en évidence.[2] Ces quelques pages voudraient apporter des informations sur les difficultés – souvent comparables – qu'eurent à affronter Mulhouse et Genève à la fin du XVIIIe siècle, et sur les échanges humains auxquels donnèrent lieu leurs industries respectives, plus particulièrement à l'occasion de la crise économique provoquée par la politique française.[3]

---

1 Martin Körner, *Solidarités financières suisses au XVIe siècle*, Lausanne 1980, pp. 390–392.
2 Voir *Registres de la Compagnie des Pasteurs de Genève*, 12 volumes publiés, Genève 1962–1995, t. 3, pp. 199–202, ou encore 303–305. Jaques Courvoisier, *La confession helvétique postérieure*, traduction française de 1566, Neuchâtel/Paris 1944, également publiée dans: Olivier Fatio (éd.), *Confessions et catéchismes de la foi réformée*, Genève 1986, pp. 179–306.
3 Il s'agit ici des premiers résultats, encore très disparates, d'une étude de plus grande envergure que j'ai entreprise il y a quelques années sur l'indiennage genevois. Je remercie Serge Chassagne des informations qu'il a mises à ma disposition concernant les indienneurs genevois et suisses qu'il a pu suivre en France (citées: «listing»).

Les premiers indienneurs genevois et mulhousiens

Même si près de six décennies séparent les débuts de l'indiennage genevois et la fondation de la première manufacture de toiles peintes à Mulhouse, leurs deux industries ont pour origine plus ou moins lointaine l'arrêt du roi de France du 26 octobre 1686 interdisant le commerce, la fabrication et l'usage des toiles peintes en France – à l'exception de celles qu'importait la *Compagnie française des Indes orientales*. Or, celui-ci ne fut supprimé que par les Lettres patentes du roi de France du 5 septembre 1759 autorisant enfin la fabrication et la commercialisation des indiennes. A telle enseigne que jusque-là, alors que l'impression des toiles de coton était défendue dans pratiquement tout le territoire du royaume – y compris dans la province d'Alsace qui enserrait Mulhouse de toutes parts –, Genève et Mulhouse, à l'instar de Neuchâtel, Bâle et d'autres villes limitrophes du royaume, devinrent des îlots dans lesquels l'impression de ces étoffes, de plus en plus appréciées et recherchées dans toute l'Europe, échappait à la prohibition frappant les provinces françaises.

Stimulé par l'arrivée de réfugiés huguenots – mais probablement également par celle d'indienneurs français mis au chômage par la décision royale –, l'indiennage genevois prit son essor durant les deux dernières décennies du XVIIe siècle; en 1710, cinq fabricants demandaient déjà que le gouvernement limite le nombre des établissements afin d'assurer la *conservation* de leur manufacture. En dépit de ces efforts, ils étaient sept, en 1729, à formuler la même requête, puis le nombre des fabriques ne devait plus cesser d'augmenter jusque dans les années les plus fastes de l'indiennage, soit entre 1765 et 1785, où quelque 2500 ouvriers (soit près de 20% de la population active) travaillaient dans une douzaine de fabriques.[4]

A Mulhouse, c'est en 1746 – alors que l'Alsace n'en posséda aucune jusqu'à la création de celle de Wesserling en 1762 – que la première fabrique fut fondée par l'artiste-peintre Jean-Henry Dollfus et les négociants Jean-Jacques Schmaltzer, Samuel Koechlin et Jean-Jacques Feer. Vingt-deux ans

---

4 Anne-Marie Piuz, Note sur l'industrie des indiennes à Genève au XVIIIe siècle, dans: *A Genève et autour de Genève aux XVIIe et XVIIIe siècles. Etudes d'histoire économique*, Lausanne 1985, pp. 232–243; Georges Fazy, Notes sur l'industrie des indiennes à Genève, dans: *Nos anciens et leurs œuvres*, Genève 1906, pp. 103–118; Henry Deonna, Une industrie genevoise de jadis: les indiennes, dans: *Geneva* VIII (1930), pp. 185–240; Anne-Marie Piuz et al., *L'économie genevoise, de la Réforme à la fin de l'Ancien Régime (XVIe–XVIIIe siècles)*, Genève 1990, pp. 455–466.

plus tard, elle abritait 15 indiennages, dans lesquels les Suisses étaient nombreux à travailler.⁵

Dès 1746 s'établirent entre les deux villes des relations d'échange de main-d'œuvre, qui allaient se poursuivre de manière presque continue jusqu'à la disparition de l'indiennage genevois vers 1830. Les premiers chefs d'atelier engagés par les associés mulhousiens, Jean-Pierre Bonne, Henry-Paul Desplands, puis plus tard Jean-Jacques Lambelet, avaient passé par les fabriques genevoises et neuchâteloises.⁶ Quelque vingt ans plus tard, c'est au tour de Jean-Jacques Zurcher, originaire de Feuffen (Appenzell) mais né à Mulhouse en 1751⁷, de passer quelques années chez Jean-Louis Fazy aux Bergues, avant de s'associer d'abord avec le frère de son employeur, Louis-Charles Fazy, et Jacques-Louis Macaire, puis diriger avec ce dernier une petite fabrique toute proche, commanditée par Jacob et Ami-François Beaumont père et fils. Mais, confronté à des difficultés économiques, Ma-

---

5 Paul R. Schwartz, Les débuts de l'indiennage mulhousien. Esquisse d'une mise au point, dans: *Bulletin de la Société industrielle de Mulhouse [= BSIM]* 3 (1950), pp. 21–43; 1 (1952), pp. 5–18; Raymond Oberlé, Etude sur la migration de main-d'œuvre de la porte d'Alsace vers Mulhouse dans la seconde partie du XVIIIᵉ siècle, dans: *BSIM* 4 (1981), pp. 41–49; Jean–Marie Schmitt, *Aux origines de la Révolution industrielle en Alsace. Investissements et relations sociales dans la vallée de Saint-Amarin au XVIIIᵉ siècle*, Strasbourg 1980, pp. 188–190; selon le tableau de la p. 266, Mulhouse possédait 19 manufactures en 1786; les archives Picot-Fazy (Archives d'Etat de Genève [= AEG], Commerce, F 80–85) révèlent que la plupart d'entre elles étaient en relations avec les Genevois.
6 Originaire de Challex (Ain), Bonne est né à Genève en 1711, et on le voit s'engager comme *imprimeur à la table* pour 2 ans chez le fabricant Antoine Rossier à Genève en 1735 (AEG, Notaire Pierre II Vignier, 18/129v, 29.12.1735), avant qu'*ouvrier* dans la fabrique de Cressier (Neuchâtel), il n'épouse à Cornaux le 14 avril 1738 Marguerite-Dorothée Desplands, fille de Louis, d'Anduze, et sœur de Henry-Paul Desplands, dessinateur et graveur à Cressier depuis 1736. Originaire de France, Desplands a également passé par Genève, avant de se marier deux fois à Cornaux. Les deux beaux-frères monteront ensemble la nouvelle manufacture de Mulhouse; puis Desplands repartira pour Saint-Blaise, tandis que Bonne restera à Mulhouse jusqu'à sa mort, non sans avoir épousé la fille du pasteur de cette ville, Salomé Willy, future 3ᵉ épouse d'Henry-Paul Desplands. Quant à Jean-Jacques Lambelet, originaire des Verrières, il est signalé à Mulhouse à l'occasion de son mariage avec la belle-fille de Jean-Pierre Bonne, Suzanne-Marie Sandoz, puis en tant que graveur pour les indiennes. Mais lui aussi avait travaillé auparavant dans la fabrique de Jean Fazy aux Bergues (principale fabrique de Genève) en tant que dessinateur et graveur (AEG, Notaire Etienne Fornet, 1/66, 17.5.1742). Sur ces personnes: Schwartz, Les débuts de l'indiennage, complété par mes propres recherches.
7 Sur Zurcher, voir Philippe Mieg, Les relations de la famille Perier avec Mulhouse et l'Alsace, dans: *BSIM* 3 (1953), pp. 119–133; Louis Bergeron, *Banquiers, négociants et manufacturiers parisiens du Directoire à l'Empire*, Paris 1974, p. 57, 172, 183.

caire songeait déjà à chercher ailleurs des conditions plus favorables à son activité: la société fut dissoute en 1779.[8] C'est le moment que choisit probablement Zurcher pour retourner à Mulhouse, puisqu'il s'y associa en 1780 avec (Juste-)Henry Arnold (de Hombourg en Hesse, habitant de Mulhouse) pour créer la première fabrique d'indiennes de Cernay (près de Mulhouse), qui reçut bientôt le soutien financier de la société genevoise *Picot, Fazy, Senn & Cie*.[9] Cette société élargie fut transformée un an plus tard en raison du départ de François-Louis Senn. Désormais, Zurcher et Arnold eurent donc pour commanditaires à la fois *Picot, Fazy & Cie* et *Senn, Bidermann, Gros & Cie*, qui se partageaient leur participation de la société antérieure.[10] Plusieurs événements importants devaient toutefois infléchir le destin de leur compagnie: à la suite des troubles politiques de 1782, qui provoquèrent l'émigration d'un grand nombre de marchands et d'artisans genevois issus du milieu des «Représentants» opposés à l'aristocratie au pouvoir, la compagnie *Senn, Bidermann, Gros & Cie* se déplaça à Bruxelles, entraînant par

---

8 Zurcher est reçu habitant en 1773. La première société, *Fazy, Macaire, Zurcher & Cie*, dura de mars 1774 à janvier 1776; la seconde, *Macaire, Zurcher & Cie*, de 1776 à 1779: AEG, Notaires Mercier et Dunant, 13/176 et 13/254 (1776); Commerce, D 1, *passim*. Fondateur d'une fabrique de toiles peintes à Constance quelques années plus tard, Macaire justifiera sa réponse positive aux offres de l'empereur Joseph II en faisant état de ces difficultés: Bibliothèque publique et universitaire [= BPU], Ms. fr. 298, Lettre du 29.7.1785 à Jacob Vernes. A noter qu'à Constance, les indienneurs genevois Jacques-Louis Macaire et François Teissier seront en rapport avec les Mulhousiens Jean-Georges Schlumberger (actionnaire de la société *Macaire & Cie*) et Jonas Thierry: Claudine Thomé, *La colonie genevoise de Constance, printemps 1789*, Mémoire de licence, Faculté des Lettres, Département d'histoire générale, Genève 1992, pp. 84–94.

9 Acte de fondation de la Compagnie *Zurcher & Cie*: AEG, Commerce, F 85/17, 20.1.1781: au capital de 32 000 livres de France, dont 24 000 au nom de Zurcher et Arnold, qui les avaient en fait empruntés à 5% à *Picot, Fazy, Senn & Cie*. Ces derniers s'engageaient à fournir annuellement au moins 4000 pièces de toiles destinées à être imprimées par les deux gérants-fabricants «dans les gouts et genres» que leurs commanditaires leur prescriraient. Mais *Picot, Fazy, Senn & Cie* collaboraient aussi avec Nicolas Risler (à Mulhouse et à Wesserling) et Heilmann & Dollfus (Mulhouse): AEG, Commerce, F 85/29, divers tarifs d'impression entre les partenaires. Un compte de janvier 1785 prouve même que la plupart des fabriques de Mulhouse: Blech & Huguenin, Hartmann, Jean-Jacques Schmaltzer, Jean Dollfus, les frères Koechlin, livraient des toiles peintes à la compagnie genevoise par l'entremise de Jacques Baumgartner, Commerce, F 85/29, pièce 16. Sur les différentes compagnies constituées autour des familles Picot, Fazy, Senn, se référer à Louis Dermigny, *Cargaisons Indiennes, Solier & Cie, 1781–1793*, 2 vol., Paris 1959–1960, et à Schmitt, *Aux origines, passim* (sur ce qui précède, aussi pp. 236–271 et p. 352).

10 AEG, Commerce, F 85/17, «scripte» du 10 janvier 1782.

là la dissolution de la compagnie de Mulhouse en 1784.[11] De son côté, Arnold s'émancipa des Genevois pour fonder avec son fils, sous la raison de *Henry Arnold père & fils*, la deuxième fabrique d'impression de Cernay.[12] Resté seul et chargé de lourdes dettes à rembourser à ses anciens commanditaires, Zurcher n'en continua pas moins à jouer un rôle de premier plan à Cernay. Au début du XIXe siècle, il devait s'associer (1803–1818) avec Henry Sandoz, des Brenets, avec lequel il entretint un comptoir florissant à Paris. La compagnie familiale *Jean-Jacques Zurcher & Cie* faisait encore parler d'elle en 1830.[13]

Le décret de Calonne du 10 juillet 1785: les indienneurs genevois et mulhousiens en conflit avec le roi de France

Mais, entre-temps, des circonstances difficiles avaient profondément bouleversé le monde des indienneurs situés en dehors de la France, notamment ceux de Cernay et de Mulhouse: les fabriques de Zurcher et de *Witz père & fils*, qui succèdent en 1788 à Henry Arnold, virent leurs relations avec leurs commanditaires genevois *(Picot, Fazy & Cie)* se détériorer. Pour comprendre l'origine de ces conflits, il convient de nous arrêter un instant sur les mesures prises en 1785 par le roi de France, soit l'arrêt du 14 avril 1785 rétablissant la *Compagnie française des Indes* (avec ses privilèges), et celui du 10 juillet 1785, prohibant les toiles étrangères – blanches et peintes – et taxant fortement les cotons à leur sortie du royaume. Selon Edgard Depitre, ce dernier arrêt était plus destiné à obliger l'Angleterre à conclure le traité de commerce qu'elle s'était engagée à signer (et à supprimer par là les prohibitions anglaises frappant les toiles françaises) qu'à favoriser une fois de

---

11 Sur ces événements, voir le résumé utile de Dermigny, *Cargaisons Indiennes*, vol. I, p. 242 ss, ainsi que Schmitt, *Aux origines*, p. 247 ss. Notons que la compagnie *Senn, Bidermann & Cie* commandita dès lors la fabrique de Wesserling (Alsace), dont les Genevois Jean Johannot, les frères Antoine et James Odier, puis François-Jean Sautter, notamment, seront les gérants; Schmitt, *Aux origines*, p. 272 ss.
12 AEG, Commerce, F 85/17 accord du 20.12.1784 laissant Zurcher seul à la tête de son entreprise. Selon Mieg, Famille Perier, p. 130, la fabrique des Arnold faisait travailler en 1786 60 tables (10000 pièces annuelles) alors que Zurcher en resta à 30 tables (4000 pièces).
13 Bergeron, *Banquiers*, p. 183. Serge Chassagne, *Le coton et ses patrons. France, 1760–1840*, Paris 1991, p. 400.

plus la Compagnie française des Indes.[14] Il n'en fut pas moins vécu comme un cataclysme par les gouvernements de nos deux petites républiques. Comme le soulignent les nombreux mémoires rédigés aussi bien à Mulhouse, à Genève qu'en Alsace, les indienneurs furent durement touchés par les mesures qui frappaient leur approvisionnement en toiles blanches et en coton – bientôt également en produits tinctoriaux – et entravaient leurs exportations de toiles peintes en direction de la France.

Ainsi, moins d'un mois après le décret du 10 juillet 1785, les autorités genevoises prièrent les commissaires de la Chambre des étrangers de s'entendre avec les fabricants d'indiennes au sujet des ouvriers qu'il faudrait «renvoyer avant l'hiver», vu la «cessation d'ouvrage dont était menacée cette fabrique».[15] A Mulhouse, si les fabricants avaient d'abord chargé l'intendant d'Alsace qui se trouvait à Paris de défendre leurs intérêts, ils envoyèrent bientôt leur propre députation au comte de Vergennes, ministre des Affaires étrangères et à Monsieur de Calonne, contrôleur général: ils s'étaient rendu compte que les intérêts des fabricants alsaciens paraissaient se séparer des leurs et qu'il leur faudrait désormais prendre leur destin en main. A Paris, on les incita effectivement à placer leur ville – qui cesserait ainsi d'être un repaire de contrebandiers – sous la protection royale, mais ils refusèrent. L'arrêt du 13 novembre 1785 permit aux provinces considérées comme étrangères (soit l'Alsace et la Lorraine) d'introduire librement en France les indiennes qu'elles auraient imprimées sur des toiles blanches venant d'Alsace ou de la Compagnie des Indes orientales; il autorisait en outre tous les étrangers à fonder des établissements en France. Le 26 janvier 1786, les privilèges douaniers furent étendus aux toiles fabriquées dans toute la France. Alors que les Genevois et les Suisses étaient incités à transporter une partie de leurs activités en France et en Alsace, Mulhouse restait exclue de ces nouvelles dispositions. Il lui fallut attendre jusqu'au 23 février 1786 pour en bénéficier.[16]

Mais ces atténuations des rigueurs du décret de juillet 1785 avaient vivement mécontenté les fabricants français et les directeurs de la Compagnie des Indes, qui entrèrent en guerre ouverte avec les Alsaciens et les Mulhousiens. Dès lors, ces derniers furent les victimes toutes désignées d'un

---

14 Edgard Depitre, *La toile peinte en France au XVIIe et au XVIIIe siècles. Industrie, commerce prohibitions*, Paris 1912, p. 260.
15 AEG, Etrangers, A 1, p. 45, 8 août 1785.
16 *Le Vieux Mulhouse*. Documents d'archives publiés par les soins d'une Commission d'études historiques, 3 vol., Mulhouse 1895–1899, vol. 3, p. 281 ss. Schmitt, *Aux origines*, p. 255.

nouvel arrêt de mars 1789, qui confirma l'interdiction d'importation de toutes les toiles étrangères, sauf pour l'Alsace. Comme en 1785–1786, l'année 1789 fut par conséquent particulièrement sombre pour les fabricants de Mulhouse, d'autant plus que la Révolution et l'arrêt du commerce en France et en Alsace avaient encore aggravé la situation: ils furent obligés de congédier de nombreux ouvriers et les étrangers qu'ils avaient recrutés dans d'autres centres de production durent quitter la ville. Ceux qui restaient avaient de la peine à gagner de quoi vivre. Les Mulhousiens envoyèrent de nouvelles députations à Paris demandant de bénéficier du même traitement que l'Alsace. Des tractations se poursuivirent jusqu'en 1792 en vue d'un traité commercial entre Mulhouse et le roi; elles prévoyaient l'instauration d'un nouveau tarif de douane plus favorable, au prix d'un «abonnement» de 20 000 livres à payer par Mulhouse; elles furent cependant maintes fois interrompues par les protestations des fabricants de toiles peintes du royaume, par les événements politiques qui secouaient la France puis, finalement, par la guerre qui éclata en avril 1792.[17]

Il est intéressant de relever que durant les années 1785–1790 les Genevois multipliaient de leur côté les démarches auprès du roi et des administrateurs de la Compagnie des Indes, afin de maintenir en activité les fabriques genevoises, certes, mais également celles de Mulhouse, Amsterdam, Bienne, Neuchâtel, Cernay et Montpellier – cette dernière étant aussi considérée comme étrangère, bien que ses directeurs fussent des sujets du roi. Au nom de *Picot, Fazy & Cie*, mais également pour son frère Jean-Louis Fazy *des Bergues*, Louis-Charles Fazy se rendit à Paris, nanti de plusieurs mémoires demandant un moratoire de quelques mois dans l'application du décret du 10 juillet, afin que les «commissions qui leur avaient été données» pussent s'exécuter «sur l'ancien pied», dans les conditions prévues par les contrats, et que la hausse des taxes n'aggrave encore les pertes déjà occasionnées par les autres mesures protectionnistes. A ses yeux, un délai de quelques mois permettrait aux chefs des fabriques étrangères de «prendre leurs arrangements», de faire front à la nouvelle situation et préviendrait par conséquent un exode massif de leurs indienneurs jetés dans la misère. Il y exposait la situation catastrophique dans laquelle se trouvaient tous les fabricants d'Alsace et de Suisse, qui ne recevaient plus les toiles qu'ils importaient par Lisbonne, Copenhague, Rouen ou Londres et ne pouvaient

---

[17] *Le Vieux Mulhouse*, vol. 3, p. 287 et 322 ss. Voir également sur cette période (et sur le point de vue d'un fabricant «français»): Serge Chassagne, *Oberkampf. Un entrepreneur capitaliste au Siècle des Lumières*, Paris 1980, pp. 148–153.

réexporter celles qu'ils avaient imprimées. Destinées à la France ou devant transiter par son territoire, leurs toiles étaient retenues depuis de longs mois aux bureaux de douane de Bayonne, de Saint-Dizier, de Valenciennes, de Jougne et de Pont-de-Beauvoisin, en sorte que la prochaine «saison» d'impression, de même que les traditionnelles ventes aux foires de Beaucaire, Pézenas, Toulouse ou Bordeaux, étaient compromises. Il finit par obtenir la main-levée de ses toiles – plus d'une centaine de balles, dont une grande partie provenait de Cernay et de Mulhouse –, mais non le moratoire, à condition de fonder une manufacture de trente tables dans le royaume dans un délai de moins de deux ans.[18] Cette décision est à l'origine de la création des fabriques et blancheries lyonnaises de Perrache et des Brotteaux par *Picot, Fazy & Cie*, dans lesquelles un certain nombre de Mulhousiens furent employés après avoir passé quelque temps à Genève.[19]

En dépit des difficultés créées par le décret de 1785, *Picot, Fazy & Cie* restèrent encore en relation avec leurs partenaires mulhousiens et alsaciens (de Cernay, notamment) durant quelques années. Afin de tourner les mesures de prohibition, une partie des transactions passaient, semble-t-il, par leurs associés de Montpellier *(Picot, Fazy, Sue & Cie)* et de Lyon (Henry Hentsch), parfois aussi de Bordeaux et de Marseille. La riposte des Mulhousiens et des Alsaciens consista, elle, à intensifier le filage du coton et le tissage de toiles qui s'étaient peu à peu développés dans quelques centres depuis 1750.[20]

Il n'en reste pas moins que très tôt des récriminations apparaissent dans les correspondances échangées: les toiles imprimées à Mulhouse et à Cernay étaient trop chères, vu qu'il s'agissait de toiles «nationales» (donc d'origine française), plus coûteuses que les toiles des Indes ou de Suisse; en outre, des défauts signalés dans les impressions en rendaient souvent la

---

18 AEG, Papiers Picot-Fazy, Commerce, F 80/2; notamment mémoire à M. Le Noir du 13 septembre 1785 et lettre du 26 juillet 1785, qui soulignent que les fabriques françaises ont autant à perdre d'un arrêt immédiat des importations que les étrangères. Les toiles bloquées aux différentes douanes provenaient des fabriques de Zurcher et d'Arnold père et fils. Un décompte (1785) de 6400 pièces destinées à la seule foire de Bordeaux (mars 1786) montre que les fabriques de Mulhouse en fournissaient 2300.
19 Certains Mulhousiens figurant dans les Registres de la Chambre des étrangers de Genève sont en effet indiqués comme «partis pour Lyon»: voir *infra* et Annexes. Endommagés durant les troubles insurrectionnels de la *Commune Affranchie* en 1793, les établissements lyonnais causèrent des pertes considérables à la compagnie, qui fut dès lors déchirée par les litiges qui opposèrent ses anciens associés.
20 Michel Hau, *L'industrialisation de l'Alsace (1803–1939)*, Strasbourg 1987, p. 77.

vente difficile, voire impossible.²¹ Par ailleurs, bien qu'associés depuis 1786 avec *Jean et Frédéric Witz frères*, de Mulhouse, et *Eck, Schwartz & Cie*, commanditaires mulhousiens, Henry Arnold père et fils firent faillite quelque dix-huit mois plus tard, le fils, Jean-Henry Arnold, ayant quitté l'affaire sans avertissement. La fabrique d'impression de Cernay fut alors reprise par les frères Witz, mais la liquidation de la société fut longue et provoqua par conséquent une aggravation du chômage dans toute la région à partir des années 1787–1788.²²

Les priorités du gouvernement genevois

Les efforts de Louis-Charles Fazy pour obtenir le libre passage des pièces de toile bloquées aux frontières du royaume furent très vite relayés par ceux du gouvernement genevois. Plusieurs mémoires destinés à Jean-Armand Tronchin, ministre de la République à Paris de 1785 à 1792, ou envoyés aux autorités genevoises par ce dernier, prouvent que l'on s'affairait à Paris comme à Genève pour faire modifier la politique douanière suivie par le roi depuis 1785, ou, du moins, pour tenter d'assurer aux indienneurs genevois leur approvisionnement en toiles de coton. Ainsi en 1787, Ami Argand, fils d'un horloger, «mécanicien» et fondateur des fameuses manufactures de lampes à huile à double courant d'air de Londres et de Versoix, s'était-il rendu en Angleterre pour étudier la possibilité d'introduire à Genève la filature du coton – dont de «grandes quantités passaient à Genève et à Versoix pour aller dans le canton de Zurich». Il s'y était mis en rapport avec James et John Milne, père et fils, de Manchester, qui s'étaient déclarés prêts à établir à Genève des machines à carder et à filer comme ils le faisaient en France depuis quelques années. Une fois en possession de fil de coton, exposait-il dans un rapport qu'il avait confié à Tronchin, l'on pourrait former «un

---

21 AEG, Commerce, F 85/16.
22 AEG, Commerce, F 82/1, notamment contrat de société du 13 janvier 1786, revu le 30 janvier 1787, et arbitrage de 1787. Mieg, Famille Perier, pp. 120–122. Schmitt, *Aux origines*, p. 263. Pour le procès avec Arnold fils: AEG, Commerce, F 80/3 (1787) et F 82/7 (1796). Le point de vue des fabricants de toiles d'Alsace et la situation tragique de milliers de leurs ouvriers appelés de l'étranger lorsque furent créées les nouvelles fabriques sont exposés dans la «Pétition des fabricants de toiles d'Alsace au Roi», s. d. (probablement 1787), dont une copie figure dans les papiers Picot-Fazy, AEG, Commerce, F 80/1. La cherté du coton et des toiles provoquée par les taxes élevées perçues aux frontières du royaume y est amplement soulignée.

certain nombre de soldats de la garnison qui ne demandent qu'à être occupés» au tissage des toiles et des mousselines pour les indiennes.[23]

Tronchin s'était empressé de transmettre ces informations au gouvernement genevois, qui avait chargé les conseillers Claparède et Rigaud d'en évaluer l'utilité pour leur ville. Estimant le coût d'installation de ces machines trop élevé, ces derniers avaient rédigé un rapport circonstancié soulignant que «cet objet était connexe avec celui de nos manufactures de toiles peintes qui tombent en décadence depuis la défense de les introduire en France et le transport de plusieurs de nos ateliers dans le royaume». Reprenant les idées déjà exprimées ailleurs par le négociant en toiles Henry Deonna, ils préconisaient que l'on s'efforce d'abord d'obtenir la permission d'introduire nos ouvrages en France, même «sous certaines adstrictions [...], ainsi qu'on l'avait fait en faveur de Mulhouse». Mais le roi devait se souvenir que la plupart des indiennes genevoises importées dans son royaume avaient été auparavant exportées vers Genève; il ne s'agissait donc que d'une «rentrée» sur laquelle il était injuste de faire payer un droit de retour. Enfin, il ne pouvait qu'être avantageux pour le commerce français que les Genevois soient incités à s'approvisionner en toiles blanches en France par la perspective de pouvoir les réimporter librement après leur impression.[24]

Revenant sur la situation particulière de Genève et sur les préventions que l'on a dans cette ville contre les fabriques d'indiennes, qui «ne sont pas intéressantes parce qu'elles ont le désavantage d'attirer beaucoup de pauvres ouvriers qui travaillent l'été et qui sont à la charge publique en

---

23 AEG, Pièces historiques [= PH], 5250, «Mémoire du Sr Ami Argand sur l'établissement des machines à carder et filer le coton», s.d. Sur la famille Milne et ses machines à filer en France et en Alsace: Chassagne, *Le coton et ses patrons*, pp. 191–199. Maurice Lévy-Leboyer, *Les banques européennes et l'industrialisation internationale dans la première moitié du XIXe siècle*, Paris 1964, pp. 26–29. Sur Argand: Jacques Trembley (éd.), *Les savants genevois dans l'Europe intellectuelle du XVIIe au milieu du XIXe siècle*, Genève 1987.

24 AEG, Registres du Conseil [= RC] 292, p. 624, 1er août 1788 et p. 735, 1er septembre 1788. Ce rapport de Claparède et Rigaud se trouve dans le RC 293, en annexe à la p. 71, 20 janvier 1789. Ses auteurs y soulignent longuement la réciprocité des relations qui existent entre le royaume et Genève, dans laquelle nombre d'habitants du Pays de Gex trouvent une occupation, venant travailler dans ses fabriques et retournant le soir chez eux, et qui tire en outre de France une proportion importante des produits qu'elle importe de l'étranger (notamment ses «drogues» pour la fabrication des indiennes); ils signalent d'ailleurs qu'«un motif tout semblable» figurait dans le préambule de l'arrêt du 23 février 1786 qui avait accordé à Mulhouse la faveur que l'on sollicitait pour Genève.

hiver» (problèmes dont ne semble pas souffrir Mulhouse, «qui jouit d'une aisance heureuse»), Deonna avait en effet rédigé divers mémoires destinés à alerter les autorités genevoises et leur représentant en France, sur les graves conséquences économiques et sociales qu'entraînait pour la cité, depuis une quinzaine d'années, l'émigration – avec des fonds considérables – de plusieurs marchands et fabricants connus pour leur dynamisme et leurs hautes qualifications.[25] Toutefois, la manière dont il prend la défense d'un secteur auquel on semble dénier la capacité de créer autre chose qu'«une sorte de misère» confirme que l'indiennage n'occupait qu'une place secondaire dans les priorités de l'heure: les instructions envoyées à Tronchin à la même époque précisaient bien qu'il ne devait encore faire aucune démarche ministérielle au sujet de l'introduction des toiles peintes dans le royaume, afin de ne pas nuire à «l'affaire des droits d'entrée sur notre horlogerie en France», qui était «tout autrement importante pour nous et vers laquelle devaient se tourner tous nos efforts».[26]

Genève et Mulhouse «enclavées», puis «réunies à la France»

Durant la dernière décennie du XVIIIe siècle, les manufactures d'indiennes de Mulhouse et de Genève furent profondément affectées par les révolutions, les guerres et les barrières douanières dressées par la France autour de ces deux cités indépendantes. A Mulhouse, enclavée dans le département du Haut-Rhin, qu'elle était obligée de traverser pour communiquer avec l'étranger, deux arrêtés du Comité de Salut public des 26 mars et 11 juin 1794 confirmèrent ces «barrières»; mais, vu son statut d'alliée du Corps helvétique (traité de 1777), ils lui assuraient aussi la liberté de passage sur le territoire français des matières premières qu'elle tirait de l'étranger, ou de sortie à l'étranger des marchandises manufacturées à partir de ces produits. L'entrée et la sortie de ces marchandises ne pouvaient toutefois se faire que par les Bureaux de Bourg-Libre et de Habsheim. En outre, «le caractère d'étranger que cette petite république conservera tant qu'elle ne croira pas devoir se réunir à la République française assujetti[ssai]t tout ce qui

---

25 Deonna, Une industrie genevoise, pp. 228–234. Ces différents mémoires (1787–1788 et même plus tard) reprennent peu à peu toujours les mêmes arguments, ce qui n'est guère étonnant, vu que Marc-Louis Rigaud et Henry Deonna étaient associés dans le commerce des toiles.
26 AEG, RC 292, p. 735, 1er septembre 1788.

emprunt[ait] son territoire pour aller de France en France à l'acquit-à-caution»; dans la mesure, cependant, où ses produits seraient offerts de préférence à la France qu'à l'étranger, la ville obtenait l'assurance de pouvoir disposer de quantités déterminées de denrées de première nécessité et de matières premières et combustibles indispensables à ses manufactures.[27]

Sans pouvoir entrer dans tous les détails de la situation qui prévaut à Genève durant la même période – faute de place et d'études approfondies sur le sujet –, l'on observera que s'y font entendre régulièrement les mêmes plaintes qu'à Mulhouse au sujet des «barrières», des taxes douanières et de l'acquit-à-caution (au délai trop bref) imposés par la France. Très tôt les obstacles dressés à leur commerce apparaissent d'autant plus intolérables aux Genevois que les troupes françaises ont envahi la Savoie proche en 1792: tout comme Mulhouse, leur cité se trouve donc entièrement enclavée dans un territoire français – le département du Mont-Blanc –, dont l'armée semble, de surcroît, prête à toutes les interventions ou annexions. Durant cette période, les Genevois ne cessent de se défendre contre les accusations de contrebande dont ils font l'objet et se tournent vers l'Allemagne et l'Italie pour les débouchés de leur production manufacturière.[28] Considérant que les interdictions d'exportation et d'importation de certaines marchandises – notamment anglaises et suisses – favorisent précisément les actes de contrebande perpétrés aux frontières genevoises et sur le lac, le gouvernement genevois s'efforce dès 1795 d'obtenir de Paris le «reculement des douanes françaises», la réduction des droits d'entrée sur les marchandises fabriquées à Genève et le désenclavement des mandements de la République.[29]

---

27 AEG, 1241/20, *Journal du commerce*, XVIII, du 29 ventôse an III de la République française, p. 142: Administration des douanes, «Régime de la République de Mülhausen». *Le Vieux Mulhouse*, vol. 3, pp. 352–357. Voir également, année après année, les doléances des députés de Mulhouse à la Diète des Cantons évangéliques, dans: *Die Eidgenössischen Abschiede aus dem Zeitraume von 1778 bis 1798*, bearbeitet von Gerold Meyer von Knonau, *Die amtliche Abschiedesammlung*, Bd. 8, Zürich, 1856, p. 180, 200, 210, 233, 265.

28 Il est vital pour les Genevois non seulement d'obtenir le rétablissement de conditions propices à leur commerce extérieur, gravement perturbé par les mesures qui visaient à affaiblir leur horlogerie (leurs montres étaient considérées comme marchandises anglaises parce qu'elles contenaient des parties d'acier), mais de permettre le transit par le territoire français des denrées produites dans leurs mandements enclavés.

29 Sur cette véritable «guerre économique», voir *Mémoire relatif à l'introduction des marchandises sur le territoire de la République de Genève*, dans: Edouard Chapuisat, *Le commerce et l'industrie à Genève pendant la domination française (1798–1813)*,

Dans les deux cités, la période qui précède la réunion à la France est donc marquée par un recul de la production manufacturière dû aux difficultés d'approvisionnement en matières premières, de production et d'écoulement de leurs indiennes. L'opinion du Conseil Général du Haut-Rhin, selon lequel la décadence de l'indiennage serait due «aux événements de la Révolution, à la stagnation générale du commerce, à l'absence de capitaux qui sont de préférence employés à l'agiotage et à l'usure, et surtout à l'introduction frauduleuse d'une innombrable quantité de marchandises anglaises qu'aucune mesure n'a pu arrêter encore», vaut presque mot à mot pour la situation genevoise.[30] Des onze fabriques «qui existaient autrefois», il n'en subsiste plus que cinq, dont deux «languissantes», en 1787, puis quatre durant l'époque du département du Léman. Les laborieux règlements de comptes accompagnant la liquidation de la société *Picot, Fazy & Cie* à partir de 1793 permettent de mesurer l'importance des pertes causées par la dévaluation des assignats et par la ruine des spéculateurs genevois qui s'étaient laissé prendre aux mirages des emprunts royaux et des rentes viagères.

Mais si, avant 1798, Mulhouse est encore souvent utilisée comme point de comparaison dans les analyses genevoises («à l'instar de la République de Mulhausen qui, enclavée dans le bas Rhin, ne peut rien recevoir de l'étranger sans être assujettie aux droits de Tarif»), Genève prend désormais ses distances après cette date, et ne manque jamais de souligner que sa situation est différente de celle de Mulhouse! D'une part, du fait que les exportations de cette dernière ne «se font qu'en France» – alors que celles de Genève sont destinées à l'Italie et à l'Allemagne –, mais surtout parce que «plusieurs entrepreneurs étrangers de Fabriques d'indiennes qui avaient projeté d'en établir ici ont été rebutés par ces entraves et ont porté leur industrie à Mulhouse, qui heureusement placé hors de la ligne des Douanes,

---

dans: *Mémoires et documents publiés par la Société d'histoire et d'archéologie de Genève* 2e série, 8: 3 (1908), p. 649 (décembre 1797), où l'on se plaint notamment d'un quadruple droit grevant les toiles peintes. Antony Babel, *Histoire corporative de l'horlogerie, de l'orfèvrerie et des industries annexes*, Genève 1916, p. 281 ss. Marc Peter, *Genève et la Révolution. Le gouvernement constitutionnel, l'annexion, la Société économique, 1794–1814*, Genève 1950, p. 221 ss et 261 ss.

30 Cité par Schmitt, *Aux origines*, p. 288. Sur cette période de blocus et de difficultés économiques: Nicolas Schreck, *La République de Mulhouse et l'Europe des Lumières* (Publications de la Société savante d'Alsace et des régions de l'Est, collection «Recherches et documents», 51), Strasbourg 1993, pp. 58–60.

a vu et voit encore tous ses moyens de prospérité s'accroître, tandis que les nôtres diminuent chaque jour».[31]

Il est vrai que malgré quelques aménagements prévus dans le Traité de réunion du 26 avril 1798 pour favoriser les fabriques d'indiennes, des décrets touchant les manufactures genevoises de plein fouet se succédèrent durant les quinze ans que dura l'«annexion» à la France, aussi bien dans le domaine de l'horlogerie que dans celui des toiles peintes. Pour n'en retenir que quelques exemples: le décret du 6 brumaire an XII (29 octobre 1803) visait les produits manufacturés de coton et prévoyait également une hausse du droit d'entrée des indiennes dans l'Empire français – droit qui fut encore doublé en 1805. Destiné à favoriser les filatures et les tissages français, le décret impérial du 22 février 1806, prohiba l'importation des toiles blanches et peintes; puis des droits exorbitants furent mis sur toutes les matières premières. Enfin, le blocus continental (22 novembre 1806) acheva d'étrangler l'indiennage genevois, qui, privé de ses sources traditionnelles d'approvisionnement, ne sut désormais plus où se procurer ses toiles blanches à un prix raisonnable. Du côté de ses exportations, Genève ne bénéficiait pas non plus des avantages qu'elle aurait dû tirer de son nouveau statut de ville française. Plusieurs mesures prises par l'empereur lui firent en effet perdre certains de ses principaux débouchés à partir de 1810, l'entrée en Italie des toiles et ouvrages de coton étant désormais soumise à de nombreuses restrictions et autorisations, puis la foire de Beaucaire étant suspendue en 1812. Comme l'exprimèrent quelques notables de la ville dans un rapport qu'il présentèrent vers 1800 au ministre de l'Intérieur, «depuis la Réunion, Genève se trouve plus heureusement placée pour son commerce de fabriques avec les Départements; mais il faut avouer aussi que son ancienne position étoit plus favorable à son commerce extérieur».[32]

Du fait du système prohibitif mis en place par Napoléon, les fabriques mulhousiennes et alsaciennes ne jouissaient pas de conditions plus favorables que les manufacturiers suisses et genevois: elles durent aussi largement recourir à la contrebande. Mais la reprise est attestée en Alsace dès 1806. Privés de leurs toiles blanches habituelles, les fabricants alsaciens développèrent en effet leurs propres ateliers de tissage en s'aidant parfois de Suisses, contraints à s'expatrier par la crise qui frappait l'industrie coton-

---

31 AEG, PH 5597, Mémoires sur l'industrie et le commerce. AEG, Commerce, C 2 (an XIII).
32 AEG, Commerce, C 2. Chapuisat, Le commerce, pp. 497–507. Pour un point de vue français: Bergeron, *Banquiers*, pp. 229–233.

nière de leur pays. En outre, ils surent tirer profit des initiatives prises en matière d'industrie et d'information technique et scientifique par le ministre Jean-Antoine Chaptal, comme ce fut le cas dans le cadre de la *Société d'encouragement pour l'industrie nationale* que ce dernier contribua à créer durant les premières années du XIXe siècle.[33] Alors qu'à la même époque Genève voyait ses fabriques d'indiennes se fermer l'une après l'autre, malgré quelques tentatives d'implantation du filage du coton et du tissage des toiles à Carouge et dans la vallée de l'Arve[34], l'Alsace connut sous l'Empire une renaissance de ses activités qui allait faire d'elle l'une des régions textiles les plus dynamiques de la France au XIXe siècle.

Indienneurs «mulhousiens» à Genève et «genevois» à Mulhouse

Du fait de la très grande mobilité des indienneurs, il est difficile, dans l'état actuel des recherches, de savoir avec certitude d'où venaient tous ces artisans. La notion même d'origine étant peu claire, les annotations des secrétaires qui enregistraient les étrangers – sur la foi des déclarations orales de ces derniers – pouvaient se référer parfois simplement au lieu d'où arrivait un immigrant, soit à la dernière ville ou à la dernière province dans lesquelles il avait séjourné auparavant. Nous l'avons vu à propos de Jean-Jacques Zurcher, qui, d'appenzellois devint mulhousien, puis genevois, puis de nouveau mulhousien.

D'une manière générale, Alfred Perrenoud, pour Genève, et Maurice Garden, à Lyon, ont d'ailleurs montré que les indienneurs échappent pour une large part aux investigations et statistiques portant sur les populations urbaines, dans la mesure où ils sont souvent absents des sources traditionnellement utilisées par les historiens démographes. Effectivement, si l'on en croyait les dénombrements genevois, seuls 113 hommes et une trentaine de femmes auraient été actifs dans l'indiennage genevois en 1788, et

---

33 Hau, *L'industrialisation*, pp. 208–221. Chassagne, *Le coton*, p. 261 ss et 527 ss et, du même, Une institution originale de la France post-révolutionnaire et impériale: la Société d'encouragement pour l'industrie nationale, dans: *Histoire, Economie et Société*, 8: 2 (1989), pp. 147–165.
34 Paul Guichonnet, L'industrie textile dans le département du Léman sous le premier Empire, dans: *Actes du 112ᵉ Congrès national des Sociétés savantes*, Lyon 1987; Histoire moderne et contemporaine, t. 1, *Textile: production et mode*, Paris 1987, pp. 163–180.

112 hommes et 92 femmes en 1798.[35] Ce type de document ne peut donc pas fournir une image fidèle de la main-d'œuvre de ce secteur: les femmes et les enfants qui travaillaient dans les fabriques, bien que nombreux, n'y figurent que rarement. Il faut donc avoir recours à d'autres fonds d'archives, au prix de minutieuses recherches nominatives permettant de reconstituer les réseaux familiaux et sociaux dans lesquels les indienneurs se recrutaient. Il n'en reste pas moins que cette absence remarquée des indienneurs dans la cité était aussi due au fait qu'une partie de la main-d'œuvre résidait dans la banlieue. En outre, comme certains mémoires destinés au roi de France le soulignèrent à l'envi, nombreux étaient les ouvriers résidant en territoire français et se rendant chaque jour dans les fabriques genevoises.[36] A ces «frontaliers» s'ajoutaient toutefois ceux que leurs employeurs omettaient de déclarer à la Chambre des étrangers ou qui séjournaient, clandestinement ou non, à Genève pour quelques mois, soit le temps d'une *campagne* de toiles peintes.[37]

Un étranger qui désirait s'établir à Genève devait être reçu à l'Habitation et s'engager, en fournissant une caution assez élevée, à ne pas tomber à la charge de l'Hôpital.[38] Depuis le milieu du XVIIIe siècle, les étrangers qui ne demandaient pas l'Habitation – notamment des catholiques et des artisans célibataires itinérants – pouvaient obtenir des autorisations de séjour de trois mois renouvelables, à la demande de leurs employeurs.[39] A la suite des graves troubles politiques de 1781–1782, la *Chambre des domiciliés* (puis *des étrangers* dès 1791) avait été créée par l'Edit de Pacification du 21 novembre 1782: elle était chargée de régulariser la situation des étrangers

35 Alfred Perrenoud, *La population de Genève du seizième au début du dix-neuvième siècle. Etude démographique*, Genève 1979, pp. 160–161.
36 Voir plus haut. Mes recherches en cours devraient permettre un jour de mieux connaître les effectifs, l'identité et l'origine de ces travailleurs insaisissables.
37 Une partie des travaux, mais pas tous, ne se faisaient que durant la belle saison; certains ouvriers se trouvaient donc sans travail une partie de l'année, ce dont se plaignaient parfois les magistrats en charge de l'assistance. Perrenoud (*La population*, p. 290) signale qu'en 1778, une révision de la population – à la suite d'une plainte de citoyens concernant les étrangers établis sans permission – révèle la présence de 353 ouvriers et 44 ménages catholiques et de 366 ménages protestants non-Habitants.
38 Sur ce problème: Liliane Mottu-Weber, Le statut des étrangers et de leurs descendants à Genève (XVIe–XVIIIe siècles), dans: Denis Menjot et Jean-Luc Pinol (éd.), *Les immigrants et la ville. Insertion, intégration, discrimination (XIIe–XXe siècles)*, Paris 1996, pp. 27–42. Pour une comparaison avec Mulhouse: Schreck, *La République*, pp. 17–23.
39 AEG, Etrangers, B 1 à 6, «Permissions de séjour», 1752–1782. Mal tenus, ces registres sont difficiles à utiliser systématiquement.

séjournant temporairement dans la cité. Aux yeux du gouvernement conservateur rétabli à cette date, il s'agissait d'éviter qu'un trop grand nombre de ces derniers s'installent désormais à Genève et que leurs descendants finissent par y revendiquer l'égalité des droits avec les bourgeois et citoyens, comme l'avaient fait les natifs depuis quelques années. L'on opéra très vite une distinction entre le statut des domiciliés, souvent mariés, établis pour six mois ou une année renouvelables et soumis à la taxe des *gardes*, et celui des étrangers célibataires, auxquels on accordait des permissions de séjour de trois mois, également renouvelables.

Toutefois, cette politique de plus en plus restrictive envers les étrangers trouve également son origine dans la profonde crise économique qui marqua les deux dernières décennies du XVIIIe siècle.[40] A cet égard, les conditions d'emploi très particulières qui prévalaient dans l'indiennage – travail saisonnier, recours à de nombreux ouvriers, artistes ou spécialistes étrangers – plaçaient les fabricants dans une position délicate face aux commis de la Chambre des étrangers. Accusés de ne pas prendre en charge leur main-d'œuvre durant la saison froide, ou de ne pas déclarer ni cautionner assez régulièrement les ouvriers qu'ils faisaient venir de l'étranger, ils furent plus d'une fois assignés à venir attester que ceux-ci étaient indispensables à leur activité: de plus en plus souvent, en effet, quel que fût leur secteur d'activité, les artisans qui n'avaient que *peu d'utilité* aux yeux des autorités, ou qui étaient pauvres, chargés d'une grande famille, catholiques ou suspectés de relations avec des opposants au gouvernement, étaient menacés d'expulsion.[41] Ainsi, le statut réservé aux indienneurs étrangers devint des plus précaires. Aucun indienneur ne fut reçu à l'Habitation durant les années 1780: tous durent se contenter d'une autorisation de séjour temporaire.

Qu'en était-il alors des Mulhousiens? Notons d'abord que des huit habitants originaires de Mulhouse qui figurent dans le *Livre des Habitants*,

---

40 Voir les pages que j'ai consacrées à cette période de crise dans: Piuz et al., *L'économie genevoise*, pp. 495–499 et pp. 631–648.

41 AEG, Etrangers, A 1, p. 61 et 73 (1791), où il est question de «M. Fazi, qui avait toujours sous sa main une grande quantité d'ouvriers dont la permutation était continuelle, ce qui donne infiniment de peine à bien soigner [...]». Dès 1792, l'on cherche à empêcher l'établissement de nouveaux ménages, surtout mixtes, «craignant une augmentation de population étrangère»: Etrangers, A 1, p. 134. En outre, même si l'on accorde une permission à des ouvriers dont l'utilité est reconnue, leurs épouses doivent séjourner ou accoucher «hors des terres de Genève» (p. 186). En 1795, vu la «pénurie de denrées» et la «surcharge des maisons de secours», l'on demande aux fabricants de fournir la liste de leurs ouvriers mariés, que l'on renverra «de préférence aux célibataires»: Etrangers, A 2, pp. 286–291.

1684–1792, quatre sont cordonniers, et les autres marchands et tisserand; il n'y a donc pas d'indienneur parmi eux, si ce n'est le *négociant* Jean-Jacques Zurcher reçu en 1773.[42] Les indienneurs mulhousiens commencent à apparaître à Genève surtout à partir de 1783, soit après la création de la Chambre des domiciliés; arrivés en période de haute conjoncture, les premiers d'entre eux sont des domiciliés, probablement appelés par les Fazy, qui les enverront quelques années plus tard dans leur manufacture de Lyon et, dans le cas de Conrad Arnold, dans la fabrique Perier à Vizille (près de Grenoble).[43] Mais la plus grande partie des Mulhousiens et des Alsaciens dont il est possible de repérer la présence à Genève à cette époque y arriva à partir de 1786–1787, années durant lesquelles les fabriques de Mulhouse et de Cernay, affrontèrent, nous l'avons vu, de graves difficultés. A quelques exceptions près, la majorité des artisans admis dans les fabriques genevoises le sont pour un terme court, soit pour trois mois, parfois six. Ils sont généralement célibataires, qualifiés (dessinateurs, graveurs ou imprimeurs) et travaillent dans une seule fabrique. Relativement nombreux jusqu'en 1792, ils voient leur nombre diminuer spectaculairement à partir de 1793, ce qui reflète fidèlement la situation conjoncturelle de l'indiennage et la politique du nouveau gouvernement révolutionnaire genevois à l'égard des étrangers.[44]

Parmi ces migrants temporaires se trouvent toutefois quelques indienneurs qui séjournent plus longtemps dans la cité (Frédéric Scheidegger, Philippe Sticler, Jean-Jacques Schmerberg, Benoit Zumbrunn, Martin et Frédéric Dollfus, Paul Bieler, Jean Nocher, Jean et Philippe Wintz, Pierre Ham, Pierre Ferry et quelques Alsaciens), accédant parfois même au statut de domicilié (Benjamin Haag, de Colmar, ainsi que Jean Ibner, Pierre Frey, [Jean-]Conrad Arnold, troisième fils de Juste-Henry Arnold, Jean Thierry, Jacob et Henry Hertel, Daniel Chèvre et Ulrich Ups, de Mulhouse). Dans

---

42 Alfred Perrenoud et Geneviève Perret, *Livre des Habitants de Genève, 1684–1792*, Genève 1985, *passim*. Un peu plus de 80 indienneurs de toute origine y figurent (1691–1791).

43 Voir plus bas, Annexe I. L'annexe II, comprenant les indienneurs originaires d'Alsace, montre que d'autres indienneurs, catholiques, avaient été recrutés par les mêmes Fazy dès 1779. Il me semble utile de rappeler que ces listes n'ont pas la prétention d'être exhaustives, et que les personnes dont il est question ici ne représentent qu'un échantillon modeste parmi les nombreux indienneurs (et indienneuses) originaires de Suisse (surtout de Neuchâtel), d'Allemagne et de France mentionnés dans les registres de la Chambre des étrangers.

44 A cette date reviennent d'ailleurs à Genève plusieurs indienneurs genevois qui avaient été embauchés par les Fazy pour leur fabrique de Lyon, ce qui réduit d'autant le nombre des emplois disponibles pour les étrangers.

certains cas, plusieurs séjours courts entrecoupés de périodes dont on ne sait rien semblent indiquer que ces ouvriers ont dû rentrer chez eux entre-temps. C'est du moins ce que l'on observe chez les Neuchâtelois, qui venaient parfois seuls en laissant toute leur famille au pays. Sauf exception, tout séjour durable entraînait le passage dans plusieurs fabriques. Dans plus du tiers des cas, il s'agissait de celle des Fazy aux Bergues.

Beaucoup moins nombreux sont les «Genevois» dont nous connaissons les pérégrinations à l'étranger, notamment à Mulhouse. Nous avons déjà cité plus haut les cas de Jean-Pierre Bonne, Henry-Paul Desplands, Jean-Jacques Lambelet et Jean-Jacques Zurcher, dont les séjours genevois puis mulhousiens sont attestés. En 1793-1794, au moment de la faillite de la fabrique de Perrache, à Lyon, l'on sait également que son directeur Jean-Marc Deonna se rendit à Mulhouse, pour y régler les affaires encore en suspens de la société *Picot, Fazy & Cie*. Y emmena-t-il quelques rescapés de la manufacture de Lyon? Il est difficile de le savoir. Contentons-nous pour l'heure de signaler les cas de

- Isaac Fréchet, coloriste de Genève, signalé en 1758 à Mulhouse, puis à Paris, dans la fabrique de l'Arsenal, en compagnie de tout un groupe d'indienneurs, migrants comme lui, dont le Genevois Jacob Pernon, qui arrive de Milan (Chassagne, listing 527);
- Georges-David-Gaspard Stauffer, de Holzingen (Ansbach, Allemagne), coloriste présent en 1769 à Mulhouse, en 1774 chez Fazy et reçu habitant à Genève (où il se remarie) en 1779, puis de nouveau signalé à Thann (1786-1793), à Guebwiler et à Wesserling;
- Jean-Pierre Dardel, graveur originaire de Marin (Neuchâtel), reçu domicilié à Genève en 1783, et que l'on retrouve à Lyon, puis plus tard à Mulhouse;
- Nicolas Simonet, imprimeur originaire de Morat, domicilié à Genève en 1791 et travaillant chez Fazy, citoyen en 1793, puis signalé à Mulhouse entre 1813 et 1827 (Chassagne, listing 261);
- Paul-Elysée Porchat, dessinateur né à Genève et décédé à Mulhouse (Chassagne, listing 221);
- enfin, Marianne Hames, indienneuse née dans une nombreuse famille à Genève en 1803, signalée à Mulhouse lors de ses mariages (Chassagne, listing 136).[45]

---

45 Indications tirées en partie du listing des Suisses à Mulhouse et en France aimablement communiqué par Serge Chassagne, ainsi que du même, *Le coton*, et *Oberkampf*, *passim*. Pour Stauffer, Schmitt, *Les origines, passim*, et sources genevoises.

Cette liste provisoire suffit déjà pour faire apparaître un grand déséquilibre entre les deux flux de personnes qui se rendirent d'une cité à l'autre. A la fin du XVIIIe siècle, Genève attira un assez grand nombre de Mulhousiens qualifiés, parfois obligés de quitter leur cité pour des raisons conjoncturelles. Employés dans les différentes fabriques genevoises, ils n'y faisaient généralement qu'un bref séjour, puis ils rentraient peut-être chez eux ou se rendaient plus tard dans des fabriques étrangères, notamment en France (Lyon, Vizille, Choisy, Rouen, Vernaison, Nantes, Angers), où les Genevois commanditaient plusieurs manufactures importantes.[46] Les indienneurs «genevois» furent au contraire relativement peu nombreux à émigrer à Mulhouse. Certes, les fabriques et les indienneurs genevois étaient moins nombreux que ceux de Mulhouse. Mais surtout, comme pour les Mulhousiens quittant Genève, les pérégrinations des Genevois les portaient plutôt du côté de la France.[47]

Toutefois, ces deux flux ne diffèrent pas seulement d'un point de vue quantitatif. Pour Genève, qui employait de nombreux ouvriers étrangers ou «frontaliers», maintenus à distance de la cité elle-même et embauchés pour une durée limitée, il ne s'agissait pas d'exporter une main-d'œuvre pléthorique ou temporairement inoccupée, mais plutôt d'envoyer à Mulhouse et dans ses environs quelques contremaîtres et artisans très qualifiés, chargés d'y superviser la production financée par les investissements de ses négociants en toiles.

---

[46] La question reste posée de savoir si, comme Béatrice Veyrassat l'observe au XIXe siècle (*L'industrialisation dans le secteur cotonnier en Suisse (1760–1830/40)*, Lausanne 1982, p. 202), ces *coloristes et techniciens* mulhousiens étaient déjà recherchés par les fabricants pour les nouveaux procédés qu'ils avaient mis au point; du moins cela ne me semble être le cas à cette époque que pour une minorité de ces artisans, la conjoncture jouant alors encore un rôle prépondérant (ainsi que l'avantage que présentaient peut-être aux yeux des commanditaires, préoccupés de fonder rapidement de nouveaux établissements en France, ces ouvriers qui avaient déjà fait leurs preuves à Mulhouse). Sur ce «perpetuum mobile» des Mulhousiens: Serge Chassagne, Une enquête en cours: les ouvriers de l'indiennage en France (1760–1880), dans: *Le Culture della tecnica*, Torino, juin 1995, pp. 21–38; et sur celui des indienneurs en général: Christian Simon, Labour Relations at Manufactures in the Eighteenth Century: the Calico Printers in Europe, dans: *International Review of Social History* 39 (1994), Supplement, pp. 115–144.

[47] Peut-être les Genevois redoutaient-ils de se retrouver à Mulhouse parmi des Alsaciens et des Suisses germanophones, dont Chassagne souligne qu'ils y constituaient la majorité de la main-d'œuvre: Une enquête en cours, p. 25.

Conclusion

A en croire les contrats notariés d'engagement de Suisses et d'étrangers dans les fabriques genevoises, Genève – grâce notamment à sa fabrique des Bergues –, dut être considérée à la fin du XVIIIe siècle comme l'une des étapes obligées de tout bon indienneur, à l'instar de Cortaillod (Neuchâtel), de Wesserling (Alsace) ou de Vizille, pour ne citer que les plus proches. Parmi les raisons qui peuvent avoir conduit ces artisans à séjourner ou à s'établir à Genève, l'élément confessionnel ne saurait cependant être sous-estimé: non seulement les fabricants genevois parvenaient plus facilement à obtenir une permission de séjour pour des réformés que pour des catholiques, mais ces Mulhousiens eux-mêmes étaient certainement plus enclins à se rendre dans la «cité de Calvin» que dans une ville française catholique.[48]

Ce qui frappe, en fin de compte, c'est ce parallélisme entre les destins respectifs de Mulhouse et de Genève, villes réformées, alliées des Cantons helvétiques, enclavées dans des terres françaises et catholiques et finalement «réunies» à la France en 1798. Pour l'une comme pour l'autre, les circonstances exactes de cette réunion restent à étudier, dans la mesure où l'attitude et l'importance réelle des différents clubs – notamment pro-français –, qui prirent le relais de leurs cercles et sociétés durant les années révolutionnaires, ne sont pas encore véritablement connues. Du moins, dans les deux cas, les bourgeoisies locales se sentirent-elles trahies et protestèrent contre un traité de réunion qui leur était présenté comme une faveur – accordée pour son bien à ce «foyer de contrebande [...] et dépôt de l'Angleterre» –, et comme résultant d'une volonté populaire.[49] Ce qui est contre-

---

48 Malgré l'ouvrage stimulant de Nicolas Schreck, des études manquent encore sur les échanges qui eurent lieu entre les églises et les élites intellectuelles de ces deux Républiques réformées indépendantes et marquées par les Lumières. Du moins l'on sait que de jeunes Genevois et Mulhousiens se rencontrèrent à Paris et que le théologien mulhousien Pierre Witz fut précepteur dans une famille genevoise: Schreck, *La République*, pp. 61–62 et p. 109.
49 Schreck, *La République*, pp. 56–82. Peter, *Genève*, p. 292 ss. Or, à Genève, le résident de France Félix Desportes n'est lui-même pas dupe: «c'est une opération difficile», dit-il, «que de faire solliciter par les Genevois eux-mêmes la réunion de leur pays à la France. Ce peuple, nourri depuis trois cents ans des idées les plus républicaines, idolâtre de son indépendance, fier du petit rôle qu'elle lui permettait de jouer entre de grands États, et connu d'ailleurs par l'opiniâtreté de son caractère, ne peut être amené qu'avec des peines infinies au point où l'on veut le conduire», Peter, *Genève*, p. 306. L'exemple de Mulhouse et de son Traité de réunion du 28 janvier 1798 est souvent utilisé par Desportes pour convaincre ses interlocuteurs genevois ou français.

dit à Genève par les griefs si souvent exprimés durant les mois qui précèdent la date fatidique du 26 avril 1798, à propos des nombreuses violations de son territoire par des soldats français et de la manière inacceptable dont la cité est traitée sur le plan commercial, du fait de la suppression du transit de ses marchandises en direction de la Suisse, de l'Allemagne et de l'Italie.[50]

Mais, dans l'état actuel des recherches, une autre question fondamentale reste ouverte, celle des destins ultérieurs divergents des deux républiques «annexées» en 1798. Comment expliquer qu'après avoir vécu durant des décennies dans des conditions comparables, l'une, Mulhouse, bilingue[51], renonce à son indépendance et reste incorporée à la France au moment du démantèlement de l'Empire napoléonien, alors que l'autre s'associe à la Confédération helvétique en devenant canton suisse en 1814? S'il est clair que la réponse à cette question exige un examen approfondi des facteurs politiques (à l'échelon local, mais également international), sociologiques, culturels, géographiques ou même topographiques qui ont pu peser sur les décisions prises à l'époque de la Restauration, l'étude des activités manufacturières de ces deux cités met déjà en évidence que, sur le plan économique également, elles ont très tôt pris des directions différentes. Si les travaux publiés sur Mulhouse soulignent l'importance de l'attention et des fonds accordés aux manufactures d'indiennes par son gouvernement[52], il n'en va pas de même à Genève. En effet, dans sa lutte contre les décrets protectionnistes français de 1785, le gouvernement genevois établit très clairement des priorités: il s'agit avant tout de sauver la Fabrique, soit l'horlogerie et la bijouterie, lesquelles occupent la plus grande partie – la meilleure? – de la main-d'œuvre active genevoise. Cette politique se confirme dans les choix opérés par la *Société autorisée*, société en commandite créée en 1786 «pour venir au secours de la Fabrique», puis plus tard, par la *Caisse d'Escompte*, qui lui fait suite en 1795, et qui est, elle, un organisme d'Etat destiné à soutenir l'industrie genevoise. Dans un cas comme dans l'autre, les prêts et les transactions n'impliquèrent, semble-t-il, jamais des indienneurs. La même remarque peut être faite à propos de la politique économique du gouvernement révolutionnaire entre 1792 et l'annexion: aucune des

---

50 Cette inquiétude grandissante est clairement perceptible dans la correspondance du gouvernement: AEG, Copies de Lettres [= CL], 102, 1797–1798.
51 Voir Schreck, qui parle de «suicide culturel» à propos de l'intégration brutale de 1798, et oppose deux projets sociaux, «l'un synonyme de tradition et d'indépendance, l'autre de ‹progrès› par l'intégration»: Schreck, *La République*, p. 78, pp. 177–178 et p. 184.
52 Par exemple, Schreck, *La République*, p. 33, et Schwartz, Les débuts de l'indiennage.

mesures prises en faveur des manufactures genevoises ne visait à soutenir l'indiennage.[53] Sismondi portera quelques années plus tard un jugement très sévère sur cette attitude, en fustigeant «quelques impôts peu politiques» qui accablaient l'indiennage et l'excluaient par là même de tous les marchés par le renchérissement des toiles peintes qu'ils provoquaient.[54] Ce parti-pris eut des répercussions importantes dans l'économie genevoise du XIXe siècle: alors que Mulhouse confirmait sa vocation de ville textile, Genève ferma sa dernière fabrique d'indiennes vers 1830 et concentra désormais ses efforts sur l'horlogerie et la bijouterie. La politique protectionniste française visant à favoriser sa propre industrie textile en accablant celles de ses voisins avait atteint son but!

Annexe I: Indienneurs «de Mulhouse» à Genève avant 1798[55]

Indienneurs réformés
- Ibner, Jean, graveur, marié, domicilié dès 20.08.1783, jusqu'en 1787, puis «parti».
- Frey, Pierre, imprimeur, domicilié dès 03.10.1783, jusqu'en 1788, puis «à Lyon».
- Arnold, Conrad, commis, domicilié dès 03.04.1786 (citoyen en 1792), Fab. Fazy, (puis à Vizille chez les Perier dès 1792). Epouse une Genevoise, Elisabeth Dubois, fille de François (1791); enfants nés à Genève; fille aînée Adrienne épouse le pasteur genevois François Naville (1810).

---

53 Liliane Mottu-Weber, Economie et société à Genève à l'époque de la Révolution, dans: *Regards sur la Révolution genevoise 1792–1798* (Mémoires et documents publiés par la Société d'histoire et d'archéologie, 55), Genève 1992, pp. 69–87.

54 J.-C.-L. Sismondi, *Statistique du Département du Léman*, H. O. Pappe (éd.), Genève 1971 (Mémoires et documents publiés par la Société d'histoire et d'archéologie, 44), p. 103. Selon lui, l'*impôt sur les fenêtres* pénalise particulièrement des artisans qui ont besoin de lumière pour travailler, de même que la *taxe des barrières* le fait pour ceux qui doivent plusieurs fois transporter leurs toiles d'un atelier à un autre.

55 La *Chambre des Domiciliés*, puis *des Etrangers* (dès 1791), délivrait des permis de séjour de 3 mois renouvelables; certains indienneurs, souvent mariés et dûment cautionnés, recevaient des lettres de domicile valables 1 an, renouvelables. Sources: AEG, Etrangers, A et B (Registres des domiciliés et des étrangers); Registres du Conseil; Etat civil: Baptêmes et mariages (Eglises diverses, Eglise allemande); Registres des Naissances, mariages et décès (Plainpalais, Eaux-Vives). Sur les Arnold, Mieg, Les relations. L'orthographe, souvent défectueuse, a été maintenue (avec ses variantes). Des recherches ultérieures permettront certainement d'identifier plus précisément ces personnes. Fab. pour fabrique(s).

- Thiéry (Thierry), Jean, imprimeur/indienneur, domicilié dès 29.05.1787, jusqu'en 1792; mariage 1792, 1 enfant.
- Scheidegger (Chedegre, Schedeger), Frédéric, imprimeur, 29 ans en 1789; semble être arrivé en 1787, permis de séjour: 31.07.1793–1797; présent aux Eaux-Vives en 1800. Marié, 3 enfants. Fab. Chapuis & Henry et Muzy.
- Hertel (Hertly, Ertel, Erteil), Jacob, imprimeur, 27 ans en 1789; à Genève depuis 1787, présent au moins jusqu'en 1798, épouse: Isabelle Oberlin de Mulhouse, 4 enfants dont 2 nés à Mulhouse. Fab. Lagier, Henry et Fazy.
- Schaideguer, Antoine, indienneur, 3 mois dès 06.04.1789, avec sa belle-sœur, Barbe Bronner, indienneuse.
- Herle, Henry, imprimeur, 3 mois dès 08.04.1789.
- Klein, Jean, graveur, 6 mois dès 20.04.1789.
- Engel (Enguel), Pierre, graveur, 3 mois dès 20.04.1789.
- Chieder, Frédéric, indienneur, 6 mois dès 27.04.1789.
- Gantzrin, Jacob, imprimeur, 6 mois dès 06.05.1789, Fab. Chapuis & Henry.
- Dollfus (Dollfous), Martin (fils de Jean), graveur, 20 ans en 1789, 15 mois dès 20.07.1789. Fab. Lagier. 23.02.1796: épouse Julie Octavie Triboulet.
- Scheidecker, Suzanne, picoteuse, 3 mois dès 31.07.1789. Fab. Chapuis & Henry.
- Hinguelon, Pierre, graveur, 3 mois dès 10.08.1789. Fab. Chapuis & Henry.
- Gayelin, Georges, indienneur, 3 mois dès 10.08.1789. Fab. Fazy.
- Martin, Frédéric, indienneur, 3 mois dès 10.08.1789. Fab. Fazy.
- Sticler (Stibler), Philippe, imprimeur, 21 ans en 1790, 21 mois dès 28.08.1789. Fab. Lagier, Chapuis & Henry, Fazy.
- Dichele, Rodolphe, indienneur, 3 mois dès 28.09.1789. Fab. Muzy.
- Baukman, Gofrid, indienneur, 3 mois dès 05.10.1789. Fab. Fazy.
- Iffigry, Marc, indienneur, 3 mois dès 09.10.1789. Fab. Muzy.
- Weber, Henry, indienneur, 3 mois dès 28.10.1789. Fab. Lagier.
- Schemerberg, Jean-Jacques, imprimeur, 35 ans, 9 mois dès 20.01.1790. Fab. Fazy.
- Raistre, Pierre, indienneur, 24 ans, 3 mois dès 19.02.1790. Fab. Guillon.
- Tiry, Pierre, contremaître, 36 ans, 6 mois dès 07.04.1790. Fab. Chapuis & Henry.
- Obreker, Jean, imprimeur, 32 ans, 3 mois dès 09.04.1790. Fab. Chapuis & Henry.
- Deketer (Decker), Georges, imprimeur, 18 ans, 3 mois dès 10.05.1790. Fab. Chapuis & Henry.

- Kaller, Michel, imprimeur, 23 ans, 3 mois dès 09.04.1790. Fab. Chapuis & Henry.
- Hubnert, Georges, graveur, 26 ans, 3 mois dès 09.04.1790. Fab. Chapuis & Henry.
- Wing, Jacob, imprimeur, 26 ans, 3 mois dès 12.04.1790. Fab. Fazy.
- Keller, Michel, imprimeur, 20 ans, 3 mois dès 10.05.1790, Fab. Chapuis & Henry.
- Thoorne, Henry, imprimeur, 26 ans, 3 mois dès 21.05.1790, Fab. Chapuis & Henry.
- Zumbrun, Benoit, graveur, 25 ans, 9 mois dès 30.07.1790. Fab. Chapuis & Henry, puis «parti».
- Veyber (Weber?), Babel, rentreuse, 27 ans, 6 mois dès 02.08.1790. Fab. Fazy.
- Hertel (Hertly, Ertel, Erteil), Henry, indienneur, 35 ans en 1790, 11 mois dès 02.08.1790, puis domicilié dès 04.07.1791. Marié, 1 enfant. Fab. Fazy.
- Chèvre (Chêvre), Daniel, imprimeur, 22 ans en 1790, 3 mois dès 30.08.1790. Fab. Muzy.
- Chèvre (Chêvres), Daniel, fils de Conrad, indienneur, 30 ans, 6 mois, dès 26.11.1790, puis domicilié, dès 06.06.1791, marié (1791) avec Catherine Däg, de Baden-Dourlach. Fab. Paris.
- Schnobergue, ?, graveur, 24 ans, 3 mois dès 20.09.1790. Fab. Paris.
- Schmerber, Jean-Ulrich, dessinateur, 30 ans, 3 mois dès 21.01.1791. Fab. Chapuis & Henry.
- Dolfhaus (Dollfus), Frédéric, graveur, 22 ans en 1791, 52 mois dès 21.02.1791. Fab. Lagier,
- Eckchviler, ?, imprimeur, 24 ans, 6 mois dès 21.02.1791. Fab. Lagier, puis «parti».
- Benner, Pierre, de Mulhouse, imprimeur, 30 ans, 3 mois dès 14.03.1791. Fab. Fazy, puis «parti».
- Vuest, Jean-Henry, imprimeur, 30 ans, 3 mois dès 23.05.1791. Fab. Fazy.
- Benner, Jean-Michel, d'Uzachs/Mulhouse/Suisse!, graveur, 22 ans, 3 mois dès 03.10.1791. Fab. Paris, puis «parti».
- Penner, Michel, indienneur, 23 ans, 3 mois dès 30.04.1792. Fab. Fazy.
- Benner, Michel, indienneur, marié, demande permis de séjour, 05.08.1793. Fab. Chapuis & Henry et Fornerod. Doit habiter en dehors de la cité.
- Taller, Jacob, imprimeur, 20 ans, 6 mois dès 30.03.1792. Fab. Chapuis & Henry.

- Ernier, Jean, imprimeur, 27 ans, 6 mois dès 30.03.1792. Fab. Fazy.
- Bouner, Henry, imprimeur, 22 ans, 3 mois dès 10.08.1792. Fab. Lagier.
- Brenner, Jacob, indienneur, 20 ans, 3 mois dès 07.11.1792. Fab. Fazy.
- Dolfhaus (Dollfus), Jean, imprimeur, 22 ans, 3 mois dès 20.11.1792. Fab. Lagier.
- Bisseguer, Jacob, imprimeur, 20 ans, 3 mois dès 08.04.1793. Fab. Lagier.
- Jenner, Jean-Conrad, imprimeur, 24 ans, 3 mois dès 08.04.1793. Fab. Lagier, puis «parti».
- Anstein, Salomé, indienneuse, 22 ans, 3 mois dès 20.05.1793. Fab. Bovay.
- Farchon, Samuel, imprimeur, 18 ans, 3 mois dès 27.05.1793. Fab. Fornerod & Henry.
- Folker, Jacob, imprimeur, 3 mois dès 05.06.1793. Fab. Fazy, puis «parti».
- Bieler, Paul, imprimeur, 19 mois dès 28.03.1795, marié, 1 enfant. Fab. Eaux-Vives.
- Nocher, Jean, imprimeur, 23 ans, 33 mois dès 30.03.1795. Fab. Chapuis & Henry.
- Ups, Ulrich, imprimeur, 38 ans, marié, 3 mois dès 27.04.1795, puis renouvelé jusque 09.1797. Fab. Chapuis & Henry.
- Thiébaud, Laurent, indienneur, 36 ans, 3 mois dès 18.05.1795, Fab. Lagier.
- Fischer, née Stoll, Catherine, indienneuse, 23 ans, 3 mois dès 29.06.1795. Fab. Chapuis & Henry.
- Hoffmann, Henry, imprimeur, 34 ans, marié, 2 enfants, reçoit permission de séjour, 31.05.1796, mais sa femme et ses enfants doivent demeurer sur territoire étranger. Fab. Ami Muzy.
- Vintz (Wintz), Philippe, indienneur, 36 ans, 3 mois dès 05.07.1796, puis à Nyon; puis renouvelé jusqu'au 05.07.1798, Fab. Henry & Petit et Fazy des Pâquis.
- Wintz, Jean, indienneur, 36 ans, 12 mois dès 29.11.1796. Fab. Fazy.
- Ham, Pierre, indienneur, 24 ans, 12 mois dès 29.11.1796. Fab. Fazy et Chapuis & Henry.
- Ferry, Pierre, indienneur, 43 ans, 12 mois dès 14.02.1797. Fab. Ami Muzy.
- Kible, François, indienneur, 37 ans, 6 mois dès 05.09.1797. Fab. Lagier.
- Penner (Benner?), Rodolphe, imprimeur, 23 ans, 3 mois dès 03.10.1797. Fab. Muzy.
- Schtolz (Stolz), (Jean-)Pierre, fils de Jean (et Hélène Laurent), imprimeur, 23 ans, 3 mois dès 24.10.1797. Fab. Fazy. Epouse Anne-Marie Keller, 1800, puis 1 enfant.
- Steinbach, Leopold, imprimeur, 22 ans, 3 mois dès 24.10.1797. Fab. Fazy.

- Bonhem, Frédéric, imprimeur, 22 ans, 3 mois dès 28.11.1797. Fab. Fazy.
- Frey, Elisabeth, de Mulhouse, indienneuse, avec son mari Benjamin Haag, graveur, de Colmar, domicilié dès 16.02.1788; plusieurs enfants.
- Fischer, Nicolas, graveur, 31 ans en 1798, aux Eaux-Vives.
- Arnold, Jean (frère de Conrad), dessinateur, signalé au moins en 1802–1803 à Genève. Fab. Petit, aux Eaux-Vives; mariage Plainpalais, 1802, avec une Genevoise, Catherine Perrochin; eut des enfants.
- Hofer, Josué, négociant, présent à Genève en 1827 (prend en location la fabrique de Jean Petit-Senn, seconde manufacture par son importance après celle des Bergues). Semble repartir peu après pour Mulhouse.

Indienneurs catholiques
- Estaifele, Jacob, imprimeur, 3 mois dès 25.09.1789. Fab. Muzy.
- Walker/Valker, Jean, imprimeur, 23 ans, 3 mois dès 16.04.1792, puis 6 mois dès 16.07.1792. Fab. Fazy et Lagier.

Annexe II: Indienneurs d'origine alsacienne, réformés (R) et catholiques (C), à Genève avant 1798

- Gamanse, Jean-Louis, de Strasbourg, indienneur, C, 2 mois dès 21.05.1779.
- Gloecker, Michel, de Strasbourg, indienneur, C, dès 04.1781. Fab. Fazy.
- Lamass, Louis, de Strasbourg, indienneur, C, dès 04.1781. Fab. Fazy.
- Fischbacher, Jacob, de St-Amarin, graveur, C, 3 mois dès 30.10.1786, Fab. Fazy.
- Droz, Matisse, de Colmar, indienneur, R, 3 mois dès 10.08.1789. Fab. Chapuis & Henry.
- Tonours (Tovours, Thous), Mathias, de Colmar, imprimeur, 23 ans, R, 3 mois dès 25.09.1789, puis 3 mois dès 19.02.1790. Fab. Chapuis & Henry et Guillon.
- Jost, Joseph, de Colmar, graveur, 24 ans, R, 3 mois dès 26.04.1790. Fab. Chapuis & Henry.
- Rohr, Jean-Ulrich, de Strasbourg, graveur, 23 ans, R, 12 mois dès 28.05.1790. Fab. Fazy, puis «parti».
- Soutter, Ignace, de Strasbourg, dessinateur, 28 ans, C, 3 mois dès 18.02.1791. Fab. Fazy.

- Muntz, Joseph, d'Alsace (Colmar), imprimeur, 22 ans, C, 9 mois (29.04.1791), 6 mois (30.04.1792), 9 mois (05.08.1793), 12 mois (09.03.1795), 12 mois (26.04.1796). Fab. Paris, Chapuis & Henry et Muzy.
- Muntz, Gaspard, d'Alsace, imprimeur, 20 ans, C, 9 mois dès 29.04.1791, puis 6 mois (30.04.1792). Fab. Guillon et Chapuis & Henry.
- Viner, Frédéric, d'Alsace, indienneur, 35 ans, C, 3 mois dès 10.06.1791. Fab. Fazy.
- Lamas, Jean-Louis, de Strasbourg, dessinateur, 28 ans, R, 3 mois dès 17.06.1791, puis 9 mois dès 19.03.1792. Fab. Chapuis & Henry.
- Vietzner, Jean, d'Uffholtz, imprimeur, 23 ans, C, 3 mois dès 16.09.1791. Fab. Chapuis & Henry.
- Kietzler, Antoine, d'Uffholtz, imprimeur, 24 ans, C, 3 mois dès 16.09.1791. Fab. Chapuis & Henry.
- Chabler (Schoubler), Joseph, de Riedsein (Vielsheim), imprimeur, 26 ans, C, 3 mois dès 16.09.1791, et 3 mois dès 09.04.1792; domicilié dès 09.07.1792. Fab. Chapuis & Henry et Fazy.
- Schaub, Sébastien, de Vieltheim, imprimeur, 23 ans, C, 3 mois dès 09.04.1792. Fab. Fazy.
- Schoultz, François, de Brumstadt, imprimeur, 21 ans, C, 6 mois dès 09.04.1792. Fab. Fazy.
- Klaitzlin, Antoine, d'Esholtz, imprimeur, 23 ans, C, 6 mois dès 09.04.1792. Fab. Fazy.
- Wusthner, Jean, d'Eshotz, imprimeur, 23 ans, C, 6 mois dès 09.04.1792. Fab. Fazy.
- Echtz, Henry, de Rapzville, imprimeur, 20 ans, R, 3 mois dès 27.04.1792. Fab. Fazy.
- Karle, Pierre, de Sainte-Marie, imprimeur, 32 ans, R, 3 mois dès 06.05.1793. Fab. Lagier.
- Velker, Jean, de Vaslin, indienneur, 26 ans, R, 3 mois dès 13.04.1795. Fab. Muzy.
- Simon, Jean-Gaspard, d'Alsace, imprimeur, 21 ans, R, 3 mois dès 15.08.1797. Fab. Chapuis.
- Simon, Jean, d'Alsace, imprimeur, 19 ans, R, 3 mois dès 15.08.1797. Fab. Chapuis.

Bibliographie

Antony Babel, *Histoire corporative de l'horlogerie, de l'orfèvrerie et des industries annexes,* Genève 1916.

Louis Bergeron, *Banquiers, négociants et manufacturiers parisiens du Directoire à l'Empire,* Paris 1974.

Edouard Chapuisat, «Le commerce et l'industrie à Genève pendant la domination française (1798–1813)», dans: *Mémoires et documents publiés par la Société d'histoire et d'archéologie de Genève* 2e série 8:3 (1908).

Serge Chassagne, *Oberkampf. Un entrepreneur capitaliste au Siècle des Lumières,* Paris 1980.

Serge Chassagne, Une institution originale de la France post-révolutionnaire et impériale: la Société d'encouragement pour l'industrie nationale, dans: *Histoire, Economie et Société* 8: 2 (1989), pp. 147–165.

Serge Chassagne, *Le coton et ses patrons. France, 1760–1840,* Paris 1991.

Jaques Courvoisier, *La confession helvétique postérieure,* traduction française de 1566, Neuchâtel/Paris 1944.

Serge Chassagne, Une enquête en cours: les ouvriers de l'indiennage en France (1760–1880), dans: *Le Culture della tecnica,* Torino, juin 1995, pp. 21–38.

Henry Deonna, Une industrie genevoise de jadis: les indiennes, dans *Geneva* 8 (1930), pp. 185–240.

Edgard Depitre, *La toile peinte en France au XVIIe et au XVIIIe siècles. Industrie, commerce prohibitions,* Paris 1912.

Louis Dermigny, *Cargaisons Indiennes, Solier & Cie, 1781–1793,* 2 vol., Paris 1959–1960.

Die Eidgenössischen Abschiede aus dem Zeitraume von 1778 bis 1798, bearbeitet von Gerold Meyer von Knonau, *Die amtliche Abschiedesammlung,* Bd. 8, Zürich 1856.

Olivier Fatio (éd.), *Confessions et catéchismes de la foi réformée,* Genève 1986.

Georges Fazy, Notes sur l'industrie des indiennes à Genève, dans: *Nos anciens et leurs œuvres,* Genève 1906, pp. 103–118.

Paul Guichonnet, L'industrie textile dans le département du Léman sous le premier Empire, dans: *Actes du 112e Congrès national des Sociétés savantes, Lyon 1987,* Histoire moderne et contemporaine, t. I, *Textile: production et mode,* Paris 1987, pp. 163–180.

Michel Hau, *L'industrialisation de l'Alsace (1803–1939),* Strasbourg 1987.

Martin Körner, *Solidarités financières suisses au XVIe siècle,* Lausanne 1980.

Le Vieux Mulhouse. Documents d'archives publiés par les soins d'une Commission d'études historiques, 3 vol., Mulhouse 1895–1899.

Maurice Lévy-Leboyer, *Les banques européennes et l'industrialisation internationale dans la première moitié du XIXe siècle,* Paris 1964.

Philippe Mieg, Les relations de la famille Perier avec Mulhouse et l'Alsace, dans: *Bulletin de la Société industrielle de Mulhouse [= BSIM]* 3 (1953), pp. 119–133.

Liliane Mottu-Weber, Economie et société à Genève à l'époque de la Révolution, dans: *Regards sur la Révolution genevoise 1792–1798* (Mémoires et documents publiés par la Société d'histoire et d'archéologie, 55), Genève 1992, pp. 69–87.

Liliane Mottu-Weber, Le statut des étrangers et de leurs descendants à Genève (XVIe–XVIIIe siècles), dans: Denis Menjot/Jean-Luc Pinol (éd.), *Les immigrants et la ville. Insertion, intégration, discrimination (XIIe–XXe siècles)*, Paris 1996, pp. 27–42.

Raymond Oberlé, Etude sur la migration de main-d'œuvre de la porte d'Alsace vers Mulhouse dans la seconde partie du XVIIIe siècle, dans: *BSIM* 4 (1981), pp. 41–49.

Alfred Perrenoud, *La population de Genève du seizième au début du dix-neuvième siècle. Etude démographique*, Genève 1979.

Alfred Perrenoud et Geneviève Perret, *Livre des Habitants de Genève, 1684–1792*, Genève 1985.

Marc Peter, *Genève et la Révolution. Le gouvernement constitutionnel, l'annexion, la Société économique, 1794–1814*, Genève 1950.

Anne-Marie Piuz, Note sur l'industrie des indiennes à Genève au XVIIIe siècle, dans: *A Genève et autour de Genève aux XVIIe et XVIIIe siècles. Etudes d'histoire économique*, Lausanne 1985, pp. 232–243.

Anne-Marie Piuz et al., *L'économie genevoise, de la Réforme à la fin de l'Ancien Régime (XVIe–XVIIIe siècles)*, Genève 1990.

Registres de la Compagnie des Pasteurs de Genève, 12 volumes publiés, Genève 1962–1995.

Jean-Marie Schmitt, *Aux origines de la Révolution industrielle en Alsace. Investissements et relations sociales dans la vallée de Saint-Amarin au XVIIIe siècle*, Strasbourg 1980.

Nicolas Schreck, *La République de Mulhouse et l'Europe des Lumières* (Publications de la Société savante d'Alsace et des régions de l'Est, collection «Recherches et documents», 51), Strasbourg 1993.

Paul R. Schwartz, Les débuts de l'indiennage mulhousien. Esquisse d'une mise au point, dans: *BSIM* 3 (1950), pp. 21–43; 1 (1952), pp. 5–18.

Christian Simon, Labour Relations at Manufactures in the Eighteenth Century: the Calico Printers in Europe, dans: *International Review of Social History* 39 (1994), Supplement, pp. 115–144.

Claudine Thomé, *La colonie genevoise de Constance, printemps 1789*, Mémoire de licence, Faculté des Lettres, Département d'histoire générale, Genève 1992.

Jacques Trembley (éd.), *Les savants genevois dans l'Europe intellectuelle du XVIIe au milieu du XIXe siècle*, Genève 1987.

Béatrice Veyrassat, *L'industrialisation dans le secteur cotonnier en Suisse (1760–1830/40)*, Lausanne 1982.

De la frontière signifiée à la frontière signifiante
Genève et les traités post-napoléoniens

Irène Herrmann

De tout temps, les observateurs se sont plus à souligner la remarquable homogénéité de l'arrière-pays genevois.[1] Nichée à l'extrémité occidentale du Léman, la petite cité est effectivement entourée de campagnes encerclées d'une couronne de montagnes. Son aire est ainsi circonscrite, à l'Ouest par le Jura, au Sud par le Vuache, les Usses et le Salève, tandis que plus à l'Est s'élèvent les Voirons. Reste que la frontière actuelle ne suit en rien ce pourtour physique; elle dessine un parcours plus resserré qui, à première vue, semble déterminé par des facteurs plus politiques ou historiques.[2] Or, les limites capricieuses du canton ne reflètent que partiellement le passé complexe de son chef-lieu et ne datent, dans leur version contemporaine, que du début du XIXe siècle. Ce tracé peu historique et encore moins stratégique paraît d'autant plus curieux qu'il a été fixé au moment où se répandait le concept de «frontières naturelles». Les conditions de son élaboration comme l'apparente étrangeté socio-historique de son dessin interrogent donc sur la logique de la frontière genevoise, soit sur sa pertinence, sur son adéquation aux réalités locales et, plus profondément encore, sur sa durabilité.

La frontière ... à Genève

S'il existe un véritable consensus géo-historiographique concernant et attestant l'ancienneté de la notion de frontière, on constate toutefois de notables divergences d'opinion quant à son développement. Longtemps on a consi-

---

1 Voir, par exemple, C. Walker, Regards sur la ville, dans: *Le voyage singulier. Regards d'écrivains sur le patrimoine. Genève, Rhône-Alpes*, Carouge-Genève/Vénissieux 1996, pp. 11–61; p. 25 ss.
2 P. Guichonnet, La formation territoriale du canton de Genève, dans: Nicolas Morard et al. (éd.), *La formation territoriale des cantons romands: Fribourg, Vaud, Valais, Neuchâtel, Genève* (Mémoires et documents publiés par la Société d'histoire de la Suisse romande, 3e série, t. 17), Lausanne 1989, pp. 53–71; p. 59 et 70–71.

déré l'acception actuelle du terme comme le résultat d'un double processus. Schématiquement, la frontière aurait désigné initialement une zone confuse d'enchevêtrements juridictionnels divers, inscrits approximativement dans le paysage selon des critères essentiellement stratégico-politiques et artificiels. Elle se serait ensuite progressivement transformée en ligne de partage entre nations[3], suivant un dessin (pré)défini par des bornes topographiques naturelles.[4] Depuis une cinquantaine d'années, les historiens s'appliquent à réfuter cette vision excessivement linéaire et déterministe du phénomène. Sans nier le dynamisme de la notion de frontière, ils appréhendent le schéma proposé par leurs prédécesseurs comme participant de l'évolution idéologique et sémantique du terme. Ils relèvent également la précocité, sinon la permanence de l'idée de limites[5], comme ils relativisent la portée de la conception naturelle des frontières. Ce faisant, ils signalent la coexistence et la juxtaposition des différentes théories et soulignent le rôle prépondérant que joueront les tendances politico-militaires successives dans leur élaboration, leur popularité ou, au contraire, leur relégation.

A cet égard, l'immense bouleversement socio-politique que constitue la révolution française s'avérera déterminant. Les événements de 1789 vont effectivement conduire à une (re)définition, voire à une (ré)invention de la nation. Celle-ci ne résidera plus tant dans les multiples possessions du prince que dans le peuple désireux de lui appartenir; un peuple par conséquent souverain et susceptible d'autodétermination. Cette *Weltanschauung* iconoclaste favorisera une réinterprétation nette du concept de frontière qui viendra opportunément la ratifier, la renforcer et, simultanément, la limiter. La promotion de la population au rang d'élément constitutif de la toute nouvelle république française et, partant, la transformation de l'espace qu'elle occupait en territoire national, vont rapidement influencer et élargir la notion de frontière. Au cours des dernières décennies du XVIIIe siècle, cette dernière avait certes déjà été considérablement rationalisée, soit débarrassée de ses innombrables enclaves ou points de rupture jusqu'à former la ligne extrême du pouvoir étatique. Mais au lendemain de la Révolution, elle marquera en outre clairement la différence des systèmes politiques, tout en «ne renvo[yant] plus seulement à l'Etat, mais également à la

---

3 Guichonnet, Formation territoriale du canton de Genève, p. 61 et *passim*.
4 Voir L. Febvre, Frontière: le mot et la notion, dans: *Pour une histoire à part entière*, Paris [réimpr.] 1982, pp.11–22.
5 D. Nordman, Des limites d'état aux frontières nationales, dans: Pierre Nora (éd.), *Les lieux de mémoire*, II: La nation, t. 2: Le territoire, Paris 1986, pp. 35–61.

société civile».⁶ En principe, c'était donc l'aire occupée par les citoyens désireux d'adhérer aux idéaux révolutionnaires qui dessinait les limites du pouvoir et, partant, de l'espace français. Reste que l'application effective du «droit des peuples à disposer d'eux-mêmes» – droit inventé pour permettre l'intégration des Alsaciens – risquait d'entraîner la République dans une coûteuse guerre de conquêtes destinée à libérer les «populations opprimées».⁷ Pour éviter pareille complication, la Convention redécouvrira et réactualisera une notion du XVe siècle: celle de «frontières naturelles».⁸ En réalité, cette théorie assignait au pays des limites moins topographiques qu'historiques, puisqu'elle tendait à calquer le pourtour de la France moderne sur celui de la Gaule.⁹ Néanmoins, son principe sous-jacent appuyait la notion de «droit naturel» et apportait à la Révolution naissante une légitimité opposée au droit divin qui fondait, jusqu'alors, la monarchie. Sa rationalité presque géométrique ainsi que sa grande potentialité justificatrice assureront à cette notion plutôt spécieuse un succès inespéré – et durable, puisqu'elle jouira d'un engouement renouvelé dès la fin de l'épopée napoléonienne.

De fait, loin de provoquer un retour aux conceptions antérieures, l'écroulement de l'Empire et l'immense réorganisation politique qu'il occasionnera, permettront le rayonnement européen des notions de limites, telles que les avaient façonnées les révolutionnaires français. Etrangement, involontairement et sans doute inconsciemment, les signataires des grands traités territoriaux destinés à réorganiser l'Europe post-napoléonienne[10] tiendront compte de l'impulsion idéologique donnée jadis par Paris. Ils adopteront une vision moins monarchique que nationale des espaces qu'ils redessineront, et propageront de la sorte le principe de frontière linéaire hors de France; alors même que leur action diplomatique visait précisément à limiter drastiquement l'influence et les éventuelles velléités de conquêtes de ce pays. Pour éviter tout débordement guerrier intempestif, les Grandes Puissances coalisées décideront d'entourer la France d'un cordon d'«Etats tampons» plus ou moins remodelés pour la circonstance.[11] La Suisse, habi-

---

6 M. Foucher, L'invention des frontières: Un modèle géo-politique français, dans: *Hérodote. Revue de géographie et de géopolitique* 40 (janvier–mai 1986), pp. 54–88; p. 59.
7 M. Foucher, *Fronts et frontières. Un tour du monde géopolitique*, nouvelle édition refondue, Paris 1991, p. 88.
8 Foucher, *Fronts et frontières*, p. 94.
9 Febvre, Frontière, p. 21.
10 Il s'agit ici, plus particulièrement, des Traités de Paris, Vienne et Turin.
11 M. Foucher, L'invention des frontières, p. 74 ss.

lement ressuscitée de ses divisions internes pour couvrir une partie du flanc oriental de la France, se verra ainsi dépouillée de quelques possessions. En revanche, elle gagnera du territoire dans le Jura et, pour empêcher toute tentative de (ré)invasion de l'Italie par la nouvelle route du Simplon, on lui adjoindra le Valais et la république de Genève.

Depuis 1535 et jusqu'à son incorporation dans l'Empire en 1798, Genève avait été indépendante. Le sort helvétique que lui avaient réservé les plénipotentiaires réunis à Paris et à Vienne répondait partiellement aux vœux de ses principaux dirigeants. Ils sentaient que le temps n'était plus aux cités-Etats[12], et estimaient qu'à tout prendre, mieux valait intégrer le giron confédéré que d'être envahis par les Français ou, pire encore, par les Sardes. Or, cette décision, sinon résignation, les plaçait devant un double défi majeur. D'une part, il s'agissait d'accepter que leur célèbre patrie contribue à former une «nation» helvétique. En outre, pour transformer leur République en canton, il fallait la désenclaver et la «coller» à la Suisse; soit lui adjoindre des territoires dont les habitants auraient, eux aussi, à se métamorphoser en citoyens genevois et confédérés.

L'agrandissement conséquent de la frontière suisse occidentale semblait cumuler des motivations stratégiques et physiques, particulièrement lisibles dans l'impulsion que subira alors le principe faisant de Genève la «clef de la Confédération».[13] Conformément à cette orientation géo-politique générale, certaines personnalités – dont le Genevois Ch. Pictet de Rochemont, chargé de négocier le nouveau tracé des limites helvétiques – penseront donner des «frontières naturelles» à leur patrie.[14] Ne s'agissait-il pas, en effet, de «procurer à notre chère Helvétie le bienfait des limites naturelles et les clefs de ses portes, qui peuvent assurer son repos en rendant sa nationalité respectable»?[15] Plusieurs membres de l'élite progressiste échafauderont ainsi divers plans d'expansion territoriale pour la cité, prévoyant, en

---

12 Voir, par exemple, le témoignage de [G. F. Moultou], *Lettre sur la taxe des gardes*, Genève 1823, p. 32–33 ou, même plus tard encore, M. Vaucher, *Rapport fait au Conseil représentatif, au nom de la Commission de ce Conseil chargée d'examiner le projet de loi sur l'Académie* […], Genève 1835, p. 4.
13 Cette formule, qui avait déjà justifié différentes tentatives de rapprochement entre Genève et les cantons suisses durant l'Ancien Régime, connaîtra un regain de popularité au sortir des guerres napoléoniennes. Dès lors, selon une logique plus identitaire que stratégique, elle sera vouée à un succès qui ne se démentira plus.
14 P. Guichonnet et P. Waeber, *Genève et les Communes réunies. La création du canton de Genève 1814–1816*, Genève 1991, p. 61 ss.
15 J.-B. Humbert, *Essai sur les moyens d'assurer la neutralité de l'Helvétie par la démarcation des limites naturelles, évidemment posées par le Créateur pour éviter les contacts,*

général, de puiser largement dans l'espace formé par l'ancien département du Léman.[16] Leur aspiration profonde à suivre l'esprit du temps, soit à doter le canton de limites s'appuyant sur des reliefs environnants, susceptibles d'offrir à la nouvelle nation suisse une frontière occidentale «inscrite dans le paysage», viendra buter contre deux volontés opposées et nettement moins «modernes».

D'une part, il semblerait que tous les principes géopolitiques véhiculés lors des congrès de l'ère post-napoléonienne aient été subordonnés au besoin impératif de réinstaller et de faire durer la paix en Europe. Cette nécessité incluait certes une facette stratégique non négligeable qui, parfois, autorisait le recours au concept de frontière naturelle. Mais elle comportait surtout d'épineux aspects diplomatiques, sinon politiques. Et c'est sur cet autel-ci que sera sacrifié le rêve de transformer la campagne genevoise en vaste territoire «naturellement» circonscrit. Car il est certain que les *desiderata* helvétiques[17] pesaient moins lourd que les susceptibilités françaises ou même sardes dans le rééquilibrage des forces qui s'élaborait lors des congrès. Or, quand la dignité de la France, admirablement servie par Talleyrand, et la soif de reconnaissance sarde chercheront à s'exprimer, on leur aménagera des exutoires dans des contrées de moindre importance. Genève en faisait partie. Les Bourbons parviendront ainsi à garder le pays de Gex et le roi de Sardaigne le Faucigny. Deux espaces qu'ils réclamaient sans grande logique stratégique[18], mais à la faveur d'opportuns scrupules confessionnels.

Si ces critères politico-religieux – opposés à une conception plus militaro-économique de la frontière et du territoire – finiront par s'imposer aux plénipotentiaires européens, c'est qu'ils fondaient également la position d'une minorité très influente de Genevois. Cette dernière, emmenée par le

---

sources de guerres entre les Etats limitrophes: remis au prince de Metternich, à son passage à Genève, Genève 1816, p. 20.

16 L'ouvrage le plus détaillé sur la question des négociations complexes qui prévalurent à l'élaboration de la frontière genevoise entre 1814 et 1816 est, sans aucun doute, celui de P. Waeber, *La formation du canton de Genève 1814–1816,* Genève 1974.

17 Les ambitions suisses étaient essentiellement défendues par Ch. Pictet de Rochemont dont l'action diplomatique est unanimement admirée dans l'historiographie genevoise. Ses contemporains, et plus particulièrement ses nouveaux compatriotes confédérés, ne partageaient visiblement pas cet avis, et accuseront même le Genevois d'avoir essentiellement défendu les intérêts de son canton – et oublié ceux des autres.

18 Pour la Sardaigne tout au moins. Car le Chablais et le Faucigny étaient en effet coupés de Turin par les Alpes qui rendaient leur défense plutôt difficile et douteuse.

syndic Joseph Des Arts[19], trahissait des préoccupations similaires, sinon symétriques à celles des monarques voisins. Non qu'elle ait craint de transformer en dangereux révolutionnaires protestants les catholiques savoyards et gessiens; mais elle redoutait que ces derniers ne dénaturent profondément l'esprit républicain et réformé de la petite Cité. Dès 1814, ce groupuscule freinera donc drastiquement toutes les tentatives expansionnistes qu'on aurait pu concevoir pour le nouveau canton.

Cette pression politico-religieuse externe et interne aboutira à la constitution de l'étroite frontière genevoise actuelle.[20] Au rythme des congrès, le tracé définitif s'élaborera en quatre étapes principales.[21] Le premier traité de Paris consacrera le principe du rattachement de la petite République au Corps helvétique et postulera même la nécessité de les «coller» l'une à l'autre; tout en réduisant considérablement les chances que ce contact territorial puisse se produire sur sol gessien. Lors du Congrès de Vienne, l'action se concentrera ainsi essentiellement sur la Sardaigne qui cédera Saint-Julien, Hermance, Corsier, Collonge, Veyrier, Carouge, Lancy, Bernex, Aire-la-Ville, Avusy-Laconnex, Compesières, Collonges-Archamps et Bossey à Genève. Il faudra attendre Waterloo pour que la réprobation générale envers la France permette à Charles Pictet de Rochemont de continuer le désenclavement du canton et de réaliser sa continuité effective avec la Suisse, en soutirant Versoix, Collex-Bossy, Pregny, Meyrin, Vernier et le Grand-Saconnex au pays de Gex. En mars 1816, soit quatre mois plus tard, il parviendra à rattacher le mandement de Jussy au reste du territoire genevois. Pour ce faire, il obtiendra de la Sardaigne le littoral lémanique jusqu'à Hermance et lui rétrocédera, en contrepartie, Saint-Julien, Bossey, Collonges-sous-Salève et Archamps. Le nouveau canton se composera donc de douze communes catholiques qui, selon le vœu de leurs anciennes autorités, «continueront à faire partie du diocèse qui régira les provinces du Chablais et du Faucigny, sauf qu'il en soit réglé autrement par le Saint-Siège».[22]

---

19 Sur le rôle de J. Des Arts dans la formation du canton de Genève, voir P. Waeber, L'option de 1814: la petite république de Joseph Des Arts, dans: *Revue du Vieux Genève* 20 (1990), pp. 57–73.
20 Si l'on excepte les rectifications, portant sur environ 5 kilomètres, nécessitées par l'allongement de la piste de l'aéroport de Cointrin en 1956, ainsi qu'un réajustement minime opéré en 1996.
21 C. Raffestin, P. Guichonnet et J. Hussy, *Frontières et Sociétés. Le cas franco-genevois*, Lausanne 1975, p. 33 ss.
22 *Protocole du Congrès de Vienne du 29 mars 1815*, art. 3, § 7.

Le tracé ainsi dessiné sera encore complété par un double dispositif économique et militaire. Sur demande de la Commission diplomatique de la Diète, Pictet de Rochemont avait effectivement sollicité l'éloignement des douanes tout au long de la frontière. Et il avait obtenu de la France que «la ligne des douanes françaises s[oit] fixée à l'Ouest du Jura de manière que tout le pays de Gex se trouve hors de cette ligne»[23]; tandis que la Sardaigne fera passer son cordon douanier «à partir du Rhône par Cologny, Valeiry, Cheney, l'Eluiset, le Châble, le Sapey, le Viaison, Etrembières, Annemasse, Ville-la-Grand, le long du cours du Foron, jusqu'à Machilly, puis par Douvaine et Colongette, jusqu'au lac».[24] En outre, «la sortie de toutes les denrées du Duché de Savoie, destinées à la consommation de la ville de Genève et du canton sera [décrétée] libre en tout temps et [...] assujettie à aucun droit».[25] Enfin, les Grandes Puissances estimeront nécessaire de considérer la peu défendable Savoie «comme devant jouir de la neutralité suisse».[26]

L'éloignement des limites douanières[27] et l'élargissement artificiel de l'aire stratégique helvétique tentaient de pallier et, partant, signalent les imperfections de la frontière genevoise. Ils révèlent sa relative inadéquation économique et son inefficacité guerrière en cas de conflit majeur. Bien plus, ils dénoncent son ambiguïté fondamentale et conceptuelle. Car en cette époque de développement idéologique et géographique de la notion de frontière, l'esprit du tracé qui entourait le nouveau canton gardait la marque profonde du XVIIIe siècle; empreinte de désirs de rationalité, de linéarité et d'équilibres politico-religieux quasi mathématiques.[28] Toutefois, ce que ce dessin se propose de circonscrire est bien une entité du XIXe, puisqu'il s'agit de la nation. Nation constituée idéalement de citoyens plutôt homogènes et consentants; nation qui sera cependant, dans les faits, composée de populations hétéroclites, peu consultées sur leur volonté de deve-

---

23 *Traité de Paris du 20 novembre 1815*, art. 1er, cité dans: H. Fazy, *Genève et les zones franches. Exposé historique*, Genève 1905, p. 11.
24 *Traité de Turin du 16 mars 1816*, art. 3, cité dans: Fazy, *Genève et les zones franches*, p. 12.
25 *Traité de Turin du 16 mars 1816*, art. 4, cité dans: Fazy, *Genève et les zones franches*, p. 13.
26 *Histoire des zones 1815–1929. Documents officiels*, Genève 1930, p. 17.
27 Ce procédé n'était, en soi, pas nouveau et avait été déjà expérimenté dès le traité de Saint-Julien qui étendait «au-delà des Alpes, jusqu'en Piémont, le bénéfice de la liberté commerciale» (cité dans: Fazy, *Genève et les zones franches*, p. 8).
28 Voir supra, ainsi que D. Nordman, *Limites*, p. 45 ss.

nir genevoises et/ou d'intégrer un Corps helvétique[29], auquel aucune d'entre elles n'avait d'ailleurs jamais appartenu.

Le rejet positif

L'ambiguïté fondamentale de la frontière genevoise laisse imaginer les difficultés qu'ont dû éprouver les habitants, et surtout les plus récents d'entre eux, à reconnaître puis à accepter les nouvelles limites que l'intérêt supérieur de l'Europe leur imposait. Chez tous, mais principalement chez ceux qu'elles bordait, sinon entravait, pour la première fois, la frontière essentiellement politico-religieuse du canton allait susciter de multiples problèmes, étroitement liés aux concepts qui la fondaient ... voire aux palliatifs économiques qui la rectifiaient.

Le groupe le plus important, soit celui des Genevois de vieille souche, ne montrera aucune émotion particulière devant la nouvelle donne frontalière et, partant, devant ses nouveaux compatriotes catholiques. S'il ne développera pas d'agressivité face à la situation géopolitique et ses conséquences démographiques ou sociales, on ne saurait cependant en conclure sa totale acceptation. En réalité, les «anciens citoyens» semblent avoir conçu et entretenu sur le sujet une ignorance délibérée, sinon éminemment provocatrice. Les habitants de la ville vont longtemps envelopper les frontières cantonales et les populations qu'elles circonscrivaient d'un oubli volontaire; un mépris de citadin légèrement effrayé par une réalité campagnarde qu'il méconnaît et dédaigne.

Coïncidence ou revanche? Le fait est que jusqu'à la fin des années 1820, on note chez les habitants des «Communes réunies»[30] une grande ignorance

---

29 Certes, le processus d'élaboration du nouveau canton n'avait pas totalement et délibérément ignoré la volonté des habitants. Ainsi, les ressortissants de l'ancienne petite République avaient-ils été amenés à signer, en avril 1814, une adresse qui mêlait adroitement leur incontestable désir d'indépendance avec l'idée que cette même indépendance passerait obligatoirement par un rapprochement avec les Suisses. De leur côté, certaines des populations formant le *Hinterland* genevois avaient été soumises à de fortes, et par ailleurs inutiles, campagnes pétitionnaires. Ces dernières révéleront que si la bourgeoisie se montrait plutôt favorable à l'appartenance confédérée, son avis était loin de remporter l'unanimité. Il sera battu en brèche par le clergé, qui penchait pour la Sardaigne, par les campagnes, globalement indifférentes, et par les petits centres urbains qui tenaient principalement pour la France.
30 Soit les communes savoyardes et françaises intégrées à Genève, pour lui permettre de devenir canton suisse.

involontaire ou intentionnelle du nouveau tracé genevois.[31] Il est vrai que la démarcation ne bénéficie d'aucune tradition historique, susceptible d'en ancrer le dessin dans les esprits. En outre, elle ne s'appuie que très exceptionnellement sur la topographie et n'est, pour ainsi dire, pas repérable dans le paysage. Or, le recul du cordon douanier français et sarde, qui corrigeait partiellement ces deux phénomènes, viendra encore accentuer la méconnaissance qui en découlait. Car les douanes, placées au-delà des limites politiques, seront alors grandement impuissantes à constituer une manifestation empirique de la frontière et, partant, d'en asseoir ainsi, progressivement, le sens symbolique.[32]

Rien d'étonnant, dès lors, à ce que les rapports socio-économiques aient longtemps continué à se tisser en se jouant du récent tracé helvétique. Les affaires, les amours et les amitiés relient toujours les habitants, ressortissant désormais d'Etats différents[33]; et les conflits privés se règlent indifféremment en Suisse, en France ou en Sardaigne, indépendamment de la nationalité des protagonistes.[34] Cette difficulté initiale à saisir la réalité de la nouvelle frontière genevoise ne permettra pas uniquement de perpétuer des rapports de voisinage, mais entraînera aussi confusions et abus. Ces derniers signalent la possible dérive politique des problèmes causés par la (non)perception individuelle de la frontière. Les premières difficultés de ce type semblent essentiellement dues aux gendarmes piémontais qui paraissent avoir pris un malin plaisir à nier l'existence de la nouvelle limite territoriale et juridictionnelle.[35] Avant la cession définitive les communes savoyardes à

31 Il convient toutefois de préciser qu'on trouve encore des cas d'incertitude sur le tracé frontalier jusqu'au milieu des années 1840. Voir, par exemple, Archives d'Etat de Genève [désormais AEG], Jur. Pén. P 23 janvier 1844.
32 Sur l'importance du rapport douane/contrebande dans le processus de la formation de la frontière, voir, J.-P. Renard, Populations et frontières: problématiques et méthodes, dans: *Espaces, Populations, Sociétés* 10 (1992) pp. 167–184; p. 171. A Genève, l'influence de la douane dans la reconnaissance de la frontière se signale essentiellement *a contrario*.
33 AEG, Jur. Pén. P 4 avril 1824.
34 AEG, Jur. Pén. P 6 octobre 1828.
35 On ne saurait toutefois en conclure que tous les empiétements des forces de l'ordre étrangères aient été intentionnelles. Ainsi, le 16 mai 1815, le maire du Petit-Saconnex, suggérera au premier syndic Lullin «pour éviter ce qui est arrivé la semaine dernière que [sic] six soldats français et un caporal tous ornés ont passé dans ma commune ignorant sans doute qu'ils n'étaient plus en France; il me paraît convenable de placer des poteaux avec l'indication de ‹Canton de Genève› sur tous les chemins de communication avec le territoire français». La chose sera faite le 29 juin suivant (Archives de la Ville de Genève, P.S. 03.CL.1/5).

Genève, mais après la signature du traité de Turin, soit en août 1816, les autorités cantonales déclareront effectivement au Directoire que «l'animosité qu'excite chez les troupes piémontaises l'expectative de la cession territoriale à Genève, a déjà donné lieu de leur part à plusieurs désordres ... et lorsque nous avons demandé justice aux officiers d'un grade peu élevé qui commandent ces troupes, nous ne l'avons obtenu que bien imparfaitement».[36]

Si les «bavures» liées au nouveau tracé genevois sont particulièrement spectaculaires du côté sarde, elles sont également caractéristiques du comportement des habitants nouvellement intégrés au canton. Durant les premières années de l'agrégation à la petite République, les incidents frontaliers à connotations politiques abondent. Il s'agit alors moins d'ignorance que de mépris des limites voire de méconnaissance flagrante et provocatrice des autorités dont elles définissent géographiquement le pouvoir. Parfois, rarement, la difficile acceptation de la nouvelle frontière – et partant, de la nouvelle administration – se manifestera par la dégradation des symboles les plus tangibles de son existence, à savoir les bornes.[37] Le plus souvent, la contestation s'exprimera à l'encontre des représentants locaux et particulièrement typiques de l'Etat genevois. Dans les communes réunies dirigées par des maires issus du patriciat genevois les cas d'insubordination seront ainsi fréquents.[38] Et si ce genre d'attitude s'inscrit, visiblement, dans une tendance très générale à l'indiscipline, sa spécificité reflète pourtant un malaise certain à reconnaître la nouvelle donne nationale. Cette difficulté, encore suggérée et tacite dans les campagnes, se révélera au grand jour dans les deux principaux centres urbains attribués à la petite République.

De fait, à Versoix et surtout à Carouge, l'insatisfaction provoquée par les implications politiques des récentes modifications frontalières s'exprimera très nettement. Le jour même de la prise de possession officielle des communes sardes par le gouvernement genevois, soit le 23 octobre 1816, les cafés carougeois se rempliront de bruits injurieux envers les autorités cantonales. Vers 10 heures du soir, le commandant de compagnie Ch. Prévost, excédé, fera arrêter deux avocats aux propos particulièrement offensants pour l'«occupant» genevois. Or, cette décision excite l'animosité de la foule

---

36 Berne, Archives Fédérales: D/727: Lettre du Conseil d'Etat au Directoire du 10 août 1816.
37 Voir notamment AEG: Jur. Pén. P 11 novembre 1825.
38 Voir AEG: RCR 18, fol. 192, ou Jur. Pén. P 4 septembre 1825, 8 novembre 1827 et 19 mars 1828.

qui se mettra à crier: «Aux armes Carougeois! Aux armes!»[39] Très vite cette forme d'opposition «urbaine» acquerra un impact idéologique et effectif supplémentaire, en se parant opportunément de bonapartisme. L'engouement des Versoisiens et des Carougeois pour ce courant de pensée[40] se comprend aisément, dans la mesure où l'épisode impérial avait relativement profité aux deux petites cités. Les contrariétés raviveront facilement le souvenir de cette période et engendreront d'immédiats réflexes de nostalgie napoléonienne, diversement agressifs. L'installation brutale des troupes autrichiennes du général Bubna, commandant un détachement des armées alliées, provoquera un premier et fort regain de bonapartisme.[41] Ce dernier demeurera dès lors latent et servira à ponctuer, voire à justifier efficacement, des mouvements de mauvaise humeur.[42] Au milieu des années de disette 1816/1817, soit le 15 août 1817, Carouge sera ainsi le théâtre d'une manifestation honorant l'anniversaire de l'Empereur qui dégénérera en altercation violente avec les forces de l'ordre.[43] Celles-ci se verront obligées d'intervenir par les armes pour faire taire une foule houleuse composée d'«hommes et de[s] femmes qui criaient dans les rues ‹Vive Napoléon et merde pour le Genevois›».[44] Avec le temps et la mort de l'Empereur, cette expression bonapartiste de mécontentement s'estompera au profit d'autres types de contestations plus «diluées». Certes, les petites villes de la campagne, et plus particulièrement Carouge, continueront à se signaler par une facile propension à l'effervescence contestataire; mais leurs attaques seront, dès lors, moins directement destinées aux autorités cantonales que les nouvelles frontières leur avaient attribuées.

39 AEG: RC 318 in «Copie du rapport des Conseillers d'Etat Charles Pictet de Rochemont et François d'Ivernois, commissaires fédéraux, à S. E. Monsieur le Bourgmestre de Reinhardt, président de la Diète, du 25 octobre 1816».
40 Il convient toutefois de préciser que ce mouvement n'était pas véritablement «idéologisé» ni théorisé. A ce titre, il s'apparente moins à du véritable bonapartisme qu'à une nostalgie contestataire, plus ou moins justifiée.
41 P. Taponnier, L'irascible major autrichien et les Carougeois, dans: *Revue savoisienne* 15/1–2 (1954), pp. 39–43; J.-P. Ferrier, *Histoire de la commune de Versoix des origines à nos jours,* Genève 1942, p. 110; p. 115.
42 Voir par exemple AEG: Jur. Pén. P 17 avril 1816 et 15 octobre 1816.
43 Cette affaire, dont les traces les plus importantes ont été conservées dans le dossier AEG: Jur. Pén. P 15 août 1817, est amplement présentée et analysée dans un article de M. Vuilleumier, Un aspect de la Restauration: Carouge bonapartiste?, dans: *Bulletin de la Société d'histoire et d'archéologie de Genève* 20 (1990), pp. 45–66.
44 AEG: Jur. Pén. P 15 août 1817.

Cette accalmie progressive sera immédiatement relayée, voire contrebalancée, par une virulente opposition de nature nettement plus religieuse, issue du clergé catholique. Les prêtres du récent canton mixte étaient emmenés par J.-F. Vuarin, qui, «parce qu'il a été le premier curé réinstallé dans la ville de Calvin, paraît s'être mis dans la tête d'y jouer un rôle semblable en sens contraire».[45] Ce but, à peine dissimulé, les entraînera dans une querelle avec le gouvernement; en un affrontement interminable et général, initialement greffé sur une «contestation frontalière». La frontière ainsi rejetée et qui inaugurera l'affrontement avec l'Etat genevois n'était certes pas la nouvelle limite nationale, mais celle du diocèse que ce même Etat imposera aux ecclésiastiques catholiques dès 1820. En accord avec la tendance helvétique et les possibilités idoines laissées par les traités, les autorités du nouveau canton s'ingénieront à mettre leurs administrés catholiques sous la juridiction d'un évêque suisse.[46] Le clergé – et en particulier J.-F. Vuarin – percevra ce changement comme un danger supplémentaire. Impuissant à arrêter le processus qui, irrémédiablement, attribuait les paroisses jadis supervisées par l'archevêque de Chambéry au Fribourgeois Jenni, le clergé montrera d'admirables prédispositions à la résistance. Il saura exploiter les moindres failles de cet ajustement des frontières diocésaines aux frontières politiques. Dans ce domaine, le vicaire Delétraz, officiant à Thônex, se révélera même spécialement inventif. Etant donné que son église desservait aussi quelques hameaux savoyards, ce prêtre la placera «fictivement dans une commune sarde, [où] elle sert [dès lors] non seulement à la célébration des mariages des ressortissants sardes qui dépendent du curé de Thônex, mais [...] devient une église, en dehors de la loi commune, qui sert aux mariages qui ne pouvaient pas être célébrés dans les autres églises du canton sans l'accomplissement de certaines formalités civiles».[47] En règle générale, les curés genevois ne s'en tiendront pas à cette exploitation habile des imperfections affectant la superposition des limites politiques et religieuses. Tout indique que, longtemps, ils continueront à respecter l'autorité de leur ancien chef spirituel, Monseigneur de Solles, et contesteront celle du nouveau. Or, cette insoumission confessionnelle connaîtra rapidement des développements politiques extrêmement embar-

---

45 AEG: Eglise catholique romaine 3, vol. I, Lettre privée et confidentielle de F. d'Ivernois à Niebuhr du 20 octobre 1820, fol. 24–25.
46 Sur ce sujet, voir O. Karmin, *Le transfert de Chambéry à Fribourg de l'Evêché de Genève, 1815–1819. Recueil de documents tirés des Archives Suisses* (Bulletin de l'Institut National Genevois, t. 44), Genève 1920.
47 AEG: Eglise catholique romaine 3, vol. II, fol. 60.

rassants. Car le dévouement à l'archevêque se concevra comme une preuve de fidélité au roi de Sardaigne, officiellement attaché au bon fonctionnement du culte catholique genevois de par le traité de Turin, tandis que l'opposition à l'évêque suisse apparaîtra comme un signe de mépris envers le gouvernement cantonal, rejoignant ainsi une lutte plus vaste contre l'Etat réformé et, à travers lui, contre le protestantisme.[48] Un combat qui semblera toutefois bientôt primordial et conduira le clergé à se réconcilier avec Monseigneur Jenni dès le milieu des années 1830, c'est-à-dire à finalement admettre la nouvelle frontière diocésaine, sinon à tolérer la nouvelle frontière nationale ...[49]

Au milieu des années 1830, tout risque de rejet direct de la nouvelle frontière et de la nouvelle appartenance cantonales semble toutefois définitivement écarté. Les «anciens Genevois» n'ont, au pire, exprimé que du mépris pour les compatriotes qu'on leur imposait. Et si ces derniers ont manifesté ouvertement leur mécontentement, encore celui-ci restera-t-il circonscrit aux rares agglomérations urbaines des communes réunies et aux toutes premières années de la Restauration essentiellement. La seule véritable opposition proviendra du clergé catholique. Toutefois, il convient de noter qu'elle concernera moins les limites nationales que diocésaines, et qu'elle visera plus la nature historiquement protestante du gouvernement genevois que ses récentes caractéristiques helvétiques.

Or, même le danger fondamental de cette résistance ecclésiastique – soit sa capacité à contaminer d'autres couches de la population, à les amener à (re)prendre la lutte contre le tracé et l'appartenance suisses –, s'avérera faible. Il sera neutralisé par toute une série de facteurs toujours plus prégnants qui contribueront, *in fine* et parallèlement, à transformer le non-rejet de la frontière en acceptation – indirecte.

---

48 Dès le mois de mai 1820, le Conseil d'Etat genevois se plaindra de ce que les ecclésiastiques les plus influents «se regardent toujours comme sujets du Roi de Sardaigne [...] et [que] dans cet esprit, ils ont cherché à méconnaître [son]autorité» (AEG: Eglise catholique romaine 3, vol. I, fol. 9).

49 Ce combat est retracé, de manière plutôt apologétique, par les Abbés Fleury et Martin dans F. Fleury, *Histoire de M. Vuarin et du rétablissement du catholicisme à Genève*, 2 volumes, Genève 1861; ou, plus récemment par E. Ganter, *L'église catholique de Genève, Seize siècles d'histoire*, Genève 1986.

L'acceptation «par la négative»

En effet, les difficultés suscitées par les nouvelles frontières du dernier canton incorporé à une Confédération helvétique remodelée ne provoqueront pas d'opposition irrémédiable, voire néfaste à l'existence même du dispositif géopolitique imaginé par les traités. Certes, les caractéristiques essentiellement politico-religieuses du tracé rendront, en dépit d'utiles palliatifs économiques, son acceptation plutôt pénible. Tout se passe, néanmoins, comme si c'étaient ces spécificités ou, plus précisément, les conditions de leurs évolutions respectives, qui permettront, finalement, aux frontières de s'imposer et à l'entité genevoise de s'affirmer.

Ainsi, si, dans les communes réunies, l'influence des curés restera indéniable, du moins convient-il d'observer que certaines de leurs attitudes et activités auront un effet plutôt positif sur le processus de reconnaissance des limites territoriales du canton.[50] A un niveau purement pratique, on peut estimer que les petits escamotages opérés grâce et sur les frontières politiques[51] signalent non seulement une connaissance certaine du tracé chez les prêtres concernés, mais contribueront également à en ancrer le dessin dans l'esprit de leurs ouailles. De façon plus générale, on constate que les ruses tracassières imaginées par J.-F. Vuarin et les siens après le transfert de Genève à un évêché suisse, ne ralentiront pas l'«helvétisation» des catholiques. Le gouvernement, redoutant très justement les menées de ce curé[52], s'empressera de renforcer le caractère confédéré des structures ecclésiastiques. D'une part, il insistera fortement auprès de Monseigneur Jenni pour que «les sujets appelés aux fonctions de curés soient [...] pris parmi les nationaux [...] les membres de la Confédération».[53] Par ailleurs, il conclura avec ce même prélat un *modus vivendi* qui organisait son culte de manière helvétique, soit spécialement favorable au pouvoir temporel. En contrepar-

---

50 En se basant sur les procès pénaux, on peut affirmer que la religion jouait un rôle important dans la vie des campagnes genevoises, en restant toutefois dans les limites de la modération. Les manifestations de piété trop ostentatoires étaient considérées comme outrancières et, à ce titre, facilement rejetées.
51 Voir supra.
52 Il est avéré que le curé Vuarin ne cherchait rien moins que de (re)transformer la Rome protestante en évêché. Voir U. Altermatt, *Le catholicisme au défi de la modernité,* Lausanne 1994, p. 194.
53 AEG: RCR 18, fol. 346. Dans le même ordre d'idées, voir AEG: Eglise catholique romaine 3, vol. I, fol. 32, 174.

tie de certains avantages financiers, ce texte signé le 1ᵉʳ février 1820[54], donnait à l'Etat un droit de regard sur la nomination des prêtres et sur les publications ecclésiastiques. En outre, cet accord semblait lui garantir la fidélité de ses ressortissants catholiques puisqu'il obligeait le clergé à jurer «ne rien faire contre la sûreté et la tranquillité de l'Etat [et] de prêcher à [s]es paroissiens la soumission aux lois, l'obéissance aux magistrats et l'union». Un peu paradoxalement, peut-être, les tentatives anti-genevoises des curés contribueront donc à intégrer leurs ouailles dans un environnement religieux plus helvétique. Prises isolément, ces mesures auraient indubitablement échoué face à l'influence incontestable de l'Eglise. Il s'avère, cependant, qu'elles s'inscrivent dans un courant nettement plus global qui, finalement et indirectement, déterminera leur succès. Sur le plan spirituel, ce vaste mouvement s'apparente à une lente laïcisation sociale. Cette tendance, apparue dans les campagnes genevoises durant le XVIIIᵉ siècle, va connaître une subite accélération à la Révolution[55]; après un léger ralentissement autour de 1815, elle continuera à s'accentuer et à introduire une délimitation plus claire des domaines réservés au religieux.[56] L'opposition des prêtres aux nouvelles limites diocésaines, aux desseins éminemment temporels qu'elles promettaient de servir, ainsi qu'à leurs promoteurs protestants, ne suscitera donc qu'un écho extrêmement faible dans un public catholique déjà passablement marqué par la sécularisation ambiante.

Le rétrécissement relatif de la sphère d'influence dévolue à l'Eglise sera partiellement compensé par un accroissement notable du rôle de l'Etat. Dans les communes réunies surtout qui, avant 1815/1816, avaient connu plusieurs dominations différentes, son empreinte se percevra avec une acuité accrue sur le plan politique et économique. De fait, tout se passe comme si l'attitude irrévérencieuse des curés envers le pouvoir temporel s'était trouvée en porte-à-faux avec le message de soumission traditionnellement délivré par le catholicisme et, partant, avec l'attente d'une majorité de fidèles. Ces derniers auraient, dès lors, été tentés d'opérer un transfert de loyauté au profit d'un Etat toujours plus présent. Une translation qui, avouons-le,

---

54 AEG: Eglise catholique romaine 1, *Articles convenus et arrêtés entre le gouvernement de la république et canton de Genève et l'Evêque de Lausanne le 1ᵉʳ février 1820*.
55 Voir J. Nicolas, *«La révolution en Savoie». La révolution française dans le duché de Savoie*, Chambéry 1989.
56 Cette tendance, relativement claire à moyen terme, ne suit pas une trajectoire parfaitement rectiligne. Ainsi, si l'on constate une nette accentuation de la «sécularisation sociale» entre 1835 et 1840, on observe également un certain regain de religiosité après cette dernière date.

s'accomplira très indirectement et ne déploiera ses effets positifs sur la frontière – que de manière négative.[57]

Certes, au départ, rien ne laissait prévoir que le dispositif parcimonieusement républicain dans lequel le gouvernement genevois consentira à englober les nouveaux territoires leur permettrait de développer un quelconque sentiment d'appartenance commune. Les syndics, craignant l'inculture politique de leurs administrés comme une possible révolution, avaient effectivement imaginé un système censitaire rigoureux qui maintiendra longtemps la plus grande partie de la population loin des urnes.[58] Dans les régions les plus conscientisées et les plus urbanisées des communes réunies, cette impuissance élective n'ira pas sans provoquer une animosité latente. La frustration la plus intense semble avoir été ressentie à Carouge qui, on le sait[59], ne manquera pas de la faire connaître au gouvernement. Au-delà des inconvénients que présentait la manifestation de ce mécontentement pour les autorités cantonales, on observe dans son expression formelle, une évolution plutôt «intégrative». Dès le milieu des années 1830, la contestation carougeoise – faite de déception politique et de rivalité envers le chef-lieu – s'orne d'arguments helvétiques. Tout se passe comme si l'opposition à la domination genevoise résidait dans la tendance à ignorer le niveau local au profit du niveau national; à l'instar de ce drapeau, sous l'égide duquel une petite bande avait placé une expédition «pour troubler le repos public, l'ordre de la République»[60], et qui portait «d'un côté la Croix fédérale et de l'autre un K rouge sur fond blanc signé qui veut dire ‹K-rouge›».[61]

Ce cheminement tortueux, amenant à accepter la Confédération par rejet de Genève, ne s'observe pas uniquement en milieu urbain.[62] Néan-

---

57 Les facteurs examinés brièvement ci-dessous et directement reliés au renforcement progressif des structures étatiques genevoises correspondent, schématiquement, à l'ensemble des éléments regroupés sous les termes d'«effet indirect de la frontière» proposé par C. Raffestin, P. Guichonnet et J. Hussy, *Frontières et Sociétés*, p. 12–13.
58 D. Cadeï et M. van Berchem, *Le suffrage censitaire sous la Restauration à Genève*, mémoire de licence, Genève 1988.
59 Voir supra.
60 AEG: Jur. Pén. P 29 janvier 1837, Procès verbal de l'adjoint au maire de Bernex, Fournier, du 30 janvier 1837.
61 Ibid., Déposition de P. Malvallon. Cette thèse, postulant l'intégration genevoise de Carouge par le biais de l'intégration dans la Suisse est développée par M. Vuilleumier, *Carouge bonapartiste*, p. 66.
62 On sait ainsi que la commune d'Avusy-Laconnex-Soral entretenait des liens étroits avec la première association démocratisante et antigouvernementale de la Restaura-

moins, on peut affirmer que les campagnes du nouveau territoire resteront globalement fidèles au gouvernement cantonal.[63] Dans une optique politico-religieuse, cette loyauté se comprend par une longue tradition de soumission au pouvoir, jusqu'alors véhiculée par le clergé. Reste que les motifs principaux de cet attachement résident surtout dans la subite évolution des conditions socio-économiques qu'induira la rectification des frontières.

Au sortir des guerres napoléoniennes, les territoires ruraux environnant Genève et qui avaient momentanément réintégré le giron de leur souverain respectif, vont se trouver dans un grand dénuement.[64] Dès 1816, les syndics s'attacheront à y (ré)introduire une certaine prospérité. Ils veilleront ainsi à l'élaboration ou à la simple consolidation des structures scolaire, sanitaire, cultuelle, sinon économique. Et c'est cette amélioration notable des conditions d'existence, bien plus que d'improbables droits politiques imparfaitement exploités, qui établira finalement une nette différence entre les nouveaux citoyens genevois et leurs anciens compatriotes gessiens ou savoyards. Ce décalage suscitera de nombreuses réactions d'envie, de jalousie ou de rivalité qui, en une vingtaine d'années, contribueront de manière décisive quoique détournée, à la cristallisation conceptuelle de la frontière dans les communes réunies. L'enrichissement relatif mais certain de ces contrées nouvellement suisses y suscitera un afflux non négligeable de ressortissants français ou sardes, attirés par les potentialités économiques qu'elles semblaient désormais receler. Les entrepreneurs genevois ne se gêneront d'ailleurs aucunement pour exploiter cette masse salariale avantageuse mise ainsi à leur disposition. Toutefois, les autochtones en prendront souvent ombrage et développeront, envers cette immigration de proximité, une attitude proche de la xénophobie. Ainsi, le 20 février 1826, des jeunes gens de Collex-Bossy attaqueront violemment les domestiques, en grande majorité Savoyards, du fermier de M. de Vincy. «Ceux de la commune» – commentera alors l'un des agressés – «se soutiennent comme de juste. Ces garçons nous en veulent parce que par le fait que nous sommes là, ils ne travaillent pas au Château [... Le fermier de M. de Vincy] le veut ainsi parce

---

tion genevoise, la Société patriotique (AEG: Archives de famille Thellusson 1ʳᵉ série D/7: Composition de la Société patriotique à la fin de 1833, septembre 1834).
63 On sait qu'en dépit des craintes du patriciat genevois, la population catholique se montrera généralement conservatrice et donc fidèle au gouvernement. Lors de la Révolution de 1846, les catholiques ne prendront pas les armes contre lui mais s'abstiendront de le défendre.
64 AEG: Affaires étrangères n° 53, «Informations générales se rapportant à toutes les communes du territoire réuni», 1816.

qu'il y trouve son avantage: si nous voulions répondre à toutes les insultes, les batailles seraient continuelles.»[65] A la jalousie des nouveaux Genevois envers les populations avoisinantes répondra une agressivité similaire, en sens inverse. Cette dernière, née d'un dépit socio-économique envieux, viendra se calquer sur d'anciennes «querelles de clocher» et verra des Savoyards organiser contre des communes limitrophes moult violences que la différence d'identité et de niveau de vie venait désormais justifier. Apparemment superficielle, la mésentente entre les populations savoyarde et ex-savoyarde éclatera au grand jour lors du partage définitif des biens communaux restés indivis après le traité de Turin.[66] En effet, cette opération révélera aux dirigeants que «les intérêts des communes savoisiennes et [...] des communes suisses sont en général opposés».[67]

Curieusement, cette animosité réciproque, officialisée au milieu des années 1830, contribuera fortement à intégrer la frontière dans l'esprit des habitants du nouveau territoire. Elle transformera la limite nationale en éventuel abri derrière lequel se réfugier, en cas de problème lors d'une rixe avec une localité située de l'autre côté de son tracé. L'assimilation rapide de son dessin participait ainsi d'un réflexe de survie et, plus globalement, du phénomène d'agressivité que son parcours avait renforcé. Il s'avère, dès lors, que la population des communes réunies se trouve, vers 1835, comme prise entre deux feux. Ignorée par ses nouveaux compatriotes et rejetée par ses anciens concitoyens, elle tendra, néanmoins, toujours plus à se considérer comme genevoise.

L'élément qui parachèvera la reconnaissance de la nouvelle frontière et accélérera celle de la nouvelle identité nationale sera moins d'ordre socio-économique que militaire. En 1838, le gouvernement français exigera de la Diète helvétique l'expulsion du futur Napoléon III qui séjournait alors en Suisse. Devant les tergiversations des députés cantonaux et le net refus d'obtempérer que lui opposeront les représentants de Vaud et de Genève, il massera des troupes à la frontière. Cette mobilisation suscitera de multiples manifestations de fidélité aux syndics. Plusieurs d'entre elles émaneront des communes limitrophes, anciennement françaises, qui proposeront au gouvernement cantonal de défendre la République, son territoire ... et son

---

65 AEG: Jur. Pén. P 20 février 1826; ou, dans le même ordre d'idées, Jur. Pén. P 5 juin 1844.
66 AEG: Savoie n° 41.
67 *Rapport présenté au Conseil d'Etat par M. l'ancien syndic Naville, commissaire du gouvernement de Genève, pour la convention relative au partage des biens communaux avec la Savoie*, Genève 1834, p. 16.

pourtour; témoignant ainsi d'une connaissance certaine du tracé frontalier, et d'une acceptation toute aussi certaine de ses conséquences nationales.[68]

Le mouvement d'adaptation indirecte, voire négative, esquissé par les populations récemment englobées dans la Cité, ne demeurera pas totalement unilatéral. Il rejoindra une évolution parallèle qui, de manière différente mais également détournée, tendra à familiariser les plus anciens ressortissants genevois avec les répercussions locales et nationales de la nouvelle frontière; en dépit, sinon à cause du flou fondamental dont cette dernière était encore entachée.

De fait, on observe qu'à un niveau tangible et local, les «Vieux Genevois» ne s'opposeront jamais ouvertement à leurs nouveaux compatriotes, malgré une haine anti-savoyarde historiquement et socialement légitimée. En réalité, celle-ci contribuera même à resserrer leurs liens. Car si l'ignorance qu'ils cultivaient à l'égard des communes réunies portait indubitablement des connotations provocatrices, elle autorisera, parallèlement, certaines déductions abusives et plutôt «intégratives». Cette méconnaissance conduira souvent à interpréter les manifestations de jalousie socio-économique propres au nouveau territoire, comme la preuve d'une xénophobie analogue à celle que l'on retrouvait *intra muros*. Pour des raisons différentes, mais non identifiées comme telles, les deux populations se côtoyaient donc dans un réflexe de rejet commun qui, progressivement, les rapprochera.

Mais si le flou qu'entretenaient les citadins sur la frontière autorisera une «acceptation négative» du nouveau territoire, celui qui entourait le concept même de frontière favorisera l'adaptation symbolique du canton à la Suisse.

Il est vrai que l'entrée de la République dans la Confédération ne nécessitera pas seulement des aménagements de limites, mais requerra également une «appropriation» du mythe identitaire helvétique.[69] Efficacement reélaboré durant la seconde moitié du XVIIIe siècle[70], ce dernier – bien connu à Genève grâce aux touristes et à l'œuvre «performative» de Rousseau – faisait schématiquement du Suisse un être libre, pur, ainsi façonné par les

---

68 AEG: RC 362, fol. 414, 436, 446...
69 Mythe helvétique est ici entendu dans le sens que lui donne U. Im Hof, *Mythos Schweiz. Identität – Nation – Geschichte 1291–1991*, Zürich 1991, p. 11.
70 Sur la diffusion de cet idéal durant le République helvétique, voir D. Frei, *Die Förderung des schweizerischen Nationalbewusstseins nach dem Zusammenbruch der alten Eidgenossenschaft 1798*, Zürich 1964.

Alpes.⁷¹ Cette personnification emblématique rejoignait les topoï constitutifs genevois au niveau de l'importance primordiale accordée à l'indépendance. Le «bon berger» confédéré rappelait, de manière plus rustique, les qualités morales que s'attribuaient les Genevois. Les montagnes, matrice essentielle du Suisse idéal, ne correspondaient toutefois guère au paysage local. Ceci n'empêchera pas les poètes indigènes de commencer à vanter «leurs reliefs» dès le milieu des années 1820. Ils célébreront et entendront par ces termes le Jura ou la région chamonienne. Or, cette annexion linguistique ne se référera certes pas à la France, ni à la Savoie, mais constituera une véritable appropriation de la symbolique helvétique.⁷² Car une fois décrétés genevois, ces sommets recèleront les mêmes avantages que les hauteurs suisses et, à leur instar, deviendront la demeure de pâtres plaintifs ou constitueront des «Remparts pour ma patrie».⁷³

Durant la décennie suivante, ce phénomène d'adaptation symbolique et poétique touchera également le monde politique. Parallèlement à l'accroissement notable de la menace internationale, à la multiplication des mobilisations militaires et donc à la progressive concrétisation de la frontière, le gouvernement tendra, lui aussi, à s'emparer des reliefs avoisinants par le discours. Grâce à cette mystification, les dirigeants cantonaux viendront opportunément renforcer le postulat faisant de leur patrie la «clef de la Confédération» et impliquant la protection de cette même Confédération. En outre, ils feindront ainsi de considérer l'ensemble de la cuvette genevoise comme appartenant «platoniquement» à la Cité, qu'ils entoureront fictivement d'une frontière naturelle.

En réalité, et dans la mesure où cet amalgame «topo-symbolique» était intéressé, il reflétait une vision moins moderne qu'il n'y paraît. L'idée de la frontière développée et diffusée par l'élite genevoise, dès 1835, jouait sur un

---

71 Le lien entre pureté, Alpes et Suisse a été «scientifiquement» attesté par J. J. Scheuchzer au XVIIIᵉ; à cet égard, voir G. P. Marchal, La naissance du mythe du Saint-Gothard ou la longue découverte de l'homo alpinus, dans: J.-F. Bergier et S. Guzzi (éd.), *La découverte des Alpes* (Itinera 12), Basel 1992, pp. 35–53; p. 43.

72 Les récits de voyage et les guides touristiques qui assimilent souvent la région du Mont-Blanc et la ville de Genève ne sont sans doute pas étrangers à cette «appropriation»; remarque qui confirme plutôt qu'elle n'infirme l'helvétisation que cette démarche sous-entend. Les voyageurs confondaient, en effet très souvent, Genève et la Suisse, la Suisse et les Alpes: le syllogisme était facile. On peut donc penser que les auteurs genevois ont dû s'inspirer de cette littérature, parce qu'approuvant sa tendance à englober leur cité dans la symbolique helvétique – et que, ce faisant, ils ont dû l'influencer en retour.

73 *Chant premier à l'honneur de Rousseau. Epître à Rousseau* [Genève 1829], p. 1.

registre très subtil. Elle puisait certes une partie de sa légitimité dans les théories françaises les plus récentes. Mais elle s'inspirait également largement d'une conception plus ancienne des limites, encore perceptible dans le monde germanique, et qui les envisageait comme *Grenzland* plutôt que comme *Grenzlinie*.[74] Ce mélange entre deux perceptions de la frontière permettra aux citoyens genevois d'intégrer plus complètement le système symbolique de la Suisse et, partant, de mieux accepter leur appartenance helvétique. A la fin de la Restauration (1846), cette tendance idéologique rejoindra et parachèvera un mouvement plus concret, issu de l'expérience quasi négative que les communes réunies avaient faite de leur nouvelle limite nationale et de leur nouvelle identité. Or, c'est essentiellement la réunion de ces causalités indirectes, intervenues à une époque charnière et dans un lieu crucial du développement du concept de frontière, qui finira par faire accepter son appartenance confédérée au dernier canton; soit, à terme, d'en rendre le tracé «évident», à défaut d'être véritablement «naturel».

Conclusion

Elaborée selon des critères du XVIIIe, sensiblement corrigés par des mesures «stratégico-économiques» plus contemporaines, afin de circonscrire une entité géopolitique caractéristique du XIXe, la frontière genevoise et helvétique fixée entre 1814 et 1816 semblait vouée à un avenir aléatoire. En réalité, son existence, son rôle et, à terme, sa durabilité, se nourriront des ambiguïtés qui, précisément, la fondaient. Le flou qui entachait le dessin des nouvelles limites cantonales permettra aux citoyens devenus genevois et/ou suisses d'en reconnaître, indirectement voire négativement, le tracé puis les implications nationales. Dans les centres urbains, cette adaptation se fera essentiellement par le biais, plus ou moins factice, d'un attachement très théorique à la Confédération; tandis que dans les campagnes nouvellement annexées, elle s'effectuera par un rejet économique ou militaire de l'ancienne appartenance nationale, que la frontière viendra toujours mieux démarquer.

---

74 J.-C. Richez, La ville frontière. Généalogie des espaces et topologie des mémoires, villes mémoires, villes frontières, dans: *Revue des sciences sociales de la France de l'Est* 19 (1992) pp. 31–44; p. 35 et passim; T. Lask, Grenze/frontière: le sens de la frontière, dans: *Quaderni Storici* 27 (automne 1995), pp. 65–78.

Ainsi, si la position de la République n'a guère influé sur la configuration de ses limites actuelles, du moins a-t-elle notablement contribué à les faire accepter. La Genève de 1815, certes encerclée de montagnes, mais surtout située à l'extrême bord du monde germanique, à cheval entre deux périodes et donc à l'intersection spatio-temporelle de plusieurs conceptions de la frontière, allait puiser à chacune de ces sources d'inspiration et y stabiliser ses propres limites. De fait, toutes ces circonstances autoriseront de subtils aller-retours entre les différentes cosmogonies ambiantes. Dans la cité lémanique, la nation se signalera certes par sa frontière, puisque l'une et l'autre seront (ré)inventées ensemble. Mais le déclin progressif du religieux et l'incontestable avancée du politique autoriseront une véritable prise de conscience nationale, tout au long des limites. Et ce sont ces dernières, sinon le vague conceptuel qui les entourait, qui façonneront la «nation», laquelle, en retour, les consolidera ...[75] Cette interaction constante entre réalités du XIXe et critères du XVIIIe finira, en cette période de chevauchement de siècles, par rendre «naturelle» la frontière genevoise qui ne l'était pas. Apparemment étrange, la frontière genevoise reflète ainsi parfaitement les conditions spécifiques de son élaboration. Rien d'étonnant, donc, à ce qu'elle s'interroge, dès qu'interviennent des changements géopolitiques importants.[76]

Bibliographie

U. Altermatt, *Le catholicisme au défi de la modernité*, Lausanne 1994.
D. Cadeï et M. van Berchem, *Le suffrage censitaire sous la Restauration à Genève*, mémoire de licence, Genève 1988.
Chant premier à l'honneur de Rousseau. Epître à Rousseau [Genève 1829].
H. Fazy, *Genève et les zones franches. Exposé historique*, Genève 1905.
L. Febvre, Frontière: le mot et la notion, dans: *Pour une histoire à part entière*, Paris [réimpr.] 1982, pp.11–22.
J.-P. Ferrier, *Histoire de la commune de Versoix des origines à nos jours*, Genève 1942.

---

[75] Sur l'action déterminante de la frontière pour l'élaboration d'une entité nationale, voir P. Sahlins, *Frontières et identités nationales. La France et l'Espagne dans les Pyrénées depuis le XVIIe siècle*, Paris 1996.
[76] Voir notamment le dossier «L'arc lémanique – Die Genfersec-Region», publié par la *Neue Zürcher Zeitung* du 9 septembre 1996.

F. Fleury, *Histoire de M. Vuarin et du rétablissement du catholicisme à Genève*, 2 volumes, Genève 1861.
M. Foucher, L'invention des frontières: Un modèle géo-politique français, dans: *Hérodote. Revue de géographie et de géopolitique* 40 (janvier–mai 1986), pp. 54–88.
M. Foucher, *Fronts et frontières. Un tour du monde géopolitique*, nouvelle édition refondue, Paris 1991.
D. Frei, *Die Förderung des schweizerischen Nationalbewusstseins nach dem Zusammenbruch der alten Eidgenossenschaft 1798*, Zürich 1964.
E. Ganter, *L'église catholique de Genève. Seize siècles d'histoire*, Genève 1986.
P. Guichonnet, La formation territoriale du canton de Genève, dans: Nicolas Morard et al. (éd.), *La formation territoriale des cantons romands: Fribourg, Vaud, Valais, Neuchâtel, Genève* (Mémoires et documents publiés par la Société d'histoire de la Suisse romande, 3e série, t. 17), Lausanne 1989, pp. 53–71.
P. Guichonnet et P. Waeber, *Genève et les Communes réunies. La création du canton de Genève 1814–1816*, Genève 1991.
Histoire des zones 1815–1929. Documents officiels, Genève 1930.
J.-B. Humbert, *Essai sur les moyens d'assurer la neutralité de l'Helvétie par la démarcation des limites naturelles, évidemment posées par le Créateur pour éviter les contacts, sources de guerres entre les Etats limitrophes, remis au prince de Metternich, à son passage à Genève*, Genève 1816.
U. Im Hof, *Mythos Schweiz. Identität – Nation – Geschichte 1291–1991*, Zürich 1991.
O. Karmin, *Le transfert de Chambéry à Fribourg de l'Evêché de Genève, 1815–1819. Recueil de documents tirés des Archives Suisses* (Bulletin de l'Institut National Genevois, t. 44), Genève 1920.
T. Lask, Grenze/frontière: le sens de la frontière, dans: *Quaderni Storici* 27 (automne 1995), pp. 65–78.
G. P. Marchal, La naissance du mythe du Saint-Gothard ou la longue découverte de l'homo alpinus, dans: J.-F. Bergier et S. Guzzi (éd.), *La découverte des Alpes* (Itinera 12), Basel 1992, pp. 35–53.
[G. F. Moultou], *Lettre sur la taxe des gardes*, Genève 1823.
J. Nicolas, *«La révolution en Savoie». La révolution française dans le duché de Savoie*, Chambéry 1989.
D. Nordman, Des limites d'état aux frontières nationales, dans: Pierre Nora (éd.), *Les lieux de mémoire*, II: La nation, t. 2: Le territoire, Paris 1986, pp. 35–61.
C. Raffestin, P. Guichonnet et J. Hussy, *Frontières et Sociétés. Le cas franco-genevois*, Lausanne 1975.
Rapport présenté au Conseil d'Etat par M. l'ancien syndic Naville, commissaire du gouvernement de Genève, pour la convention relative au partage des biens communaux avec la Savoie, Genève 1834.
J.-P. Renard, Populations et frontières: problématiques et méthodes, dans: *Espaces, Populations, Sociétés* 10 (1992) pp. 167–184.

J.-C. Richez, La ville frontière. Généalogie des espaces et topologie des mémoires, villes mémoires, villes frontières, dans: *Revue des sciences sociales de la France de l'Est* 19 (1992) pp. 31–44.

P. Sahlins, *Frontières et identités nationales. La France et l'Espagne dans les Pyrénées depuis le XVIIe siècle*, Paris 1996.

P. Taponnier, L'irascible major autrichien et les Carougeois, dans: *Revue savoisienne* 15/1–2 (1954), pp. 39–43.

M. Vaucher, *Rapport fait au Conseil représentatif, au nom de la Commission de ce Conseil chargée d'examiner le projet de loi sur l'Académie* […], Genève 1835.

M. Vuilleumier, Un aspect de la Restauration: Carouge bonapartiste?, dans: *Bulletin de la Société d'histoire et d'archéologie de Genève* 20 (1990), pp. 45–66.

P. Waeber, *La formation du canton de Genève 1814–1816*, Genève 1974.

P. Waeber, L'option de 1814: la petite république de Joseph Des Arts, dans: *Revue du Vieux Genève* 20 (1990), pp. 57–73.

C. Walker, Regards sur la ville, dans: *Le voyage singulier. Regards d'écrivains sur le patrimoine. Genève, Rhône-Alpes*, Carouge-Genève/Vénissieux 1996, pp. 11–61.

Autorinnen und Autoren

Laurence Bergon
Dr phil.
44, rue des Vignes, F-74240 Gaillard

Publications:
- *La correspondance diplomatique de Charles-François de la Bonde d'Iberville, résident de France à Genève entre 1688 et 1698* (à paraître).

Irène Herrmann
Dr phil., Maître-assistante au Département d'Histoire Générale
Département d'Histoire Générale, Université de Genève, 5, rue Saint-Ours, CH-1205 Genève

Publications:
- Le sentiment national genevois et l'ouverture de Genève vers la Suisse, dans: *Le libéralisme genevois, du Code civil aux constitutions (1804–1842)*, Actes du Colloque organisé les 19, 20, et 21 novembre 1992 par les Facultés de droit et des lettres de l'Université de Genève, publiés par Alfred Dufour, Robert Roth et François Walter, Bâle/Francfort-sur-le-Main 1994, pp. 73–95.
- (avec Daniel Palmieri) *Saint-Gervais, mythes retrouvés*, Genève 1995.
- Entre modernisme et tradition, réalités et représentations. L'émigration des Genevois en Russie (1906–1914), dans: *Revue suisse d'histoire*, vol. 48, 1998, pp. 325–359.

Benoît Jordan
Conservateur au service de l'Inventaire général (Direction régionale des affaires culturelles d'Alsace)
48, rue du Faubourg de Pierre, F-67000 Strasbourg

Publications:
- *La noblesse d'Alsace entre la gloire et la vertu. Les sires de Ribeaupierre, 1451–1585,* Strasbourg 1991.
- Le mécénat des archiducs d'Autriche dans les possessions rhénanes (1600–1632), dans: *Mécènes et collectionneurs,* t. 1: *Les variantes d'une*

passion, éd. par le Comité des travaux historiques et scientifiques, Paris 1999, p. 65–78.
- Le chantier de construction de l'hôtel de la Régence d'Ensisheim (Haut-Rhin): textes et éléments de chronologie, dans: *Cahiers alsaciens d'archéologie, d'art et d'histoire*, t. 42, 1999, p. 177–189.

Wolfgang Kaiser
Dr. phil., Maître de conférences an der Université de Provence (Aix-Marseille I)
Université de Provence, Centre des Lettres et Sciences Humaines, Section d'Histoire, 29, avenue Robert Schuman, F-13621 Aix-en-Provence Cedex 1

Publikationen:
- Vicini stranieri. L'uso dei confini nell'area di Basilea (secolo XVI–XVII), in: *Quaderni storici* 30:3 (1995), S. 601–630.
- Régions et frontières: l'espace frontalier de Bâle, XVIe–XXe siècles, in: Heinz Gerhard Haupt, Michael G. Müller und Stuart J. Woolf (Hrsg.), *Regional and National Identities in Europe, 19th–20th centuries – Les identités régionales et nationales en Europe au XIXe et XXe siècles*, Den Haag/London/Boston 1998, S. 379–410.
- «Fremde in anderen Ländern oder Fremden gleich in ihrer Heimat». Refugiantennetze im 16. Jahrhundert, in: Jochen Hoock und Michael Jansen (Hrsg.), *Stadt und Netze*, Aachen 2000, S. 41–51.

Thomas Maissen
Dr. phil., Mitarbeiter der «Neuen Zürcher Zeitung» für historische Themen
Im eisernen Zeit 59, CH-8057 Zürich

Publikationen:
- Des insignes impériaux à un imaginaire républicain: la représentation de la Confédération helvétique et des Provinces-Unies autour de 1648, in: *1648: Paix de Westphalie, l'art entre la guerre et la paix*, Paris 1999, S. 477–511.
- Von wackeren alten Eidgenossen und souveränen Jungfrauen. Zu Datierung und Deutung der frühesten «Helvetia»-Darstellungen, in: *Zeitschrift für schweizerische Archäologie und Kunstgeschichte* 56 (1999), S. 265–302.

- Fighting for faith? Experiences of the Sonderbund Campaign 1847, in: Joy Charnley und Malcolm Pender (Hrsg.), *Switzerland and War*, Bern/Berlin/Frankfurt a. M. 1999, S. 9–42.

William Monter
Professor of History
Northwestern University, Evanston Ill., USA

Publications:
- Toads and the Eucharist: The Male Witches of Normandy, 1564–1660, in: *French Historical Studies*, 20 (1997), pp. 563–595.
- *Judging the French Reformation: Heresy Trials by 16th-Century French Parlements*, Cambridge Mass. 1999.

Liliane Mottu-Weber
Professeur titulaire d'histoire nationale et régionale à la Faculté des Lettres (Université de Genève)
29, ch. des Pinsons, CH-1226 Thônex

Publications:
- *Economie et Refuge à Genève au siècle de la Réforme: la draperie et la soierie 1540–1630* (*Mémoires et documents publiés par la Société d'histoire et d'archéologie de Genève*, vol. 52), Genève 1987.
- (avec Anne-Lise Head-König) *Femmes et discriminations en Suisse: le poids de l'histoire, XVIe–début XXe siècle (droit, éducation, économie, justice)*, Genève 1999.
- Genève et ses réfugiés. Politiques des autorités, réactions de la population (XVIe–XVIIIe siècles), dans: Hans-Jörg Gilomen, Anne-Lise Head-König et Anne Radeff (éd.), *Migrations vers les villes. Exclusion – assimilation – intégration – multiculturalité*, Zurich 2000, pp. 157–170.

William G. Naphy
Dr. phil., Lecturer in History
Department of History, University of Aberdeen, Old Aberdeen, Scotland
AB24 3FX

Publications:
- *Calvin and the Consolidation of the Genevan Reformation*, Manchester 1994.

- The Reformation and evolution of Geneva's schools, in: Beat A. Kümin (ed.), *Reformations Old and New: Essays on the socio-economic impact of religious change c. 1470–1630*, Aldershot 1997, pp. 185–202.
- Genevan National Security And Defence Spending, in *War in History* 5 (1998), pp. 379–399.

Raymond Oberlé
Professeur émérite de l'Université de Haute Alsace
1bis, rue de l'Abattoir, F-68120 Pfastatt

Publications:
- L'évolution des fortunes à Mulhouse et le financement de l'industrialisation au XVIIe siècle, dans: *Bulletin de la section d'Histoire moderne et contemporaine* t. 8, 1971, p. 83–175.
- *Mulhouse ou la genèse d'une ville*, Besançon 1985.
- L'Histoire du XVIe siècle à nos jours, dans: *Toute l'Alsace*, vol. 5, Wettolsheim 1987.

Maria-Cristina Pitassi
Professeure adjointe
Institut d'histoire de la Réformation, Université de Genève, 3, place de l'Université, CH-1211 Genève 4

Publications:
- «Nonobstant ces petites différences»: enjeux et présupposés d'un projet d'union intra-protestante au début du XVIIIe siècle, dans: *La Tolérance. Colloque international de Nantes, mai 1998. Quatrième centenaire de l'Edit de Nantes,* sous la direction de G. Saupin, R. Fabre et M. Launay, Rennes 1999, p. 419–426.
- Pierre Bayle, *Correspondance*, éditée par Elisabeth Labrousse, Edward James, Antony McKenna, Maria-Cristina Pitassi, Ruth Whelan, vol. Ier, Oxford 1999.
- John Locke, *Essai sur la nécessité d'expliquer les Epîtres de S. Paul par S. Paul même; La Vie de Coste et anecdotes sur ses ouvrages*, éditions critiques par Maria-Cristina Pitassi, Oxford 1999.

Catherine Santschi
Archiviste d'Etat/Chargée de cours à la Faculté des Lettres de l'Université de Genève
Archives d'Etat, 1, rue de l'Hôtel-de-Ville, Case postale 3964, CH-1211 Genève 3 Rive

Publications:
- La situation politique et confessionnelle de la Suisse au début du XVIIIe siècle, vue par un ermite, dans: *Histoire religieuse de la Suisse. La présence des catholiques,* sous la dir. de Guy Bedouelle et François Walter, Paris/Fribourg 2000, p. 219–242 (*Studia Friburgensia* 86; Series historica 1).
- Jacob Spon et l'histoire de Genève, dans: *Jacob Spon, un humaniste lyonnais du XVIIe siècle.* Textes réunis sous la direction scientifique de Roland Etienne et Jean-Claude Mossière, Lyon 1993, p. 145–180; De Zurich à Vevey en passant par Genève et Lyon: le réseau familial de Jacob Spon, *ibid.,* p. 187–206.
- Pour une histoire du secret, dans: *Revue suisse d'histoire,* t. 47, 1997, p. 327–351.

Claudius Sieber-Lehmann
Dr. phil., Lehrbeauftragter am Historischen Seminar der Universität Basel
Historisches Seminar, Hirschgässlein 21, CH-4051 Basel

Publikationen:
- Die Schweiz im Spätmittelalter, mit Längsschnitt: Menschen jüdischen Glaubens in der Schweiz – Geschichte einer Minderheit, in: Helmut Meyer (Hrsg.), *Die Schweiz und ihre Geschichte,* Zürich 1998, S. 99–160.
- (zusammen mit Thomas Wilhelmi), *In Helvetios – Wider die Kuhschweizer. Fremd- und Feindbilder von den Schweizern in antieidgenössischen Texten aus der Zeit von 1386 bis 1532* (*Schweizer Texte, Neue Folge,* Band 13), Bern 1998.
- Die Eidgenossenschaft und das Reich, 14.–16. Jahrhundert, in: Marco Jorio (Hrsg.), *1648 – Die Schweiz und Europa. Aussenpolitik zur Zeit des Westfälischen Friedens,* Zürich 1999, S. 25–40.

Christian Windler
Professor für die Geschichte des romanischen Westeuropas,
18.–20. Jahrhundert
Historisches Seminar, Albert-Ludwigs-Universität Freiburg im Breisgau,
D-79085 Freiburg im Breisgau

Publikationen:
- *Lokale Eliten, seigneurialer Adel und Reformabsolutismus in Spanien (1760–1808). Das Beispiel Niederandalusien* (*VSWG*, Beihefte 105), Stuttgart 1992.
- Clientèles royales et clientèles seigneuriales vers la fin de l'Ancien Régime. Un dossier espagnol, in: *Annales. Histoire, Sciences Sociales* 52 (1997), S. 293–319.
- *La diplomatie comme expérience de l'Autre. Consuls français au Maghreb (1700–1840),* unveröffentlichte Habilitationsschrift, Universität Basel 1999.

BASLER BEITRÄGE ZUR GESCHICHTSWISSENSCHAFT

Begründet von
E. Bonjour, W. Kaegi und F. Staehelin

Weitergeführt von
F. Graus, H. R. Guggisberg, H. Lüthy und M. Mattmüller

Herausgegeben von
K. v. Greyerz, H. Haumann, G. Kreis,
W. Meyer, J. Mooser, A. v. Müller, C. Opitz,
M. Schaffner und R. Wecker

Band 1 *Vischer, Christoph.* Die Stellung Basels während des polnischen und österreichischen Erbfolgekrieges 1733–1748. 1938. 160 Seiten. Vergriffen.
Band 2 *Lüthi, Walter.* Die Haltung des Auslandes im zweiten Villmerger Krieg 1712. 1938. 234 Seiten. Vergriffen.
Band 3 *Christ, Salome.* Jacob Burckhardt und die Poesie der Italiener. 1940. 208 Seiten. Vergriffen.
Band 4 *Barth, Dietrich.* Die Protestantisch-Konservative Partei in Genf in den Jahren 1838 bis 1846. 1940. 207 Seiten. Vergriffen.
Band 5 *Grieder, Fritz.* Das Postwesen im helvetischen Einheitsstaat (1798–1803). 1940. 172 Seiten. Vergriffen.
Band 6 *Buxtorf, Peter.* Die lateinischen Grabinschriften in der Stadt Basel. 1940. 224 Seiten. Vergriffen.
Band 7 *Schmid, Hermann Alfred.* Die Entzauberung der Welt in der Schweizer Landeskunde. 1942. 194 Seiten. Vergriffen.
Band 8 *Roth, Paul.* Staatsarchivar. Durchbruch und Festsetzung der Reformation in Basel. Eine Darstellung der Politik der Stadt Basel im Jahre 1529 auf Grund der öffentlichen Akten. 1942. 111 Seiten. Vergriffen.
Band 9 *Fleig, Hans.* Die Schweiz im Schrifttum der deutschen Befreiungszeit (1813 bis 1817). 1942. 254 Seiten. Vergriffen.
Band 10 *Gutzwiller, Hans.* Die Neujahrsrede des Konsuls Claudius Mamertinus vor dem Kaiser Julian. Text, Übersetzung und Kommentar. 1942. 251 Seiten. Vergriffen.
Band 11 *Lötscher, Valentin.* Der deutsche Bauernkrieg in der Darstellung und im Urteil der eidgenössischen Schweizer. 1943. 261 Seiten. Vergriffen.
Band 12 *Bonjour, Edgar.* Englands Anteil an der Lösung des Neuenburger Konflikts 1856/57. 1943. 104 Seiten. Vergriffen.
Band 13 *Niethammer, Adolf.* Das Vormauernsystem an der eidgenössischen Nordgrenze. Ein Beitrag zur Geschichte der schweizerischen Neutralität vom 16. bis 18. Jahrhundert. 1944. 191 Seiten. Vergriffen.
Band 14 *Müller, Georg.* Der amerikanische Sezessionskrieg in der schweizerischen öffentlichen Meinung. 1944. 216 Seiten. Vergriffen.
Band 15 *Bauer, Marianne.* Die italienische Einigung im Spiegel der schweizerischen Öffentlichkeit 1859–1861. 1944. 191 Seiten. Vergriffen.
Band 16 *Gysin, Werner.* Zensur und Pressefreiheit in Basel während der Mediation und Restauration. 1944. 169 Seiten. Vergriffen.
Band 17 *Pieth, Fritz.* Die Entwicklung zum schweizerischen Bundesstaat in der Beleuchtung preussischer Gesandtschaftsberichte aus den Jahren 1819–1833. 1944. 130 Seiten. Vergriffen.

Band 18 *Jacob, Ilse.* Beziehungen Englands zu Russland und zur Türkei in den Jahren 1718–1727. Eine historisch-diplomatische Studie. 1945. 159 Seiten. Vergriffen.
Band 19 *Bächlin, Max.* Das Unterstützungswesen der Helvetik. Staatliche und private Massnahmen zur Linderung der Kriegsnot. 1945. 212 Seiten. Vergriffen.
Band 20 *Rentsch, Hans Ulrich.* Bismarck im Urteil der schweizerischen Presse 1882 bis 1898. 1945. 336 Seiten. Vergriffen.
Band 21 *Meyer, Karl.* Der Neuenburger Konflikt 1856/57 im Spiegel der zeitgenössischen schweizerischen Presse. 1945. 349 Seiten. Vergriffen.
Band 22 *Teuteberg, René.* Prosper de Barante (1782–1866). Ein romantischer Historiker des französischen Liberalismus. 1945. 172 Seiten. Vergriffen.
Band 23 *Bächthold, Rudolf.* Karamzins Weg zur Geschichte. 1946. 103 Seiten. Vergriffen.
Band 24 *Massini, Rudolf.* Das Bistum Basel zur Zeit des Investiturstreites. 1946. 224 Seiten. Vergriffen.
Band 25 *Blumenkranz, Bernhard.* Die Judenpredigt Augustins. Ein Beitrag zur Geschichte der jüdisch-christlichen Beziehungen in den ersten Jahrhunderten. 1946. 218 Seiten. Vergriffen.
Band 26 *Buscher, Hans.* Heinrich Pantaleon und sein Heldenbuch. 1946. 305 Seiten. Vergriffen.
Band 27 *Labhardt, Ricco.* Wilhelm Tell als Patriot und Revolutionär 1700–1800. Wandlungen der Tell-Tradition im Zeitalter des Absolutismus und der Französischen Revolution. 1947. 162 Seiten. Vergriffen.
Band 28 *Lindau, Johann Karl.* Das Medaillenkabinett des Postmeisters Johann Schorndorff zu Basel. Seine Geschichte bis zur Erwerbung durch das Historische Museum Basel. 1947. 246 Seiten. Vergriffen.
Band 29 *Wolf, Kaspar.* Die Lieferungen der Schweiz an die französischen Besetzungstruppen zur Zeit der Helvetik. 1948. 139 Seiten. Vergriffen.
Band 30 *Bütler, Robert.* Nationales und universales Denken im Werke Etienne Pasquiers. 1948. 176 Seiten. Vergriffen.
Band 31 *Ernst, Alfred.* Die Ordnung des militärischen Oberbefehls im schweizerischen Bundesstaat. 1948. 247 Seiten. Vergriffen.
Band 32 *Heitz, Fritz.* Johann Rudolf Iselin, 1705–1779. Ein Beitrag zur Geschichte der schweizerischen Historiographie des 18. Jahrhunderts. 1949. 226 Seiten. Vergriffen.
Band 33 *Gautschy, Heiner.* Die Schweizer Presse um die Mitte des 19. Jahrhunderts – ihre Reaktion auf den Staatsstreich Louis Napoleon Bonapartes. 1949. 211 Seiten. Vergriffen.
Band 34 *Hatze, Margrit.* Die diplomatisch-politischen Beziehungen zwischen England und der Schweiz im Zeitalter der Restauration. 1949. 219 Seiten. Vergriffen.
Band 35 *Haasbauer, Adolphine.* Die historischen Schriften Karl Ludwig von Hallers. 1949. 213 Seiten. Vergriffen.
Band 36 *Schneewind, Wolfgang.* Die diplomatischen Beziehungen Englands mit der alten Eidgenossenschaft zur Zeit Elisabeths, Jakobs I. und Karls I., 1558–1649. 1950. 187 Seiten. Vergriffen.
Band 37 *Walser, Gerold.* Rom, das Reich und die fremden Völker in der Geschichtsschreibung der frühen Kaiserzeit. Studien zur Glaubwürdigkeit des Tacitus. 1951. 179 Seiten. Vergriffen.
Band 38 *Bächthold, Rudolf.* Südwestrussland im Spätmittelalter. Territoriale, wirtschaftliche und soziale Verhältnisse. 1951. 211 Seiten. Vergriffen.
Band 39 *Meyer, Friedrich.* Die Beziehungen zwischen Basel und den Eidgenossen in der Darstellung der Historiographie des 15. und 16. Jahrhunderts. 1951. 211 Seiten. Vergriffen.
Band 40 *Meier, Markus.* Die diplomatische Vertretung Englands in der Schweiz im 18. Jahrhundert (1689–1789). 1952. 157 Seiten. Vergriffen.

Band 41 *Räber, Kuno.* Studien zur Geschichtsbibel Sebastian Francks. 1952. 93 Seiten. Vergriffen.
Band 42 *Vögelin, Hans Adolf.* Die Gründung des schweizerischen Bundesstaates im Urteil der Engländer. 1952. 228 Seiten. Vergriffen.
Band 43 *Staehelin, Andreas.* Peter Ochs als Historiker. 1952. 274 Seiten. Vergriffen.
Band 44 *Vetter, Verena.* Baslerische Italienreisen vom ausgehenden Mittelalter bis in das 17. Jahrhundert. 1952. 218 Seiten. Vergriffen.
Band 45 *Luchsinger, Friedrich.* Der Basler Buchdruck als Vermittler italienischen Geistes 1470–1529. 144 Seiten. Vergriffen.
Band 46 *Sieber, Marc.* Das Nachleben der Alemannen in der schweizerischen Geschichtsschreibung. 1953. 141 Seiten. Vergriffen.
Band 47 *Huber, Paul.* Traditionsfestigkeit und Traditionskritik bei Thomas Morus. 1953. 178 Seiten. Vergriffen.
Band 48 *Schätti, Karl.* Erasmus von Rotterdam und die Römische Kurie. 1954. 169 Seiten. Vergriffen.
Band 49 *Aellig, Johann Jakob.* Die Aufhebung der schweizerischen Söldnerdienste im Meinungskampf des neunzehnten Jahrhunderts. 1954. 255 Seiten. Vergriffen.
Band 50 *Meyer, Rudolf.* Die Flugschriften der Epoche Ludwigs XIV. 1955. 350 Seiten. Vergriffen.
Band 51 *Hanhart, Robert.* Das Bild der Jeanne d'Arc in der französischen Historiographie vom Spätmittelalter bis zur Aufklärung. 1955. 133 Seiten. Vergriffen.
Band 52 *Widmer, Bertha.* Heilsordnung und Zeitgeschehen in der Mystik Hildegards von Bingen. 1955. 286 Seiten. Vergriffen.
Band 53 *Meyer, Paul.* Zeitgenössische Beurteilung und Auswirkung des Siebenjährigen Krieges (1756–1763) in der evangelischen Schweiz. 1955. 174 Seiten. Vergriffen.
Band 54 *Kutter, Markus.* Celio Secondo Curione. Sein Leben und sein Werk (1503 bis 1569). 1955. 310 Seiten. Vergriffen.
Band 55 *Schneider, Elisabeth.* Das Bild der Frau im Werk des Erasmus von Rotterdam. 1955. 133 Seiten. Vergriffen.
Band 56 *Bürck, Gerhart.* Selbstdarstellung und Personenbildnis bei Enea Silvio Piccolomini (Pius II.). 1956. 160 Seiten. Vergriffen.
Band 57 *Guggisberg, Hans Rudolf.* Sebastian Castellio im Urteil seiner Nachwelt vom Späthumanismus bis zur Aufklärung. 1956. 207 Seiten. Vergriffen.
Band 58 *Roth, Dorothea.* Die mittelalterliche Predigttheorie und das Manuale Curatorum des Johann Ulrich Surgant. 1956. 198 Seiten. Vergriffen.
Band 59 *Weis-Müller, Renée.* Die Reform des Klosters Klingental und ihr Personenkreis. 1956. 217 Seiten. Vergriffen.
Band 60 *von Wartburg, Wolfgang.* Zürich und die Französische Revolution. Die Auseinandersetzung einer patriarchalischen Gesellschaft mit den ideellen und politischen Einwirkungen der Französischen Revolution. 1956. 484 Seiten. Vergriffen.
Band 61 *Laube, Bruno.* Joseph Anton Felix Balthasar, 1737–1810. Ein Beitrag zur Geschichte der Aufklärung in Luzern. 1956. 269 Seiten. Vergriffen.
Band 62 *Genner, Lotti.* Die diplomatischen Beziehungen zwischen England und der Schweiz von 1870 bis 1890. Eine Untersuchung der englischen Gesandtschaftsberichte aus Bern. 1956. 227 Seiten. Vergriffen.
Band 63 *Wüthrich, Lukas Heinrich.* Christian von Mechel. Leben und Werk eines Basler Kupferstechers und Kunsthändlers (1737–1817). 1956. 342 Seiten. Vergriffen.
Band 64 *Gelzer, Urs.* Beziehungen Basels zur Innerschweiz während der Regenerationszeit 1830–1848. 1957. 187 Seiten. Vergriffen.
Band 65 *Merkel, Hans Rudolf.* Demokratie und Aristokratie in der schweizerischen Geschichtsschreibung des 18. Jahrhunderts. 1957. 270 Seiten. Vergriffen.

Band 66 *Gessler, Peter.* René Louis d'Argenson, 1694–1757. Seine Ideen über Selbstverwaltung, Einheitsstaat, Wohlfahrt und Freiheit in biographischem Zusammenhang. 1957. 226 Seiten. Vergriffen.
Band 67 *Mattmüller, Markus.* Leonhard Ragaz und der religiöse Sozialismus. Band I: Die Entwicklung der Persönlichkeit und des Werkes bis ins Jahr 1913. 1957. 246 Seiten. Vergriffen.
Band 68 *Sutter, Hans.* Basels Haltung gegenüber dem evangelischen Schirmwerk und dem eidgenössischen Defensionale (1647 und 1668). 1958. 522 Seiten. Vergriffen.
Band 69 *Portmann, Marie-Louise.* Die Darstellung der Frau in der Geschichtsschreibung des früheren Mittelalters. 1958. 147 Seiten. Vergriffen.
Band 70 *Real, Willy.* Von Potsdam nach Basel. Studien zur Geschichte der Beziehungen Preussens zu den europäischen Mächten vom Regierungsantritt Friedrich Wilhelms II. bis zum Abschluss des Friedens von Basel (1786–1795). 1958. 144 Seiten. Vergriffen.
Band 71 *Huber, Max.* Die Staatsphilosophie von Josef de Maistre im Lichte des Thomismus. 1958. 288 Seiten. Vergriffen.
Band 72 *Mommsen, Karl.* Eidgenossen, Kaiser und Reich. Studien zur Stellung der Eidgenossenschaft innerhalb des heiligen römischen Reiches. 1958. 321 Seiten mit 5 Abbildungen. Vergriffen.
Band 73 *Bietenholz, Peter.* Der italienische Humanismus und die Blütezeit des Buchdrucks in Basel. Die Basler Drucke italienischer Autoren von 1530 bis zum Ende des 16. Jahrhunderts. 1959. 171 Seiten. Vergriffen.
Band 74 *Rihm, Werner.* Das Bildungserlebnis der Antike bei Johannes von Müller. 1959. 156 Seiten. Vergriffen.
Band 75 *Wüthrich, Lukas Heinrich.* Das Œuvre des Kupferstechers Christian von Mechel. Vollständiges Verzeichnis der von ihm geschaffenen und verlegten graphischen Arbeiten. 1959. 238 Textseiten und 96 Abbildungen. Brosch. Vergriffen.
Band 76 *Salathé, René.* Die Anfänge der historischen Fachzeitschrift in der deutschen Schweiz (1694–1813). 1959. 200 Seiten. Vergriffen.
Band 77 *Zaeslin, Peter Leonhard.* Die Schweiz und der lombardische Staat im Revolutionszeitalter (1796–1814). 1960. 179 Seiten. Vergriffen.
Band 78 *Leuenberger, Theodor.* Johannes von Müller und das Christentum. 1960. 85 Seiten.
Band 79 *Fürstenberger, Markus.* Die Mediationstätigkeit des Basler Bürgermeisters Johann Balthasar Burckhardt (1642–1722). 1960. 178 Seiten. Vergriffen.
Band 80 *Ladner, Pascal.* Das St. Albankloster in Basel und die burgundische Tradition in der Cluniazenserprovinz Alemannia. 1960. 128 Seiten. Vergriffen.
Band 81 *Fromherz, Uta.* Johannes von Segovia als Geschichtsschreiber des Konzils von Basel. 1960. 175 Seiten. Vergriffen.
Band 82 *Stauffer, Paul.* Die Idee des europäischen Gleichgewichts im politischen Denken Johannes von Müllers. 1960. 80 Seiten. Vergriffen.
Band 83 *Uhl, Othmar.* Die diplomatisch-politischen Beziehungen zwischen Grossbritannien und der Schweiz in den Jahrzehnten vor dem Ersten Weltkrieg (1890–1914). 1961. 193 Seiten. Vergriffen.
Band 84 *Wessendorf, Ernst.* Geschichtsschreibung für das Volk und für die Schulen in der alten Eidgenossenschaft. 1962. 223 Seiten. Vergriffen.
Band 85 *Bietenholz, Peter G.* Pietro Della Valle (1586–1652). Studien zur Geschichte der Orientkenntnis und des Orientbildes im Abendlande. 1962. 248 Seiten. Broschiert. Vergriffen.
Band 86 *Schatz, Rudolf.* Der Marquis Clément-Edouard de Moustier und die Schweiz. Seine Gesandtschaft 1823–1825. 1962. 174 Seiten. Vergriffen.
Band 87 *Koprio, Georg.* Basel und die eidgenössische Universität. 1963. 157 Seiten. Vergriffen.
Band 88 *Widmer, Berthe.* Enea Silvio Piccolomini in der sittlichen und politischen Entscheidung. 1963. 180 Seiten. Vergriffen.

Band 89 *Pfaff, Karl.* Kaiser Heinrich II. Sein Nachleben und sein Kult im mittelalterlichen Basel. 1963. 118 Seiten. Vergriffen.
Band 90 *Hartmann, Rudolf.* Das Autobiographische in der Basler Leichenrede. 1963. 194 Seiten. Vergriffen.
Band 91 *Burmeister, Karl-Heinz.* Sebastian Münster. Versuch eines biographischen Gesamtbildes. 2. Auflage 1969. 232 Seiten. Vergriffen.
Band 92 *Guggisberg, Hans Rudolf.* Das europäische Mittelalter im amerikanischen Geschichtsdenken des 19. und des frühen 20. Jahrhunderts. 1964. 190 Seiten. Vergriffen.
Band 93 *Welti, Manfred E.* Der Basler Buchdruck und Britannien. Die Rezeption britischen Gedankenguts in den Basler Pressen von den Anfängen bis zum Beginn des 17. Jahrhunderts. 1964. 304 Seiten. Vergriffen.
Band 94 *Ryser, Heinz.* Johannes von Müller im Urteil seiner schweizerischen und deutschen Zeitgenossen. 1964. 163 Seiten. Vergriffen.
Band 95 *Schmid, Michael.* Staat und Volk im alten Solothurn. Ein Beitrag zur Prosopographie und zum Volkstum des fünfzehnten Jahrhunderts. 1964. 114 Seiten. Vergriffen.
Band 96 *Sieber, Emil.* Basler Trennungswirren und nationale Erneuerung im Meinungsstreit der Schweizer Presse 1830–1833. 1964. 250 Seiten. Vergriffen.
Band 97 *Handschin, Werner.* Francesco Petrarca als Gestalt der Historiographie. Seine Beurteilung in der Geschichtsschreibung vom Frühhumanismus bis zu Jacob Burckhardt. 1964. 192 Seiten. Vergriffen.
Band 98 *Wehrli, Kurt.* Die geistige Entwicklung Johannes von Müllers. Ein historischer Beitrag zum Freiheitsproblem des jungen Idealismus. 1965. 268 Seiten. Vergriffen.
Band 99 *Gugolz, Peter.* Die Schweiz und der Krimkrieg 1853–1856. 1965. 121 Seiten. Vergriffen.
Band 100 *Mattmüller, Hanspeter.* Carl Hilty (1833–1909). 1966. 320 Seiten. Vergriffen.
Band 101 *Wolpert, Paul.* Die diplomatischen Beziehungen zwischen Frankreich und der Eidgenossenschaft 1752–1762. Die Ambassade von A. Th. de Chavigny. 1966. 102 Seiten. Vergriffen.
Band 102 *Dannecker, Rudolf.* Die Schweiz und Österreich-Ungarn. Diplomatische und militärische Beziehungen von 1866 bis zum ersten Weltkrieg. 1966. 312 Seiten. Vergriffen.
Band 103 *Etter, Else-Lilly.* Tacitus in der Geistesgeschichte des 16. und 17. Jahrhunderts. 1966. 245 Seiten, 9 Abbildungen. Vergriffen.
Band 104 *Burckhardt, Andreas.* Johannes Basilius Herold. Kaiser und Reich im protestantischen Schrifttum des Basler Buchdrucks um die Mitte des 16. Jahrhunderts. 1967. 290 Seiten. Vergriffen.
Band 105 *Steinmann, Martin.* Johannes Oporinus. Ein Basler Buchdrucker und die Mitte des 16. Jahrhunderts. 1967. 160 Seiten. Vergriffen.
Band 106 *Fimpel, Ludwig.* Mino Celsis Traktat gegen die Ketzertötung. Ein Beitrag zum Toleranzproblem des 16. Jahrhunderts. 1967. 100 Seiten. Vergriffen.
Band 107 *Biel, Arnold.* Die Beziehungen zwischen Savoyen und der Eidgenossenschaft zur Zeit Emanuel Philiberts (1559–1580). 1967. 152 Seiten. Vergriffen.
Band 108 *Lacher, Adolf.* Die Schweiz und Frankreich vor dem Ersten Weltkrieg. Diplomatische und politische Beziehungen im Zeichen des deutsch-französischen Gegensatzes 1883–1914. 1967. 465 Seiten. Vergriffen.
Band 109 *Grütter, Thomas.* Johannes von Müllers Begegnung mit England. Ein Beitrag zur Geschichte der Anglophilie im späten 18. Jahrhundert. 1967. 243 Seiten. Vergriffen.
Band 110 *Mattmüller, Markus.* Leonhard Ragaz und der religiöse Sozialismus. Band II: Die Zeit des ersten Weltkriegs und der Revolutionen. 1968. 600 Seiten. Vergriffen.
Band 111 *Gutmann, Elsbeth.* Die Colloquia Familiaria des Erasmus von Rotterdam. 1968. 210 Seiten. Vergriffen.

Band 112 *Ludwig, Marianne.* Der polnische Unabhängigkeitskampf von 1863 und die Schweiz. 1968. 106 Seiten. Vergriffen.
Band 113 *Meyer, Werner.* Die Löwenburg im Berner Jura. Geschichte der Burg, der Herrschaft und ihrer Bewohner. 1968. 291 Seiten mit zwei separaten Karten. Vergriffen.
Band 114 *Jenny, Adrian.* Jean-Baptiste Adolphe Charras und die politische Emigration nach dem Staatsstreich Louis-Napoleon Bonapartes. Gestalten, Ideen und Werke französischer Flüchtlinge. 1969. 314 Seiten. Vergriffen.
Band 115 *Hausmann, Karl Eduard.* Die Armenpflege in der Helvetik. 1969. 108 Seiten. Vergriffen.
Band 116 *Hofer, Viktor.* Die Bedeutung des Berichtes General Guisans über den Aktivdienst 1939–1945 für die Gestaltung des Schweizerischen Wehrwesens. 1970. 214 Seiten. Vergriffen.
Band 117 *Bolliger, Markus.* Die Basler Arbeiterbewegung im Zeitalter des Ersten Weltkrieges und der Spaltung der Sozialdemokratischen Partei. Ein Beitrag zur Geschichte der schweizerischen Arbeiterbewegung. 1970. 387 Seiten. Vergriffen.
Band 118 *Trefzger, Marc.* Die nationale Bewegung Ägyptens vor 1928 im Spiegel der schweizerischen Öffentlichkeit. 1970. 422 Seiten. Vergriffen.
Band 119 *Marr-Schelker, Beatrice.* Baslerische Italienreisen vom Beginn des achtzehnten bis in die zweite Hälfte des neunzehnten Jahrhunderts. 1970. 194 Seiten. Vergriffen.
Band 120 *Hunziker, Guido.* Die Schweiz und das Nationalitätsprinzip im 19. Jahrhundert. 1970. 198 Seiten. Vergriffen.
Band 121 *Rytz, Hans Rudolf.* Geistliche des alten Bern zwischen Merkantilismus und Physiokratie. Ein Beitrag zur Schweizer Sozialgeschichte des 18. Jahrhunderts. 1971. 235 Seiten. Vergriffen.
Band 122 *Büttiker, Georges.* Ernest Bovet, 1870–1941. 1971. 180 Seiten. Vergriffen.
Band 123 *Schaffner, Martin.* Die Basler Arbeiterbevölkerung im 19. Jahrhundert. Beiträge zur Geschichte ihrer Lebensformen. 1972. 152 Seiten. Vergriffen.
Band 124 *Isenschmid, Heinz.* Wilhelm Klein, 1825–1887. Ein freisinniger Politiker. 1972. 224 Seiten. Vergriffen.
Band 125 *Renk, Hansjörg.* Bismarcks Konflikt mit der Schweiz. Der Wohlgemuth-Handel von 1889, Vorgeschichte, Hintergründe und Folgen. 432 Seiten. Vergriffen.
Band 126 *Bielmann, Jürg.* Die Lebensverhältnisse im Urnerland während des 18. und zu Beginn des 19. Jahrhunderts. 1972. 247 Seiten. Vergriffen.
Band 127 *Soiron, Rolf.* Der Beitrag der Schweizer Aussenpolitik zum Problem der Friedensorganisation am Ende des Ersten Weltkrieges. 1973. 245 Seiten. Vergriffen.
Band 128 *Germann, Martin.* Johann Jakob Thurneysen der Jüngere, 1754–1803, Verleger, Buchdrucker und Buchhändler in Basel. 1973. 151 Seiten. Vergriffen.
Band 129 *Maurer, Peter.* Die Beurteilung Johannes von Müllers in der Schweiz während der ersten Hälfte des 19. Jahrhunderts. 1973. 220 Seiten. Vergriffen.
Band 130 *Marti, Hans.* Paul Seippel, 1858–1926. 1973. 391 Seiten. Vergriffen.
Band 131 *Scarpatetti, Beat von.* Die Kirche und das Augustiner-Chorherrenstift St. Leonhard in Basel (11./12. Jh.–1525). Ein Beitrag zur Geschichte der Stadt Basel und der späten Devotio Moderna. 1974. 415 Seiten. Vergriffen.
Band 132 *Witzig, Daniel.* Die Vorarlberger Frage. Die Vorarlberger Anschlussbewegung an die Schweiz, territorialer Verzicht und territoriale Ansprüche vor dem Hintergrund der Neugestaltung Europas. 1974. 543 Seiten. Vergriffen.
Band 133 *Plath, Uwe.* Calvin und Basel in den Jahren 1552–1556. 311 Seiten. Vergriffen.
Band 134 *Graus, Frantisek.* Gewalt und Recht im Verständnis des Mittelalters. *Lüthy, Herbert.* Tugend und Menschenrechte. Zwei Antrittsvorlesungen. – 1974. 60 Seiten. Vergriffen.
Band 135 und 135a *Gröbli, Fredy.* Ambassador du Luc und der Trücklibund von 1715. Französische Diplomatie und eidgenössisches Gleichgewicht in den letzten Jahren Ludwigs XIV. 1975. 553 Seiten. Vergriffen.

Band 136 *Neuenschwander-Schindler, Heidi.* Das Gespräch über Calvin – Frankreich 1685 bis 1870. Historiographische Variationen zu einem interkonfessionellen Thema. 1975. 264 Seiten. Vergriffen.
Band 137 *Spindler, Katharina.* Die Schweiz und der italienische Faschismus (1922–1930). Der Verlauf der diplomatischen Beziehungen und die Beurteilung durch das Bürgertum. 1976. 304 Seiten. Vergriffen.
Band 138 *Marchal, Guy P.* Die frommen Schweden in Schwyz. Das «Herkommen der Schwyzer und Oberhasler» als Quelle zum schwyzerischen Selbstverständnis im 15. und 16. Jahrhundert. 1977. 109 Seiten. Vergriffen.
Band 139 *Ruesch, Hanspeter.* Lebensverhältnisse in einem frühen schweizerischen Industrie- und 139a gebiet. Sozialgeschichtliche Studie über die Gemeinden Trogen, Rehetobel, Wald, Gais, Speicher und Wolfhalden des Kantons Appenzell-Ausserrhoden im 18. und frühen 19. Jahrhundert. 1979. 734 Seiten. Vergriffen.
Band 140 *Schär, Max.* Das Nachleben des Origenes im Zeitalter des Humanismus. 1979. 317 Seiten. Vergriffen.
Band 141 *Wehrle, Kurt.* Analektik und Dialektik der restaurativen Intention. Ein Grundlagenbeitrag zur kontinentaleuropäischen Verhaltensproblematik. 1980. 252 Seiten. Vergriffen.
Band 142 *Christ-v. Wedel, Christine.* Das Nichtwissen bei Erasmus von Rotterdam. Zum philosophischen und theologischen Erkennen in der geistigen Entwicklung eines christlichen Humanisten. 1981. 152 Seiten. Vergriffen.
Band 143 *Füglister, Hans.* Handwerksregiment. Untersuchungen und Materialien zur sozialen und politischen Struktur der Stadt Basel in der ersten Hälfte des 16. Jahrhunderts. 1981. 420 Seiten. Vergriffen.
Band 144 *Wirth, Franz.* Johann Jakob Treichler und die soziale Bewegung im Kanton Zürich (1845/1846). 1981. 292 Seiten. Vergriffen.
Band 145 *Simon, Christian.* Untertanenverhalten und obrigkeitliche Moralpolitik. Studien zum Verhältnis von Stadt und Land im ausgehenden 18. Jahrhundert am Beispiel Basels. 1981. 366 Seiten. Vergriffen.
Band 146 *Schaffner, Martin.* Die demokratische Bewegung der 1860er Jahre. Beschreibung und Erklärung der Zürcher Volksbewegung von 1867. 1982. 199 Seiten. Vergriffen.
Band 147 *Fink, Paul.* Geschichte der Basler Bandindustrie 1550–1800. 1983. 216 Seiten. Vergriffen.
Band 148 *Gasser, Adolf.* Ausgewählte historische Schriften (1933–1983). 1983. 253 Seiten. Vergriffen.
Band 149 *Vettori, Arthur.* Finanzhaushalt und Wirtschaftsverwaltung Basels (1689–1789). Wirtschafts- und Lebensverhältnisse einer Gesellschaft zwischen Tradition und Umbruch. 1984. 454 Seiten. Vergriffen.
Band 150 *Hauser, Benedikt.* Wirtschaftsverbände im frühen schweizerischen Bundesstaat (1848–74). Vom regionalen zum nationalen Einzugsgebiet. 1985. 216 Seiten. Vergriffen.
Band 151 *Gilly, Carlos.* Spanien und der Basler Buchdruck bis 1600. Ein Querschnitt durch die spanische Geistesgeschichte aus der Sicht einer europäischen Buchdruckerstadt. 1985. 574 Seiten. Vergriffen.
Band 152 *Röthlin, Niklaus.* Die Basler Handelspolitik und deren Träger in der zweiten Hälfte des 17. und im 18. Jahrhundert. 1986. 424 Seiten. Vergriffen.
Band 153 *Roeser, Volker.* Politik und religiöse Toleranz vor dem ersten Hugenottenkrieg in Frankreich. 1985. 307 Seiten. Vergriffen.
Band 154 *Mattmüller, Markus.* Bevölkerungsgeschichte der Schweiz I: Die frühe Neuzeit, und 154a 1500–1700. 1987. 757 Seiten. Vergriffen.
Band 155 *Wiss-Belleville, Elfriede.* Pierre Coullery und die Anfänge der Arbeiterbewegung in Bern und der Westschweiz. Ein Beitrag zur Geschichte des schweizerischen Frühsozialismus. 1987. 415 Seiten. Vergriffen.

Band 156 *Alioth, Martin.* Gruppen an der Macht. Zünfte und Patriziat in Strassburg im 14. und 15. Jahrhundert. Untersuchungen zu Verfassung, Wirtschaftsgefüge und Sozialstruktur. 1988. 510 Seiten. Vergriffen.
Band 157 *Madurowicz-Urbańska, Helena/Mattmüller, Markus (Hrsg.).* Studia Polono-Helvetica. 1989. 178 Seiten. Vergriffen.
Band 158 *Berner, Hans.* «die gute correspondenz.» Die Politik der Stadt Basel gegenüber dem Fürstbistum Basel in den Jahren 1525–1585. 1989. 260 Seiten.
Band 159 *Rippmann, Dorothee.* Bauern und Städter: Stadt-Land-Beziehungen im 15. Jahrhundert. Das Beispiel Basel, unter besonderer Berücksichtigung der Nahmarktbeziehungen und der sozialen Verhältnisse im Umland. 1990. 382 Seiten. Vergriffen.
Band 160 *Schluchter, André.* Das Gösgeramt im Ancien Régime. Bevölkerung, Wirtschaft und Gesellschaft einer solothurnischen Landvogtei im 17. und 18. Jahrhundert. 1990. 484 Seiten.
Band 161 *Degen, Bernard.* Abschied vom Klassenkampf. Die partielle Integration der schweizerischen Gewerkschaftsbewegung zwischen Landesstreik und Weltwirtschaftskrise 1918–1929. 1991. 326 Seiten.
Band 162 *Winkler, Stephan.* Die Schweiz und das geteilte Italien. Bilaterale Beziehungen in einer Umbruchphase 1943–1945. 1992. 650 Seiten.
Band 163 *Roth, Hans Jakob.* Der britische und französische Agrarmarkt im Jahrhundert vor der Europäischen Gemeinschaft – ein Vergleich. 1993. 210 Seiten.
Band 164 *Guggisberg, Hans R.* Zusammenhänge in historischer Vielfalt: Humanismus, Spanien, Nordamerika. Eine Aufsatzsammlung, herausgegeben unter Mitarbeit von Christian Windler. 1994. 430 Seiten.
Band 165 *Hammer, Urs.* Vom Alpenidyll zum modernen Musterstaat. Der Mythos der Schweiz als «alpine sister republic» in den USA des 19. Jahrhunderts. 1995. 380 Seiten.
Band 166 *Maissen, Thomas.* Von der Legende zum Modell. Das Interesse an Frankreichs Vergangenheit während der italienischen Renaissance. 1994. 492 Seiten.
Band 167 *Weissen, Kurt.* «An der stür ist ganz nütt bezalt.» Landesherrschaft, Verwaltung und Wirtschaft in den fürstbischöflichen Ämtern in der Umgebung Basels (1435–1525). 1994. 685 Seiten.
Band 168 *Königs, Diemuth.* Joseph Vogt: Ein Althistoriker in der Weimarer Republik und im Dritten Reich. 1995. 344 Seiten.
Band 169 *Haumann, Heiko/Skowronek, Jerzy (Hrsg.).* «Der letzte Ritter und erste Bürger im Osten Europas.» Kościuszko, das aufständische Reformpolen und die Verbundenheit zwischen Polen und der Schweiz. 2. Auflage 2000. 380 Seiten.
Band 170 Gescheiterte Stadt- und Landreformationen des 16. und 17. Jahrhunderts in der Schweiz. 1998. 308 Seiten.
Band 171 *Slanička, Simona (Hrsg.).* Begegnungen mit dem Mittelalter in Basel. Eine Vortragsreihe zur mediävistischen Forschung. 2000. 244 Seiten.
Band 172 *Kaiser, Wolfgang/Sieber-Lehmann, Claudius/Windler, Christian (Hrsg.).* Eidgenössische «Grenzfälle»: Mülhausen und Genf – En marge de la Conféderation: Mulhouse et Genève. 2001. 424 Seiten.

Schweizer Geschichte bei Schwabe

Helvetia Sacra
Herausgegeben vom Kuratorium der Helvetia Sacra
Das Standardwerk zur Schweizerischen Kirchengeschichte.
22 Bände seit 1972
Band IV/5: Die Dominikaner und Dominikanerinnen in der Schweiz.
1999. 2 Bände, 1163 Seiten. Gebunden

Dossier Helvetik
Herausgegeben von Christian Simon und André Schluchter
Band V/VI: Blicke auf die Helvetik/Regards sur l'Helvétique.
Herausgegeben von Christian Simon. 2001. 290 Seiten. Broschiert

Basel 1501 2001 Basel
179. Neujahrsblatt der GGG,
Gesellschaft für das Gute und Gemeinnützige Basel.
2001. 212 Seiten mit 66 zumeist farbigen Abbildungen und Grafiken.
Mit Beilage: Wichtige Daten zur Basler Geschichte 1225–2000
(in 8 Sprachen). Broschiert

Bildgeschichten.
Aus der Bildersammlung des Staatsarchivs Basel-Stadt 1899–1999
Herausgegeben im Auftrag des Staatsarchivs von
Esther Baur Sarasin und Walter Dettwiler
1999. 293 Seiten, über 200 Abbildungen, farbig und schwarzweiss.
Gebunden

Reinhold Kaiser
Churrätien im frühen Mittelalter
Ende 5. bis Mitte 10. Jahrhundert
1998. 292 Seiten mit 95 Abbildungen, davon 40 in Farbe. Leinen